中华学人丛书

明代秀才的生活世界

◎陈宝良 著

北京师范大学出版集团
BEIJING NORMAL UNIVERSITY PUBLISHING GROUP
北京师范大学出版社

士风转向与秀才的生活世界(代自序)

传统中国的士大夫及其精神世界在隋唐前后形成了鲜明的对比。隋朝以前，六朝士大夫形成了一种“排他、封闭”的精神世界。换言之，他们通常“以宫廷或贵族的客厅，甚至极狭小的、有限的特定团体为中心，创作文学，讲说哲学”。然自隋朝以后，基于科举制度的广泛实施，则形成了一种新的士大夫形象。这种新型的士大夫，显然与隋唐时期的科举官僚制度有关，并以知识与道德能力而进入官僚阶层。随之而来者，则是新的士大夫精神世界的形成。①

若是以此为讨论的起点，那么，“明学”作为“宋学”的继承者，进而并称“宋明理学”，明代的士大夫理应属于隋唐以后新型的士大夫。与此同时，就明代士大夫极度追求“清议”，且具个性解放的特点来说，其精神世界则又是六朝士大夫的直接继承者。

近人赵园引明末清初学者王夫之之说，将明代士气概括为“躁竞”“气矜”“气激”，认为这些已经成为明末的“时代氛围”，又是士处于此时代的“普遍姿态”。② 这或许可以成为一家之言，但似乎与晚明人对当时士习“时尚”的概括有所不符。如明人赵用贤就说：“今天下士习率饰为软媚醇谨，雍雍自好，期不拂于时尚。”③王云凤亦揭示道：“近世

① 相关的探讨，参见[日]吉川忠夫：《六朝士大夫的精神生活》，见刘俊文主编：《日本学者研究中国史论著选译》第7卷《思想宗教》，许洋主等译，84～115页，北京，中华书局，1993。

② 赵园：《明清之际士大夫研究》，4页，北京，北京大学出版社，1999。

③ (明)赵用贤：《松石斋文集》卷二一《与朱虞葑》，明万历四十六年刻本。

士大夫习于阿谀软熟，以诡随污合为通才，一遇秉正守介之士，指为怪异不祥之物，靡焉成风。”①可见，当时的士习恰好是“软媚醇谨”。这就是说，明代的士风前后有所变化，而从士风变迁中，则不难看出士大夫精神世界的内在转向。

士风与仕风互为转圜。毫无疑问，士风转向已广泛渗透于秀才的生活世界中。作为四民之首的士，一旦不再志存高远、视致君泽民为终极追求，那么必然会使士气流于卑污，终日所求，仅仅限于谋生计、保身家而已。

一、“士志”“士气”“士品”论

毫无疑问，明代士大夫的精神世界，一方面，呈现出多样化的色彩；另一方面，却又有其内在的演变理路。这就需要从“士志”“士气”“士品”三个方面及其演变大势说起。

就“士志”而言，其说可谓渊源有自，在此仅以李贽、钱谦益、熊开元三家为例加以初步讨论。李贽认为，作为信奉儒家学说的读书人，他们可以从孔子那里继承“一钵衣食饭”，亦即知识的获取。但这种知识的获得，其最终“所志”，就是“穷则开门受徒，计束脩羊，独善其身；达则驷马高盖，择美田宅，兼善天下”。② 可见，穷则独善其身、达则兼济天下，是自孔子以来儒家士人一脉相承的志向。

士之志向，有高有低，有雅有俗，不可不辨。宋人周敦颐教导士人必须希圣，要求士人“志伊尹之所志”。就伊尹之所志问题，钱谦益做了较为详细的讨论。按照他的讨论思路，“士志”大致上包括以下三个方面。一是辨圣贤所志，究竟是“汲汲于斯道”，还是“汲汲于天下”。世俗的观点认为，周敦颐让人“志伊尹之所志”，其意是担心士人通过发策决科而荣身肥家，并以希世取宠为事。钱谦益认为此说似是，却

① (明)王云凤：《潞州贞烈倡和序》，见(清)黄宗羲编：《明文海》卷三〇五，3141页，北京，中华书局，1987。

② (明)李贽：《初潭集》卷九《兄弟上》，102页，北京，中华书局，1974。

言有未尽。为此，他从士人的志向入手，重新加以辨析。他认为，若是士人有志于圣贤，必然以荣身希世为耻，那么其志向所存，不得不辨。这就是说，圣贤应该是“汲汲于斯道”，而非“汲汲于天下”，以圣贤之学，行其功利之心。二是“乐”与“忧”之辨。钱谦益认为，圣贤之志，应该是“乐则行之，忧则违之，确乎其不可拔也”。换言之，就是“乐则有行之之道，而忧则有违之之道”。三是“有我”“无我”之辨。钱谦益认为，世俗之人，“汲汲于天下”，这是“有我”；而伊尹一类的圣人，则是“汲汲于斯道”，这是“无我”。“有我”“无我”之间，可谓是辨志之大闲。进而言之，忧而违，乐而行，忧与乐并非为了天下，而违与行亦并非为“我”。这就是说，士人之志，不应以求得“有我”之“德”为满足，更应追求“无我”的“天德”。①

士各有志，熊开元将其区分为下面几种：功名之士，以垂勋竹帛为悦；忠孝之士，以安社稷为悦；有道之士，以尧舜君民为悦。熊开元将士之志区分为三，并视其为一种“层累而上”的等级关系，以说明有道之士为最上。同时他又指出，三者之间却有一个共同点，即都将“名位、子女、货财”视为“敝帚”。②

事实上，“气”来源于“志”，于是就有了“志气”之说。如明末清初学者张履祥在治学过程中，于崇祯十二年(1639)已经对“志”与“气”的关系有所体悟，认为“志帅气则为君子，气胜志则为小人”。③ 就此而论，“士气”之重，不言而喻。

自宋至明，士大夫无不看重士气。如宋人朱弁就明确说：“一身之盛衰在乎元气，天下之治乱在乎士气。元气壮则肤革充盈，士气伸则朝廷安强。”他进而认为，善于养生者，务必使自己的元气不耗，而善于治国者，则更应使士气不沮。若欲使士气不沮，则必须防止壅蔽，

---

① (清)钱谦益：《初学集》卷九〇《志伊尹之所志》，见《钱牧斋全集》，1860～1863页，上海，上海古籍出版社，2003。

② (清)熊开元：《鱼山剩稿》卷二《感事赘言一》，168页，上海，上海古籍出版社，1986。

③ (清)张履祥：《杨园先生全集》卷二《上山阴刘念台先生书》，21页，北京，中华书局，2002。

大开言路。① 明人何心隐亦承认人人都有“意气”，只是人所落之意气有大小之别。为此，就意气问题，何心隐将“战国诸公”与“孔门师弟”作了很好的比较：战国诸公之意气，通过互相交往，终成一种侠气，这是一种“小”的意气；而孔门师弟之意气，通过互相交往、切磋，终成一种“道”气，则是一种“大”的意气。战国诸公的意气，不可谓不诚，但其诚仅仅是一己之侠之意而已；而孔门师弟的意气，则是明明德于天下之诚，最终达到“意”与“道”互相凝结在一起的境界。战国诸公之气，不可谓不养，但仅仅养其一己之侠之气；而孔门师弟之气，其所养则为塞乎天地之养。② 众所周知，何心隐是明代士人中颇具侠气的代表人物，却仍然以儒家之道为归宿，不但说明士气的重要性，也足证士气必须归于道统之正。至于钱谦益之论，更是将士气盛衰上升到国运盛衰的高度加以认识。他说：“天下国家之所以治而不乱，危而不倾者，在士气之盛衰而已矣。”他认为，若是士气很盛，士大夫“镞砺名行，蕴义生风，虽其身或不用，道有未光，其声气之所击动，若栴檀之香，逆风而闻，海内与被熏染而不自知”。等到士气衰落，士大夫“嫉名行如砥柱，必欲镌而去之，容头借面，蝇营狗苟，于是海内风气，澌然索然，如腐骨之载朽肉，如凄风之萎残叶，物耻夷，国论熸，而沦胥版荡，驯至于不可为”。③

就“士品”而论，东林人士高攀龙之论则为典型一例。他认为，士无定品，关键在于不要失去人之本色。那么，何为人之本色？高攀龙认为，就是孔子所说的“人之生也直”。正因为人能具此本色，且易如火之炎上、水之就下，所以无论巨细，皆足以成品。正因人具本色，且难如火之不熄、水之不污，所以无论巨细之品，皆见其可贵。在此基础上，他进而得出“人品”“士品”之论：“品士者，校其人，必脉理真

① （宋）朱弁：《曲洧旧闻》附录一《士气》，235～236页，北京，中华书局，2002。

② （明）何心隐：《何心隐集》卷三《答战国诸公孔门师弟之与之别在落意气与不落意气》，54页，北京，中华书局，1981。

③ （清）钱谦益：《有学集》卷三五《明特赠翰林院待诏私谥孝介先生朱君墓表》，见《钱牧斋全集》，1241～1242页。

而后无赝品；论人者，必群品备而后无失人。”①

二、从士风衰微看士大夫精神的局限性

传统中国社会，无不把世风的“厚”与“让”当作一种美谈，而且将“士君子”作为世风的倡导者。《易》传有云：“大丈夫处其厚不处其薄。”又云：“上兴让则下不争。”汉有《崇厚论》，晋有《崇让论》，无不显示出厚薄争让，两相比较如同黑白。

在明代社会中，士风与士习也同样被认为相当重要。如徐阶云：“欲观士大夫名节，但不联姻富室，不接袛山人，便是端庄之士。”②这是就士大夫之名节而论，且其言外之意，晚明的士大夫，已经形成“联姻富室”“接袛山人”之风。可见，这是就士风之变而提出“端庄之士”对社会风气的重要性。又如张居正曾向皇帝进言，要求以“正士习为先务”。③ 他认为，学术之所系，关系匪浅。清初理学大家李光地，更是就士大夫与“百姓细民”之间的关系作了形象的比喻：“如春天树木，何当尽有花叶，觉得有生意；冬天何尝无寒花，觉得枯索。”④因此，他认为，树木只有得到小草的帮衬，才能有起色，而百姓细民就是士大夫的小草，同样可以起到帮衬士大夫的作用。与士大夫为百姓细民的表率之论不同，李光地更多的是着眼于百姓细民对士大夫的帮衬意义，这显然是一种视角转换。

明代士风，并不能一概而论。换言之，士大夫的行为，有其复杂性。在明代的士大夫中，既有恪守儒家行为准则的道德实践者，又有

① (明)高攀龙：《昆陵人品记序》，见(清)黄宗羲编：《明文海》卷二二三，2286页。

② (清)谈迁：《枣林杂俎》圣集《先正流闻·徐阶论士》，214页，北京，中华书局，2006。

③ (明)张居正：《四书直解》卷四《论语卷一·为政第二》，74页，北京，九州出版社，2010。

④ (清)李光地：《榕村语录》卷二二《历代》，403～404页，北京，中华书局，1995。

言不由衷、言行不一的假道学，甚至不乏不顾廉耻者。对明代士风的探索，既要把握其特点，又应注意其内在的变化。

若欲对明代士风、士气深入探讨，有以下两点值得关注：一是士风、士气之历史演变，由此形成明代独特的士风、士气；二是明代士风、士气的内在转向，及其与社会变动之关系。

就前者来说，可引戚继光、刘玉、马从聘等人之说加以阐述。明代抗倭名将戚继光曾就古今人物之变，有过下面一段感慨，基本可以说明晚明士风、士气的基本特点。他认为，明代所谓的“豪侠”，已与古代大相径庭，仅仅相当于古代所谓的“忿戾也”。与此相同，明代所谓的“仁人”，即古之所谓“姑息”；明代所谓的“才人”，即古之所谓“佞人”；明代所谓的“明哲”，即古之所谓“偷生”；明代所谓的“能宦”，即古之所谓“民贼”。总而言之，举凡明代能够“所称于世”之士，无不都属于古之“罔生幸免”。① 这是相当明显的异动，说明在古今士风、士气的演变历程中，明代的士风、士气已经流于世俗化。

当然，士习的变迁，终究还是导源于“世变”。明人刘玉写了一篇名为《世变》的文章，对士习的变迁作了一些考察。在刘玉看来，作为士，其最高的境界则是不断对道德、义理完善加以追求，而上古时期的士，即能达到如此境界。这是“士习之最隆”时期。降及中古，自管仲之讲求事功，李膺之讲求名节，郑玄之讲求训诂，韩愈之讲求述作，导致道德流变为事功，义理流变为训诂、述作。这是“士习之既下”时期，即“道德而功名，固有依于道德者；义理而训诂、述作，固有达于义理者”。迄至明代这样的“末世”，士之所志者，科第而已；士之所营者，禄位而已；士之所习者，呫哔而已；士之所述者，蹈袭而已。于是，功名流变为科第禄位，训诂述作流变为呫哔蹈袭，这是“士习之愈下”时期。② 马从聘称明代为士风、

① （明）戚继光：《愚愚稿》上《大学经解》，见《止止堂集》，253页，北京，中华书局，2001。

② （清）黄宗羲编：《明文海》卷八六，838页。

士习“至陋”的时期①，显然可作为刘玉之说的补充。这种士习的变化趋势，用一种形象的比喻，就好像山丘平夷而为陆地，陆地下沉而为深渊，深渊溃决而为流水，流水满溢而趋于大海。如何改变这种士习，使之回归到原先醇厚的状态，究之明代士大夫的普遍认知，就必须有一些豪杰之士出来加以力挽。

就后者来说，明代士风、士气事实上也存在着一个由盛转衰的历史演变过程。按照明代人的看法，国家若欲扶危定倾，全借“士气”，而士气之盛衰，则或许与“运会”有很大的关系。从明代中期以后，士气开始了由盛到衰的转变过程。宋应星对这一变迁过程作了真实的对比：当士气盛时，士大夫即使面对“刀锯鼎镬”，亦不畏惧；当士气衰时，士大夫就会“闻廷杖而股栗”。当士气盛时，即使“万死投荒”，士大夫亦能做到“怡然就道”；当士气衰时，一旦“三径就闲”，士大夫就会“黯然色沮”。当士气盛时，即使“朝进阶为公卿，暮削籍为田舍”，士大夫亦能泰然处之，“幽忧不形于色”；当士气衰时，即使“台省京堂，外转方面”，士大夫都会“无端愠恨”。当士气盛时，士大夫大多“松菊在念”，即使“郎衔数载”，亦可做到“慨然挂冠”；当士气衰时，即使“崇阶已及，耄期已届，军兴烦苦，指摘交加”，士大夫“尚且麾之不去，而直待贬章之下”。当士气盛时，士大夫无不“班行考选，雍容让德”；当士气衰时，士大夫无不“相讲相攘，贿赂成风，甚至下石倾陷同人而夺之”。当士气盛时，士大夫可以做到“庭参投刺，抗志而争”；当士气衰时，士大夫则“屈己尊呼，非统非属，而长跪请事，无所不至”。当士气盛时，士大夫即使“布衣适体，脱粟饭宾”，亦可以做到“清操自砺”；当士气衰时，士大夫则“服裳不洁，厨传不丰，即醴颜发赭而以为耻”。当士气盛时，若有“一令之疏，一师之败，一节之怠

① 如马从聘论士习之败坏，有云：“国家设学校以造士，求以适用也。今操觚翰者，窃记以猎声华，而叩之则无有；剽芜蔓以媒青紫，而用之则无当。间有好奇喜异者，又索之不可知之域，舍经传而内典之为披，薄彝伦而释子之为友，忽其仁义道德之常，而治其虚无浮游之说，鼓波荡之士，习而趋之，风至陋矣。”参见(明)马从聘：《兰台奏疏》卷一《拟崇实学务实政核实功疏》，见《丛书集成新编》第31册，293页，台北，新文丰出版公司，1985。

慢欺误”，士大夫无不“上章自首”；当士气衰时，士大夫则“掩败为功，侈幸存为大捷，而儌幸朦胧之不暇”。当士气盛时，士大夫“领郡之邑，艰危不避”；当士气衰时，士大夫则“择缺而几，祝神央分，遍挈重债，贿赂滋彰，既欲其靖，又欲其羶，然后快于心”。当士气盛时，即使“蕃兵虏骑攻城掠野”，士大夫亦能“激灑忠义，冒矢撄锋而成功”；当士气衰时，则“疲弱亡命，斩木揭竿”，一旦“谍报邻寇入疆”，士大夫无不“当食不知口处，妻子为虏而不能保”。①

这是相当大的士风、士气异动。那么，这种大的士风变动，就其大处而论，应该说以嘉靖前后为界，加以区分。按照清初理学大家李光地的考察，在嘉靖以前，明太祖朱元璋起自农家，只教人力田读书，深恶贪污，当时的士大夫无不知道“廉耻”二字。所以，嘉靖以前，士大夫“无携宦赀归家营产者”。这可以蔡清为例加以说明。史载蔡清登第之后，不求仕进，只在开元寺教书授徒。一日，为其母画像，母久不出，蔡清往请，其母道：“汝成进士十年，我尚不得一新布衣，不欲出见客也。”蔡清听后，大为伤感，即刻前去赴任。在任不久，又有归隐之心，即告归家居，不久其父去世。后又因贫穷，不能自给，只好去做南京部司之官，其目的就是南京离家乡较近。到任又归隐之心萌动，再次告归家居，其母亦不久即逝，人以为孝感。又史载蔡清任江西提学官时，曾寄出四两银子，周济他的寡居表嫂，再三叮咛告诫，“万勿浪费”。李光地由蔡清之事，发出如下感慨：“当时人虽穷，却穷得热闹。”②然自嘉靖以后，士风、士气大有变化。当然，这仅仅就士风、士气的演变大势而加以区分，大体可以将其分为嘉靖前后两个时期。

其实，细究之，明代士气的变化应该分为三个阶段。明人郑以伟相当看重“士气”，认为士气是支撑、托举国家的主要力量。他将明代士气的演变概括为“三盈”“三竭”，其中云：

---

① （明）宋应星：《野议·士气议》，见《宋应星佚著四种》，12～13页，上海，上海人民出版社，1976。

② （清）李光地：《榕村语录》卷二二《历代》，403～404页。

> 不佞居尝慨士气已三盈竭矣。有忍九族之灭，不肯成革除之一诏，甚至樵夫牧子固首阳之节，为一盈。少焉，脂韦成俗，遂酿土木之祸，为一竭。孝宗时，言论上殿，大臣重足立，为一盈。至大珰盗秉，而媚者半，为一竭。大礼议起，伏阙者声彻内廷，为一盈。嗣后不无少骫矣，为一竭。①

概言之，明代近三百年士气，大体上受到了三次挫辱，一辱于靖难之役，再挫于大礼之议，三折于逆党擅权。

以靖难之役来说，明成祖朱棣在靖难之役后登上了皇帝的宝座，对建文一朝忠义之士的诛锄，正可谓是不遗余力。就明成祖对待忠臣的态度与政策而言，即使与对待敌国巨憝相比，亦堪称是有过之而无不及。从保留下来的南京刑部及教坊司所记的一些资料来看，明成祖诛杀忠臣之事，确实是惨动天地，不妨摘引几例如下：

永乐元年(1403)正月，校尉刘通等解到张乌子等男妇六口及杨文等男妇551名，明成祖下旨道："连日解到的，都是练家的亲。前日那一起，还有不识气的，在城外不肯进来，嗔怪催他，又打那长解。锦衣卫把这厮都拿去，同刑科审。亲近的，拣出来，便凌迟了；远亲的，只发去四散充军；若远亲不肯把亲近的说出来，也都凌迟了。"所有这些人，都是练子宁的亲属，均被凌迟处死。同年二月，解到邹公瑾等男妇448口，也是相同的处理。永乐二年二月，教坊司题奏："有奸恶卓敬女杨奴、牛景先妻刘氏，合无照依前例；谢昇父旺，年七十四，男唆儿，年二十，俱奉钦依，发金齿卫充军，妻韩氏，送淇国公处，转营奸宿；茅大芳并男顺童、道寿，幼男文生，俱典刑，妻张氏发教坊司，病故。由韶舞安政等奏：奉钦依，着锦衣卫分付上元县，抬去门外，着狗吃了。"永乐十一年，教坊司在右顺门口上奏："有奸恶齐泰等姐并外甥媳妇，又有黄子澄妹，四个妇人，每一日一夜，二十余条汉子看守，着年小的都怀有身孕，除生子令作小龟子；又有三岁小儿

① (明)郑以伟：《朱御史集序》，见(清)黄宗羲编：《明文海》卷二五一，2625～2626页。

女，奉钦依，由他不的，长到大，便是个淫贱材儿。”①这显然是对明代士气的一大摧残。明亡之时，尽管崇祯皇帝自己身殉社稷，但能够“死事”的忠臣却寥寥无几，盖非无故。

以大礼之议来说，尽管不乏以死相争之士，但其结局却是从中产生了一些专以迎合皇帝心思之人，借此得以官运亨通。赵贞吉认为，议礼之争，直接导致了“士气卑弱”“委靡成风”，犹如越地所产之绵，“不团而软”。②

以逆党擅权来说，尽管不乏东林一类的正直之士，起而与之颉颃，但更多的则是出于明哲保身的考虑而随波逐流，甚至献媚或助纣为虐。

士气一旦受挫，士人随之出现了两分的现象：

一是仕宦率多寡廉鲜耻，贿赂请托，公行无忌，甚至以封疆为报仇修怨之具。

正统年间，王振专权，即使如大臣王文，亦献媚王振，“见必长跪鼠伏，奔走甚欢，尤为士论所薄”③。当时有一“贱工”，因为“谄事王振”，很多大臣就通过这位贱工向王振行贿，“故趋其门者若市朝，自公以下，多折节与之交”④。成化末年，太监汪直擅权，士大夫更是不能守静安常、不为阿谄，而是“趋者澜倒，莫知纪极”，甚至不惜花费

① 上面所引资料，均见(清)张怡：《玉光剑气集》卷一《帝治》，11～12页，北京，中华书局，2006。

② 赵贞吉揭示道：“今士气委靡成风，譬则越绵不团而软，由往时辅臣议礼争胜，假峻刑以牵众口，一二贪婪固宠者继起，阴懼公议，袭用旧法，遂俾士大夫礼义廉耻之维不立。驯至此时，以言不出口为淳厚，推奸避事为老成，员巧委曲为善处，迁就苟容为行志，柔媚卑逊为谦谨，虚默高谈为清流；论及时事为沽名，忧及民隐为越分；居上位以矫亢刻削为风裁，官下位以逢迎希合为称职；趋爵位以奔竞辨谀为才能，纵货贿以侈大延纳为豪俊。世变江河，愈趋愈下。”参见(明)赵贞吉：《赵贞吉诗文集注》卷二三《补遗·三几九弊三势疏》，官长驰校注，782～783页，成都，巴蜀书社，1999。

③ (清)梁维枢：《玉剑尊闻》卷四《方正》，249页，上海，上海古籍出版社，1986。

④ (明)杨守陈：《杨文懿全集》卷一《览怡寿堂诗集》，见张寿镛辑：《四明丛书》第26册，16024页，扬州，广陵书社，2006。

千两银子设宴，以取悦汪直，真可谓“丧百年士大夫廉耻之节，而不以惭羞”。① 当弘治之世，士风稍有变易，士大夫人人自爱而尚名节，重廉耻，形成一时忠厚之俗。其实，那些“中材之士”，身处盛朝，尚可保其名行，一旦遇到浊世，堤防既坏，不免放溢决荡。自刘瑾一出，这些无耻士大夫，“争先趋附，百计钻研，以营富贵。钻研得效，束装问途，甚至诲淫及于婢女。虽宰执台谏，多稽首董贤之车；父子兄弟，皆垂头万年之床。风俗波荡，无复士气矣。”②即使是“大僚”，亦无不“蒙面濡首，争先屈膝而不恤”，尤其是高铨之子，甚至自劾其父，堪称“衣冠变为异类”的典型例子。③ 于是，人心解体，忠义沮丧，而士大夫亦耳目习玩，以为当然，最终导致风俗纪纲“大坏极弊”。④

所谓的逆党擅权，除了权阉之外，尚有权臣，同样对明代士风造成了极大的影响。如严嵩、张居正擅权之后，士人的交际之礼已经发生了根本性的变化，即官场交际不再为人情所左右，而是受权势制约。很多史料记载已经明确显示，严嵩出任内阁首辅之时，权势熏灼，中外累胁。一些江西的士大夫首开谄谀之风，为了自己在官场上的一己私利，公然称严嵩为父。此风随后得以蔓延外省，很多外省官员也纷纷模仿，竞相认严嵩为父。即使严嵩的家人永年，也是狐假虎威，公然与士大夫“抗礼”，即平起平坐，一些厚颜无耻的士大夫甚至称永年为“雀年先生”。这种情况到了万历初年并没有好转。当时张居正出掌内阁首辅，也是权势显赫一时。张居正门下仆人游七、宋九，在那个时候也是着实风光了一阵。一些朝内“侍从台谏”一类的官员，纷纷与游七、宋九结纳，有些甚至关系相当密切，可以称兄道弟。⑤

① (明)费宏：《费宏集》卷一五《答方寿卿》，吴长庚、费正忠点校，515～516页，上海，上海古籍出版社，2007。

② (明)余珊：《陈言时政十渐疏》，见(明)陈子龙等编：《明经世文编》卷一六七，1697页，北京，中华书局，1997。

③ (清)万斯同：《石园文集》卷五《读高铨传》，见张寿镛辑：《四明丛书》第14册，8405页。

④ (明)费宏：《费宏集》卷一五《与夏公谨书》，吴长庚、费正忠点校，518页。

⑤ (明)于慎行：《谷山笔麈》卷四《相鉴》，37、45～46页，北京，中华书局，1997。

二是其中有些贤者，矜立名节，横执意见，只管实践了自己的道德风节乃至志向，却又不顾国家之事，对世变并不通达，甚至好同己植党。其结果就是使九庙陆沉，帝后杀身殉社稷，明朝最终趋于灭亡。① 换言之，一些士大夫中的贤者开始出现一种以辱为荣的现象。

自明代中期以后，凡是官员向皇帝上奏，一旦出言不慎，得罪了皇帝，往往会被赐杖大廷，这就是明代特有的廷杖。每当廷杖之时，官员通常会“裸体系累”，斯文体面丧失殆尽。这在传统士人看来，应该说是最大的侮辱，并不是盛世所宜之象。令人奇怪的是，明代很多官员并不以此为辱，反以此为荣。而天下的士人则因为这些受廷杖的官员抗疏成名，“羡之如登仙”②。这不能不说是明代士人的一种特有风气。明代官员的“犯颜直谏”，就儒家人士的本心原则而言，应该说不是为了求名，而是希望自己的建言能得到皇帝的采纳。假若皇帝采纳臣子的建议，当然是一种主、臣共荣的理想状态。然而从明代的政治实践来看，一些皇帝多是刚愎自用，不愿采纳臣下的直言，甚至不乏以廷杖相加。尽管官员受辱，但还是不断有官员犯颜直谏。何以出现这种“过归于上而名成于下”的现象？正如明人于慎行所言，还是因为这些官员在向皇帝进言之时，并非出于一种“纯臣之本心”，而是为了求得自己成名。③

三、士大夫精神史的内在转向

揆诸明代士风演变，大致可以概括为以下三大转向：

其一，从清廉向黩货的转变，进而导致“士节卑污”。历来论风俗者，无不看重一个“耻”字，甚至认为风俗之衰，主要在于“耻尚失所”。所谓的“失所”，就不仅仅限于“羞恶”一端。正如明末人袁光南所言：

---

① 相关的论述，可参见(清)魏禧：《魏叔子文集外篇》卷一七《训导汝公家传》，见《魏叔子文集》，877页，北京，中华书局，2003。

② (明)于慎行：《谷山笔麈》卷一〇《明刑》，117页。

③ (明)于慎行：《谷山笔麈》卷一六《琐言》，184页。

“小节无知，便属麻木；大节无耻，便落禽犊。”①明末清初人魏禧也极看重一个“耻”字。他认为，即使是盗贼娼优，若是有些耻意在，便可教化。反之，若其人虽无大恶，但在遇到羞耻之事时，恬然可安，肆然不畏，那么就会终身必无向善之日，其结果就是恶事无所不为。鉴于此，他总结道：“耻字是学人喉关，圣人教人，与小人转为君子，皆从耻上导引激发过去。人一无耻，便如病者闭喉，虽有神丹，不得入腹矣。”②王夫之认为，士之知耻，这是士风的关键。他说：“人之能为大不韪者，非其能所有懼也，唯其能无所耻也。故血气之勇不可人，而犹可器使；唯无所耻者，国家用之而必亡。”他认为，士若耻心荡然，就可清可浊，无不可为，以得宠而避辱，甚至“弑父与君而罪不及”。③

孔子论士，列为三品，而以“行己有耻”为先，其意可知。读书人在平常日子里，当然可以骄语高节，哆口谈廉，似乎做到行己有耻很容易。其实不然，很多人一旦出仕做官，货贿充溢，很快就会染指其间，上负公家，下渔百姓，甚至变为贪得无厌。各代史书作《廉吏传》，其意无非是倡导一种廉洁，以挽救士风。明代士行无耻，乃至丧失廉耻，尽管是宦官专权以后的产物，史实却已证明，这是自明初以来就已存在的事实。郑晓的一段记载，基本可以说明这一问题。④ 中国传

---

① (清)施闰章：《施愚山集·文集》卷一六《袁君启先生小传》，334页，合肥，黄山书社，1992。《袁君启先生小传》附记：袁光南作有《自励篇》，其中云：“孩心自如如，韶光已六六。岁月易消磨，此生不再得。往莫追，来须策。富贵会有命，执鞭岂其欲？钦哉尼父言：有耻士先录。耻则通天关，贯地轴，支撑宇宙不碌碌。小节无知，便属麻木；大节无耻，便落禽犊。麻木愧血肉，禽犊忝眉目。有耻天心见，无耻人欲汩。求志永配命，敢不矢自勖！”

② (清)魏禧：《魏叔子日录》卷一《里言》，见《魏叔子文集》，1059页。

③ (清)王夫之：《读通鉴论》卷五《哀帝一》，107页，北京，中华书局，2002。

④ (明)郑晓记道：“方逊志宠任时，荐西杨，西杨修实录，乃谤方叩头乞余生。西杨荐陈芳洲，芳洲嗾人讦西杨之子稷，竟死西市。芳洲令徐武功更名进用，武功竟置芳洲于铁岭。武功为石总兵画夺门之谋，石又置武功于金齿。近日永嘉、贵溪，亦颇类此。”此则记载，转见(明)焦竑：《玉堂丛语》卷八《仇隙》，288页，北京，中华书局，1997。

统的儒家士人，尤其讲究“知遇之恩”，又讲报恩，而明代士大夫的史实却证明，恩将仇报在当时相当普遍。这不能不说是士人廉耻心丧失的一种有力证据。

仕风的变化，从士大夫的社交中得以充分的反映。初时官场交际，不以贽物的厚薄为意，在风俗上多少还带有一些古意。据史料记载，王恕到京城见一位阁老，只是带上一只羊毛口袋作为进见之礼。阁老见了以后感到奇怪，就问：“此物何用?”这位王先生却不以为轻，答道：“这口袋盛米，二三十年也不得破。”可见当时仕风还是比较淳朴，即使王恕身为都御史高官，仍不过拿一只羊毛口袋作为礼物。随后的仕风却发生了很大的转变，开始趋于“体仪繁厚”。①

照理说来，士之廉，犹如女之洁，属于分之当然。但晚明士人之廉者，无不具有一种“傲物”之心。究其原因，正如戚继光所言，这是因为在当时的时代，士人之廉，确属不易。“上则父母期必其成家，中则妻孥欲丰其衣食，下则子孙厚望其蓄遗。父母、妻孥、子孙，皆己之可欲而不能割者”。② 除非能做到割爱窒欲，或斩钢截铁，否则就难免会被官场习气所染，要不了多久，也就同流合污了。所以，戚继光认为，士人具傲物之心，其本意还是偏于要做好人一边。晚明的史实确已证明戚继光所说不误。士习、仕风一至晚明，已是“大坏”。对此，焦竑有如下揭示：“盖士习大坏，知营身家不知有民瘼，知急交游不知有吏职；稍自好者，以宠赂公行，势难独立，有相随而靡耳。”③一至晚明，士人之耻尚完全被颠倒了，如德业不如人，不以为耻，所耻者乃在名位与享受不如人。④ 王夫之也对明末的士风有下面的揭示：“数十年之士风，每况而愈下；其相趋也，每下而愈况。师媚其生徒，邻

---

① (明)吕柟：《泾野子内篇》卷二七《礼部北所语第三十五》，284页，北京，中华书局，1992。

② (明)戚继光：《愚愚稿》上《大学经解》，见《止止堂集》，253～254页。

③ (明)焦竑：《澹园集》卷五《国计议》，28页，北京，中华书局，1999。

④ (明)焦竑：《澹园集》卷四七《崇正堂答问》，722页。

媚其豪右，士媚其守令，乃至媚其胥隶，友媚其奔势走货之淫朋。”①

最为令人称奇的是，科举取士原本属于国家的大典，但竟然也成为主考们营财的最好工具。在明代科场，有些考官就称门生为“庄子”，其意是说得一门生，如同得一座田庄，可以从中获取租子。更有甚者，有些考官称得一举人门生如同生一女儿，得一进士门生如同生一儿子，甚至有“嫁女赔钱，养儿侍老”②的说法，究其言外之意，则是对进士门生格外看重。显然，在科举的考场上，也是交易如市，贿赂公行。

明代官场，贪污之风盛行。其间的变化，源于士人求利意识的勃兴，并早在宣德年间已经初露端倪。按照儒家传统的观念，君子处事，理当视义理为是非，不当视人情世故为是非。然根据罗伦的记载，宣德年间杨士奇主政之时，顾佐因士奇之荐，出任都御史一职。一日，有人上言，称顾佐卖放皂隶。为此，明宣宗召见杨士奇，问道：“顾佐有此事否？为大臣而不检如此，何以长风宪哉！卿何为荐此人也?”士奇回答：“此事有之。近仕者禄不足，虽臣亦然，非独顾也。”③罗伦所言顾佐之事，杨士奇《圣谕录》卷下记载事情本末更为详尽④，不但可以进一步补充罗伦所记，而且至少可以说明下面两个问题：其一，明代京城朝臣卖放皂隶，从中收取金钱以维持自己在京城的生活，这尽管是明代朝臣俸禄太薄所致，并被一些官员奉为惯例，但从真正的儒家道德修养来说，正如罗伦所言，应该以“义理”为是非，而不应该以

---

① (明)王夫之：《薑斋文集》卷二《文学刘君昆映墓志铭》，见《王船山诗文集》，36页，北京，中华书局，1983。

② (清)陆文衡：《啬庵随笔》卷三，清光绪二十三年刻本。

③ (明)罗伦：《一峰文集》卷八《与刘用光》，732页，上海，上海古籍出版社，1991。

④ 杨士奇记云：“宣德四年，顾佐自升都御史，宪度严明，宿弊清革，下至吏卒，悚仄懔然，吏有遭笞者，捃佐之过，谓受皂隶赂放归，悉具姓名诉通政司以闻。上密以示臣士奇，且曰：‘尔不举佐廉乎?’对曰：‘所诉之事诚有非诬，盖今朝臣月俸止给米一石，薪炭马刍咸资于皂，不得不遣半归，使备所用，皂亦皆乐得归耕，实官皂两便，此京师大小臣僚皆然。臣亦然。永乐以来如此。仁宗皇帝固知之，所以增朝臣之俸。’”说具(明)杨士奇：《圣谕录》卷下，见《东里别集》，409页，北京，中华书局，1998。

“人情世故”为是非。就人情世故而言，朝臣卖放皂隶，当然事出有因，而且情有可原，但这其实违反了一个儒家知识分子安贫乐道的义理准则。其二，官员贪污之风，并非是至宣德年间才成为一个社会问题，而是在永乐末年就已经出现。①

当然，明代士大夫贪墨之风的形成，还是应将其定为嘉靖前后。根据史料记载，明初士大夫致仕归里，多无资囊，每每以任为籍，且为人所称道。其子孙亦以宦籍为荣，遇到外客，必云：“某乃某时宦籍子孙。”即使到了嘉靖初年，士大夫宦归乡里，行李至国门，大多夜里偷偷进城，且说：“勿使乡党见。”显然，虽有贪墨之行，尚存羞耻之心。至嘉靖三十年(1551)之后，凡是仕宦而归者，其宦囊“动以百数笥”，且大白天在闹市中运送宦囊，“惟恐其乡党不见，则不相荣矣”。这种风气，甚至影响到一般的民众。于是，市民群处剧谈，但云：“某某做官回，囊资何其厚也，是何其能也!”假如致仕归里，宦囊积薄，就会被人骂为“嗤子”。若是有官员因为犯颜批鳞而得祸，众人更是必道：“著何苦?”②若是译成白话，其意是说：“这又是何苦呢?”

官员之贪墨，究其原因，还是因为其官之得，本来就出自贿选，有些人为了得到一个美缺，不惜在京借贷。严嵩、严世蕃父子掌权之时，更是大开卖官之门。每当开选，则明白标价某官银若干，至于升迁，亦是明白标价。群官争相竞争，甚至导致价格转增。试举其二，以例其余。如当时吏部稽勋司缺一名主事，凡是那些资格相应者，就争着谋取此官，犹如群儿争啖一饼，于是世蕃之门，纷然若市。有一刑部主事项治元，出身富家，必欲得此美差，于是就出银13000两，通过家人严年递送，最终获得此官。因所贿银子之数，正好与过去的富民沈万三相符，为此士林中人就戏称其为“沈官儿”。又有一位举人

---

① 宣德三年(1428)，明宣宗召集杨荣、杨士奇等人议事。宣宗说：“吾三人商量一事，京师端本澄源之地，祖宗时朝臣无贪者，年来贪浊之风满朝，何也?”杨士奇答：“贪风永乐之末已作，但至今甚耳。”云云。此即其证。说具(明)杨士奇：《圣谕录》卷下，见《东里别集》，408页。

② (明)戚继光：《愚愚稿》下，见《止止堂集》，316页。

潘鸿业，想得山东临清州知州一职，自己携带800两银子进京，再在京城借贷1500两银子，最后以2300两银子的价格，通过中书严鸿的关系，从中谋得此职。①

嘉靖之后，至万历初年，士大夫一度还看重“廉节”，顾及“名义”，不敢公然黩货。一至熹宗，由于太监魏忠贤擅权，非贿不行，于是凡是做官者，“专计宦囊丰约，全无愧耻之心矣”。② 至崇祯年间，京城官场更是贿赂大行。为了防止行贿、受贿被缉事者发现而遭致重遣，于是贿赂变得更为隐秘。鉴于行贿、受贿之事的败露，大多因为行贿之人疏漏，所以后来就不再托人，往往见面致通刺，一揖之后，就托言以诗史相质，出诸袖中。凡银称“拙作”，金称“新作”，珠则称“小作”，受贿者心领神会，随即纳之袖中。③ 显然，行贿者已是巧妙百出，有些甚至假借赠墨，而行贿赂之实。④

官场贿赂、贪黩之风，并不单单存在于京城，甚至蔓延至地方官场。即以地方上的知县为例，为了自己的前程，不惜大肆贿赂各级上司官员。根据明末人陈子龙的揭示，若欲得一“百里之邑”的知县，约略计之，所费“不下数百金”。任知县六载，所谓“谢荐杂赂”，亦“不下二千金”。自计典以至考选，更是“不下三四千金”。可见，一个读书人从布衣而拜御史、给事中，“非数千金不可得也”。⑤ 这确实是当时官场的实录。据史料记载，当时湖广有一位知县，因为在任时贪污而被罢官。但他回到家乡之后，还是过着锦衣美食的生活，而且歌童舞姬

---

① (明)邹应龙：《贪横荫臣欺君蠹国疏》，见(明)陈子龙：《明经世文编》卷三二九，3523～3524页，北京，中华书局，1962。

② (清)张履祥：《杨园先生全集》卷二三《客座记感》，657～658页。

③ (清)归庄：《归庄集》卷一〇《随笔二十四则》，516～517页，上海，上海古籍出版社，1984。

④ 史载朱大雅任安徽祁门知县时，“尝有国子生馈墨二匣。他日视之，则黄金也。呼其人切责曰：‘前日之墨，却是等臭。’其人恐惧，谢罪怀之以去”。这是借赠墨而行贿之例。参见(清)张履祥：《杨园先生全集》卷三一《言行见闻录一》，888页。

⑤ (明)陈子龙：《安雅堂稿》卷一〇《澄吏道》，180页，沈阳，辽宁教育出版社，2003。

之多，简直如同王侯。一次，酒醉之后，他终于说出了大实话："我若无主意，听孔夫子说话，今且无饭吃，安得有此?"①这些表面上还是尊崇孔夫子的儒家士大夫，其实根本没有把孔夫子的格言放在心里。又有一位官员因为贪污被罢官，当有人问他为何贪污时，他也直言相告："做官如娼妓要钱，只为老鸨狠鞭挞耳。上司之求索，要津之挟制，间有借贷名色，以善取者，其何以应?"②做官犹如做娼妓，公开贪污要钱，正如娼妓被老鸨所逼，这些话尽管有为自己遮羞之嫌，但基本道出了身在官场的士大夫的无奈之情。

正因为官场已经对贪黩货贿习以为常，所以当这些衣冠之士在审问劫盗之时，面对劫盗的责难，反而会哑口无言。下面的一则记载，可能是对明代身处官场的读书人的绝妙讽刺。按照明代的惯例，每年秋后在北京录囚，公卿全都到场。成化年间有一年，官员们在录囚时审问一位劫盗，这位劫盗不但没有服辩，而且大声道："若辈何必问吾！吾为贫，故行盗耳。若辈位高禄厚，非贫也，罔不贪黩货贿，较诸白昼劫夺者为甚，尚不知愧乎?"③诸位"肉食者"，听后无不羞愧，无以应对。可见，儒名而盗行，比起真正的劫盗来，实是有过之而无不及。

正如陈子龙所言，明代的官场已是"上好谄誉，下轻廉隅，贿赂公行"，所谓的"通才""显士"，其实是"行同贾竖，迹类倡优"。④ 至明末，因为吏部把持选政，一些士人为了能做官，甚或谋得一个肥缺，更使官场几乎成为"面皮世界，书帕长安"。此即大小官员，无不"以官爵为性命，以钻刺为风俗，以贿赂为交际，以嘱托为当然，以狥情为盛德，以请教为谦厚"。据史料记载，当时吏部负责选官事务的官员，每当遇到退朝之后，"则三五成群，如墙而遮，留之讲升、讲调、讲地

---

① （明）江盈科：《雪涛阁集》卷一四《甘利》，见《江盈科集》下，653～654页，长沙，岳麓书社，1997。

② （清）陆文衡：《啬庵随笔》卷二。

③ （明）戴冠：《濯缨亭笔记》卷五，明嘉靖华氏刊本。

④ （明）陈子龙：《安雅堂稿》附录二《兵垣奏议上·直陈祸乱之原疏》，410页。

方、讲起用。既唯诺矣，则又有遮留者，恒至嗌干舌敝而后脱。一至署中，则以私书至。其三五连名者，谓之‘公书’，填户盈几，应接不暇。”①为了仕途上的进升，地方官员不得不到京城向把持“津要”之职的人行贿。行贿之人的贿款，当然有厚薄之分，而这些“津要”官员给他们的回报也各有不同。为此，明代京城的市面上流传着这样一句话：“十两银，到处寻。一匹缎，看一半。一匹纱，没处查。”②清代有一句“纱帽底下无穷汉”的“乡言”俗语，可见所有戴纱帽者已不再清风两袖，而是“居官者簠簋不饬，一切官之父族母族妻族，甚至婢妾族，以亲及亲，坐幕立幕，皆在纱帽底下。粮制巨斛，饷勒浮收，词讼通关节，馈送索门包，肉食罗绮，挟伎呼卢，无所不至”。③ 这一俗语的引用者为清人王有光，就是以明末的官场实例作为注脚。

上面所述仅仅是士风从清廉向黩货之转变，属于求“利”的层面。至于一些士人为了在功名仕途上有更大的前途，不惜做出有辱斯文的举动。“洗鸟御史”与“挑土中书”的出现，不能不说是最典型的例子，确乎可称玷污衣冠，辱败士风。④ 这似乎不是单个的例子，而是在士人中蔚然成一风气。不妨再举一个例子。如成化年间，大太监黄赐丧母，当时有一位翰林院的官员甚至“衰绖持杖而哭”，以“孝子自处”。⑤

---

① (清)林时对：《荷牐丛谈》卷二《赵忠毅公奏铨曹积弊》，199～200页，扬州，江苏广陵古籍刻印社，1990。

② (明)戴冠：《濯缨亭笔记》卷五。

③ (清)王有光：《吴下谚联》卷三《纱帽底下无穷汉》，76页，北京，中华书局，1982。

④ 陆容记道：“御史职司风纪，中书舍人供奉丝纶，其任皆不薄也。名器之轻重，衣冠之荣玷，则系其人焉。近时一进士，平素出入阁老万公之门，得改翰林庶吉士，万病阴痿，吉士自誉善医。具药沈为洗之，因得为御史。翌圣夫人之侄季通，以门荫官中舍，一同寮济宁人与通友善。尝得归省，以箧寄通，所封鐍甚固。夫人素谙世故，命启视之。其人固辞，夫人不许，乃强启之。一箧有旧衣数件，其下皆书籍，一箧旧衣下皆土墼。夫人大怒曰：‘他日欲诬我家耶?’命殴之。通跪请，乃令自担其二箧去。时人为之语曰‘洗鸟御史’，‘挑土中书’。一时同官者气为沮丧，其辱败士风甚矣。”参见(明)陆容：《菽园杂记》卷五，60～61页，北京，中华书局，1997。

⑤ (明)戴冠：《濯缨亭笔记》卷二。

此事尽管为当时的言官所论劾，但已经足以说明士风堕落之普遍。

这两者合在一起，最终造成"士气卑污"，甚或士风"贪戾"。何为"士气卑污"？正如王廷相所云，就是士大夫"刻忍而不仁，淫荡而蔑德，贪利而忘义，骄横而犯礼，鄙陋之风肆行于上，机巧剽劫尤甚于民，恬然安之，不以为异，风行草偃，上下相效。"①简言之，亦即礼、义、廉、耻"四维"丧失殆尽。而张履祥则将晚明士风士气概括为"贪"与"戾"两字。"贪"与儒家传统所倡导的"让"相对，而"戾"则与"仁"相对。他认为，晚明的士大夫以及相关的人心风俗，唯有"贪戾"而已，其间虽有"甚与不甚"之别，但没有不贪不戾之人。② 于是，读书士子在出仕之前，其最大的愿望已不再是治国、平天下，而是仅仅限于追求富贵、美色、安逸。当时流行的士人三大"宏愿"之说，堪称典型一例。明代有一位名吴平坡的秀才，平生有三大愿：一愿芜湖抽分；二愿买杨千户房屋；三愿买某娼为妾。后吴氏登弘治十八年(1505)进士，三愿俱遂。③

正如明代嘉定人沈龄所论，在此士风的影响下，即使文士，亦"无不重财"。这从文士替他人写文章收取润笔费可以得到印证。换言之，文士将收取润笔视为一种"利市"，且视取人之钱为"精神"。这是士大夫精神世界堕落的典型例证。明代中期江南的才子群体，替人作文，无不收取润笔。如有人曾通过亲昵之人，向桑怿求作一文，桑怿则明白告之："平生未尝白作文字，最败兴，你可暂将银一锭四五两置吾

---

① (明)王廷相：《雅述》上篇，见《王廷相集》(第2册)，王孝鱼点校，847～848页，北京，中华书局，2009。

② (清)张履祥：《杨园先生全集》卷四二《备忘四》，1162页。

③ (明)李绍文：《云间杂识》卷一，叶6b，上海，瑞华印务局，1935。按：此例李乐亦有记载，尽管所记稍异，但显然所谓的"吴某"是同一人，且可为前记之补充。李乐记道："云间吴某中乡举后，游南都，与一美妓相厚，语人曰：吾若登第，当妾此妓。果两如愿云。此少年习心之常，不足为怪。榷税芜湖，囊橐既裕，治第太侈，制一卧床，费至一千余金，不知何木料，何妆饰所成。不久，房属之他姓，床巨丽难拆，遂并弃焉。此可为仕宦之永鉴矣。"参见(明)李乐：《见闻杂记》卷三，242页，上海，上海古籍出版社，1986。

前，发兴后待作完，仍还汝可也。”可见，桑悸已将“白作文字”视为“最败兴”之事，即使碍于朋友情谊，无法收取润笔，但亦必须将银子置于眼前，才能“发兴”。作为名闻遐迩的才子，当时向唐伯虎求文者更是纷至沓来。他曾有一个大本子，专门记录替人写文之事，本子的封面上，则公开题写“利市”二字。这是将润笔视为“利市”，亦即致富发财之一端。都穆尽管号称“不苟取”，但亦汲汲于替人作文，借此兴发利市。史称他曾经有疾，还是以帕子裹头强起。人请他稍事休息，他却答道：“若不如此，则无人来求文字矣。”无人来求文字，就无利市可发。至于以书法著名的祝枝山，更是将取人之钱视为“精神”。史载有人曾向他求文，祝枝山问道：“是见精神否?”来人答：“然。”祝枝山又说：“吾不与他计较，清物也好。”来人问需要何种清物，祝枝山直言：“青羊绒罢。”①在明代，青羊绒是一种相当贵重的面料，祝枝山却在“清物”二字的掩饰下，公然收取润笔。

没有官职的文人，替人写文章索取“润笔”，或许尚在情理之中。至于那些在职的官员，也大多通过此法向人索取钱财，这不能不说贪贿有术了。从明代的史料记载中可知，当时有一些官至通显而又心怀贪昧者，往往不问人之贤愚，只要有人身带丰厚的馈赠，就替人写铭、诔、表、传或庆贺赠送这一类应酬之文。更有一些地方上的府、县官员，也往往假借求修庙学碑或刻书序而纳贿。② 这种行径，行贿者或许是意在求人之庇己，而受贿者则意在掩盖自己的苟得，不能不说是一种巧术，但在明眼人看来，不过是掩耳盗铃的把戏而已。众所周知，明代很多大员在上任时，照例会出一个告示，或者给所属官员下一札子，要求地方官员查处利用自己的名头招摇撞骗之人。其实，这些做法不过是表面官样文章而已。谓予不信，那么可以看下面一个例子。贺霖在任苏州知府时，当时有一位都御史边某，先下了一个札子给府、县属官，云：“子弟皆居家读书务农，并无出外经商放债者，如有假托

---

① (明)李诩：《戒庵老人漫笔》卷一《文士润笔》，16页，北京，中华书局，1982。

② (明)戴冠：《濯缨亭笔记》卷二。

干扰，所在官司即捕执送官治罪。”但不久，这位边某“乃以手书放债，令子侄赍诣有司”。地方官也无奈，只好全力替他追债，以致“民不胜捶楚，如伪券偿之”。①

其二，从精勤向怠惰的转变，进而形成一种安于豢养、逸乐之俗。

士大夫一旦以追逐货利作为自己为官的终极目标，那么势必在政务上不再“精勤”，而是因循苟且，“怠惰”成习。正如清初理学大家李光地所言，人生日用修为，大抵“精勤”便是“兴旺之气”，而“怠惰”则是“衰废之气”。而明代的士大夫，已是“白昼安眠，夜中饮宴”②，显然养成了一种怠惰之习。

李光地的说法并非无本之木，同样可以从明人的看法中得到印证。明人胡世宁直称朝士已是“安于豢养，狃于因循”。这就是说，明代的士大夫，他们群居言议所及，或者心志所向，不说“升官”，则说“成家”。一旦有人语及国事当忧，民瘼当恤，则众怒群猜，百口排斥，不是斥之为“生事”，就是斥之为“好名”，“使必无所容身，不能出言而后已”。③ 更有甚者，“宁负公家而不负私室，宁害下民而不害己身”，更是成了一些地方官员明哲保身甚至加官进爵的要诀。李梦阳更是将士大夫身处官场的圆滑之态，视之为反映于士气中的一种“元气之病”。按照儒家的教义，自孔子以来，就主张“邦有道，危言危行”。但就明代士大夫的风气来说，却是不喜人言，见人张拱深揖，口呐呐不吐词，则以为“老成”。不仅如此，还不喜人直，遇事圆巧而委曲，则以为“善处”。是以转相则效，翕然风靡。④

毫无疑问，这是一种官场“缄默圆活”之风，其目的则是为了保持自己的官位爵禄。对此，王邦直揭示道：“上司多喜谄佞，而无靡监之忠；下官专事逢迎，而忘尽职之义。大抵依阿软熟，惟恐招尤；缄默

---

① （明）戴冠：《濯缨亭笔记》卷三。

② （清）李光地：《榕村续语录》卷一八《治道》，822页。

③ （明）胡世宁：《备边十策疏》，见（明）陈子龙：《明经世文编》卷一三六，1350～1351页，北京，中华书局，1962。

④ （明）李梦阳：《应诏上书疏》，见（明）陈子龙：《明经世文编》卷一三八，1372～1373页。

圆活，以图保禄。”①换言之，就是士气“卑弱”，萎靡成风。赵贞吉对此做了概括，即士大夫以“言不出口”为“淳厚”，以“推奸避事”为“老成”，以“员巧委曲”为“善处”，以“迁就苟容”为“行志”，以“柔媚卑逊”为“谦谨”，以“虚默高谈”为“清流”。与此相应，则反而将“论及时事”视为“沽名”，将“忧及民隐”视为“越分”。其结果，则是造成官场圆滑、软媚之风：“居上位，以矫亢刻削为风裁；官下位，以逢迎希合为称职。”②犹如越地之绵，不团而软。

明代的官场已普遍被当时的学者视为“毒蛇聚会之地”。若是一个平昔心肠条直甚至全不会使乖之人进入官场，必定会吃大亏。所以，有人就告诫那些性格刚直之人，进入仕途之后，“坐中非但不可谈论人长短得失，虽论文谈诗，亦须慎之”。否则，一不小心，就会“谤议交作”。③ 对此，明末清初人林时对根据自己的仕宦经历，对明代官员的因循苟且之风深有感触。在林时对的眼中，凡是能够“飨高名而踞要路”的士大夫，大多“贵倨鲜洟，沉默寡言笑”。若是有人问他们“目前利害”，则无不半吞半吐，顾瞻缩朒，不肯直下承当。究其用意，就是“容头过身，哄骗三九到手，便抽身享福”。为此，他们视国家治乱存亡，如秦人视越人之肥瘠，毫不关心，最终酿成不痛不痒之世界，“使己幸保身家，而祸贻君父，江山断送，宗社丘墟”。即使如此，此辈尚可“逍遥泉石，终全首领以殁也”。④

由此可见，明代士大夫的大患，正如陈子龙所言，在于平居多了“逸乐之心”。为了追求逸乐的生活，他们可以“不措意天下事”，而是“朝夕问田宅、近妇人而已”。一旦身当兵革，那么，无不“张皇失策，一坐数起，瞻顾左右，欲言更止”，不再能“仪度如常，不废觞咏”。⑤

---

① (明)王邦直：《陈愚衷以恤民穷以隆圣治事》，见(明)陈子龙：《明经世文编》卷二五一，2639页。

② (明)赵贞吉：《三几九弊三势疏》，见(明)陈子龙：《明经世文编》卷二五四，2683页。

③ (明)邓球：《皇明咏化类编》卷七九《士风》，明隆庆间刊钞补本。

④ (清)林时对：《荷牐丛谈》卷二《杨忠烈公血书》，202～203页。

⑤ (明)陈子龙：《安雅堂稿》卷三《徐职方诗稿序》，37页。

其实，从万历末年之后，官场中的士大夫已经开始相习奢侈，诸如宫室、车马、衣服、器用之属，无不“崇饰华丽，迈越等伦”。即使那些以清高自命，且宦橐无多的士大夫，亦不惜“称贷母钱”，“缔构园亭卉本，耽娱山水诗文，以是优游卒岁为快”。譬如他们的亲串朋好，偶逢吉庆生辰，就相率“敛钱造杯，制帐更迭酬赠，以为固然”。①

官场中的士大夫为了保持这种奢侈逸乐的生活，除了在任时大肆贪贿之外，还在乡里鱼肉百姓。从崇祯朝工科给事中曹应遴的上疏中可知，明末的绅富大多为“衣租食税，安坐而吸百姓之髓”之辈。在平日里，他们“操奇赢以病民，而独拥其利”，导致乡里百姓对他们缺乏信任感。一旦面临社会动乱，再欲使贫民“出力相护，无是理也”。最为典型的例子，有以下两个：一是秦王号称富甲天下，当起义军攻破西安时，“府库千百万，悉以资贼”；二是莱阳城破之时，乡绅张宏德“自捐其藏，得百万金，不免阖门就戮”。②

其三，从“奔竞而可鄙”向“矫激而立名”的转变，进而形成一种激扬名声之风。

在晚明，士大夫群体中已经形成一股趋竞黜静之风。照理说来，用人理应根据人的才品而定。“竞进”之人，其实就是孔子所谓患得患失的“鄙夫”，其人品已属不屑，而且“营营焉以钻刺结纳为事”，那么居官亦必“虚饰务名，而不尽力于职业”，无才足称。然士大夫一旦趋于利欲，那么，奔竞、趋走则成一种常态，且能官运亨通，而不愿奔竞的“静者”必会远离而去，日少一日。③ 正是有了这种干进之精神，才导致士风大坏。如何改变这种士风？赵南星认为最重要的方法就是奖恬抑竞。如何奖恬抑竞？这在赵南星看来，还是应该回到恢复自己的“良心”这一老路上去。所谓的良心，就是恻隐、羞恶、辞让、是非，

① （明）杨嗣昌：《杨嗣昌集》卷三三《访据疏》，823页，长沙，岳麓书社，2005。

② （清）张怡：《玉光剑气集》卷四《国是》，187～188页。

③ （明）赵南星：《覆陈给事疏》，见（明）陈子龙：《明经世文编》卷四五九，5022页。

亦即孟子所谓的“四端”，均由仁、义、礼、智而发。赵南星清醒地认识到，士大夫只要有了恻隐之心，就不会再去害人；只要有了羞恶之心，就不会再有贱辱妄苟之行；只要有了辞让之心，就不会再接受其所不臧；只要有了是非之心，就不会再以私意而混乱黑白。①

昔人有言：贪夫殉利，烈士殉名。其言外之意，就是士之趋朝，犹如贾之趋市一般。晚明士风，在张居正执政前后，发生了很大的转变。这就是说，当张居正执政之时，“党同伐异，闪烁动人，天下之人，以为时之所尚者或在彼也，于是乎媚灶乞墦，甘心罔上，苟蒙一顾，罔恤生平，即乡党自好者流，犹或望而趋之”。此时的士习为“奔竞而可鄙”。一旦张居正去世，奔竞顿息，但士风随之亦发生转变，即变而为“悻悻立名，高自标榜，争蹊取径，渐失本真，即瑕瑜相半者流，犹将袭而取之”。此时的士习为“矫激而不情”。② 更有甚者，万历年间的官场，无不养成“矫情饰貌”之风。根据《谈往》的记载，当时的宦局世风，已经流变为“崇尚朴素，贪索名高”。这从馆寓之屋，可以得到印证，亦即士大夫崇尚“清淡简率，俭啬鄙陋”，最终导致“官于此屋争品，屋亦因此官而告颓”③，可以说道尽当时之弊。至崇祯年间，由于朝廷开始关注“岩穴之士”，为此，士人亦“危言深论，激扬名声”，进而导致“有匹夫上书诋诃禁近，处士抗论裁核公卿”，浸浸乎犹如东汉之局。④

晚明士人，显然有一种“名士”情结，为此形成“好名”之风。明代

① (明)赵南星：《再剖良心责己秉公疏》，见(明)陈子龙：《明经世文编》卷四五九，5023页。

② (明)许弘纲：《计典乍竣众志方新乞崇实行以端士习事》，见(明)陈子龙：《明经世文编》卷四三〇，4708页。

③ 如《谈往》有记载馆寓变化云：“寓此馆者，初则门槅为薪，继则椽槛佐爨，前人苇席遮穿，后人则拆三并两，更为一，至于广筵长夜之器用，主以情借，仆以奸卖，空空如也。清谈简率，俭啬鄙陋，官于此屋争品，屋亦因此官而告颓。”转引自(清)方濬师：《蕉轩随录》卷七《居官勿矫情饰貌》，274页，北京，中华书局，1995。

④ (清)吴伟业：《吴梅村全集》卷二七《文集》五《何季穆文集序》，654页，上海，上海古籍出版社，1999。

士人好名之习，同样体现在嘉靖、隆庆以后所出现的“好古”之风中。如于慎行就指出，当时的士大夫在所写的文章中，无不雅好古风，诸如称朝廷吏、户、礼、兵、刑、工六卿为太宰、大司徒、大司马等，称都察院左右都御是为大中丞，称锦衣卫掌印指挥为大金吾，称顺天府尹为大京兆，称各镇总兵为大将军之类，无不是以古官名代替当时官名。照理说来，名言之间，礼分所寓。士大夫之言，一落文字，涉及官名，理应职、任相合才是。但明代的士大夫却并不如此，一概雅好古名，甚至不乏孟浪无稽。① 除此之外，在生活样式上，明代的士大夫确乎堪称“诸事慕古”，譬如衣服崇尚唐缎、宋锦，巾帻推崇晋巾、唐巾、东坡巾，一说砚台必提铜雀，墨以李廷珪为贵，字以王羲之、褚遂良为宗主，画则求赵子昂、黄大痴。如此等等，不一而足。唯独做人却不思学习古人，且不说明初洪武、永乐年间之人，即使是嘉靖初年之人，亦不追思仿效。间或有一二人欲行古人之道，就会有人跳将出来，加以指摘讥贬。② 这仅仅是外在形式上对古人加以仿效，而并非在个人心性修养上的慕古，称其为“不知类”，并不为过，但这确实是当时士大夫的一种风气。

这就牵涉明代士人的好名之习。从郑瑄的揭示可以看出，当时的士大夫，不但要利，而且求名。明代士大夫往往做出很多自相矛盾的事情，其实都是为了求得名利。如他们大多喜好捐资起塔施僧，但在助贫赈乏方面显得相当纤啬。可见，他们并非真能轻财，而是通过施财以求“福利”。又如他们通常在仕进路上显示出很淡漠的态度，有时甚至显得很慵懒，表示自己很不愿意做官，但在子女、财帛方面又变得相当迷恋。这也不是真的清淡，而是为了求得好的声望。③

明代士大夫虽动称要铲除“名根”，其实名根未除。何以言此？明人徐应雷对此曾做了相当仔细的辨析。通过他的辨析可知，明代士大

---

① （明）于慎行：《谷山笔麈》卷一三《称谓》，148～149页。

② （明）李乐：《见闻杂记》卷六，480～481页。

③ （明）郑瑄：《昨非庵日纂》卷六《坦游》，见（晋）葛洪等辑：《笔记小说大观》第14册，49页，扬州，江苏广陵古籍刻印社，1983。

夫之“好名”“名根”已具以下两大特点：其一，士大夫动称“铲除名根”，却无真正的“好名”之人。譬如，一见孝友忠信、高洁超旷、慷慨义烈之士，士大夫中的“弱者”不但不知自愧，反而会“讶人之能”；至于士大夫中的“强者”，尽管颇知其愧，却又忌人之能，动辄加以“好名”二字，蔽其生平。于是，士大夫谈道好讲学者，动辄称“当铲尽名根”，其实是说者容易，却很难见到有真正好名之人。其二，“好名”之习的俗化。不妨试举下面多例。如某位名公由翰林外补，官仅滞于外台，且又病甚，某位名士必作如下评论：“此公文章、人品俱卓，独名根尚在，未得赐环，是故病甚。”又如某位禅师使人传话，让某名士前来拜见。对此，徐应雷认为，这位禅师一向真心实行，必定不会做出如此举动。但是某位名士则说：“禅师独名根尚在耳。”又如某位名公不得会元，某位名公不得状元，终身不怿，士人通常亦以“名根尚在”责之。又如有一大家商议请人撰写葬录，先是请甲撰写墓志、乙撰写墓表、丙撰写传，而后又请丁撰写传；先是请戊撰写诔，而后又请己撰写诔；先是请庚撰写挽章，而后又请辛、壬、癸撰写挽章。为何如此惮烦，正如这大家的子孙所云：“吾恐丁、巳、辛、癸之愠也。”照理说来，别人家的葬录无求于己，既省一事，又省去一番曲笔谀词，应该说是相当安佚之事，又何愠之有？但世俗之见，还是将其归之于“丁、巳、辛、癸名根重”。其实，所有上面之例，与名根毫不相干。凡此数者，并非名根未铲，应该说是“不及于名者也，其名根尚埋藏九地之下者也”。换言之，明代的士大夫已经将“好名”之“名”做了根本性的混淆，不但将“孝友忠信、高洁超旷、慷慨义烈之士”视为好名，甚至“紊一切鄙陋龌龊之情态”，亦将其称为“好名”。① 进言之，明代恰恰缺少真正的好名之士。

基于上述，从士风变迁，确乎不难看出明代士大夫精神的堕落之势。就士大夫的上层而言，由于风俗寖薄，最终导致“士习益变”，诸如“曲跽为恭，厚貌为信，喜怒相疑，愚智相欺，诞谩以言，而险德以行”之类，还不都是士习益变的明证。士大夫身处如此时代，就如入百

① (明)徐应雷：《好名》，见(清)黄宗羲编：《明文海》卷九四，923页。

戏之场，无不耳目眩惑，很难做到砥行立名，不辱“士”之称谓。① 明人吕坤将官场士风的“病本”归纳为“私”与“伪”，可谓一语中的。所谓“私”，就是将原本应该属于秉公持正、矢心天日之地的衙门，变而为“借得为之势，以结大小之欢”；所谓“伪”，就是将原本为国民利病所关的实政，仅仅以簿书文移弥缝搪塞，一生精神，只是用在应酬世态、绸缪身家之处。② 而王廷相则更是以“俗”“鄙”“奸”“恶”四字形容当时的士气，亦堪称入木三分。照理说来，作为“探六籍，尊仲尼”的读书人，应该说对“道义”之说习之有素，并将之付诸实践，而事实并非如此。之所以不能实践“道义”之说，还是因为士大夫已经“志卑而习汙”之故。所谓“俗”，就是“不求诸道义，而惟情欲之狥”；所谓“鄙”，就是“不耻害于道义，而惟利之是计”；所谓“奸”，就是“假道义之名，而实利已之图”；所谓“恶”，就是“离畔道义，残物而无忌”。③

士大夫上层的精神堕落如此，下层士人更是士习大坏。明代坛坫林立，文社四起，此为当时风气，不足为怪。然若细究之，明代文社中的诸多行为，确乎如陆符所言，已有“播为乱气”之势，从某种程度上堪比“盗贼”。④ 进而论之，明代的学校之士，已经不再务学，学校已经失去了应有的严肃性。以学校的明伦堂为例，南北两京国子监设彝伦堂，明初诸帝曾屡次驾幸。其后，凡是皇帝登极，亦必视学升堂，让翰林院的宿儒大臣讲说儒家之书。为此，国子监祭酒、司业全都避

---

① (明)钱琦：《测语》卷下，见《盐邑志林》卷二六，影印明刻本。

② (明)郑涵编：《吕坤年谱》，151页，郑州，中州古籍出版社，1985。

③ (明)王廷相：《王氏家藏集》卷二一《叙齿录后序山东壬午乡试》，见《王廷相集》第2册，401页。

④ 陆符揭露明季士习之坏，有云：“少读书吴中，朋友亲昵，署其刺曰‘友’而止，未几而概名以‘社’，犹无乖于丽泽也；未几而更益以‘盟’。其后噉名者日多，踵事者日出，闻声肸蠁，皆以此称谓张大其声气，其盟主几若齐、秦之欲自帝于东西；署置同事名曰‘首勋’，摈排异己谓之‘屏放’，狂惑至此，播为乱气，若澜倒堤决，莫之堙塞。而登莱孔有德之难，渠魁遂亦以此相招集，流寇因而效焉。夫人必身无乱气，而后可以理天下之乱。”陆符之说，参见(清)全祖望：《鲒埼亭集外编》卷二五《陆大行环堵集序》，见朱铸禹汇校集注：《全祖望集汇校集注》中册，1216页，上海，上海古籍出版社，2000。

中堂不坐。在外府、州、县学校的明伦堂，虽无皇帝驾临，然顾名思义，除了乡饮酒礼之外，绝不应该在其中设席。时至晚明，不但在明伦堂中设席，而且还在堂中演戏。这足以证明学校的主人与宾客，确实达到“读书不识字”的地步。① 士子不但不务学，其中稍有所习，亦是不再遵奉朝廷功令、以朱熹的《四书集注》为本，而是敢于背叛朱熹，明示攻击。为了投时好而取青紫的目的，甚至不乏“务怪逞奇”之举。②

俗语有云：天下本无事，庸人扰之耳。宋人亦有言：庸人何足以扰天下之事，扰天下之事者，智者也。所谓“庸人”，指普通的民众而言；而所谓“智者”，则显属读儒家之书、识儒家义理的士大夫。照理说来，士大夫理应是地方善风善俗的维护者，维系朝廷纪纲法度的中流砥柱，而事实并非如此。正如明人李乐所言：“予谓庸人所扰，其害小；智者所扰，其害大。而私智穿凿天下之所尊信者，其害为尤大。”③可见，士大夫精神一旦堕落，反而会成为社会秩序的破坏者。就此而论，明人田艺蘅将士大夫一称的“大夫”，视为“小夫”而加以非议，确是事出有因。究其原因，所谓的“大夫”，主要基于他们“道大德大而业大”，犹如孟子所谓的“大丈夫”。既称大夫，自然属于君子一类，但明代的时风却并不尽然。士大夫之“大”，已是“不大其道，大其势；不大其德，大其财；不大其业，大其弊”。④

尤堪注意者，明代存在着不少家风谨严的士大夫家族，如归安茅氏家族，茅坤为官颇显。其兄茅乾俶傥有侠气，家人以贾商为业；其弟茅艮则笃朴安分，嗜农桑利。两人均不曾倚恃茅坤之势，剥削残虐细民，各成大家。史称茅氏家族，人丁颇盛，“富贵贫贱纷杂，皆能务本力穑，其贫贱者，不屑仰干富贵家，而富贵人待其宗人，亦固守卑幼之礼，能勿失”。⑤ 又如嘉兴朱氏，朱国祚曾任吏部侍郎，当自家仆

---

① (明)李乐:《见闻杂记》卷五，466页。

② (明)李乐:《见闻杂记》卷五，463～464页。

③ (明)李乐:《见闻杂记》卷五，466～467页。

④ (明)田艺蘅:《留青日札》卷三七《非夫过言》，1167页，上海，上海古籍出版社，1985。

⑤ (明)李乐:《见闻杂记》续卷一〇，790～791页。

人与店家发生争执时，能当众对家仆加以责罚，安慰小户。① 在宦家焰大的明末季世，确属特立独行之举。但就总体而言，士大夫家风已呈堕落之势。只要父兄一登科第，那么其子弟大都“凭借起家”，甚至奴仆，亦大多倚势欺凌乡里。② 士大夫门风堕落，显然与世风浅薄桴鼓相应。

近人劳思光在论及明代知识分子时，曾认为当时的知识分子有一种“自危之感”和“被迫害感”。在这种自我感觉的阴影下，明代知识分子，“不论气质性格为刚为柔，为正为邪，大抵皆无扭转乾坤之信心及承担感。最上者不过能以‘一死’自守原则，下者即俯首权力之下，随人摆布而已。”③此论尽管就其大体而言，然若揆诸明代士大夫精神的堕落之势，确乎道出了实情，不乏真知灼见。

---

① （明）李乐：《见闻杂记》续卷一一，1028页。

② （明）李乐：《见闻杂记》续卷一〇，790页。

③ 劳思光：《新编中国哲学史》三卷上，55～56页，桂林，广西师范大学出版社，2005。

目　录

上编　日常生活：肄业、科考及其仕进之途

下编 社会生活：职业、生计及其社会交往

导 论

一、生员及其相关概念辨析

所谓生员，既可指中央国子监的“国学生员”①，更应指明代地方政府学校的学生，是一级科名的拥有者，俗称“秀才”②。就功能与等级而言，它不同于举人、进士这些较高的科名。获得生员这种科名，除了说明拥有者具有一定的学术成就的声望之外，也是读书士子日渐狭窄的仕进之途的开始。③ 他们隶属于本籍的地方学校，并以其本人的学生身份接受学校教官的约束、地方有司的提调，以及提学院道官员的考试。除了例外的荐举、捐纳二途之外，地方儒学的生员并无出

---

① 如明初文献《大明令》言：“凡国学生员，一品至九品文武官子孙、弟侄年一十二岁以上者充补，以一百名为额。”可见，国子监的学生也可称为“生员”。说具《大明令·礼令》，见怀效锋点校：《大明律》附录，253页，北京，法律出版社，1999。按：笔者所探讨的生员，当指明代地方儒学的生员。而国子监的监生，因林丽月已著《明代的国子监生》(台北，私立东吴大学中国学术著作奖助委员会，1978)一书给予了专门的讨论，故略而不论。书中所论监生，仅限于与地方儒学生员相关者，即那些由地方儒学贡入国子监的贡生。

② T'ung-tsu Ch'ü, *Local Government in China Under the Ch'ing*, Cambridge and London, Harvard University Press, 1988, p. 171. John Cleverley, *The Schooling of China: Tradition and Modernity in Chinese Education*, North Sydney, Allen Unwin, 1991, pp. 15-16.

③ John R. Watt, *The District Magistrate in Late Imperial China*, New York and London, Columbia University Press, 1972, p. 23.

仕的资格，却可以通过出贡成为国学的生员而做官，甚至具有参加乡试的资格。生员不是官，却是四民之首，依照制度规定而享受准官僚的礼遇，社会地位与庶民迥然有异。生员可以享受种种身份特权，既有法定的礼仪、司法、经济上的特权，又有利用自己的身份而攫取的非法却又习以为常的特权。

生员是绅士(gentry)的一部分，更确切地说，是绅士的下层。关于生员是否属于绅士，在西方学术界有争论。张仲礼将生员视作绅士的下层，而何炳棣仅将生员称为“学者平民”①，从而将其排斥在绅士层之外。即使将生员归入绅士层，但是否刻意需要将绅士层区分为上、下两层，同样存在着不同的看法。如研究者(Mary Backus)就不同于张仲礼的看法，在拥有高级科名并具有做官资格的官僚绅士与生员及另外一些拥有低级科名并不具有做官资格者之间作一区分。她认为，“事实上，不论是否做官，关键应该是对在里面起作用的人与外在的国家结构作一区分”②。这显然是将绅士层与外在的国家结构视作一体。其实，若从明代的实际状况来说，绅士的上、下层确乎是在逐渐分化。生员层慢慢从绅士层游离出来，成为相对独立的一个社会阶层。所谓“相对独立”，一方面，是指生员是绅士层的一员，有诸多的共同利益，亦即在代表地方利益方面，他们可以表现出一致性；另一方面，一至晚明，由于生员的相对贫困化，生员层与绅士层的上层已开始在利益方面发生一些冲突。

---

① Ping-ti Ho, *The Ladder of Success in Imperial China*, New York, Columbia University Press, 1962. 张仲礼：《中国绅士——关于其在19世纪中国社会中作用的研究》，李荣昌译，4～7页，上海，上海社会科学院出版社，1991。关于张仲礼、何炳棣观点的评述，可参见：Frederic Wakeman, Jr., “Introduction: The Evolution of Local Control in Late Imperial China,”in Frederic Wakeman, Jr. and Carolyn Grant(eds.), *Conflict and Control in Late Imperial China*, Berkeley, University of California Press, 1975, p. 3, note 9；吕妙芬：《阳明学讲会》，载《新史学》，1998(2)。

② Mary Backus, *Elite Activism and Political Transformation in China: Zhe-jiang Province, 1865-1911*, Stanford, Stanford University Press, 1986, pp. 19-20.

从专业术语的角度来说，由于中、英文语言的差异，笔者有必要对绅士这一概念进行适当的梳理。正如瞿同祖所言，在中国早期的术语中，“缙绅”这一称呼可以追溯到秦汉以前，但几乎都是作为官员的同义词。而“绅士”或“绅衿”则主要在明清两代使用，表示一种新的社会阶层集团的出现——科名学衔的拥有者（绅或衿）。① 瞿同祖对“绅士”概念的探讨，仅仅是将其作了简单的区分，也即以是否做官作为区分的标准：已经做官者为“官绅(official-gentry)”，而尚未做官者则可称为“学绅”或“士绅(scholar-gentry)”。② 若用中国传统的专业术语，可能前者即“绅”，后者即“衿”。生员理应属于后者。本杰明·艾尔曼(Benjamin A. Elman)在区分“绅士(gentry)”和“文人(literati)”概念的基础上，也提出了“绅士文人(gentry-literati)”和“学绅(scholar-gentry)”两个概念。③ 艾尔曼所用的概念，若用中国传统的专业术语，则前者相当于“文臣”④，后者可称“学士”。

西方学者喜用“绅士(gentry)”指传统中国的士大夫阶级，而日本学者则多用“乡绅”一称加以替代。考“乡绅”一词，在宋代文献中已有其例。一至明代中期以后，乡绅概念便在史料中频繁出现，成为一种固定用语，亦即将一些在乡缙绅称为“乡绅”。日本史学界对乡绅问题的研究较为深入，成果斐然，并在对乡绅的解释上形成下面两种基本

---

① T'ung-tsu Ch'ü, *Local Government in China Under the Ch'ing*, p. 169.

② T'ung-tsu Ch'ü, *Local Government in China Under the Ch'ing*, p. 172.

③ Benjamin A. Elman, *A Cultural History of Civil Examination in Late Imperial China*, Berkeley, University of California Press, 2000, p. xvii, note 1. 按：张仲礼也强调“gentry”与“literati”两者的差别。他认为，英语“gentry”一词可以翻译成中文的“绅士”或“缙绅”。而“literati”一词，只带有学者生涯这一不完整的单一意思，并不能表示绅士集团在社会、经济、政治势力等方面全面的意思。参见张仲礼：《中国绅士——关于其在19世纪中国社会中作用的研究》，7～8页。

④ 按：“文臣”这一概念，具有双重的含义：当文与武相对时，文臣(civil official)代表的是一种官员身份，以便与武将(military official)相区别；而当从文人的角度去看待文臣时，则此时的文臣仅仅是广义文人中具有官衔的一部分人，从而与纯粹的布衣文人有所区分。

的看法：一种见解认为，乡绅者（不论现任、赐假、退任），乃为具有官僚身份的人乡居时的称呼，举人以下不具有官僚身份的监生、生员等称为士人，以示两者的区别①；另一种见解主张应该广义地理解“在乡缙绅”，乡绅者，即是具有生员、监生、举人、进士等身份乃至资格，居住在乡里的人的总称。② 其实，与张仲礼将生员列入士绅阶级中最低层次，或者如何炳棣认为生员学问低劣不将其列入士绅阶级相较③，基本是一致的。

生员也是传统“士大夫”阶层的一员。明人焦竑释“大夫”“士”如下：“夫者扶也。士者事也。不任事非士也；不扶善非大夫也。”④这是就“士”与“大夫”的职责进行定义，有其道德责任上的合一性。但事实上，是否“任事”，往往成为“士”与“大夫”的职责分界。近人周作人在其早年反对将中国社会阶层区分为“有产”与“无产”两类，认为中国社会本身所具有的“有产者可以穷而降于舆台，无产者可以达而升为王侯”的特点，决定了中国民族的统一性特征，亦即生活可以有不平等，但思想则是平等的。换言之，他主张，生活上可以有两个阶级，思想上却只有一个阶级，亦即以士农工商为主体的四民所构成的“第三阶级”思

---

① ［日］奥崎裕司：《中国乡绅地主之研究》，转引自［日］寺田隆信：《关于“乡绅”》，见《明清史国际学术讨论会论文集》，113页，天津，天津人民出版社，1982。

② ［日］寺田隆信：《关于“乡绅”》，见《明清史国际学术讨论会论文集》，113～114页。按：冯尔康等编著《中国社会史研究概述》认为，所谓缙绅，指的是现任官员、留职离任官员、封赠官、捐纳官等，或被称为官僚地主。绅衿则是指有功名（学衔）而未仕的人物，包括文武举人、监生、生员等。二者对地方有相当的影响，又常居乡间，所以有的学者又名之为“乡绅”。这种看法显然已将日本学者的两种见解进行了综合，不失为一种新趋向。然若以“绅衿”指未仕者，尚有可商榷之处，当拟用“青衿”较为合适。在明代，未仕者为“青衿”，出仕则称“释褐”。此即为例。而绅衿，则应是官僚、举贡、监生、生员等人形成的集团。参见伍丹戈：《明代绅衿地主的发展》，见《明史研究论丛》第2辑，9页，南京，江苏人民出版社，1983。

③ 吕妙芬：《阳明学讲会》。

④ （明）焦竑：《澹园集》卷六《公卿大夫士说》上册，36页。

想，又可以称之为“升官发财”的思想。① 显然，就思想而言，他将士大夫与民众置于同一阵营。但他到了晚年，无疑已受到共产主义思想的洗礼，也不知不觉地将对士大夫的理解置于人民大众的对立面。他论“圣人”道：在中国有一种官派的圣人，即士大夫，以圣道猎官；又一种是和尚派的圣人，即道学家，谈玄说理。到最后，这两派终于归并，主宰政治与学术，为封建制度服务。他固然承认中国的读书人本来大多来自民间，但又认为，中国的士大夫有一个传统，即“一人之下，万人之上”的理想，“把自己的利益看得与统治者一致，这样就与民众脱离，形成别一阶级了”。② 这是将士大夫视作统治阶级的一部分。在费孝通笔下，绅士实际上可以等同于传统中国所广泛存在的土地占有者。他认为，所谓的绅士阶级，有时也可以被称为“士大夫”，即“官方学者(scholar-official)”。③ 费孝通所谓的“官方学者”，用中国传统的话语来表达，即“学士”。但他同时又认为，尽管绅士与士大夫群体确实有紧密的联系，然若细究之，仍可以将两者区分开来。换言之，在传统中国，若一个人出生在绅士家庭，未必就一定意味着会成为读书人或者官员。④ 罗伯特·雷德菲尔德(Robert Redfield)在介绍费孝通的著作时指出，士大夫和绅士必须放在一起讨论，因为前者大部分是从后者产生的。“士大夫是杰出人物；绅士则是社会和经济的阶

---

① 周作人：《爆竹》，见刘应争编选：《知堂小品》，209～210页，西安，陕西人民出版社，1991。

② 周作人：《经学史的教训》《士大夫的习气》，见陈子善、鄢琨编：《饭后随笔——周作人自选精品集》，13、149页，石家庄，河北人民出版社，1994。

③ 关于“士大夫”这一概念，西方学者大体以其指称有官位的士人，故英译多作“scholar-official”。事实上，在传统中国的文献中，“士大夫”无疑可以析为上、下两层，即“大夫”与“士”。大夫为有官位的士人，而士则为尚无官位的潜在的大夫。笔者所指的士大夫，为广义的概念，包括上、下两层，而并非一般英译所指的狭义含义，即仅指有官位的部分士人。

④ Fei Hsiao-tung，Redfield M. p. (ed.)，“China's Gentry，Essays in Rural-Urban Relalions”，*Far Eastern Quarterly*，1953(3)，p. 333. 转引自[英]莫里斯·弗里德曼：《中国东南的宗族组织》，69页。

级”。[①] 其实，这种说法也有一些偏颇，无法真正把握中国绅士层或者士大夫阶级的实质。确切地说，士大夫与绅士大体可以等同，正如士大夫可以析为士与大夫，绅士这一概念事实上也包含了绅与士两层。就生员层而言，若用士大夫来表达，则偏于士的一面，而不是大夫；若用绅士来表达，则仍偏于士的一面，而不是绅。

生员又是文人(literati)的一部分。当晚明生员“弃巾”成风，而布衣文人又单独形成颇具特色的“山人”层时[②]，对文人这一概念进行一番梳理，并进而考察生员在文人群体中所扮演的角色，也是生员研究课题中相当关键的问题。

文人是一个相当古老而又传统的称谓[③]，却又被后来的研究者提出的“士”“士大夫”“绅士”(乡绅)或“知识分子”等概念所湮没而不甚彰显。[④] 关于文人的定义，过去的论者甚多，概言之，大体不外广义或狭义两种。所谓广义的文人，即与武人相对者，可指一切舞文弄墨之人。换言之，广义的文人可以包括从事一切实践及知识活动的人。从

---

① [英]莫里斯·弗里德曼：《中国东南的宗族组织》，69页。

② 关于明代山人研究，较早的成果有谢兴尧作于20世纪40年代的《谈明季山人》，见谢兴尧：《堪隐斋随笔》，238～242页，沈阳，辽宁教育出版社，1995。日本学者铃木正《明代山人考》(见“清水博士追悼纪念”明代史论丛编纂委员会：《清水博士追悼纪念·明代史论丛》，东京，大安出版社，1962)一文，也是较早系统研究明代山人的论文。近期对明代山人较为理想的成果，有陈万益：《晚明小品与明季文人生活》，37～83页，台北，大安出版社，1988。

③ 文人无疑是“文”或“文学”的创造者。在春秋以前，“文人”一词，即指有“文德之人”，是一种崇高的道德人格。换言之，当时尚无严格意义上的文人。至战国时，文人又用以指“文辩之士”。至东汉，王充重新提出这一概念，表明“文人”这一人物类型正式形成。分见季镇淮：《“文”义探源》，见《来之文录》，26～28页，北京，北京大学出版社，1992；于迎春：《汉代文人与文学观念的演进》，16～17、139页，北京，东方出版社，1997。

④ 王赓武在《中国社会中的学者：历史背景》一文中，通过对中国人有影响的学问类型加以辨别，对中国的传统学者进行分类，以便使他们的主要特征可以显示得更清楚一些。他将学者分为圣贤型、九品型、流外型、遗民型四种。这是颇具启发性的分类方法。参见王赓武：《历史的功能》，姚楠编译，118～119页，香港，中华书局，1990。

这种意义上说，文人亦即知识分子的代名词①，或者可以称之为“斯文”一脉。② 从狭义的角度而言，文人应是从儒、士中分化出来的一个特殊社会阶层，即知识阶层中专事“雕虫篆刻”的“词章家”，也就是只限于诗歌、散文、小说、戏曲的作者。③

在西方，文人一般通称“literati”。按照艾尔曼的解释，文人应该属于绅士中有选择的一部分。他们作为文化精英④而拥有他们的地位，而他们主要是通过经典学问、世袭典礼知识和文学作品取得这种地位。⑤ 显然，这是指狭义的文人，正好与萧公权称文人为“潜在的绅士(potential gentry)”的说法有异曲同工之妙。⑥ 这就是说，绅士可以是

---

① 譬如周天论文人道：“文人，也即知识分子，在封建社会里，除了少数例外情况，大致是统治阶级的一个组成部分，是统治阶级中的一个特定阶级。”参见周天：《文人的悲剧》，3 页，西安，华岳文艺出版社，1988。而么书仪也认为，文人与现代的“知识分子”概念有着某些共同点。参见么书仪：《元代文人心态》，1～3 页，北京，文化艺术出版社，1993。

② 狄百瑞认为，“文”这个字还有更广泛的含义，它指的是比文艺及美艺的休闲活动更深刻的一些东西。这就是胡瑗说的“诗书史传子集垂法后世”的意思。孔子说过他自己的时代与“斯文”相终始，许多新儒家也像孔子一样以在现世中重振“斯文”，维系道统为毕生之个人责任。字里行间不难发现“文”及“文人”的广义性。而日本学者中村元也认为，文人“是知识人，读书人，同时也是道义承担者，指导者。中国历代王朝的官僚，都是从此类文人中选出的”。其说分见[美]狄百瑞：《中国的自由传统》，李弘祺译，64～65 页，香港，中文大学出版社，1983；[日]中村元：《中国人之思维方法》，徐复观译，101 页，台北，学生书局，1991。

③ 钱钟书：《论文人》，见《写在人生边上》，74 页，北京，中国社会科学出版社，1990；颜昆阳：《论汉代文人》，见《汉代文学与思想学术研讨会论文集》，210 页，台北，文史哲出版社，1991。

④ 关于“文化精英”的组成，事实上包括双重含义：就狭义的角度而言，他们理应指文化人中的上层；而从广义的角度来说，则可指总体的文化人士，以便与不识字的民间百姓加以区别，从而使上层的“士人文化”(雅的层面)与下层的“民间文化”(俗的层面)有所区别。

⑤ Benjamin A. Elman，*A Cultural History of Civil Examination in Late Imperial China*，Berkeley，University of California Press，1999，p. xvii，note 1.

⑥ Kung-Chuan Hsiao，*Rural China*：*Imperial Control in the Nineteenth Century*，Seattle，University of Washington Press，1960，p. 505.

文人，但文人未必就具有绅士的资格与地位。揆之中国史实，自汉至清，传统的"儒"大多会成为官僚。但到了明清时期，当文人阶层的基础日渐稳固，而文人阶层也被国家以科举学衔所承认时，专以治儒家经典为职责的学者(儒)，反而被认为是典型的文人。① 换言之，文臣与纯粹的布衣文人已经开始分野。基于此，艾尔曼多用"man of culture"称呼广义的文人②，而"literati"则仅指狭义的文人。

狭义的文人，原本只有文人、诗人之别。自元以后，尤其到了明清，因戏曲、小说相继出现，遂形成了写作戏曲、小说的专业(亦可称职业)文人。③ 事实上，晚明大量布衣文人的出现，无疑对文人群体的壮大起了至关重要的作用。所谓布衣文人，一方面，是指晚明普遍存在的山人，而山人多为生员弃巾者。换言之，在正德、嘉靖以前，廊庙尚数盈丘壑；隆庆、万历以后，韦布几抗簪缨。④ 另一方面，也是指那些从事民歌、戏曲创作的下层知识分子。在晚明，后一类文人绝非少数。如青阳滚调戏曲，是明末清初继弋阳腔以后，能与士大夫阶层中流行的昆山腔抗衡的民间戏曲。据有的学者研究，青阳滚调的鼎盛时期，当在万历中期到崇祯年间。而这些青阳滚调的辑者，既不是蜚声文坛的名士，也极少涉足官场；多数是厕身民间、不见经传的布衣之士。⑤ 正如有的研究者所指出，由于科举考试的激烈竞争，导致很多有文学修养的人，在科举中屡遭失败，或以生员而终身，有些甚

---

① Stephen J. Roddy, *Literati Identity and Its Fictional Representations in Late Imperial China*, Stanford, Stanford University Press, 1998, pp. 3-5.

② Benjamin A. Elman, *A Cultural History of Civil Examination in Late Imperial China*, p. 375. 按："man of culture"事实上可与"intellectual"等同齐观。

③ Chun-shu Chang and Shelley Hsueh-lun Chang, *Crisis and Transformation in Seventeenth-Century China: Society, Culture, and Modernity in Li Yü's World*, Ann Arbor, The University of Michigan Press, 1992, pp. 129-192.

④ 陈广宏：《晚明福建地区的城市诗人》，见朱立元、裴高主编：《中西学术(2)》，140～155页，上海，复旦大学出版社，1996。

⑤ 李平：《〈乐府玉树英〉残卷对青阳滚调的探讨价值》，见朱立元、裴高主编：《中西学术(2)》，170～194页。

至连生员的科名也没有取得。① 正是这庞大的布衣文人群体的存在，方使文人在晚明几乎构成了一个"坚如磐石的集团"。② 在这文人集团中，生员无疑扮演了一个至关重要的角色。

生员层从绅士层中游离出来，并成为一个相对稳定、独立的社会阶层，当然这已是明末的事情。在明末，时人已将生员层视作独立的社会力量。譬如，顾炎武将乡宦、生员、胥吏并列，将其视为病民的三种社会力量。③ 费密也认为明代有"五蠹"：衙蠹，即州县吏胥快皂；府蠹，即投献王府，武断乡曲者；豪蠹，即民间强悍之人；宦蠹，即缙绅家义男作威作福；学蠹；即生员喜事害人。④ 显然，这均是将乡宦、生员并称，说明生员层已不再依附于乡宦。

生员层的形成，主要基于以下三个方面的原因。一是明代中期以后，全国生员数急剧增加。⑤ 按照顾炎武的估计，不下 50 万。⑥ 据笔者的考察，估计在明末已达 60 万之上。⑦ 尽管在嘉靖年间和万历初年均有沙汰生员之举，然由此而导致生员层的流动，以及生员身份的特殊性，即一旦倡谋起事，"由其智力相并，动足致人"⑧，最终迫使统治者不得不取消此举。二是在生员数大量增加的同时，科举的录取率

---

① Willard J. Peterson, *Bitter Gourd: Fang I-chih and the Impetus for Intellectual Change*, New Haven, Conn, Yale University Press, 1979, pp. 166-167. 按：包筠雅(Cynthia J. Brokaw)将文人定义为"持有功名而没有一官半职的人"，显然缺乏一定的完整性，因为这一定义已将"文臣"与那些甚至连科名也没有的纯粹布衣"文人"排除在文人圈外。参见[美]包筠雅：《功过格：明清社会的道德秩序》，杜正贞、张林译，12 页，杭州，浙江人民出版社，1999。

② Susan Naquin and Evelyn Rawski, *Chinese Society in the Eighteenth Century*, New Haven, Conn, Yale University Press, 1987, pp. 222-225.

③ (清)顾炎武：《亭林文集》卷一《生员论》中，见《顾亭林诗文集》，22～23 页，北京，中华书局，1983。

④ (清)费密：《荒书》，153～154 页，杭州，浙江古籍出版社，1983。

⑤ Ping-ti Ho, *The Ladder of Success in Imperial China*, pp. 173-179.

⑥ (清)顾炎武：《亭林文集》卷一《生员论》上，见《顾亭林诗文集》，21 页。

⑦ 详细考察，可参见上编，第三章，第三节。

⑧ (明)张宁：《重修海盐县儒学碑》，见(清)黄宗羲编：《明文海》卷六七，608 页。

却基本保持不变，使生员中举的难度相对增大，于是，保持生员身份的时间也相对稳定，甚至不乏衣巾终生者。三是古无闲民，士有定业。明初生员多在学校肄业，大多具有兢兢实功。明中叶以降，由于附学生员的大量增加，又不在学宫斋宿肄业，致使生员养成一种闲散虚乐的习气，也即游惰之习，饱食终日，无所用心，群居终日，言不及义。生员是否在学校肄业，对生员的人格影响颇大。在学校，明伦堂镌有卧碑，明有“学禁”。提学道官员到任后，在学校门首置木粉牌一座，上横书“提学道禁约”，下二行，大书：“生员不许结党陈言，嘱托公事，揽拖钱粮，主唆词讼，违者黜退为民。”①可见，生员若聚于学校，其行为会受到种种制约。而生员一旦流入社会，以志趣相结，声气相应，其群体的力量就不容忽视。

显然，对明代生员的考察，事实上牵涉到的相关问题极其复杂。简言之，生员是官学(即政府学校)的学生，必然与一代教育制度相关；生员的录取，通常采用的是考试这种方法，而生员资格的获取，又是随后得中举人、进士的第一步，于是就与科举有了紧密的联系；在明代，出仕必由科举，科举必由学校，因此，学校生员就成为了明代各级政府机构官员的源头，也就与官僚政治休戚相关；生员作为一个社会阶层，其资格的取得固然是通过考试，而不是土地或财富，然若细究之，生员又何尝不与土地、经济发生关系，也即生员资格的取得，必然使其具有经济上的特权，而生员生活的维持，也需要种种经济上的支持，于是生员又与明代经济实况不可分割；生员身份的取得，原本是为了在仕途上有更高的发展，但明代科举制度的特殊性却导致绝大部分的生员被摒弃于仕途之外，只能向社会流动，在社会中求生存，于是生员又与社会相涉，在社会的各个层面留下了他们的踪影。最后，生员是明代缙绅(或称绅士、乡绅、士大夫)阶层中的一员，确切地说是绅士集团的下层，在地方社会中有其具体的地位，并发挥其应有的作用。

---

① (明)毕懋良：《两浙学政》，叶15b，明万历三十八年刻本。

二、明代的教育体系

明清教育及科举考试均直接宋代。相比之下，明代社会与宋代社会有着诸多相同之处：在学术上，均出现了理学，甚至高踞庙堂，成为正统；城市都很繁荣，并由此而产生了众多的适应城市平民生活的文化。李弘祺曾对宋代教育有深入的研究①，他的真知灼见，甚至对于研究明代教育也不乏启发性的价值。

艾尔曼认为，明代国家官僚选拔体制通过一种由四个主要部分组成的选拔和任命制度得以重建：学校、考试、荐举和任命。② 这种观点颇具见地。

明代官方的学校制度最为完备。在中央有国子监，在地方有府、州、县学。此外，还有都司、行都司儒学，卫儒学、都转运司儒学，以及宣慰司儒学、按抚司儒学、诸土司儒学，甚至还有宗学与社学。

在元代，中国传统社会的自然领导者，即受过教育的土地占有者，在蒙古兵入侵中原时遭到了部分的杀戮，士人地位一落千丈。朱元璋建立明朝后，颁发了许多御制或敕撰的书籍，如《大明令》《大明律》《御制大诰》《皇明祖训》《学校格式》《教民榜文》，尽管有些属于法令或起到法律的作用，但也多将法律寓于教化之中。③ 而学校的设立，无疑反映了朱元璋重视儒家教化的基本思想。究国子监的创设，当追溯到元末至正二十四年(1364)。据明人卢上铭《辟雍考》的记载，此年所设学

---

① Thomas H. C. Lee, *Government Education and Examinations in Sung China*, Hong Kong, The Chinese University Press, 1985, p. 20.

② Benjamin A. Elman, "Changes in Confucian Civil Service Examination from the Ming to the Ch'ing Dynasty," in Benjamin A. Elman and Alexander Woodside (eds.), *Education and Society in Late Imperial China, 1600-1900*, Berkeley and Los Angeles, University of California Press, 1994, p. 113.

③ Charles O. Hucker, *The Ming Dynasty: Its Origins and Evolving Institutions*, Ann Arbor, Centre for Chinese Studies, The University of Michigan, 1978, pp. 1, 44-45.

尚未称“国子学”，而是称“博士厅”。次年，即至正二十五年(1365)，朱元璋下令，将集庆路学改为“国子学”。洪武元年(1368)春正月，朱元璋即帝位，于是国子学改称“大明国子学”。洪武十五年(1382)，国子学正式改称“国子监”。① 中都也设国子学，后并入京师。永乐元年，始设北京国子监。迁都后，又有南北国子监之分。明代的国子监类似远古时的成均、汉代的太学。唐设有东监、西监，在监肄业的称为国子生，这是国子监的开始。宋、元都设有国子学。明循唐宋之制而规模更为扩大。

明代地方学校的设置，始于元末至正十九年(1359)。此年，朱元璋命宁越知府王宗显开设郡学，延儒士叶仪、宋濂为五经师，戴良为学正，吴沈、徐原为训导。洪武二年(1369)，诏命郡县设立学校，从此建立起一整套的地方学校、学官制度。

明代地方学校之盛，为唐宋以来所不及。除府、州、县学外，在一些边地或西南由土司控制的地区，设有一些卫学或土司儒学。自明代中期以后，这类学校呈迅猛发展之势，不仅提高了边远少数民族地区的文化教育水平，而且促进了地域间或民族间的文化交流，甚至明中期以后生员数的大量增加，也与这类学校的普遍增设不无关系。②

此外，在一些盐场还有专门为商人子弟设立的运司学，这也是明代学校制度的特点。早在元代，河东盐场就专门为盐商子弟设立了“运学”，其注册学生称为“运籍”，运籍学生允许在所属运司应试。明初运学一度废除，至正统初年，河东恢复“运学”“运籍”。但有些盐场如两淮、长芦等仍不设运学，盐商子弟可附籍应试，取得专门额例。当时

---

① 杨启樵：《明初人才培养与登进制度及其演变》，载《新亚学报》，第6卷第2期，1964；陈宝良：《明代学官制度探析》，载《社会科学辑刊》，1994(3)。

② 西南土司地区儒学的兴起，很早就由黄开华论及，参见黄开华：《明代土司制度设施与西南开发(下)》，载《新亚学报》，第6卷，第2期，1964。此文尚包括卫学方面的内容。过去由于对明代卫所制度的片面理解，即仅视其为军事制度，而忽略其行政地理概念的特点，因而对卫学也缺乏研究，甚至将卫学与武学混为一谈。就此而言，蔡嘉麟的《明代的卫学教育》(硕士论文，中国文化大学史学研究所，1998)无疑具有开拓性的价值。

这种附籍虽未称商籍，却已属商人设专籍的先导。至万历二十八年(1600)，政府专设“商籍”①，商人子弟可以在占籍之地应试科举，政府还在地方学校为商人专设学额。

明代的小学教育也相当发达。在官学的基层系统中，即使下邑、荒徼、山陬、海涯，无不设有社学。社学初设于洪武八年(1375)正月，一度因扰民而停办，至洪武十六年(1383)十月复设。社学属于初级学校，学生都是民间15岁以下的幼童。社学与儒学有着密切的联系，其中之优秀者经考选可进入地方儒学肄业。②

明初设立社学之后，其间兴废不一。尤其自明代中期以后，因地方官视地方社学教育为具文，社学校舍经年失修，败坏不堪。除了各级地方贤长官特意恢复的部分社学之外，官方社学基本上被民间义学和义塾所取代。③

所谓义学，就是明代史籍中时常提到的“乡馆”与“家塾”，或称“乡学”，又称“义塾”，属于私人兴办的小学。在明初，官方社学兴盛，虽穷乡陋壤，莫不有学，义学只起到拾遗补阙的作用。自明中期之后，私人大量创办义学，私人捐田助学也蔚成风气。④

明代义学或乡学的形式很多，归纳起来，主要有以下三种：一是由地方官出资兴办，招收辖治内的贫困童蒙，使其有就学的机会；二是由乡绅创办，以供本家族内子弟就学，有时也适当招收族外贫困子弟；三是由科场失意的儒生创设，他们出榜开馆招生，从中觅取馆谷束脩，以便维持生计。

义学或乡学的大量崛起，对于改变明代乡村的教育面貌起到了不可低估的作用。它使教育不仅仅限于富有人家或书香门第的子弟，同时也使贫穷人家的子弟得到受教育的机会。这样，就使乡村贫寒人家

---

① 关于这方面的研究，日本学者藤井宏、寺田隆信，中国学者王振忠均有涉及，详见许敏：《明代商人户籍问题初探》，载《中国史研究》，1998(3)。

② 杨启樵：《明初人才培养与登进制度及其演变》，333～394页。

③ 陈宝良：《明代的义学与乡学》，载《史学月刊》，1993(3)。

④ 相关阐述可参见林金树：《明代私人捐田助学风气的兴起及其作用》。

的子弟多了一条在科举上获得出身的道路。在明代，凡是乡里义学或乡学兴盛的地方，其科举必盛。① 义学的作用，于此可见一斑。

自唐代兴科举以来，经过宋、元两代的发展，科举制在明代已达到了极盛。明代科举的显著特点，就是将科举考试与学校教育合而为一，并在考试内容中演化出八股文这种考试文体，在取士布局方面定下分地配额的格局，使科举定型化，并进一步提高了科举的地位。

明太祖朱元璋早在建立明朝以前，即下令设文武科取士，令有司劝谕民间秀士及智勇之人，勤奋学习，俟开科之岁充贡京师。洪武三年(1370)，下诏特设科举。诏许高丽、安南、占城诸国士子于本国乡试，贡赴明朝京师会试。是年八月，京师及各行省举行了乡试。次年正月，又诏设科举取士连举三年，嗣后三年一举。三月，会试取中120名。朱元璋亲自策问，试于奉天殿，擢吴伯宗为状元。

连续开科取士之后，弊端滋生。朱元璋发现科举所取人才多是后生少年，而能以所学付诸实践者却甚寡。鉴及此，他于洪武六年(1373)二月诏停科举而用察举。直至洪武十五年才又恢复科举，洪武十七年(1384)始定科举之式，命礼部颁行各省，以为永制。②

早在唐玄宗时，学校已完全纳入了科举的轨道。③ 到了明代，科举与学校的关系更为紧密。学校以培养人才为宗旨，储才以应科举；科举以选拔人才为目的，选出真才以供朝廷使用。从这一角度而言，学校的县试、府试、院道试，与科举的乡试、会试、殿试，虽属不同的两个系统，却前后衔接，互为依存。

国子监生应试制度的存在④，事实上已使中央官学成为“科目之

---

① 相关阐述可参见林金树：《明代私人捐田助学风气的兴起及其作用》。

② 李新达：《中国科举制度史》，248～249页，北京，文津出版社，1995；刘海峰：《科举考试的教育视角》，86～88页，武汉，湖北教育出版社，1996。

③ 吴宗国：《唐代科举制度研究》，129页，沈阳，辽宁大学出版社，1992。

④ 林丽月：《科场竞争与天下之“公”：明代科举区域配额问题的一些考察》，载《台湾师范大学历史学报》，1992(20)。

亚”。与此同时，一些已经中举及第者也进入学校，成为教官。① 此外，明代地方府、州、县学校中，其生员的招收录取和选拔举送考试构成了科举考试系统的基础部分。明代学校的宗旨是以经术造士，再设科取用。府、州、县学完全纳入科举系统，生员只是取得应乡试的资格。显见，明代地方学校是科举教育和考试系统的组成部分，办学的全部目的就是“储才以应科目”。

科举制在明代士人心目中已达到了至高无上的地位。士人进入国学或地方学校接受教育，其终极目标是取科举，求出身，并借此跻身仕途。在科举制度下，国学、府学、州学、县学，徒具学校之名，而无教育之实。士子以举业为学术，以坊刻时文、房书、程墨、社稿为儒家经典。学校为科举所辖，学术为举业所制。② 这就是明代科举对教育产生不良影响的实录。③ 正如有的学者所论，明代学校本是形同虚设，洪武初年，就已萎靡不振，及其末叶，更是百弊丛生，与其初设宗旨大相径庭。④

科举制度为明代寒门庶族子弟提供了跻身士族的公平机会⑤，那些通过科举考试而步入仕途的士人，犹如新鲜血液注入官僚体系，统

---

① 据统计，明代南京国子监祭酒86人中，有73人为进士出身，占总数的84.8%；曾任北京国子监祭酒一职的90人中，有87名为进士出身，占总数的96.6%，其他三人也是由乡贡、举人和解元出身。参见张建仁：《明代教育管理制度研究》，231～237页，台北，文津出版社，1993。相关的统计情况，亦可参见陈宝良《明代学官制度探析》一文，载《社会科学辑刊》，1994(3)。

② 明人郎瑛称：“近惟科目取人，举业日盛，而经学浅也。”可称其例。载(明)郎瑛：《七修类稿》卷一五《义理类·世道》，见《传世藏书·子库·杂记》第1册，73页，海口，海南国际新闻出版中心，1996。

③ 明末清初学者顾炎武对明代科举进行了较为尖锐的批评，具体评述，可参见 Lung-chang Young, “Ku Yen-wu's Views on the Ming Examination System,” *Ming Studies* 1987(23), pp. 48-63。

④ 邓嗣禹：《明大诰与明初之政治社会》，载《燕京学报》，1936(20)。

⑤ 明人郑瑄对科举的特点作以下概括：“士子登庸，不系世业，履道则为衣冠，失序则为匹庶。来护儿作宰相，虞世南男作木匠，忠贤文武，固无种也。”参见(明)郑瑄：《昨非庵日纂》，见(清)张伯行辑、(清)夏锡畴录：《课子随笔钞》，50页，台北，文史哲出版社，1987。

治者借此削弱了世袭门第家族的权力，加强了王权，从而使传统社会的统治结构得到了部分更新。尽管从科场实际竞争力来说，士绅家族或官宦子弟较贫寒子弟占有优势，明代配额制度的存在也会在整体上削弱考试制度中的社会流动性，但就实现科举为“天下之公”的意义来说，明代乡会试中配额制度的存在，同样可以达到政治利益的区域均衡。尤其是商人力量的壮大，商籍的正式出现，以及商人通过财力而捐纳出身或参加科举而获出身，更是科举制在明代社会深层次的反映。

毋庸讳言，科举制导致士风的俗薄，士气低落。众多读书人不管社会公共事务，一心专应科举，做官谋身家富贵，以致社会更趋腐败。于是，就有讲学家的出现。他们针砭世俗，讲明儒学的道理以及做人的本意，进而成为支撑社会的中坚。

科举文字，自然以程朱理学为宗旨。在明代士人中，一向有习时文与志圣学之别。习时文者钻入仕途，有志于圣学者讲学术道德。①明初，由于朱元璋一统天下，重新建立了统治全国的专制主义中央集权，对思想文化的钳制极为严厉。与这种严密的政治统治相适应，在思想文化领域内，学术上承元代，尊重程朱理学，处于一种“述朱”时期，毫无个人的新颖发挥，以致造成明初“有质行之士，而无同异之说；有共学之方，而无颛门之学”。② 据已有的研究成果显示，刘基、宋濂既是浙东儒学的代表，又是明初居于领导地位的儒家学者。明初专制主义中央集权的建立，不是明代创立者的作品，而是很早就已由这些浙东儒家学者在理论上作了准备。不过，自 1380 年或 1390 年以后，新一代儒学精英开始修改明初儒学的理论错误，摧毁极权主义者赖以生存的道德和政治结构，并重建不同种类的规范秩序。③

---

① 孙国栋：《中国历代自强运动的考察》，见周阳山主编：《知识分子与中国》，262 页，台北，时报文化出版事业公司，1980。

② 陈宝良：《悄悄散去的幕纱——明代文化历程新说》，3 页，西安，陕西人民教育出版社，1988。

③ John W. Dardess, *Confucianism and Autocracy: Professional Elites in the Founding of the Ming Dynasty*, Berkeley, University of California Press, 1983, pp. 133, 264-290.

时至明代中期，王学崛起，讲学事业渐向社会下层流播，于是讲学从传统的向上领导政府以求开出政治事业的理想，转而向下层传道。王阳明讲学，传播极快，对明代教育的影响颇深，学校教育渐渐转向社会教育，于是出现了所谓的讲会。

明代讲会由王阳明的惜阴会开其先声，阳明弟子如王畿、钱德洪诸人推行尤力。讲会与以前的讲堂精神不同，讲会有一定的会场、会期、会籍、会约，会主所讲论的记录为会语等。讲堂是学者相集从师，讲会则由会中延请讲者，所请不止一人。讲会每年可举，每举旬日或半月，会所往往借祠堂或寺庙，会毕则主讲者又转至他所，如是轮番赴会，其事较前之讲堂又为活泼展扩。①

王阳明去世以后，阳明学凭借各地纷纷成立的讲会活动快速发展，终于成为明代最具影响力的学术思潮。② 阳明讲学会，对明代教育产生了至为深远的影响。由于明中期以后学校为科举所制，根本无法起到教育生员的功能，于是讲会兴起。讲会的兴起，以及讲会成员中以生员为主的特点，无不说明了讲会真正起到了学校教育所不曾起到的作用。

在明代，书院与讲会密不可分，即使明末政治色彩颇为浓厚的东林书院，也以举行讲会为其传播学术的主要途径。③ 在儒家学说中，尽管有“以文会友，以友辅仁”的传统，但自汉以后，由于独尊儒术，儒学成了官方的统治学说，学在官府的现象就成了既定的惯例。书院的出现，不仅在中国教育史上是一种新现象，而且若将它与理学（新儒学）的崛起放到一起来看，则无疑又是中国学术史上的一件新事物，因

---

① 钱穆：《社会自由讲学之再兴起》，见国立北京大学四十周年纪念刊编辑委员会：《国立北京大学四十周年纪念论文集》乙编上，205～218页，暂设昆明，国立北京大学出版组，1940。陈宝良：《中国的社与会》，310～314页，杭州，浙江人民出版社，1996。

② 吕妙芬：《阳明学讲会》。

③ ［日］林友春：《元明时代の书院教育》，见《近世中国教育史研究》，18～20页，东京，国土社，1958。

为它打破了学在官府的沉闷局面，进而开创了私家讲学的全新气象，使“以文会友，以友辅仁”这种良好的传统再一次在知识阶层中得以真正地实现，尽管由这种私家讲学而产生的新学派理学，仅仅是原始儒学的改头换面而已。

书院之制，明代无额设明制。同时，明初朝廷网罗人才，士人散处书院者，均聚之于南、北国子监，虽有书院，其风不盛。

正德年间，王阳明以良知之学，聚徒讲学于江浙两广之间，东南景附，书院顿盛。王阳明在龙场，筑龙场书院；在贵阳，筑贵阳书院；在赣，修濂溪书院；在越，建稽山书院。王阳明去世后，其门人多建书院，以示纪念，诸如越城的阳明书院、安福的复古书院、青田的混元书院、辰州的虎溪书院、万安的六兴书院、韶州的明经书院、溧阳的嘉义书院、宣城的志学书院、泾县的水西书院、广德的复初书院、蕲州的学正书院等。① 此外，宗室亲王、地方大吏、提学官均建书院，于是出现了将书院称作“中丞行台”“提学书院”的现象。②

明代学者大多在书院兴讲会，设坛讲学。在这些讲会中，固然不乏颇负盛名的学者与官员参与其中，然多数参与者还是来自各地的生员。③ 这种特点显示了书院及其所属讲会，事实上起到了向生员灌输知识、儒家道德的作用。而一些学者在书院讲学之余，讽议朝政，裁量人物，主持清议，书院隐然成为在野政治力量活动的中心。因此，明代在嘉靖十六、十七年间(1537—1538)，万历初年张居正当政期间，天启年间三次禁毁书院，无不说明当政者对书院怀有一种疑惧心理。

印刷技术的改进，为书籍流通、知识传播提供了方便，有助于教育的通俗化与大众化。而明代教育，无论是科举教育，抑或大众平民的普及教育，无不依赖于印刷出版业的发展。大体说来，明代在中国印刷技术史上的贡献有四：绣像插图的工致、彩色套板的风行、影宋

---

① 章柳泉：《中国书院史话》，29～33页，北京，教育科学出版社，1981。

② 陈宝良：《中国的社与会》，307～309页。

③ 吕妙芬：《阳明学讲会》。

刊本的摹制以及铜板活字的应用。①

在现代金属活字板出现以前，中国传统的印刷术始终以雕版为主，活字偶或用之。其中原因虽然很多，但主要原因是过去书籍的印数有限，雕版的成本较轻，板片储存，随时可以印刷，无须积压成书。如书籍篇幅庞大或数量需要较多，则活字可以反复使用，随印随拆，不仅制板经济，速度也可增快。因此，明代铜活字所印类书、文集和汇刻一类巨型典籍，颇多百卷以至千卷者。②

明代铜活字印刷主要分布在江苏、福建二省。江苏铜活字分为无锡华氏、安氏，常州铜板，苏州铜板，南京张氏。而福建铜活字则又分为芝城(建宁)，建阳游氏、饶氏。在铜活字印刷术方面，尤以无锡华氏最为著名。③ 朱墨套印始于明代，其刻书名家在天启、崇祯年间有闵齐伋、闵昭明、凌汝亨、凌濛初、凌瀛初，皆一家父子兄弟，刻书最多。④

在宋、元时期，开封、山西平阳、成都、杭州、福建建阳，均是很有名的刻书中心。一至明代，这些地区的刻书业大多衰落，不及宋、元时活跃，只有福建建阳书坊尚能保持宋、元以来的传统，以多取胜。在明代，代之而起的刻书中心，则有南京、北京、苏州、徽州、湖州等地。

明代官私刻书数量之大，品种之多，超越宋、元。当时，“两京十

---

① K. T. Wu, “Ming Printing and Printers,” *Harvard Journal of Asiatic Studies*, 1943, vol. 7, pp. 203-206。未见原文，此转引自钱存训：《论明代铜活字板问题》，见乔衍琯、张锦郎编辑：《图书印刷发展史论文集》，319 页，台北，文史哲出版社，1982。

② 钱存训：《论明代铜活字板问题》，见乔衍琯、张锦郎编辑：《图书印刷发展史论文集》，333 页。

③ (清)叶德辉：《书林清话》卷八《明锡山华氏活字板》，409 页，台北，文史哲出版社，1988；张民：《明代的铜活字》，见乔衍琯、张锦郎编辑：《图书印刷发展史论文集续编》，81～92 页，台北，文史哲出版社，1977。

④ (清)叶德辉：《书林清话》卷八《颜色套印书始于明季盛于清道咸以后》，427 页。

三省”，无省不刻书。明代官刻书，推南、北京监本为最。[①] 南、北京国子监不仅藏有丰富的图书，以供监生学习之用，而且刊刻了不少的书籍，流通到各地的学校。以南京国子监为例，据黄佐《南雍志》著录，所刻书达 200 种左右，分为制书、经、史、子、文集、类书、韵书、杂书、刻书九类(详见附表 1)。周弘祖《古今刻书》，则载南京国子监刻书 271 种。

私家刻书，则以书坊为主。苏州、南京是明代著名的书籍产地。从明人彩绘的《南都繁会图》可看出南京市面繁荣的情况，有“刻字”“镌碑”等市招。南京有不少书坊，多标“书林”“书坊”。据有的学者考证，共计有 57 家，虽少于建阳的 60 家左右，然已多于北京。[②] 明代刻书，初期较少，嘉靖时始趋繁荣，万历以后则出现了一个新的高潮。就现存的明刻本而论，万历刻本占有相当多数，而万历刻本中，徽州刻本占有相当大的比例。尤其值得注意的是，徽州刻本带有十分明显而浓郁的商业色彩，即大多为牟利而刊印。[③]

除了上述之外，明代藩府刻本与书院刻本，也颇值得注意。据载，有明一代，藩府刻书，共计 101 种，去掉重复刊刻者，尚有 74 种，合计 1360 卷(详见附表 2)。书院刻本，计 17 种，合计 525 卷(详见附表 3)。

由于明代商业发达，很多书坊所刻书籍均带有商业色彩，甚至多刻时艺、类书、小说、戏曲，以迎合科举士子与一般民众的需求。尤其是类书的刊刻，更为历代无法比拟。据有的学者统计，各代类书共计 282 种，其中明代计 139 种，其他各代 143 种。可见，明代类书几与汉、唐、宋、元、清总数相等。[④]

清人批评明人学问空疏，多指其“以类书为学问”。其实，《四库提要》的作者对明代学术的批评，仅仅涉及问题的一个方面。有明一代，

---

① (清)叶德辉：《书林清话》卷八《颜色套印书始于明季盛于清道咸以后》，243 页。

② 张秀民：《明代南京的印书》，载《文物》，1980(11)。

③ 严佐之：《论明代徽州刻书》，载《社会科学战线》，1986(3)。

④ 裘开明：《哈佛大学哈佛燕京学社图书馆藏明代类书概述(上)》，载《清华学报》，新 2 卷，第 3 期，1961。

推重科举，对经义考证，确乎无大发明。士子赴考，须撰时文，于是只好求之于有关科举的类书。换言之，类书在知识人中具有相当的权威性。① 另一方面，在明代，一些文人教育家与书贾，开始参与类书的编纂与刊刻，并将类书推广为通俗教育的工具。当时的“日用类书”，如《万宝全书》等以及一些书翰启札方面的类书，显然已渐离科举，是为了适应庶民教育的需要。②

尤堪注意者，明代普遍流行的戏曲杂剧、白话小说或话本小说，并不仅仅为了迎合平民百姓茶余饭后的需要，成为他们逗闷的乐子，而且兼有教育的功能。此类作品不仅宣扬传统儒家的观念，诸如忠臣、孝子、节妇、烈女，而且向民众灌输一般的历史知识与时事新闻。这种文学作品的教育通俗化功能值得进一步予以探讨。

由于获得书籍的手段日益增加，教育机会更趋扩大，无不说明在晚明书香门第之外的人也能立志于文学甚至参加科举考试③，即教育趋向于通俗化与普及化。为对晚明教育的普及化作一更深的了解，不能不关注传统中国妇女的教育。12 世纪以前，在中国社会中，对妇女的正规教育既不被允许，也没有被系统提供。妇女教育的出现，是在新儒家（理学）崛起以后。已有研究成果表明，朱熹就非常注意妇女的道德教育。④ 研究者（Joanna F. Handlin）的研究显示，正是在 16 世纪，

---

① ［日］酒井忠夫：《明代の日用类书と庶民教育》，见［日］林友春编：《近世中国教育史研究》，27～28 页。

② 关于儒家学说与明代通俗教科书之间的关系，可参见 Tadao Sakai，“Confucianism and Popular Educational Works，”in Wm. Theodore de Bary and the Conference on Ming Thought（eds.），*Self and Society in Ming Thought*，New York and London，Columbia University Press，1970，pp. 331-366。

③ Evelyn Rawski，“Economic and Social Foundations of Late Imperial Culture，”in David Johnson，Andrew Nathan and Evelyn Rawski（eds.），*Popular Culture in Late Imperial China*，Berkeley and Los Angeles，University of California Press，1985，pp. 17-28.

④ Wm Theodore de Bary and John W. Chaffee（eds.），*Neo-Confucian Education：The Formatives Stage*，Berkeley and Los Angeles，University of California Press，1989，p. 326.

文人学士极力倡导妇学，提高了妇女受教育的机会。但需要指出的是，“女子无才便是德”这种观念在明代一直存在，一些支持妇女受教育的文人学士与其反对者展开了激烈的争论。①

综上所述，明代建立了一套系统而广泛的学校教育制度，妇女教育仅仅是整个时代教育体制的一个方面。这种教育网络的确立，无疑使明代成为一个教育机会得以迅猛发展的时期。这些学校既得到了官方的鼓励，又在财政上获得私人的支持，成为普及识字率的主要途径。显然，学校的增加与通俗文学的普及，导致了明代教育机会与大众识字率的稳定增长。研究者(Rawski)的研究表明，清代男性能读、写的识字率在30%～45%，而女性识字率则为2%～10%。② 从明代教育的普及程度来看，其识字率大体与清代相当。毫无疑问，识字率是近代工业社会的重要基础。明代教育的普及，识字人口的增加，一方面当然是经济繁荣并且由此而产生的都市化的结果；另一方面识字率的增加，对明代经济的近代化以及思想文化的活跃及其发展，同样起到了不可估量的作用。

三、明代生员研究：史料、现状与方法

(一)研究的基本史料

与宋、元两代或更早时期相比，有关明代生员(包括学校与科举)的研究资料就显得较为丰富。傅吾康认为16世纪以后历史著述趋多，是因为经济的发展使更多的人有能力接受文化教育，识字的人大量增加③，

① Joanna F. Handlin, “Lü K'un's New Audience: The Influence of Women's Literacy on Sixteenth Century Thought,” in Margery Wolf and Roxane Witke(eds.), *Women in Chinese Society*, Stanford, Stanford University Press, 1975, pp. 16、28-29、37.

② Evelyn Sakakida Rawski, *Education and Popular Literacy in Ch'ing China*, Ann Arbor, The University of Michigan Press, 1979, p. 23.

③ [美]牟复礼、[英]崔瑞德编：《剑桥中国明代史》，777页，北京，中国社会科学出版社，1994。

这一观点颇有见地。据谢国桢言，有明一代，史学最盛，若焦竑之《献徵录》，王世贞之《四部稿》，何乔远之《名山藏》，郑晓之《吾学编》，恢弘典则，蔚为巨观。沿及明末，著述尤繁，全祖望称之为“明季野史，不下千家”。①

与此相应，研究明代生员的史料，大体可以包括以下几个方面：一为官书、正史；二为诏令、奏疏；三为专门记载；四为地方志；五为野史、笔记；六为明人文集；七为家谱。②

1. 官书、正史

研究明代生员问题，首先需要凭借的原始资料，则为官书、正史中关于此方面的记载。相对说来，官方文献含有较大的原始性，具有较高的文献价值。此类著作主要有《明实录》《明会典》《明史》等。

从起居注、日历到实录，这是中国史学的传统。实录起源的时代，已不可考，迄今所知最早的实录是梁代周兴嗣所撰《梁武帝实录》三卷及谢昊所撰《梁元帝实录》五卷。唐和五代各朝均有实录，亦多不传，仅韩愈所撰《唐顺宗实录》五卷留存于今。

至明代，实录修纂已有一整套的史料储备制度和修纂制度，并且其修纂机构亦相当完备。根据明代制度，实录书成，本誊写两份，即所谓正本、别本。至神宗后，又有钞小本、大本之分，合计誊写四份。③

《明实录》是中国15—17世纪中产生的最详尽、最宏大的一部巨型

---

① 谢国桢：《增订晚明史籍考》，4页，上海，上海古籍出版社，1981。相关明代史料学专著，尚有朱希祖：《明季史料题跋》，北京，中华书局，1961；谢国桢：《江浙访书记》，北京，生活·读书·新知三联书店，1985；谢国桢：《明清笔记谈丛》，上海，上海古籍出版社，1981；柳亚子：《怀旧集》，上海书店，1981；Wolfgong Franke（傅吾康），*An Introduction to the Sources of Ming History*，Singapore，University of Malay Press，1968。按：傅吾康书中文名作《明代史籍汇考》。

② 傅吾康根据郑鹤声《中国史部目录学》及《四库全书总目》，就明代史料的分类展开评述，可资参看。参见[美]牟夏礼、[英]崔瑞德编：《剑桥中国明代史》，778～779页。

③ 黄彰健：《明末实录书成誊写四份说》，见《历史语言研究所集刊》第31本，347～352页，台北，精华印书馆，1960。

史书，它的出现是明代官修史书的最高峰，有学者称之为“明代史料的渊海”①，无疑是恰当的。举凡孙承泽之《春明梦余录》，谈迁之《国榷》，查继佐之《罪惟录》，余继登之《典故纪闻》，以及清修官史《明史》，其史料基本来源于《明实录》。

在《明宣宗实录》卷首，有实录修撰的凡例，共 52 条。其中第 31 条言：

> 各处学校增设或罢革，并内外学生徒简退，及在外四十以上取至京考试皆书。公侯伯有年少特旨送监读书，及四夷遣子入学，皆书。②

第 32 条记道：

> 每科京府乡试礼部会试廷试皆书，所定各处科举额数亦书。廷试制策题悉录全文，进士选读书暂放归，并下第举人除授官及选读书，皆书。③

此外，《明实录》中还收录诸多臣下关于学校、科举上奏的奏文，可与诸人文集并看。如将《明实录》中有关学校设立、科举考试及生员数字统计的资料，显然可以作为研究明代生员问题最原始的资料。

《明会典》系明代官修典章制度大全。有明一代于弘治、嘉靖、万历三朝先后编修、续修和重修《会典》。弘治《会典》180 卷，正德六年(1511)重校刊行，是为正德本。嘉靖续修《会典》未及刊布。万历四年至十五年(1576—1587)，大学士申时行等奉敕重修《会典》，除校订补

---

① 谢贵安：《明实录研究》，393～406 页，台北，文津出版社，1995。

② 吴晗：《记明实录》，见中央研究院历史语言研究所集刊编辑委员会：《中央研究院历史语言研究所集刊》第 18 本，385～447 页，上海，商务印书馆，1948。

③ 吴晗：《记明实录》，见中央研究院历史语言研究所集刊编辑委员会：《中央研究院历史语言研究所集刊》第 18 本，385～447 页。

辑前两朝《会典》外，又增入嘉靖以后所行事例，卷数亦增至 228 卷，于万历十五年刊行，是为万历本。全书以六部为纲，以事例为目，记载了明代开国至万历十三年 200 余年间职官的建制沿革，及所掌职事，史志所载不详者，多具始末，于研究明史具有相当重要的参考价值。①对于研究明代生员问题来说，《明会典》同样具有很高的史料价值。尤其是卷六一关于“生员巾服”，卷七七关于“岁贡”“科举”，卷七八关于“儒学”“社学”，均为研究明代生员问题的第一手资料。

《明史》三三二卷，清张廷玉主持修撰。从顺治二年(1645)设明史馆，中经康熙十八年(1679)开始修史，雍正十三年(1735)《明史》定稿，至乾隆四年(1739)始正式刊行。

《明史》虽以《明实录》为蓝本，但在编排上要整齐一些。从史料来说，两书互有详略。《明实录》是一部原始资料，内容当然比《明史》丰富，但《明史》中的个别记载也有不见于《明实录》者。尽管除《明实录》《明史稿》以外，有关明代的史料数量还很多，而《明史》终究是一部经过整理的书，比较便于检阅。②《明史》专设选举志，计 3 卷(卷六九、七〇、七一)，详细叙述了明代的科举与学校制度，有关明代的儒学生员，此书也有较为集中的史料。尽管其史料来源仍不脱《明实录》，然相对于《明实录》来说更具系统性。此外，《明史》传记中相关学校之史料，多有超出《明实录》范围者，其史料价值更不容忽视。

毋庸讳言，正如黄彰健所揭示：“《明史》所记，多原本《实录》，而《实录》所书，亦可因所据材料不同，而自相抵触。凡《实录》有忌讳曲笔及自相抵触处，王世贞、钱牧斋诸公所考订者，《明史》多已采纳，其未论及者，《明史》亦可因袭《实录》之误也。”③官修《明史》的史料价

---

① 中华书局编辑部：《影印说明》，见(明)申时行等修：《明会典》，北京，中华书局，1988。

② 中华书局编辑部：《出版说明》，见(清)张廷玉等修：《明史》第 1 册，1～4 页，北京，中华书局，1974。

③ 黄彰健：《明史纂误》，见“中央研究院”历史语言研究所集刊编辑委员会：《“中央研究院”历史语言研究所集刊》第 31 本，303～304 页，台北，精华印书馆，1960。

值，理当如是观。

此外，如《皇明制书》中关于明初开国时之学校制度，以及徐学聚的《国朝典汇》、谈迁的《国榷》、查继佐的《罪惟录》、龙文彬的《明会要》等，后者虽属私史性质，但均有关于明代学校与科举的记述，可与《明实录》《明会典》以及《明史》参照使用，互相补充、考证。

2. 诏令、奏疏

诏令是皇帝向臣下或全国百姓颁发的政令。在明代诏令中，亦多涉及学政问题者，主要有傅凤翔的《皇明诏令》、孔贞运的《皇明诏制》。①

奏疏为臣下就政令向皇帝上达自己的看法。有关政策的重要奏议，在《实录》和其他历史著述中都有摘录。此外，在某个官员的传记中，往往也会提到他所上的重要奏疏，然只有摘录，而不是全文。若欲窥奏议全文，无疑需要寻求奏议总集或专集。奏议和经世文的选编始于16世纪下半叶，这类作品主要有《皇明疏钞》、万表的《皇明经济文录》、陈子龙等人的《皇明经世文编》。② 黄宗羲编辑的《明文海》，也将奏疏作为一种文字体例而予以重视，收录了部分奏疏。

3. 专门记载

在明代史籍中，有一些记载学校制度的专志，以及关于省一级学政条规的汇编，对于研究儒学生员尤为重要。举例而言，关于国子监者，有《皇明太学志》《南雍志》《续南雍志》；有关省一级学政(提学院道官所辖)内容者，有《八闽学政》《两浙学政》；关于地方儒学者，有《苏州府学志》《常熟县儒学志》。

《南雍志》，黄佐著。全书24卷，分别为《事纪》4卷，《职官表》2卷，《杂考》12卷，《列传》6卷。书中征引书目颇多，多为第一手材料，诸如《南雍旧志》《大明会典》《皇明政要》《国子监条例》③，有些甚至已

---

① 《皇明诏令》与《皇明诏制》二书，傅吾康有很好的介绍。参见傅吾康：《明代史籍汇考》，199页。

② ［美］牟复礼、［英］崔瑞德编：《剑桥中国明代史》，818～821页。

③ (明)黄佐：《南雍志序》《南雍志引用书目》，见首都图书馆编辑：《太学文献大成》(一)，叶1a、4a，北京，学苑出版社，1996。又见傅吾康《明代史籍汇考》，197页。

不再留存于世，具有相当高的史料价值。继《南雍志》而作者，有黄儒炳《续南雍志》，补述南京国子监诸多史料。

《皇明太学志》，郭鎜著。全书12卷，分为典制、谟训、礼乐、政事、论议、人材。① 书中所记，多为北京国子监史实，同样具有相当高的史料价值。

自明太祖朱元璋颁布学校禁例12条以后，各朝均照此执行。然时日一久，学规败坏，学禁如同虚设，于是，每当提学院道官员赴地方主持一省学政之时，往往会根据朝廷禁例，结合时代、地方学校政务的特点，纷纷制定学政条例。这些条例反映当时一省的学政概况。《八闽学政》与《两浙学政》就是其中得以流传下来而又单独刻行的两种条例。为了避免各省提学院道官自行其是，万历三十九年(1611)十月，南京河南道御史张邦俊上奏，建议将卧碑所载条约及一些督学规条采择汇成一册，刊刻颁布。② 同年十一月，礼部条上《学政条约》，由神宗下旨颁行各地，并规定"以后提学官不许另撰"③，学政条例始趋一致。

《八闽学政》为万历二十六年(1598)由沈儆炌主持的福建一省考试的节略，并包括一些为考试而作的官方文告(公移)的原始资料。而《两浙学政》则为万历三十八年(1610)由毕懋良主持的浙江一省考试的节略。④

这些由地方提学道官员制定的一省学政条例，大多散见于这些官员的个人文集中，专门汇集成书者，目前所知仅此两种。在明代，这些学政条例一般均转发提学院道官员所属官吏师生，并在各学明伦堂张挂，以俟提学道官按临查考⑤，有些甚至动用官银刊刻印行，诸生

① (明)郭鎜：《皇明太学志·序》，见首都图书馆编：《太学文献大成》(五)，叶3b～4a，北京，学苑出版社，1996。

② "中央研究院"历史语言研究所编：《明实录·明神宗实录》卷四八八，9194～9196页，台北，"中央研究院"历史语言研究所，1966。

③ "中央研究院"历史语言研究所编：《明实录·明神宗实录》卷四八九，9216页。

④ 傅吾康：《明代史籍汇考》，198页。

⑤ (明)李维桢：《大泌山房集》卷一三四《陕西学政》，见《四库全书存目丛书》影印本集部第153册，731页，台南，庄严文化事业有限公司，1997。

各给一本，以便“遵守施行”①。

地方府、县学校专志反映了地方学校的详细事务，举凡学规条例、学官、生员、学田以及学校建筑，为研究明代儒学生员最直接的史料。留存下来的地方学校专志，目前所见也仅《苏州府学志》和《常熟县儒学志》。此外，尚有谈思永著《无锡县学笔记》，内容包括“教典”“科目”②等，所惜此书现已不存。

《苏州府学志》有两种版本，一为王穀祥纂修，嘉靖刻本，12 卷。此书藏于北京国家图书馆，为残本，现存 7 卷(卷三至卷七、卷一一、卷一二)。一为崇祯十四年(1641)或更晚刻本，刘民悦、刘一霖、王焕如撰。③《常熟县儒学志》，缪肇祖等撰，北京国家图书馆藏。

以往的研究多集中于国子监与国子监生，相关著作只有《南雍志》与《皇明太学志》。笔者所欲考察的重点在于地方儒学及其生员，那么，这些地方学校条例汇编以及地方儒学专志，无疑为研究提供了极好的史料佐证。

4. 地方志

中国地方志数量浩繁，据《中国地方志联合目录》的统计，现存历代地方志 8264 种，而实际不止此数。若按纂修朝代计，明清两代最多，明存 942 种，清存 5701 种。④

地方志的史料价值很大，可谓史料丰富的百科全书。⑤《明实录》及其相关官方文献，尽管是关于明代学校的第一手材料，可是往往失

---

① (明)王宗沐：《敬所王先生文集》卷二八《江西学政》，见《四库全书存目丛书》影印本集部第 111 册，621 页。

② (明)高攀龙：《高子遗书》卷九上《无锡县学笔记序》，556～557 页，上海，上海古籍出版社，1993。

③ 傅吾康：《明代史籍汇考》，198 页。

④ 据《中国地方志综览》统计，明为 973 种，清为 5685 种。明代方志数量很多。据今人巴兆祥较新的统计数字，明代方志有 2892 种，流传至今的只有 1017 种，占总数的 35%。参见来新夏：《中国地方志》，11、66 页，台北，商务印书馆，1995。

⑤ 关于方志的利用价值，参见来新夏：《中国地方志》，175～179 页。

之简略。而在明代地方志中，尤其是“学校”“科贡”二门，尤多地方儒学的史料，有关生员问题者亦复不少。这些方志中的资料，虽显零散，然研究者若有心集之，将许多方志通读，并加以归类，积少成多，实可补正很多正史记载的缺失、错讹。

明代方志已经影印出版者有《天一阁藏明代方志选刊》及其续编、《日本藏中国罕见地方志丛刊》以及中国科学院图书馆编《稀见中国地方志丛刊》。此外，《四库全书存目丛书》之史部地理类，也收有很多明代方志。

5．野史、笔记

明代尤其是明代野史，种类繁多。即以明代稗乘而论，其通记一代史事者，则有谈迁的《国榷》、查继佐的《罪惟录》、张岱的《石匮书》等书；其记万历至崇祯史事者，则有董其昌的《万历留中奏疏》、文秉的《定陵注略》、孙承泽的《山书》等书。明代野史，其间虽多毁誉任意、传闻异词诸弊，然亦不可因此而轻视野史之史料价值。正如谢国桢所言：“考证旧闻，订补正史，多赖稗乘。”①举例来说，明代实录，天启一朝中四年、七年之实录为冯铨所盗窃，残缺不全，而崇祯一朝，则又实录独缺。由此而言，沈国元所撰《两朝从信录》，可补天启、泰昌两朝史事；孙承泽所撰《山书》，即备崇祯一朝实录之缺。

小说、笔记这种体裁，起源很早。谢国桢认为，笔记肇始于秦汉，盛于唐代，到了宋代，著名作家如欧阳修、苏轼等几乎都写笔记。至明代，笔记种类尤为繁多。②

根据传统的分类法，笔记一般归属子部的杂家或小说类。不过，就其内容来说，大多数笔记提供了许多有关历史问题的重要资料。这些笔记的范围或内容，可说是无所不包：或谈儒家经典、文学或较早时期的历史，利于研究明代的思想和思想史；或讲述各种惊人的或流行的故事，为研究某一时代的生活和思想的各个方面提供了很多有价

---

① 谢国桢：《增订晚明史籍考》，9 页，上海，上海古籍出版社，1981。

② 谢国桢根据笔记内容，将笔记概括为十类。参见谢国桢：《明清笔记谈丛》，1～7 页，上海，上海书店出版社，2004。

值的史料。①

明人笔记较有名者，有沈德符的《万历野获编》、朱国祯的《涌幢小品》、焦竑的《玉堂丛语》、郎瑛的《七修类稿》、何良俊的《四友斋丛说》、田艺蘅的《留青日札》等。

研究明代的儒学生员，研究者除了必须使用所谓正史及当时政府的典册文件外，对大量的笔记亦应予以充分的重视。即以《虞阳说苑》甲、乙编为例，其中即多关于明代江南一带生员无赖化的内容，以及明代乡绅阶层中的绅与衿之争的内容。笔记的史料价值，于此可见一斑。

6. 文集

文集不仅是研究文学史、思想史的第一手资料，而且于研究科举与学校制度，其参考价值亦不容忽视。②

时至明代，尤其是明代中期以后，文集刊刻、梓行之风泛滥。现存明人文集数的突然增加，盖有其因。关于明人文集数，大体可以列述统计数字如下：陈子龙、李雯等辑《皇明诗选》，“阅名家文集四百一十六部，名家诗选三十七部”③；黄宗羲认为，明代“集之行世藏家者不下千家，每家少者数卷，多者至于百卷”④；据曹贵林等人统计，著录于《千顷堂书目》者，有4900多人的别集，《明史·艺文志》著录900多人的文集，计1189部。⑤ 据山根幸夫著录，日本藏明人文集达3000余种⑥；据蒋复璁言，台湾原“中央”图书馆藏明人文集，“其数近

---

① 关于明代笔记，傅吾康有很好的评述、介绍，参见[美]牟复礼、[英]崔瑞德编：《剑桥中国明代史》，814～818页。

② 明人文集的内容及价值探索，可参见傅吾康：《明代史籍汇考》，118～121页。

③ 陈正宏、朱邦薇：《明诗总集编刊史略——明代篇(下)》，见朱立元、裴高主编：《中西学术(2)》，135页。

④ (清)黄宗羲：《黄梨洲诗文集·文集》卷一《明文案序上》，见《传世藏书·集成·别集》第12册，45页。

⑤ 陈高华等编：《中国古代史史料学》，385页，北京，北京出版社，1983。

⑥ [日]山根幸夫编：《增订日本现存明人文集目录》，东京，汲古书院，1978。

千”。① 由此可见，由于明人文集之反复重刻，版本种类颇多，以及收藏之分散，导致迄今研究者尚无法就明人文集的存留数作一完整的统计。

明代学政史料颇为繁富。明人文集中的学政史料，其实也可析为两个部分：一是各类序文，举凡送提学道、儒学教官之任、迁转、致仕的序文，以及各地重建儒学之记文；二是各类学政条规，除了御颁禁例、卧碑、敕谕见于正史、典章之外，颇堪注意者则为文集中之“提学条规”，以及地方学官的教约。②

明人文集中各类序文以及地方教官之“教约”，吴智和《明代的儒学教官》一书已详尽阐述及其应用，兹不具论。此专就提学道之各类“条规”稍作探讨。提学条规，在明代称呼不一：或称“规条”，如余寅督学陕西；或称“条约”，如王廷相督学四川；或称“告示”，如蔡国珍督学福建；或称“学约”，如郭子章督学四川；或称“学政”，如魏校督学广东。最为普遍者，则称“学政”，并在“学政”前冠以一省之称，即标识“某省学政”，如李维桢《大泌山房集》的《陕西学政》，姚镆《东泉文集》的《广西学政》，王宗沐《敬所王先生文集》的《江西学政》《广西学政》，王畿《慕蓼王先生樗全集》的《两浙学政十六条》。

探究文集中此类学政史料，所涉内容相当广泛，尽管因时代、地域或制定者不同而各具特色，却亦可发现其中许多共通点。换言之，均是提学道官员在发现现有学政所存在的诸多问题以后而提出的新修正条规，并在一定时期内执行于一省境内。简言之，其相同内容包括下列这些：强调“卧碑”的重要性，以示条规的正统性；指出时文文体演变，并为纠正文体提出新规约；晚明学术界之学风向学校内渗透，由此形成“生员学问”；敦促生员须遵守礼教，尤其在冠、婚、丧、祭四礼上应起表率作用；入祀名宦乡贤，旌表孝子顺孙、义夫节妇，请乡饮介宾，崇德报功，亦为学校大典，不可或缺；府、州、县提调官员，教官于生员负有提调、教育和考试之责，以及三者之间的关系；

① “国立中央图书馆”编：《明人传记资料索引》序，台北，“国立中央图书馆”，1965。

② 吴智和：《明代的儒学教官》，1、151～159页，台北，台湾学生书局，1991。

童试以及生员的帮补，生员的岁、科考及奖惩制度，三等簿的考核。如此等等，不一而足。

概言之，欲探究明代与生员相关的学政问题，若除去文集中提学道的条规、学约或告示，终成缺憾；有了此类内容，方成全璧。它们或纠谬，或补阙，其功莫大焉。换言之，明代虽无《学政全书》，并无如清代那样保存如此完整的档案文书资料，然而研究者若将明人文集中相关学政史料汇集一处，再加之明代独具的自国子监以至地方儒学的志书，即可完成一部完整的明代《学政全书》。倘若将现存明代辽东档案中之学政史料，与文集比勘，足证此说不谬。值得指出的是，明人文集中之学政史料，为研究明代生员问题提供了详尽的资料，有待研究者做进一步的开拓，并加以充分利用。

7. 家谱

家谱是一种以表谱形式记载一个以血缘关系为主体的家族世系繁衍和重要人物事迹的特殊体裁。家谱产生于上古时期，完善于中古时期。早在中国进入夏朝时，王室就有了记载自己世系的谱牒，这就是夏王的家谱。①

家谱的著录，黄虞稷《千顷堂书目》之谱系类，开列了约 120 个书名。《明史·艺文志》虽有谱牒一门，著录者不过数种而已。1930 年，国立北平图书馆对馆藏家谱进行了整理，除善本部分外，明代家谱有嘉靖年三种，万历年一种，崇祯年二种，共六种。② 事实上，编成但未出版的家谱、族谱或宗谱的实际数字远远超出这些。据比较新的统计数字，现存中国家谱如下：中国大陆计 18562 种，台湾地区计 10613 种，香港地区计 700 余种，日本，1750 余种；美国，1430 种。总计约 42993 种。撇除这些统计数字中约五分之一的重复部分，余下

① 来新夏、徐建华：《中国的年谱与家谱》，60～61 页，台北，商务印书馆，1994。

② 杨殿珣：《中国家谱通论》，见刑永川编：《中国家族谱纵横谈》，1～80 页，南宁，广西教育出版社，1993。

者尚有34000种。[1]

明代谱学较盛，留下了很多家谱或族谱。[2] 上述统计数字，有不少为明代家谱。据中国国家档案局等机构编辑的《中国族谱综合目录》，单北京图书馆(现国家图书馆)就藏有明修家谱240多种。[3]

家谱内容丰富，堪称是一个巨大的资料宝库。它为研究广泛的社会、历史问题展示了极为丰富的内容、提供了可靠的数据，具有其他史料所不可替代的文献价值。明代家谱对于研究儒学生员(尤其是科举)问题同样很有意义。譬如，家谱中有"任宦记"，记载族中历代官宦名人事迹，包括履历、科第、政绩、功勋、著作、学说等。有些世家望族的家谱中还列有"荐辟录""科第录"，登载族内及第入仕人员。此外，诸如族塾教育(尤其是义塾、义学)，以及学田的登录，也是家谱记载的一项主要内容，为研究明代教育制度提供了诸多有价值的史料。

除了上述几项史料之外，文书对于研究明代儒学生员问题也多史料助益，而且这种帮助在近些年来更加明显。尤其是徽州文书，对于研究社会经济史的价值已是有目共睹。举例来说，在徽州文书中，有许多关于生员文会的内容，值得研究者进行专门的系统整理研究。当然，有关文书中的社会史资料价值，目前尚未引起研究者足够的重视。

概言之，笔者所用史料，大体以正史或官方文书为基础，再补充大量的相关明代生员问题的史料，举凡地方志、文集、野史笔记，以及专门的学校专志(包括国子监与地方府、县学)。而对明人文集中大量学政史料的采择运用，则为笔者尤为着力之处。

(二)研究状况

最早注意明代生员，将其作为一个社会问题提出并进行剖析者，无疑是明末清初的著名学者顾炎武。他对生员问题的研究，已结合了

---

① 武新立：《中国的家谱及其学术价值》，见刑永川编：《中国家族谱纵横谈》，94～115页。

② 明代谱学的特点、内容、成就，张海瀛《明代谱学概论》一文言之甚详，可资参看。参见刑永川编：《中国家族谱纵横谈》，262～268页。

③ 来新夏、徐建华：《中国的年谱与家谱》，110页。

叙述与分析两个方面。在《日知录》部分条目中，他对生员及其相关科举考试诸问题进行了较好的考述与钩稽，而他的《生员论》三篇①，则以敏锐的眼光，分析明代生员存在的诸多问题，及其由此造成的社会危害，进而提出解决这一社会问题的方法。显然，这种讨论已在文体上摆脱了科举八股应景式的讨论模式及遗风，进而对久已存在的社会现象与问题进行深刻的反思。

清初学者有一种共同的思想倾向，即面对明清易代这种"天崩地陷"的变化，对明亡的原因进行反思。反思的结果，显然造成了对君权、封建、郡县、学校、科举、生员、胥吏、钱粮以及哲学观念上的"道"等问题，进行较为深层次的探索，确乎给人留下了痛定思痛的印象。随着清朝政权的逐步建立及稳固，这种有益的探索渐趋沉寂。一至清末，随着科举的废止，新式学校教育制度的确立，人们对科举与生员问题的注意遂由实用性的探讨转变为学术性的研究。

根据已有的研究成果来看，过去与生员相关的研究主要集中于以下三个方面。一是科举考试。明代作为科举考试最为发达的朝代之一，科举考试必然引人注目，并成为研究的中心内容。由科举延伸出去，即是相关的明代官僚政治研究。二是学校教育。科举必由学校，学校教育则为科举考试的基础。三是社会阶层(或知识分子群体)，诸如乡绅(或称绅士、绅衿、士大夫、知识分子)的研究。与此相应者，则为关于士大夫的土地占有的研究，或士大夫在地域社会中的作用的研究。

中国学者在中国史方面的研究，更多的是注意制度的沿革，而在明代与生员相关课题的研究上，当然也不例外。关于科举考试制度研究的已有成果，分别有：邓嗣禹的《中国考试制度史》②，此书早在20世纪30年代即已成书，可称为较早的一部系统阐述中国科举考试制度的专著，并在体例、研究方法上有开创之功；李新达的《中国科举制度史》③，

① (清)顾炎武：《亭林文集》卷一《生员论》上，见《顾亭林诗文集》，21～24页。

② 邓嗣禹：《中国考试制度史》，台北，台湾学生书局，1967。

③ 李新达：《中国科举制度史》。

此书对科举考试制度进行了全面的梳理，对前人的相关研究成果有详细的总结、评述，并提出了自己的一些独到见解。与此相应者，有刘虹的《中国选士制度史》①，此书名为“选士制度”，实则更多的内容仍为科举考试，基本与上述两书有一些共同点，只是增加了科举出现以前选士制度方面的内容；陈茂同的《中国历代选官制度》②，与刘虹所著书相较，尽管在体例、史料以及内容方面均无重大突破，然也可以作为前书的补充，互相参看、印证。在科举制度研究方面，视角较新、见解别出的著作，当推刘海峰所著的《科举考试的教育视角》一书。③此书的目的不在于研究科举时代的教育，而是从教育的视角透视科举考试，研究科举本身的教育考试性质，分析学校与科举的关系，概括科举考试的教育传统。④

在明代，科举必由学校，而学校制度则是一代教育制度的主要内容。关于历代学校及教育制度的研究，较早的著作当推陈青之的《中华教育史》⑤，陈东原的《中国教育史》⑥，及任时选的《中国教育思想史》⑦。上述三书，其侧重点虽有偏于制度与思想之别，然均为这一领域的创辟之作，对后世的同类著作影响颇大。晚近的教育史著作，主要有毛礼锐、邵鹤亭、瞿菊农合著的《中国教育史》⑧，曲士培的《中国大学教育发展史》⑨。前者为一代教育通史，而后者则对大学(诸如太学、国子监)的发展变化有详尽的介绍。至于私学方面的著作，早期的有盛朗西的《中国书院制度》⑩，而晚近这方面的著作则有章柳泉的《中

---

① 刘虹：《中国选士制度史》，长沙，湖南教育出版社，1992。
② 陈茂同：《中国历代选官制度》，上海，华东师范大学出版社，1994。
③ 刘海峰：《科举考试的教育视角》，武汉，湖北教育出版社，1996。
④ 刘海峰：《科举考试的教育视角》，6页。
⑤ 陈青之：《中国教育史》，上海，商务印书馆，1936。
⑥ 陈东原：《中国教育史》，台北，台湾商务印书馆，1936。
⑦ 任时先：《中国教育思想史》，上海，商务印书馆，1937。
⑧ 毛礼锐、邵鹤亭、瞿菊农：《中国教育史》，台北，五南图书出版公司，1989。
⑨ 曲士培：《中国大学教育发展史》，太原，山西教育出版社，1993。
⑩ 盛朗西：《中国书院制度》，上海，中华书局，1934。

国书院史话》①，以及吴霓的《中国私学发展诸问题研究》②。

上述种种关于科举考试或学校教育的专著，全属通史性质的著作，其间固然也包括明代科举考试或学校教育，然所论较为简单，所举材料也仅为正史之《选举志》或一些典章制度，而有关生员问题者，更是近乎阙如。当然，专论明代学校教育制度的文章，亦复不少。举例来说，较早的有吴晗的《明初的学校》③，对明代从中央到地方的各级学校有较好的梳理，尤其重在中央的国子监。近期这方面的文章有陈宝良的《明代的义学与乡学》④，以及《明代学官制度探析》⑤。前文对明代最基础的学校教育，亦即私学进行了初步的探讨，而明代生员有很多就出自这些义学或乡学。后文则对明代的学校教官给予全面的梳理，尤其重在提学院道官员，而提学院道官员又为负责生员录取、考核的主要教育官员。

中国大陆的史学界，在理论上一直受到历史唯物主义的指导，其研究的重点主要在政治、经济两大领域，而政治则为上层建筑。这种观念一度成为大陆学者的共识，迄今尚对人们的研究思维形成一定的制约。科举制度是中国传统社会最重要的用人制度。换言之，学校与科举考试制度是中国官僚政治的基础。职是之故，中国大陆的历史学者往往将科举提高到官僚政治的角度加以审视。最明显的例子就是王亚南的《中国官僚政治研究》。⑥ 此书最早于 1948 年结集出版。按照作者自己的总结，此书以历史唯物史观为指导，旨在阐释下列问题：中国社会长期停滞问题，官民对立问题，旧士大夫的阶级性问题，封建剥削性问题，儒家学说长期作为代表意识形态问题，商工市民阶级不

---

① 章柳泉：《中国书院史话》，北京，教育科学出版社，1981。

② 吴霓：《中国私学发展诸问题研究》，北京，中国社会科学出版社，1996。

③ 吴晗：《明初的学校》，见《读史札记》，317～341 页，北京，生活·读书·新知三联书店，1956。

④ 陈宝良：《明代的义学与乡学》，载《史学月刊》，1993(3)。

⑤ 陈宝良：《明代学官制度探析》，载《社会科学辑刊》，1994(3)。

⑥ 王亚南：《中国官僚政治研究》，北京，中国社会科学出版社，1984。

易抬头问题，如此等等。① 继之者则有晚近出版的李治安、杜家骥合著的《中国古代官僚政治》一书。②

政治是经济的直接反映。大陆学者的研究，固然有将纯粹的经济关系简单化为阶级关系，进而转化为政治关系的弊端，然多年来大陆学者在经济领域中挖掘资料，深化研究课题，其成果显然不容一概忽视。大陆学者在明代经济史方面的研究，自成体系，成就斐然。若究其与明代生员问题相关者，则无疑是对绅衿地主、缙绅地主的研究。早在1948年，胡寄馨著有《明代的乡绅——兼论中国士大夫阶层之形成》一文，在中国社会形态和文化背景下对乡绅这一阶层进行了考察，提出了一些颇有见地的主张。③ 继之者有伍丹戈、张显清两位学者。伍氏先著《明代绅衿地主的形成》一文，继又撰《明代绅衿地主的发展》一文，对明代绅衿这种身份地主的形成、兴盛、衰落，作了初步的探讨，并就其兴盛、衰落的原因给以具体的阐释。④ 张显清著有《明代缙绅地主浅论》一文，对缙绅地主的特权等级地位及其历史作用作了全面的探索。⑤ 此文堪称在历史唯物主义指导下，中国大陆学者研究明代缙绅地主所达到水平的一个范例。

社会史作为历史学的一个分支，或是一种研究范式，大概出现于20世纪20年代，与法国年鉴学派有着相当密切的关系，可以这么说，年鉴学派最大的特点在于要写社会整体史(history of society)，而不是传统的社会史(social history)。⑥ 在中国，大体在20世纪三四十年代，

---

① 王亚南：《中国官僚政治研究》，16～17页。

② 李治安、杜家骥：《中国古代官僚政治》，北京，书目文献出版社，1993。

③ 此文刊于《社会科学》，第4卷，第1期，其介绍可参见冯尔康等编著：《中国社会史研究概述》，205页，天津，天津教育出版社，1988。

④ 伍丹戈：《明代绅衿地主的发展》，见《明史研究论丛》第2辑，9～26页。

⑤ 张显清：《明代缙绅地主浅论》，载《中国史研究》，1984(2)。

⑥ 李弘祺：《从社会科学到整体历史》，载《史学评论》，1981(3)。按：关于年鉴学派，有各种翻译，或作“年报”学派，或作“安娜”学派。同注，第62页，注(61)。法国年鉴学派对“群体历史”的重视，也即对社会重大发展趋势的历史的格外关注，势必有助于对明代社会群体尤其是绅士或生员层的认识。对年鉴学派较为深入的评述，又可参见[法]保罗·利科：《历史学家的技艺与贡献：法国史学对史学理论的贡献》，8～13页，香港，牛津大学出版社，1993。

社会史的研究曾一度辉煌，先后出现过不少颇具学术分量的著述，如杨树达的《汉代婚丧礼俗考》，潘光旦的《明清两代嘉兴的望族》，瞿同祖的《中国法律与中国社会》。①

中华人民共和国成立后，中国大陆历史学者大多受到了马列主义的洗礼，纷纷投入诸如中国古代史分期、中国封建土地制度、中国资本主义萌芽，以及汉民族形成、中国近代史分期等重大问题的讨论，考察社会心态、人们生活方式等属于社会史研究的课题则相对受到冷落。“文化大革命”结束后，整个文化学术事业开始复苏，社会史研究也随之复兴，并在短短的十几年中取得了可观的成绩。

随着社会史研究的复兴，传统历史研究的领域日趋开阔。具体落实到明史研究领域，也基本反映了这种变化。于是，在与明代生员问题相关的诸课题研究中，也同样出现了一些角度比较新颖的论著。相较而言，最著名者当推吴晗遗稿《明代的新仕宦阶级：社会的、政治的、文化的关系及其生活》一文的刊行。② 此稿写于 1943 年，基本反映了作者治学的路子，即资料翔实、角度新颖、内容丰富，并对后人的研究多具启发性的意义。笔者在与明代生员相关诸问题的研究方面，在选题的选定、史料的收集以及具体的撰写上，无不受其影响。笔者之前曾撰《论晚明的士大夫》③一文，考察晚明士大夫在文化意识方面的诸多变化，如“市隐”思想的形成，尚利意识的普遍，如此等等；继又撰《明代民间舆论探析》④一文，将明代“科道”这种官方言论系统之外的民间舆论体系，举凡谣谚、揭帖、匿名文书，以及口号、戏剧、八股文等，首次作了较为系统的清理，并就生员在这些民间舆论系统中的作用，作了初步的评估；此外，笔者对明代生员的无赖化以及结

① 郭松义：《中国社会史研究五十年》，载《中国史研究》，1999(4)。

② 吴晗：《明代的新仕宦阶级：社会的、政治的、文化的关系及其生活》，见《明史研究论丛》第 5 辑，1～68 页，南京，江苏古籍出版社，1991。

③ 陈宝良：《论晚明的士大夫》，载《齐鲁学刊》，1991(2)。

④ 陈宝良：《明代民间舆论探析》，载《江汉论坛》，1992(2)。

社现象，也有不同程度的探讨。① 又杨嘉裕《明代江南的造园之风与士大夫生活》②一文，对明人潘允端《玉华堂日记》反映的明代士大夫的寄生生活和社会风气予以适当的揭示。

生员不但是绅士集团的下层，而且是明代文人层的有机组成部分。文人概念尽管有广义与狭义之别，但文人概念从一开始就被士大夫、缙绅、儒士或知识分子这些概念所湮没而不彰显。其实，如果研究者将文人从传统所谓的士大夫阶层中分析出来，并进行单独的观察，往往会收到意想不到的效果。追溯中国学者对明代文人的研究，郭绍虞堪称开风气之先。他所著《明代文人结社年表》《明代的文人集团》二文，以社会史的角度考察明代的文学及其创造者即文人，无疑扩大了文学研究的范畴。谢兴尧著《谈明季山人》③一文，尽管尚不属专门的学术论文，但能敏锐地注意到明代的山人问题，自有其存在的价值。郭、谢二氏的文章，均写自 20 世纪 40 年代，创辟之功，实不可没。晚近对明代文人较为系统的研究，则有夏咸淳所著《晚明士风与文学》一书。④ 此书以明代世风为背景，悉心探讨了当时的士风新变与文风的发展关系，无疑为明代文人及文学史的研究，开启了一个新的探视窗口。

对晚明文人的研究，台湾学者陈万益所著《晚明小品与明季文人生活》⑤一文，堪称这方面的典范之作。此文的价值在于作者以小品、山人为研究的突破口，详尽考察了明代文人生活的方方面面，并在很多方面有开拓性的价值。细析之，台湾学者在与生员相关问题上的研究，主要包括以下几个方面：

一是就明代学校、科举进行探讨。这方面的代表作有吴智和所著

---

① 相关的论述可参见陈宝良：《中国流氓史》，224～227 页，北京，中国社会科学出版社，1993；陈宝良：《中国的社与会》，279～291 页，杭州，浙江人民出版社，1996。

② 杨嘉裕：《明代江南的造园之风与士大夫生活》，载《社会科学战线》，1983(3)。具体的评述，参见冯尔康等编著：《中国社会史研究概述》，206 页。

③ 谢兴尧：《堪隐斋随笔》，238～242 页，沈阳，辽宁教育出版社，1995。

④ 夏咸淳：《晚明士风与文学》，北京，中国社会科学出版社，1994。

⑤ 陈万益：《晚明小品与明季文人生活》，37～83 页，台北，大安出版社，1988。

《明代的儒学教官》①一书，以及林丽月著《明代的国子监生》②一书和《科场竞争与天下之“公”：明代科举区域配额问题的一些考察》③一文。按照吴智和的观点，明代儒学教官是政治的末阶剩员、社会的典范表率、教育的教化官师、推动学术的传述的角色。④ 而教官不但是儒学生员的教化者，而且是生员的考核者，可见，生员与教官，犹如一面镜子的正反两面。吴智和对教官所作的整体性解剖，无疑有助于观察、认识生员。林丽月所著通括探讨有明一代国子监生在明代历史舞台上所扮演的角色，尤其是“国子监与明代社会”一章，其研究显然已向社会史进行了拓展，具有开拓性之功。⑤ 而林丽月在后文中对明代科举区域配额的考察，也是突破了过去的研究范畴而取得新的进展。作者在结论中认为，“虽然以科场实际的竞争力言，士绅家族或官家子弟较贫寒子弟占有优势，使明清的区域配额制度在整体上削减了考试制度中的社会流动性，但就实现科举为‘天下之公’的意义来说，明代乡会试的配额制度在达成政治利益的区域均衡与扩散上发挥的作用，都是不容忽视的。”⑥这显然是基于系统研究之上所得出的建设性意见。

二是对士族、绅士的研究。其代表作有赖惠敏所著《明末清初士族的形成与兴衰》⑦与林丽月所著《闽南士绅与嘉靖年间的海上走私贸

---

① 吴智和：《明代的儒学教官》，台北，台湾学生书局，1980。

② 林丽月：《明代的国子监生》，台北，私立东吴大学中国学术著作奖助委员会，1978。

③ 林丽月：《科场竞争与天下之“公”：明代科举区域配额问题的一些考察》。按：近期对明代国子监有较深入研究者，可举徐泓《传统中国大学校园的空间规划：明南京国子监》一文，见《史学：传承与变迁学术研讨会论文集》，263～290页，台北，台湾大学，1998。另徐氏在此文的注(5)中，对明代教育史的研究状况有很好的梳理，可资参看。

④ 吴智和：《明代的儒学教官》，2页。

⑤ 相关的评述意见，可参看吴智和著书评，见吴智和主编：《明史研究专刊》，第2期，台北，大立出版社，1983。

⑥ 林丽月：《科场竞争与天下之“公”：明代科举区域配额问题的一些考察》。

⑦ 赖惠敏：《明末清初士族的形成与兴衰》，见《明清之际中国文化的转变与延续学术讨论会论文集》，377～438页，台北，文史哲出版社，1991。

易》①二文。赖惠敏以五个家族如何适应明末清初时期的社会变迁为个案，考察其形成的因素，家族的兴替，甲申前后士族的政治动向，以及这些士族在清初的衰落，旨在说明士族在政治、经济、社会诸领域的作用。林丽月之文则通过闽南士绅在嘉靖年间走私贸易中的种种表现，以说明士绅积极从事海上贸易是促成漳州一带民间贸易繁盛的力量之一，并对16世纪中国闽南社会经济的变迁具有正面的意义。

于上不难发现，台湾学者在与生员相关问题的研究上，一方面，治学笃实，基础稳固，于是有如吴智和所著的基于丰富史料之上并以考证、叙述和归纳见长的论著；另一方面，台湾学者又注意在研究方法上进行一些新的开拓，求变求新，利用计量和社会科学的方法进行研究，而上述林丽月、赖惠敏的研究就是最好的例证。

香港以其独特的地理与政治环境，使学术研究可以独立而不受党派和政见的左右，从而形成一种强调平衡和开放的史观。香港学者在与明代生员相关诸问题的研究方面，有下面几篇论文值得一提。黄开华《明代土司制度设施与西南开发（下）》②一文，对明代土司地带儒学的兴起及其对当地开发的作用，均有详细的探讨。赖松伟《从和陶诗文看元、明间儒生的仕隐观念》③一文，从元末明初士人和陶诗文、咏菊论甚多这一现象，考察其时士人的社会动向，认为这些士人无非是借陶潜忠于晋室、耻于仕宋之故事加以发挥，自鸣其志，其实皆有关其人对革代之感叹，或表达对明朝新政权的态度。黄继持《明代中叶文人型态》④一文，将明代文人细括为传统式的“儒家文人”和以文墨为尚的“纯文人”，指出由于民间文人的大量出现，明代的“纯文人”固然与前

---

① 林丽月：《闽南士绅与嘉靖年间海上走私贸易》，载《台湾师范大学历史学报》，1980(8)。

② 黄开华：《明代土司制度设施与西南开发（下）》，载《新亚学报》，第6卷，第2期，1964。

③ 赖松伟：《从和陶诗文看元、明间儒生的仕隐观念》，见赵令扬主编：《明清史集刊》，第2卷，1～31页。

④ 黄继持：《明代中叶文人型态》，见《明清史集刊》第1卷，37～46页，香港，香港大学中文系，1985。

代有所承接，但其新异之点也不容忽视，而明中叶正是这种形态的成熟时期。

日本学者在与明代生员相关问题的研究方面，无论是研究的视角，开拓的研究领域，抑或研究的方法，均独树一帜。日本明清社会经济史研究，主要是战后才出现的现象。概括言之，日本学者的研究大体集中于以下两个方面：一是士大夫与民众的关系问题，二是“地域社会”中的乡绅力量支配问题。事实上，这是一个问题在不同时期侧重点的不同。换言之，在这两方面的研究中，乡绅(或称之为士大夫)始终是研究的中心内容，尽管其中的内容尚包括乡绅的土地占有、经营，乡绅的社会公益活动，或者乡绅通过共同舆论支配地方政治等。

对士大夫的研究，是由日本的前辈学者宫崎市定开启的。1950年，他在《东洋的近世》一书中指出，宋以后到鸦片战争前中国近世社会的支配阶级，在文化上是读书人，政治上是官僚，经济上是地主、资本家，这种三位一体的新贵族阶级，一般称之为士大夫。1954年，宫崎又从文化史的立场，发表了《明代苏松地方的士大夫与民众》一文，以士大夫与地域社会的关系为主题，对“士大夫”一词又提出新的概念。他将士大夫分作两类，一为“乡宦”，包括在任官僚及待命中、退休后的官僚，他们以乡里为根据地，在乡里厚殖资产，动辄利用自己在中央政府的地位权力，横暴乡曲，招致民怨；另一类是“市隐”，他们拥有一定的学術或官位，因为对仕途绝望而居于乡里，虽较一般民众有特权的地位，但热爱乡里，与民众共甘苦。①

酒井忠夫基本与宫崎持相同的看法。他是第二次世界大战后最早注意到乡绅问题的日本学者。早在1952年，他就敏锐地指出，“乡绅”一词在明末16世纪后半叶以后即被广泛使用。1960年，他在《中国善

---

① ［日］宫崎市定：《明代苏松地方的士大夫与民众》，见《日本学者研究中国史论著选译》第6卷，栾成显、南炳文译，229～365页，北京，中华书局，1993。按：关于明代绅士或“士大夫”与地域社会之关系，日本学者森正夫作了较好的概述，参见森正夫(Mori Masao)：“The Gentry in the Ming Period：An Outline of Relations between the *Shih-ta-fu* and Local Society,”*Acta Asiatica*，1980(38)，pp. 1-53。

书の研究》一书中，进而指出“乡绅”与“士人”的区别在于任官与否，强调两者在科举官僚制度上存在着形态的差异。值得指出的是，酒井非常重视民众与乡绅在精神上的结合关系，认为乡绅以民众伦理意识的代言人自居，将之客观化并形诸文字，此即善书。①

日本学者的乡绅研究，最早始于 20 世纪 40 年代，当时主要偏重于政治史的探讨。譬如，较具代表性的学者根岸佶认为，乡绅是民间自治团体的代表，与官僚有一线之隔，一方面代表民众，另一方面又代表官方，是一种中间性的存在。20 世纪 50 年代以后，日本学者的乡绅研究转入社会经济史的范畴。当时，明清社会经济史研究的焦点在商品生产与地主制两大主题，而乡绅研究也随之沿着这两个方向进行。20 世纪 60 年代以来，日本史学界普遍重视国家权力与政治斗争的问题，于是，日本明清史学界也将注意力转移到明末清初中国社会变动的历史特质上，当时的研究者大体认为中国史有其独特的发展规则，并且将“国家体制”纳入其中，以构筑出封建支配的完整构造。为了解决这一课题，日本明清史研究者开始了以赋役制度史及乡绅论为中心的一系列研究，诸如小山正明通过对赋役制度进行系列研究而建立的“乡绅的土地所有”论；滨岛敦俊、川胜守、西村元照等人继承此论，并由水利、均田均役、丈量等各分野展开研究，累积了丰硕的实证性成果；重田德、高桥孝助提出“乡绅支配”的理论，显然意在弥补“乡绅的土地所有”论所存在的缺陷。②

---

① 关于酒井忠夫在这方面的研究，可参见于志嘉：《日本明清史学界对“士大夫与民众”问题之研究》，载《新史学》，第 4 卷，第 4 期，1993。

② 于志嘉：《日本明清史学界对“士大夫与民众”问题之研究》。按：据有的学者考察，日本学者研究明清社会经济史的课题主要包括以下六个方面：农村手工业、土地关系、民众叛乱、税收和制度改革、绅士、中国和世界资本主义。而在这些问题中，又尤其重视绅士与地域社会的关系。关于此，参见 Linda Grove and Christian Daniels(eds.)，*State and Society in China：Japanese Perspectives on Ming-Qing Social and Economic History*，Tokyo，University of Tokyo Press，1984，pp. 7-14。Yamane Yukio，“Trends in Postwar Japanese Studies in Ming History：A Bibliographical Introduction,”*Acta Asiatica*，1980(38)，pp. 93-123。

至20世纪80年代，日本的明清史学发生了重大的转折，进入了新的历史时期，其特点之一，即有关地域社会的研究占据主导地位。所谓地域社会研究，实可概括为以下两种含义，即具有确定含义的地域社会和地域研究中的社会研究，而两者的共同点则都把视野转向地域社会研究。

日本明清地域社会研究起源于1981年名古屋大学举办的中国史研讨会。日本地域社会研究的领域相当广泛，其主要内容可以包括以下三个方面：乡绅与民众叛乱的地域性研究，将乡绅、民众叛乱这些老问题与地域性结合起来考察；开发、移民与地域社会研究，主要集中在江南，如浙江、四川、广西以及珠江三角洲这些地区；国家与社会的关系研究，或注意富民层的秩序意识及其在维持上下关系中的作用，或着眼于地域社会动向和清朝国家统治确立过程的关系，或注重国家的基层组织与地域社会的关系。此外，还有宗族问题，及聚落、信仰、社区研究。进入20世纪90年代以后，日本学界对地域社会论进行了适当的反思，其代表学者有森正夫、岸本美绪、山田贤、寺田浩明，指出地域社会论以后所要解决的问题，是地域社会中的领导层问题、国家与社会的关系问题，以及作为再生产的容器即地域框架的重新界定，这无疑已进一步将这一课题的研究引向深入。①

西方汉学界对与生员相关问题的研究，主要集中于下列两个方面：一是对中国传统绅士的研究；二是对科举考试及其“社会流动”的考察。

20世纪初，沃纳(E. T. C. Werner)是第一个试图对中国社会作系统描述的尝试者。他对中国社会的划分是采用斯宾塞《描述社会学》一书中的方法，即根据类型划分法对他所获得的资料进行归类。他对绅士在国家和社会中所起的作用的看法可由他对处于一般的政府机构之下的社会作进一步的细分得以说明，如他将清代居于上层和领导地位的社会集团“士”，再细分为官吏和绅士两个阶层。

---

① 常建华：《日本八十年代以来的明清地域社会研究述评》，载《中国社会经济史研究》，1998(2)；[日]山田贤：《中国明清时代“地域社会论”研究的现状与课题》，太城佑子译，载《暨南史学》，1999(6)。

马克斯·韦伯的社会学研究成果是出类拔萃的，而斯宾塞学派对中国社会划分所作的初次研究尝试，就难免相形见绌了。韦伯在关于意识形态和社会发展关系的广泛分析中，将中国列为他的主要分类样板之一，即中国是官僚体制国家的样板之一。他认为，通过垄断政府权力工具使官吏制度日趋完善的趋势，是一般官僚体制发展所具有的现象。平心而论，韦伯对这一问题的分析只有为数不多的西文资料。尽管如此，他还是在对中国社会和国家的结构、对受过教育的上层社会阶层即绅士的地位的分析中得出了某种真知灼见。①

莫里斯·弗里德曼的研究显示，绅士在社区中形成一个“自然的”分类。绅士阶层所包含的广大的社会领域在权力的控制、财富以及国家范围内的声望等方面远非同质。一方面，绅士的地位是经济的，他们从土地中获取地租，向农民放高利贷，从而控制着地位比他们低的人们；另一方面，绅士的地位又是政治的，朝廷需要从绅士阶层中吸纳新生力量，而绅士在地方社区中，也可以以平等的关系与朝廷任命的官员进行对话。② 概括言之，西方学者研究中国绅士的观点主要集中于以下两派：一派认为绅士是一个独立的社会阶层，而另一派则认为绅士不过是传统官僚的分层而已。在此有一点笔者必须予以指出，即西方学者最初常常注意的是小规模的官僚，而对绅士则缺乏足够的重视。而自从中国学者张仲礼和另外一些学者开始注意绅士，并将其视为非正式的权力集团在国家行政事务中扮演一定的角色之后，绅士研究才日渐成为西方学术界一个有相当争论的课题。显然，在西方学术界，晚近最具代表性的研究成果，则为张仲礼的《中国绅士——关于其在 19 世纪中国社会中作用的研究》一书。张仲礼凭借极为翔实的资料，说明了 19 世纪中国社会中绅士阶层的整个状况，以及绅士阶层与国家的关系。此书的研究成果表明，绅士是一个统治中国社会的特权阶层。它所承担的许多重要职责包括了一个广泛的社会管理范围，从

① 相关的介绍与评述，可参见张仲礼：《中国绅士——关于其在 19 世纪中国社会中作用的研究》，李荣昌译，导言。

② ［英］莫里斯·弗里德曼：《中国东南的宗族组织》，69 页。

意识形态的引导到政治、社会和经济事务的实际管理，以至于进入行政职责的范围。① 此书所论虽仅为清代绅士，却为明代绅士或生员研究提供了一个成功的范例。

关于社会流动最早和最有名的著作，是俄国社会思想家梭罗金的《社会与文化的流动》，该著作一直是社会学家和历史学家研究社会流动的理论基础，近乎被奉为圭臬。梭罗金的社会流动理论可简单概括如下：现代社会必须具有较高的社会与文化流动率，即知识及消息的传递、迁徙的自由，以及取得荣誉与财富的快慢等。如果一个社会具有高度的流动性(包括横的和纵的流动性)，那么这个社会一定比较开放与平等，因此也就合乎现代社会的标准。

早在20世纪40年代，就有以社会流动理论研究中国传统社会的例子，然只有潘光旦与费孝通两位社会学者的研究在国际学术界产生了影响。1947年，他们在《社会科学》上发表《科举与社会流动》一文，尽管其研究方法和取材仍很粗糙简略，但因是创辟之作，所以在学术界产生了不小的影响。

在美国，几乎是在同时，也有两位学者研究中国传统社会的流动，即柯睿格(Edward A. Kracke，Jr.)、魏特夫(Karl A. Wittfogel，亦译魏复古、魏佛吉)。他们分别以中国传统社会为研究课题，同时在1947年发表论文，却得出恰好相反的结论。柯睿格以宋代绍兴十八年(1148)及宝祐四年(1256)的科举录为依据，计算考试及格的考生的家世，得到的结论是有一半以上的进士其前三代都没有人当官。魏特夫通过研究中国“荫”的制度，则认为在传统中国社会里，凭借家庭背景而进入仕途的毕竟很多，即使南宋以后，虽然考试制度日显重要，而官僚阶层却仍有大部分是由非正途出身。1949年，许光烺在《美国社

① 张仲礼：《中国绅士——关于其在19世纪中国社会中作用的研究》，李荣昌译，导言。又前揭 Linda Grove 和 Christian Daniels 所编书，13页。而西方学界对中国绅士问题研究作系统梳理者，则可参见 Timothy Brook，*Praying for Power: Buddhism and the Formation of Gentry Society in Late-Ming China*，Cambridge，Mass，Harvard University Press，1993，pp. 5-15。

会学评论》上发表了《中国的社会流动》一文，利用四个地方的县志，统计了七千多人，寻找他们的亲属关系，以观察哪些家庭连续数代都有人在地方志的传记上被列入或被提到，借此证明中国社会是相当开放的。

在西方汉学界，对中国传统社会的社会流动研究最富有成果的是张仲礼和何炳棣。张仲礼统计了19世纪中国“绅士”的家庭背景(他的“绅士”概念包括了具有生员资格以上的所有科名或官职的人)，得到的结论是考试制度并不能真正地造成机会的均等。何炳棣统计了从1371—1904年有履历可考的12000多个进士，1804—1910年22000多个举人与贡生的履历，发现超过49%的“绅士”都是从所谓的布衣家庭出身，借此认为传统中国主张领导阶层的成员取决于个人的能力而不决定于其家世，而这个理想在中国的科举考试制度上最能体现出来。① 他认为，自1550年以后，法律规定下的等级制度被打破了。而从1450年以后，学衔可以被买到，于是一些富有的平民也能通过捐纳而进入精英阶层。② 此外，何炳棣还注意到了科举与社会流动的地域差异，认为这种差异取决于一系列因素的结合，诸如人口、移民、经济、文化传统，制度化和非制度化的有效途径，进士和举人的地区配额，以及促进社会流动的观念与神话对社会的渗透程度。③

(三)研究的不足及新趋向

由上述的简略介绍已不难发现，过去研究者对生员及其相关诸问

---

① 关于社会流动理论的产生，以及社会、历史学家借此理论对中国社会的研究状况，笔者主要参考了李弘祺《公正、平等与开放——略谈考试制度与传统中国的社会结构》一文，见李弘祺：《宋代教育散论》，23～29页，台北，东升文化事业有限公司，1980。按：Wolfram Eberhard试图找寻出有身份家族的谱系，也即利用中国南部广东省的两个家族(即伍氏与容氏)资料，并统计超过12000人的资料，以澄清在中国南方社会和地域流动的可能性。见Wolfram Eberhand，*Social Mobility in Traditional China*，Leiden. E. J. Brill，1962，p. 2。

② Ping-ti Ho，“Aspects of Social Mobility in China，1368-1911，”in *Comparative Studies in Society and History*，vol. 1，1959(4)，pp. 330-359.

③ 何炳棣：《科举和社会流动的地域差异》，王振忠译，见中国地理学会历史地理专业委员会《历史地理》编辑委员会编：《历史地理》第11辑，299～316页，上海，上海人民出版社，1993。

题的研究，显然存在着如下倾向性和局限性：

一是重清代，轻明代。一些科举或考试制度史专著，往往详清略明，即对清代的考试制度有比较详尽的介绍，对明代的考试实况则草草述过而已。不仅如此，多有清代科举制度史的专论，如商衍鎏的《清代科举考试述录》，王德昭的《清代科举制度研究》，而关于明代的科举制度论著则较为罕见。

二是重视知识阶层即绅士的上层(缙绅)，轻视知识阶层的下层(青衿)。根据明代的制度，生员固然具有进入仕宦阶级的可能性，然明代历史的客观事实却一再证明，绝大部分生员根本无缘进入仕宦阶级，终生只是保持一个“知识所有者”的身份，即“士”，或明代典籍所谓的“衣巾终身”。生员不入仕，其实是仕进无门，就无缘跻身仕宦阶级，只好流向社会。传统研究注意的是士出仕后的实况，而对士不仕以后在社会上的诸般活动及其影响，则明显注意不够。

三是注意国子监和国子监生的研究，而忽略对地方府、州、县儒学生员的研究。在相关明代教育史的研究方面，既有专论国子监生的专著，如林丽月的《明代的国子监生》，也有专论儒学教官的专著，如吴智和的《明代的儒学教官》，却无一关于明代地方儒学生员的专著。即使在一些关于明代学校的论文中，也是详于国子监和监生，略于地方儒学和生员，吴晗的《明初的学校》一文，即其例也。

四是重视对乡试、会试的研究，忽略对院试(包括提学道岁、科考生员以及录取生员的童试)的研究。在过去科举考试制度的研究中，乡、会试的研究成果丰硕，甚至不乏重复研究者，然对院试举凡岁、科考的实况，保结制度的实行，六等考试制度成为定制等，却语焉未详。偶有涉及者，也多为清代的院试，而非明代的院试。

五是传统研究多为对乡绅、绅士、士大夫的通论，而缺乏对这一社会集团的内部分层甚至分化的足够重视。事实上，在明代这样的传统社会，若采用士大夫这一概念，那么以其仕或未仕，可分成上下两层，即“士”和“大夫”，或“缙绅”与“青衿”。然若用“文人”这一概念，则又可有文官与纯文人之别。即使在文人中，依其气质、行为特征、侧重的文化事业不同，也可细分为儒生(或道学家)与文人两种。相对说来，过去的研究，对文人及其生活的研究，稍显薄弱。尤其是那些因仕进无门而沦为布衣文人的大量儒学生员，因其所从事的仅是一些默默无闻的乡村教育，过去的学者更是缺乏对其深层次的探讨。

上述种种，固然因研究者的兴趣偏嗜所致，但是资料的完整与缺乏，也是决定选题取舍的原因之一。换言之，《实录》《会典》《续文献通考》《明史·选举志》或顾炎武《日知录》之相关条目，可以为上述偏重于前者的研究提供详尽的资料，却无法保证为偏重于后者研究的展开而提供充足的资料。

从研究方法来说，在“冷战”时代，东西方意识形态极端对立。中国大陆历史学者在研究方法上一度受苏联的影响颇深，而对西方社会学理论持一种鄙视的态度，甚至不乏以“伪科学”视之。反观西方学术界，对以历史唯物主义为指导的研究，也简单地斥为“伪科学”。① 这是意识形态对立对学术造成不良冲击的可悲例子。

自 20 世纪 80 年代以后，随着中国日趋开放，西方各种社会学思潮相继涌入中国，中国学者对西方汉学研究的成果也日趋重视，由此研究领域日广、研究方法日新，才有了社会史研究的丰硕成果。② 这是可喜的一面。事实上，马克思主义作为一种酝酿于西方的社会学理论，中国学者将其引入作为考察中国传统社会的指导理论，对其合适性问题确实需要作深入的反思。譬如，“封建社会”理论，作为一种基于对西方中世纪历史进行考察所得出的社会理论，置诸中国传统社会，是否也是如此，值得重新作一些阐释。有些学者以此理论为指导，对中国传统社会进行了探讨，并进而形成了一套完整的中国封建社会理论体系，如侯外庐的《中国封建社会史论》③，胡如雷的《中国封建社会

---

① 如魏特夫提出东方社会理论尤其是东方专制主义理论后，苏联的历史学者对其进行了批评。这种批评固然有政治的因素在作祟，然也不能排除其有正常的学术探讨内涵。而梅谷却斥之为“伪科学”。事实上，他也不可避免地受到了意识形态的左右。说具梅谷为张仲礼著书所撰导言，见张仲礼：《中国绅士——关于其在 19 世纪中国社会中作用的研究》，4 页，注(2)。

② 相关介绍参见郭松义：《中国社会史研究五十年》。

③ 侯外庐：《中国封建社会史论》，北京，人民出版社，1979。

形态研究》①。这套理论的基本内容是：中国封建社会形态的各方面的一切特点，最终来源于地主土地所有制所具有的土地买卖、土地兼并这一特点。② 而这种土地占有形式，无论是认定其为前述的地主土地所有制，还是“皇族垄断的土地所有制形式”③，均可作为一种政治史赖以依存的经济基础，即专制主义存在的经济基础。

毋庸讳言，这种理论的局限在于过分看重依赖于经济基础的专制主义中央集权，即国家的力量，将社会简单地划分为统治和被统治两个阶级，并将一切政治问题甚至党争，或上层领域的文化问题，均从经济基础予以阐明。而土地占有关系则为这种阶级关系的基础，于是对绅士的研究，也是从绅士的土地占有出发，将其视作一种身份地主（或特权地主），归入统治阶级之内，忽略了绅士作为一种国家与地方之间的中间力量这一客观事实。换言之，大陆学者尽管也将士大夫之权概括为“绅权”，以便与以皇帝为主体的专制“皇权”相对，并承认绅权企图依法限制和分享皇权，甚至不乏有学者将绅权的扩张视为“地主阶级民主”的发展，但同时又指出，即使存在矛盾，绅权也永远无法成为皇权的对抗与制约力量。如果说有一种制约力量的存在，则不是绅士，而是“农民的反抗与农民的起义”。④ 由此也就引发出对以培养官

---

① 胡如雷：《中国封建社会形态研究》，北京，生活·读书·新知三联书店，1979。按：相关的著作尚有傅筑夫：《中国经济史论丛》，北京，生活·读书·新知三联书店，1980。胡、傅二氏之书，对中国和西方前资本主义时期在社会经济结构上的差别作了深入的分析，有助于理解中、西方前近代的政治经济体制的差别。详细评述，则可参见[美]黄宗智：《华北的小农经济与社会变迁》，11页，注(1)，香港，牛津大学出版社，1994。

② 胡如雷：《中国封建社会形态研究》，422页。

③ 侯外庐：《中国封建社会史论》，7页。

④ 周良霄：《皇帝与皇权》，258～259、358页，上海，上海古籍出版社，1999。按：对中国传统的君主专制制度的评析，陈寅恪之论堪称一针见血，对后来的研究者颇具启发性的意义。他认为，中国的君主专制制度要求集权于皇帝一身。至于如何集权，则视时代的不同而各有其方式。但有一点是相同的，即在一个系统或一个机构中，名不副实；在不同的系统之间，此一系统的权力为旁一系统所侵夺，这是一个通则。参见陈寅恪：《陈寅恪魏晋南北朝史讲演录》，万绳楠整理，215页，合肥，黄山书社，1987。

僚、绅士为职责的科举制度的基本评价，即认为中国的科举制度是一种很不正常的现象：它以选拔为旗号，以“选官”为形式，而以“英雄入彀”为结局，以维护个人专制为最终目的。如此等等，无不缺少了科举对“社会流动”以及由此而形成的士大夫阶级的足够重视。

事实上，也有一些学者否认封建社会的存在。如钱穆即认为，西方中世纪封建制度，是以广泛存在的采邑制度为基础，而中国自秦废封建以后，已根本失去了封建采邑制度存在的基础。① 于是钱穆将唐以后的中国社会视作“科举社会”②，而费正清则视之为“士大夫社会”③，这均是对唐以后科举制度的形成，及由此而形成的士大夫阶级的充分重视。

其实，西方汉学界固然也将绅士视作“领导阶层”(即统治者)，但从根本上是否定绅士与土地占有之间的关系的。他们认为，尽管许多绅士也可能拥有土地，也将土地出租给佃户耕种，但在绅士与地主之间尚存在着一些差别。换言之，一个绅士未必是地主，一个地主也未必是绅士。一个绅士即使没有土地也可拥有很大权力，而没有绅士身

---

① 钱穆：《从中国历史来看中国民族性及中国文化》序二，4页，台北，联经出版事业公司，1982。按：钱穆也不承认秦以后的中国社会为君主专制，认为是一种君主立宪。此说无疑有偏颇之处，但亦可别具一说。李筱峰所著《“温情”与“敬意”》一文，对钱穆的论点有详细的评论与批评，参见李筱峰：《进出历史》，3～33页，台北，稻香出版社，1992。

② 钱穆：《中国历史研究法》，40页，台北，东大图书股份有限公司，1991。按：关于中国是否存在像欧洲中世纪那样的“封建社会”，在学术界有争论。日本学者沟口雄三也否认中国有封建社会的存在，认为作为制度的“封建”，在中国早已不存在。值得注意的是，沟口的“封建”论，有其独到的见解，他就封建论以及在明末清初一些思想家中的转变，乃至清末演化为自治运动，作了较为细致的梳理。参见[日]沟口雄三：《作为“方法”的中国》，70～92页，台北，国立编译馆，1999。而在中国大陆以历史唯物主义为指导的研究中，基本肯定封建社会的存在。对“封建”意义的历史发展及其本质意义进行较好的讨论，参见晁福林：《论封建》，载《社会科学战线》，2000(2)。

③ [美]费正清：《费正清论中国》，104～106页，台北，正中书局，1995。

份的地主却无这样的权力。① 由此不难发现，历史唯物主义者的研究将绅士视作经济关系反映的阶级关系的一员，强调的是绅士与土地占有的合一，而西方学者所关心的是绅士作为一个社会集团，以及绅士与土地关系的部分分离。

正因为历史唯物主义者的研究过分强调经济关系决定上层建筑，于是就将中国自秦以后的君主专制集权视作专制主义极权，并有夸大专制主义中央集权对社会政治影响的趋向②，而对绅士在地域社会中的影响力缺乏足够的重视。对东方社会中存在的专制主义，西方汉学研究者的探讨也不尽符合中国社会的实况。如魏特夫自称是“治水社会”理论的创始人。③ 他的这一理论完整地反映在《东方专制主义》一书中，其基本的内容是将水利灌溉作为东方专制主义唯一主要的基础。魏特夫的“东方专制主义”理论受到了中国大陆一些学者的批评。抛开意识形态领域之争不谈，大陆学者在专制主义起源方面的探讨无疑具有较高的学术价值。④ 而从宋以后社会的实际发展状况来说，在东方水利事业的发展方面，确实不应过分夸大专制国家权力的组织作用，反而更应注意乡绅在地方水利工程方面所起的实际作用。

---

① 前揭梅谷为张仲礼著书所撰导言，5～6 页。按：费正清也否认中国有“封建社会”的存在，认为中国自宋以后形成的“士大夫阶级”不完全等同于“封建地主阶级”。参见张仲礼：《中国绅士——关于其在 19 世纪中国社会中作用的研究》，104～105 页。其实，在“乡绅论”方面，在西方也有着不同的看法。如 Dennerline Jerry 就认为，即使在晚明时代，一个绅士阶级也不适合社会实际状况。而苏联学者 A. A. Bokshchanin 也指出，政治等级不可能很好地反映任何看得出的阶级兴趣。换言之，他们都强调政治等级与社会阶级之别。对此介绍，可参见 John W. Dardess，*Confucianism and Autocracy*：*Professional Elites in the Founding of the Ming Dynasty*，Berkeley，University of California Press，1983，p. 3。

② 胡如雷：《中国封建社会形态研究》，156～164 页。

③ ［美］卡尔·魏特夫：《东方专制主义》，徐式谷等译，中译本出版说明，2 页，北京，中国社会科学出版社，1989。

④ 如刘欣如所著《印度古代的水利灌溉与专制主义》一文，通过对印度历史上几种类型的专制政体在水利灌溉事业上的作为，论定印度专制王权与水利灌溉没有直接的关系。参见施治生、刘欣如主编：《古代王权与专制主义》，218～241 页，北京，中国社会科学出版社，1993。

马克斯·韦伯是社会学的奠基人之一。为了回答社会发展问题，韦伯从历史唯物主义那里借来了许多概念，譬如“阶级”“生产方式”“原始积累”等。由阶级概念发展出了他的社会分层理论，由原始积累概念发展出了他的市场理论，再加上他独特的“新教伦理”概念，构成了近代资本主义生成理论中的“韦伯假设”的三大支柱。就韦伯的东方社会理论而言，如果从一个中国人的角度来看，韦伯的一个明显的、也是根本的漏洞是他把儒学与宗教完全等量齐观了，而没有考虑到作为中国思想正统的孔孟之道，从来仅仅只是一小部分官僚知识精英而非大众的意识形态。与此同时，韦伯对中国广大的乡村社会也不甚了解，而这恰恰是理解中国文明的基点。①

于上述种种不难发现，研究者借用西方社会学理论来研究中国传统社会时，无疑需要有一个社会学理论的“本土化”过程。“社会学中国化”，显然是社会学“本土化”这一世界性运动的一部分，主要是指建立中国的社会学，即要赋予社会学一种特殊的中国性格。可见，这种说法的意义在于反映了中国学者一种知识上的自觉与反省。② 其实，早在20世纪三四十年代，费孝通就著有《江村经济》《乡土中国》两书，尝试西方社会学理论与中国实际研究的结合，并成为这种探索的成功范例。前书的主题是土地的利用与农户家庭中再生产的过程。③ 而后书则不是集体的中国社会的素描，而是描述包含在具体的中国基层社会里的一种特具的体系，这个体系支配着社会生活的各个方面。④ 在中

① 刘伟：《韦伯东方理论批判》，载《史学理论研究》，1996(2)。关于韦伯理论的局限性，又可参见韩水法：《分裂的精神与规范的张力——中国近现代经济伦理的理论研究》，见刘小枫、林立伟主编：《中国近现代经济伦理的变迁》，87页，香港，香港中文大学出版社，1998。

② 金耀基：《社会学的中国化：一个社会学知识论的问题》，见杨国枢、文崇一主编：《社会及行为科学研究的中国化》，91～114页，台北，“中央研究院民族学研究所”，1982。

③ 费孝通：《江村经济》，戴可景译，布·马林诺夫斯基序，8页，香港，中华书局，1987。

④ 费孝通：《乡土中国》，重刊序言，4页，北京，北京大学出版社，1998。

国大陆史学界，原本相当热门的研究即“资本主义萌芽”问题，应与本土化研究结合起来，已成为史学界的共识。其结论是对“中国实际”进行恰当的定位，确立本土化的理论框架，用较符合中国实际的研究范式解释中国社会的各项发展，包括传统中国社会的具体考察。① 所谓“中国实际”，就是研究者用开放的心态和包容的立场，来研究中国传统社会，这无疑将成为理论、方法的新趋向。

新的方法、理论的运用，绝非空中楼阁，而是必须与中国实际相结合。所谓中国实际，简言之，即反映中国实际的史料。一代国学大师王国维曾说：“古来新学问之起，大都由于新发见之赐。”陈寅恪也认为：“一时代之学术，必有其新材料与新问题。取用此材料，以研求问题，则为此时代学术之新潮流。”②从某种程度上说，凭材料说话，进而形成自己的一套理论，反而是最好的方法论。正如余英时在《中国文化与现代变迁》一书中所言，严格地说，没有任何一种西方的理论可以套用在中国史的具体研究上面。基于此，他治中国思想史永远立足于中国传统及其原始典籍内部所呈现的脉络，而不是任何外来的“理论框架”。③ 这是方法论上颇具启发性的见解。事实上，在当前西方学术界中，人文科学与社会科学界，每隔若干年(有的长达数十年，有的近数年)，即有一套新的主导理论出现。④ 假若研究者一味追求理论的时髦，最后反而会落得一个“过时”的命运。理智的做法是，研究者借用

---

① 胡成：《“资本主义萌芽”与本土化研究的思考》，载《史学理论研究》，1999(2)。

② 均转引自季羡林：《朗润琐言》，2～3 页，上海，上海文艺出版社，1997。

③ 具体的介绍与评述，可参见王元化：《关于斯城之会及其他答问》，见《清园近思录》，39～40 页，北京，中国社会科学出版社，1998。

④ 周阳山：《自由与权威》，75 页，台北，三民书局股份有限公司，1990。

一种确实适合自己研究的理论，再结合“中国的实际”①，对具体的材料进行剖析，得出规律性的结论。

研究者对史料的重新运用，事实上包括下面两个层面：一是改变审视的角度，将过去熟悉的旧史料再作一次新的探索，这需要新的理论、方法的指导；而第二项即开发新史料，则更显重要。② 如果落实到明代生员及其相关问题的研究方面，则应充分发掘过去不被重视的史料，尤其是地方志、文集中的学政史料，然后再由此引发出新的研究领域。这无疑也将成为未来研究的新趋向之一。

过去大陆史学界对官僚、绅士、士大夫的研究，过分集中于对经济的探索，即通过对绅士的土地占有形式的考察，以证明绅士地主是统治阶级的一部分，所强调的是官僚、地主、绅士的三位一体。而西方学者的研究，则偏重于就科举、绅士作社会的研究，过分强调科举的“公平”性③，以及绅士与土地的分离。其实，绅士除了是统治阶级

① 西方学者重视模式的理论特色，也可以概括为“概念史学”。平心而论，概念史学在理论和分析上都可以有很大的启发性，同样对学术研究不无裨益。显然，这与不管来由，对外国这些理论模式胡乱套用，或者趋时髦的人云亦云，有天壤之别。原因很简单，不加区别地对外国理论模式简单套用或比附，只会带来误导。果若如此，倒不如回到柯文的见解上去，即从中国社会内部去发现问题，用实在的史料和资料为基础而创发或叠架出来的理论，才是以中国为本位的史学。而这种理论正好与黄宗智的看法若合符契。对此问题的阐述，可参见梁元生：《近年来美国的近代史研究趋势》，见香港中国近代史学会编：《中国近代史研究新趋势》，117～118页，香港，香港教育图书公司，1994；又[美]黄宗智：《华北的小农经济与社会变迁》，viii页。事实上，这也牵涉到中国史学界过去较为流行的口号，即“实事求是”和“百花齐放”。如果将这些口号进行创造性的转化和革新，何尝不是一种历史研究的科学态度。所谓“实事求是”，是一种强调既要收集史料又要保持客观的科学态度。而“百花齐放”则是另一种方法，鼓励并容忍多元理论的征象在任何时候出现。相关的阐述，可参见王赓武：《宋史研究中的几种倾向》，见王赓武：《历史的功能》，180页。

② 郭松义：《中国社会史研究五十年》。

③ 如杨联陞在《科举时代的赴考旅费问题》一文中认为，科举从一般原则上说，“是一种很公开的制度，可以把统治阶级建筑在一个广大的基础之上”。参见[美]杨联陞：《杨联陞论文集》，93页，北京，中国社会科学出版社，1992。

的中坚之外，又何尝不与国家力量有冲突的一面，而且更多的是扮演一种在朝廷与地方之间的一股中间势力的角色。反观之，即使纯粹作一些社会学的研究，也无法忽略对中国传统的土地制度的研究。正如莫里斯·弗里德曼所言，土地占有本身并非建立在绅士的权力和地位基础之上，但是，似乎同样可以确定的是，占有土地既为绅士提供了绅士生活的共同的经济基础，也是绅士声望的一般基础。① 费孝通在考察中国一个村落的实况时，也对其中的租佃制度给予充分的重视。② 这就是一个很好的例证。而对科举制度而言，也并非如何炳棣所断言的那样，通过对社会流动的考察，可以得出“明清社会是开放的社会”这一结论。事实上，科举只是给人提供了“机会均等”，而并不是“社会平等”。正如李弘祺所言，“考试制度是设计来作为维持不平等社会的一个重要手段”。换言之，科举考试的出现，不可能抹煞传统社会业已存在的统治阶级与被统治阶级之间的差别。传统中国所特具的一个专制政府，必然隐含着统治者与被统治者之间的必然区别。每一个阶级都因那纵非对立也必然相异的利益，而与其他的阶级截然有异。③

以“君主”与“官僚”(即“皇权”与“绅权”)之间的关系而论，在西方汉学界，自韦伯经孔飞力一直到黄宗智，事实上也有一个变化脉络可寻。韦伯将政治制度抽象化，并将其分为两极化的对立：一种是世袭君主制和封建制，而另一种则为近代理性的官僚制度。而当他在考虑中国这一具体的经验事实时，也并没有将自己的抽象类型生搬硬套于中国的实际，而是用“世袭君主官僚制”的概念提出了一个初步的既矛盾又统一的概念。孔飞力认同汉斯·罗森伯对前拿破仑时期普鲁士国家的“绝对君主制”和后拿破仑时期普鲁士国家的“绝对官僚制”的区别，以强调他与韦伯的距离。韦伯以来的社会分析一直倾向于认为，从长

---

① [英]莫里斯·弗里德曼：《中国东南的宗族组织》，80页，注(34)。

② 按：费孝通在《江村经济》一书中，专列“土地的占有”一节，以显示社会学者对土地占有形式的重视。参见费孝通：《江村经济》，153～172页。

③ 萧公权：《调争解纷——帝制时代中国社会的和解》，见《迹园文录》，92页，台北，联经出版事业公司，1983。

远的角度来看，专制君主屈从于官僚，而孔飞力则倾向于假定这两者之间的关系是一种相互消长排斥的关系，即其中一种权力的增长膨胀意味着另一种权力的萎缩削弱。但他的“官僚君主制”与韦伯的“世袭君主官僚制”在本质上很相似。一至黄宗智，才真正将君主与官僚之间的矛盾统一关系给予透彻的阐述。他认为，中国是世袭君主制与官僚制矛盾结合的一种国家制度。没有一个皇帝能够指望没有常规化的官僚体制而能保持世袭君主制的长期生存，但毋庸否认的是，皇帝都害怕自己的权力会受到来自官僚制的威胁。中国历朝皇帝由此而选择了两者的结合。①

由此可见，对明代生员及其相关问题的研究，既不能过分侧重于经济，也不可过分偏重于社会，而是应该将社会与经济置于一处考察，对这一社会阶层作一社会经济史的整体研究。与此相应，对君主与官僚或皇权与绅权之间的关系，亦应如此看待。这无疑又将是未来研究的新趋向。

西方学者以“社会流动”考察科举制度，将考试出身的地位当作是测量中国社会变动的一个最好标准。这仅仅是社会流动的一个方面。换言之，这只是考察了有科名的人的社会来源，即向上的流动；而对于仕进无门的生员的反向流动，即生员的职业流动，或者向下的流动，则缺乏有益的探索，甚至付之阙如。事实上，对明代尤其是晚明庞大的生员层的存在，以及生员流向社会的动向，举凡处馆、游幕、行医、经商，甚至弃巾成为山人等，进行专门的考察，则又将成为未来对生员及其相关诸问题进行研究的新趋向。尤其值得注意的是，在西方明清史学界，在对明清时期科举考试制度的研究中，已有学者将研究的重点置诸政治、社会、文化的重建方面，而不是“社会流动”，借此论

---

① ［美］黄宗智：《民事审判与民间调解：清代的表达与实践》，220～221页，北京，中国社会科学出版社，1998；［美］孔飞力：《叫魂：1768年中国妖术大恐慌》，陈兼、刘昶译，244～291页，上海，上海三联书店，1999。

证教育、社会、文化重建的最基本手段。① 这又是一个新动向，有利于对明代生员及其相关问题作一些新的思考，并借此做出新的理论建构。

过去的研究，确实也取得了一些可喜的成果。举例来说，黄开华《明代土司制度设施与西南开发》一文，对过去被忽略了的明代土司地带儒学的兴起及其对当地开发的作用，均有详细的探讨。林丽月著《明代的国子监生》，对生员的上层(国子监生)在明代历史舞台上所扮演的角色进行了系统的探讨，值得重视。近期韩国学者吴金成所著《明代社会经济史研究》一书，对明代生员问题有所涉猎②；日本学者夫马进对晚明生员的"士变"活动也有不少阐述③；吴智和、陈国栋、吕妙芬就明代提学官对生员的各种考试、明末清初生员层的社会性动作(如"弃巾"与"哭庙")及生员对地方文化性事务(如阳明学讲会)的参与④，均有新的探讨，这些无不拓展了明代生员问题研究的领域。至于前述李弘祺所著《宋代官学教育与科举》一书，以及何炳棣、张仲礼所著《明清社会史论》《中国绅士》二书，所论虽与明代生员无直接关系，然在方法论上的示范作用，则是毋庸置疑的。

(四)研究方法

毫无疑问，明代生员问题是研究明代史甚至整个中国古代史的一项内容。既然是一种历史的研究，势必需要遵守历史研究的基本方法。历史研究方法，前人多有创见，流派众多，而根据研究课题的内容与性质，择善而取，供己所用，无疑是一种较为理智的做法。

---

① Benjamin A. Elman, "Political, Social, and Cultural Reproduction via Civil Service Examinations in Late Imperial China," *Journal of Asian Studies*, 1991(50), pp. 7-28.

② [韩]吴金成：《明代社会经济史研究》，[日]渡昌弘译，21～107页，东京，汲古书院，1990。

③ [日]夫马进：《明末反地方官士变》，载《东方学报》，第52册，1980；《明末反地方官士变补论》，载《富山大学人文学部纪要》，第4号，19～33页，富山大学人文学部，1981。

④ 陈国栋：《哭庙与焚儒服——明末清初生员层的社会性动作》，载《新史学》，第3卷，第1期，1992；吕妙芬：《阳明学讲会》；吴智和：《明代提学的教育生活》，载《淡江史学》，第10期，1999。

根据历史研究的基本层次与步骤，历史研究曾被人归纳为以下四类：一是史料学，专论如何搜罗、采集史料；二是考证学，侧重于鉴别史料以及确定历史事实的真实性；三是综合的考察，目的在于认识历史事实的意义及其各历史事实之间的因果关系；四是叙述，系将已经认识的历史事实，按照其互有的联系性给予适当的表述。①

史料学方面的研究，即关于明代生员的基本史料，前已有专节叙述，在此不赘。至于考证学，则为中国史学的优良传统，无疑需要系统地加以继承和发展。② 中国传统学术的内涵，据清末大儒朱次琦所言，大体可以分为“考据之学”“义理之学”“经世之学”“词章之学”四种。③

所谓考据之学，或称“考证之学”，显然是一种考求历史事实真相的学术。欲求历史事实真相，必须有具体充分的证据，站在客观的立场，并运用科学的方法，方能从事于自己的研究。众所周知，古人议论，常有“正言若反”和“有感斯发”的一面，往往因时、因地、因人而不同，而史实的叙述，囿于种种偏见，更多“溢美溢恶之词”。我们不应该被古人那种夸饰、虚构史实或称美讳恶的笔法所迷惑，而是应以荀子所说的“信信疑疑”的态度来看待史料，用袁枚所言“双眼自将秋水洗，一生不受古人欺”的精神来对待古人古事。④ 历史史实的考证，诚如唐君毅所说，“乃所以贯通我们对史籍所载各种事实之意义之了解，祛除其间之矛盾，而使我们之历史意义之通贯的发展，成为可能”⑤。历史既复杂，又丰富多彩。只有从多种视角去考察历史，观察历史上

---

① [德]伯伦汉：《史学方法论》，陈韬译，1 页，台北，商务印书馆，1988。

② 尽管现代学术受西方学术思想的影响颇深，即使考证学，亦多采用科学的实证法，但是中国传统学术的体系与方法，仍然对今人的研究颇具价值。关于此，牟润孙《论治我国传统学术》一文，有精辟的阐述，可资参看。见吴福助编：《国学方法论论文集》上册，143 页，台北，文史哲出版社，1990。

③ 高明士：《中华学术的体系》，见《国学方法论论文集》上册，151～152 页。

④ 苏渊雷：《文史研究方法论》，见《钵水斋文史丛稿》，80～81 页，北京，团结出版社，1989。

⑤ 唐君毅：《中华人文与当今世界》上册，142～143 页，台北，台湾学生书局，1988。

的种种现象，方能把握其全貌。基于此，笔者认为对明代生员的考察，首先应采用的是历史的视角。历史是过去的客观存在。所谓从历史的角度加以考察，大体可以从以下两个方面来理解：

一是尽可能客观地复原历史。为了达到这一目的，考证史料，辨别事实真伪，补充史实，无不都是其不可或缺的手段。举例而言，说到学校与科举制度，过去研究者均是将明清两代的学校与科举制度放在一起说，有时甚至混为一谈。换言之，由于清代相关史料保存比较丰富，有档案和会典事例可供研究者从容采择，因而所谈者多为清代史实，难免以清代明。毋庸讳言，清承明制，尤其在学校与科举制度方面有诸多相似性。然而相似绝不等同于完全相同，反映在其背后的尚有诸多差异。鉴于此，笔者认为应对明清两代之不同予以充分的注意与考察。一方面，完全按照明代史料，弄清楚有关生员事实的基本内容，指出其与清代之同与不同，恢复其本来面目；另一方面，万不得已，明代史料确实付之阙如，方以清代史料加以补充叙述。

需要指出的是，关于科举、学校与生员，前辈学者如何炳棣、张仲礼、李弘祺等都有一些样板性的论著①，在方法论上提供了足够的有益经验。但方法论毕竟只能为观察问题提供新的视角，却不能代替一些基本史实的考订。鉴及此，笔者在研究中尤其注意开拓视野，挖掘史料。明白言之，凭史实说话，乃是最好的方法论。笔者从历史的视角对明代生员及其与学校、科举制之关系进行考察，其动因亦在于此。

二是兼顾历史的前后承传及其因果关系。中国社会发展前后相因，绵延不绝，研究中国社会与历史，不从历史观点出发，很难窥视全

---

① Ping-ti Ho，*The Ladder of Success in Imperial China*. Chung-li Chang，*The Chinese Gentry*，Seattle and London，University of Washington Press，1967. Thomas H. C. Lee，*Government Education and Examination in Sung China*，Hong Kong，The Chinese University Press，1985。关于张仲礼所著书，其详细介绍可参见陈少廷：《〈中国绅士〉简介》，见《论政治与文化》，175～183页，台北，环宇出版社，1960。

豹。① 换一角度说，历史无疑是时间的延续。无论是制度、文化，还是社会、风俗，无不需要研究者了解其因、其源、其流，方能使其脉络清晰。

学校的起源很早。科举制度从隋开始出现，至唐才正式形成。而明代的教育体系，显然与宋代颇有渊源，同时又有其时代特点，而且影响及于清代。从历史的角度考察明代的生员及其与学校、科举之间的关系，无疑就是更多地了解其中的承传关系。

如果说从历史的角度考察明代生员，可能会更多地着墨于生员在学校体系及科举制度中的地位，那么，从社会的角度考察明代生员，其内容势必会更显复杂。

历史学与社会学有其差异性。② 尽管如此，社会学可以作为历史研究的一种重要的辅助学科，这显然已是不争的事实，甚至有“历史社会学”这样一门新兴学科的出现③，以便将业已存在的传统历史学与新兴的社会学有机地结合在一起。现代学术的分科日细，可是各科相互关系也愈多，不博大也就不能精深。譬如，葛兰言论中国古代神话传说、歌谣、风俗，也多以近代的社会学为凭借。④ 在西方社会学界，自 20 世纪 70 年代顾德纳(Gouldner)写了一本批评帕森思(Parsons)的

---

① 杜正胜主编：《吾土与吾民》导言，1 页，台北，联经出版事业公司，1982。

② 正如伯伦汉所言：“盖历史所欲认识者，在人类之所成者为何，其所贡献者若何，社会集体、民族以及伟大人物之全部特性何在，且欲于千端万绪之中，探求人类之统一的演化，探求其本身，不在将其视为一般典型之实例或变化。”而社会学则“由人类共同生存之形式出发，以探求一般的形式、过程及规范，就社会集团与个人之间之交互关系论之。”参见[德]伯伦汉：《史学方法论》，71～72 页。

③ 历史社会学方面的专门论著，英文方面的有：Abrams Philip，*Historical Sociology*，Near Shepton Mallet，England，Open Books，1982。中文方面的著作则可参见张葆华：《历史社会学》，台北，三民书局，1993。而对历史社会学的兴起以及两者之间的流通性关系，可参见[英]S. 肯德里克、[英]P. 斯特劳、[英]D. 麦克龙编：《解释过去、了解现在：历史社会学》，王辛慧、江政宽等合译，1～69 页，上海，上海人民出版社，1999。

④ 梁子美：《欧美与日本的汉学研究》，见《国学方法论论文集》，788～793 页。

书以后，进而形成了一股“社会学的社会学研究”(Sociology of Sociology)的热潮。基于此，有人建议用“社会学的社会学”这种方法来研究汉学，做“汉学的社会学研究”。① 随后，在中国社会学界又有了“社会学中国化”的呼吁。②

“社会学中国化”这种主张，无疑对历史研究者有很大的启发意义。一方面，研究中国历史，需要有社会学的指导；另一方面，从中国经验世界中去确认、提炼那些影响中国人行为的“社会—文化”概念，然后以之为基础建构更高层次的社会理论，不失为一种学术研究的理智选择。

若将明代的儒学生员置诸社会的视野中加以考察，那么生员这一社会阶层在明代社会诸如政治、经济、文化领域中的角色地位，势必需要研究者给予详尽的阐释。至于生员层的社会流动(包括生员层的社会来源、社会出路以及职业流动)，更是研究的重要内容。

除了凭借社会学的方法理论外，举凡政治学、统计学、心理学、教育学，同样可以作为明代生员研究的辅助方法。

大体说来，政治学所重视的研究仅限于国家的研究，虽为历史研究相当重要的一部分，但终究只是一部分内容而已。政治学的任务，主要是研究国家及政治生活的演化、状况及其存在的条件，由此比较研究以认识各种国家形式及因素之一般的典型，进而识别各种国家形式及因素之演化上的变动。③ 生员问题尽管与社会阶层或地域社会有关联，然归根结底又是明代政治制度的症结所在，因为生员层中的部分精英终究会通过举人、进士而步入仕途，成为官僚政治力量的一部分。即使大部分未能跻身官场的生员只能沉积在社会的基层，同样也会成为基层统治力量的中坚。显然，研究者将生员置诸整个明代乃至中国政治制度及生活中加以考察，并适当运用一些政治学的方法，无

① 文船山：《汉学的社会学研究》，见《边际人杂思》，45～46页，台北，允晨文化事业股份有限公司，1988。

② 金耀基：《中国社会与文化》，viii页，香港，牛津大学出版社，1992。

③ [德]伯伦汉：《史学方法论》，70页。

疑会得到更为清晰的理解。

统计学是一门专门的学问。它能使我们认识一般的条件，认识其关系及状态。至于群体现象的叙述，亦须利用统计学，方能使其结论更为精密。在研究中，一些容易为人所忽略的联系，以及难以解释的原因，通过统计学的方法，均可予以阐发。所以，统计学对于历史研究，未尝不是一门较为实用的辅助学科。① 由于统计学在历史研究中的应用日益广泛，于是产生了一门专门的历史学——计量史学。② 在社会科学中，数量分析方法主要用于当代社会研究，这主要基于当代社会有可靠的统计资料，并可采用现场调查研究方法。研究者将数量分析用于还未形成统计形式的历史资料，面对复杂而丰富的中国史料，或许将付出加倍的小心。前述这些西方的汉学家，无疑在中国史料的数量分析方面提供了诸多有益的样板。③

明代儒学生员的研究，有很多问题得力于统计学之数量分析方法。举例来说，生员的年龄构成、生员数以及生员数与人口数的比例、生员出仕官员的职衔、教育经费的落实、学田数目，研究者均须借统计学的帮助，方能弄清楚，并进行更深层次的剖析。值得指出的是，由于生员资料相对于上层绅士的资料而言，更显零星、分散，故研究者在做统计分析时会遇到更多的困难，而资料统计的代表性和可信度也相应减小。

如果将历史学知识体系与心理学知识体系加以融合，即可形成专门的心态史学。通过心态史学(即在历史研究中运用心理学理论与方法)，我们可以理解和解释人类历史活动，尤其对于认识历史上各种类型人物的欲望、动机和价值观念，认识历史上各种社会集团、各种阶

---

① [德]伯伦汉：《史学方法论》，90～91 页。

② 关于历史计量研究法，可参见项观奇编《历史计量研究法》(山东教育出版社 1987 年版)及苏联学者科瓦利琴科主编，闻一、肖吟译《计量历史学》(四川人民出版社 1987 年版)。前者编译了美、英、日、苏联、波兰等国家的相关论文 26 篇，颇有参考价值。

③ 张仲礼：《中国绅士——关于其在 19 世纪中国社会中作用的研究》，213～214 页。

层的精神风貌，显然很有裨益。① 生员作为绅士这一社会集团的下层，研究者若借用心态史学的方法予以剖析，无疑将会得到更具启发性的见解。

生员层的基础是教育制度。欲了解一个时代的教育制度，适当采用教育学的方法，必将产生有益的功效。教育的目的是为了培养人才，可是揆诸中国教育及其相关的考选制度，事实上已与行政大为脱节。正如梭罗金所言，中国传统的学校教育制度，更多的是具有"文学性与不切实际性"。② 而钱穆以其敏锐的洞察力，发现了中国传统政治与教育之密不可分。他将中国政治的终极责任、基础条件归结为教育。他认为，学校与教育，其地位意义常常在政府行为之上。"中国传统教育，常主于超民族超阶级而为人类全体大众文化进向辟康庄示坦途，而政府亦受其指导。任其职者，则为'士'，自孔子以来谓之'儒家'。"③而日本学者宫崎市定却认为，中国传统社会的"教育也存在着一种基于财富之上的阶级差别，伴随着富人越来越富，而穷人永远保持在社会的底层"。④ 显然，两位前辈学者在见解上存在着一些差异。

历史研究的成果，或者基本历史事实，均需要语言文字叙述来完成。就文字叙述的本质而言，均属美学范围内的事，似乎与史学方法论无涉。然中国史学一向注重义理、考据、词章并重，叙述的重要性不言而喻。至于叙述之方法，则可风格各具，但李弘祺《宋代官学教育与科举》一书，无疑为我们提供了较好的样板。⑤ 此书的叙述方法，既有学究式的考证，又包括实际的例子以说明讨论，进而以叙述体处理

---

① 彭卫：《历史的心镜——心态史学》，1～9页，郑州，河南人民出版社，1992。

② P. A. Sorokin, *Social Mobility*, p. 195。转引自李树青：《论知识分子》，见周阳山主编：《知识分子与中国》，13～14页，台北，时报文化出版事业有限公司，1980。

③ 钱穆：《政学私言》，122页，台北，商务印书馆，1996。

④ Ichisada Miyazaki, *China's Examination Hell*, New York, Wealtherhill Inc., 1976, p. 32.

⑤ 李弘祺：《宋代的官学教育与科举》，台北，联经出版事业公司，1994。

一般性的问题。这无疑是一种谨慎而又行之有效的叙述方法。

尽管笔者服膺历史的客观性之说，主张在叙述中尽可能摆脱个人的见解与立场，以便恢复明代生员的真实面目。可是，历史的叙述难免也会夹杂个人的见解、情感，仍然有其主观性的一面。更何况为了尽量申述对明代儒学生员的看法，其间或许会有个人的思想在内。这显然也是不可避免的，有时甚至是必需的。

这就是说，历史学者需要尽一个科学家的职责，对历史进行叙述，并给以分析、解释，梳理出一条基本的规律。但历史学者同时又是一个“诗人”，不免有自己独特的个性，这就导致历史学者的著述不可能是叙述与分析的完美结合，而是难免带有一些倾向性，而这种倾向性往往由作者的性情、兴趣或爱好所决定。换言之，就目前而言，历史学者只能用他们对过去残存和佚失的记载进行考证、批评和分析等简单的工具，小心翼翼地对历史作一些研究。① 而对生员及其相关问题的研究来说，固然需要在社会科学诸多理论的指导下进行规律性的研究，建立理论的构架，但更需要支持理论构架的证据，而量化就是搜求证据和研判证据的最有效的一种方法。职是之故，笔者在上编中，将尽可能搜求史料，并对其进行必要的梳理，弄清事实，作一些适当的叙述；而在下编中，则将运用社会科学的理论对生员群的整体进行考察，以便能对其整体活动和社会影响力进行较为清晰的勾勒。因个人性情或治学经验的缘故，笔者在整体上又会偏重于一种弄清生员及其相关问题基本史实之上的叙述，并就已经明晰的历史事实进行合理的分析，而不是不顾历史资料或证据之不足而刻意去建构一套有关生员及其相关问题的理论模式。

---

① 王赓武：《历史的功能》，7～8页。

上　编

日常生活：肄业、科考及其仕进之途

明代的儒学生员具有双重身份。一方面，作为地方儒学的生员，无论是廪膳生、增广生、附学生，还是贡入国子监的贡监生，都是正式在政府注册，并由政府官员提调、学官课业的官学生。尽管国子监生也是科贡正途中的一种，亦可获取出仕朝廷的资格，然而从总体上来说，明代各级学校的生员均为科举考试储备的人才，只有经过正式的科举考试，地方儒学生员方得以登进仕途，为朝廷录用，而有很多国子监生仍是通过乡试、会试而获得出身。换言之，生员的身份只是学生，而地方儒学的职责则是培养人才。

另一方面，儒学生员又是一种“科名”①。明人曾将士子从游庠一直到通籍作如下概括：“游于庠，称博士弟子矣。举于乡，登贤能之书矣。仕于朝，通金闺之藉（当作籍——引者）矣。”②“博士弟子”即为生员的别称，“贤书”则为举人的别称。明人入官均有官籍、门籍。出仕于朝，既称“释褐”，又称“登籍”或“通籍”，而罢官则称“削籍”，以示进士与举人、生员身份之别。从生员到进士，犹如科名阶梯，而生员仅仅是科举考试各级阶梯中最初的一级。

鉴于此，笔者研究明代儒学生员，自当将其置诸学校与科举制度中进行考察，剖析生员与学校、科举的关系，以及生员在学校、科举中的角色地位。

---

① 过去的论者均称生员、举人、进士为“功名”。齐如山则专门称之为“科名”。参见齐如山：《中国的科名》序，见杨家骆主编：《中国选举史料·清代编》，1047页，台北，鼎文书局，1977。按：在科举社会中，从生员到状元，科名之称达十几种。这些名词，确乎既非官衔，又非功名。生员、举人、进士，只要尚未出仕，就意味着还没有建功立业，称其为“功名”，实颇勉强。故笔者采用齐氏“科名”一说。

② （明）李维桢：《大泌山房集》卷五四《雁塔题名记》，见《四库全书存目丛书》影印本集部第151册，661页，台南，庄严文化事业有限公司，1997。

第一章　正本溯源：明以前的历代教育

教育是人类特有的社会现象。大体说来，任何国家的教育都是传统和时代的产物。教育作为文化的一部分，难免受到整个文化传统的制约，兼因各个民族均有别具一格的文化传统，由此也就形成了各具特色的教育传统。顾名思义，教育传统是经过长期的历史积淀才得以形成，并具有一定特色的教育体系。既然教育传统归属于文化传统，而一定的历史时期又有一定的文化传统，那么教育传统的存在也就是一种必然的现象。换言之，明代教育制度及其实况是考察明代生员的必要一环，而欲对明代教育有一清晰的了解，同样必须从中国的教育传统入手。

过去的学者对教育的研究，更多的是关注绅士精英层的教育，对下层平民的识字问题反而有所忽略，如何炳棣、张仲礼的研究就局限于此。鉴及此，有学者就专门注意下层平民的教育，尤其关注平民的识字率。① 其实，精英教育与平民教育，并非完全排斥的两极，而是一种互动的关系。平民教育的发达、识字率的增加，势必为精英阶层的产生提供了便利；而精英层教育的拓展，尤其是精英数量的剧增，更确切地说，绅士精英层内部的分化而随之产生的生员，大多成为从事庶民教育的中坚。

儒家的伦理价值无疑可以作为中国传统教育精神的代表。儒家重视个人现世，而又不陷于个人权利、现世享乐等狭窄概念。换言之，

---

① Evelyn Sakakida Rawski, *Education and Popular Literacy in Ch'ing China*, Ann Arbor, The University of Michigan Press, 1979, p. 2.

整部中国正规教育的历史，是一部向历代中国学生反复灌输传统价值的历史。① 这种传统价值，自始至终贯穿于中国传统的教育思想之中，而尤以儒家伦理价值为主旨。②

显然，中国传统教育理想的宗旨，在于发育成全人的“群性”而有教养。正如钱穆所言：

> 群不仅为平面之展开，而尤贵于有时久之绵延。教人类之群性者，此孔门之所谓“仁”。教人类群性之达于绵延而不绝者，此孔门之所谓“孝”。……教育之贵于“尽性”，层层扩充，亦层层包络。故传统中国教育理论，超乎上帝、国家与个人之外，而亦融乎上帝、国家与个人之内。而此种种理论，独以儒家孔门思想为得其全。③

这是儒家所谓的道德教育，仅仅是教育的一个方面。此外，儒家教育仍以培养“儒士”为目标。《大学》所言，除“修身、齐家”之外，尚有“治国、平天下”。培养“治国、平天下”的精英人才，同样是儒家教育的目的。这是中国传统教育中精英人才教育的特点。换言之，“政教合一”也可以视作中国传统教育的一大特点。

中国的传统教育，始终与考试以及选士制度结合在一起。换言之，在一个诸如中国这样的社会中，教育无疑是升入较高社会阶层的关键。选士制度是中国传统文化中独具特色的选官制度。所谓的精英，在传统中国社会中往往被称为“士”。④ 他们是创造、阐释与传播文化知识

---

① Thomas H. C. Lee，*Government Education and Examinations in Sung China*，Hong Kong，The Chinese University of Hong Kong Press，1985，p. 10.

② 毛礼锐、邵鹤亭、瞿菊农著：《中国教育史》，575～580 页。

③ 钱穆：《政学私言》，183～184 页。

④ 关于“士”之起源，及其在中国传统社会中的作用，可参见余英时：《中国知识阶层史论——古代篇》，4 页，台北，联经出版事业公司，1980；黄景进：《社会变迁中的知识分子》，见《汉学论文集》，17～19 页，台北，文史哲出版社，1982。

的阶层，即今日所称之知识分子。选士制度是中国传统教育的重要组成部分，它是连接知识分子与官僚机构的津梁，并使知识分子与官僚两种社会角色合而为一，从而形成了中国历史上一个特殊的文化、政治阶层——士大夫。秦汉以后，历代王朝通过选士建立其官僚政治，并通过选士确保官僚政府官员的更新与官僚机器的正常运转。与此同时，具有高度文化素养、精通修齐治平之道的士阶层(以儒生为主体)，则通过王朝选士而进入官僚政府中，成为其主要的、常规性的官员来源，掌管着国家的兵刑钱谷。① 从这种角度而言，教育是通过为政府服务而获得声望、权力和财富的捷径。

教育作为人类知识传承的重要途径与工具，在中国两千多年漫长的社会历史发展中，其组织形式表现为官学与私学两大类型。② 中国古代的教育制度，也就是官学与私学并存而发展、变化、消长不一的制度。

一、官　学

尽管自人类产生以来，即有教育的存在，然而追溯中国传统的官学教育(即学校教育)的产生，尚只能推到夏商时期。多数学者认为，夏朝已有学校的传说，但缺乏证据，只能说是有此可能。而商朝在当时是一个文明大国，设立学校的条件相对成熟，并有了较为成熟的文字和学习工具。③《孟子·滕文公上》说："夏曰校，殷曰序，周曰庠。学则三代共之：皆所以明人伦也。"《礼记·王制》说："天子命之教，然后为学。小学在公宫南之左，大学在郊。"东汉人郑玄作注说："此小学大学殷之制。"《礼记·王制》又说："有虞氏养国老于上庠，养庶老于下

---

① 刘虹：《中国选士制度史》，3 页，长沙，湖南教育出版社，1992。

② 钱穆将中国教育史上之组织形式，大略区分为国家主办之教育(以汉、明两代为代表)、门第私家之教育(以魏、晋、南北朝及唐代为代表)、社会自由之教育(以先秦及两宋为代表)、社会半自由之教育(以元、清两代为代表)四种，当可别具一说。参见钱穆：《政学私言》，184 页。

③ 毛礼锐、邵鹤亭、瞿菊农合著：《中国教育史》，18 页。

庠。夏后氏养国老于东序，养庶老于西序。殷人养国老于右学，养庶老于左学。”郑玄作注说：上庠、东序和右学三种是大学，下庠、西序和左学三种是小学。大学就是国学，所以养国老；小学就是乡学，所以养庶老。又据《礼记·明堂位》：“瞽宗，殷学也。”瞽宗就是商代的大学。①

西周的学校，在古籍文献中的传说就更多，记载也更为详细。这也有一定的事实根据。出土的周代金文中，有不少记录证明了这些传说具有一定的可靠性。

西周的学校有国学和乡学两种。国学为贵族子弟而设，乡学为平民子弟而立。国学又根据程度的高低，分为大学和小学。《礼记·王制》：“天子命之教，然后为学。小学在公宫南之左，大学在郊，天子曰辟雍，诸侯曰泮宫。”可见，大学又分为天子设立的和诸侯设立的两种。天子设立的大学又分五学：中间为辟雍，亦曰太学，养老之所；辟雍为水环抱，水南为成均，亦曰南学，学德之所；水北为上庠，亦曰北学，学书之所；水东为东序，又称东胶，亦曰东学，学射之所；水西为瞽宗，又称西雍，亦曰西学，学礼习乐之所。②

春秋战国时期，教育史发生了比较明显的变化，这就是：官学日趋没落，私学日渐兴起，一如《左传·昭公十七年》所云：“天子失官，学在四夷。”随着养士制度的建立，在学术史上出现了“百家争鸣”的新气象。秦始皇统一全国，采取了一些有利于当时政治统一的政策，诸如“书同文”“行同伦”“设三老以掌教化”“颁挟书令”“禁游宦”。然秦朝一方面受法家思想的影响，设立吏师制度，以吏为师；另一方面又禁止私学，不设官学，甚至出现“焚书坑儒”的可悲之举。③

汉代初年，没有固定的教育制度。其后，汉武帝为了巩固和发展

---

①　曲士培：《中国大学教育发展史》，3～6页。

②　曲士培：《中国大学教育发展史》，6～9页；毛礼锐、邵鹤亭、瞿菊农合著：《中国教育史》，20～21页。

③　相关论述，参见曲士培：《中国大学教育发展史》，78～81页；毛礼锐、邵鹤亭、瞿菊农著：《中国教育史》，147～149页。

统一事业，采纳董仲舒的建议，创立了一整套的教育制度，各级各类的学校陆续建立。在汉代的教育体系中，学校系统相当完整，既有官学，又有私学；既有中央设立的学校，又有地方设立的学校；既有大学，又有中学性质和小学性质的学校。

一般说来，国子学是中国历代培植贵胄子弟的机构，有时独立存在，有时与太学兼行。这两个机构不仅负有教育的职责，也兼具重大的政治意义，其演变足以反映历代统治阶层的性质及社会政治的变化。汉代无国子学，却有太学。当时太学较具平民性，学生可因“父任”而入学，也可由郡国推选。汉代的太学，由汉武帝根据董仲舒的建议而创立，时只有博士弟子 50 人。至汉成帝时，已发展到 3000 人。一至汉质帝、汉桓帝时，太学生已达 3 万余人，甚至匈奴也派子弟来入学。直到东汉末年，太学生经常保持在 3 万多人，这在中外古代教育史上是罕见的。

汉代在地方上也设立了学习儒家经典的官学。汉景帝时，朝廷又下令天下郡国皆立学校官。至汉平帝时，朝廷令天下立官学，郡国曰学，县道邑侯国曰校，乡曰庠，聚曰序。至东汉，郡国学校就更加发达，即使在边远地区，也因部分郡守提倡兴学而使学风颇盛。班固《东都赋》云：“四海之内，学校如林，庠序盈门。”①学校之盛，可见一斑。

自曹丕夺取汉朝政权，到东晋灭亡，共约 200 年。在此期间，学校教育处于若有若无的状态。魏文帝入承大统以后，于黄初五年(224)，明令“立太学，制五经课试之法，置《春秋》、《谷梁》博士”。同时，布告所辖的州郡，令有志求学之士咸来入学。蜀国也有太学。《晋书·文立传》：“蜀时游太学，专《毛诗》、《三礼》，师事谯周。”②但因国小民贫，连年用兵，并无大的发展。吴国只有学官而无学校。

西晋初年，教育事业相对较为发达。晋武帝泰始八年(272)，有太

---

① 相关论述，参见毛礼锐、邵鹤亭、瞿菊农合著：《中国教育史》，155～169 页；曲士培：《中国大学教育发展史》，83～85 页。

② (唐)房玄龄等撰：《晋书》卷九一，2347 页，北京，中华书局，1974。

学生7000余人。咸宁二年(276)西晋开始设立国子学，较太学更具贵族性，可说是士族特权在教育上的反映。在西晋，国子学与太学二者并立，均属最高学府。后世的国子学或称国子寺、国子监，都源起于此。

南朝的教育并不发达，其中仅有宋朝和梁朝比较重视，教育事业有所发展和创新。元嘉十五年(438)，宋文帝在京师开办了四个类似单科性质的大学——“四学”：一为研究佛老学说的“玄学”；二为研究历史的“史学”；三为研究词章的“文学”；四为研究经术的“儒学”。元嘉二十年(443)，宋文帝建立国子学，二十七年(450)停办。前后仅七年，成效甚微。梁武帝时，朝廷除了在中央和地方设立官学以外，还在天监四年(505)，诏开五馆，建立国学，总以五经教授，置五经博士各一人。

与南朝相较，北朝的教育较为发达。魏道武帝初定中原时，朝廷就在京都平城设立太学，置五经博士。太武帝始光三年(426)春，朝廷又在城东建立一所太学，并下令各州郡选派优秀学生前来入学。太和十七年(493)孝文帝迁都洛阳，诏立国子太学、四门小学。宣武帝时，朝廷下诏建筑国学、四门小学的校舍。①

及隋统一天下，颇重教育，设立国子寺，置祭酒，专门管理教育，并且将国子寺从太常寺独立出来，成为与太常寺并列的机构。这是中国历史上设立专门教育行政部门和设置专门教育长官之始，在教育史上是一件划时代的大事。国子寺之下，设有国子、太学、四门、书、算五学，律学则属于大理寺。《隋书·传序》云：“京邑达乎四方，皆启黉校，齐、鲁、赵、魏，学者尤多，负笈京师，不远千里，讲诵之声，道路不绝。中州儒雅之盛，自汉、魏以来，一时而已。”②参之《隋书》及两《唐书》列传，隋世大儒教授生徒或有至数百人，足为此序之证。③

唐初政治社会稳定，公立学校发达，士子群趋学宫。唐代学制已

---

① 曲士培：《中国大学教育发展史》，111～116页。

② (唐)魏徵等撰：《隋书》卷七五，1706页，北京，中华书局，1973。

③ 严耕望：《唐人读书山林寺院之风尚》，见“中央研究院”历史语言研究所集刊编辑委员会：《“中央研究院”历史语言研究所集刊三十周年纪念专号》(下册)，第30本，689～728页，台北，“中央研究院”历史语言研究所，1959。吴宗国：《唐代科举制度研究》，113～118页，沈阳，辽宁大学出版社，1992。

初具规模，其制度不仅比汉魏完备，而且还有若干特点为古所未有。

唐代中央官学，通称为“六学”“二馆”，即国子学、太学、四门学、书学、算学、律学与弘文馆、崇文馆。六学隶属于国子监，统于尚书省之礼部。崇文馆直属于东宫，弘文馆由门下省掌管。唐玄宗于开元二十九年(741)增置崇玄学，因而又有“七学”的说法，后不久又改为崇玄馆，隶属于宗正寺。唐玄宗天宝九年(750)增置广文馆。地方官学也大体可分为两大系统：一是设于京都及府州县的经学学校，二是直接沿承自中央的医学与崇玄学学校。①

唐代中叶以后，中国社会发生了两大变迁：一是南北经济文化之转移，二是社会上贵族门第的逐渐衰落。② 于是，士族地位低落，平民地位日升。这也反映于教育制度中。其一，教育机会在唐已有了有限度的开放，庶民子弟亦可加入贵族化的学生集团；其二，官学教育已不再成为贵族的专利。

入宋，这种教育平民化的趋势越发明显。举例来说，宋代七品以上官员子弟得入国子学，八品以下官员子弟及庶人之俊异者得入太学，入学资格较唐代更为放宽。贵族性质较浓的国子学更逐渐为太学所取代，而且政府与社会皆重科举取士，太学毕业生往往需参加会试或廷试方能出仕，贵族教育机构的重要性遂大为降低。从这一角度来看，正如有些学者所言，宋代教育在中国历史上占有重要的位置，不仅因为宋代官学和书院成了后来900多年中国学校制度的基础，也因为由科举制度所塑造的士绅社会一直到20世纪才解体。③ 这种变化发展显然具有划时代的意义。不过，已有的研究成果也揭示，宋代的地方教育，还是由一些世代相传的家族所控制，而不是明清时期的“绅士”。④

---

① 高明士：《唐代的官学行政》，载《大陆杂志》，第37卷，第11、12期合刊，1968。

② 钱穆：《社会自由讲学之再兴起》，见《国立北京大学四十周年纪念文集》乙编上，205～218页。高明士，前揭文，39～53页。

③ 李弘祺：《宋代的官学教育与科举》，1页。

④ Brian E. Mcknight，*Village and Bureaucracy in Southern Sung China*，Chicago，University of Chicago Press，1971，p. 6.

作为准绳的精英阶层文化，经过地方的各种教育，广泛地渗透到平民阶层，于是满街的人，尽管不认得几个字，也能说出圣人的话。就这广泛深远的渗透而言，地方上的官学，尤其是私学，与国子监、太学相较，反而更显重要。宋代兴学，无疑奠定了中国文化近千年来广大和深厚的基础。究其原因，综合前人研究的成果，大体可归纳为以下几点：技术上有印刷术的进步与传播，经济上有都市和商业繁荣的支持，政治上有政府的重视，社会上有士大夫阶层在官、在乡、在家族中的倡导，甚至穷乡僻壤也逐渐出现了三家村的教书匠。①

当然，宋代官学的设立及其兴盛，也有其发展变迁过程。北宋最初的四十年，其实地方上很少有正式的学校。所谓四大书院之称，亦有言过其实之处。宋代朝廷在立国以后40到80年，也无积极鼓励地方教育之举，只是经过官员申请，对于少数私学，予以优待，或准许开办少数半官方性或官立的学校。至庆历四年(1044)，朝廷才设立太学。此后，内自京，外至郡县，皆有学校，学校教育由此达到极盛。县学生考选太学，州学生每三年贡太学。其后或盛或衰者凡83年。靖康元年(1126)，汴京陷落，太学解体。宋高宗绍兴八年(1138)，南宋定都杭州。绍兴十二年(1142)筹备国学，次年成立。至宋少帝德祐二年(1276)宋亡，太学遂废。总体上说南宋的官学，仍无法解决北宋体制所面临的若干问题，诸如学官的品质，学生的风气，学产的被侵，以及经费的困难。②

金朝在建立之初忙于征战，几无学校教育可言，只是女真贵族往

---

① 刘子健：《略论宋代地方官学和私学的消长》，见“中央研究院”历史语言研究所集刊编辑委员会：《“中央研究院”历史语言研究所集刊纪念董作宾·董同龢两先生论文集》(上册)，第36本，237～248页，台北，“中央研究院”历史语言研究所，1965；[美]费正清：《费正清论中国》，94页。

② 赵铁寒：《宋代的太学》，见宋史座谈会编：《宋史研究集》第1辑，317页，台北，“国立编译馆”中华丛书编审委员会，1958；张其昀：《南宋杭州之国立大学》，见《宋史研究集》第1辑，243页；刘子健：《略论宋代地方官学和私学的消长》，237～248页。

往让被迫留在金朝的南宋使臣教授他们的子弟学习儒家经典和文化知识。① 海陵王迁燕以后，金朝开始参照中原传统教育制度，陆续兴建各级学校。天德三年(1151)，金朝设置国子监，属全国最高学府。后又设国子学与太学，隶属国子监。地方学校有府、州、县学。府学，金世宗大定十六年(1176)设置，凡 17 处。金章宗大定二十九年(1189)，又设置节镇学 37 处，防御州学 11 处。至于县学，就更为普及。

诚如有些学者所论，征服王朝统治阶层的来源，与汉族王朝有所不同，而整个社会的种族、语言与文化结构也大异其趣。就国子监的组织而言，其性质多有不同。征服王朝的国子学多因种族和语言的复杂而趋于多元化。金元两代的情形可为代表。金朝设有国子学、太学及女真国子学。国子学与太学分别招收三品及五品以上官员子弟，不拘种族，讲授限于汉文经典词赋。而女真国子学则以女真人为主要对象，以女真文讲授。元代不设太学，但分设有国子学、蒙古国子学与回回国子学。国子学兼收各族官员子弟，但教学以汉文经典为限。蒙古国子学与回回国子学的学生也不限种族，却分别以讲授蒙古文与波斯文为主，充分反映出复合社会的特色。但在征服王朝时代，政府用人着重“根脚”(家世)，多以世选及荫补授官，学校反而不是入仕的主要途径。②

早在元太宗窝阔台汗初年，蒙古汗廷就已设立学校，促使蒙汉精英学习对方的语言与文化。与此同时，作为精英教育的机构，国子学一向为儒学的壁垒，而元代的国子学却自始即为道士所掌握，直至元宪宗蒙哥汗时代始为儒家所夺取。

就元代官学而言，中央有国子学，地方有路、府、州、县学。地方官学的正式恢复，是与忽必烈的名字联系在一起的。中统二年(1261)，忽必烈特诏立诸路提举学校官。诏旨颁发后，北方各地的官学逐渐得到恢复。在忽必烈一代，元代地方官学的体系已经形成，即

---

① 宋德金：《金代的社会生活》，132～138 页，西安，陕西人民出版社，1988。

② 萧启庆：《蒙元史新探》，65～94 页，台北，允晨文化实业股份有限公司，1994。

以儒学为中心，包括蒙古字学、医学、阴阳学、书院和社学。此外，元代在一些边疆地区，也普遍设置了学校。这无疑是元代教育的一大特色。①

二、私　学

私学教育形式的大量存在，无疑对官学教育起到了很好的补充作用。② 中国的私学从来没有被忽略，尽管它时常受到来自官方的严厉压制。③ 自唐代以后，尤其是在宋、明科举时代，由于官学多与科举相结合，教育的意义渐趋丧失，于是私学的教育意义就尤为明显。

早在春秋时期，私学即已形成。当时儒家、墨家、法家、纵横家等都开办私学，聚徒讲学，其中以儒家和墨家的规模最大。儒家由孔子首开私人讲学之风，孔子死后，他的门徒继续从事讲学活动。至战国时期，私学大盛。儒家大师孟子、荀子的弟子李斯、韩非都是当时私家讲学的名流。

除儒家之外，设立私学规模较大者还有墨家的墨子。墨家私学，徒属弟子，号称“充满天下”。墨子私学教育的对象为“农与工肆之人”，因而其传授的知识则多为实用的知识和技能，自然科学技术的教育成为教育内容的主体。④

春秋、战国时期私学的兴盛，显然与养士制度颇有关系。在春秋

---

① 陈高华：《元代的地方官学》，见中国元史研究会编：《元史论丛》第 5 辑，160～189 页，北京，中国社会科学出版社，1993；杨树藩：《元代科举制度》，见宋史座谈会编：《宋史研究集》第 14 辑，217～219 页。

② 关于“私学”的定义，吴霓曾予以一般意义上的界定：“不由政府主持，不纳入国家正规学校制度之内，由私人或私人集团（包括社会集团）来主持、经营、管理的教育活动，属于私学的范畴。”参见吴霓：《中国古代私学发展诸问题研究》，2 页，北京，中国社会科学出版社，1996。

③ Thomas H. C. Lee，*Government Education and Examinations in Sung China*，pp. 13-17.

④ 吴霓：《中国古代私学发展诸问题研究》，4～15 页；曲士培：《中国大学教育发展史》，13～19 页。

前期，士大都由各诸侯的公室所养，贵族或逃亡贵族的子弟在士中占多数。到了春秋末期，私门和公室相争，公室养士，私门也养士。士成为一种谋生的职业。士一成为职业，自然也就成为择业的对象。这样，努力争取做士就成了一时的风气。多数人要靠读书获取进身之阶，于是孔子和墨子这两大家的私学也就应运而生，日益兴盛起来。显而易见，养士之风的形成进而促进了私学的发展。①

秦始皇统一中国，禁私学，私学教育一度遭遇厄运。到了汉代，私学开始恢复，并有了进一步的发展。当时出现了教育程度较低、主要面向童蒙的"书馆"，以及程度较高、主要面向青少年成人的"精舍""精庐""经馆"。

汉初文化教育的复兴，无不归功于当时从事私学教育的大师。当时除了儒家私学、黄老私学外，法家私学也很兴盛，同时兼有杂家、纵横术、律历等类的私学。汉初各家私学兴盛，一如先秦百家私学的复兴。所不同者只是这一时期的私学，都直接或间接为统治者所用，一些私学大师和授业于私学大师的弟子，几乎均为朝廷所用，其治术思想及治术措施，也多被纳入了政府的统治政策之中。② 到了东汉，兴办私学的社会阶层更趋广泛，举凡普通平民、地方豪族、世宦家族子弟、官僚士大夫，均有兴办私学之举。

汉末丧乱以后，政府不以教育为意，而作为政治中心的大都市又常有变乱，虽有太学，实同虚设，州郡更不待言，故士子多散处四方。关于这种情况，钱穆论道：

> 当东汉之季叶，中央政府终于解体，而其时学者则经数百年政治之卵翼，根深柢固，盖其时教育已转入于新贵族门阀私家之手。不久文艺、美术、礼仪、哲学，皆在门阀家庭私自授受，即

---

① 郭沫若：《十批判书》，61～64 页，北京，科学出版社，1956。

② 张鹤泉：《东汉时代的私学》，见中国秦汉史研究会编：《秦汉史论丛》第 5 辑，117～129 页，北京，法律出版社，1992；吴霓：《中国古代私学发展诸问题研究》，31～69 页。

> 国家政府传统典章制度，亦为门阀子弟所独擅，如所谓“王氏青箱”者是也。然人类之渴忱求教则古今如一。聪明俊秀之外于门阀者，乃相率而入佛寺。故宗教势力之弥漫于当时，亦此种教育情况有以助之。①

当时社会教育皆为世家大族所把持，读书仕宦亦几乎成为世族的特权。南朝承之，又当佛教兴盛，当时第一流学者多属僧徒，且兼通经史，贵族平民皆尊仰之。不难想象，当时的教育中心显然是在世家大族。尽管如此，仍有不少士子就学于山林巨刹。

大体上说，从东晋南北朝以迄隋唐中叶以前，除了几个大门第故家大族保持其绵延不断的家教之外，平民庶人要想走入学术的圈子里去，大为不便，宗教势力因此扩展。一些享受不到教育读书利益的聪明人，只有走到寺庙里去，以便满足其精神需求及求知欲。

隋、唐踵起，始设科举，立学校，使社会俊秀皆得平流而竞进，而门阀势力犹在，国家教育的尊严尚未树立，自由教育之风仍然不厚。毋庸讳言，唐初社会安定，公立学校发达，士子群趋学宫，所以私家教育衰替，更无隐遁山林的必要。迨至武后专权，薄于儒术，其后官学日衰，而士子读书山林者日见众多。唐中叶以后，中央太学鞠为茂草，而士子读书山林寺院，论学会友，蔚为一时风尚。一旦学成，出仕朝廷，以求闻达，故而宰相大臣、朝野名士多出其中。此外，当时的佛寺多置义学，僧侣自己为师，以教授俗家子弟，既为社会服务，亦借此可以吸引优秀信徒。一些寒士既不能衣食自给，只好投身寺院习业，故当时寺院私学颇盛。②

---

① 钱穆：《政学私言》，186页。

② 钱穆：《社会自由讲学之再兴起》，205～218页；严耕望：《唐人读书山林寺院之风尚》，689～728页；吴宗国：《唐代科举制度研究》，133～138页，沈阳，辽宁大学出版社，1992。关于唐代佛教与教育之间的关系，英文方面的论著，可参见 Erik Zürcher, “Buddhism and Education in Tang Times,” in Wm Theodore de Bary and John W. Chaffee (eds.), *Neo-Confucian Education: The Formatives Stage*, Berkeley and Los Angeles, University of California Press, 1989, pp. 19-56。

钱穆认为，及宋儒兴，而后中国传统人文自由教育之精神乃复昌。① 相较于唐代而言，宋代教育更为发达，而且更具自由度。这主要归功于朱熹以及他所代表的新儒学（理学）的兴起。朱熹作为一个教育家，他的教育思想获得了官方的支持，并对家庭和社区产生了深远的影响。他所著《四书集注》，成为所有学生必须背诵的教科书，以便有利于应付科举考试。在教育方面，新儒家将注意力转向儿童、家庭和社区，而且旨在教育广大民众。正是在这些领域，新儒家的崛起，逐渐取代了佛家和道家。②

除了官学发达之外，私学的兴盛也是其中的一个方面。宋代的富贵之家，大多延请家馆。在这些家馆中，也不乏一些清寒子弟附读沾光。唐人常在佛寺读书。这途径在宋代已经衰微，代之而起的是大量的书院。③ 宋初，书院已有相当大的发展，大批以书院为名的教育组织相继出现，成为士人读书肄业的场所，并出现了较有名的六大书院：白鹿洞书院、嵩阳书院、应天府书院、岳麓书院、茅山书院、石鼓书院。书院最初的目的是收藏与保管图书。但随着时代的发展，到了南宋时期，书院的性质也发生了变化。一些士子远离家乡，跟随著名的学者在书院中学习或听他们讲学。这些士子参与知识和社会网络的建立，以便贡献于“道学”的普及和士的社会一体化。④ 于是，书院不仅

---

① 钱穆：《政学私言》，187 页。

② Wm Theodore de Bary and John W. Chaffee(eds.), *Neo-Confucian Education: The Formatives Stage*, pp. 1-11.

③ 按照传统的观点，“书院”之名始于唐代，而真正属于私学性质的书院，则为南唐之白鹿洞书院。参见盛朗西：《中国书院制度》，见杨家骆主编：《中国选举史料·清代编》，1535 页；章柳泉：《中国书院史话》，1 页。但根据最新的一些族谱资料，又可知私学性质的书院，源于唐大顺元年（890 年）江州义门陈氏所建东佳书堂。详见欧阳宗书：《中国家谱》，159～161 页，北京，新华出版社，1993。

④ Linda Walton, *Academies and Society in Southern Sung China*, Honolulu, University of Hawaii Press, 1999, p. 209.

成为教育中心，而且是社会与知识分子活动的中心。①

到北宋中叶，一些清寒出身的名臣，在出守地方之时，往往以兴办学校为己任。此外，尚有许多贤士，职位不高，却多自办私学，举凡族学、乡学、义学，等等。② 宋代已基本确立了私学的主要形式，即书院、私人讲学、家馆、族学、义学、乡学，一直延续至元、明、清三代，几无多少变化。

自秦汉至明清，中国传统社会的选举制度，大体经历了察举制、九品中正制、科举制三个发展阶段。取士之法，三代以上出于学，汉以后出于郡县吏，魏晋以后出于九品中正，唐至明清出于科举。③ 相对来说，所谓学、郡县吏、九品中正，均属选举，其间尽管有射策、对策，以补选举的不实，然人少落第，尚无法称之为真正意义上的考试。只有唐以后出现了科举制度④，令士人投牒自进，公平竞争，高低贵贱，一以定之。

中国传统的科举考试制度具有民族性的特征。换言之，中国的状况是唯一的，其原因即在这套制度中，考试是通向成功的唯一优先之路，从而与适用于现代国家的大批选择性考试制度形成鲜明的对比。⑤ 科举考试促使绝大部分知识人士一生为之奋斗不息，真可谓万众一心，共挤独木桥。中进士者，过了独木桥，彼岸是乐土，可以享受荣华富贵，尽管在仕途上仍会有遭贬甚至杀头的不测之虞。未过者，此岸虽无法遽断为地狱，不过从此以后，无奈只好安于清净落寞的朴素生活，甚或受贫挨饿。那些落第而又不惜一次又一次入场考试的人，诚乎可

---

① Thomas H. C. Lee，*Government Education and Examinations in Sung China*，p. 27.

② 刘子健：《略论宋代地方官学和私学的消长》，237～248页。

③ 邓嗣禹：《中国考试制度史》，1页。

④ 关于科举制度的创设时间，历代均有不同的看法，或以为始于隋炀帝时期，或认为始于唐高祖时期。李新达就此有详细总结、评述，参见李新达：《中国科举制度史》，106～107页。

⑤ Ichisada Miyazaki，*China's Examination Hell*，New York，John Weatherhill Inc.，1976，p. 7.

以说是陷入了考试的地狱，永无出头之日。

科举考试制度对学习儒家传统经典和实施精英教育准则很有意义。假若没有考试制度，不仅精英教育准则很难实施，而且经典学习的传统亦很难得以维持。① 科举考试的特点，无非是定期考试，平等竞争，择优录取。所谓“择优”，即朝廷通过考试选拔优秀人才。众所周知，在传统中国，无论从何种意义上说，出仕做官是士子最荣耀、最值得花精力的事情，而考试则在选拔用以控制政治制度和统治社会的精英方面无疑发挥了巨大的作用。正如艾尔曼所言，科举考试是朝廷与知识精英间的一种买卖行为，但在这桩买卖中，朝廷在官僚市场上无疑是“买家”。显然，科举制度保持了一个紧张的官僚竞技场，朝廷借此保持对精英的控制，而精英也利用政府赋予的权力以提高他们的社会地位和增加他们的经济财产。② 与此同时，考试不仅影响了官学教育，使学校学生无不沉浸于学习儒家传统经典，而且波及属于私学系统的书院教育，出现了“洞学科举”，书院也无法避免科举制的渗透。③ 一至明清时期，甚至影响及于幼儿教育，一些士人家庭子弟，整天被灌输的无非是读书仕进的价值观。④

显见，科举制度下的儒生，无不从书本中讨生活，即在古老的儒家经典中发现生活本身的意义。这可以从两方面加以考察。一方面，传统的儒家经典内容丰富，包含着很多人生的哲理，士子们吃透经典，即可发现生活的真谛。可是，士子们所读的均是僵化了的一成不变的样本，目的是以此作为敲门砖，敲开奔向富贵宫殿的大门，并不是真

---

① Thomas H. C. Lee，*Government Education and Examinations in Sung China*，p. 11；刘海峰：《科举考试的教育视角》，5 页，武汉，湖北教育出版社，1996。

② Benjamin A. Elman，*A Cultural History of Civil Examination in Late Imperial China*，Berkeley，University of California Press，2000，p. xix.

③ 陈茂同：《中国历代选官制度》，286～287 页，上海，华东师范大学出版社，1994。

④ 熊秉真：《好的开始：近世士人子弟的幼年教育》，见《近世家族与政治比较历史论文集》上册，238 页，台北，“中央研究院”近代史研究所，1992。

正花工夫去探索儒家经典中的最高原则——道。另一方面，功名的获取与否，一旦以对传统经典的熟练程度(甚至是八股程式)为取舍，换言之，八股士子若真发现在经典中可以找到生活本身的意义与价值，那么，现实社会中的一切，举凡治国平天下的实用之学，对他们来说也就没有任何吸引力了。

第二章　学校：生员的生活空间

学校的存亡，关系到人才的兴衰、天下的治乱。明人吕坤言：

> 天下之治乱系人才，人才之邪正关学校。譬之器物，学校其造作处，庙堂其发用处。譬之菽粟布帛，学校其耕织处，海宇其衣食处也。①

事实确实如此。庙堂海宇之所罗列，社稷苍生之所托付，其设施措置，都是一伙秀才。而今日纱帽圆领之所谓官，究其源均是昔日儒巾襕衫之所谓士。

这仅仅是建设学校本意的一个方面，即学校培养人才，举其职使，让青衿子弟都成为人才，出而足以为国家栋梁之用。明代以儒学立国，当然其一切制作，均以儒家思想为指导。若从这一层面来说，儒学之设，本为"明伦"。正如明人所言："学校之设，非为士之贫而饩之也，又非群其类而习文词也，其中有大且要者存焉。夫三代建学，道在明伦，千圣传心，《书》言'敬一'，意至渊矣。"②明太祖建立学校，学校之堂，匾曰"明伦"，称明伦堂。明世宗敦崇化原，作《敬一箴》，无不期望生员以明伦为本。此外，儒学文庙必树松柏，南北两京国子监尤

---

① (明)吕坤：《实政录》卷一《提学院道之职》，见《四库全书存目丛书》影印本，子部第164册，358页，台南，庄严文化事业有限公司，1997。

② (明)李维桢纂修：万历《山西通志》卷一三《学校》，见《稀见中国地方志汇刊》第4册，168页，北京，中国书店，1992。

甚。这些松柏，有些虽为古之遗植，然多为新栽。松柏古称有岁寒之姿，在卉木中有君子之誉。文庙多栽松柏，无疑是对生员以君子相期。

明代学校，有师儒，有弟子员，视汉唐为备。明人姚镆言："我国家造士之法，远视成周。始养之乡，名曰社学；次养之郡与邑，名曰府县学；又其后群天下之英才而养之国都，名曰太学。"①《明史·选举志》云："科举必由学校，而学校起家可不由科举。学校有二：曰国学，曰府、州、县学。"②此外，尚有都司、卫所学校，河东运司学、宗学、孔颜孟三氏学、社学及书院与义学、乡学。下面依次分述之。

一、南、北两京国子监

明太祖朱元璋登上皇帝宝座以后，深知武力可以夺取政权，却不能用以治国。为了有效地治理国家，就必须建立一整套官僚机构，而官僚的构成，则为文人。在明初，朱元璋主要从以下四个方面张罗统治人才：一是元代的旧官僚；二是元代的吏；三是没有做过官的读书人；四是通过荐举，采用富户、耆民、孝弟力田、税户人才等名目，任用地方上一些有名望和财力的人员。③

尽管如此，旧的人才仍不敷新的官僚机构使用。鉴于此，朱元璋只好作兴人才，通过建立一整套的学校教育制度，训练、培养官僚机构的统治人才。探究朱元璋的立国政策，不难发现他深受儒家学说的影响。④

---

① (明)姚镆：《东泉文集》卷一《送掌教陈先生之任慈溪序》，见《四库全书存目丛书》影印明嘉靖刻清修本，集部第46册，467页。

② (清)张廷玉等修：《明史》卷六九《选举志》，1675页，北京，中华书局，1974。

③ 吴晗：《明初的学校》，见《读史札记》，317～319页。

④ 过去的明史研究者历来流传误会朱元璋文字猜忌和严刑残酷之事，似乎明太祖的立国思想与儒学有相左之处。但事实上，明太祖自渡江以后，真诚尊孔，与时俱增。这方面的新探讨可参见朱鸿林：《明太祖的孔子崇拜》，见"中央研究院"历史语言研究所集刊编辑委员会：《"中央研究院"历史语言研究所集刊　历史语言研究所成立七十周年纪念专号》，第70本，第2分，483～530页，台北，"中央研究院"历史语言研究所，1999。

他重视农桑、学校，并将此二者视为立国之本①，将是否兴农桑、学校作为考察地方官政绩的尺度。

学校确实堪称官僚的养成所，而在明初，则尤以国子监的地位及作用为高、为大。明初朱元璋所定人才培养政策，大体可以概括为作养于学校、简拔于科举、抡升于岁贡三个步骤。而国子监则通储广蓄人才，待学生业精行成，即可依次擢应时需。追溯中国古代太学的源流，五帝之学曰成均。周人立太学，兼五帝二代之名，东学为东序，西学为瞽宗，北学为上庠，南学为成均。太学、国学，为汉、晋旧名，隋大业中，更名为国子监。入明，因之不改。

明代国子监的创设，当追溯到元末至正二十四年。据明人卢上铭的记载，此年所设学尚未称"国子学"，而是称"博士厅"。② 当年正月，朱元璋即吴王位，建立百司官属，擢吴彤、魏观、吴琳等为国子学官员，"令教胄子于内府"。③ 次年，即元至正二十五年九月，朱元璋下令，将元集庆路学改为"国子学"，设立了博士、助教、学正、学录、典乐、典书、典膳等官，并以许存仁为博士。④ 洪武元年，朱元璋令品官子弟及民俊秀通文义者，并充国子学学生。一等天下既定，诏择府、州、县学诸生入国子学。洪武十四年(1381)四月，朝廷诏改国子学于鸡鸣山下，命国子生兼读刘向《说苑》。

洪武十五年三月，朝廷改国子学为国子监。设祭酒一人，从四品，司业一人，正六品，监丞一人，正八品，典簿一人，博士三人，助教一十六人，俱从八品，学正三人，正九品，学录三人，从九品，掌馔

① (明)朱元璋撰：《明太祖集》卷一《农桑学校诏》，2 页，合肥，黄山书社，1991。

② 按照《明史·选举志》的旧说，国子监始于元至正二十五年(1365)的国子学。吴晗因此旧说，参见吴晗《明初的学校》一文，见《读史札记》，320 页。而笔者据卢上铭《辟雍考》这一新材料，将其追溯到博士厅的设立。参见陈宝良：《明代学官制度探析》，载《社会科学辑刊》，1994(3)。

③ (明)黄佐：《南雍志》卷一《事纪一》，叶 2a，北京，学苑出版社，1996。

④ "中央研究院"历史语言研究所编：《明实录·明太祖实录》卷一七，239 页。

一人，杂职。其文移，则六部札付国子监，国子监呈六部。① 同年五月，新国子监成。监中有文庙、牺牲厨、祭器库、彝伦堂。监设六馆，以馆诸生，分别为率性、修道、诚心、正义、崇志、广业。学旁有号舍，以宿诸生。②

监生廪饩丰厚，岁时赐布帛文绮、袭衣巾靴。正旦、元宵各个令节，均赏节钱。孝慈皇后积粮监中，置红仓20余座，用作赡养诸生妻子。历事生未娶者，赐钱婚聘，及女衣二袭，月米二石。诸生在京师岁久，父母存，或父母亡而大父母、伯叔父母存，均遣归省，人赐衣一袭，钞五锭，作为道里费，优恤不可谓不厚。

国子监的教法，每旦，祭酒、司业坐堂上，属官自监丞以下，首领则典簿，以次序立。诸生揖毕，质问经史，拱立听命。只有朔、望才给假，余下日子升堂会馔，诸如会讲、复讲、背书，轮课以为常。监生所习内容，自《四书》、本经以外，兼及刘向《说苑》及律令、书、数、《御制大诰》。每月试经、书义各一道，诏、诰、表、策论、判、内科二道。诸生每日练习书法200余字，以二王、智永、欧、虞、颜、柳诸帖为法。每班选一人充斋长，督率诸生功课。衣冠、步履、饮食，必严饰中节。夜必宿监，诸生有故而出，必告本班教官，由斋长率领，告白祭酒。监丞置集衍簿，有不遵者书之；再犯、三犯，决责；四犯，发遣安置。国子监的堂宇宿舍，饮馔澡浴，俱有禁例。诸生省亲、毕姻回籍，定有期限，以道里远近为差。违限者，谪选远方典史，有些甚至罚充为吏。

国子监学规条目，屡次更定，号称“宽严得其中”。国子监学规，作于洪武初年，为旧规，凡9条。永乐三年(1405)，朝廷重新加以申明。作于洪武十五年12条，十六年8条，二十年(1387)27条。成化十年(1474)，祭酒周洪谟曾将这些学规刊刻，榜谕诸生。诸生入监，

① “中央研究院”历史语言研究所编：《明实录·明太祖实录》卷一四三，2248页。

② “中央研究院”历史语言研究所编：《明实录·明太祖实录》卷一四五，2274页。

必先读监规，然后再治余书。①

国子监六堂诸生采用积分法，以衡量、考核其学业。司业二员分为左右，各提调三堂。凡是通《四书》而未通经者，居正义、崇志、广业三堂。一年半以上，文理条畅者，升至修道、诚心二堂。又一年半，经史兼通、文理俱优者，则升至率性堂。升至率性堂以后，就按积分行事。其法，孟月试本经义一道，仲月试论一道，诏、诰、表、内科一道，季月试经史策一道，判语二条。每试，文理俱优者与一分，理优文劣者与半分，纰缪者无分。一年内积八分算及格，与出身。不及格者，仍坐堂肄业。

国子监司教的学官，必选耆宿充任。譬如宋讷、吴颙等由儒士擢任祭酒，宋讷尤被推为名师。因此，历科进士多出国子监。在明初，朱元璋为了获取真才以为邦国之用，凭借监规对诸生进行严厉管束，即使坐立进退之间、饮食衣服之际、号舍斋堂之处、诵读讲解之详、课试仿字之细均本道义而有矩范，故一时国子监颇出真才实学。与此同时，明初对国子监生的使用，不拘一格，量才录用，大到出任行省布政、按察二使②，小到用国子监生出任中书舍人。③ 由此可见，在明初，虽间行科举，而监生与荐举人才参用者居多，所以其时布列中外者，称太学生最盛。

明初国子监监生的来源，分为两类：一类是官生，一类是民生。官生又分为两等：一等是品官子弟，另一等是土司子弟、海外学生(留学生)。官生是由皇帝指派分发，出自特恩，民生由各地地方官保送。④ 国子监初设，本意是培养功臣子弟。不过，在洪武年间，官生的比例已呈逐渐下降之势(参见附表4)。所有这些无不说明，由于勋戚爵位承袭制度及大官子弟荫官制度的存在，官生自有一条出仕的途

---

① (明)吕柟：《泾野先生文集》卷一一《监规发明序》，见《四库全书存目丛书》影印本，集部第61册，26页。

② (清)张廷玉等修：《明史》卷六九《选举志》，1677～1678页。

③ 永乐十年(1412年)三月，擢监生程玖为中书舍人，隶翰林院，书制敕。参见(明)黄佐：《南雍志》卷二《事纪三》，叶29a。

④ 吴晗：《明初的学校》，见《读史札记》，321～322页。

径，根本用不着与民生竞争。故国子监基本成为训练民生的教育场所，这种特点到后来就更为明显。

相对说来，明代中期以后，国子监人数比洪武朝多，呈上升趋势。即以洪武朝与万历朝进行对比，洪武朝监生数，除了洪武二十六年(1393)突至 8124 名外，其他少者不及 600 名，多者亦不过 2728 名。而在万历末年，一般均维持在 3000 余名(参见附表 5)。即以万历朝而言，国子监人数呈上升趋势。然从总体上说，由于地方儒学生员数增长势头很猛，贡入国子监的机遇反而比明初为少。另加之例监、纳贡的出现，尽管监生数量呈增加趋势，然可用之人才数量反而下降，而例监与贡监之争夺，也影响了地方儒学生员的正常仕途。

自明代中期以后，进士日重，荐举遂废，而举贡日益轻。国子监作为一个教育机构，其培养人才的职责日轻，反而与科举考试制度结合在一起。一方面，会试下第举人也进入国子监肄业①；另一方面，国子监监生也不以就任教职为荣，不惜费力参与乡试，以便在科举上获取更高的出身，在仕途上图谋更好的发展。

在明代的乡试中，应天府、顺天府乡试，多有南北国子监监生应试。南北直隶乡试解额，虽屡有变化，然自景泰四年(1453)各增 35 名以后，一直维持在 135 名的定额上。在两京乡试 135 名解额中，各有 30 个名额是保留“皿”字号卷的考生，亦即以南北国子监监生身份入试的士子。隆庆四年(1570)，礼部奏准，鉴于两京国子监恩贡生员数增多，暂增额各 15 名，不为例。显然，是年两京乡试解额增为 150 名，只是把“皿”字号卷的名额从 30 名增为 45 名。当然，一般府、州、县学生员并未受惠，其例也为一时权宜之措，其后解额仍维持 135 名。②

尽管官方在乡试解额分配制度方面，给国子监生提供了相当的优惠，使其能在乡试中维持一定的中举率。可是，由于国子监生素质与明初相比已大为下降，所以国子监生参加乡试，其中举名数反而未能

---

① 举人入监，始于永乐中。参见(清)张廷玉等修：《明史》卷六九《选举志》，1679 页。

② 林丽月：《科场竞争与天下之“公”：明代科举区域配额问题的一些考察》。

达到预先分配的定额。即以南京国子监为例，自嘉靖元年(1522)至天启元年(1621)，在共计35科乡试中，南京国子监监生实际中举数达到或突破“皿”字号定额的只有12科，勉强超过三分之一，其他近三分之二的科数，实际中举数尚未达到或超过定额(参见附表6)。

这只是问题的一个方面。与南京国子监人才不敷正好相反，北京国子监人才相对充裕。自实行选贡之法后，“两监人才充实”。万历二十二年(1594)，天下选贡生均留于北京国子监，参加科举者约1200余人。明神宗采纳部议，加北京国子监解额20名。南京国子监因选贡不及百名，不在加额之列。然北京国子监以选贡中乡试者达五分之四，为二十中一；南京国子监以选贡中者居三分之一，为三十中一。相比之下，南京国子监更有余，而北京国子监显不足。其实，并非选贡人才有优劣，而是人数多寡之故。北京国子监虽蒙加额之恩，而选贡出路反难。所以，这一年科举后，北京国子监选贡纷纷改入南京国子监，其人数不下700余人。①

洪武八年，朝廷在中都置国子学。至洪武二十六年革，以其师生并入京师。永乐元年，始设北京国子监。永乐十八年(1420)，迁都北京，以京师国子监为南京国子监，于是太学生有了南、北国子监之分。从永乐七年(1409)到万历九年(1581)，据《皇明太学志》所登数字，可见北京国子监监生数经历了两个发展阶段：自永乐七年至成化二年(1466)，国子监人数基本呈上升趋势，最少者为永乐七年，仅为1028名；最多者为天顺六年(1462)，达到13569名。自成化三年(1467)至万历九年，国子监人数基本呈下降趋势。成化二年，尚有监生数12870名，次年，迅速降为984名，而至嘉靖四十二年(1563)，仅为342名，已算降到最低点。②

国子监是明代教育制度极重要的一环。在明初，监规严肃，生徒彬彬，无敢旷废，国子监直接发挥了培养人才供朝廷使用的功能。自

① (明)冯梦祯：《快雪堂集》卷二五《隆儒优士疏》，见《四库全书存目丛书》影印本集部第164册，373页。

② (明)郭鎜：《皇明太学志》卷一二《人材下》，叶50a～72b。

明代中期以后，监体陵夷，人情怠肆，至有二三十年旷废而不复班者，甚至人已死入鬼录，或衰老，或改荫、入仕，或缘事革斥，而犹挂名监胄，岁登册报。而捐赀入监的出现，更使监中士风趋于败坏。即以南京国子监为例，监生多为贾人子，易于为非，小者有平康狭邪之游，大者更是敢扞网使气。监事之坏，于此不难想见。

二、府、州、县学

自唐末、五代以后，随着中国经济重心的南移，文化中心也逐渐转移到南方，尤其是江南。一至明初，由于丧乱，南北文化的不均衡尤其明显。这种不平衡在教育上的反映，则是北方教育落后，庠序不修，人鲜知学，而南方教育颇盛，人多向学。

朱元璋建立明朝以后，采取了一系列措施，目的就在于发展北方的文化教育，并提高其整体水平。这些措施主要包括以下两个方面。一是为北方学校选择良师。洪武八年三月，朱元璋命御史台官选国子生中年长学优者分教北方，共选国子生林伯云等366人，"给廪食，赐衣服而遣之"①。洪武二十年十月，"命吏部迁南方学官之有学行者教之，增广生员，不拘额数，复其家"。② 二是颁发书籍给北方学校，使生员肄业有所凭借。有鉴于北方学校缺少书籍，士子有志于学者往往无书可读，洪武十九年(1386)，朝廷赐北方郡县学校《五经》《四书》。③洪武二十四年(1391)六月，朱元璋命礼部遣人往福建购书，颁发给北方学校。④

---

① "中央研究院"历史语言研究所编：《明实录·明太祖实录》卷九八，1673页。

② "中央研究院"历史语言研究所编：《明实录·明太祖实录》卷一八六，2789页。

③ "中央研究院"历史语言研究所编：《明实录·明太祖实录》卷一七七，2683页。

④ "中央研究院"历史语言研究所编：《明实录·明太祖实录》卷二〇九，3122页。

这些措施的落实，以及北方大批府、州、县学校的恢复与新建，无疑从整体上提高了北方的文化教育水平。尽管如此，明代南北教育水平的差异始终存在。即以淮北与江西作一比较，其教育水平就有较大的差距。明人彭教记道：

> 予少侍先君为淮北教官，其地大抵朴鄙，自府、州、县学外，家塾党庠出于民间者，缺然无闻。……及归乡里，则郡多秀民，邑井里巷，弦诵相闻。为弟子员者，率尝讲习于家庭，父兄师友，往往业成乃在兹，选、岁、贤科之举，接武连袂，类能自奋。①

直至明末，一位名叫崔溥的朝鲜使臣到了中国，将其亲眼所见的南北文化差异记录了下来，引述如下：

> 且江南人以读书为业，虽里闬童稚及津夫、水夫皆识文字。臣至其地写以问之，则凡山川古迹、土地沿革，皆晓解详告之。江北则不学者多，故臣欲问之则皆曰："我不识字。"就是无识人也。②

这是当时的实录。由于江南兴学之风颇盛，再加之出于商业目的而印制的大量的日用类书，使教育更趋通俗化，无疑也有助于江南庶民文化知识水平的提高。这当然也可以解释明代科举南北地域差异的成因。

府、州、县学，与太学相维，其设置时间可以追溯到元末至正十九年。此年，朱元璋命宁越知府王宗显开郡学，延儒士叶仪、宋濂为五经师，戴良为学正，吴沈、徐原等为训导。史称："时丧乱之余，学校久废，至是始闻弦诵之声，无不忻悦。"③洪武二年，明太祖朱元璋

---

① (明)彭教：《东泷遗稿》卷一《送邓司训序》，见《四库全书存目丛书》影印抄本，集部第38册，16～17页。

② (明)崔溥：《漂海录》卷三，194页，北京，社会科学文献出版社，1992。

③ "中央研究院"历史语言研究所编：《明实录·明太祖实录》卷七，80页。《明史·选举志》与吴晗《明初的学校》一文，均主张洪武二年普设学校，未及留意其起源。分见(清)张廷玉等修：《明史》卷六九《选举志》，1686页；吴晗：《明初的学校》，338页。笔者在《明代学官制度探析》一文中早已点出此节。

初建国学，谕中书省臣曰：

> 学校之教，至元其弊极矣。使先王衣冠礼义之教混为夷狄，上下之间，波颓风靡，故学校之设，名存实亡。况兵变以来，人习于战斗，惟知干戈，莫识俎豆。朕恒谓治国以教化为先，教化之道，学校为本。今京师虽有太学，而天下学校未兴。宜令郡县皆立学，礼延师儒，教授生徒，以讲论圣道，使人日渐月化，以复先王之旧。①

于是，朝廷大建学校，府设教授，州设学正，县设教谕，各一。府、州县学各设训导，府四、州三、县二。

学官职掌，各有分属。其中教授、学正、教谕，掌教诲所属生员，而训导佐之。洪武十五年，明太祖曾命礼部颁发学校禁例12条于天下学校，禁例被镌刻在卧碑上，并置于各地方学校的明伦堂之左。在这12条禁例中，其中11条是对学校生员的规范条例，只有一条针对地方学官，即“为师者当体先贤，竭忠教训，以导愚蒙”。② 这实际上是明朝廷对地方学官的要求。

至于地方儒学的功能，学官的职掌，无疑可以从明宣宗所作《儒学箴》中得到充分的印证。从中可知，儒学的职能，一方面，是“化民成俗，以善其乡”；另一方面，则为“成德达材，以资于邦”。③ 而正统元年(1436)就任南直隶督学御史的彭勗所作的《教官箴》④，显然也有利于我们对学官的职掌作更进一步的认识。这就是说，《四书》经史，是

---

① “中央研究院”历史语言研究所编：《明实录·明太祖实录》卷四六，923页；(清)张廷玉等修：《明史》卷六九《选举志》，1686页。

② “中央研究院”历史语言研究所编：《明实录·明太祖实录》卷一四七，2301～2302页。

③ (明)朱瞻基：《御制官箴·儒学箴》，见《四库全书存目丛书》影印本史部第261册，210页。

④ 参见(明)缪肇祖等纂修：《常熟县儒学志》卷八，叶27b，明万历三十八年刻本。

地方学官教导诸生的基本内容；兴学立教，是地方学官的基本职责；而严与勤，则是学官维教的基本准则。

府、州、县地方学校，在明代又称“儒学”。此称有何用意？据明人朱国祯的推测，在府、州、县学校之前冠以“儒”字，其深层的意思有两个方面：一方面，是鼓励学校生员宁做“君子儒”，不要做“小人儒”；另一方面，是说学校生员治学，须有次第阶级，先要“正本本，植其根”，而后“以次可渐升也”。① 另据明人考释，儒者之学，均为明伦。孔子为人伦之至，《六经》为尽人伦的注脚。称学校为儒学，其意是说与俗学殊科。以此类推，京城国子监，其堂称为“彝伦”；地方府、州、县学校，其堂称为“明伦”。其意说学生在此朝夕讲习，“凡以明人伦也”。庙称“文庙”，祭祀孔子，目的是为了“揭万世斯文之宗，使人之所诵法也”。阁曰“尊经”，“言舍此则所以尽伦而希圣者贸贸焉，莫知其所由适之径也”。②

地方儒学生员之数，府学额设40人，州、县依次减少。不久，即有增广生员之举。宣德中期，更定增广生员之额。至后期，人才愈多，又于额外增取，附于诸生之末，称附学生员。于是，地方学校并具廪膳、增广、附学三种生员。③

《明史·选举志》称明代，“无地而不设之学，无人而不纳之教”。又说：“明代学校之盛，唐、宋以来所不及也。”④清康熙年间修纂的《五台县志》也说，学校制度之备，唐宋以来，以明为盛。具体概列如

---

① （明）朱国祯：《朱国祯诗文集》，见《杂著·重建乌程县儒学记》，何立民点校，406页，杭州，浙江古籍出版社，2016。

② （明）聂豹：《双江聂先生文集》卷四《赠曾世赡分教南海》，见《四库全书存目丛书》影印本集部第72册，305页；（明）韩霖：《〈铎书〉大意》，见《〈铎书〉校注》，孙尚扬、肖清和等校注，57页，北京，华夏出版社，2008。按：明代所有学宫文庙，无不祀孔子，唯滋阳学宫祀颜子，因颜子为滋阳人。又明学宫皆称明伦堂，唯应天府学书“明德堂”。据称为文天祥手书，存其迹。均见（明）姚旅：《露书》卷七，见《四库全书存目丛书》影印本集部第111册，674～675页。

③ 关于生员之种类，详见第三章。地方儒学之生员数，详见第四章。

④ （清）张廷玉等修：《明史》卷六九《选举志》，1686页。

下："凡学博必极一时之选。其制则有堂以明伦，斋房以居士，斋夫以供役，学田以养廉，诗书以隶业，祭器以习礼，射圃以观行，月课黜陟以示惩劝，其所以养育而造就之者，靡不详且尽矣。"①

儒学中的生员多专治一经，以礼、乐、射、御、书、数设科分教。为便于生员肄业，儒学中均设有尊经阁，以藏各类书籍。尊经阁藏书多由朝廷颁降。如永乐年间，命儒臣辑《五经大全》《四书大全》《性理大全》，颁发天下学校。② 又颁《为善阴骘》《孝顺事实》《劝善书》。宣德年间，又颁《五伦书》。这些书每册之首均钤以御宝，故称为"制书"。以常熟县儒学为例，其收藏的颁降制书分列如下：《四书大全》一部，《易经大全》一部，《书经大全》一部，《诗经大全》一部，《春秋大全》一部，《礼记大全》一部，《五伦大全》一部，《性理大全》一部，《孝顺事实》一本，《为善阴骘》一本，《钦明大狱录》二本。③ 有些藏书则由乡宦赠送。如在六安州学的藏书中，就包括乡宦徐必进所赠书籍，计有《大明会典》《大明官制》《大明一统志》《洪武正韵》《皇明诏制》等 38 部。④ 其后，科举日重，八股制义盛行，地方儒学又多自行购入很多坊间所刻制义文，以供生员参阅。甚至很多拆字、算命、相面、地理、风水一类的杂书，也渐为学宫所藏。如福建建阳县儒学，就藏有《卜筮元龟》《拆字林》《子平渊海》《地理大全》《千金风水》《麻衣相法》等杂书⑤，说明生员的学术已趋鄙俗、博杂。

生员受业，固然受到时代风气的影响，然其学规之宽严，教法之得失，士习之好坏，亦与地方学官本身的修养颇有关系。试以庆阳府

---

① (清)周三进纂修：《五台县志》卷三《建制志·学宫》，见《稀见中国地方志汇刊》第 4 册，841～842 页，北京，中国书店出版社，1992。

② 李焯然：《明代国家理念的成立——明成祖与儒学》，载《新加坡国立大学中文系学术论文》第 83 种，1989 年。

③ (明)缪肇祖等纂修：《常熟县儒学志》卷五《书籍志》，叶 3a。

④ (明)李懋桧纂修：《重修六安州志》卷二《学校》，见《稀见中国地方志汇刊》第 21 册，30～31 页。

⑤ (明)冯继科纂修：嘉靖《建阳县志》卷五《学校志·图书》，见《天一阁藏明代方志选刊》，叶 28b～30a，上海，上海古籍书店，1982。

为例，当正德年间田祯为教授时："每日晨起升堂，巍然如泥塑于上，诸生有迟期过误者，循规自跪于阶下，俟两班画卯毕，正色严教，不少恕。"其时士习有常，每日升堂毕，生员即得潜修于己舍，颇以为便。后姜元继任庆阳府儒学教授，学规骤严。"每日令聚于学，朝卯夕酉，而午中更妨之以签。"其意本为提振警觉，而士子颇以为不便，怨其妨业。其后，姜氏只好令生员各以同志立会，"而惟以签为约束"。①

就学官方面来说，在明初，一方面，优礼师儒，学官擢升给事、御史者，比比皆是；另一方面，对学官的钳束也甚谨严。明太祖时，学官考满，兼核其岁贡生员之数。洪武二十六年朝廷定学官考课法，专以科举为殿最。学官九年任满，核其中式举人，府九人、州六人、县三人为最。若学官又经过考试而通经，即予以升迁。中式举人少者为平等，即考通经，也不予升迁。如果学官任内中式举人极少，以至全无，而又考不通经，则黜降。就生员方面来说，在明初固然待生员优厚，诸生岁贡易得美官，然对生员的考核亦极严。生员入学十年，学无所成，及有大过，俱送部充吏，追夺廪粮。至正统十四年(1449)，朝廷稍更其制。凡生员受赃、奸盗、冒籍、宿娼、居丧娶妻妾所犯事重者，隶直隶者发充国子监膳夫，隶各省者发充附近儒学膳夫、斋夫，满日为民，俱追缴廪米。犯轻充吏者，不追廪米。

自明代中期以后，学官之黜降，生员之充发，均废格不行，即使卧碑所列各种禁例，亦只是一纸具文。地方儒学更是有堂不升，有斋不讲，凡饮、射、读法、膳会礼仪并一些规条课业，更是久已废置不行。就拿儒学学宫来说，其后也日渐陵替，只是用作供奉先师、居停学博，或者有司春秋二时丁祭、朔望行香之地而已，甚或庑为牧，泮为渔，圃为蔬，舍为薪，无怪乎士习日偷，放荡于礼法之外。正如史籍所揭示："洎乎末流，讲堂兴钩党之狱，乡社蒙伪学之讥，遂使文治衰息，士习怪变，二氏之说横行于天下，而俎豆付之劫灰，宫墙鞠为

① (明)梁明翰修：《庆阳府志》卷十一《宦迹》，见《稀见中国地方志汇刊》第9册，453页。

茂草。其可叹也已！”①

生员是明代地方学校中肄业的主体成员。在明初，学校制度完备，生员均在学校内肄业，考课也较严格。学生通过出贡，可以在仕途上获取很好的出身，故学校多能尽教责，生员与学校的关系颇密。其后，学宫荒废，学校制度败坏，生员不再在学宫肄业，或占据寺院僧舍读书，或在书院、家馆中肄业，甚或外出游学，再加之生员视科举为唯一进身之阶，使生员与学校渐趋分离。换言之，生员虽仍名为儒学诸生，实则只是科举阶梯中的最初一级，已渐失学校学生的特点。

三、都司儒学与卫学

都司、卫所制度在明代的重要性，过去的明史学界似乎注意不够。其原因则应归结于研究者简单地将卫所制度视作军事制度，而忽略卫所制度的民事意义以及“卫籍”的存在。其实，卫所对明代边疆地区的开发、移民，明代耕地的开垦以及民族文化的融合等，均有相当大的意义，值得研究者重新予以重视并给予深入探讨。②

与此相关者，都司、卫所儒学相继建立，研究者对其价值也需要予以足够的重视。③ 都司儒学与卫学的建立，始于明初洪武年间，而其普遍设立，则在宣德以后。

---

① (清)袁国梓纂修：《嘉兴府志》卷六《学校》，见《稀见中国地方志汇刊》第16册，238页。

② 在这方面，顾诚的研究具有开拓性的意义。他所撰系列文章《明前期耕地数新探》[载《中国社会科学》，1986(4)，193～214页]、《明帝国的疆土管理体制》[载《历史研究》，1989(3)，135～150页]、《谈明代的卫籍》[载《北京师范大学学报(人文社会科学版)》，1989(5)，56～65页]、《卫所制度在清代的变革》[载《北京师范大学学报(人文社会科学版)》，1988(2)，15～22页]，不仅对明代耕地数提出了新的估计与看法，而且通过对卫所制度与“卫籍”的注意，为后人继续探讨这些课题开了很好的先河。

③ 蔡嘉麟所著《明代的卫学教育》一文(台北，中国文化大学史学研究所，硕士论文，1998年，第1～235页)，无疑是对卫所教育制度研究的又一突破。

洪武十四年，辽东都司学的设立，开创了在卫所设学的先例。① 洪武十七年，朱元璋对礼部诸臣说："武臣子弟久居边境，鲜闻礼教，恐渐移其性。"于是命辽东设立学校，"使之诵诗书，习礼仪，非但可以造就其才，他日亦可资用"。② 洪武二十六年，辽东开元卫军士马名广上言五事，其一曰："辽东二十一卫，定辽等七卫已有都司儒学，金、复、海、盖四州已有州学，其开元、沈阳、广宁、义州，亦皆名郡，学基尚存，遗碑犹在，宜建学立师，以复其旧。"③由此可知，在洪武二十六年前，除了辽东都司学之外，尚有定辽等七所卫学。洪武二十八年，朝廷改辽东金、复、海、盖四州儒学为卫儒学，各设教授一员，训导四员。④ 明代辽东，共有 25 所，其中设立儒学者，计 15 所，占 60％。在这些卫儒学中，除了广宁卫儒学建立时间不详外，建于洪武年间者有 6 所，其余均建于宣德以后。

都司设儒学，除辽东都司外，可考者尚有万全都司、大宁都司。宣德七年(1432)，诏置万全都司学。次年，令卫所官舍军余俊秀者，许入附近府、州、县学，听赴本处乡试。宣府总兵都督谭广奏请，该镇俱为兵卫，无附近府、州、县，宜别置卫儒学，诏从之。⑤ 大宁尚未徙治之前，曾设有卫学。正统四年(1439)，都指挥张锐奏请设学获准，遂于保定府学之东，择地建学。成化十九年(1483)，张锐之子张溥又行重修。嘉靖年间，又有增建。自嘉靖以后，都司学生员虽无廪

① (明)李辅等修：《全辽志》卷一《图考志》，叶 7b，明嘉靖抄本；(明)吕原：《都司庙学碑记》，见(明)毕恭等修、(明)任洛重修：《辽东志》卷二《建置・学校》，叶 17a，沈阳，辽海书社。

② "中央研究院"历史语言研究所编：《明实录・明太祖实录》卷一六八，2567 页。

③ "中央研究院"历史语言研究所编：《明实录・明太祖实录》卷二二五，3298 页。

④ "中央研究院"历史语言研究所编：《明实录・明太祖实录》卷二三八，3469 页。

⑤ (明)孙世芳等纂修：《宣府镇志》卷一八《学校考》，见《新修方志丛刊》，731 页，台北，台湾学生书局，1969；(明)叶向高：《苍霞草》卷一〇《重修万全都司儒学新建尊经阁记》，997～1001 页，扬州，江苏广陵古籍刻印社，1994。

粮之名，却有廪粮之实。①

朱元璋建立明代以后，建制军卫，与府、州、县错壤而治。洪武二年制诏：天下府、州、县各立学校，军卫亦一并设学。如洪武十七年朝廷建岷州卫学，洪武二十三年(1390)建大宁卫学。然当时天下军卫类多附丽于府、州、县，不更置，即使是专城治理者，亦大多僻陋无文，工材之事，或有所阙，卫学一时难以设立。明人吴楚材曰：

> 国朝军卫无学。宣德十年，从兵部尚书徐河之请，令天下军卫独治一城者皆立学。正统以来，天下军卫延至边徼建学，设教授、训导，品秩俸禄如府学之制。②

由此可见，在宣德以前，尽管辽东已有一些军卫学校，然就其大概而言，仍然遵守着"国朝军卫无学"的制度，卫所军官子弟及军余，有好学者，均附于附近府、州、县学校。③ 宣德中期，朝廷虽建卫学，但未能遍及全国。如万全都司所统卫所凡十有九，"惟都司及开平卫有学，又皆以教屯营子弟，而有官荫者，不与也"。④ 自正统以后，朝廷才有大规模卫所儒学的建设活动。譬如，天津卫儒学，建于正统元年。⑤据《明史·徐琦传》，正统十四年，朝廷从巡抚徐琦所请，沿边卫所，各建学校。

按照明代制度，附于府、州、县的卫所，不设学校。只有在边卫

① (明)冯惟敏纂修：《保定府志》卷三九《艺文志》下《大宁都司儒学增粮记》，见《日本藏中国罕见地方志丛刊》，777～778页，北京，书目文献出版社，1992。

② (明)吴楚材：《彊识略》卷八《职官部》下《卫学》，见《四库全书存目丛书》影印本子部第181册，659页。

③ 如王毓蓍，绍兴卫人，"为郡诸生，师事刘宗周"。显然，王氏寄学于绍兴府学。卫人寄学地方儒学之制，至明末而未改。参见(清)计六奇：《明季南略》卷五《王毓蓍》，283～284页，北京，中华书局，1984。

④ (明)倪谦：《倪文僖公集》卷十四《宣府新建义学记》第1245册，360～361页，台北，商务印书馆，1986，景印文渊阁《四库全书》本。

⑤ 徐光启：《重修天津卫学宫旧碑记》，见(清)薛柱斗、(清)高必大纂：《新校天津卫志》卷四《艺文》中，叶16b，天津，易社，1934。

所，才设立学校。根据清人的统计，明代北直隶、山东、山西、陕西、福建、四川、贵州七省直，计有卫学 67 所，再加上湖广四学，共计 71 所。① 其实，这一统计数字很不全面。最近，蔡嘉麟在《明代的卫学教育》一文中，对明代所建卫学(包括都司、卫、所、关各学)进行了详细的考察，并加以统计，考出明代卫学共计 110 所。② 笔者在此基础上，又细加考察，发现蔡氏查实之卫学数，堪称迄今为止最多者。除了建学时间因资料不同而互有歧异外，蔡氏有关明代卫学前后变迁的考察，亦多有前人所未论者。当然，也有两所卫学，为蔡文所未及③，若加上这两所卫学，明代卫所儒学数当达 112 所。

成化十六年(1480)，朝廷定都司学照州学例，三年贡二人。弘治十四年(1501)，朝廷定万全都司照府学例，一年一贡。其余都司所属卫分少者，不许滥比。正德三年(1508)，朝廷定大宁都司一年一贡。正德十一年(1516)，朝廷定辽东都司学设优等、次等生员各 40 名，每年考送一名充贡。正德十二年(1517)，朝廷定陕西都司学一年一贡。④

成化二年，朝廷定卫学照县学例，二年贡一人。成化三年，朝廷又定卫学四卫以上，军生 80 人；三卫以上，军生 60 人；二卫、一卫，军生 40 人；不及者，不拘额。有司儒学，军生 20 人。成化十六年(1480)，朝廷定卫学岁贡不分军、民生，俱由提学官考试。其卫学在布政司地方，布政司给批起送。在两直隶地方，各府起送。在各边，由都司起送。

卫儒学的生员，分为武生与军生两种。武官子弟称武生，军中俊

---

① (清)潘义修：康熙《永定卫志》卷二《文教》，见《稀见中国地方志汇刊》第 41 册，27 页。

② 蔡嘉麟：《明代的卫学教育》。

③ 譬如，安徽六安卫学、贵州敷勇卫学，均为蔡文所漏考。分见(明)李懋桧纂修：万历《重修六安卫志》卷四《秩官志》，见《稀见中国地方志汇刊》第 21 册，40 页；又(清)唐树义、(清)黎兆勋、(清)莫友芝等：《黔诗纪略》卷一，3 页，贵阳，贵州人民出版社，1993。按：崇祯三年(1630)，增置敷勇、镇西二卫，只有敷勇建学。

④ (明)申时行等修：《明会典》卷七七《贡举·岁贡》，446 页。

秀称军生。此外，尚有一种官生。① 在卫学设立以前，卫所内武官与军士子弟无肄业场所，其俊秀者附于附近府、州、县学校肄业，考试亦由地方州、县官管理。如建阳卫，地处安徽当涂县境内，其官、军均属卫籍。因“居其地，食其上”，故考试属当涂。② 卫学使这些人基本有了肄业场所，并单独作为一级学校，隶属于学政体系之内。然即使如此，有些卫所学生，其考试仍由地方府、州、县管理。如福建镇海卫童生，原属漳浦县，后改属海澄县。③

与此同时，随着卫学的建立，一些附近府、州、县的民生，亦纷纷加入卫学，并成为卫学生员。如金山卫学，自天顺五年(1461)以后，“进民生以增广之”。④ 有些卫学生员，甚至来自寄籍。如威海卫学生员申汝刚之父任本卫预积仓大使，贫老无归，因寄籍于此。万历年间，申汝刚补本卫卫学生员。⑤

随着卫学的相继建立，其生员数的增长也相当迅速。仍以前述金山卫学为例，自建学以后，经过很长时间的发展，至明末，一所卫学的生员数达二三百人⑥，已相当可观。在一些无卫学的地方，一些武生只好寄学当地的书院，其数量更是惊人。如浙江都司将旗纛庙改称书院后，其寄名武生达 1000 余名。⑦ 如果将一所卫学的生员数，与其

---

① (明)邓球：《皇明咏化类编》卷五四《学制》，520 页，台北，国风出版社，1965。按：在天津卫学中，除武生、军生外，尚有官生一种名色。参见(清)薛柱斗修、(清)高必大纂：《新校天津卫志》卷三《封荫科甲贡例・乡科》，叶 7b。

② (清)祝元敏修：康熙《当涂县志》卷二〇《人物》，见《稀见中国地方志汇刊》第 23 册，231 页。

③ (明)梁兆阳修：崇祯《海澄县志》卷二《学校》，见《稀见中国地方志汇刊》第 33 册，871～872 页。

④ (明)陈鉴：《修学记》，见(明)张奎、(明)夏有文纂修：正德《金山卫志》下卷一《学校志・宫墙》，叶 25a～25b，上海，传真社，1932。

⑤ (清)毕懋第等修：《威海卫志》卷一〇《外志・流寓》，叶 1b，威海九华小学，1929。

⑥ (明)陈子龙：《陈子龙集》卷七《金山卫重修儒学记》，见《传世藏书・集库・别集》第 10 册，57 页。

⑦ (明)陈儒：《芹山集》卷二《学政》，199～204 页，北京，书目文献出版社，1988。

户口数进行适当的比较，更可看出其价值。先以辽东都司所属广宁右屯卫儒学为例，在隆庆三年(1569)时，其生员包括习《易》生员 15 名，习《诗》生员 21 名，习《书》生员 11 名，共 47 名。① 嘉靖年间，广宁右屯卫额户 3000 户，8112 口，此外尚有寄籍户 11 户，37 口，新发军户 12 户，24 口，合计 8173 口。② 若以此作为统计数的基础，广宁右屯卫生员数占其人口数的比例约为 0.57%。再以宁夏卫学为例，其生员数为军生 300 余名，武生食粮者 7 人，可考知者为 307 余名。而宁夏四卫人口为户 41474 户，74000 口。③ 凭借此统计，宁夏卫生员数约占其人口数的 0.41%。考虑到上述统计数并不包括未知的不食粮武生，故实际上可能大于这个比例，或许在 0.5%左右。

卫所问题确乎是一个比较复杂的问题，而卫学仅仅是其中的一部分内容。卫所虽为军事单位，但一旦驻扎当地，自然会与附近府、州、县民事发生很多关系。④ 反映在土地佃种与徭役方面，就是民佃军屯，仍应民差，或军买民地，仍应民差，这在当时已极普遍，而军屯与民地的界限也越发模糊不清。不仅如此，卫中尚有许多余丁，大多奉例寄籍民间。即使那些军士，在训练之暇，亦治生业，或经商，或买近乡田庄，雇农耕作。⑤ 卫所人员与民间接触更加频繁，以及军民关系界限之越发模糊，无不证明卫学的兴起以及卫所人员借此而获另一进身之路，是必然的趋势。

除此之外，经过一段时间的发展，卫所成员也向学成风，文风由此转盛。景泰元年(1450)，朝廷下令各卫官舍军余曾送入学者，允许

---

① 辽宁省社会科学院历史研究所、辽宁省档案馆编：《明代辽东档案汇编》10《教育》304《辽东察院各宗师考取广宁右屯卫学生员清册及历年试题一览》，1046～1052 页，沈阳，辽沈书社，1985。

② (明)李辅等修：《全辽志》卷二《赋役志》，叶 2a～10b。

③ (明)胡汝砺编纂：弘治《宁夏新志》卷一《户口》《学校》，见《天一阁藏明代方志选刊》，叶 8b～9a，上海，上海书店，1990。

④ (清)戚若鲲：《按院冯公批准军民照旧各差碑记》，见(清)薛柱斗、(清)高必大纂：《威海卫志》卷九《艺文志》，叶 15a。

⑤ (明)张奎、(明)夏有文纂修：《金山卫志》下卷二《风俗》，叶 32a～33b。

入试。① 兼之一些卫所往往地处边荒，与少数民族共处，民不知学，于是一些边地学校生徒，多从军士中选补。② 这样，卫所成员由科举出身者也随之增多。试举下面几例：景泰元年，有一卢龙军士中顺天府乡试③；李梦阳，祖籍河南开封扶沟，为陕西庆阳卫籍，后为陕西乡试解元④；南京刑部尚书刘缨原籍江西新淦县，为直隶苏州卫籍。

卫学多设于西南土司地带或者一些边地。这些地区多为少数民族聚居地，文化相对落后。由于设置了卫所，中原人士纷纷流入这些地区，促进了民族间的文化交流。以贵州各卫所的“卫人”为例，其中大多来自中原或内地。如平越卫，“卫中军士多中州缙绅之裔”；清平卫，“卫人皆江南迁谪”；龙里卫，“卫人多楚、吴、闽之裔”；兴隆卫，“卫之士率来自湖湘”。⑤ 明人对卫所设立的文化意义作了如下概括：“及我朝编设武卫，非但镇肃边境，而华人与夷俗相参，不加棰朴，岁移月易，虽遐荒绝峤，亦兴文化，与中土不殊。”⑥再加之土司地带儒学的普遍设立，以及卫学纷纷建立，无疑对边疆地区的文化发展起到了极大的推动作用。事实确实如此。如云南曲靖军民府，自明初开立学校以来，“士风渐盛，而科第人材，后先相望，殆与中州埒焉”。⑦

明末，一度出现了“屯学”。天启二年(1622)，直隶巡抚都御史首

---

① (明)徐学聚：《国朝典汇》卷一二八《礼部》二六《科目》，见宋祥瑞主编：《明清史料丛编》第8册，6246页，北京，北京大学出版社，1993。

② (明)高廷榆纂修：嘉靖《普安州志》卷二《食货志·惠政》，见《天一阁藏明代方志选刊》，叶38b～39a。

③ (清)李调元：《制义科琐记》卷一《卢龙军士》，见《丛书集成续编》第31册，17页，台北，新文丰出版公司，1985。

④ (明)何乔远：《名山藏·臣林记·文苑》，见《明清史料丛编》第7册，5257页。

⑤ (明)谢东山修、(明)张道纂：嘉靖《贵州通志》卷三《风俗》，见《天一阁藏明代方志选刊续编》，叶17a～20a，上海，上海书店，1990。

⑥ (明)钟芳：《筠溪文集》卷八《读书札记》，见《四库全书存目丛书》影印本集部第65册，37页。

⑦ (明)周季凤纂修：正德《云南志》卷九《曲靖军民府·风俗》，见《天一阁藏明代方志选刊续编》，叶7b。

先创议在顺、永、保、河四府设武学，照例收录武生，附于文庠。随后又建议在河间、天津设屯学。其法如下："凡愿入学者，试其文理稍通，兼知骑射，申本院收录，给武生衣巾，授田百亩，使其耕之，每亩岁纳租一石，寄学。之后业益进，而士益辟，补附、补增、补廪，一视卫学例。所补之廪，即就田之入饩之。从此议贡议科，总以耕读之令名，成教养之实事。其愿就武试者，免其府中类试。"①可见，屯学虽属武学系统，与属儒学系统的卫学有别，然已部分带有卫学的特质，属介于武学与卫学之间的特殊学校。至于屯学与屯田相结合，则更显屯学带有特殊性。此外，陕西苑马寺七监牧军子弟生员，一向随附近州县寄学，甚为不便。万历二十六年，陕西巡按御史于永清议请于清平监适中地方建立儒学。此议虽为礼部所驳而不行，然其后牧监童生散居州县者，凡遇考，随各州县类考，另标一"牧监"名色，籍贯也直书"牧监"字样。② 这与卫学生员标"卫籍"有相同的意义。

至清初，由于卫所普遍改为州、县，卫学亦多归并入府、州、县学之中。③ 卫学的消失，事实上是与卫所民事化的过程同步的，反映出其背后的边地文化、教育水平普遍提高这一事实。

四、商籍与运司学校

重本抑末，重农贱商，这是中国的一项传统，明代也不例外。朱元璋建明以后，继续实行重农抑商的政策，关市之禁比起前代来更为详尽。钞关掌管舟车，属户部；抽分厂掌管竹木，属工部。管理盐课的转运司，有提举司，又由御史加以稽查。茶课也与盐课相同。征商之法，纤悉具备。

---

① "中央研究院"历史语言研究所编：《明实录·明熹宗实录》卷二六，1319～1320页。

② "中央研究院"历史语言研究所编：《明实录·明神宗实录》卷三二三，6008～6009页。

③ （清）昆冈等撰：光绪《钦定大清会典事例》卷三七一《礼部·学校·直隶学额》，见杨家骆主编：《中国选举史料·清代编》，551页。

然自明代中期以后，由于农村土地兼并之风日剧，赋税日重，农村人口渐趋分化，成为城市平民的主要来源，并进而形成弃农经商的经济浪潮，无疑扩大了商业经营者的队伍。尽管朝廷征税措施严密，然而在全国各地的城市，处处都有商贾的足迹。

士、农、工、商四民，商居四民之末。随着商业的发展，以及城市生活的繁荣，人们的日常生活用品以及奢侈品越发离不开商人，而商人的经济实力日益增长，社会地位也随之提高。

为了提高自己的社会地位，商人大多重视教育，鼓励子弟求学上进，参加科举考试，以便获得科名出身。在晚明，工商业者为子弟择师，已成一时风气，譬如，石宗大自其父以绽纻缟起家，到宗大时，其业益振，“冠带衣履，殆遍天下”。宗大有三子，择师教之，“饩馆佔毕之需，虽费不惜。而诸子迄用有成，隶庠校，升国学，彬彬辈出”。① 又有史料载：“富春山少即声噪胶庠，邻有大贾方在择婿，其家馆师某者以公嘱之。”②由此可知，富商大贾家通常设有家馆，聘请馆师，以教养子弟。而在婚姻关系上，富商也喜与有科名者结亲。

当然，商人并不以自己商业上的成功为满足，而是鼓励自己的子弟业儒，以便与“士”平起平坐。这方面的例子俯拾皆是。譬如，淮阴人金彦，少以疾而中断儒业，长经商四方，见古图史则倍直购之，归而忻忻以遗其子弟曰：“吾终以此遗若辈，不以金也。”③商人范长君有二子，择可而命之。一子范泓椎而少文，命其仍守贾业；一子范涞有志于学古，命其为儒。后范泓以贾起家，而范涞则对公车，授南城令。④

---

① （明）文徵明：《文征明集》下册补辑卷二九《石冲庵墓志铭》，1507～1508页，上海，上海古籍出版社，1987。

② （清）李延昰：《南吴旧话录》卷下，235页，上海，上海古籍出版社，1985。

③ （明）李春芳：《李文定公贻安堂集》卷一〇《金秋泉传》，见《四库全书存目丛书》影印本集部第113册，302页。

④ （明）汪道昆：《太函集》卷二九《范长君传》，见《四库全书存目丛书》影印本集部第117册，386页。

于是，商而儒、儒而贾，在晚明已不足为奇。① 朱节就是最好的例子。朱节之父业盐而客杭州，而朱节也占籍杭州，年十四，补郡诸生。后谢学官，“去而事盐策”。朱节曾受《易》东越，“乃得交东越士大夫。由是以好客特闻，诸士大夫毕至，即布衣来谒，一切周事之”。②

商人子弟获科举出身者，在晚明也有很多。试举几例以说明之。唐默，上海诸生，“父以贾起家，积资雄一乡，田亩十余万”③。陈允德，家世业贾，自己也曾为坐贾。允德三子，均业儒。长子陈濬，进士；其他二子陈澳、陈湄，皆诸生。④

更有甚者，商人子弟中不但进学、中举者比比皆是，而且不乏中进士、出仕者，甚至仕至尚书、大学士。金声，字正希，徽州休宁人。随父经商武昌，以嘉鱼籍中天启四年(1624)乡试。崇祯元年(1628)，中进士，选庶吉士。⑤ 内阁大学士许国，其父本苏州大贾。⑥ 内阁大学士申时行，其父曾“游贾云间”⑦，也是一名商人。

为了获取功名，除了参加科举考试之外，捐纳制度的存在，也为商人提供了一条进身之路。自明代中期以后，商人及其子弟通过捐纳而进入国子监者，不乏其例。如汪元鼇，曾贾江淮间，后“入赀为太学”⑧；

---

① 余英时对明代商人与儒学之关系，以及儒而贾、士商相混现象，有很好的揭示，可资参看。参见余英时：《中国近世宗教伦理与商人精神》，104～121、121～136页。

② (明)汪道昆：《太函集》卷二八《朱介夫传》，见《四库全书存目丛书》影印本集部第117册，372、373页。

③ (清)李延昰：《南吴旧话录》卷下，224页。

④ (明)陈子龙：《陈子龙集》卷一三《绍南陈公传》，见《传世藏书·集库·别集》第10册，119～120页。

⑤ 张海鹏、王廷元主编：《明清徽商资料选编》，488页，合肥，黄山书社，1985。

⑥ 张海鹏、王廷元主编：《明清徽商资料选编》，484页。

⑦ (明)申时行：《赐闲堂集》卷一〇《家传》，见《四库全书存目丛书》影印本集部第134册，199页。

⑧ (明)李维桢：《大泌山房集》卷七一《汪元鼇传》，见《四库全书存目丛书》影印本集部第152册，225页。

新安有一程次公，业盐于淮，后也“入资南雍”。① 一至晚明，由于出现了纳谷秀才、助工秀才②，一些富翁之子多出赀入学，而且名色亦佳。

按照明代的制度，多以职业而定人的户籍。除了基本的军、民、灶、匠四籍之外，尚有儒籍、商籍、官籍、先贤籍。③ 与此相应，明代的科举之法，士自起家应童子试，也必有籍，用以分别流品。应试时，凭此籍试于府，不得别试他府。此外，朝廷在边镇则设有旗籍、校籍，都会则设有富户籍、盐籍(或称商籍)，山海则有灶籍。起初士子或从其父远役数百里甚至千里，每年回归原籍参加应试，甚为不便。为此，朝廷即令各以家所业闻，“著为籍，而就试于是郡。杭为南方一大都会，故未有商籍。宪与同邑汪文演上书言事，力言杭之所以当设籍者。台臣以闻，报可。于是，宪遂得试于杭，而为商籍诸生”④。

其实，商籍的设立有一个过程。万历十三年(1585)，两淮正式设立了商籍。至万历二十八年，在徽人吴宪、汪文演的倡议下，两浙盐商及其子弟，极力争取，得到了巡盐御史、徽商之同乡叶永盛的支持，也设商籍。当时朝廷下令，“在浙盐商人子弟，凡岁、科，提学使者按临取士，照杭州府、仁和、钱塘三学之数，另占籍贯，立额存例”。⑤ 此外，据明人记载，在山东临清，“十九皆徽商占籍，商亦籍也”。⑥ 可见，临清也设立了商籍。

---

① (明)钟惺：《钟惺集》卷四二《程次公行状》，见《传世藏书·集库·别集》第10册，149～150页。

② (清)刘本沛：《虞书》，见(清)丁祖荫辑：《虞阳说苑》乙编，叶22b，初园丁氏校印本。

③ 关于商人户籍问题，可参见许敏：《明代商人户籍问题初探》，载《中国史研究》，1998(3)。

④ (清)孙静庵：《明遗民录》卷一八，见谢正光、范金民编：《明遗民录汇辑》，205～206页，南京，南京大学出版社，1995。

⑤ 许敏：《明代商人户籍问题初探》，123页；张海鹏、王廷元主编：《明清徽商资料选编》，485页。

⑥ (明)谢肇淛：《五杂组》卷一四《事部》二，见《传世藏书·子库·杂记》第1册，140页。

商籍的设定，使两淮、两浙的盐商及其子弟为上进、科考而免奔波之苦，也使国家对盐税的征课有了保证，显然从深层次上反映了商人因经济实力的增强而在科举入仕方面的愿望日趋迫切。

早在元代，河东盐场就有专门为盐商子弟设立的“运学”，其受注册学生称“运籍”，并允许运籍学生在所属运司应试。明初，运学一度废除。至正统五年(1440)八月，朝廷正式置河东运司儒学。① 明代儒学多为立石题名，只有河东运司学比较特别，并无题名碑，而是“题名于壁”②。

然而当时其他大盐场，诸如两淮、长芦等仍不设运学，盐商子弟只能在当地府、州、县附籍应试，并取得专门的额例。事实证明，随着盐场商人子弟或灶丁尚学风气日盛，这种附籍应试的方式，已经不适应需要。一方面，两淮运司 30 个盐场灶籍童生充儒学生员，虽允许附籍临近州县，然无专师教育，终不免习俗狂悖，“或殴辱场官，而冠裳毁裂；或嘱托公事，而雀鼠横兴。……有司制之，而曰：‘我灶也。’运司问之，而曰：‘我某学生也。’”③由于无专设运学，盐场灶籍生员，既不受运司管辖，又不受地方有司约束，难免弊端丛生。另一方面，由于灶丁子弟及盐商子弟占籍当地，也不免会受到当地同学诸生积嫌相忌，甚至排斥。④ 故在两淮及长芦运司设学，亦是势所必然。至万历二十年(1592)，巡盐御史黄卷上奏，长芦原设运学教授、训导各一员，久废未复。礼部建议照河东运司例，“建置学宫文庙师生，以兴教化，诸费派在盐引，不烦有司。从之”⑤。显然，长芦运司学设立于此

---

① (明)谈迁：《国榷》卷二四，1592 页。

② (明)吕柟：《泾野先生文集》卷一四《河东运司学进士题名记》，见《四库全书存目丛书》影印本集部第 61 册，110～111 页。

③ (明)庞尚鹏：《百可亭摘稿》卷一《比例建学养育人才以励风教疏》，见《四库全书存目丛书》影印本集部第 129 册，139 页。

④ (明)庞尚鹏：《百可亭摘稿》卷一《比例建学养育人才以励风教疏》，见《四库全书存目丛书》影印本集部第 129 册，140 页。

⑤ “中央研究院”历史语言研究所编：《明实录·明神宗实录》卷二五〇，4662～4663 页，台北，“中央研究院”历史语言研究所，1966。

时。在万历年间，两淮运司也设立了运司儒学。不过，多为地方所冒籍。①

天启七年(1627)，河东巡盐御史李灿然“以宁夏四路商籍生员之请，议择合适地方小盐池堡创立学宫，各商愿输赀修建，而帮补廪饩、科贡盘费、优赏花红，复愿于盐引加增”。明熹宗下旨：“这宁夏建立学宫，造士储边，咸有利赖，该部酌议来说。”②宁夏商学是否得以设立，不得而知。然从这一建议的提出，我们可知，至明末商人势力确已大增。

运司为较利之地，而运学则为讲义之府。换言之，商贾是逐末之流，而髦士则为务本之人。尽管可以这么说，非义无以辨利，非士无以形商，然而两者究竟原本殊途。可是在晚明，士商相混的现象已极为普遍。士人为了谋求更多的利益，可以从事工商业；而商人也并不以谋利为满足，而是追求儒家伦理，通过科举获取身份。因此，当时有人认为仕与商虽不同道，却是同情：“仕与商不同道，至于远乡井以之它方，老至而倦游，岁久而思归，其情则一也。”③仕与商既有相同之处，于是一些儒者亦可入于商贾之流，进而在贾流中出现一些“儒而商者”。与此同时，士大夫也多视这些贾者为“高行”，而乐意与他们交游。④

这种士商相混现象的出现，显然得力于商人力量的增强，而商人结会的出现，则是商人实力增强的真实反映。明代史料载：

委吾山之人贾上河者，亡虑二十家，虽营业仝方，亲疏异等，

---

① (明)李尧民：《雍野李先生快独集》卷一五《为亟停运学以杜冒滥以安人心疏》，见《四库全书存目丛书》影印本集部第160册，288～289页。

② “中央研究院”历史语言研究所编：《明实录·明熹宗实录》卷八二，3993页。

③ (明)李濂：《嵩渚文集》卷六六《送鲍维杰南归序》，见《四库全书存目丛书》影印本集部第71册，167页。

④ (明)李濂：《嵩渚文集》卷五三《南园记》，见《四库全书存目丛书》影印本集部第71册，77页。

涣焉不相维系，善莫之劝，过莫之惩，安危莫之扶掖，藩篱之间，莫尔胡越，又奚贵乎乡人之聚哉！于是柱峰周君、三洲殷君慨然思有以振之，第人之翕集为难，而要之久而不变为尤难。二君筹之再三，立会银之法，圆转流通，孚于众志，乃合二十家成一会。岁叙二饮，申之以约制数条，而力惩佑掖之义，靡所不周，是义以利兴，而利实所以资义者也。①

义以利兴，而利实可以资义，义、利似可合而为一，儒家伦理与商业精神随之归趋一致。

事实并非全是如此。商人结会，毕竟带有其独特的内容，从而与儒家伦理显得枘凿不合。按照传统来说，会内成员的座次排列，不是叙齿，就是尚德，而商人则全然以资产多少定座次。史载："真州诸贾为会，率以赀为差。上贾据上坐，中贾次之，下贾侍侧。"②商人尽管受到儒风熏染，然从本质上言，商业精神还是以尚利为主。明代江西，儒风、文风颇盛，可是江西人有重贾轻儒的习俗，可以作为尚利风尚的注脚。江西人对行商与业儒的效益作了如下比较：

夫贾出本而入息，岁有程算，相当，即不偶，不甚远。夫儒者劳费而效遨者也，即中科第，有官职，富田宅衣马，庇耀其族党，然溯其供膳积费，不偿所亡矣。况未必皆有官职也。③

信如斯言，商人业儒，中科举，其本意也是为了求利。然与业贾相比，业儒即使能做官，所入也不能与所出相抵。这显然与"出本而入息"的贾道格格不入。由此可见，江西习俗重贾轻儒，盖有其因。

---

① (明)严果：《天隐子集》卷八《上河义举录序》，见《四库全书存目丛书》影印本集部第141册，112页。

② (明)徐学谟：《徐氏海隅集·文编》卷三四《潘汀州传》，见《四库全书存目丛书》影印本集部第124册，439页。

③ (明)李梦阳：《盱江书院碑》，见黄宗羲编：《明文海》卷六八，613页。

五、宗　学

明代立国，设置了专门的宗人府，负责管理宗室成员的事务。每当有朱姓子孙出生，他们的名字就会被登录在《天潢玉牒》中。玉牒是皇帝家族的族谱。

大体说来，明代的诸王分封制度，在明初曾造成了宗室内部争权夺利的斗争，对皇权构成了极大的威胁。经过多次的叛乱、平叛以及随后的削藩，明代诸王宗室的政治问题才暂时告一段落。到了明代中期以后，大部分宗室成员对政治失去兴趣，转而热衷于娶妻生子，求田问舍，导致宗室人口膨胀。明人王宗沐言，至万历初，宗藩人口，“且数十倍于旧矣”①。可见，宗藩人口数量相当惊人。至万历二十九年(1611)，宗藩人口数量达到 313712 人。而至天启六年(1626)，更是达到 627424 人。②

由于宗室人口骤增，岁禄耗费数量庞大，困扰朝廷的宗室问题也转而变成经济问题。至明末，宗室更多，禄米日减。自将军而下，有些自忖文学稍优的宗室子弟，就去应科举考试，有幸得中成为秀才，一时趋者颇众。当时有士子写了一首诗，给予讥嘲，诗道：“愿将纱帽换儒巾，解带丝绦稳称身。老爷博得相公叫，娘娘重结秀才亲。”有一王子闻知，口占一诗，反唇相讥，诗道：“纱帽儒巾气类同，系绦脱带

---

① (明)王宗沐：《敬所王先生文集》卷二六《江西大志》附《宗学私议》，见《四库全书存目丛书》影印本集部第 111 册，567 页。

② 顾诚：《论明代的宗室》，见明清史国际学术讨论会秘书处论文组编：《明清史国际学术讨论会论文集》，89～111 页，天津，天津人民出版社，1982。又吴缉华在《论明代宗藩人口》(吴缉华：《论明代宗藩人口》，见“中央研究院”历史语言研究所集刊编辑委员会编：《“中央研究院”历史语言研究所集刊》，第 41 本，第 3 分，351～381 页，台北，“中央研究院”历史语言研究所，1969)一文中，否定了王世贞宗藩人口 10 年增长一倍，以及徐光启 30 年增长一倍的说法，提出了宗藩人口 15 年增长一倍的新见解，值得引人注意。

挂玲珑。娘娘原抱老爷睡，喜得天潢有相公。”①

这首诗固然幽默可笑，但至少说明一个问题，即到了明末，在宗室中也发生了两极分化的现象。如亲王、郡王一级，广有田产，过着奢侈糜烂的生活，而将军以下，尤其是中尉一级，均为一些分支宗室，由于禄米的减少，生活逐渐陷入困顿，只好通过科举考试，以求在政治上获得出路，借此改善生活，重换门庭。

(一)宗学之设

说到宗室成员应试科举，不做老爷，愿当相公，不能不先提及明代的宗学，因为宗学的设立，使得宗室子弟接受了系统的教育。

洪武二年，朝廷置太宗正院，后改为宗人府。嘉靖年间，朝廷令各王府修建宗学，简选宗室一人，专主教事。② 凡是宗室子弟，年龄超过10岁，均可入宗学学习。宗学之师由本王府的教授、纪善充任，或者从宗室成员中选择学行兼优者一人充当宗正。万历四年，河南巡抚孟重等上奏，奏中有关宗学事宜12条，包括学制、师职、教职、教规、稽行宗正、稽言宗正、习医、赈恤宗室、资赡、供役、请敕、公移，对宗学的教学内容进行了部分的变更，如宗人13岁以上，才许入宗学学习，如果年岁不足，就只好各就私塾，或者直接由本府教授训诲。宗生学习的内容，除讲解经书、《性理大全》或《通鉴》外，还要学习《皇明祖训》《孝顺事实》等书。③

在宗学中，有一套比较完善的考试制度。宗学也照儒学事例，月试、季试，按期举行，从公品骘，以示惩劝。岁试则为当提学官巡历地方时，长史、教授等官开送宗生花名册籍，听提学会同宗正考试。试以经书文义、策、论、表、判、内科三道，诗文、内科一道，共四篇，一日而毕。如果文义优长，即动支宗学公用钱粮，分别奖赏；文

① (明)朱国祯：《涌幢小品》卷五《宗人入学》，见《四库全书存目丛书》影印本子部第106册，255页。

② (明)朱勤美：《王国典礼》卷七《宗学》，见《四库全书存目丛书》影印本史部第270册，250页。

③ “中央研究院”历史语言研究所编：《明实录·明神宗实录》卷五〇，1149～1152页。

义疏缪者，亦要查送宗正，量行戒罚。揭示之后，仍调查嘉善、矜慝二簿，参以平日所访，文行俱优者为一等，破格表异、奖赏之外，仍月给米五斗，以资养赡。若文义既疏，而行又不检，罚治之外，仍记簿内，候其出学之期，一并设拟施行。①

宗学的设立，本与宗室禄米的颁给相关，因而与儒学有一定的区别。由于宗室中贫富分化日益加剧，亲支宗室，禄米仍然相当优厚，而庶宗贫支则名粮颇少，甚至皆无。明代典制有下列规定：凡郡王子孙有文武才能堪任用者，宗人府具以名闻，朝廷考验，换授官职，其升转如常选法。凡镇国将军以下，其中有文武全才堪备任用者，量才授职，不拘原定职名品级。又一款规定：奉国中尉子孙才堪任用者，或文或武，朝廷量才擢用。② 尽管有此规定，宗室人员仍一依承袭爵位、支取禄粮旧例，对这一出仕规定视若无睹。至后，由于庶宗蔓延，禄米渐薄，前进无路，宗室成员为求出路，不得不寻求于科举一途。

(二)宗学与科举

宗学只有与科举发生关系，才会有实质性的改变，渐趋与儒学合一。万历十八年(1590)明朝廷正式下令，宗学诸生除将军、中尉外，其另题名粮及无名粮庶宗，有举业精通、志愿进取者，听长史起送提学道，与民间子弟共同参加考试，文理颇通者，送本城府、州儒学作养。遇开科年份，试果习学有成，准其应试。待有中式出身，方将铨授考课之法，查照科臣原议临时奏请。其未设宗学的王府宗室，亦照此例办理。③

万历二十八年明朝廷规定，奉国中尉内有不愿授封者，即与停止封禄，任其入学应举，全部照依出身资格授官，不以原品换授为拘。及致仕罢闲，不得再行给禄。此外，宗室成员不许应武举，亦不许出

---

① (明)朱勤美：《王国典礼》卷七《宗学》，见《四库全书存目丛书》影印本史部第270册，253～254页。

② (明)朱勤美：《王国典礼》卷七《开科》，见《四库全书存目丛书》影印本史部第270册，255页。

③ (明)朱勤美：《王国典礼》卷七《开科》，见《四库全书存目丛书》影印本史部第270册，255页。

授掌握兵马等官。这无非是为了防范宗室成员在政治上有异图。至于除授京职一节，似亦无害，然仍需临时奏请。①

万历三十四年(1606)明朝廷正式下令，宗室成员中将军、镇国中尉、辅国中尉等，与地方学校中的生员一样，共同参加科举考试。凡是进士出身，二甲可以选授知州一职，三甲可以推选知县。若宗室成员在乡试中了举人，也照常授官职。不过，宗室成员无论是中了举人，还是进士，都不得选授京职，只能当地方官。在此以前，朝廷只允许奉国中尉以下的宗室成员参加科举考试，辅国中尉爵位以上的宗室不得参加，因为他们的爵位较为尊贵，朝廷很难授予他们合适的官职。到了这一年，由于李廷机的上奏，才使辅国中尉以上的宗室也可一同参加考试。②

宗室成员参加科举考试，起初得到特别的照顾，朝廷规定宗学中20人应试，必须取中一名，为此，还特地增加了考试的名额。到天启年间，宗生参加考试，场中试卷与民生一样，糊名易书，不再另编宗号。宗生应试，也勿拘定数。此外，因天启二年开科，宗室朱慎鋆登甲第，足以光耀天潢，所以明熹宗特意让吏、礼二部商议，优选京秩。后吏部复议，铨授朱慎鋆为中书舍人。③

宗室中擅长文学的人，大致以来自江西的人最多，湖北、四川次之。如举人朱由欙，是益王府的宗室，以会试副榜求准殿试。又有一位朱统鈽，是宁王府宗室，参加科举中了进士。当朝廷选拔庶吉士时，有人上言，认为宗室不便入翰林院庶常馆，朝廷为此改授其为中书舍人，朱统鈽当即告假而去。④

与此同时，宗学中的贡生制度也随之建立起来，有岁贡、科贡、

---

① (明)朱勤美：《王国典礼》卷七《开科》，见《四库全书存目丛书》影印本史部第270册，255～256页。

② "中央研究院"历史语言研究所编：《明实录·明神宗实录》卷四二四，8006～8007页。

③ "中央研究院"历史语言研究所编：《明实录·明熹宗实录》卷二九，1436～1437页；卷六四，3022～3023页。

④ (清)杨士聪：《玉堂荟记》卷下，11～12页，民国四年吴兴嘉业堂刻本。

恩贡等，使宗室成员多增一条仕途上的出路。天启元年，朝廷规定，宗学廪生如各府、州、县学一样，40 人中岁贡一人。未设宗学的王府，不必另设，宗学成员就附在民生里，一体起贡。食廪科贡，额外加增。至于天启元年的恩贡，也照此例奉行。①

除科举之法外，宗室成员在仕途上还有一条出路，即“换授”。所谓换授，其实就是保举法，大体由亲王保举，如果王府无亲王，则由郡王保举。换授法一行，宗室成员人人学会钻刺行贿，只要行贿 50 两银子，即可求得亲王荐举，优者得授中书舍人，次者也不失为州县正印。

相比之下，科举比“换授”法稍显公平。朝廷将宗学纳入儒学体系中，并使宗生亦如民生一样，参加科举考试，为宗室另辟入仕新途，无疑有助于改变宗室的贫困状况，同时对于改变宗室成员的不良习气也大有裨益。如在开科之前，宗室成员前进无路，“暴戾愈张，每每见盈街满巷之恣睢狂逞者也”。此外，这些宗室，“生而贵倨，不求令名，长而奢侈，鲜克田礼”，举止动作，逾检失度。朝廷允许宗室成员参加科举，仕途一开，不但图进而改行者多，“游横不无少戢矣”②，而且遵宪而奉约者多，俗鄙不无少易。

六、孔颜孟三氏学

从某种意义上说，三氏学与宗学有相同之处。如果说明朝廷设立宗学，其本意是为了照顾天潢贵胄，使其世代承袭，福泽绵延，那么，三氏学的设置，无疑反映了明朝廷尊奉先圣、先贤以及崇儒重道的统治政策。宗学的学生来源只是朱氏子孙，三氏学也只收孔、颜、孟三氏子孙，别姓子孙无资格冒滥入学，故被称为“三氏家学”③。然三氏

① “中央研究院”历史语言研究所编：《明实录·明熹宗实录》卷一五，773～774 页。

② （明）朱勤美：《王国典礼》卷七《开科》，见《四库全书存目丛书》影印本史部第 270 册，258 页。

③ （明）李中：《谷平先生文集》卷一《添设廪米以便肄业疏》，见《四库全书存目丛书》影印本集部第 71 册，534 页。

学从一开始就不同于宗学，即三氏学学生自始至终均参加科举考试，以获出身。至正统以后，朝廷更是将三氏学比同府县学例，额设生员，从而使其成为一种特殊的儒学。说其特殊，是指三氏学只收三氏子孙，而且从朝廷那里获取一些特殊的优惠条件；说其是儒学，即指三氏学生员一样凭借出贡、科举获出身，与府、州、县学别无二致。

(一)三氏学的创设

考三氏学，始于魏黄初年间。当时阙里建三氏学，专教孔、颜、孟三氏子孙。① 明代立国，明太祖于洪武元年改庙学，称三氏子孙教授司。洪武七年(1374)，裁学正。洪武十年(1377)，重修学宫。②

正统九年(1444 年)，五十九代衍圣公奏言：三氏子孙初只在学读书习礼，未定生员名额。今学徒日盛，有以京闱领乡荐者，有以府学领荐者，有以儒士领荐者。请照郡县学例，置立生员，听提学官考选，应山东布政司乡试。自此以后，三氏学生员同府、州、县儒学生员一起应山东乡试。三氏学生员的来源，主要为各塾学的学生。嘉靖九年(1530)，巡抚山东都御史刘节请于曲阜县治立四塾，十六社各立一塾，选孔氏生员、儒士 20 人为塾师。凡孔、颜、孟三氏子弟八岁以上，俱送塾教习；年十五以上，提学官考试其学业有成者，送入三氏学肄业，黜其累无成者。③ 万历十五年，朝廷又将曾氏子孙纳入其中，有称“孔、颜、曾、孟四氏学”者。④

嘉靖九年，朝廷始给三氏学生员廪米。嘉靖二十年(1541)，山东巡抚李中奏准，于泗水县泾府故绝禄米内岁给 360 石，作为三氏学廪膳。嘉靖二十三年(1544)，因泗水道远，支给不便，改从曲阜县应纳

---

① (明)王圻：《续文献通考》卷五九《学校考》，见《四库全书存目丛书》影印本子部第 186 册，130 页。

② (清)孔继汾：《阙里文献考》卷二七《学校》，见《孔子文化大全》，617～622 页，济南，山东友谊书社，1989。

③ “中央研究院”历史语言研究所编：《明实录·明世宗实录》卷一一四，2698～2699 页。

④ “中央研究院”历史语言研究所编：《明实录·明神宗实录》卷四九一，9247～9248 页。

鲁府禄米内支取 373 石。①

(二)三氏学与科贡

成化元年(1465)，朝廷奏准六十一代衍圣公请求，颁给三氏学官印。② 又以三氏子孙在学读书者不下二三百名，只由科目一途进数，不无淹滞，请求依照各府儒学事例，设立岁贡。礼部议定：令三岁贡一人，以曾经科举及考试、通习经书、素有行止者充贡。正德十五年(1520)，三氏学生员孔彦珩援天下学校开贡例，奏请定每岁贡二人，四年而止，不为例。③ 嘉靖六年(1527)，山东巡抚刘节奏称，三氏学生员岁贡，一向只以入学为序，并无考选之例，因此学者无所劝惩，奏请定为考选之法，凡在学生员，先立廪膳、增广、附学之名，廪、增或照府学，各 40 名，或照州学，各 30 名，附学不限名数，俱令提学官考校，以上等者为廪膳，次等者为增广，余为附学。廪膳有缺，增广收补，增广有缺，附学收补。至于岁贡，不论入学浅深，只照廪膳名第为定，不许搀越。礼部议定：三氏学照州学例，设廪、增各 30 名，以廪膳名次起贡，每三年贡二人。④ 万历四十年(1612)，提学道陈瑛言于抚、按，称四氏学官有教授、学录，视国学少杀，视府学则较隆，那么廪、增额数亦当比视府学。过去因人才未盛，一学生员只有 50 名，故 30 名为廪生，20 名为增生，附生全无。迄今族姓不下万余人，入学者已三百有余，而廪额如故，应将四氏学廪生加 10 名，如府学数，增广生员亦同。儒童岁、科二试，入学 40 名，岁贡每年一人。抚、按据以上奏，礼部题准，四氏学照府学例，额设廪、增生员

① (清)孔继汾：《阙里文献考》卷二七《学校》，见《孔子文化大全》，617～622 页。

② 同上注。一说天顺中给三氏学教授印。参见(明)王圻：《续文献通考》卷五九《学校考·三氏学》，见《四库全书存目丛书》影印本子部第 186 册，130 页。

③ “中央研究院”历史语言研究所编：《明实录·明武宗实录》卷一九二，3609 页。

④ (清)孔继汾：《阙里文献考》卷二七《学校》，见《孔子文化大全》，617～622 页。

名数如府学。① 至天启年间，在孔、颜、孟三氏学中又择取陪祀恩贡生，以便每当皇帝幸学时作陪祀之用。②

孔、颜、孟、曾四氏子孙中，相对而言，孔氏族姓繁衍较快，人数远远多于颜、孟、曾三氏，再加之孔子名头大于颜、孟、曾，故孔氏子弟在学校岁贡中，也远远多于其他姓氏。正德四年(1509)，三氏学生员颜重礼上奏："三氏子孙自成化初年开贡，迄今颜氏未贡一人，乞定为资格以均之。"礼部复议，以孔氏子孙在学者占十分之九，颜、孟子孙在学者只占十分之一，并定孔氏仍旧三年一贡，每及三贡，颜、孟轮贡一人。③ 按照这一新贡法，那么，颜、孟二氏入贡的贡生应占孔氏的三分之一。事实并非如此(参见附表 7)。根据表 7 可知，孔、颜、孟、曾贡生比例，孔氏远远居首，甚至全为孔氏所占。即使以颜、孟均有贡生的嘉靖、万历、天启、崇祯各朝为例，嘉靖年间，颜、孟二氏贡生数量相加，约占总数的 19%；万历年间，颜、孟二氏贡生数量相加，约占总数的 9%；天启年间，孟、曾二氏贡生数量相加，约占总数的 33%；崇祯年间，颜、孟二氏贡生数量相加，约占总数的 13%。显然，远未达到总数的三分之一。

除了出贡一途之外，三氏学生员还可参加科举，以获出身。从这方面来说，朝廷同样给予一定的优待政策。天启元年，云南道御史李日宣请将孔氏后裔在山东乡试额中式外，每科加举一二人，"贡之阙下，以光新政"。④ 礼部议准，孔氏后裔另编耳字号，于填榜时，总查各经房，如孔氏无中式者，通取孔氏试卷，当堂公阅，取中一名，加于山东省原额之外，但不必拘定一人，以滋多碍。⑤ 凡列五科，皆取

① (清)孔继汾：《阙里文献考》卷二七《学校》，见《孔子文化大全》，617～622 页，济南，山东友谊书社，1989。

② (清)孔继汾：《阙里文献考》卷二八《学校》，见《孔子文化大全》，634～635 页。

③ "中央研究院"历史语言研究所编：《明实录·明武宗实录》卷五二，1190 页。

④ "中央研究院"历史语言研究所编：《明实录·明熹宗实录》卷一一，551 页。

⑤ (清)孔继汾：《阙里文献考》卷二七《学校》，见《孔子文化大全》，617～622 页。

中一名。崇祯七年(1634)，宗室鲁王府分去一名，于是孔氏又变成只占一名。朝廷对孔氏子孙的优待，无疑是确保其在乡试中必中一名，不仅反映了朝廷对圣贤后裔的格外照顾，也使孔氏子孙在科举中优于颜、孟、曾后裔(参见附表8)。我们从表8中可以看出，从永乐年间到天启年间，孔、颜、孟、曾四氏的中举比例，孔氏远远领先。而曾氏势单力薄，概无中举之人。

七、书　院

在明、清两朝，天下号称有“三大院”，即书院、禅院、道院。院虽分而为三，而教养之义实一。传统中国一向以儒、佛、道三教并称。佛僧的修业场所为禅院，道士的修业场所则为道院，而儒士的肄业场所理应是设有孔庙的各类儒学学宫。可见，学宫、禅院、道院并称，理所当然。至于书院取代学宫，进而与禅院、道院并驾齐驱，说明明清两代儒学学宫地位渐趋衰落，书院取而代之，反而成为教养儒生的中心。

(一)书院与生员肄业场所

大体说来，书院是一种高于蒙学程度，不列入国家学制的教育机构。① 宋、元之间，书院最盛。当时书院领于官，赐额割田，并以直学山长主之。明初立国，朝廷网罗人才，士之散处书院者，均聚集于南北两京国子监，虽有书院，其风不盛，甚至近于废置。

明初学制颇善，地方学校额设廪膳生员，诸生读书斋中，所以学校设有号舍，供学生肄业之用。当时诸生朝夕在学舍肄业，需要解决膳食，于是朝廷以膳饩饲之，专设膳夫二名，供其饮食。自明代中期以后，生徒日聚，而廪粟有数，于是又在廪膳生之外，添设增广生、附学生之名，这些生徒一般在家饮食，然学业之攻习讲贯，仍需受成于学官。时日一久，士习轻儇，负有司铎之责的学官庸委失职，导致生员不再执经诣舍，而是将所食之廪粟取之归家，甚而将膳夫之费也

---

①　章柳泉：《中国书院史话》，3页。

私自分吞。这样，不独廪膳徒有虚名，学舍仅存其目，即使教官亦若赘疣，一无用处。

这当然只是问题的一个方面。事实上，自明代中期以后，学宫大多败坏，甚至近于荒废，不堪生员肄业。关于此，史料有下面揭示：一是湘阴县，“郡县有学，学有斋舍，书院可已乎！但今之斋舍，存学宫者，多隘陋难容，加之为县令者，不时加修葺，或鞠为茂草，往往有之，可以为藏息之所乎？”①二是望江县，“嘉靖初，作异者更缮草略，遂致使庙宇颓圮，官师僦居民庐，科第亦渐替于昔”。②

明人曾对江西吉安府士子的肄业场所作了如下概括：“士生吉郡，非挟策游郡国学校，则退而质疑辨惑于山林授徒之所。”③郡国学校学舍状况已如前述，既因生员数增多而不能容纳，又因荒废而不堪使用，士子只好求之于山林授徒之所了。换言之，明代士子肄业的场所已悄悄发生了变化，这就是从肄业于学宫号舍转而变成肄业于山林授徒之所。

这种山林授徒之所，在明代有很多种类，举凡寺院、精舍、会馆、经馆等，均可以成为儒生士子的肄业之处。

明人吕坤言：“斋号堂庑，诸生皆可读书，或朋友书房，亦可会课。乃纷纷占住禅房，苦恼僧众，稍不如意，甚者呈官。”④可见，生员在寺院禅房肄业已成一时风气。不妨再举二例以说明之。嘉靖年间，福建诸生舒汀，寓苏州万寿寺读书。⑤ 显然，这又是当时生员游学风

---

① (明)张灯纂修：嘉靖《湘阴县志》卷一《学校》，见《稀见中国地方志汇刊》第38册，498页。

② (明)罗希益修、(明)龙子甲纂：万历《望江县志》卷七，见《稀见中国地方志汇刊》第20册，800页。

③ (明)余之祯修：《吉安府志》卷一五《学校志》，见《稀见中国地方志汇刊》第30册，201页。

④ (明)吕坤：《实政录》卷三《兴复社学》，见《四库全书存目丛书》影印本子部第164册，422页。

⑤ (清)顾公燮：《丹午笔记》五七《万寿寺改新学》，70页，南京，江苏古籍出版社，1985。

气的真实反映。嘉靖二十七年(1548)，邹守益、钱德洪、王畿赴会青原，“借水西寺以订六邑大会”。每会，参加者超过300人，“僧房无所容”。① 这样，僧寺又成为生员参与讲学会的场所。

关于精舍，明人作如下解释：“古人讲学授徒之所，谓之精舍，亦谓之精庐，一也。后汉包咸、檀敷、姜肱，皆立精舍讲授，宋晦庵朱子有武夷精舍，叶少蕴氏有石林精舍。今遗迹尚存，游者仰其风，闻者慕其胜，其诸地因人重矣乎?”②显然，精舍既是书院的源头，在明代有时也成为书院的别名。史载：“书院不列于学宫，而精庐、学堂、讲舍，夫亦因俗为制，要在作人，非以标异也。”③在明代，精舍也成为生员肄业的主要场所。譬如，安徽宣城宛陵精舍，在志学书院西，“初建时，诸生集其中，讲习甚盛。至隆、万间，风流犹未息”。④ 高陵云槐精舍，原为后土宫，“社中士人多读书其中”。吕柟为举人时，“亦尝居以授徒焉”，因将其改名为云槐精舍。⑤

会馆最初的含义，并非如后来的同乡会馆或商人会馆，而是生员士子聚会肄业的场所。在明代，存在着许多属于此类性质的会馆。有关此，颇有一些例子可以证实。如六安州之青云会馆，在儒学前，右为知州杨继会生祠，“诸生肄业于此”⑥；宣城同仁会馆，在城西门内，万历中期所建，也为郡邑官及荐绅父老子弟“讲学歌诗”之处，“每岁四

---

① (明)陈俊修：《宁国府志》卷一三，见《稀见中国地方志汇刊》第23册，1077～1078页。

② (明)李濂：《嵩渚文集》卷五二《碧云精舍记》，见《四库全书存目丛书》影印本集部第71册，66～67页。

③ (明)陈大科、(明)戴耀修：万历《广东通志》卷七《书院》，见《稀见中国地方志汇刊》第42册，161页。

④ (清)陈受培修：嘉庆《宣城县志》卷八《学校》，见《稀见中国地方志汇刊》第24册，75页。

⑤ (明)吕柟：《泾野先生文集》卷一五《高陵后土宫记》，见《四库全书存目丛书》影印本集部第61册，116页。

⑥ (明)李懋桧纂修：万历《重修六安州志》卷二《学校》，见《稀见中国地方志汇刊》第21册，32页。

月朔大会三日，六邑咸集，兴起者众”①；吉安府庐陵县之原西会馆，在西原山能仁寺之左，万历十二年(1584)，郡人陈嘉谟等捐金买地共建，从其置田供会馔来看，亦属供生员会课之所②；嘉鱼县之法华会馆，由法华寺改建，显然也是供士子会课、肄业之用。③

公馆与经馆也成为生员肄业的经常性场所。按照公馆最初的性质，应该是供来往官员居停之所，与会馆最初的部分功能相同。既然会馆已成为士子聚会、课业的场所，那么公馆成为生员肄业场所也属势所必然。如明人林希元记道：“嘉靖某年某月也，憩金沙公馆，见诸生周一阳、陈科选辈肄业于是。”④明言生员肄业于公馆，自可无疑。又有一些地方官，为了发展地方教育事业，改变士子风习，创立了一些经馆，以供士子肄业。如东莞人任柱，“其治舞阳也，民安吏治。乃白方伯于君，创五经馆，以教邑之多士”。⑤

(二)书院出现的原因

盛朗西在《中国书院制度》一书中，曾就书院出现的原因作了探讨，并由此指出书院的功能，以及书院与学校之间的区别。他说：

> 宋元之世，自有国学及府县之学。而此外又有书院者，盖学校多近于科举，不足以餍学者之望，师弟子不能自由讲学，故必于学校之外，别辟一种讲学机关。其官立者，虽有按年积分之制，而私家所设，地方官吏自以其意延师讲授者，初无此等拘束。故

---

① (清)陈受培修：嘉庆《宣城县志》卷八《学校》，见《稀见中国地方志汇刊》第24册，76页。

② (明)余之祯修：万历《吉安府志》卷一五《学校志》，见《稀见中国地方志汇刊》第30册，205页。

③ (清)汪云铭修：乾隆《重修嘉鱼县志》卷六，见《稀见中国地方志汇刊》第35册，983页。

④ (明)林希元：《同安林此崖先生文集》卷一〇《金沙书院记》，见《四库全书存目丛书》影印本集部第75册，632页。

⑤ (明)湛若水：《湛甘泉先生文集》卷一八《五经馆记》，见《四库全书存目丛书》影印本集部第57册，6页。

> 淡于荣利，志在讲求修身治人之法者，多乐趋于书院。此实当时学校与书院之大区别也。①

这种说法同样适合分析明代书院出现的原因。书院出现的原因，除了生员增多、学宫不能容纳，以及学宫败颓、不堪生员肄业外，还有一个较为重要的原因，就是通过设立书院并驱使生员在书院肄业，以免诸生成为科举的奴隶，进而恢复修己治人之学。先看下面一段史料：

> 近以国用不足，教职广选，而又无重禄以养其廉，即有贤者，亦衣食是虑，何暇以仁义礼乐陶铸人才，如胡安定之于湖州乎？故有心世道者，每于宫墙之外，别创书院、社学，于以讲习讨论，作兴而鼓励之。盖教之学校，又不如教之乡社之为善也。②

这是指明代教育败坏，教官无法尽教化之职，因而才有书院的兴起。再看下面一段记载：

> 宋元时书院领于官，赐额割田，主以直学山长。迨我朝定制，并归于学，而书院废。然文化日盛，士之鼓箧至者，学舍不能容。问所业，曰："科举文字尔矣。"而有志复古者，欲仿程子学制，别出一炉鞴以陶成之，限于制未能也。③

书院的出现，是为了改变士子的科举习气，恢复古学。正如明人李梦阳所言，学校之设，是为了规勉学生，而书院之设，则是为了"耸耳目

---

① 盛朗西：《中国书院制度》，见杨家骆主编：《中国选举史料·清代编》，1609页。

② （清）袁国梓纂修：康熙《嘉兴府志》卷六《学校》，见《稀见中国地方志汇刊》第15册，246页。

③ （明）郑岳：《山斋文集》卷一一《立诚书院记》，63～64页，上海，上海古籍出版社，1993。

以新之”①，难怪儒生士子纷纷舍学宫而趋书院。

自明代中期以后，生员游学风气形成，出现了一大批游士，兼之讲学风气渐盛，同样也为书院的出现提供了社会基础。② 讲学风气与游士往往相伴而生。晚明讲学会的成员，多为游学的生员，他们是游士的阶级基础；而游士的存在，同样促使讲学风气更加兴盛。张居正最恨讲学，故有毁书院之举。他指责书院道：“(书院)群聚徒党，及号召他方游食无行之徒，空谈废业，因而启奔竞之门，开请托之路。”③从某种程度上说，此论堪称一针见血。

(三)书院之盛及种类

成化、弘治以前，学术醇而士习正，讲学之风未盛。正如前述，正德以后，国学之制渐隳，科举之弊益显，士大夫更是大倡讲学之法。当时王阳明创良知之学，江、浙、两广为之风动；罗洪先、唐顺之继之，东南景附，书院顿盛。正如明人李开先所言，“书院盛于嘉靖初年”④。在嘉靖年间，即使如僻处关外的辽东、岭南的广东，也是广设书院。根据统计，辽东设有书院 6 所，尚属于较少者，而广东虽历经毁书院之举，至万历年间尚保有书院 66 所(参见附表 9、10)。⑤

明代书院之建不一，“有宦成讲学，自建以居及门者；有处士名闻，官建以迪来学者。其为自建，子孙虽百世守之可也。其为官建，

---

① (明)曾才汉修、(明)叶良佩纂：嘉靖《太平县志》卷四《书院》，见《天一阁藏明代方志选刊》，叶 19b。

② (明)沈德符：《万历野获编》卷二四《书院》，608 页，北京，中华书局，1980。

③ (明)张居正：《张太岳集》卷三九《请申旧章饬学政以振兴人才疏》，496 页，上海，上海古籍出版社，1984。

④ (明)李开先：《李中麓闲居集》卷一二《汶滨书院记》，《四库全书存目丛书》影印本集部第 93 册，242 页。

⑤ 据《宋元明清书院概况》统计，明代书院建置，以江西、浙江居一、二位，广东位居第三。又据《广东书院制度沿革》统计，明代在广东兴建书院共 168 所，建于嘉靖年间为 78 所，建于万历年间为 43 所，合占 70%以上。可见，嘉靖年间所建书院最多。转引自章柳泉：《中国书院史话》，33 页。

则官物尔，有兴有废”。[①] 众所周知，书院属于私学性质，并不列于政府学校体系之内。明代典籍大多称本朝无书院之制，或称书院不列于学宫，足以证之。正如明人娄枢言：“皇明右文，郡国之学校盈天下，治化久而士类聚，斋舍有不能容。达人长者或相山川之形，或崇往哲之迹，或改仙佛之宫，或即苑囿之境，建置书院，以左右教养之懿。然学校公也，公则建官授禄；书院私也，私则有官无官，有禄无禄，咸得以居。”[②]从其创设者来看，书院亦有官私之别，或为官建，或为自建。如康熙《南城县志》载：“儒学所构，其资诵习有限，于是别有出于官司创造者，谓之书院、社学、小学。出于士人自构，不闻于官司者，谓之书屋。”[③]其实，上面这段史料中所说社学、小学，自明代中期以后，也有私学化的倾向。至于“书屋”，则纯属私立书院性质，此外尚有“书堂”“书阁”诸称。下面笔者就按明代书院创设者之不同，作一分类叙述。

首一，私立书院中，固然颇多宦成讲学、自立以居及门，以及立书院以教宗党族属子弟，然尤应注意者，自明代中期以后，王府宗室兴建书院，蔚为风气，而且很多王府书院甚至获得皇帝的御赐匾额。

私立书院用于讲学，或教宗党子弟，这种例子颇多。如杨鼎居家，冠、婚、丧、祭及祠祀，遵用古礼，所创家法为缙绅所宗。“又筑静善书院，延师以教里中子弟。”[④]嘉义书院，“溧阳史贡甫筑之以教其子弟与其乡之子弟，而四方来学者，亦群居焉”。[⑤] 又庐江县之杨林书院，嘉靖三十四年(1555)由邑绅朱绂建，“群族党子弟读书其间。伏腊聚

---

① (清)贾雒英修：康熙《新会县志》卷四《建置》，见《稀见中国地方志汇刊》第46册，84页。

② (明)娄枢：《娄子静文集》卷三《鲁川书院记》，见《四库全书存目丛书》影印本集部第85册，539～540页。

③ (清)曹养恒修：康熙《南城县志》卷五《学校》，见《稀见中国地方志汇刊》第29册，458页。

④ (明)焦竑：《玉堂丛语》卷一《行谊》，叶6a，明万历四十六年曼山馆刻本。

⑤ (明)田汝成：《田叔禾小集》卷三《嘉义书院记》，见《四库全书存目丛书》影印本集部第88册，451页。

会，乡约正、副等宣读教民圣谕，申明乡约，敦尚行谊，以劝时俗”。① 显然，这些私立的书院，已成为回乡的士大夫(乡绅)用以改善乡里风俗、教育族党子弟的场所。

自王学崛起以后，王阳明到处讲学，声望日隆。一些王府宗室沽名钓誉，迎合时尚，也纷纷建立书院，礼聘著名学者讲学，并奏请皇帝赐额，以扩大自己的影响力。为示明晰，笔者详引如下：

弘治十七年(1504)八月，因晋府庆成王之请，赐奇湞书院额为“尚贤”，并赐《五经大全》等书。②

弘治十八年九月，唐王建一书院，教授其府中军校子弟，上奏请赐额，获赐名“养正”。③

正德元年(1506)五月，赐隰川王所建书院额为“崇礼”。④ 同年八月，赐灵川王书院额，名“养性”。⑤

正德二年(1507)闰正月，赐怀仁王聪淑书院额，名“遵道”。⑥ 同年二月，赐山阴王成鏊书院额，名“进德”。⑦

正德三年(1508)八月，赐楚王书院额，名“正心”。⑧

正德八年(1513)，宁王宸濠建阳春书院成，请李梦阳作诗。⑨

嘉靖三十九年(1560)十月，江西瑞昌王府镇国中尉多炫捐禄创书

---

① (清)吴宾彦修：康熙《庐江县志》卷七《学校》，见《稀见中国地方志汇刊》第20册，529页。

② “中央研究院”历史语言研究所编：《明实录·明孝宗实录》卷二一五，4046页。

③ “中央研究院”历史语言研究所编：《明实录·明武宗实录》卷五，163页。

④ “中央研究院”历史语言研究所编：《明实录·明武宗实录》卷一三，405页。

⑤ “中央研究院”历史语言研究所编：《明实录·明武宗实录》卷一六，484页。

⑥ “中央研究院”历史语言研究所编：《明实录·明武宗实录》卷二二，628页。

⑦ “中央研究院”历史语言研究所编：《明实录·明武宗实录》卷二三，646页。

⑧ “中央研究院”历史语言研究所编：《明实录·明武宗实录》卷四一，959页。

⑨ “中央研究院”历史语言研究所编：《明实录·明世宗实录》卷一七，541～542页。

院一所，“以待士之无居食者”。①

万历九年(1581)正月，赐山阴王俊栅书院额，名“乐善”，仍给予经书。②

万历二十二年，上蔡王奏讨书籍并书院额，赐《四书五经集注》一部，书院赐额“学文”。③

万历二十三年(1595)六月，赐晋王敏敦《四书》《五经》各一部，并赐书院额为“宝善”。④

万历三十二年(1603)九月，赐建德王翊鋐《四书集注》《五经集注》各一部，并赐书院额为“守文”。⑤

王府宗室纷纷建书院，奏请赐书、赐额，固然是受当时社会上讲学风气的影响，同时也是为了迎合皇帝的旨意，以表明自己亦崇儒好文。明代曾三次禁毁书院，其中有两次就发生在嘉靖、万历两朝，而这两朝恰好王府宗室建设书院不断，这一现象的出现，是偶然巧合，抑或另有原因，因尚缺乏资料，目前笔者无法予以进一步考察，只好存疑。

在嘉靖朝，有一些大臣设立的书院比较特殊，基本如同书室，而且专藏御制书文。譬如，嘉靖七年(1528)，大学士张璁在原籍建有书院，至此上疏建亭立石，奉藏明世宗御制《敬一箴》及视、听、言、动四箴之注，书院也获赐名“贞义”。⑥ 嘉靖十三年(1534)，大学士李时

① “中央研究院”历史语言研究所编：《明实录·明世宗实录》卷四八九，8143页。

② “中央研究院”历史语言研究所编：《明实录·明神宗实录》卷一〇八，2080页，台北，“中央研究院”历史语言研究所，1966。

③ “中央研究院”历史语言研究所编：《明实录·明神宗实录》卷二七九，5168页。

④ “中央研究院”历史语言研究所编：《明实录·明神宗实录》卷二八六，5314页。

⑤ “中央研究院”历史语言研究所编：《明实录·明神宗实录》卷四〇〇，7501页。

⑥ “中央研究院”历史语言研究所编：《明实录·明世宗实录》卷八六，1941页。

在家建书院，尊藏“圣制”，并疏乞额名。明世宗赐额“珍谟”。① 同年，礼部尚书夏言请乞有司为其在里中建造书院、楼、堂，“以藏御制宸翰及所赐书籍”，并乞赐额。明世宗从之，赐书院额“忠礼”，堂额“琼恩”，楼额“宝泽”。② 显然，这也是当时一种风气。不过这种书院，因不是生员肄业的场所，故不在作者研究之列。

其二，明代虽无书院之制，书院属于私学，然很多书院出于官建，而且在书院肄业的大部分学生均来自官学的生员。这一方面是因为一些地方官欲借生员聚徒讲学，形成自己的影响力；另一方面是地方教育、文风兴衰，不仅有关职官考成，而且涉及一方脸面。既然学宫衰颓，官方学校名存实亡，那么地方官只好借助于书院兴学，为自己支撑门面。

书院既然属于私学，那么一些地方官员或乡绅在创设书院时，无不抱着一种谨慎的态度。书院可以成为生员肄业的场所，但必须申详当路。否则，就会被革去，成为非法机构。③ 有些书院设立后，虽不拒绝生员“向慕而来”④，然只收请假或养病的生员，不收尚在学肄业的生员。

地方官或乡绅这些谨慎的行为，显然出于以下的顾虑：提学道或学官，为朝廷所立之师。如果生员辞师以从师，于义理恐有妨碍。其实一般的学官犹可，提学道因居风宪之职，不可轻易得罪。

自嘉靖以后，提学道官员(督学官)也纷纷以讲学自负，借讲学以“猎虚声”⑤，成为一时风气。提学院道官员是明代地方教育的直接管

---

① “中央研究院”历史语言研究所编：《明实录·明世宗实录》卷一六三，3612 页。

② “中央研究院”历史语言研究所编：《明实录·明世宗实录》卷一六八，3685 页。

③ 譬如，月川书院，嘉靖十年(1531 年)由知县刘春华建，为庠生肄业之所。“寻以未经申详当路，革去。”参见(明)陈光前纂修：《慈利县志》卷一〇《公宇》，见《天一阁藏明代方志选刊》，叶 16a。

④ (明)湛若水：《湛甘泉先生文集》卷六《大科训规》，见《四库全书存目丛书》影印本集部第 56 册，559 页。

⑤ (明)徐学聚：《国朝典汇》卷一三〇《礼部·督学宪臣》第 6 册，6389 页，北京，北京大学出版社，1993。

辖者，他们负有“督学”的职责，负责地方学校生员的录取、考核。提学院道官员设书院，在书院中设讲学会，并会聚生员于书院中，如此等等，对他们来说，根本用不着顾忌。道理很简单，他们固然需要遵循朝廷所颁发的学政条例，但他们同时又是一省学政条规的制定者。就此而论，晚明很多书院均由提学院道官员设立①，也就不难理解了。

（四）书院与学校比较

书院之设，其本意是为了辅助学校，补政府地方教育之不足。书院与学校之别，其最明显的一点，即为官学与私学的不同，笔者由此而导出诸多差异，胪列如下：

其一，学校为官学，师儒是职官，由朝廷任命。自明代中期以后，学校教官多由岁贡生充任，谋生养老而已。书院的师席则由创设者自己聘任，而且相当重视师席，非素副人望者不聘。如福建之环峰、屏山等书院，即由退休知府、给事中、御史等官黄伟、郑一鹏、朱浙等出任师席，礼聘的准则是基于他们“志行超卓，学问宏深，素为乡邦推服”②。礼聘书院师席的标准只是学问、人品，故仍有一些“博学之贤者”，即现任学校教官，出任书院的师席。譬如，广东廉州尚志书院，由嘉靖间知府胡鳌创建，“择学官之贤者，分经而教之”③。又如濂溪书院，“主院则请于学宪，遴檄博士以为宾师云”④。显然，其师席亦由地方学官兼任。

其二，学校生徒的来源，则为提学道童试之中式者。入庠诸生，其品、其学，高低不等，鱼龙混杂。明末人归庄言：“本朝以科举之业取士，士非是无由进。举天下人才，皆聚于学校之中，于是硕儒、大

① 如四川省城大益书院、陕西秦中书院，均由提学道设立。参见（明）蔡汝楠：《自知堂集》卷一五《复兴大益书院议》，见《四库全书存目丛书》影印本集部第97册，648页。

② （明）张俭：《圭山杂著》卷五《建宁等九学延师议》，叶8b，清刻本。

③ （明）张国经纂修：《廉州府志》卷一二，见《稀见中国地方志汇刊》第49册，187页。

④ （明）万衣：《万子迂谈》卷五《濂溪书院田租碑记》，见《四库全书存目丛书》影印本集部第109册，103页。

贤、魁杰之士，往往出焉；次者亦爱名节，尚廉耻；然而下愚不肖，乱臣贼子，亦未尝不出其中。故惟学校为最杂。”①而书院中的生徒则刻意简拔，非迥越等伦者不录。明代史料载：“学校，所以造士。书院，又合郡邑士，抡其最秀者造之。”②尽管明代书院中的肄业人员，不仅包括生员，而且包括童生③，甚至“乡之贤大夫、先生、长者与四方之名儒硕彦，皆得集焉”④，然从总体上看，明代书院中的肄业者，均为从地方学校中选拔出来的优秀生员。试举下面几例：王宗沐督学广西时，曾辟三贤书院，“裒列郡邑士之最秀者，馆谷其中，而时亲督业焉”⑤；蔡汝楠督学四川时，在省城辟大益书院，选取“文行俱优”⑥之生员；陕西正学书院之生徒，“为简俊八郡之校，而别储其中，以讲明正学”⑦；山西长子县书院，“皆拔诸生之尤者，诵习其中，日讲月课有差，一时科贡多出其中”⑧。这种例子尚有很多，此不赘述。

其三，学校教育，专以科举取第为务。而书院不专以词艺为常课，其教以劝德为宗，“而直迪以存天理、去人欲，束躬励行，而践之以人

---

① （清）归庄：《归庄集》卷三《族祖元祉暨陈硕人双寿序》，243页，上海，上海古籍出版社，1984。

② （明）钟芳：《筠溪文集》卷八《桂林书院记》，见《四库全书存目丛书》影印本集部第64册，554页。

③ 如养正书院之肄业者有“闽士学有行谊者”，又有“童子之俊秀者”。（明）聂豹：《双江聂先生文集》卷五《重修养正书院记》，见《四库全书存目丛书》影印本集部第72册，326页。

④ （明）王时槐：《塘南王先生友庆堂合稿》卷三《白鹭书院志序》，见《四库全书存目丛书》影印本集部第114册，230页。

⑤ （明）王宗沐：《敬所王先生文集》卷六《赠伍全卿擢官海丰序》，见《四库全书存目丛书》影印本集部第111册，144页。

⑥ （明）蔡汝楠：《自知堂集》卷一五《复兴大益书院记》，见《四库全书存目丛书》影印本集部第97册，648页。

⑦ （明）孔天胤：《孔文谷集》卷九《陕西刱置正学书院学田记》，见《四库全书存目丛书》影印本集部第95册，114页。

⑧ （清）郭守邦修：康熙《长子县志》卷三《官师志・书院》，见《稀见中国地方志汇刊》第5册，78页。

伦事物之间”①。书院的特点之一是传习理学②，这已为大多数学者所公认。明代书院也不例外。尤其是王学各种讲学会兴起以后，书院成了举行讲学会最频繁的场所。③

其四，书院贵育真才，续道脉。明代书院教育自具特色，大多结合生员的文会进行。如姜士昌督学三秦时，创设秦中书院。书院中分立五会，分别为经学、史学、理学、古文词、昭代典故。任凭诸生各占一会，或二三会。会之日，“各以其学互相质难，收丽泽之益，以底于成材。又拔其尤，立定性堂以处之，俨然积分之法”④。蔡汝楠督学广西，设大益书院。书院分东西两号，“每号以年齿长者立会长一人，次长者立会副一人，年三十以上风俊整者立司正一人。书院一应事宜，督责长、副，如会长告假，即责会副，长、副见有不及，司正匡之。自德行相劝，文艺相长，至必不得已之事白于官司者，亦必长、副率领，通号知之，司正无议，方许禀白。如一人私事，擅赴各衙门呈禀者，即系邪佞，体知黜出”。⑤ 教法之严，考课之认真，无不是以培养真才实学为目的。

此外，明代书院中，多设有号舍，以供生员肄业⑥；设有赡田，以供给诸生⑦；书院供给生员“薪烛银”⑧。如此等等，不一而足。

---

① (明)王时槐：《塘南王先生友庆堂合稿》卷三《白鹭书院志序》，见《四库全书存目丛书》影印本集部第114册，230页。

② 章柳泉：《中国书院史话》，5～10页。

③ 吕妙芬：《阳明学讲会》；陈宝良：《中国的社与会》，307～314页，杭州，浙江人民出版社，1996。

④ (明)刘宗周：《刘蕺山集》卷一四《亚中大夫江西布政使司右参政诰赠太常寺少卿养冲姜公墓表》，562页。

⑤ (明)蔡汝楠：《自知堂集》卷二四《提学道大益书院教条》，见《四库全书存目丛书》影印本集部第97册，765～766页。

⑥ 如温州鹿城书院，“添设号房，与诸生肄业”。(明)汤日昭修：万历《温州府志》卷三《建置志》，见《稀见中国地方志汇刊》第18册，78页。

⑦ (明)蔡叆：《洨滨蔡先生文集》卷一《书院赡田例》，见《四库全书存目丛书》影印本集部第93册，553页。

⑧ (明)王宗沐：《敬所王先生文集》卷二七《作新桂林书院呈》，见《四库全书存目丛书》影印本集部第111册，588页。

书院与生员关系颇密。正如前述，书院中肄业的生徒，大多汇集地方儒学的精英，或一些外地游学而至的生员。除此之外，生员或亲自创设书院①；或联名上呈，请求上司设立书院②；或任书院的师席或都讲。③ 以上种种，无不显示出生员层对明代社会具有相当大的渗透力，其作用不容忽视。

八、社学、义学及乡学

就教育的对象、本质而言，社学与义学、乡学，均应归属童蒙教育，然两者也稍有区别。社学是官学，是明代政府最基层的教育组织，它由地方学官提调、考成，并且社学师生会因地方有司或督学官之格外照顾而享受免役的特权；而义学、乡学为私学，举凡聘师、招生、经费，均由民间自行管理或解决，一概不与官方相涉。

(一)社学

关于社学的特点及性质，笔者可先引明代思想家陈献章的一段话以示说明："国朝开设学校，自胄监至于府、州、县，备矣。惟乡之社学不列于官，待有司而后兴。"④按此文作于弘治三年(1490)，反映的

---

① 譬如，庐江县的书院，生员朝东于嘉靖三十九年重修。(清)吴宾彦修：康熙《庐江县志》卷七《学校》，见《稀见中国地方志汇刊》第 20 册，529 页。

② 如广西梧州府并苍梧县学生员黎瓛、严肃等连名呈，"欲于县之侧，照依南宁书院规制，鼎建书院一所"。参见(明)王守仁：《王阳明全集》卷三〇《批苍梧道创建敷文书院呈》，1123 页，上海，上海古籍出版社，1992。

③ 关于此，可举下面两例：王宗沐督学广西，作兴桂林书院，因缺师席，曾从江西礼聘生员三名，以主师席。又嘉靖四十三年(1564 年)，耿定向倡道东南，而管志道则以生员身份而为明道书院都讲。隆庆元年(1567 年)，管氏又为中吴书院大师。分见(明)王宗沐：《敬所王先生文集》卷二七《作新桂林书院呈》，见《四库全书存目丛书》影印本集部第 111 册，588～589 页；(清)钱谦益：《初学集》卷四九《湖广提刑按察司佥事晋阶朝列大夫管公行状》，见《传世藏书・集库・别集》第 11 册，281 页。

④ (明)陈献章：《陈献章集》卷一《程乡县社学记》，30 页，北京，中华书局，1987。

是明代中期以后社学败坏的状况。不过，这种说法并不完全正确。尽管社学在明代初期即有私学化的倾向，至中期以后，这种倾向发展更甚，然就其性质来说，社学自始至终属于官学。明代后期在地方儒学生员的考核中，最后有“发社”一种，即生员被免除考试资格，暂时到社学肄业，等候考复。这也说明社学是朝廷培养儒学候补生员的主要教育场所。

小学、村校，早在唐代即有比较详细的记载。唐人元稹曾在会稽平水市中见到村校诸童竞习歌诗的场景。宋代官府办有小学，设教谕一人，山长一人，并制定出各种学规。而当时的理学家，对小学教育的建设更是不遗余力。如朱熹按照佛教禅宗的清规制定了小学学规。他还编有《小学》《论语训蒙口义》等蒙学书，以便于童子学习。到南宋末年，王应麟著有《小学绀珠》《小学讽咏》等蒙学著作。

宋代理学家有关童蒙教育的思想及措施，对明代的影响相当深远。明中期以后，有很多地方官员或学者，致力于乡村教育的改革，其中很多即由宋代承继而来。①

所谓社学，即指一社之学。明代设有一套里甲制度，以 110 户为一里，在里内设有社祭。所以，凡是设于里中之学，即可称为社学。社学与府、州、县儒学之别，不言而喻：“社学之教，主于明伦敬身；儒学之教，主于明经修行”②。

明初朱元璋立国，教化先行。洪武八年，朝廷正式设立社学之制，“延师儒以教民间子弟”③。当时朱元璋曾就此下一道圣旨，鼓励“军民之家子弟入学读书”④。与此相应者则为“里塾”。每里置一塾，塾置

---

① 举例来说，明末学者张履祥之《经征录》，其关于童蒙教育的内容，均引自宋人司马光之《居家杂议》及朱熹之《训学斋规》。参见(清)张履祥：《杨园先生全集》卷三五《经征录》，叶 1a～2a。

② (明)林希元：《同安林此崖先生文集》卷一〇《钦州十八社学记》，见《四库全书存目丛书》影印本集部第 75 册，629 页。

③ “中央研究院”历史语言研究所编：《明实录·明太祖实录》卷九六，1655 页。

④ (明)秦镃修、(明)饶文璧纂：嘉靖《东乡县志》卷上《公署》，见《天一阁藏明代方志选刊》，叶 49b～50a。

师，聚集生徒教诵《御制大诰》。三年后，“为师者率其徒至礼部背诵，视其所诵多寡，次第赏之”①。

明太祖创设社学，目的是为了“导民为善，乐天下之乐”。然好事多磨，事与愿违。社学非但没有尽到教化乡民的职责，反而成为一些不才地方官员和胥吏害民的“营生”：“有愿读书者，无钱不许入学；有三丁四丁，不愿读书者，受则卖放，纵其愚顽，不令读书；有父子二人，或农或商，本无读书之暇，却乃逼令入学，有钱者又纵之，无钱者虽不暇读书，亦不肯放。”②这些弊端的出现，为明太祖始所未料。为此，他不得不下令，暂罢社学之设。

至洪武十六年，明太祖下诏，恢复社学之设。不过，这次所设社学，“为民间自立”，自行“延师儒以教子弟，有司不得干预”。③ 这是社学由官办转为民办的起始。

在传统社会中，任何一项制度的设立，均有利与弊相生相伴。社学也不例外。明初明太祖设立社学，本来是想借此在乡村建立起一套相对稳固的教化体系，以维持乡村和谐的社会秩序。然事与愿违。地方官吏反而借兴办社学为名，大肆求贿索财，徒然扰乱民间而已。明太祖只好一度罢设社学，并将其改由民间兴办。尽管如此，社学之弊在明初洪武年间始终存在。正如明人叶伯巨所言：“今之社学，当镇城郭，或但置门牌，远村僻处，则又具其名耳。”④由此可见，社学的有名无实，自洪武年间已开其端。至宣德年间，社学的败坏已渐趋严重。宣德六年(1431)，四川巡按御史王翱上言：“四川诸府县社学久废，民

---

① “中央研究院”历史语言研究所编：《明实录·明太祖实录》卷二一四，3159页。

② (明)朱元璋：《御制大诰》第四十《社学》，见《皇明制书》上卷，48页，东京，古典研究会，1967。

③ “中央研究院”历史语言研究所编：《明实录·明太祖实录》卷一五七，2436页。

④ (明)叶伯巨：《上万言书》，见(明)孙旬编，刘兆祐主编《皇明疏钞》卷一，130页，台北，台湾学生书局，1986。

不知教”①。社学久废，这就是当时社学趋于衰败的实录。

正统元年，明朝廷在全国各地设立提学官。当时明英宗下谕，凡是提学官的去处，“即令有司，每乡每里俱设社学，择立师范，明设教条，以教人之子弟。”此外，提学官对各地社学每年考校一次，“责取勤效”②。正统年间朝廷特别规定，社学童蒙经考校合格，可以补为儒学生员。可见，社学已重新被纳入官方儒学的系列之中，并成为最基础的教育机构。换言之，社学始终是官学的一级建置。毋庸讳言，这些政令所起的作用甚微，各地社学的衰颓依然故我。以福建泉州府为例，府城社学并无专设，只不过“扁其额于各丛祠，为延师教子之地”③。

至弘治年间，由于社学久废，更使乡村小民不知礼义，风俗日浇，“子詈其父，弟殴其兄”的状况更是习以为常，恬不为怪。为此，兵部尚书马文升于弘治八年(1495)上奏，建议修举社学，慎选教读之人，“凡民子弟俱令入社学，读《孝经》《小学》并《大诰》，俾知孝弟之道与当代之法”④。此奏得到明孝宗的认可，一时社学有所振作。弘治十七年朝廷下令，各府、州、县建立社学，选择明师，讲习冠、婚、丧、祭之礼。⑤ 然社学之法久废，这一政令也就废搁不行。

自弘治以后，社学的衰败已是一发不可收拾。尤其到了万历年间，更是习俗遨放，一些作为社学校舍的乡村丛祠，反而被一些豪右大姓所控制，“非行贿不可得也”⑥。明人吕坤指出：“近日社学不以童蒙为

---

① “中央研究院”历史语言研究所编：《明实录・明宣宗实录》卷七九，1833页。

② (明)王谷祥：《苏州府学志》卷四《敕谕提督学校巡按直隶监察御史》，叶8a，明嘉靖刻本。

③ (明)阳思谦：《万历重修泉州府志》卷五《社学》第3编，389页，台北，台湾学生书局，1987。

④ “中央研究院”历史语言研究所编：《明实录・明孝宗实录》卷一〇五，1920页。

⑤ (明)王圻：《续文献通考》卷六〇《学校考》，见《四库全书存目丛书》影印本子部第186册，144页。

⑥ (明)阳思谦：《万历重修泉州府志》卷五《社学》，389页。

重，虽设有社学、社田，专听无行衣巾生员乞请以为糊口之资。”①显然，社学已是名存实亡。

值得引人注意的是，此时边地的社学却得到普遍的发展。以广西为例，据明人载，“今社学之建，广西郡邑处处有之，大县十余所，小县一所。教读蒙师，官或给饷，以示作兴。”②贵州社学的发展也较为迅速。王阳明《寓贵诗》云：“村村兴社学，处处有书声。”③此即其例。再来看北方边地。天顺五年，宣府新建一所义学，“束脩、书札、笔墨，百凡所需，皆给于官。”④名为义学，一切却由官方供给，实同于社学。

明代中叶以后，社学主要发生以下三个方面的变化：一是社学由官办转为民办；二是一些地方官员纷纷提出改革社学的设想，以期使社学更趋完善；三是官方的社学体制依然存在，不过此时的社学兴盛与否取决于地方官员的贤否。

正如前述，早在洪武年间，社学已有从官办趋于民办的倾向。自中期以后，这一趋势不仅成为现实，而且其发展势头有所上升。成化年间，按察使李敏因守制回到河南项城县，在县南紫云山之麓买地30余亩，建屋若干楹，并积书数千卷，“日与学者讲读其中”。至成化十五年(1479)，李敏上奏，愿意将此“籍之于官，以为社学，因请勅额，并令有司岁时以葺”。明宪宗同意此请，并亲赐额为“紫云书院”。⑤显然，这是由民办书院改为官办社学。不过，这一书院改为官办社学以

① (明)吕坤：《实政录》卷三《兴复社学》，见《四库全书存目丛书》影印本子部第164册，419页。

② (明)戴耀修、(明)苏濬纂：万历《广西通志》卷一二《学校志·社学》，266页，台北，台湾学生书局，1966。

③ (明)谢东山修、(明)张道等纂：嘉靖《贵州通志》卷三《风俗》，见《天一阁藏明代方志选刊续编》，321页。

④ (明)倪谦：《倪文僖公集》卷一四《宣府新建义学记》《大同新建义学记》第1245册，362页。

⑤ “中央研究院”历史语言研究所编：《明实录·明宪宗实录》卷一九八，3487～3488页。

后，其民办的成分依然得以保存。又如福建惠安县的社学，已多由地方人士主持，诸如：南门社学，在坊南门，陈氏、吴氏主之；香山社学，在三十一都张坑，张氏主之；马龙社学，在十七都，胡氏主之；鳌塘社学，在六都前横，黄氏主之；北坝社学，在七都，连氏主之；上杜社学，在二十二都埕边，骆氏主之；苏坑社学，在二十六都，苏氏主之。所谓"主之"者，即"主教读馆馈，以宾礼礼之"，说明这些族姓大户，大多负责礼聘社学的教读以及教读的束脩、馆馈。又据载，"惟此数家，岁择教读，以教族人子弟"①。所谓的社学，已改由私人主持其事，并专教族人子弟，逐渐与义学、乡学趋于合流。

明中期以后，一些地方官员纷纷提出改革社学的设想，其中以桂萼、叶春及、吕坤最为著名。嘉靖初年，桂萼上奏，回顾了其为知县时对社学改革的设想，并请求将此方案推广到各地。细玩其旨，仍然是以传统儒家教育的礼、乐、书、算为主，然后再辅之以经书的句读、文义的解析。② 叶春及在惠安县对社学所作改革，最具代表性。他在毁"淫祠"之后，仍选择可以改设社学的丛祠，重新修葺，共设立了212所社学。他关于社学的改革，主要涉及开学程序及教师选择、施教内容、教学规程、考勤规章、大馆师的选拔五个方面。③ 吕坤是晚明颇具代表性的实学思想家。他所做的一切改革，无一不是有关国计民生的大事。他有关乡村社学改革的设想及其措施也不例外。吕坤认为，"王道莫急于教民，而养正莫先于童子"，故社学实乃有益于世教之事。为此，他就社师的选择、社学的设置、社学规程与教学内容、社学的考核诸方面，提出了改革的具体设想。④

---

① (明)莫尚简修、(明)张岳纂：嘉靖《惠安县志》卷九《社学》，见《天一阁藏明代方志选刊》，叶9b，上海，上海古籍书店，1963。

② (清)张尔岐：《蒿庵闲话》，叶39a～40a，清嘉庆二十二年济南英华斋刻本。

③ (明)叶春及：《石洞集》卷七《惠安政书十一・社学》，见《四库全书》第1286册，506～512页，上海，上海古籍出版社，1987。

④ 郑涵：《吕坤年谱》，6～7页。(明)吕坤：《实政录》卷三《兴复社学》，见《四库全书存目丛书》影印本子部第164册，415～419页。

明代中期以后，社学的创设受地方官的贤否影响较大。地方官贤廉，创设社学就多，并见实效；地方官庸贪，就任由社学衰敝，不加修举。嘉靖初年，魏校提督广东学政，大毁“淫祠”，改置社学，在广东一省共设社学537所(详见附表11)，就是其中一个方面的例证。

值得注意的是，在有些地方，社学已改称“小学”。如嘉定县的“四门小学”，始建于成化五年(1469)，由知县洪冕创建。至嘉靖十六年，知县李资坤“置田八十亩，廛二区，共七十舍”。可见，其规模更加扩大。至万历年间，嘉定县的小学已扩大到17所(详见附表12)。

明代社学大多自行取有一名，有时称“某都某图社学”；有时则取一个好听的名字，一般不超出传统儒家伦理道德的范围，诸如“正心社学”“诚意社学”“存心社学”“养性社学”等。

社学的设置，一般为设一总社(或称大馆)，以下分设社学，统属于总社或大馆。如叶春及在任惠安县知县时，分设社学212所，并在各都“标一大者”，称“大馆”。民间子弟欲参加科举考试，必先从社学进入大馆。① 崇祯十一年(1638)，知县熊人霖在浙江义乌县立九社，“以课士”，分称绣湖、春岩、石楼、广岩、稠岩、五云、钓岩、云黄、仙屏，另设一总社，称“龙门大社”。②

社学设有教师，称教读、社师，名数不一，或二人，或一人。在明初，教读由“学行耆旧”充任。其后，地方官各行其是，教读的来源就各不相同：或选择年18岁以上的童生充任，而且其人必须“文理通明、行止无玷”③；或取年40岁以上、志向颇端之士，不论是

① (明)叶春及：《石洞集》卷七《惠安政书十一·社学》，见《四库全书》第1286册，507页。又如在广东香山县，其社学体制，“凡在城曰大馆，统各社学，以施乡校之教”。(明)邓迁修、(明)黄佐纂：嘉靖《香山县志》卷四《学校》，见《日本藏中国罕见地方志丛刊》，337页。

② (明)周士英纂修：崇祯《义乌县志》卷四《经制考》，见《稀见中国地方志汇刊》第17册，399页。

③ (明)韩晟修、(明)毛一鹭纂：《万历遂安县志》卷一《营建志·社学》第3编，127～128页，台北，台湾学生书局，1987。

否入学①；或为“无行衣巾生员”，社学成了他们的糊口之资②；或直接由生员充任，城内社学由学官莅摄，而各乡镇的教读“咸禀约束”③。社师也有巾带，而且享受“免为师之人差徭”④的优待。社师为一方表率，故地方对社师的要求也极严，要求他们“以身为本，毋岸帻，毋裸袒，毋苟矉笑，毋奴其颜、婢其膝，毋下同台隶，毋教唆，毋传递”⑤。

社学时常附设有社田，由教读收租，供赡并修理社学之用。若没有社田，那么，每年清明、端午、重阳、年除四节，“各里老劝谕本乡各家，随意馈送节仪，务使教读之家不至缺乏”⑥。童蒙入学，若家贫无力供办束脩，则由官府代为出办。

童蒙生进入社学，经过一段时间的肄业，若学业果有进益，那么地方官“以名达于提学道，寄学候考”⑦。童蒙生如果考核优秀，可直接进入府、州、县的儒学，成为生员。为示鼓励，有些地方官莅任时，

① (明)吕坤：《实政录》卷三《兴复社学》，见《四库全书存目丛书》影印本子部第164册，415页。

② (明)吕坤：《实政录》卷三《兴复社学》，见《四库全书存目丛书》影印本子部第164册，419页。

③ (明)韩浚等修：《万历嘉定县志》卷三《营建》上《学田》第3编，223页，台北，学生书局，1987。又王宗沐督学广西时，兴复省城内外社学14所，“择三学生员年长老成、经学明正者为之师”。见(明)王宗沐《敬所王先生文集》卷二七《修举社学檄》，见《四库全书存目丛书》影印本集部第111册，589页。

④ (明)戴金编：《皇明条法事类纂》卷八《生员不许滥收及经过官员不许考试进退例》，见刘海年、杨一凡主编：《中国珍稀法律典籍集成》乙编第4册，342页，北京，科学出版社，1994。

⑤ (明)韩景修：《万历遂安县志》卷一《营建志・社学》，128页，台北，台湾学生书局，1987。

⑥ 郑满：《勉斋先生遗稿》卷二《兴崇教化榜》，见《四库全书存目丛书》影印本集部第46册，317页。

⑦ (明)彭遵古等撰：《万历郧台志》卷四《宦迹》第四《政事》第3编，304页，见《中国史学丛书》影印本，台北，台湾学生书局，1987。

专门规定社学童生“量免杂泛差徭”①。此外，社学中还设有“歌生”。每当县学举行射礼时，社学歌生就充当“乐生”②。

自明朝中期以后，社学尽管有民办化的趋势，然始终保持着官学的特色。官方为社学设立社田、社师，社生享受免差，社学教读由学官约束等，均已足资证明。除此之外，社学的兴衰，始终关乎一省学政的职掌，故提学院道官员莅任时，常常将兴复、考核社学作为自己的职责。如郭子章督学四川时，规定其省内的社学，“在城者，月朔社师率童子赴明伦堂，随班习礼。在乡者，每岁春秋二丁祭时，或二乡饮时一赴，仍候按临。试毕，听牌出，教官率领社学师童，各开本，具载社师、童子平日所长，或能文，或能对，或能字，或能歌，或能记诵，本道量试一二，如果学少有益、幼不失仪者，教官、社师一体加赏，童子仍行提调官优给其家”③。王宗沐督学广西时，也刻意兴复社学，于省城内外设 14 所社学，并规定：“本道岁考俱于十四社中考选文理通者送学充附；文理粗通及能背书者，或衣巾，或重赏。”④

(二)义学与乡学

明代中期以后，义学、乡学大量崛起，在很大程度上取代了社学的地位。义学又称义塾、义馆。何为“义学”？明人作如下解释：“塾者何？所以教于家者也。塾而谓之义者何？将推其教于家者，以教其乡

---

① 如陈儒莅任山东东昌府知府时，专颁“莅任条约”，规定社学“童生各定等行赏，仍量免杂泛差徭”。参见(明)陈儒：《芹山集》卷二二《莅任条约》，见《北京图书馆古籍珍本丛刊》影印本集部第 106 册，175 页，北京，书目文献出版社，1991。又王宗沐督学广西，亦规定“民间但有三子入社者，赴道告明，优免杂泛差徭”。参见(明)王宗沐：《敬所王先生文集》卷二七《修举社学檄》，见《四库全书存目丛书》影印本集部第 111 册，593 页。

② (明)缪肇祖等纂修：《常熟县儒学志》卷三《饮射志》，叶 9a。

③ (明)郭子章：《嫔衣生蜀草》卷九《学约》，见《四库全书存目丛书》影印本集部第 154 册，695～696 页。

④ (明)王宗沐：《敬所王先生文集》卷二七《修举社学檄》，见《四库全书存目丛书》影印本集部第 111 册，593 页。

人之子弟也。”①其本意是“于教诲之中而助其不及者耳”。义之为名，其义丰富。如范仲淹置田恤族，称为“义田”；戴胄积粟备荒，称为“义仓”；凿一水井，供乡里共同使用，称之为“义井”；一门累世同居，可称为“义门”。显见，所谓义学，立名虽异，其义亦与此相同。

义学属私人兴办的“小学”，与属于乡学体系的“乡塾”“家馆”有相同之处，然亦稍有区别。在乡学中，乡馆属三家村学究设门招徒，作糊口计，尽管学生来自各姓，但均需交纳束脩；家塾多为乡绅或有钱人家所设，聘请塾师，专教本族子弟。而义学则与此稍异。义学不但专教本族子弟，而且兼及别姓子弟，甚或邻里乡党。义之为名，尤以此为特色。② 譬如，江西南城县章氏义馆，“凡族党子弟，无亲疏，无远近，皆集于是。而邻里之愿附者，亦得以就业也”③。这就是说，义学的特点是“文训同姓，即异姓往焉”④。

在明初，官方社学兴盛，即使穷乡僻壤，也多设有社学，故义学和乡学只起到拾遗补阙的作用。不妨试举二例以说明之。苏州府长洲县的尹山，民居繁庶，习俗嗜利，久不知教，而官方社学又“偶遗不举”。于是，地方大姓练埙，创设义塾，“夷土治材，作堂三楹间，以为讲习之所”。又延儒士高平作为塾师，“俾里中子弟就学焉”。另外，割田 30 亩，其收入作为义塾的费用。⑤ 又如福州府长乐县的“阜林乡学”，始建于洪武十二年(1379)，由林文溢创设。⑥ 明初虽不无设立义

---

① (明)刘崧：《槎翁文集》卷六《读书所记》，见《四库全书存目丛书》影印本集部第 24 册，471 页。

② 陈宝良：《明代的义学与乡学》，载《史学月刊》，1993(3)。作者在上述旧作中未曾将义学与一般意义上的乡学作细微的区别，故特在此予以补正。

③ (清)曹养恒修：康熙《南城县志》卷二，见《稀见中国地方志汇刊》第 29 册，605 页。

④ (清)何士锦修：康熙《丰城县志》卷六《学校志》，见《稀见中国地方志汇刊》第 28 册，571 页。

⑤ (明)宋濂：《长洲练氏义塾记》，见(明)皇甫汸等编：《万历长洲县志·艺文志》卷 2 第 3 编，730～732 页，台北，台湾学生书局，1987。

⑥ (明)黄仲昭撰：《弘治八闽通志》卷三《学校·福州府》第 3 编，2341 页，台北，台湾学生书局，1987。

学、乡学之举，然仅有零星记载，尚不成气候，这一点似无疑问。

明代中叶以后，义学、乡学兴起。细加分析，主要有以下三个方面的原因：一是社学败坏，子弟失教，有必要以义学或乡学及时取而代之；二是地方官与乡绅遵循儒家教化的原则，教化先行，创设义学，以期改变乡村社会的道德面貌；三是科举渐重，科场失意的儒生增多，他们只好处馆度日。

明代童蒙入学，早者五岁开蒙，迟者七岁入学，绝无六岁入学者。究其原因，盖因当时的习俗有“男忌双、女忌单”之说。① 无论是家馆，还是乡塾、义学，其教学任务首先是开蒙，到一定年龄、又学业有成者，再习经业，以应科举。故明代的义学或乡学，虽并属小学，然在此小学体系内，又有“小学”与“大学”之别。根据明人的记载，所谓“小学”，即“务识字，通言语，习算数，使可争讼，使可写契，使可会债，使可任胥吏、增损文书而已”；而“大学”，则“释章句之训，习比偶之文，童子试而为诸生，诸生试而为进士，位高而金多，衣食之是营，田宅之是殖而已”。②

在明代，民间尊师重学风气颇盛，故各地自行延师训蒙之事并不乏见。下面几则记载就是最好的例证。福建兴化府，地狭人贫，当地人只好以读书为业。“每岁上元后，即筮吉延师，以训子弟。”③在福宁州，也是“每岁上元后即延师以教子弟，至八月终，解馆”。④ 在浙江金华府汤溪县，乡里延师之风也很盛。“每岁春，乡有长者，必聚众延

---

① （明）陈继儒：《群碎录》，见《陈眉公杂著十五种》，叶 10b，资益馆校印本。庞尚鹏也说：“童子年五岁，诵训蒙歌，不许纵容骄惰。女子年六岁，不许出闺门。”足证陈氏此说不谬。参见（明）庞尚鹏：《庞氏家训》，叶 5a，清道光十一年南海伍氏校刊《岭南遗书》本。

② （明）戴重：《河村集》卷一《村塾记》，见《四库禁毁书丛刊》影印本集部第 11 册，10 页，北京，北京出版社，1997。

③ （明）黄仲昭撰：弘治《八闽通志》卷三《风尚·兴化府》，184 页。

④ （明）黄仲昭撰：弘治《八闽通志》卷三《风尚·兴化府》，187 页。

师家塾，以训蒙童，迨冬而散。”①而在广东惠州府兴宁县，一些义礼之家也多择有德行、文章羡美者为师。其延师习俗如下：“如明年敦请，则于今年八、九、十月具关，亲送其家。至明年春王月，择吉辰，设盛筵，率子弟拜从。”②这种延师训蒙风气的影响颇大，故即使社学之制败坏，而在明代的乡村，仍是“虽村居里巷，而弦诵之声不辍”③。这无疑是义学广泛兴起以后的社会效应。

明代中期以后，义学数量猛增。以嘉定县为例，至万历年间，列入县志、较有名气的义学就有 4 所(详见附表 13)，其余不著名者当仍复不少。而在浙江温州府平阳县，至弘治年间，其所设著名义学更达 7 所(详见附表 14)。所有这些，无不说明明代中期以后创设义学风气之盛，私办义学已基本取代了官立社学。

明代义学、乡学的形式，归结起来，主要有以下三种：

一是地方官出官帑兴办，招收辖治内的贫困童蒙，使其有就学的机会。如嘉定县的“吴淞义塾”，正统四年由千户庄安奏建。至天顺中期，千户张全重修。到嘉靖三十年，巡按御史尚维持又重加修葺。④在福建浦城县，也遍设义学，其教师由县馆“务举保颇立行止、粗知文义、敦实持重之人”。每所学校挂上“义学”的匾额，“许令通县年十六七以下子弟赴学”。⑤ 义学的经费也由官出，即用官府所收店房税，以供给束脩之资。

二是由乡绅创办，以供本家族内子弟就学，有时也适当招收族外贫困子弟。这种义学或乡学，其聘师礼仪也如前述，相当隆重，而且有聘书。下引一件聘请家塾师的聘书，以说明之。聘书云：“予家塾师

---

① (明)王懋德：《金华府志》卷五《风俗》，329～330 页，台北，台湾学生书局，1987。

② (明)刘熙祚修：崇祯《兴宁县志》卷一《风俗》，见《稀见中国地方志汇刊》第 44 册，407～408 页。

③ (明)莫旦撰：《弘治吴江志》卷六《风俗》，221 页，台北，台湾学生书局，1987。

④ (明)韩浚等修：《万历嘉定县志》卷三《营建》上《小学》第 3 编，219 页。

⑤ 张俭：《圭山杂著》卷五《浦城县立义学议》，叶 9b～10a。

久虚，敬烦足下，敢具币以告。”[①]如在浙江黄岩，处士张国仁设义学，立义田，专门吸收乡里子弟，力不能就学者，延师教之。如果衣食缺乏，就给以义田所入，使其安心学习。于是，邻近地方的子弟纷至沓来，“户屦恒满”[②]。又明末清初人钮琇自述：“余幼从吴南村先生于家塾，受《尚书》《左氏传》及时制义。”[③]这种家塾也多属由乡绅创办的学校。

在一些士大夫看来，蒙养既是极大事，又是最难事。原因很简单，士人之终身事业，均以蒙学时为根本。有鉴于此，他们纷纷撰写蒙学规条、义学约规，以便对这些童蒙教育作出适当的规范。沈鲤的《义学约》与霍韬的《蒙规》，可以作为这方面的代表作。[④] 这些约条或许只限行于一家一姓的义学，然在当时的社会上已产生较大的影响。

三是由科场失意的儒生创设，他们出榜开馆招生，从中觅取馆谷束修，以便维持生计。正如前述，村夫子教人子弟，一般为父兄造请而后处馆教学，绝无榜门招人之理。可是在明代，这种乡馆已呈商业化的趋势。如在北京，一些学究公开做广告，大书其门云：“秋爽择日来学。”在明代的小学中，不乏这方面的例子。如一小说言，当时有一位乡学先生，写了一张红纸，贴于门首道：“某日开学，经蒙俱授。”[⑤]

义学或乡学，一般都自行聘请塾师，其身份各不相同，或由生员充任，或为名人处馆，或为一些科场失意的老童生。在一般规模较小的乡学或义塾中，塾内只设塾师一名，以行教职，而在一些正规的附属于县学的义学中，塾师有时多达 12 名，并分为训蒙义师、举业义师两种。

---

① （明）朱察卿：《朱邦宪集》卷五《送韩元和赴塾序》，见《四库全书存目丛书》影印本集部第 145 册，645 页。

② （明）黄淮：《黄文简公介庵集》卷七《滋德处士张公墓志铭》，见《四库全书存目丛书》影印本集部第 27 册，16 页。

③ （清）钮琇：《觚賸》卷一《岁寒集》，1 页，上海，上海古籍出版社，1986。

④ （明）沈鲤：《文雅社约》卷下《义学约》，见《四库全书存目丛书》影印本子部第 86 册，602～604 页；（明）霍韬：《渭崖文集》卷一〇《蒙规》，见《四库全书存目丛书》影印本集部第 69 册，328～330 页。

⑤ （明）周清原：《西湖二集》第三卷《巧书生金銮失对》，46 页，北京，人民文学出版社，1989。

义学或乡学内塾师的馆谷，或由有力者独立承担，或设义田，以义田收入支付，或由有力者为纠首、参加者共同分摊。塾师的馆谷、修金也因其名望、身份的不同，而有厚薄之分。较低者如明末人陈龙正在家族内设立的义学，其中塾师的束脩为每年 10 石米，而且“不问米价低昂，悉用本色，不许管人折送价银”①。在谷价不稳、波动较大的明末，用本色支付，显然已是对塾师的优待。福建浦城县的义学，其馆师的束脩为每年银 10 两。② 相比之下，不如本色 10 石米。在前面提到的吕坤所设的社学中，社师束脩，多者每年可获粟 20 石，少者也不低于 12 石。显然，就馆谷米或束修来说，一般乡学塾师稍低于社学学师。不过，义学或乡学不同于社学，馆谷有官方统一的基本标准，而是随自己的声望、学识而高低不一。如前述常熟县所设义学，义师馆谷标准为每年 10 石，此外仍有俸银 8 两，聘礼银 5 钱。同时，每年清明、端午、中元三个节日，义师尚可获取节仪银各 3 钱。③ 又如崇祯十四年，陈舜系在黄惟萼家塾中处馆，一年馆谷达 20 石，外加办月钱 4800 文④，稍显优厚。至于像钱福这样的名师，其束脩就更加丰厚。据载，他的束脩达每年 500 两银子。⑤

明代例设社学，然大多年久颓废。一些家资殷裕的富家巨室，自然可以延师课子，戒门以绝交游。家资稍次者，则赍脩脯，载缥缃，从一些知名学者游，并附列于门墙之下。至于那些单寒贫乏之家，唯以治生为急，朝夕奔走，为糊口计。其中虽有俊秀美质者，心中愿学，然限于经济实力未逮，只好自弃不学。义学或乡学的大量崛起，对于改变明代乡村的教育面貌起到了不可估量的作用。它使教育不仅仅限于富有人家或书香门第的子弟，而贫困寒素人家子弟也可以获得受教

---

① （明）陈龙正：《几亭全书》卷一《义庄条约序》，见《四库禁毁书丛刊》影印本集部第 12 册，128 页。

② （明）张俭：《圭山杂著》卷五《浦城县立义学议》，叶 9b～8a。

③ （明）缪肇祖：《常熟县儒学志》卷三《饮射志》附《义学》，叶 14b～15a。

④ （清）陈舜系：《乱离见闻录》卷上，见《明史资料丛刊》第 3 辑，237～240 页，南京，江苏人民出版社，1983。

⑤ （明）李诩：《戒庵老人漫笔》卷五《钱鹤滩江阴遗诗》，204 页。

育的机会。这就使乡村穷苦人家子弟多了一条科举进身之路。在明代，凡是乡里义学或乡学兴盛的地方，其科举必盛。如福建兴化、泉州二府乡里延师兴学的风气极盛，因此当地科甲最多。每次乡试，兴化、泉州“占通省之半”。有明一代凡 91 科，而兴化解元达 30 人，泉州解元达 21 人①，共计 51 人，占总数的 56％。

尤堪注意者，若仔细梳理明代史籍，可以发现这样有趣的现象：在明代的科贡中，乡村中举、出贡者往往多于城市。明人张岱言：“以故通郡而计，抡科第者城市不及于乡村；为此画地以观，纡金紫者东南常盛于西北。”②此说基本反映了明代科举地域差异的实况。下以南直隶吴江县、湖北罗田县、福建惠安县为例，对此作一说明。

江南南直隶吴江县，从洪武三年至弘治二年(1489)，共中进士 49 人，除居住地不详外，其中乡都占 36 人，而县市只有 5 人。乡都约占总数的 73％，而县市只约占 10％。在乡都中，其中市镇为 14 人，仅占整个乡都的 39％。即使是科贡，乡村也多于城市。仍以吴江县为例，从洪武十一年(1378)到弘治二年，共计科贡 103 人，除居住地不详外，其中乡都 54 人，而县市只有 32 人。其中乡都约占总数的 52％，而县市只约占 31％。在乡都中，其中市镇为 15 人，仅占整个乡都的 28％。③ 湖北罗田县，共有进士 4 名，均属乡都。举人 36 名，乡都为 25 名，约占总数的 69％；在城为 11 名，只约占总数的 31％。岁贡生 82 名，乡都为 57 名，约占总数的 70％；在城为 25 名，约占总数的 30％(详见附表 15)。福建惠安县，进士 12 名，其中乡都 10 名，约占总数的 83％；在城 2 名，只约占 17％。举人 56 名，除 4 名不详外，乡都 43 名，约占总数的 77％；在城 9 名，只约占 16％。岁贡生 94 名，除 6 名不详外，其中乡都 72 名，约占总数的 77％；在城 16 名，约占 17％(详见附表 16)。

---

① (清)施鸿保：《闽杂记》卷六《兴泉科甲之盛》，99～100 页，福州，福建人民出版社，1985。

② (明)张岱：《琅嬛文集》卷二《龙山文帝祠募疏》，103 页，长沙，岳麓书社，1985。

③ (明)莫旦撰：《弘治吴江志》卷八《科第》，303～333 页。

第三章　生员分类：别称、名色及人数

明代的地方学校是生员肄业的主要场所。在学校中，各类设施一应俱全，举凡堂以明伦，斋房以居士，斋夫以供役，学田以养廉，诗书以隶业，祭器以习礼，射圃以观行，等等。学中众人，除斋夫、膳夫、门斗这些以供驱使的杂役人员之外，主要由教育者与受教育者两类人组成。教育者为学校教官，一身而兼任官、师双重职责，既是官僚机构中的一员，受制于吏部的铨选、考课；又是师职，对学生负有教育之责。① 受教育者为生员，既为官学的学生，又是今日之生员，他日之朝廷命官，朝廷将他们储养在学校中，以备他日之用。

士自童时开蒙，进入读书入仕之路，大体可以包括以下几个阶段：自五、七岁入社学，称作童生；游于庠，称博士弟子，又称秀才，这是科名的起始，入仕发达的根本；举于乡，登贤书，又称举人；仕于朝，通金闺之籍，则称做官；官成而退，归于林下，称乡先生。读书中生员，无论是入府学，抑或州、县庠，无疑是登上人生荣耀的初级阶梯。这是科名社会的基本特点。明人陈鹤对生员与童生作如下比较：

> 夫出椟之玉，其价必增；扬空之鸟，弋者必众。登籍之士，其责必多。何也？盖物显而后用，人闻而后贵，行成而相望者益

---

① 关于学官，吴智和著有《明代的儒学教官》，述之甚详，又多精辟之论，可资参看。又陈宝良：《明代学官制度探析》一文，此文亦专论学官。本书凡涉及教官问题者，多略而不赘论，仅论其与生员相关者。

大也。①

显然，生员相较于童生，犹出椟之玉。童生是尚未入学，而贡生则是已经出了学。若说童生是刚刚开蒙，默默无闻，那么，生员不但名闻于人，而且因行成而被人寄予厚望。近人刘禺生云："科举发轫，始于秀才。明代最重秀才。"②于此可见生员地位之一斑。又吕坤在所作《刑戒》中，有"五莫轻打"之说，其中包括"生员莫轻打"，他说："干系诸生体面，有事，轻则行学责戒，重则申究如律，彼自无词。"③从吕坤的说法中，更可以看出生员具有一定的身份与体面。

当然，与举人相比，其间的区别又相当明显。明人艾南英以亲身经历言道：

> 每一试已，则登贤书者，虽空疏庸腐、稚拙鄙陋，犹得以与郡县有司抗礼。而予以积学二十余年……顾不得与空疏庸腐、稚拙鄙陋者为伍，入谒上官，队而入，队而出……④

从上述艾南英牢骚不平之言中，已不难发现科名社会中阶级的差别。一个阶级，代表一种身份，并由此而享受各自不同的特权。

生员是明代地方学校中学生的通称。细言之，其别称尚有许多，或借古名而称，或带有一些地域特色。与此相应，入学的生员，其种类也颇多。下依此分述之。

---

① (明)陈鹤：《海樵先生全集》卷一七《慎初说赠新庠士》，见《四库全书存目丛书》影印本集部第86册，137页。

② (清)刘禺生：《世载堂杂忆》，6页，北京，中华书局，1960。

③ (清)陈宏谋辑：《从政遗规》卷上《吕新吾〈刑戒〉》，见《五种遗规》，清道光三十年重刊本。

④ (清)李调元：《制义科琐记》卷三《艾千子自序》，见《丛书集成新编》第31册，27页。

一、生员的别称

据《周礼·大司徒》，以乡三物教万民，而后宾兴之，所谓民，即士。汉文翁为蜀郡守，起学宫，招下县子弟，以为学官弟子。此生员之始。后魏定制，大郡学生100人，次郡学生80人，中郡学生60人，下郡学生40人。此生员额数之始。①

无论是汉代的学官弟子，抑或后魏有学生额数，均可视作生员的起源。然生员一称的出现，即生与员相合者，当自唐始。顾炎武言：

> 生员犹曰官员，有定额谓之员。《唐书·儒学传》："国学始置生七十二员，取三品以上子弟若孙为之；太学百四十员，取五品以上；四门学百三十员，取七品以上。郡学三等，上郡学置生六十员，中下以十为差；上县学置生四十员，中下亦以十为差。"此生员之名所始，而明制亦略仿之。②

顾氏之论，颇有道理。生员犹官员。员之义，当为定数的人或物，如人员之类。据此又可知，明代的学校制度，大体上仿照唐制而定。

在明代学校与科举制中，凡由提学院道官员取中而为附学生员者，俗谓之"进学"。因学宫大成门外，有泮池，故能入学宫读书，隶于学宫，亦名"入泮"。生员既为通称，又是一种正规的称呼。据齐如山所记，生员一称一般用于公文、呈文、状纸时的头衔。③

生员称谓，名色众多。明末清初学者朱之瑜说："秀才今谓之生

---

① （明）褚宦修、（明）李希程纂：嘉靖《兰阳县志》卷五《学校志·生员》，见《天一阁藏明代方志选刊》，叶13b～14a。

② （清）顾炎武著、（清）黄汝成集释：《日知录集释》卷一七《生员额数》，392页，郑州，中州古籍出版社，1990。

③ 齐如山：《中国的科名》，见杨家骆主编：《中国选举史料·清代编》，1069～1070页。

员，即所谓诸生，即所谓茂才，即所谓博士弟子员，异名而同实也。”①此即其例。现归纳叙述如下：

第一，有称“秀才”者。如顾炎武说，“今俗谓生员为秀才”②。考“秀才”二字，原意是指“才之秀者”。其具体含义正如明人所释：“夫禾之高出曰秀，十中一人曰士。士肯好修，同学见其人而爱慕，居乡薰其德而善良。官于内则为朝署仪刑，官于外则为缙绅师表。此之为秀出，此之谓士。”③可见，所谓秀才，即指秀出之士。在清代乡俗中，又有“斯文一脉，扭扭捏捏”④之说，可以作为秀才一称的另一注脚。

秀才一称的起源，过去存有三说。⑤ 据近来学者研究，秀才之名起源于西汉说较为可信，而且明人称生员为秀才，亦以汉代秀才说为张本。不过值得指出的是，汉代秀才并非作为举人的科目之一，直到西晋时才出现了秀才科。随着时代的变迁，秀才科越发为世人所看重。到了魏晋南北朝，因实行九品官人法，并使之与门阀政治相结合，秀才科的地位反不显重要。自隋代以后，秀才科在贡举诸科中的地位最为崇高，相对说来，及第也较为困难，终隋之世，举秀才及第者不过10余人。至唐代，朝廷提高秀才及第者的品阶，将其置于贡举科目之最。⑥

---

① (明)朱舜水：《朱舜水集》卷一〇《答安东守约问八条》，372～373页，北京，中华书局，1981。

② (清)顾炎武著、(清)黄汝成集释：《日知录集释》卷一六《秀才》，377页。

③ (明)陈玉辉：《陈先生适适斋鉴须集》卷四《规士文》，见《四库全书存目丛书》影印本集部第182册，103页。按：明末清初人侯方域认为，“才秀于人，谓之秀才”。秀才之义，于此可见。说具(清)侯方域：《重学校》，见(清)贺长龄、(清)魏源等编：《清经世文编》卷五七，1435页，北京，中华书局，1992。

④ (清)李光庭：《乡言解颐》卷三《士》，36～37页，北京，中华书局，1982。

⑤ 关于秀才起源，有以下三说：其一，杨慎之说：“赵武灵论胡服云，俗辟民易，则是胡越无秀才也。”秀才之名本此。其二，即顾炎武之说，谓原出《史记·贾生传》：“年十八，以能诵诗属书，闻于郡中，吴廷尉为河南守，闻其秀才。”其三，即王先谦之说：“秀才所由命名，盖出《管子·小匡篇》，‘其秀才之能为士者，则是赖也’之文。”均见邓嗣禹：《中国考试制度史》，93页。

⑥ 张荣芳：《隋唐秀才科存废问题之检讨》，载《食货月刊》(复刊)，5～17页，第10卷，第12期；任育才：《科举甄才——唐代的秀才举人与进士》，载《食货月刊》(复刊)，1～10页，第7卷，第4期，1977。

明初曾经举秀才，如洪武四年(1371)，朝廷任命秀才丁士梅为苏州府知府，童权为扬州府知府，俱赐冠带。洪武十年，朝廷任命秀才徐尊生为翰林应奉。至洪武十五年，朝廷征至秀才数十人，又任命秀才曾泰为户部尚书。①

今人一提秀才，就联想到三家村之老学究，其形象多寒伧酸腐，仅为粗通八股之冬烘先生。其实正如前述，秀才科自出现以后，一直在贡举诸科中具有较高的地位，尤以唐代为甚。然自宋以后，秀才之声望地位已有下降之势。据洪迈《容斋三笔》，宋代已视秀才为“相轻之称”。② 到了明代，秀才更是成为生员的俗称，而且生员也不以秀才为荣，一听人称自己为秀才，就觉得是别人对自己的轻贱。③

第二，有称“茂才”者。明人钟惺云：“汉取士之科有茂才异等，有明经，有孝廉，三者不知所重何居？顾茂才者，则武帝诏中所称‘跅弛不羁非常之人’也，而今若抑之称士之为诸生者也。”④上述“茂才”，即秀才。按照通行的解释，茂才原名秀才，因避汉光武帝刘秀之名讳，故改名茂才。⑤

第三，有称“庠生”者。应该说，这一称呼才真正与生员贴切。庠序即学校。在明代，府学称郡庠，州、县学则称邑庠。童生参加考试，获选者称为进学，其意盖为得以进入学校读书。生员若进府学，称府庠生；进州、县学，则称邑庠生。于是，新进学的秀才拜客，写单帖

---

① (清)顾炎武著、(清)黄汝成集释：《日知录集释》卷一六《秀才》，377页。

② (清)顾炎武著、(清)黄汝成集释：《日知录集释》卷一六《秀才》，376页。

③ 如明代史料载：“世称青衿之士曰秀才。士子闻之，尚若以为轻己者。”参见(明)周梦暘：《常谈考误》卷三《秀才》，见《四库全书存目丛书》影印本子部第96册，587页。

④ (明)钟惺：《钟惺集》卷一八《贵州乡试录后序》，见《传世藏书·集库·别集》第10册，54页。

⑤ 齐如山：《中国的科名》，见杨家骆主编：《中国选举史料·清代编》，1069～1070页。又《路客丛书》云：“光武讳秀，以秀才为茂才。”说具(清)陆凤藻辑：《小知录》卷四《人物·岁进士》，120页，上海，上海古籍出版社，1991。其实，茂才者，也可释之为“才茂于人”。参见(清)侯方域：《重学校》，见(清)贺长龄、(清)魏源等编：《清经世文编》卷五七，1435页。

都写“新入邑(郡)庠某人拜”。①

第四，有称“博士弟子员”者。根据汉制，举士策于天子称“贤良方正”，察于州郡曰“孝廉茂才”，升于学校称“博士弟子”。② 此称有两层含义：一是明人俗称学校教官为“博士”，那么所谓博士弟子员者，则为学官教授下的弟子而已，而生员视教官如父师。这一层意思比较容易理解。二是知府、知县称父母官，则生员称“弟子员”者，是将地方官如知府、知县视若父母。明代史料载：“国初创造，府、州、县建学养士，彰勤饬惰，殿幽陟明，悉责成于守令提调，故称弟子员者，视守令犹父母也。”③

第五，有称“相公”者。明人冯梦龙记福建寿宁县习俗道：“吏与生员，人俱呼为相公，书手称先生。”④天下能措大事者唯有宰相，故称生员为“相公”，有期之以措大事之意。⑤

第六，有称“措大”者。措大一作“醋大”，以言生员之掉书袋。⑥清人已指出“醋大”一称之误，认为应称“措大”。若作措大，则指谓其能措大事。⑦

第七，有称“官人”者。据顾炎武《日知录》，官人为南方人称士子

---

① 齐如山：《中国的科名》，见杨家骆主编：《中国选举史料·清代编》，1069～1070页。

② 邓嗣禹：《中国考试制度史》，1页。

③ (明)魏良弼：《太常少卿魏水洲先生文集》卷四《南昌府儒学记》，见《四库全书存目丛书》影印本集部第85册，72页。

④ (明)冯梦龙：《寿宁待志》卷上《风俗》，见中国科学院图书馆编：《稀见中国地方志汇刊》第33册，281页。

⑤ (清)王应奎：《柳南随笔》卷二，24页，北京，中华书局，1983。

⑥ 关于称生员为“醋大”之原因，有四种说法：一为《资暇录》：世称士流为醋大，言其峭醋而冠四民之首。一说衣冠俨然，黎庶望之，有不可犯之色，如醋之酸而难饮也。一说云：昔有士人贫居新郑之郊，以驴负醋，巡邑而卖。邑人指其醋驮而号之。新郑多衣冠所居，因总被斯号。一说云：郑有醋沟，沟东向多甲族，以甲乙叙之，故曰醋大。均参见(清)福申：《俚俗集》卷一九《泛称类·措大》，529～530页，北京，书目文献出版社，1993。

⑦ (清)王应奎：《柳南随笔》卷二，24页。

之谓。入清，在江南尚普遍存有此称。①

第八，有称“青衿”者。明代史料说童生进学成为生员，多称“一青其衿”。生员之服，在宋代为白衣，故宋俗称生员为“白衣秀士”。宋代有一首嘲生员十七字诗云：“圣驾临辟雍，诸生尽鞠躬，头乌身上白，米虫。”②明初，生员仍沿用此服。至洪武二十四年，朝廷方命生员服襕衫。此后，士子进学获出身曰“脱白挂绿”③，即是此意。可见，青衿一称，得于生员所着之襕衫。由此，明人又称生员为“青袍生”。④

第九，有称“斋长”者。明代史料载：“秀才行于市，两巷人无不注目视之，曰：‘此某斋长也’。”⑤考斋长一称的起源与含义，当来自国子监之分班及称班长为“斋长”。《明史》说国子监教法，“每班选一人充斋长，督诸生工课”。⑥ 在明代士林，很看重同班。凡士同班，“则席砚皆同，于是为尤亲”⑦。地方儒学，仿国子监之制，也设斋。生员入学，归学官管理。府学教授，居府学学宫之东，称“东斋”；府学训导，居府学学宫之西，称“西斋”。县学教谕居学宫之东，亦称“东斋”；训导居学宫之西，称“西斋”。生员归属东、西斋肄业，分属教授(或教谕、学正)、训导统率。故生员之班长，也可称“斋长”。而称一般生员为“斋长”，大概有尊敬客气的意思。

第十，有称“师傅”者。明人记：“洪洞秀才曰师傅，别处称工匠曰

---

① (清)王应奎：《柳南随笔》卷二，24页。

② (明)郎瑛：《七修类稿》卷二六《辨证类·襕衫》，见《传世藏书·子库·杂记》第11册，137页。

③ (明)郎瑛：《七修类稿》卷二六《辨证类·襕衫》，见《传世藏书·子库·杂记》第11册，137页。

④ 如明人陈尧记道：丁海津，“方其盛年，补博士弟子员……乃偃蹇场屋，垂三十年，犹作一青袍生”。此即其例。参见(明)陈尧：《梧冈文正续两集合编》卷二《海津论草序》，见《四库全书存目丛书》影印本集部第101册，334页。

⑤ (明)陈玉辉：《陈先生适适斋鉴须集》卷四《规士文》，见《四库全书存目丛书》影印本集部第182册，102页。

⑥ (清)张廷玉等修：《明史》卷六九《选举志》，1677页。

⑦ (明)吴仕：《颐山私稿》卷四《同班录序》，见《四库全书存目丛书》影印本集部第70册，41页。

师傅。”①可见，这种称呼带有明显的地域特色。

十一，有称“酸子”者。此称为江湖切口、隐语，即黑话。如明代流传的《江湖方语》云：“酸子，乃秀才也。”②细绎之，此称大概源于称生员为“醋大”。

十二，有称“穷板子”者。傅山记犁娃嫁石生时语曰：“忆初许生时，微闻其语曰：‘不爱健儿，不爱衙豪，单爱穷板子秀才’。”傅山进而评点道：“‘穷板子’三字，前此也不曾闻，而始闻之娃。细绎之，穷不铜臭，板亦有廉隅，非顽滑无觚棱者可比，亦奇号也。”③

十三，有称“学匠”④者。如果说称生员为“先生”“师傅”还是一种尊称，那么，将生员从事教书的职业，如同泥匠、木匠、砖匠、锯匠、铜匠、铁匠一般称呼，称作“学匠”，显然是生员地位下降的一种侧面反映。现代民间称教师为“教书匠”，在明代已有其例。

二、生员的名色

明代生员大体可分为地方儒学的生员与贡入国子监的贡生两大类。地方儒学的生员，又可分为府、州、县的廪膳生员、增广生员、附学生员，卫学的军生、武生、官生，以及宗学的宗学生。贡入国子监的贡生则又可区分为岁贡生、选贡生、恩贡生、拔贡生、纳贡生。

清人福申《俚俗集》记：“唐《选举志》：元和二年，置东都监生一百员，自天宝后，生徒流散，永泰中，虽置西监生，而馆无定员，于是始定生员。按生谓监生，员其数也。以监生、生员为两项人，盖自宋

---

① (明)姚旅：《露书》卷七，见《四库全书存目丛书》影印本子部第111册，699页。

② [俄]李福清、李平编：《精镌汇编杂乐府新声雅调大明天下春》卷八，见《海外孤本晚明戏剧选集三种》，584页，上海，上海古籍出版社，1993。

③ (清)傅山：《傅山全书》卷二〇《犁娃从石生序》第1册，373～374页，太原，山西人民出版社，1991。

④ (清)西周生：《醒世姻缘传》第16回，235页，上海，上海古籍出版社，1985。

以来，州县皆设学也。”①由此可见，在宋以前，监生即生员，两者并无严格的区分。自宋以后，监生、生员遂分为二，两者有较大的区别。笔者考察的重点主要为地方儒学的生员。而在国子监中，各类贡生均来自地方学校，即为出学的生员，与生员的关系也不可能突然割断，故亦包括在研究的范围之内。②

(一)地方学校的生员

明末清初学者朱之瑜到了日本后，在向日本学者解释明代典章制度时，曾谈及明代的各色生员。他说：

> 秀才今谓之生员，即所谓诸生，即所谓茂才，即所谓博士弟子员，异名而同实也。其中有廪膳，有增广生，有附学生，有青衣，有社生，五者得科举。此外更有乡贤守祠、工、辽、寄学等生，不与科举之数。③

可见，明代地方儒学的生员，名色颇多，大体可分为“得科举”与“不与科举”两大类。前者说明生员不但是初级科名之一，得以享受免役诸特权，而且可以通过参加科举考试，获取更高的出身，后者只是名义上的生员，通过拥有一袭衣巾，或者拥有生员的头衔而享受免役权及其他身份特权，但与科举无涉，而且他们也不能通过科举考试获取更高的出身。

廪膳生员简称“廪生”，又称“食饩生”。在明代地方学校生员中，以廪膳生员地位最高，即使是学校的教官，也必须颇为客气地称廪生为“斋长”。此称始于金代，据《金史》记载，金代国子学设“斋长”，为

---

① (清)福申：《俚俗集》卷一六《官称・监生生员》，477～478页。

② 专门研究明代国子监生者，有林丽月所著《明代的国子监生》一书，所论甚详，足资参考。

③ (明)朱舜水：《朱舜水集》卷一〇《答安东守约问八条》，372～373页。按：中华书局校点本原校点者将乡贤、守祠分而为二，工、辽合而为一，误。乡贤守祠生即乡贤奉祠生，只是礼生的一种。平日守候乡贤祠或圣贤庙，当地方官在朔、望行香时，充赞礼生。工、辽指助工、助辽两种生员，均属捐纳生。

六斋之长的意思。① 洪武初年，朝廷令在京府学生员 60 人，在外府学 40 人，州学 30 人，县学 20 人，日给廪馔，听于民间补选，仍免其家差徭二丁。当时，尚无增广生，所有生员均享有朝廷所供给廪膳。后添设增广生员，且增广既多，于是朝廷将初设时食廪者称为廪膳生员。天顺六年，廪膳生员有缺，朝廷于增广生内考选学问优等者帮补。弘治七年(1494)朝廷奏准，廪膳有缺，不许将别学增广调补。②

首先，是廪膳生员。廪膳生员是地方儒学生员的最高层次，就其身份而言，似应比一般的生员(如增广、附学)高。主要表现在以下几个方面：

一是廪膳生员为食饩生，享有“日给廪膳”的待遇。生员有廪禄，始于宋、元。当时儒学皆有赐田，无田者任贤守令给之，上不禁止。入明，洪武十五年，明太祖鉴于学田多寡不均，著令“每岁县学给米 600 石，去学田不设，一概征米于有司。”③生员廪馔，大体变化如下：“洪武初，令师生廪食月米六斗。后复令日米一升，鱼、肉、盐、醯之类，皆官给之。十五年，定廪馔月米一石。正统元年，令有司佥与膳夫二名，日具馔于馔堂，教谕、训导、廪膳合食之。”④

二是与上述廪馔相关者，廪膳生员在学校会馔，而且有固定的号舍，供其肄业。

三是明代尤重廪膳生员，其考取相当困难。倘若生员由增广考取廪膳，则可以称为“学生”，以示一种身份特征。譬如明人鲁论言：“增广生、附学生考优等，遇廪缺出，得补，称学生。”⑤明末清初人叶梦珠也说：“乡、会试中式者，各刻硃卷，分送亲友。……由廪生中式者

① (明)谈迁：《枣林杂俎》和集《丛赘·新城王氏》，553 页。

② (明)申时行等修：《明会典》卷七八《学校·选补生员》，452 页。

③ (明)褚宦修、(明)李希程纂：嘉靖《兰阳县志》卷五《学校志·生员》，叶 13b～14a。

④ (明)李宗元纂修：嘉靖《沈丘县志》卷二《官制类·廪馔》，见《天一阁藏明代方志选刊续编》，1020 页。

⑤ (明)鲁论：《仕学全书》卷九《学校》，见《四库全书存目丛书》影印本史部第 262 册，82 页。

称某府州县学生，增广称增广生，附称附学生。今廪生中者称廪膳生，非体也。”①又明末清初学者朱之瑜记道：“秀才考中一二三名补粮，谓之廪膳，曰学生。”②叶梦珠又说：“前朝学校最盛，廪、贡最难。凡岁、科两试，不列一等一、二名，无望补廪，甚或有一、二名而无缺可补者。”③由此可见，从起源来说，“学生”一称均可指学校之生，然在明代，又专指廪膳生员，是一种身份象征。到了清代，子弟一概被呼为“学生”④，显然已是等而下之了。

四是廪生有定额，并有论资岁贡的机会。

五是廪生可以为童生考试作保，称“廪保”⑤，并获取一定的好处。

其次，是增广生员。增广生员简称增广生或增生，始于洪武二十年，然当时尚不拘额数。⑥ 宣德三年，朝廷定增广生员之额，在京府学 60 人，在外府学 40 人，州学 30 人，县学 20 人，照例优免差徭。⑦至景泰元年，照旧无额。成化三年，朝廷又定增广生员额数。

增广生员具有以下特点：其一，与廪膳生员一样，增广生员也设有定额；其二，增广生员相对于廪膳生员而言，地位稍低，又因有限定的额数，却又高于附学生员，故在考核、补廪方面比附学生员处于更有利的地位；其三，增广生员无廪膳，不在学校会馔，也无固定的号舍供其肄业，故多在家肄业，不过也有例外，如福建建阳县儒学，“增广生居息饮馔之所，与廪膳生者相等”⑧；其四，增广生员也照例享受免役的特权。

---

① （清）叶梦珠：《阅世编》卷二《科举五》，45 页。

② （明）朱舜水：《朱舜水集》卷一〇《答安东守约问八条》，373 页。

③ （清）叶梦珠：《阅世编》卷二《学校三》，29 页。

④ （清）福申：《俚俗集》卷一九《泛称类·学生》，529 页。

⑤ 齐如山：《中国的科名》，见《中国选举史料·清代编》，1098 页。

⑥ （明）申时行等修：《明会典》卷七八《学校·选补生员》，452 页。

⑦ （明）申时行等修：《明会典》卷七八《学校·选补生员》，452 页。按：一说增广生员有额始于宣德四年(1429)，疑误，当以《会典》为准。

⑧ （明）冯继科纂修：嘉靖《建阳县志》卷六《艺文志》，见《天一阁藏明代方志选刊》，叶 14b。

再次，是附学生员。在明代，凡初进学者，只称附学生员，简称“附生”。据载，正统十二年(1447)，“又令提调、教官于常额外考选军民俊秀子弟愿入学者为附学”。①

附学生员具有以下特点：其一，附学生员无廪膳，地位相对低于廪膳生员与增广生员；其二，附学生员无定额，多寡视郡邑大小不等而定；其三，附学生员无专门的肄业号舍，大多在家肄业，不过也有例外者，如颍州学，就设有附学号房二连，通共10间，以供附学生员在学肄业。②

最后，是青衣和社生。清顺治九年(1652)，朝廷题准，学政出巡，童生则填写文童、武童；生员则注明廪、增、附、青、社等字。③ 近人商衍鎏也说，清初沿明旧制，顺治九年朝廷题准岁考生员有六等黜陟法，并有青衣、发社两名目，为考劣等者降级之处分。④ 可见，清代仍沿明制，学中生员只有廪、增、附三种。然为了与生员考试制度相适应，故又有青衣、发社两种名色。

那么，明代生员中是否有青衣、社生两种名色？《明史·选举志》只提到青衣，无社生名色。⑤ 有鉴于此，有的学者在明代档案资料中，虽见到“发社”一称，并知其为次于青衣一级，然已不知其意涵与实际

---

① (明)李宗元纂修：嘉靖《沈丘县志》卷二《官制类·弟子员》，见《天一阁藏明代方志选刊续编》，1019页。按：一说附学生员始于成化初。嘉靖《兰阳县志》卷五《学校志·生员》，载《天一阁藏明代方志选刊》，叶15a。又一说正德十年(1515年)始有附学生员。参见(清)王弘撰：《山志》卷四《生员》，见《四库全书存目丛书》影印本子部第115册，142页。未知孰是，俟考。

② (明)刘节纂修：正德《颍州志》卷二《学校》，见《天一阁藏明代方志选刊》，叶3a。

③ (清)昆冈等修：光绪《钦定大清会典事例》卷三八九《礼部·学校·考试规条》，见杨家骆主编：《中国选举史料·清代编》，811页。

④ (清)商衍鎏：《清代科举考试述录》，18页，北京，生活·读书·新知三联书店，1983。

⑤ 《明史》论六等考试诸生之法云：“一等前列，视廪膳生有缺，依次充补，其次补增广生。一二等皆给赏，三等如常，四等挞责，五等则廪、增递降一等，附生降为青衣，六等黜革。”(清)张廷玉等修：《明史》卷六九《选举志》，1687页。

情形。①

据笔者考察，青衣、发社(或社生)，在明代初期尚未出现，故《明史》皆本明初实况而言，然至少自嘉靖(或许应上推至正统)以后，由于生员考试制度更趋严密，其体制也更趋合理，于是出现了青衣、社生这两种名色。故清人在记明代史事时说，“后又有青、社之名”。② 试举下面几段史料记载以证之。

鲁论《仕学全书》云：

> 正统元年，设提学宪臣，凡府、州、县学俾岁一行视，定文艺优劣为六等：一等奖赏，增、附遇缺，皆陟廪；二等附陟增，增陟廪；三等照旧；四等加朴；五等廪降增，增降附，附降社；若六等，廪追月米，降吏，增、附并黜为民。惟入学未及六年，准发社肄业。③

又王宗沐《敬所王先生文集》也说：

> 其生员不拘丁忧、青衣、发社等项，但有父母急难切已事情，教官看详原词，果出必不得已，许其离学赴各该衙门具告。④

而祁彪佳的记载也可为我们提供另一证据：

> 查得本道条约内一款，凡行劣停降，果能改行自新，听提调官核实，酌申详夺。今有府学生员陈于庭，向前道周考取三等前

① 蔡嘉麟：《明代的卫学教育》。

② (清)顾耿臣修：康熙《鄌州志》卷二《建置志》，见《稀见中国地方志汇刊》第 8 册，761 页。

③ (明)鲁论：《仕学全书》卷九《学校・府州县学》，见《四库全书存目丛书》影印本史部第 262 册，82 页。

④ (明)王宗沐：《敬所王先生文集》卷二七《檄各儒学》，见《四库全书存目丛书》影印本集部第 111 册，594 页。

> 数名，因领赏纸不恭，致蒙前道与方元炜、方师中、陈人文一同降青。查得本生文才可造，行谊更佳，经前府查核昭雪，不过一时失于检点，原无傲上凌等之意，前道已有悔艾改过之批。今除陈人文丁忧未预考外，元炜、师中已蒙本道收复，方元炜且准其补廪矣。①

综合上述诸家记载，再验之以清代典制，笔者试对青衣、发社(或称社生)做一些初步的解释。清承明制，从清代的制度以观明制，可知青衣、发社是对考劣等者降级的处分。尽管生员已被降级，并改穿一般的青衣，然与革巾或“黜为民”似又有区别。降级只是暂时性的，其生员身份仍可通过与生员一起参加岁考取得优等而起复，甚至可以参加科考，若获优等，仍可参加乡试。② 而生员一旦被黜为民，则不但完全被革去衣巾，而且需要重新与童生一起参加童试，走童生考秀才之路，获得优异名次，方可充任生员。上述其中一段史料言，若考六等，增、附迳黜为民，然若入学未满六年，可以发社肄业。从这种意义上说，即使发社肄业，仍比“黜为民”算作优待的处分。

正如前述，青衣是一种降级的处分，是在生员序列内的降级，即

---

① (明)祁彪佳：《杂录·详陈生收复文》，见《祁彪佳文稿》(三)，2705页，北京，书目文献出版社，1991。

② 明末清初学者朱之瑜将青衣、社生与廪、增、附三种生员并列，称其均可参加科举，以与乡贤守祠生以及助工、助辽、寄学等相区别。参见(明)朱舜水：《朱舜水集》卷一〇《答安东守约问八条》，372～373页。而在明代的一些地方志中，除了登录最基本的廪、增、附三生外，仍详细开列停廪、起复廪膳生、增广生、革巾附学生、起复附学生等名目。其起复附学生，即是由青衣、社生通过考优等而起复者。参见(明)冯惟敏等纂修：万历《保定府志》卷一七《学政志》，见《日本藏中国罕见地方志丛刊》，400～403页。至于廪生停廪，可举下面一例：江浦廪生徐万镒补廪才一年，赵宗师考停粮，限十个月由府送考。及领府文书，将赴察院。云云。其中所载，大抵已经道出停粮廪生重新获取廪膳的程序。参见(明)周晖：《二续金陵琐事》卷下《二鬼将石压心》，342页，南京，南京出版社，2007。按：蔡嘉麟前揭文对“青衣”也有一套自己的解释。笔者的理解大体与其相同，然稍有补充。蔡嘉麟：《明代的卫学教育》，105页，注(67)。

由襴衫改着青衫。[①] 日本学者宫崎市定又做出这样的解释："青衣，意味着一个生员的暂时停学。"[②]这种解释显然是合理的。

由此引申，社生也是一种降级处分，意味着一个生员暂时失去在府、州、县、卫学肄业的资格，发到社学肄业。按照明代的制度，社学为官学，其中的社生，尽管可以考充生员，有时也部分获取免役的特权，然社生终究属于童生，而与生员有别。发社肄业之社生，虽属一种惩戒，然仍有候补生员之资格。换言之，此社生不同于在社学开蒙之彼社生。这一点仍应点明，以免引起混淆。

(二)卫学生员

都司学、卫学中生员名色，大体包括武生、军生、官生三种。[③]依其所业课程之差异，武生在明代有以下两种不同的含义：

一是指习读《武经七书》并应武举之武官子弟。这就不能不提及武学。明初洪武年间，明太祖朱元璋崇尚文武兼备全才，故当礼部建议设立武学、建武庙，却并不为其所采纳。[④] 正统中期，成国公朱勇奏选骁勇都指挥等官 51 员，熟娴骑射幼官 100 员，朝廷始命两京建武学训诲武官子弟。不久朝廷又命都司、卫所应袭子弟年 10 岁以上，提学官选送武学读书，无武学者，送入卫学或附近儒学肄业。成化中期，朝廷敕所司岁终考试入学武生。十年以上无可取者，追廪还官，送营操练。[⑤]

值得指出的是，明代起始只有南北两京设有武学，而在地方府、

---

① (清)商衍鎏：《清代科举考试述录》，18～19 页。按：清代青衣不许科考录遗，送乡试充对读生。而在明代，青衣则仍允许科考。

② Ichisad Migazaki，*China's Examination Hell*，New York，Yale University Press，1976，p. 140.

③ 蔡嘉麟：《明代的卫学教育》，91～96 页。按：蔡文指出，明代卫学生员的来源，除了上述三种外，尚有民生、文职官吏子弟、土官嫡子以及商人子弟。然考虑到都司学与卫学的本身特点，笔者只考察武生、军生、官生三种，余者略而不论。

④ (清)顾炎武著、(清)黄汝成集释：《日知录集释》卷一七《武学》，416～417 页。

⑤ (清)张廷玉等修：《明史》卷六九《选举志》，1690 页。

州、县，则无武学。应武科乡试者，虽然也称“武生”，大体均属学业粗疏，负材矜气之子弟；或原属军籍而学书不就者，则习《武经》，学弓马，中式则为武举，不中则依然为齐民，没有所谓的武生员。崇祯十年(1637)，“始诏郡邑考取武生员，并入学宫，令督学考校”。① 可见，在明代，虽一直也有“武生”之称，然这些卫学或其他地方儒学中的武生，其实是以所业不同，而有文、武之分。如万历四十年，兵备道高邦佐在河间府另创武学，“每三岁试骑射论策，抡数十人入学，择武举一员训之，名曰科正。乃事耑重于兵道，不必学使者矣。而武生能文，中学院试者，复得进儒学”。② 虽同为武生，名则相同，而实已稍异：习“骑射论策”者，专由兵备道辖制，参加的是武举，是真正意义上的武生；而习文者，复归提学道管辖，进入地方儒学或卫学肄业，则为文生。直至明代，方出现专门的武生员。然仍介于文、武之间。如山东临清设有武生，明崇祯年间属东昌道考取，附册入文学。后归提学道。③

二是指在卫学中习学举子业、目的是为科举仕宦之武官子弟。这类武生，虽号称武生，实则文生。其中文、武之间的微妙变化，可引清人一则记载加以说明之：“按旧志，王悦由武生应乡贡，心甚疑之。又问德征陶先生，知明指挥舍人成童即为武生，经提学道考试三次，不居劣等，准作文生。故王悦充贡，犹溯武生，不忘所自也。”④由此可见，明代武官子弟成童以后均可称作武生。然其后即发生分流：或经提学道考试三次，不居劣等，准作文生，应科举考试；或习学《武经七书》或弓马，应武举。即使如此，直到明末才出现真正意义上的武生员。此前之所谓武生，虽因所习不同而有文、武之别，然即使是习学武学之武生，亦可随时转化为文生。这是明清两代武生之不同处。

---

① (清)叶梦珠：《阅世编》卷二《学校四》，31 页。

② (明)杜应芳修：万历《河间府志》卷三《庙学志》，见《稀见中国地方志汇刊》第 3 册，94 页。

③ (清)于睿明修：康熙《临清州志》卷二《学校》，见《稀见中国地方志汇刊》第 9 册，1096 页。

④ (清)毕懋第等修：《威海卫志》卷一〇《外志·丛谈》，叶 5a。

明人陆容言："武官子弟曰武生，军中俊秀曰军生。"①武官子弟，当指卫所武官应袭舍人与舍余；而军中俊秀，当包括军士之俊秀或军余中之俊秀。可见，凡是军士俊秀或军余中之俊秀成为卫学生员者，均可称为军生。

官生的来源，也是武官子弟。在明代的卫学中，官生、军生、武生三种往往同时并存。如明代天津卫之乡科、甲科人员中，各有官生、军生、武生三种名色。② 此即其例。官生与武生虽均属武官子弟，其间尚有一定的差别。所谓官生，当指都司、卫所武官之应袭舍人入学者；所谓武生，当指武官之庶子即舍余入学者。传统家族制度之嫡、庶之别，可能就是造成卫学中官生、武生之分的原因。

官生、军生、武生是卫学中生员因其出身而定的分类，起决定作用的是"籍"，即官籍、旗籍，抑或军籍。而这些生员一旦进入卫学肄业，则亦仿地方儒学设廪膳、增广、附学之例，按照其学业高下，分为优等、次等、附学三个等第。以天津卫学为例，正德十一年(1516)，朝廷规定卫学比照各县学廪膳名数，设优等生 20 名；比增广名数，设次等生 20 名；而其余生员俱作附学之数。③ 又大宁都司儒学生员，亦分优等生、次等生、附学生三种。④ 显然，优等生相当于廪膳生，而次等生则相当于增广生。⑤

一般说来，卫学生员无廪养。此前，除分优等生、次等生、附学生外，有些卫学则将所属军生，分成科举、习举、初学三等，科举生

---

① (明)陆容：《菽园杂记》，见(明)邓士龙辑：《国朝典故》(下册)，卷七八，1688 页，许大龄、王天有点校，北京，北京大学出版社，1993。

② (清)薛柱斗修、(清)高必大纂：《新校天津卫志》卷三《封荫科甲贡例》，叶6b～18b。

③ (清)薛柱斗修、(清)高必大纂：《新校天津卫志》卷三《崇祀・文庙》，叶2a～8b。

④ (明)冯惟敏等纂修：万历《保定府志》卷一七《学政志》，见《日本藏中国罕见地方志丛刊》，400～403 页。

⑤ 譬如，金山卫学于嘉靖十九年(1540)始设廪膳生员，"以文之优者二十人当廪膳之数，而次第贡之"。参见(明)徐阶：《世经堂集》卷一四《金山卫学初置廪膳记》，见《四库全书存目丛书》影印本集部第 79 册，651 页。

员为一等，习举生员为二等，初学生员为三等①，相当于地方儒学之廪膳、增广、附学。

(三)其他生员

除了上述地方儒学或都司儒学中的各色生员外，尚有宗学中之宗生以及不参与科举之各类礼生与助工、助辽、纳谷寄学生员。

宗学生员其实与地方儒学生员并无二致，因其多由宗室成员充任，故在科举试录中，往往书明“宗学学生”，以示区别。可引下面一段记述为证：“国初只有廪生，后乃加增广、附学，故试录于某府州县下，廪则止书一‘生’字，余则加‘增广’、‘附学’于‘生’字上。此旧例也。河南周藩宗学创开科第，误书‘宗学学生’，多一‘学’字。”②

明代地方儒学中，多设有礼生，由儒学生员应充。这种礼生，属于临时征发。其实，平时与儒学生员一般无异。先看下面一段史料记载：

> 又查得礼生之设，具见国朝礼制，必朝廷礼典，及圣贤祠庙，乃为可用。其于处所，亦自有节。非如近日之滥，但遇司府行礼，一概以生员为之也。③

由上可知，按照明代制度，礼生的设立，无非是为了应付朝廷的礼制大典或圣贤祠庙祭祀时所用。所谓的传命生、赞礼生、纠礼生、举案生，虽名称各异，实均属礼生，多由地方儒学中之生员临时充任。如陈镒、俞士悦同为诸生，“时郡守进香城隍庙，二公职当赞礼”。④此即其例。

另有一种专设的礼生，具有生员身份，却不能参加科举考试。乡

① (明)胡汝砺编纂：弘治《宁夏新志》卷一《学校》，见《天一阁藏明代方志选刊续编》，225 页。

② (清)杨士聪：《玉堂荟记》卷三，18 页，民国四年吴兴嘉业堂刻本。

③ (明)姚镆：《东泉文集》卷八《广西学政》，见《四库全书存目丛书》影印本集部第 46 册，724～725 页。

④ (明)赵善政：《宾退录》卷二，叶 8b，清道光十三年《泾川丛书》本。

贤守祠生即为此类生员的代表。明人海瑞任南平县教谕时曾议定：“凡一应祭祀等事，礼生并赍诏书人员，俱本职秉公自行编取。”①虽未明言从现有的学中生员中编取，抑或另选礼生，然礼生的存在则不言而喻。叶梦珠言：“吾生之初，学校最盛。即如上海一学，除乡贤奉祠生及告老衣巾生而外，见列岁科红案者，廪、增、附生，共约六百五十余名。”②又如云南寻甸府学生员，除了常见的廪、增、附生外，又设“习礼生员”③，大概也与乡贤守祠生相同。

在湖南武陵、桃源间，这种礼生又被称作“赞生”，可以通过纳银而获得。据包汝楫《南中纪闻》：“武陵、桃源间又有所谓赞生，纳银五六两，县给札付，专司行香拜贺赞礼，服色与诸生同，混见道、府、州邑，称谓起居，一如诸生仪节，昂部街市，人不敢呵。此亦学宫之一玷也。”④

至明代晚期，朝廷财政败坏，边饷缺乏，生员均可以用钱买得。于是，出现了“纳谷寄学”、助边的“辽生”、助工的“例生”、助饷的“饷生”。前揭包汝楫《南中纪闻》又载：“自军饷繁兴，开辽生之例。每名输银百两有奇，给授衣巾，愿考试者学臣一体黜陟，不与考者青衿终身，尚有限制也。楚中济黔饷，别有饷生之例，每名仅二十两，亦滥极矣。”⑤万历四年，民间俊秀子弟，若能纳谷，可以“赴提学告准附学名目”，称为“新附”⑥。这种“新附”生，即纳谷寄学之始。万历三十七

① （明）海瑞：《海瑞集》上编《教约》，18 页，北京，中华书局，1962。

② （清）叶梦珠：《阅世编》卷二《学校一》，26 页。

③ （明）王尚用修，（明）陈梓、张腾纂：嘉靖《寻甸府志》卷上《学校》，见《天一阁藏明代方志选刊》，叶 48b。

④ 转引自吴晗：《明代的新仕宦阶级——社会的、政治的、文化的关系及其生活》，见《明史研究论丛》第 5 辑，13 页。

⑤ 转引自吴晗：《明代的新仕宦阶级——社会的、政治的、文化的关系及其生活》，见《明史研究论丛》第 5 辑，13 页。

⑥ “中央研究院”历史语言研究所编：《明实录·明神宗实录》卷四九，1121～1122 页。

年(1609)，出现了“纳谷秀才”①。博学如顾炎武，在天启五年(1625)13岁时，由其祖父出面，就已纳谷寄学，且学中之名为“继绅”，可见顾炎武最初的出身也是“纳谷寄学”的“纳谷秀才”②。又如文名颇盛的徐作霖，“少不得志于有司，以入赀为诸生”③，亦为纳谷寄学。这种纳谷寄学的生员，由提学道考试后，可以准作附生而正式入学。

天启六年，又出现了“助工秀才”④。这种助工秀才，又称“例生”。又有因助边而游泮者，称“辽生”。这两类生员，皆市井无赖混充，不可参与科举考试。于是，即使厮隶下贱，“予数十金，辄青子衿矣”⑤。

崇祯十三至崇祯十四年(1640—1641)，山东发生重大蝗灾，更是出现了“蝗虫秀才”这种名色。据史料记载，明末朝廷下令，凡是能“收蝗五十石”，就可以补为诸生，时称为“蝗虫秀才”⑥。

“衣巾生员”与“冠带生员”，均属荣誉身份，是生员在穷途末路时的无奈选择。按照明代制度，生员“累试不第、年逾五十、愿告退闲者，给与冠带，仍复其身”⑦。生员在累试不第的情况下，若要保有生员身份，就必须不断地参加岁试、科试，而且考入末等，还会被革巾。于是，一些年老生员就上告退闲，以冠带或衣巾终身。如嘉靖十六年，“诏士更数举弗与，年且逾艾者，给仕者冠服荣之”⑧。又明人言：“生

---

① (清)刘本沛：《虞书》，见(清)丁祖荫辑：《虞阳说苑》乙编，叶22b，初园丁氏校印本。

② (清)陈舜系：《乱离见闻录》卷上《补证》，见《明史资料丛刊》第3辑，87页；(清)吴映奎辑：《亭林先生年谱》，见(清)顾炎武：《亭林先生遗书汇辑》第4册，3156页，南京，凤凰出版社，2011。

③ (明)侯方域：《徐作霖张渭传》，见(清)黄宗羲编：《明文海》卷四〇六，4229页。

④ (清)刘本沛：《虞书》，见(清)丁祖荫辑：《虞阳说苑》乙编，叶22b。

⑤ (清)傅维麟：《明书》卷六二《学校志》，见《丛书集成新编》第118册，760页。

⑥ (明)谈迁：《枣林杂俎》和集《丛赘·蝗虫秀才》，616页。

⑦ (清)张廷玉等修：《明史》卷六九《选举志》，1688～1689页。

⑧ (明)戴暨：《戴中丞遗集》卷四《赠诸孙鸣远秀才冠带序》，见《四库全书存目丛书》影印本集部第74册，58页。

员之贡举不及者，赐之冠带。此我国朝重士之典也。整冠束带，以齿缙绅，以尊瞻视，其荣矣哉!”①无论是冠带生员，还是衣巾生员，无不具有以下特点：不必再参加岁试，即可终身保有冠带或衣巾，或跻身缙绅行列，或永享生员身份特权，即士人的体面；既告退闲，当然不能再参加科举考试，只能享有“复其身”的优免权，不能再与其他生员一样，优免家内二丁徭役。冠带生员与衣巾生员之区别，则在于前者以冠带终身，尽管一辈子不能通过贡、举二途步入仕途、位列缙绅，然至老通过朝廷的恩典，亦可享受缙绅的荣耀；而后者为衣巾终身，尽管奋搏一生，却不获科举出身，只好至老凭朝廷的恩典，终身享受生员的体面。这些衣巾生员因在体面上不及冠带生员，故大多数衣巾生员均充社学教师，借此糊口。

(四)贡生

贡生指由府、州、县、卫儒学贡入国子监肄业者。在明代，贡生一般别称“明经”②。其中的岁贡生，又别称“岁进士”。

凡臣有献于君，均可称之为“贡”。然最重者则为“贡士”。究其原因，“盖士也者，国之桢干，必得士然后可以立国。故贡士莫重焉”③。据明人董其昌考证，贡士之制，始见于周。“唐武德初，诸州号明经俊秀，州县试取合格者，每年月随方物贡。武后时，刘承庆疏：伏见比来天下所贡物，至元日皆陈在御前，唯贡人独于朝堂拜，恐所谓重物轻人，请贡人列方物之前。从之。此贡人群见之始。”④

贡生是监生的一种，然贡监生又与普通的监生有异。这需要从明

---

① (明)曾嘉浩修、(明)汪心纂：嘉靖《尉氏县志》卷三《人物类・冠带生员》，见《天一阁藏明代方志选刊》，叶 84b。

② (清)顾炎武著、(清)黄汝成集释：《日知录集释》卷一六《明经》，276 页。按：顾炎武曾将“明经”之原义与明代贡生作一比较，指出以明代贡生为“明经”之非。然明人称谓，多喜用古名，以示风雅。此明代士人习气，原不必以是否贴切本义论也。

③ (明)程文德：《程文恭遗稿》卷一三《岁贡会录跋》，见《四库全书存目丛书》影印本集部第 90 册，223 页。

④ (明)董其昌：《学科考略・贡士》，见《丛书集成新编》第 31 册，9～10 页。

代国子监监生的来源说起。明初设立国子监，其监生的来源较为简单，分为以下两类：一类是官生，另一类是民生。官生又分两等，一等是品官子弟，另一等是土司子弟和海外学生(留学生)。官生是由皇帝指派分发的，出自特恩。民生由地方官保送。民生的来源，分贡监、举监两类。明初，贡监出于岁贡，举监是举人入监。洪武初年，朝廷择年少举人入国子监读书。洪武十八年(1385)，朝廷又令会试下第举人送监卒业，不为例。①

其后，国子监生的来源，无论官生、民生，均有扩大的趋势。即以官生为例，就出现了特荫的“恩生”。如湖广行省参政吴云死事云南，录其子吴黻为国子生。此后凡御敌阵亡，则不问其官品外内，均可议荫。即以民生为例，也出现了特例的“功生”。凡个别生员有能擒斩虏首，许入监肄业。如正德十二年(1517)，会昌县报效生员文泮擒斩大帽山贼首从五人，送监叙用。② 此外，又有纳赀入监的“纳贡”与“例监”。

笔者在此予以考察者，不是官生，而是民生。而在民生中，纳赀入监的“例监”以及举人入监的“举监”，亦略而不论，专述各类贡监生。关于明代贡生种类，史籍记载不一。康熙《长子县志》云：

> 明洪武四年开科。后十六年，复议定天下府、州、县岁贡各一人。其后又有恩贡、拔贡、副车、准贡，皆与科目并重，不得而歧视矣。以例入太学者，均得与铨次，亦贡之流亚也。③

---

① 吴晗：《明初的学校》，见《读史札记》，321～325页。按：明初亦有军卫子弟选入国子监肄业者，称“军生”。自洪武三十年(1397)立京卫武学，而外卫子弟又多系籍附近州县，其名遂废。

② (明)郭鎜：《皇明太学志》卷一《官民生》，叶41a～47b，北京，学苑出版社，1996。

③ (清)郭守邦修：康熙《长子县志》卷四《人物志·贡监》，见《稀见中国地方志汇刊》第5册，111页。

康熙《鹿邑县志》亦云：

> 明初岁贡一途最重，故邑之黄、冀二公，秩登卿贰，而田君寿亦至侍御史。其后有恩、拔、副榜之贡，有选、荫、准、例之贡。①

明末清初著名学者朱之瑜说：

> 我朝国初重贡，成、弘以后单重甲科，谓之两榜。即如贡生，亦有不同：有选贡、有恩贡、有拔贡、有岁贡、有准贡、例贡高下之不等。②

黄洪宪《碧山学士集》记道：

> 贡途有三：曰岁贡，曰选贡，曰恩贡。岁需次最久，恩泽不几得之。惟选贡特采茂异，多登名发策者。③

综合上述几家记载可知，明代的贡生分别有岁贡、选贡、恩贡、拔贡、准贡、副榜之贡、荫贡。其中副榜之贡、荫贡，不属生员出贡，略而不论。在上述贡生中，尤以岁贡、选贡、恩贡为最常见。至弘光朝，又出现了“京贡”④。

上古时期，取士必诸侯岁贡。岁贡之名，意此。岁贡生，别称“岁进士”。关于岁贡生，明代史料作如下解释：“学校诸生，廪食深者，

---

① (清)吕士鵕纂修：康熙《鹿邑县志》卷五《贡举》，见《稀见中国地方志汇刊》第 35 册，84 页。

② (明)朱舜水：《朱舜水集》卷二《安南供役纪事》，16 页。

③ 黄洪宪：《碧山学士集》卷九《秀水县志》，见《四库禁毁书丛刊》影印本集部第 30 册，277 页，北京，北京出版社，1997。

④ (清)刘本沛：《虞书》，见(清)丁祖荫辑：《虞阳说苑》乙编，叶 3a。

岁得入，授以儒官，主风教。盖取老成典则，足以仪俗风士也。"①可见，岁贡自府、州、县学选升入国子监，积分及数，而后入官。此汉博士弟子与宋舍选之遗意。周之乡举里选，亦如此。然论德较艺，稍有不同。

洪武六年二月，朝廷命礼部榜谕天下府、州、县学，"自明年为始，岁贡生员各一人，正月至京，从翰林院试经义、四书义各一道，判语各一条，中式者入国子监，不中者罚之。"②此为岁贡生之始。嘉靖十年，朝廷下令"天下岁贡五人选其一"，至嘉靖十五年(1536)停止。所谓岁贡，照例也是"通学考选"③。明初科目未设，岁贡先行，岁贡生多跻显仕。其后，或循资，或较艺，以收科目遗才，与科目并行不废，科、贡并称，均属选士正途。

廪膳生员年满无过，试中得贡，即称岁贡。故岁贡又称"挨贡"，其特点是"尚齿德"。岁贡生一般以入学年深、曾经科举者应充。后比廪膳生员例，以科举次数多者应贡。如果科举次数相同，仍论其入学之年；倘若年数、科数相同，再论其入学文案名第的先后，或行月课积分之法，以分多者以次补选。明中期以后月课已形同虚设，故此法见行者不多。

凡岁贡生员，学校教官应上"结状"，以证明所贡生员身份。结状内容如下："勘得本斋正贡生李珣……嘉靖十二年起贡。别无违碍，中间并不敢扶同，如违敢罪，结状是实。"④

岁贡生之得，尤其讲究资格，获取甚难。明代廪生非二十年之外，无望岁贡，甚或有三四十年，头童齿豁而始得岁贡者。⑤

---

① (明)张梯修、(明)葛臣纂：嘉靖《固始县志》卷六《选举志・岁贡》，见《天一阁藏明代方志选刊》，叶6b。

② (明)徐学聚：《国朝典汇》卷八四《吏部》第五十《贡士》，见宋祥瑞主编：《明清史料丛编》第6册，4456页，北京，北京大学出版社，1993。

③ (明)谈迁：《枣林杂俎》圣集《科牍・明经》，169页。

④ 辽宁省档案馆、辽宁社会科学院历史研究所编：《明代辽东档案汇编》下册，1030页，沈阳，辽沈书社，1985。

⑤ (清)叶梦珠：《阅世编》卷二《学校三》，29页。

据清人袁枚《随园随笔》，弘治中期，南京国子监祭酒章懋言岁贡挨次，“多衰废者，乞令提学行选贡之法，不分廪膳、增、附生员，学优年富者，通行考选。选贡即今之拔贡也”。① 可见，选贡生与岁贡生之挨次不同，而是通过考选而得。又《清史稿》言：“拔贡，因明选贡遗制。”顺治元年(1644)举行。②

上述两则记述至少说明以下三点：一是选贡等同于拔贡；二是拔贡因明选贡之制；三是明代只有选贡，而拔贡则始于清。③

事实不尽如此。从贡法来说，选贡与拔贡均为不定期之贡士制度，而且均须经过考试选拔，有其相通处。从这种意义上说，拔贡之制，确乎因袭选贡而来。然需要指出的是，明代已有拔贡的存在，而且早在明代，选贡、拔贡已稍有区别。下面几段史料记载，事实上已经提供了有力的证据。鲁论《仕学全书》云：

> 累朝来复诏拔贡，或以国庆拔，或以国学缺生徒拔，仍得与两畿乡试。其已入国学拔历者，历满赴吏部授有司。④

---

① (清)福申：《俚俗集》卷一六《官称·选贡》，477页。

② 赵尔巽：《清史稿·选举志》一《学校》上，见杨家骆主编：《中国选举史料·清代编》，4页。

③ 按：清初多将选贡、拔贡混用。如“顺治元年谕，首举选贡，抡才盛典，准先行岁考，补足廪生，以拔其尤。”“又题准，拔贡定例，汇通省廪生于贡院中。”康熙以后，称拔贡者居多，然亦有混称者。譬如史可法幕中士王之桢所著《跋史师相乞闲咏叙》一文，署“拔贡王之桢”。又光绪《盐城县志》卷一〇《人物》，云“弘光乙酉，可法举桢充选贡，授官”，称王之桢为选贡。选贡、拔贡亦混称。分见《光绪大清会典事例》卷三八四《礼部·学校·拔贡事宜》，见杨家骆主编：《中国选举史料·清代编》，734页；(明)史可法：《史可法集》附录，134页，上海，上海古籍出版社，1984。又齐如山：《中国的科名》，见杨家骆主编：《中国选举史料·清代编》，1107页，齐如山在此书言：“拔贡亦曰拔贡生。这个名词从前没有，大概始自前清。”按：此说误，拔贡始自明。

④ (明)鲁论：《仕学全书》卷九《学校》，见《四库全书存目丛书》影印本史部第262册，86页。

朱之瑜记道：

> 更有高者曰选贡生、恩贡生，此合通学廪膳考中者也。二者一同。更高者曰拔贡，此合通学之廪，增附而超拔之者也。①

选贡之法，并非始自弘治中期。洪武二十年，朝廷诏选天下府、州、县学生。此为选贡生之始。其后间一行之，不著令。正统六年(1441)，朝廷又行选贡法。② 而拔贡则较迟出现，在明末则尤为常见。据谈迁记载，明崇祯八年(1635)，“通考各学廪生，拔贡一人”③。清初人汤斌亦记载：“明崇祯己亥，开拔贡，依乡试例而减其一场。”④崇祯帝在位十七年，有“乙亥”(崇祯八年)与“己卯”年(崇祯十二年)，无“己亥”年。汤斌所记“己亥”年，当是“乙亥”年或“己卯”年之误。

通观上面史料记载，若是按照朱之瑜的说法，选贡与拔贡之别，在于选贡只是合通学廪膳生考选，而拔贡则合通学廪、增、附而超拔之。⑤ 若是按照谈迁的说法，所谓的拔贡，则完全与选贡相同，仅仅从通学廪膳生中考取。两者记载各不相同，具体如何，当有待于新史料的发现而再加辨析。然不论何种说法，均足证明末已经出现了拔贡。

恩贡生与选贡生有相同之处，均为从通学廪生中选拔。如明人载：“今天子(明穆宗——引者)文治初兴，乃加恩海内，诏天下督学宪臣各合其省之廪士而群试之，州邑咸取其一，郡则倍，次第其名氏，以达

---

① (明)朱舜水：《朱舜水集》卷一〇《答安东守约问八条》，373 页。

② (明)陈大科、(明)戴耀修：万历《广东通志》卷七《学官子弟》，见《稀见中国地方志汇刊》第 42 册，160 页。

③ (明)谈迁：《枣林杂俎》圣集《科牍·明经》，170 页。

④ (清)汤斌：《汤子遗书》卷六《拔贡彦公赵君墓志铭》，见(清)汤斌：《汤斌集》上册，280 页，郑州，中州古籍出版社，2003。

⑤ 按：万历二十年(1592)，以国学空虚，“复诏天下府、州、县学廪生以实之，从礼臣刘元震议也。”参见(明)陈大科、(明)戴耀修：万历《广东通志》卷七《学官子弟》，见《稀见中国地方志汇刊》第 42 册，160 页。可见，选贡实是从廪生中选拔。然从上引谈迁所言来看，拔贡亦有从廪生中超拔者。清代选、拔二贡相混，其因盖由于此。

于南宫，而升于太学，以侍瞽宗之教，谓之恩贡。”①然选贡为国学空虚时行之，而恩贡则为遇皇帝登极，殚恩例外开贡。正如冯梦龙所言：“两雍虚，则有选贡。大典成，则有恩贡。”②如崇祯元年，“登极恩贡”。崇祯十七年(1644)，又“各学恩贡一人”③。

明朝恩例颇多，主要有四。一为恩典。文官考满，或遇恩例，七品至四品得封赠父母如己官，二品、三品及二代，一品及三代。其三品以上考满，或遇恩例，荫子弟一人入监。二为例荐，谓保举人才之属，领文得诣吏部铨授，洪武、永乐后其例废止。三为例贡。景泰二年(1451)，北虏犯边，朝廷始令生员纳粟纳马，得充监生，天顺初年，例止，成化初年复兴，弘治初年例止，正德中期复行。四为例授。义民纳粟千石以下，授七品散官及冠带荣身。无论是荫子入监的恩生，抑或纳粟纳马的例贡生，虽均为监生，并属恩例，然与恩贡生却有明显的区别。

准贡生分为廪例纳贡、副榜准贡，亦为不定期的贡生。所谓廪例纳贡，即例贡中之纳贡生，而副榜准贡，即为会试落第举人进国子监肄业者。

例贡分为两种：一为生员应例，一为俊秀应例。④ 两者虽同称例贡生，差别却甚大。诸生廪食历年，多壅阏不通，于是一部分生员捐赀入国子监，称为“纳贡”。若非诸生，以赀入监，则称为“例监”。例监所授官职，不得与纳贡生同。⑤

---

① （明）姚翼：《玩画斋杂著编》卷三《江西恩贡录后序》，见《四库全书存目丛书》影印本集部第188册，286页。

② （明）冯梦龙：《寿宁待志》卷下《贡举》，见《稀见中国地方志汇刊》第33册，308页。

③ （明）谈迁：《枣林杂俎》圣集《科牍·明经》，170页。

④ （明）祝珝修：嘉靖《罗田县志》卷四《学校志·科贡》，见《天一阁藏明代方志选刊续编》，152～154页。

⑤ （明）李维桢：《大泌山房集》卷二三《秦京诗序》，见《四库全书存目丛书》影印本集部第151册，10页。按：明人所称“监生”，多指举监与贡监，而非指纳粟入监之例监。倘若是纳粟入监生，必注明为“例监”。此即其例。

三、生员人数的初步考察

(一)明初士子不乐为诸生之风

明代初年，经过元末的战乱，百废待兴。各地的学校多衰败不堪，其首要的任务无疑是恢复原本就有的学校，使庠序再闻读书之声，然后才是新建学校，以使民众获得更多的教育机会。

毋庸讳言，尽管明太祖朱元璋采取右文崇儒的政策，大规模兴复各地的学校，然而元末战乱对知识阶层的冲击，同样使人们记忆犹新；再加之明初法用重典，士不乐仕。故明初，人们普遍不重学，不以进学成为生员为荣，甚至害怕入学肄业。① 不妨参看下面几段史料记载。吴子玉《大鄣山人集》云：

> 国初乡邑朴椎少文，里子不识城市，诸为弟子员，由乡佐以谍报，犹然逃去不应。嘉靖以来，比屋有才，秀士文藻益盛，然多以关说，至出钱求赏拔焉。②

嘉靖《惠安县志》云：

> 初邑人敦朴，子弟闻入学，多羞拙畏避，惧弗克称。有司促其父兄，不得已乃就。在学者皆守传注，信师说，有所闻见，即细札于所业之书，无他主意讲套，如今时之汗漫者，故其文采旨趣虽未焕发，而真淳悫实之风可想也。其后读书者寖多，稍骛于

---

① 如清代典籍载："明初承旧俗之后，法用重典，为士者多乐田野，罕事进取，甚至县学子弟员不备，往往责人报之。"明人文徵明也说："正统间，有司选生徒隶学宫，里中子弟咸走匿。"分见：(清)徐同伦修：康熙《永康县志》卷五《风俗篇》，见《稀见中国地方志汇刊》第 17 册，204 页；(明)文徵明：《太傅王文恪公传》，见(清)黄宗羲编：《明文海》卷三八七，4000 页。

② (明)吴子玉：《大鄣山人集》卷三一《风俗志》，见《四库全书存目丛书》影印本集部第 141 册，608 页。

> 进士习，文体也因时而变，初变拘滞而为放纵，及放纵再变，则为艰深，而行与业随之视前辈质实反不及矣。①

沈鲤《新设商丘县学记》云：

> 尝闻父老言，成、弘时，民间子弟不乐为诸生，学使者至有司，趣其能通章句者，被之儒衣冠。其时能文以中甲乙之科者绝少也。……成、弘而后，人文日胜。呫哔咿吾者遍东西，家青衿济济，登贤书、第南宫者累累辈出。②

上述三个例子，一为安徽徽州，二为福建惠安，三为河南商丘，具有不同的地域代表性，说明不乐为诸生，在明初确实成为一时的风气。而且这种风气，延至成化、弘治年间，尚在社会上有所反映。

究其原因，除了上述两点以外，尚可归为以下三点：一是士人对新政权持有一种怀疑态度，不愿入学，即是不出仕的一种侧面反映；二是明初重荐举，轻科举，即使不入学，仍可通过荐举而入仕，甚至不乏位至显宦者；三是即使参加科举考试，亦并非一概需要取得生员的资格，在明初，儒士观场的例子颇多。③

与此同时，明代学校生员，最初只有廪膳生员，并有额。如明人陈益祥言："国初人文未盛，青衿尚少，县虽大小，约二十人止矣。县

---

① (明)莫尚简修、(明)张岳纂：嘉靖《惠安县志》卷九《学政兴废始末》，见《天一阁藏明代方志选刊》，叶5a～5b。

② (明)沈鲤：《新设商丘县学记》，见(清)黄宗羲编：《明文海》卷三六五，3754页。

③ 譬如，明人陈循记明初儒士应乡试道："四十年前，在乡邑时，士有未游学校，而以读书通经可应乡闱试者，恒十数辈。每遇大比之年，辄与学校之士应试于所司。"参见(明)陈循：《芳洲文集》卷四《送刘诚之赴广东按察司佥事序》，见《四库全书存目丛书》影印本集部第31册，149页。

之大者，则二十人之外，充入府学。府学四十人，州学三十人，止矣。”①即使廪膳生员，明初学校也有未满额者。② 后朝廷添设增广生，至宣德四年(1429)，定增广生员额。景泰元年，增广生照旧无额。至成化三年，又有额。成化初年，京师有语曰：“和尚普度，秀才拘数。”③礼部姚夔，颠覆国祚。不得已，才又新设附学生员。可见，“秀才拘数”是明初学校的特点，即廪膳、增广生员均有定额。其额大体为府学廪膳生员额 40 名，增广生员与之相同；州学廪膳生员额 30 名，增广生员同之；县学廪膳生员额 20 名，增广生员同之。定额制度直至明末而未改。④

明初学校生员之定额制度，无疑从整体上限制了生员数的增加。尽管明初也有新学校的兴建，然从总体上说，在明初，一方面，学校数相对较少；另一方面，学校中的生员数也受定额的限制，故明初生员数不多。

(二)生员数骤增的原因

自明中期以后，学校生员数已呈渐趋增长之势。至明末，生员数更是骤增，并进而成为一个社会问题。

探究生员数增加的原因，大体可以概括为以下几点：

其一，附学生员的设立，以及附学生员无定额限制，是生员数增加的主要原因。相对来说，廪膳、增广有额，即使新辟学校有不断增

---

① (明)陈益祥：《陈履吉采芝堂文集》卷一三《木铎》，见《四库全书存目丛书》影印本集部第 195 册，553 页。

② 譬如，陕西汉中府汉阳县儒学，只有廪膳生员 9 人。参见“中央研究院历史语言研究所”编：《明实录·明宣宗实录》卷一〇一，2273 页。

③ (清)吴翌凤：《逊志堂杂钞》丁集，57 页，北京，中华书局，1994。

④ 按：廪膳、增广生员之定额，为法定额数。然实际情况则又与之稍有不同，即多有不及额数者。譬如，沈丘县，嘉靖五年(1526 年)时只有廪膳生 13 名，增广生 12 名；云南寻甸府，只有廪膳生 20 名，增广生 20 名，不及额。分见：(明)李宗元纂修：嘉靖《沈丘县志》卷二《官制类·弟子员》，见《天一阁藏明代方志选刊续编》，1019 页；(明)王尚用修、(明)陈梓、张腾纂：嘉靖《寻甸府志》卷上《学校》，见《天一阁藏明代方志选刊》，叶 48b；(明)吴德器修、(明)徐泰纂：正德《蓬州志》卷三《官制》，见《天一阁藏明代方志选刊续编》，827 页。

加的趋势，然其增长数也是有限的。而附学生员则不同，自其设立之初，即无限额，故其增长往往呈数倍、十倍甚至几十倍之势。譬如，江西永丰县，额设廪膳、增广生员各 20 名，“附学不置额，数倍之”①。南直隶宝应县，明初县学廪膳生额设 20 名，“其后增、附弟子员无疑什倍以上”②。又浙江秀水县学，额设廪膳生 20 名，“而增、附弟子员无虑二什倍以上”③。即使如此，在嘉靖年间，地方学校附学生员的额数仍然不多。据嘉靖十五年知府李默所撰《宁国府志》所载，当时的宁国府学附学生员为 100 名，宣城县学 80 名，南陵、泾县、太平县学各 70 名，宁国县学 30 名，旌德县学 40 名。又据嘉靖初年侯定训所撰《泗州志》记载，盱眙县学的附学生员仅 30 名，于是“募子弟可百人教之，明年复补诸生三十五人，余督教如旧”。就宁国府、泗州两地观之，当时附学生员的额数确实堪称“寥寥”。④ 附学生员额数的大增，应当是在晚明时代。

其二，自明代中期以后，朝廷时有新设府、州、县学校。这些学校一旦新设，就需额设廪膳、增广生员。至于附学生员，虽初设时名数不多，然随着教育的普及，文化的日盛，附学生员也渐趋增多。这也是生员数增加的一个原因。举例来说，如嘉靖二十八年(1549)六月，新建云南霑益州、大姚县两所学校⑤；万历六年(1578)八月，新设广东东安、西宁二县学⑥；万历十八年八月，又开设云南罗平州学。⑦

---

① （明）管景纂修：嘉靖《永丰县志》卷二《公署》，见《天一阁藏明代方志选刊》，叶 18a。

② （明）徐学谟：《徐氏海隅集·文编》卷七四《宝应县学田记》，见《四库全书存目丛书》影印本集部第 124 册，152 页。

③ （明）黄洪宪：《碧山学士集》卷四《秀水县儒学义田记》，见《四库禁毁书丛刊》集部第 30 册，176 页。

④ （明）谈迁：《枣林杂俎》圣集《科牍·附学生》，179 页。

⑤ “中央研究院”历史语言研究所编：《明实录·明世宗实录》卷三四九，6324 页。

⑥ “中央研究院”历史语言研究所编：《明实录·明神宗实录》卷七八，1681 页。

⑦ “中央研究院”历史语言研究所编：《明实录·明神宗实录》卷二二六，4200 页。

此外，据弘治十四年(1501)掌国子监侍郎谢铎言，当时天下各府，除设府学外，其附郭县又各建学校。其他如各地卫学、边地土司地带之各类学校，以及商学、宗学的纷纷创设，均说明明中期以后地方学校增建的数量相当可观。

这种新设学校，其生员数增长之快，相当惊人。有些甚至在二三年间增一倍有余。如江西抚州东乡县，正德八年才设县，而后有儒学。儒学初时生徒约三四十人，至正德十年(1515)，已达60余人。①

其三，明代中期以后，各地文事渐兴，教育得到长足的发展，这也为生员的增加奠定了文化基础。以浙江平阳县为例："明兴，乡、会两场获隽虽众，犹未至家弦户诵也。因朝廷特重文教，富室固建塾延师以教其子弟，贫无力者，有志未逮。及弘治间，令王约改诸梵宇之非赐建者为书院，即以僧产膳之。既而良有司次第设诸社学，富室复相感动，义学竞设，弦诵之声，四境相闻。"②文风渐盛之势，由此可见一斑。

与此同时，科举、荐举之不同，也导致人们重科举，轻荐举。究其原因，科目以无心取之，纵不得人，有司也得以推卸责任。若荐举，则以名求之，以实应之，一不相符，不疑于私，则病于蔽，举人者与举于人者，两受责难。故明自中期以降，科目独重，荐举几废。士即使有乡里之誉，非科目不得进身，非程式不得中选。于是，一些出身贫寒者，肄业于社学、义学，借科举以改换门第；而一些仕宦子弟，浮浪而不刻苦，不甚读书③，然凭借父兄之力，亦可通过"荐名"而名

---

① (清)沈士秀修：康熙《东乡县志》卷五，见《稀见中国地方志汇刊》第29册，325页。

② (清)金以迴修：康熙《平阳县志》卷四《风俗志》，见《稀见中国地方志汇刊》第18册，886页。

③ 明人何良俊言，松江士大夫子弟不甚读书，"今世父兄非不知教，子弟非不知学，正恐多财为累耳"。又明代缙绅之族，"率以科目为重，而应科目者又以学校为阶"。缙绅家族子弟大量进学，于此可见其因。分见(明)何良俊：《四友斋丛说》卷三四《正俗》，313页，北京，中华书局，1983；(明)田汝成：《顺昌县改作学宫记》，见(清)黄宗羲编：《明文海》卷三六五，3752页。

列庠序。至于那些富室子弟，更可以纳谷、助工、助饷而获取生员资格。无怪乎生员数至明末而益趋泛滥。

其四，按照明代制度，童生之进学，均由提学院道官员考试而定，而生员之退学，亦由提学院道官员主持考试决定。相比之下，考退生员数，大多流于形式，或考退一二名，聊以塞责。而童生进学，却每次均有固定的名额。进多退少，日积月累，年复一年，难怪乎生员数量至明末如此之多。

明代学校廪膳、增广生员定额若干员名，其意是指一邑中生员只有此数，有退方可进，并非是指每次都取此数。① 此后，由于附学生员的出现以及附学生员之无额，使童生进学数之定额化成为可能。

明人管志道针对浙、直、闽、楚等地府、县附学生员大多溢于额数之外的事实，提出了自己的“折衷之规”，即将府、州、县分为上、中、下三等，附学生员数，从增广生员数上起加倍法，加以限额。具体设想如下：上府，附学生员数不得超过增广生员的四倍，即不得超过 160 名；中府，不得超过三倍，即不超过 120 名；下府，不得过二倍，即不超过 80 名。上县，附学生员不得超过增广生员的六倍，即不超过 120 名；中县，不得超过四倍，即不超过 80 名；下县，不得过二倍，即不超过 40 名。州学附学生员介乎府、县之间。又以儒童之进数与生员之退数，相为乘除，“进身无得过浮退数”。② 这一折中方案，无疑带有更多的理想化色彩。揆之明朝史实，附学生员始终无法定额数，只是在明末崇祯年间，朝廷一度定下儒童新进学额数，也算是对附学生员数无限增长的部分约束。

万历三年(1575)，朝廷责成学臣，童生三场俱通，始得入学。其进学之数，“大府不过二十人，大州县不过十五人。如地方乏才，虽四五名不为少”，至十一年又题准，“如人才众多地方，许酌量增取，不

① (清)福格：《听雨丛谈》卷一一《生员》，236～237 页，北京，中华书局，1984。

② (明)管志道：《从先维俗议》卷三《总核中外变体以溯先进礼法议》，71～72 页，《太昆先哲遗书》影印明刊本。

许徇情过滥”。① 然就其大概而言，其入学数并非完全按此定额执行，而且各地不一。故冯琦又重新要求定进学名额，“大府不过四十名，大州县不过三十名，中者不得过二十名，小者不得过十五名”②。较之万历初年原行事例，其定额数已增一倍。以县学为例，如江西新城县学，万历年间，岁、科两考取进儒童入学 27 人，至天启元年，取进 26 人。崇祯年间，因人文渐盛，新城由中学改为大学，科、岁两考取进儒童或 30 余名，或 50 余名。③ 江西万载县，每岁、科两考，进学一律 40 余名。④ 江西高安县，崇祯三年(1630)，岁、科分为两试，每试录儒童 60 人。崇祯十一年至崇祯十七年，督学侯峒曾、吴炳大收广额，或 10 名，或 20 名不等，于是定额增至 80 名。⑤ 福建惠安县，每次儒童进学约 55 名。⑥ 南直隶上海县，三年岁、科两考，科入新生每学 60 余名，岁入新生则为 70 名。⑦

从总体上看，上述各县儒童新进学数，或混称岁、科两考，或岁、科分称。究其事实而言，督学三年岁、科两试儒童，上述数字，当为岁、科分别进学数。其间数字，多者一次进学达 80 名，少者亦 20 余名。崇祯年间，有鉴于儒童取进入学多滥竽充数，于是朝廷命礼臣校天下州、县，分为大、中、小三等入学，大州、县 50 名，中州、县

---

① (明)陈龙正:《几亭全书》卷三九《政书·奏议五》，见《四库禁毁书丛刊》影印本集部第 12 册，363 页。

② (明)冯琦:《宗伯集》卷五七《为重经术祛异说以正人心以励人材疏》，见《四库禁毁书丛刊》影印本集部第 16 册，9 页。

③ (清)方懋禄、(清)李洱修：乾隆《江西新城县志》卷五《学校志》，见《稀见中国地方志汇刊》第 29 册，780 页。

④ (清)常维桢纂修：康熙《万载县志》卷五《文事》，见《稀见中国地方志汇刊》第 26 册，879 页。

⑤ (清)张文旦修：康熙《高安县志》卷五《庠序》，见《稀见中国地方志汇刊》第 27 册，147 页。

⑥ (明)叶春及:《石洞集》卷四《惠安政书》三《版籍考》，见(清)纪昀总纂:《文渊阁四库全书》影印本第 1286 册，315～316 页，台北，台湾商务印书馆，1986。

⑦ (清)叶梦珠:《阅世编》卷二《学校》，26 页。

30 名，小州、县 15 名。此外，各录若干，送入府学。① 然循习既久，骤革未易，而且崇祯定额以后，很快就有广额之举，“大县新进广额至八十、九十人”。② 所谓定额，也就变成一纸空文。

明末清初人侯方域言：“朝廷岁一大县补生徒百人，小者亦四五十人，每岁取天下士且逾万数。”③若与上引史料相互印证，这一说法基本符合事实。又明人文德翼言：“岁一较士，登进秀杰，而汰其不中程者。……其较而登进之学者，准邑之大小，多者七十人，少亦不下二十三十人。至其所汰，大小邑无有逾十人者。是汰者数寡，而登进者数多。”④每年新进学生员数超过一万人，对于这一数字我们绝不可等闲视之。再加之生员汰者数寡，登进数多，前者不及后者十分之一，无怪乎生员数骤增。

其五，相对于生员中举人之难而言，儒童中生员的机遇就大得多。儒童中生员之比例，尽管因时因地而异，然笔者亦可以通过现有的资料作一初步的考察。如南直隶上海县，明末县试童子不下二三千人，三年岁、科两试，科入新生 60 余名，岁入新生 70 余名，两项相加，

---

① （明）刘熙祚修：崇祯《兴宁县志》卷二《学校》，见《稀见中国地方志汇刊》第 44 册，419 页。按：儒童进学数按大、中、小县而定，大概在万历初年即已存在。其始源于张居正沙汰生员之举。如明人沈懋学言：“且诏书谓提学每年一巡历，则府、州、县各如数得进生儒数，尚未甚狭也。今势不能一年一试，有两年一试者，有三年始一试者，而数则未尝增也。假以一小县，一年一试，则进十五人，三年计之，则四十五人矣。今三年一试，亦仅只进十五人，是不遵巡历之期，而独限生儒之数，明诏之恩，未及于天下也。”由此可见，因沙汰生员之举，明人即有指责其儒童进取数之狭者。然就其总体而言，晚明儒童进学数尚属宽松。参见（明）沈懋学《郊居遗稿》卷八《上陆五台》，见《四库全书存目丛书》影印本集部第 163 册，704～705 页。

② （清）郭尔戺、（清）胡云客修：康熙《南海县志》卷八《学校志》，见《稀见中国地方志汇刊》第 45 册，566 页。

③ （明）侯方域：《徐作霖张渭传》，见（清）黄宗羲编：《明文海》卷四〇六，4229 页。

④ （明）文德翼：《雅似堂集》，《论·选举论》，见《四库全书存目丛书》影印本集部第 193 册，777 页。

则有130余名。① 以县试童子3000人作为考察对象，排除其间新生之盈缩不计，大体可知儒童入学率为4.3%。又如南直隶歙县，万历二十四年(1596)，应试儒童2000人，最后新进学生员为72人。② 若此72人为一次科试或岁试所进学数，那么两次相加，应为144人，其儒童入学率为7.2%。若此72人，包括岁、科两试录入数，则其入学率为3.6%。又万历二十八年，歙县应试儒童3000人，录入者为75人。③ 再以上述两种统计方法加以折算，其入学率分别为5%和2.5%。

明朝生员中举比例多为三十取一，其中举率大约为3.3%。不过，这一比例为科举生员之中举率，并非所有在学生员中举之比例。原因很简单，所有在学生员，在经过科考以后，只有一部分生员才有幸参加乡试。据明人记载，在不同地区或同一地区不同的县，科举生员占生员总数的比例，颇有不同，显示出某些不公平性。以南直隶为例，县学生员多者达三四百人，少者亦百余人。“彼其三四百人者，科举动经至五六十人之数，而百余人者，仅取四五人、七八人。”④若以生员数400名、科举生员数为60名来说，那么科举生员占在学生员总数的15%。这一比例犹算多者。若以少者为例，即生员数100名，而科举生员8名，那么科举生员占在学生员总数的8%。又如福建惠安县，其在学生员达378名，而应试生儒只有61名⑤，科举生员只占在学生员总数的16%。由上述三项统计数字可知，明代科举生员数占在学生员总数的比例约为8%～16%。进学易，获出身难，儒童中生员远远要比生员中举人容易得多，于是生员这一层次，成了进身之阶中的瓶

① (清)叶梦珠：《阅世编》卷二《学校一》，26页。

② (明)方弘静：《素园存稿》卷九《辅仁会录序》，见《四库全书存目丛书》影印本集部第121册，160页。

③ (明)方弘静：《素园存稿》卷一〇《尊经会录序》，见《四库全书存目丛书》影印本集部第121册，179页。

④ (明)詹事讲：《詹养贞先生文集》卷一《酌处贡途疏》，见《四库全书存目丛书》影印本集部第166册，366页。

⑤ (明)叶春及：《石洞集》卷四《惠安政书》三《版籍考》，见(清)纪昀总纂：《文渊阁四库全书》影印本第1286册，315～316页。

颈。一方面，生员数在无限地增加；另一方面，中举率有限额，获取出身更加不易。这也是导致生员数增多的原因。

换言之，生员本是一种暂时性的身份，士人获取这种身份，其目的无非是为了中举人、进士，释褐通籍。毋庸讳言，确有一部分生员，过不了几年，即中举人，甚至第二年即联捷者也不乏其例。然由于中举率太低，三年一科能中举人者毕竟只是属于幸运的少数人，大部分人十几年甚至几十年仍无望中举，只好一直保留生员的身份，无奈者至年五十以后，放弃科举，以衣巾或冠带终身。

这就需要对明代生员保持其生员身份的年限进行一些考察。就明代生员进学年龄来说，固然也有至老尚未进学的老童生①，然八至十岁入学成为生员者亦不乏其例。进学年龄趋小，这是明代的一个特点。正如商辂所言：

> 臣照得今之府、州、县学生徒，率皆八岁、十岁入居其中，正系古者小学之年。合无各处增广生员，不妨举业，俱令兼读《小学》，教官与之讲解义理，以启其良心。提督等官按临之日，兼令背诵讲说，以考察其实行，庶几学无躐等。②

商辂的说法，显然具有事实根据。而且进学年龄趋小，同样符合科举考试的基本特点，即是否进学，并不代表学问深浅。

据现有的一些资料来看，明代入学成为生员者，年龄普遍趋小。不妨试举几例：戴大宾，字寅仲，福建莆田人，8岁游泮③；赵天麟，

---

① 这方面的例子俯拾即是，试举以下三例："嘉靖中，范带海年七十余，尚与童子试。叶带溪茂春，七十九，尚未脱学籍。吴带桥如任，七十五，尚对公车。邑时称为'三带老人'。"参见（清）黄印：《锡金识小录》卷一二《三带老人》，叶34a～34b，清光绪二十二年王念祖活字本。此虽属特例，但基本可以反映明代的实况。

② （明）商辂：《商文毅公集》卷二《政务疏》，见《四库全书存目丛书》影印本集部第35册，19页。

③ （明）蒋一葵：《尧山堂外纪》卷九五《戴大宾》，见《四库全书存目丛书》影印本子部第148册，446页。

字平苻，山西武乡人，亦有神童之号，11 岁成为生员①；张居正，12 岁补博士弟子②；钱福，20 岁补博士弟子③；徐光启，20 岁成为诸生④；倪元璐，17 岁成为生员⑤；申佳胤，19 岁补邑庠生⑥；查继佐，24 岁中秀才⑦；黄道周，年 28 岁，始补郡博士弟子⑧；张溥，19 岁时补博士弟子⑨；顾所受，11 岁补弟子员⑩；张履祥，15 岁补县学弟子员。⑪ 若将上述几例加以平均，那么其入学成为生员的平均年龄约为 18 岁。

这些人当然均属较为著名者，其后的仕途亦多一帆风顺，无不决定了其入学年龄之小。下面不妨再举辽东学校中之生员为例。辽东残档《明信牌档》丙类第 353 号，登录了明嘉靖年间录取考生的基本状况，其中包括所取生员的年龄。下选若干条，罗列如下：⑫

马德学	25 岁	李应东	28 岁
韩来聘	20 岁	王彦奇	23 岁
李应芳	21 岁	高尚质	25 岁
张文魁	27 岁	王廷镬	35 岁

① 陈去病：《五石脂》，352 页，南京，江苏古籍出版社，1985。

② (明)张居正：《张太岳集》卷四七《太师张文忠公行实》，583 页，上海，上海古籍出版社，1984。

③ (明)冯元成：《鹤滩先生遗事》，见(清)黄宗羲编：《明文海》卷三四九，3576 页。

④ 梁家勉编著：《徐光启年谱》，44 页，上海，上海古籍出版社，1981。

⑤ (清)倪会鼎：《倪文正公年谱》卷一，4 页，北京，中华书局，1985。

⑥ (明)申佳胤：《申端愍公文集》卷末《年谱》，见王云五主编：《丛书集成初编》，32 页，上海，商务印书馆，1936。

⑦ (清)沈起撰：《查东山先生年谱》，22 页，北京，中华书局，1992。

⑧ (明)庄起俦撰：《漳浦黄先生年谱》，侯真平、娄曾泉点校，54 页，福州，福建人民出版社，1999。

⑨ 蒋逸雪：《张溥年谱》，7 页，济南，齐鲁书社，1982。

⑩ (清)计六奇：《明季南略》卷四《苏州顾所受投泮池》，254 页。

⑪ (清)苏惇元纂订：《张杨园先生年谱》，见(清)张履祥：《杨园先生全集》，叶 3a。

⑫ 转引自杨旸：《明代的辽东都司》，276 页，郑州，中州古籍出版社，1988。

李应时	22 岁	倪承年	20 岁
王良弼	30 岁	吴东年	23 岁
柯云凤	28 岁	朱朝宾	30 岁
李时芳	30 岁	□尚志	25 岁
杨惟极	27 岁	王伯文	36 岁

若将上述进学生员的年龄加以平均，可知嘉靖年间辽东都司卫学生员的入学平均年龄约为 26 岁。考虑到辽东多为军卫，文风相对较弱，教育亦显落后，故其入学平均年龄理应偏高。

鉴于此，笔者再将上述两项平均数加以平均，大体可以得到明代生员进学的平均年龄约为 22 岁。这一平均数虽然并不全面，但基本可以反映明代生员进学年龄的状况。

在这些新入学的生员中，当然也有少数的幸运儿，当年进学，入秋进乡试考场，即中举人，或第二年赶上乡试，即中举人。如何景明，10 岁中乡试；杨玄锡，14 岁中乡试。① 又前揭之倪元璐，万历三十七年 17 岁时应童子试，进学成为生员，当年秋天，“领乡荐六十六人”。② 又申佳胤，泰昌元年(1620)19 岁时成为生员，第二年，即中举人。③ 然这种幸运儿毕竟属于少数，大部分则为运气不佳者，为使自己由生员变为举人，少者几年，多则十余年，甚至几十年。如前揭之钱福，号称 8 岁能文，在明代也属作八股文的高手。他在弱冠(20 岁)时进学，至 26 岁时，才举于乡。其间有六年时间属于生员身份。④ 又明末东林党人缪昌期，其自述云：“余诸生二十余年，乡举十余年。”⑤换言之，他做了二十余年的生员，才成为举人。明代著名画家

---

① (清)张怡：《玉光剑气集》卷一《帝治》，40 页。

② (明)倪会鼎：《倪文正公年谱》卷一，5 页。

③ (明)申佳胤：《申端愍公文集》卷末《年谱》，32 页。

④ (明)冯元成：《鹤滩先生遗事》，见(清)黄宗羲编：《明文海》卷三四九，3576 页。

⑤ (清)计六奇：《明季北略》卷二《缪昌期》，66 页，北京，中华书局，1984。

文徵明，自弘治八年至嘉靖元年，“十试有司，每试辄斥”。① 虽其后不再参加乡试，然仍保留生员身份。王恕尽管早在13岁时就游邑庠，但直到26岁时，才“以《易经》中正统辛酉乡试”②。陆世明，“每试应天，辄斥不售”。从弘治八年至正德十四年(1495—1519)，共历经九试，才得以中举人。③ 前揭的顾所受，11岁补弟子员，也算是幸运儿，可是一直无幸中举。他临死前对自己的儿子说：“吾以老诸生出入文庙者五十余年矣。”④可见，至60余岁，他仍是一老诸生。

在明代科举制中，一方面，乡试中举相较于会试中进士以及童试中生员而言，机会较小，难度较大，故有很大一部分生员保持生员身份较长一段时间。另一方面，正如明人所言，“秀才至年过三十，即素抱负者，亦渐渐心灰意懒”⑤。一旦心灰意懒，那么中举求进取之心渐消，仅以维持生员身份为苟安之计。这就使生员成为一个相对稳定并具有一定数量规模的社会阶层，从而引起社会各方面的注意。

(三)明代生员数蠡测

自明代中期以后，生员数骤增已是不争的事实。为示说明，笔者可以先引下面一些基本的统计材料与数字。

1. 三吴

三吴地广袤数千里，郡县百余。至明末，三吴一地，“弟子员以数万计”⑥。三吴一地，并不包括南直隶，那么，南直隶之生员，也远不止此数。

2. 江西

隆庆年间，“时江西提学副使陈万言以科举校士，遗落者悉诣巡按

① (明)文徵明：《文徵明集》卷二五《谢李宫保书》，588页。

② (明)王恕：《王端毅公文集》卷六《石渠老人履历略》，见《四库全书存目丛书》影印本集部第36册，219页。

③ (明)文徵明：《文徵明集》卷一七《陆君世明教谕青田叙》上册，461页。

④ (清)计六奇：《明季南略》卷四《苏州顾所受投泮池》，254页。

⑤ (明)唐文献：《唐文恪公文集》卷一六《家训》，见《四库全书存目丛书》影印本集部第170册，631页。

⑥ (明)叶向高：《苍霞草》卷五《三校录序》，489页。

御史刘思问求覆校，几四万人”①。一省因科考而遗落的生员即达 4 万人，那么，若包括科举生员在内，几近 5 万人。

3. 广西

广西属于边地，僻在遐方。尽管人才之盛，终究未能与中州相提并论，然至明嘉靖年间，其学校已达 50 余所，“其所养生员，亦不下数千余人”。② 僻远如广西，其生员数也已达数千人，显然规模也很可观。

4. 贵州

贵州也是边地，汉夷杂处，文化一直比较落后。到弘治十二年(1499)，“学校至二十四处，生徒至四千余人”。③ 嘉靖十二年(1533)，贵州巡抚徐问言：“比来贵州多士，视昔数倍”④。其增长速度相当惊人。至万历年间，贵州一省生员，单是贫生即达 790 名(详见附表 17)，其生员总数当远远超过此数。

5. 广东琼州府

广东琼州府，汉、黎杂处，在明代属经济、文化不发达的边地。琼州府辖州三、县十。至万历年间，“每岁集督学就试者，不下数千计”⑤。

6. 安徽宁国府

对照嘉靖与万历时修的《宁国府志》，不难发现生员数增加之速。在嘉靖年间，宁国府一府学、六县学的生员数(包括廪膳生、增广生、附学生)为 780 名；至万历年间，宁国一府生员数则增至 2023 名(详见附表 18)。

---

① (明)徐学聚：《国朝典汇》卷一二八《礼部二十六·科目》第 8 册，6338 页。

② (明)姚镆：《东泉文集》卷八《广西学政》，见《四库全书存目丛书》影印本集部第 46 册，718～720 页。

③ “中央研究院”历史语言研究所编：《明实录·明孝宗实录》卷一五二，2690～2691 页。

④ (明)徐学聚：《国朝典汇》卷一三〇《礼部三十三·督学宪臣》第 8 册，6383 页。

⑤ (明)欧阳璨等修、(明)陈子宸等纂：万历《琼州府志》卷一一《艺文志》，见《日本藏中国罕见地方志丛刊》，542 页。

7. 南直隶松江府

以松江府为例，万历元年(1573)，通郡五学生徒，共计1200余名。① 承平既久，人文日盛。至万历末年，单松江府学，“廪士之外，为增为附，鼓箧升堂者动以千计”②。至明末，仅上海县学，其廪、增、附生，共约650余名。③

由上述七段统计数字，我们不难发现生员数在明末增加之速，也不难想象当时全国生员数之巨。那么，明末生员数究竟有多少？明代官方史料，只有几处全国生员数的统计资料。如宣德七年，天下儒学廪膳生员，“通计三万有奇”④。正德以后，全国廪膳生员，共计35830名。⑤ 若加上增广生员，则为71660名。因附学生员不定额，正德时全国生员数，尚无法作一精确统计。⑥

顾炎武曾说：“今则不然，合天下之生员，县以三百计，不下五十万人，而所以教之者，仅场屋之文。”⑦那么，顾炎武对明代生员数的基本估计，是否符合史实，显然尚需作进一步的考察。由于明代官方统计数字的残缺不全，而地方志的统计数也并不全面，故笔者在此所作种种考察，也只能算是基本的估计。当然，这种估计既是对顾炎武

---

① (明)莫如忠：《崇兰馆集》卷一三《云间校士录》，见《四库全书存目丛书》影印本集部第104册，594页。

② (明)王圻：《王侍御类稿》卷八《松江府学义田记》，见《四库全书存目丛书》影印本集部第140册，280页。

③ (清)叶梦珠：《阅世编》卷二《学校一》，26页。

④ “中央研究院”历史语言研究所编：《明实录·明宣宗实录》卷九六，2168页。

⑤ (明)陈师：《禅寄笔谈》卷三，见《四库全书存目丛书》影印本子部第103册，606页；(清)王弘撰：《山志》卷四《生员》，见《四库全书存目丛书》影印本子部第115册，142页。

⑥ 韩国学者吴金成在其所著《明代社会经济史研究》一书中，列有明代生员数统计表。据表中所列，其统计数字大体如下：洪武年间，约3万；宣德、正统间，约6万；正德年间，约31万；明末，约50万。按：吴氏著作中有关府、州、县之数、生员之数、生员之岁贡竞争率、生员之乡试竞争率诸表，颇多创见。笔者文中所引，对此多有参考，并拟在此基础上，对明代生员数问题作进一步的考察。

⑦ (明)顾炎武：《顾亭林诗文集》卷一《生员论》上，21页。

推测数的深入，也力求更接近历史的真实。

顾炎武推测生员数的方法，建立在县学生员数“以三百计”这一基础之上。明代学校，县学为其根本，此外尚有府学、州学、都司学、卫学以及宣慰司学。下面根据现有的史料，分别就府、州、县、卫学之生员平均数作一基本的统计(详见附表19、20、21)。

附表19统计了明代12个府的生员数，时间从嘉靖年间至崇祯年间。其中最少者为嘉靖年间之福建延平府学，仅有生员数64名；最多者为万历末年之松江府学，生员数高达1000名。经统计，这12所府学的平均生员数为468名。附表20统计了明代8个州的生员数，时间从嘉靖年间至万历年间。其中生员最少者为万历年间之祁州学，仅有生员数134名；最多者则为万历年间之寿州学，生员达300名。经统计，这8所州学的平均生员数为193名。附表21统计了明代58个县的生员数，时间从嘉靖年间至崇祯年间。其中最少者为嘉靖年间之顺昌县学，仅有生员66名；最多者为崇祯年间之嘉兴、秀水二县学，生员数高达800名。经统计，这58所县学的平均生员数约为214名。

明代府、州、县数，一直处于增长之中。洪武三年，有府120个，州108个，县887个。至明末，府增至159个，州增至234个，县增至1171个。① 若以明末的府、州、县数作为统计的基础，再结合上述已统计出的府、州、县学平均生员数，那么可知明末全国府学生员总数为74412名，州学生员总数为45162名，县学生员总数为250594名，府、州、县生员总数为370168名。

上述37万余之生员数，并非全国之生员总数。原因很简单，这一生员数并未将都司、卫学生员数以及土司地带之宣慰司学生员数统计在内。都司学生员数，并不齐全。万历年间，大宁都司儒学，有生员280名。② 嘉靖年间，浙江都司旗纛庙改成书院，其寄名武生达1000

① ［韩］吴金成：《明代社会经济史研究》，61页。

② (明)冯惟敏纂修：万历《保定府志》卷一七《学政志》，400页。

余名。[1] 可以考知的卫学生员数大体如下：明末崇祯年间，金山卫学生员数约为 300 人；[2] 弘治年间，宁夏卫学军生 300 余名，武生食粮者 7 名，合计 307 名。[3] 若加以平均，卫学生员数亦达 300 余名。

明代的都司儒学仅有辽东都司学、万全都司学、陕西都司学、陕西行都司学、大宁都司学五所。若以已知的万历年间大宁都司儒学生员数为估算的基础，那么，这五所都司学的生员总数当为 1400 名。明代所设卫学，估计有 112 所左右。[4] 若以上述卫学平均生员数作为计算的基础，可知明代卫学生员总数当不下于 33600 名。由上可知，明代都司学、卫学生员数，当在 35000 余名之上。此外，其他都司因无专设儒学，武生或军生多寄名书院或地方儒学，而地方儒学也无予登录者，其数量当亦不少，然因限于史料失载，难以遽加蠡测。

至于宣慰司儒学生员，可以贵州宣慰司为例，大约有 200 余名。[5] 据有的学者对西南地区土司儒学的考察，在西南地区，即湖广、四川、云南、贵州，其各类司学(包括宣慰司、宣抚司、长官司等)，共计 10 所。[6] 可见，土司学之生员，也当在 2000 名以上。

根据以上的各项初步统计，明末全国生员数，约为 407168 名。若再加上三氏学以及宗学生员数，明末生员总数大概有 41 万之谱。这一统计数与顾炎武推测的 50 万生员数，相差将近 9 万余名。值得指出的是，顾炎武推测的基础，是每县有生员 300 名，而笔者统计的基础，

---

① (明)陈儒：《芹山集》卷二四《学政》，见《北京图书馆古籍珍本丛刊》影印本集部第 106 册，200 页。

② (明)陈子龙：《陈子龙集》卷七《金山卫重修儒学记》，见《传世藏书·集库·别集》第 10 册，57 页。

③ (明)胡汝砺编纂：弘治《宁夏新志》卷一《学校》，225 页。

④ 蔡嘉麟：《明代的卫学教育》，189 页。按：笔者对蔡氏所估计数有所补充，见第二章，第二节。

⑤ (明)谢东山修、(明)张道纂：嘉靖《贵州通志》卷一一，见《天一阁藏明代方志选刊续编》，622 页。

⑥ 黄开华：《明代土司制度设施与西南开发(下)》，载《新亚学报》，第 6 卷，第 2 期，1964。

则为每县平均214名。然笔者借以统计的资料中，一方面，北方县学相对较多，而江南，尤其是三吴、江西的县学数则较少；① 另一方面，统计时间多以嘉靖、隆庆、万历三朝为主，较少天启、崇祯两朝的统计数，故使县学生员数相对缩小。可以断言，明代县学的实际平均生员数将大于笔者已统计出的214名。② 若以顾炎武的估计数为准(即每县300名)，那么，全国生员总数又将递增10余万名。这样，明末全国生员总数将突破50万，这正好印证了顾炎武的推测。再加上各类不参与科举的生员，以及明末生员数动辄超过千名，那么实际的数字，将远超50万之数。只是限于资料的欠缺，不能妄加推测。

据有的学者研究，宋代地方学校的生员数达20万。若与户籍人口作比较，即为每220～230人中，有一位地方学校的生员，③ 生员数为人口总数的0.43％～0.45％。而在明末，若以50万生员数作为统计的数字，那么，生员数约占人口的0.38％。由此可见，明末生员数约

---

① 据朱国祯估计，明末生员额数，大县生员一二千人，小县七八百人，下县二三百人。宋应星认为，明末郡邑生员数，“大者已溢二千人矣”。而侯方域更是认为，“今者大县之弟子，殆不下二千人，中小县亦各千余人”。分见(明)朱国祯：《涌幢小品》卷十一《雍政》，见《四库全书存目丛书》影印本子部第106册，349页；(明)宋应星：《野议·学政议》，见《宋应星佚著四种》，31～34页；(明)侯方域：《重学校》；(清)贺长龄、(清)魏源等编：《清经世文编》卷五七，1435页。与上述笔者所列统计数相较，这两种说法似有夸大之处。然亦可说明，明末府县学生员数已很大，顾炎武的估计大体反映了当时的实况。

② 明人申时行言：“我吴盖称多士，邑学弟子员常数百人。”由此不难发现吴地县学生员之繁，亦可与顾炎武之说互相印证。参见(明)申时行：《赐闲堂集》卷17《吴县儒学新置学田记》，见《四库全书存目丛书》影印本集部第134册，341页。

③ Thomas H. C. Lee，*Government Education and Examination in Sung China*，p. 125。按：到19世纪末期，其生员数为60万，外加60万因捐纳而获此身份者，总数达120万。相对于明代的生员数来说，是增加了，但就仕进的难易而言，也并不比明代容易。参见 Frederic Wakeman，Jr.，“Introduction：The Evolution of Local Control in Late Imperial China，”in Frederic Wakeman，Jr. and Carolyn Grant (eds.)，*Conflict and Control in Late Imperial China*，Berkeley，University of California Press，1975，p. 3，note 5。

占人口总数的0.38%。① 与宋代相比，尽管明代全国地方学校生员数的绝对数是宋代的三倍，然生员数占人口的比例却有所下降。这反过来可以说明，明代学校生员数的增加落后于人口的增长。这正好与施坚雅(G. Willian Skinner)的研究结论若合符契。施坚雅指出，自唐直至清人口的五倍增长，并非与国家级的官僚增长表现出一致性。② 从这一角度而言，明代生员数并非过剩，而相对于生员之无出路(即仕途之窄)来说，生员数方显过滥。已有的研究显示，明清两代妇女殉节自杀行为的增加，事实上也与男人在科举考试中屡次失败的辛酸所反映出来的焦虑紧密相连。这些在科场失意的士人，通过对妇女所经历的苦难的表彰，似乎好像完成了自己的道德职责。③ 这样，男人的失意焦虑，也就与妇女的殉节纯洁联系在一起。

---

① 关于16世纪明代的人口数，据何炳棣的考察，大概为1.3亿人。此处的统计，即以何氏的研究成果为基础。参见Ping-ti Ho，*Studies on the Population of China，1368-1953*，Cambridge，Harvard University Press，1959，p. 264。

② Skinner，G. William，"Introduction：Urban Development in Imperial China，" in idem(ed.)，*The City in Late Imperial China*，Stanford，Stanford University Press，1977，pp. 17-21.

③ T'ien Ju-K'ang，*Male Anxiety and Female Chastity：A Comparative Study of Chinese Ethical Values in Ming-Ch'ing Times*，Leiden，E. J. Brill，1988，pp. xii-xiii.

第四章　日常生活：生员的考取与课试

学校为一方之门面。在明代，倘若郡邑城郭社稷不治，不为失责。只有学宫不修，方才议及有司。而学宫又以科目疏数为盛衰，科目数不举，士则又议及学宫。故欲了解科目盛衰，必当以学校为始。而地方儒学中基本成员的组成，无非是学官与生员两种。

授业者称学官(亦称教官)，包括教授、学正、教谕、训导，俗称“博士”，别称“广文”或“广文先生”。在明代，学官有“冷官”之称，以形容其清苦。与此同时，明人又将学官与宰相并提，以示学官的重要性。明人吴鼎言：“萃天下已试之材，布列百执事，共成国家之盛治者，宰相之任也。蓄天下未用之材，淬砺以须，隐然为国家之利器者，典学之官也。学官虽卑，其责任至于宰衡等。”①

受业者为生员。生员由童生发展而成。在清代，童生有“宰相之苗”②之称。其意无非是说宰相服官最尊，然无不自童生始，而后方可发达。这是科举社会的基本特点，并非清代所独具，明代亦如此。

生员学业，可分课、试二法。“课兼教养，学宫宜之；试列高下去取，省闱宜之。”明代兼用二法：“学宫月课，郡邑季课，加之劝率，督学宪司岁一试，乡省三岁一大试，高下去取定焉。”③由此可见，教授

---

①　(明)吴鼎：《过庭私录》卷二《赠仁和陈学谕迁金华府教授序》，见《四库全书存目丛书》影印本集部第75册，238页。

②　(清)王有光：《吴下谚联》卷四《童生宰相之苗》，115页，北京，中华书局，1982。

③　(明)杨时乔：《新刻杨端洁公文集》卷五《刻教育录序》，见《四库全书存目丛书》影印本集部第139册，705页。

(或学正、教谕)之月课，府、州、县提调官之季考，提学院道官之岁考、科考、类考或吊考，是明代生员课试的基本内容。

一、学规与教法

(一)学禁十二条

明太祖朱元璋建立明朝以后，崇儒右文，并建立起一整套的学校制度。洪武十五年六月，朱元璋命礼部制定地方学校禁例十二条，颁发天下学校。内容如下：

> 一曰生员事非干己之大者，毋轻诉于官。二曰生员父母有过，必恳告至于再三，毋致陷父母于危辱。三曰军国政事，生员毋出位妄言。四曰生员有学优才赡，深明治体，年及三十，愿出仕者，许敷陈王道，讲论治化，述为文辞。先由教官考较，果有可取，以名上于有司，然后赴阙以闻。五曰为学之道，必尊敬其师，凡讲说，须诚心听受，毋持己长，妄为辩难。六曰为师者当体先贤，竭忠教训，以导愚蒙。七曰生员勤惰，有司严加考较，奖其勤敏，斥其顽惰，斯为称职。八曰在野贤人君子，果能练达治体，敷陈王道，许其赴京面奏。九曰民间冤抑等事，自下而上陈诉，不许蓦越。十曰江西、两浙、江东之民，多有代人诉状者，自今不许。十一曰有罪充军安置之人，毋妄建言。十二曰十恶之事，有干朝政，实迹可验者，许密以闻。

假若生员不遵守上述十二条禁例，就“以违制论”。此外，禁例被镌勒卧碑①，置于明伦堂之左。

---

① 按：在学校设卧碑，渊源有自。宋大观元年(1107)，诏布周官八行、八刑之法于学宫，令所在镌刻。淳祐六年(1246)，御书白鹿教条，颁示各学及书院，立石。此其例也。参见(清)陈守仁修：雍正《舒城县志》卷七《学校》，见《稀见中国地方志汇刊》，243 页。

笔者若将十二条学规加以分类，其大体可以包括以下几个方面：一是生员与政治之关系，尽量制约生员轻率参与政治，上书言事；二是生员须尽孝道；三是生员之学业，举凡生员尊师，学官竭忠教训，以及有司严加考核，等等；四是在野人士上奏言事或民间诉状之规定。就其大旨而言，这十二条禁例主要是为了限制生员的言行，使其一心力学，事实上是官方约束生员活动的法律条文。为了使生员更好地遵循这些准则，除了将其镌勒卧碑以外，一些提学院道官员还将其刊发，发至每个生员，人手一帙。提学院道官员到任后，往往还让生员背诵禁例，以考核其勤惰。①

洪武二十五年(1392)六月，朱元璋谕礼部曰："近闻天下学校生员多骄惰纵肆，凌慢师长，宜重禁之。尔礼部其著为学规，俾之遵守。"于是，礼部重新条陈学禁规目，自授业讲读、进退出入，皆有定法。且令内不违亲之命，外不抗师之训，以至处朋友、待仆隶，皆有其遵。"又戒以毋蔑礼玩法，毋矜能丧志，毋违卧碑以取愆，惟笃志圣贤，潜心古训，以勉其成。违者罪之。"②可见，地方学校学规禁条，至此又稍作修订、补充，除原卧碑所镌十二条仍须遵守外，学规条文趋多，内容范围更为广泛。

(二)生员教法

除了学规禁例，洪武二年，礼部制定了地方学校生员的教法条例九条。过去的研究者对学规禁例多耳熟能详，而对这些教法条例，论者甚少。故笔者不嫌琐屑，亦详引如下：

第一，生员入学定例。凡各处所州县，责在守令，于民间俊秀及官员子弟选充，必须躬亲相视，人才俊秀，容貌整齐，年及十五之上，已读《论》《孟》四书者，方许入学。其年至二十之上，愿入学者，听。在内监察御史，在外按察司，巡历到日，逐一相视。生员如有不成材

---

① (明)陈儒：《芹山集》卷二四《学政》，见《北京图书馆古籍珍本丛刊》影印本集部第106册，191页。

② "中央研究院"历史语言研究所编：《明实录·明太祖实录》卷二一八，3204～3205页。

者，黜退，另行添补。

第二，选官分科教授。礼、律、书共为一科，训导二员，掌教礼、教律、教写字于儒士有学行、通晓律令、谙习古今礼典、能书字者。射、乐、算共为一科，训导二员，掌教乐、教数、教射于知音律、能弓弩、算法者。上项训导，但是能一等或二等者，从各处守令考验，各取所长，相兼教训。

第三，府教授、州学正、县教谕掌明经史，务使生员知孝悌、忠信、礼义、廉耻，通晓古今、识达时务，及提调各训导教习，必期成效。上项教官，各处守令于儒士有才德、有学问、通晓时务者选，官为应付行粮脚力，悉赴中书省考验。

第四，生员习学次第：侵晨，讲明经史，学律；饭后，学书、学礼、学乐、学算；未时，学习弓弩、教使器棒、举演重石。学此数件之外，果有余暇，愿学诏、诰、表、笺、疏、议、碑、传、记者，听从其便。

第五，礼、乐二事，见行集议，比候成书，颁降习学。

第六，守令每月考验生员，观其进退揖拜之节，听其言语应对之宜，背读经史，讲通大义，问难律条，试其处决，讲礼务通古今，写字不拘格式，审音详其所习之乐，观射验其膂力，又能中的，稽数明其乘除，口手相应。守令置立文簿，同教授记载诸生所进功程，如一月某课某生学不进，则纪载于簿，至三月不进，罚此科训导月米半月，罚多不过一月。

第七，监察御史、按察司巡历去处，考试各府、州、县教官生员，如府生员十二员，州八员，县六员，学不进者，罚守令俸钱半月，教授、学正、教谕、某科训导各俸钱一月；府二十员，州十六员，县十二员，学不进者，守令罚俸钱一月，教授、学正、教谕、某科训导黜退。若府二十员之上，州十六员以上，县十二员以上，学不进者，守令笞四十。

第八，设学之后，子弟习学各科，限一年有成，隶中书省者，贡至中书省考试，中选者就便量才录用。隶各行省，考试，其中选者入贡，朝廷选用。

第九，各处府、州、县于洪武三年正月为始开学，务要实效，责任所在，有司守令正官提调，在内监察御史，在外按察司官，每岁考核学生功课，比上年有进，有司官、教官便是称职。若学生比上年学不进，有司治罪，学官黜退。①

这是明初立国时期朝廷所制生员设科分教之法。若与明代中期以后新定学校规制及其实际执行状况相较，无不显示出明初立法之严密及实际执行之严厉。具体的差异有下列几点：

首先，明初生员之考课，主要“责在守令”，然后由在内之监察御史、在外之按察司加以考课。明中期以后，尽管守令对生员仍有提调之责，但学政已无关于守令政绩的考成。此外，生员的考录仍需经过府、州、县试，巡按御史亦可通过“观风”考录、黜退生员，然由于设立了专门提督学政的院道官员，因此专职的督学官已基本取代了明初一般意义上的监察御史与按察司官。

其次，明初朝廷将生员入学年龄基本限制在15～20岁。自明中叶以降，尽管不少进学生员的年龄仍在这个年限之间，然已无正式的年龄限制，因此出现了实际上的两分现象：一方面是一些11～12岁年龄段(正当小学之年)的童生，较早地进入地方学校肄业，成为生员；另一方面，又有一部分童生超过20岁以后方始进学，甚至有至年老而尚为童生者。

再次，明初的礼、乐、书、数、射、律设科分教，基本反映了明初学术的特点。明中期以后，这方面的教育已形同虚设，举业反而成为生员肄业的唯一科目。

最后，明初朝廷所定对地方官与教官的考课制度，基本以生员学业为准绳，而且相当严厉。明中期以后，地方官虽对学校仍有提调之责，然地方官的考课，基本以催课为主，以簿书期会为急，学校不过

① 参见(明)曾嘉诰修、(明)汪心纂：嘉靖《尉氏县志》卷二《官政类·庙学》，见《天一阁藏明代方志选刊》，叶32b～35a，上海，上海古籍书店，1982；(明)李宗元纂修：嘉靖《沈丘县志》卷二《官制类·教法》，见《天一阁藏明代方志选刊续编》，1020～1024页。

是一门面，其兴衰对他们的升黜无关紧要。而学官的考课，也转而以生员的中举名数为准绳。显然，这是科举日重、学校日轻的结果。

二、童　试

凡士子未入学，通称为“童生”。所谓童试，即考核这些童生并选拔其中俊秀者入学的考试。童试包括县试、府试与提学院道官员的考试。童生经过考试，初入学者称“附学生员”。故凡由督学官取为附学生员者，通称“生员”(或俗称“秀才”)，俗又谓之“进学”。这些童生已能入学宫读书，名隶学宫，故又名“入泮”。

(一)明初生员的录取与考试

明初，制度草创，生员的录取，并非如明中期以后，需要经过严格的县、府、院道三级考试，而是直接由府、州、县地方官或监察御史、按察司官考取。更有异者，有些儒童经过里社推荐，即可补邑庠弟子员。① 对此，史料有如下记载：

> 弘、正间，庠序选举青衿，不缘考试，民家子弟稍或俊秀、解诵经书者，即凭地方官报名送官司。文衡者或课以对偶，或试以书义，破头不甚谬戾，即准未成才补充弟子员。②

又《明史·选举志》云：

> 生员入学，初由巡按御史，布、按两司及府州县官。正统元年始特置提学官，专使提督学政，南、北直隶俱御史，各省参用

① 譬如，黄岩儒学生员葛天正，“奉亲应务之暇，雅好读书，里社推荐，补邑庠弟子员。”参见(明)黄淮：《黄文简公介庵集》卷八《黄岩儒学生葛天正甫墓志》，见《四库全书存目丛书》影印本集部第27册，36页。

② (明)姜准撰：《岐海琐谈》卷一五，250页。

副使、佥事。①

前辈学者邓嗣禹因袭此说。揆之明初史实，此说基本正确，然亦有以下事实需要补充说明。

其一，正如前述，根据明初洪武二年朝廷所定生员设科教法，生员入学，责在府、州、县地方官，然后才是内监察御史、外按察司，并无布政司。然明代史料又说："洪惟我太祖高皇帝自即位以来，辄诏天下郡县皆立学置师，弟子员付之，守以程督之，藩臬二司考察其勤惰而劝惩之。"②可见，在实际的执行过程中，布政司官员也参与了地方学政事务。明中期以后，提学道兼衔布政司参议者③，不乏其例。此是又一明证。

其二，生员的录取，在明初确由府、州、县地方官负责。明人杨士奇言："乡先生广西佥宪王公子启分教乡校时，识子敏于童丱，言于邑大夫，以为弟子员。"④显然，生员的录取，在明初先由学官选拔，然后再由府、州、县地方官定夺。地方官员直接负责学校生员的录取，这在明初多有其例。如宣德五年(1430)，何文渊出任温州知府，"复简拔善良子弟，得三十余人，教于郡庠，使其习闻官府号令，归语于乡"⑤。这是知府录取府学生员的例子。又史载何文渊"一日得乐县编民俊秀子弟六人，公观其矩度容色皆可备任使。其南昱，又六人中之颖出者。问其所学，于经史书传已知大意，及其两以书上，文亦可取。昱请为邑庠生，教授潘畿亦力为请，公不之许，乃欲得昱以为己检拾文稿，且备咨访。"⑥文中所载南昱，曾请求知府何文渊，要求录取自

① (清)张廷玉等修：《明史》卷六九《选举志》，1687页。

② (明)卢希哲纂修：弘治《黄州府志》卷八，见《天一阁藏明代方志选刊》，叶34a。

③ 陈宝良：《明代学官制度探析》，载《社会科学辑刊》，1994(3)。

④ (明)杨士奇：《东里文集》卷八《送刘子敏序》，见《四库全书存目丛书》影印本集部第28册，337页。

⑤ (明)姜准撰：《岐海琐谈》卷三，40页。

⑥ (明)姜准撰：《岐海琐谈》卷一，12～13页。

已为乐清县县学的生员，虽因何氏另有他意而加以拒绝，但足证知府确实有权直接录取学校生员。

明代中期以后，生员的考试，由专设的提学院道官员负责。此外，则为各类御史之“观风”。而在明初，部使至地方，亦有考试生员之责。正如杨士奇所言：“今年部使者行郡县，励新学校，考诸生经义不治者，罢黜为吏以惩。”①此即其例。

（二）县试与府试

尽管明代的县试与府试的具体情况，已不如清代清晰，然童生欲进学成为生员，首先应经过县试、府试两关，则是毋庸置疑。由于明代有关童试资料不系统，故过去的研究者多略明代童试不言。然若广泛钩稽史料，明代童生县试、府试之基本面貌，亦可被清晰画出。据明代金木散人编小说《鼓掌绝尘》可知，童生欲成为生员，首先必须经过县试、府试，最后才是院试。②

县试为知县主持之童试。明代县试童生，可以崇祯七年上海县县试为例，即可知县试实况。明末清初人叶梦珠记道：

> 是时，应试童生不下二、三千人，先期盖厂北察院中，借取总甲棹机，编号排列，用竹木绑定，不得动移，将儒童姓名，编定次序，如院试挨牌之法。各路巷栅，先遣官役把守，朝不得早开，独留学前一路。诸童俱集广场听点，自拥高座，以次唱名给卷。领卷毕，即向东转北，由东栅入试院，卷上编定坐号，入场对号而坐。又分号出题，题即密藏卷后。既封门，方示以题之所在。外无拥挤之扰，内无传递之弊，亦吾生所仅见者。③

这是叶梦珠亲身经历之事，自当可信。明代童生县试状况，于此亦可

① （明）杨士奇：《东里文集》卷三《赠曾士荣序》，见《四库全书存目丛书》影印本集部第28册，283页。

② （明）金木散人编：《鼓掌绝尘》第35回，378～386页。

③ （清）叶梦珠：《阅世编》卷二《学校五》，33页。

见一斑。

童生通过县试以后，尚需参加府试。明代惯例，童生不难于入泮，而独难于府取，称为“府关”。其意是说童生侥幸得过此关，那么只要文理稍顺，取青衿犹如拾芥。① 于是，一些出身贫寒的童生，为家中糊口计，不得已只好将自己府取之名售人，令人顶替。② 可见，府取可以买卖。

府试是由知府主持的童生考试，即将各县县试所取童生，再汇聚府城，进行考试。当时童生入泮，每县大概六七十名，那么，府试所取，则不过百余名。③ 这是明末上海县的状况。若在四川，万历年间提学道郭子章专门核定府取之额：大州县120名，中者90名，小者五六十名。④

按照惯例，童生府试获第一名，必定进学，成为学校生员。试举下面两段史料以说明之：

> 是岁，出应儒童试。郡守冯公奇其文，业置第一。司李陈公素知其为予(钟惺自称——引者)弟，才而困也，喜见眉宇。冯公问而知之，谓乡绅子弟宜避寒士路，姑置第二。是时督学于府试第一人无不收者，而弟竟不录，人或惜之。⑤
>
> 明曹家驹《说梦》云：骆骎曾学院岁试按松，金山少宗伯杨汝成子时霖府录第三，院试被遗，司理刘之待叩禀，请附正案末，不允，曰：“本院校士以来，如童生为府录领案，失必查补，所以全府官体面，若第二便置不问矣。”按此知府取第一必入学，自前

① (清)叶梦珠：《阅世编》卷二《学校五》，35页。

② (清)俞樾：《茶香室三钞》卷一三《明季童试重府取》，见《茶香室丛钞》第3册，1178页，北京，中华书局，1995。

③ (清)叶梦珠：《阅世编》卷二《学校五》，33页。

④ (明)郭子章：《嫔衣生蜀草》卷九《学约》，见《四库全书存目丛书》影印本集部第154册，703页。

⑤ (明)钟惺：《钟惺集》卷二七《家传》，见《传世藏书·集库·别集》第10册，105页。

明已然矣。①

上述二例正好相反。前例钟惺之弟原本府试第一，稳可入学，却因知府避嫌，被降置府试第二，以致院试不录。后例则为礼部侍郎杨汝成之子府取第三名，以致院试被遗。而府推官刘之待叩禀提学御史，代为求情，请附正案之末，却不被允准。由此可见，府取第一名必入学，即使偶为提学院道官员遗取，亦可要求查补，以“全府官体面”。若府取第二，则可置而不问。

儒童必先经县、府试，方可参加提学院道官员主持的入学考试。这是一般的通例。然亦有例外者。如熊廷弼督学三吴，以威严御士。“公见童生愿考者，不必待府县试，叩门而入，文理通者，即时送学，否必通责之。”②又如南明弘光朝廷，凡童生应试，“令纳银三两，免其府县录送，竟赴学臣考试”③。

(三)提学院道之试

明代的提学官称谓甚多，或称“督学宪臣”，或称“督学御史”，或合称“提学院道”，专门提督地方学政。地方十三行省，从布政司、按察司中特差佐贰一员，尤以挂按察使副使、佥事衔居多，故有“督学宪臣”之称；南北两畿，则各差都察院御史一员，故有“督学御史”之称。提学官持有朝廷赐予的敕印与关防，但凡地方学政事宜，巡抚、巡按各衙门均不得“参预中制”，其目的就是为了重视提学官的“事权”。④

提学官之设，始于宣德年间。当时朝廷采纳少保黄福的建议，专门添设提学官。时擢两浙盐运同知胡轸为按察司副使；爵林知州刘虬，监察御史薛瑄、高超，工部郎中高志，吏部主事欧阳哲，翰林院修撰王钰，编修彭琉，检讨陈祚、康振，国子监学正庄观，均授予按察司

---

① (清)俞樾：《茶香室四钞》卷一六《府录领案必入学》，见《茶香室丛钞》第4册，1741～1742页。

② (明)李寄：《天香阁随笔》卷二，叶5a，陶社校刊本。

③ (清)叶梦珠：《阅世编》卷四《官迹》，91页；(清)陈敬璋辑：《乾初先生遗事》，见《陈确集》首卷，41页，北京，中华书局，1979。

④ (清)叶梦珠：《阅世编》卷三《建设》，71页。

佥事；湖广检校程富，建宁教授彭勗，均授予御史。随后，分别出任各省与南北直隶提学官。①

按照明代的制度设计，分为“养士”与“取士”两套体系。学校虽以养士为职责，然取士同样离不开学校。鉴于此，学校生员自学校升之有司，假若得中，则称之为“举人”。举人再自有司升之礼部，假如得中，则称之为“进士”。进士之升，其权操自地方有司、礼部，然士习之隆污、儒风之显晦，则只有督学宪臣能“轩而轾之”。地方有司、礼部与督学宪臣的不同，主要在于一为“取士”，一为“养士”。换言之，督学宪臣担负起了教化学校生员的职责。②

明代的提学道具有一种监督管理职责，专门提督学校，考试学生，并授予最低一级的科举功名(生员)，而且可以授予生员参加乡试的资格。③ 当然，明代的提学官同样可以兼摄民事。如正统元年五月，朝廷设京、省提学宪臣。正统二年(1437)八月，朝廷命督学宪臣“兼督民间栽种枣桑”④。又在正德年间，提学官除了专门提督学校之外，尚可奏荐地方人才，诸如举荐地方人才、举荐教职，等等。如正德九年(1514)，祝萃任陕西按察副使，提督学校，奏荐地方人才，又奏荐贤才。可见，至少在正德年间，提学官尚有举荐地方人才、教职的职掌。正德以后，此类职掌逐渐归于巡抚、巡按。⑤

督学官每年举行岁考时，往往分为两部分进行：一是考试生员，以决定生员之升黜，或补廪、补增，或黜革；二是考试已经府取的童生，录入而为生员。这种考试，清代通称“院试”。明末，在江南，已

---

① (明)王世贞：《凤洲杂编》五《添设提学官》，见《丛书集成初编》，130～131页。

② (明)文徵明：《甫田集》卷一六《送提学黄公叙》，陆晓东点校，215～216页，杭州，西泠印社出版社，2012。

③ Charles O. Hucker, *The Censorial System of Ming China*, Stanford, Stanford University Press, 1966, p. 71。按：关于明代提学道的研究，又可参见吴智和：《明代提学的教育生活》，载《淡江史学》，1999(10)。

④ (明)谈迁：《枣林杂俎》智集《逸典·学宪兼民事》，36页。

⑤ (明)谈迁：《枣林杂俎》智集《逸典·提学官疏荐人才属官》，45页。

有称“院试”者，这是因为南直隶的督学官由御史充任。而其他各省，由于督学官均为道臣，故院试一称在明代尚未普遍。

经过县试、府试而被录取的儒童，由府酌定地方人才多寡，取定名数，备造年貌、三代籍贯、经书文册，送院道试夺。有些学使处事严厉，还截去府取名额后段，不予收考。府、州、县原取之卷，装束固封，由提学院道官员调查笔迹异同，以辨有无替代等弊。童生试卷与生员一体编号弥封，若有夤缘干进，或者在试卷内自叙门第，以行止有亏论处。此外，举凡编号、弥封、试日搜检各项事宜，均与考试生员相同。①

至于那些并非因行检黜退的生员，若年资可进，可以具告学校教官，由教官结申，再由提调官复考，文义如通，亦可送院道考试，以便收复生员资格，然必须在试卷卷面上注明“黜”字，以示与童生相别。

童生经提学院道考试，取中者即为生员。按照旧例，童生入泮，于复试后一日，即著公服，各学学官率领众生向文宗(即提学院道官)谒谢，行师生礼。文宗躬率新生先于试所文庙内参拜，然后各回本籍。等到发了红案，再各发府、州、县，择吉迎送入学。② 童生入学以后，一旦出案，即不许再告改别学，新生等入县学或州学肄业。至于府学生员的来源，在明初的普遍做法有二：一为在县学20名生员满额后，再将多余之人拨入府学肄业；一为有司考校邑学俊髦，升入府学。③至明末，新生拨入府学，发案时并不知晓，一等红案转发，方行分拨。④

童生入泮成为生员后，必取府、县考试原卷与入学试卷一并连钉，

---

① (明)郭子章：《蠙衣生蜀草》卷九《学约》，见《四库全书存目丛书》影印本集部第154册，703页；万历《保定府志》卷一七《学政志·隆庆五年督学察院申饬学政事略》，见《日本藏中国罕见地方志丛刊》，403～406页。

② (清)叶梦珠：《阅世编》卷二《学校五》，33页。

③ (明)陈益祥：《陈履吉采芝堂文集》卷一三《木铎》，见《四库全书存目丛书》影印本集部第195册，553页；(明)黄瑜：《双槐岁钞》卷二《邑俊升郡学》，叶13a～13b，清道光十一年南海伍氏刻《岭南遗书》本。

④ (清)叶梦珠：《阅世编》卷二《学校五》，34页。

等到复试之日，给发新生，复试所作文，即誊于入泮试卷之后，以便核对笔迹异同，防止冒名顶替。①

童生参加院道考试，卷子应由考生自买。童生入泮后，又需要自己出钱做襕衫、买头巾、定皂靴。② 入学后，新进生员又需交礼房礼银，一般每人三钱。③ 新进生员办酒桌席面，敬奉县官、学官。④ 在有些地方，童生新进，还在明伦堂演戏⑤，以示庆贺、酬谢。

(四)保结

在清代，童生考试，例应由廪生二人作保，名曰“廪保”。⑥ 其实，这种保结制度，源于明代。所别者，与清代的廪保制度相比，明代的保结制度更为严密。

关于明代的保结制度，不妨引下面两段史料加以说明。明人冯梦祯《历代贡举志》记：

> 旧法：里老保其行，试而升之学，再保其行，试而升之省，是犹里选之意也。⑦

又孙承泽《春明梦余录》言：

> 其生童入试，须令州县教官各取保结，无过犯，方准进场，有败伦而失简举者，教官与州县官有罚。⑧

---

① (清)叶梦珠：《阅世编》卷二《学校五》，34 页。

② (明)金木散人编：《鼓掌绝尘》第 35 回，378～386 页。

③ (明)海瑞：《海瑞集》上编《兴革条例·吏属》，55 页，北京，中华书局，1962。

④ (明)海瑞：《海瑞集》上编《兴革条例·吏属》，96 页。

⑤ (明)李乐：《续见闻杂记》卷一〇，848 页。

⑥ (清)何刚德：《话梦集》卷上，24 页，北京，北京古籍出版社，1995。

⑦ (明)冯梦祯：《历代贡举志》，见《丛书集成新编》第 31 册，3 页。

⑧ (明)孙承泽：《春明梦余录》卷四〇《礼部二·贡举》，753 页，北京，北京古籍出版社，1991。

由上可知，保结制度是乡举里选之法的遗意。生、童入试，必须有保结，证明生、童无过犯，方可进场参加考试。

何谓“保”？即事发连坐；何谓“结”？即要以终身相保。立法可谓至严。书一名，画一押，用印而附于试卷，干系至重。

保结之法，大体可以分为以下四种：一是童生连名互保，“令附近童生，或十人，或五人，连名互结”①；二是廪保，即用廪膳生员一人认保，事发，廪生究黜②；三是里老、邻右、族师保结，即里正、比屋邻居之人及乡族师儒均应出保；四是县、州、府、司保结。

保结之状内容，分为两部分。一是责在保人，“如虚甘罪”，即所保之人及事有虚，保人甘愿受罪。二是责在所保之人，必须证明“身家并无违碍”。不遵道理称“违”，犯于过恶称“碍”。身无碍，则所保之人必须“孝弟忠信”；家无碍，则所保之人的家庭必须“型仁讲让”。③ 此外，保结的具体内容尚包括生童是否冒籍、匿丧、代考、怀挟、传递、帮钞、换卷之类，以及是否曾犯刑罪等项。若有犯者，保结者受连坐。

在明初，保结制度相当严格。当开科时，诸生大比，考取高等，亦必须由缙绅、三老保举生平无过，才允许入试，其结状分款，多达十余条。有人甚至因滥保而被处死。如永乐初期，无锡县有一徐绍德，以“曾共娼妓饮酒，为邻所讦，降廪不与试”④。邻里保结，制约着生员的行为。至明末，保结制度已流于形式。“廪生混结，相沿已久，亲

① （明）冯惟敏纂修：万历《保定府志》卷一七《学政志·隆庆五年督学察院申饬学政事略》，见《日本藏罕见中国地方志丛刊》406页；（明）郭子章：《嫔衣生蜀草》卷九《学约》，见《四库全书存目丛书》影印本集部第154册，702页。

② （明）冯惟敏纂修：万历《保定府志》卷一七《学政志·隆庆五年督学察院申饬学政事略》，见《日本藏罕见中国地方志丛刊》406页；（明）郭子章：《嫔衣生蜀草》卷九《学约》，见《四库全书存目丛书》影印本集部第154册，702页。

③ （明）吕坤：《实政录》卷一《提学道之职》，见《四库全书存目丛书》影印本子部第164册，358～359页。

④ （清）黄印：《锡金识小录》卷九《明初结状》，叶1a，清光绪二十二年王念祖活字本；（清）钱泳：《履园丛话》卷一三《科第·立品》下册，339页，北京，中华书局，1997。

友子弟至有不问本生，暗为递结者”①，这是当时的实录。

(五)荐牍、贿取之风

科举考试制度具有相对的公平性，它使贫寒子弟也获得了一条通过科举进身之路。相对说来，贫寒子弟在读书方面，总是比富贵子弟刻苦用功，这一点毋庸置疑。② 而义学的广泛兴起，也为贫寒子弟提供了从小接受教育的机会。正因为如此，才使贫寒子弟在考试时凭真才实学处于暂时的优势地位。然这只是相对的。荐牍、贿取之风的盛行，导致在科举的初级阶段(即童生取生员)，已体现出一定的不公平性。换言之，缙绅、富室子弟尽管不学无术，但可以凭借权势、财富，从一开始就比平民、贫寒子弟处于优势的地位。与此同时，科举又是一条费钱之路。每逢乡试，士子进会城与试，均需赁房居住，而此时房租又颇昂贵③，非一般贫寒子弟所堪承受。而参加会试，更是所费不赀。有些离京城较远的省份，第二年三月举行会试，士子在前一年十二月初就准备上京。④ 旅途劳顿之苦，旅费之巨，不难想见。于是，一些生儒、举子只好放弃参加乡试、会试的机遇。

大体说来，明代学校之弊，其患主要在“请托”与“贿赂”两项。所谓荐牍，俗言之，即推荐信，属请托之门。缙绅通过写一封荐书，替自己子弟或受贿替他人子弟向地方有司或提学院道官员说情，童生借此而获府取甚至进学。这是明代科场的一种风气。

---

① (明)丁元荐：《尊拙堂文集》卷一〇《启游肩生父母》，见《四库全书存目丛书》影印本集部第170册，166页。

② 明人何良俊云：“松江士大夫子弟不甚读书……今世父兄非不知教，子弟非不知学，正恐多财为累耳。”又李乐云：“近时富贵之家子弟，懒怠，虽自己作文字，亦用家人誊真。此通弊也。”分见(明)何良俊：《四友斋丛说》卷三四《正俗一》，313页，北京，中华书局，1983；(明)李乐：《见闻杂记》卷三，272～273页。

③ 明代史料载：“会城中，每逢科举之年，各府举子到者极多。不论大小房屋，举子俱出重租，暂僦以居。”参见(明)张应俞：《盗劫骗·公子租屋劫寡妇》，见《江湖奇闻杜骗新书》，57页，天津，百花文艺出版社，1992。

④ (明)张应俞：《诈哄类·诈学道书报好梦》，见《江湖奇闻杜骗新书》，19页。

这种风气也有一个变化过程。大体说来，在明代中期，士大夫多自爱，在子弟入泮方面轻易不写荐书说情。所以，其时穷乡单户之子，多奋勉学问，奔竞之风不盛。即使有所嘱托，只有达官贵人之子弟，方得勉附其末，然非大势力者不能，即使有势力，其旁系子弟亦无此幸运。后稍积弛，有干请嘱托者，每案中有三四人。然亦不甚落人口，往往多方掩饰，每每耻于人知。有谈及此者，辄面红耳赤。至明末，荐牍已靡然成风，父兄不务藏饰，子弟不知掩蔽，而督学使者也借此增加囊橐之资。关于此，明人吴应箕有深刻的揭示。① 叶梦珠也说："童生府取，在吾生之初，已无公道。凡欲府取者，必求缙绅荐引。闻之前辈，每名价值百金，应试童生，文义虽通，苟非荐剡，府必不录。"②无钱即无法请得缙绅荐牍，无荐牍，即使文义很通，府必不录。府取即已如此，遑论院试！对贫寒子弟而言，即在童生进学阶段，已无公道可言。

这种荐牍之风，在明末相当流行。廉洁如祁彪佳，号称一时名臣，在他任福建兴化府推官时，向提学道上过很多"禀帖"。名为禀帖，是其职责所在，然细玩其禀帖内容，却与替缙绅子弟说情之荐牍一般无异。不妨引一禀帖如下：

> 谨禀：卑职以拙才代庖，获竣府试之役，以待老大人之衡鉴，复何敢于老大人公严之前，有所仰干，惟是有万不能已者，明知冒禁，而不敢不禀，恳以祈垂鉴。其一为粮道唐谷如公祖之婿，名林铭麒，又其门生绍兴许芳谷公祖所恳托。其一为金华林澹生公祖之婿，名陈笃士，又其座师系妻父，亦再四见嘱。而近奉漳汀朱老大人札示，亦令卑职转达于老大人。以上二童生，皆两公祖所最钟情，而托至卑职至再至三者。……又侍御卓真初之亲子卓朝日，礼垣彭让木之至戚，徐中玄俱恳恳致于卑职，其责望于

① 详见(明)吴应箕：《楼山堂集》卷一三《上郡守孙公论考童生荐名书》，见《四库禁毁书丛刊》影印本集部第11册，426页。

② (清)叶梦珠：《阅世编》卷二《学校五》，35页。

卑职甚切。盖以荐贤之典，卑职或可蒙俯亮于老大人也。三童破、承另禀开列，万祈垂慈卑职。某临禀，可胜悚仄陨越之至！①

无论是荐牍，抑或禀帖，借口大多冠冕堂皇，无非按照典制，为国“荐贤”，云云。然冠冕堂皇的借口，很难掩盖私下交易的肮脏本质。禀帖是公，所禀之事却为私相嘱托。上述祁彪佳所荐三位童生，各有政治背景，从中可见其关系网：林铭麒，粮道唐谷如之婿，唐又通过门生知府许芳谷，转托至推官祁彪佳；陈笃生，知府林澹生之婿，又通过漳汀朱老大人，转托至祁彪佳；卓朝日，御史卓真初之子，礼科给事中彭让木之至戚，又通过徐中玄(官职不详)，转托至祁彪佳。祁彪佳又将这三个童生(附带其政治关系网)，上禀学道。这种交易，有些不好公开，如这三个童生所作八股文的破题、承题，就需要另行开列，以便使提学道得以识别。

当然，确乎也有一些官员，出于为国选才的公正目的，对于同僚、亲朋的荐牍加以拒绝。下引王廷相的一封回函，堪称典型一例：

顷者教及，欲预为令郎出身之图，此实人父爱子之情，甚善。但贵省多士，皆所仰望，不独令郎为然。他处不然，而贵州行之，复以令郎之故，彼岂能安意无所议及哉？恐纷更未宜，望体悉。②

细绎文意，再结合他处记载，可见王廷相所拒的大概是他人为儿子请托补廪一事。

这种不公平，不仅在院试、府试中司空见惯，即使在县试中也是存在的。譬如，万历末年，嘉兴府平湖县县试儒童，案出，居前列者多乡绅子姓，于是孤寒者哄然，作一谣云：“中尊秉公，公子公孙公弟；童生含冤，冤祖冤父冤兄。”更有异者，当时嘉兴府秀水县续收案

---

① (明)祁彪佳：《莆阳禀牍·学道葛禀帖》，见《祁彪佳文稿》(三)，2392页。

② (明)王廷相：《王氏家藏集》卷二七《答刘惟馨》，见《王廷相集》第2册，486页。

百余名，均为衙役所稟，以致童生更冤。①

按照惯例，督学取士，一概将录取生员发案，称“总案”，又称“正取”。然实际上一些提学院道官员往往在总案之外，又有“存案”，有“寄名”，有“续案”。② 这种正取之外的续案，往往因荐牍而取，而且其关系网相当复杂。譬如，江以达督学时，正取之外，别有续案，名下各注明士大夫眷系，或托为同母弟，或托为二女婿。故当时有人作一联加以讽刺，联云：“逆理乱伦，却把只娘居两父；贪财忘义，忍将一女嫁三夫。”③这种嘱托之情，除了上述眷系、衙役之外，其他还有府道之所嘱、台宪之所致、牙婆媒氏之所关说，几乎如烟如海，不可胜计，关系亦如蜘蛛网一般。

缙绅荐书嘱托，不可能没有酬劳。即使如牙婆、媒氏之所关说，也无白跑腿的道理。不言而喻，其中联结的纽带，说白了就是金钱关系。童生欲得缙绅荐书，必须付出酬金；荐书上去，到了县、府、提学道那里，这些主管官员当然也要分润好处。如明末张能麟校士吴中，“前后各有定价，有为之关节者，遍行搜括，既餍足已，而后旁润其余，缙绅、达官、广文、孝廉、承差役吏，无不及也。一案出，而真才不一二矣。至童子科为尤甚。未试，则先以帖下州县，每县坐一二十名，刻期交纳。州县承风旨，多方收揽，至库上交银，如收捐纳，如纳税金，无顾避”。④ 又如明代一学臣，遣人在外招摇，每名秀才需银300两，“两不取信，许于入场示之征。其童生坐来字号，言来三百金也。出乃急付之，榜发获隽。自后得售者，皆隐语‘来三’，不照者曰‘不来三’，凡事皆然，不但考试矣”。⑤

---

① （明）李日华：《味水轩日记》卷六，叶47a～47b，民国七年刊《嘉业堂丛书》本。

② （明）郭子章：《嫔衣生蜀草》卷九《学约》，见《四库全书存目丛书》影印本集部第154册，703页。

③ （明）陈益祥：《陈履吉采芝堂文集》卷一三《木铖》，见《四库全书存目丛书》影印本集部第195册，573页。

④ （清）佚名：《研堂见闻杂录》，281～282页，上海，上海书店，1982。

⑤ （清）王有光：《吴下谚联》卷三《来三》，101页。

显然，荐牍与贿取相伴相随。尽管明末考试儒童，钻刺多门，然一概离不开金钱二字。缙绅子弟通过荐书，可以获隽入庠，而富室子弟，借行贿同样可以入学肄业。如苏州人伍袁萃督学浙江时，秽行不可胜举，丑声遍于士林。“凡当路富豪子弟，靡弗以私进，间取一二寒士，则试卷之最腐烂者”，以致时论大哗，时人“以苏州人惯收古董讥之”。① 明代史料说福建建宁“买进学”之风云：“买进学、买帮补，甚至买举人，此事处处有之，岁岁有之，而建宁一府，叠遭骗害为甚。”②又崇祯初，陕西西安府长安县富林村，有富室钱之骥的儿子钱文俊，“用贿入庠，险恶营利，僮仆恣横，通邑恨之”。③ 无论是童生府取，还是童生入学，都标有定价。童生府取，每名价值100两银子，后稍有下降，自五十递至一二十两。④ 儒童入庠，每名300两银子。原本朝廷选拔人才的大典，却成为士大夫或地方官权钱交易的买卖。

此外，“倩人替考”的存在，同样使寒士处于不利的地位。闽中士习，最大的弊端即为雇人替考一节，富家子弟往往有目不识丁而侔列学宫者。⑤ 究其原因，由廪生保结制度流于形式所致。而此辈进一人，无疑就是妨碍寒士一人仕进。

三、学官对生员的课业

按照定例，提学院道考试儒童，发案录取，三日内必须入学，从此儒童也就成了地方学校的生员。进入学校肄业之后，生员就面临着各种考试，诸如提学官有岁考、科考，提调官有季考，掌印教官有月

① (明)支大纶：《支华平先生集》卷三八《意札》，见《四库全书存目丛书》影印本集部第162册，439页。

② (明)张应俞：《买学类·诈封银以砖换去》，见《江湖奇闻杜骗新书》，141页。

③ (清)计六奇：《明季北略》卷四《钱文俊激变》，95页。

④ (清)叶梦珠：《阅世编》卷二《学校五》，35页。

⑤ (明)叶向高：《苍霞续草》卷二一，1810页，扬州，广陵古籍刻印社，1994。

考，各斋教官有日考。在这些考试中，因学官①是学校生员的主管官员，身兼官、师两职，故其日考、月考最为频繁。

(一)儒学教官

明初，一切属草创阶段。地方儒学的学官也不例外，均由地方有司自行聘请。《松江府志》云："洪武初，杨孟载为松江府学教授，与丘克庄、全希贤同官。当时分教，有司得自延聘，皆极州里之选。后并至大官。"②又钱谦益据李延文《一山文集》，其中有李氏自叙其"戊午夏，永清刘宰招致，摄其乡学"，云云，因而据此断言："国初学官听郡长吏推择其名硕为之，故继本(李延文，字继本——引者)虽元亡不仕，犹出典邑校也。"③这在明初似乎较为盛行。譬如，曹以忠"以学行受知于漳州太守华君，不远千里聘为司训"。④ 更有甚者，若学官(尤其是训导)出缺，可以由教谕出面，遣弟子员，持书聘请。正如明代史料所载："近年以来，昔之儒者凋零殆尽，虚教席者，必询之他郡，由是博士遣其弟子持书币来会稽，礼请吾友王原哲氏，补其席。"⑤

地方有司自行聘请学官，说明明初右文崇儒，师道甚尊⑥，所选者多为硕儒，或当世之名贤，甚至"极州里之选"，其优点是不言而喻的。正因为如此，这些被聘学官，随后的仕途也一帆风顺，渐次而跻

---

① 说明：学官，有时也称教官，为方便行文，统一使用"学官"说法。

② (清)顾炎武著、(清)黄汝成集释：《日知录集释》卷一七《教官》，415～416页，郑州，中州古籍出版社，1990。按：据钱谦益《列朝诗集》引《松江府志》，杨孟载当为松江府学训导，而非教授。又全希贤为学正，时当在元代，而非明初。参见(清)钱谦益：《列朝诗集小传》甲前集《邱郎中民》，49页，上海，上海古籍出版社，1983。

③ (清)钱谦益：《列朝诗集小传》甲前集《李广文兴》，65页。

④ (明)王达：《翰林学士耐轩王先生天游杂稿》卷五《送曹君以忠赴漳州府学训导叙》，见《四库全书存目丛书》影印本集部第27册，143页。

⑤ (明)郑本忠：《安分先生集》卷四《送王原哲训导海盐县学序》，见《四库全书存目丛书》影印本集部第26册，44页。

⑥ 明人刘基认为，学官品虽卑，而所系最大。故"爵位其上者，不敢以属官例待之，崇师道也"。显然，这是明初的实况。参见(清)孙世昌纂修：康熙《广信郡志》卷一一《学校志》，见《稀见中国地方志汇刊》第28册，998页。

崇显，并非如中期以后的学官，终身老于教职。与此相应，明初学官对待生员也相当严厉。如昆山教谕朱士章，“季考月试，勤而且严”①，此即其例。

明初最为重视教职，地方有司不许随便差遣学官。学官在学校教生员，必须有生员登科合式，才得以叙升，或者通过辞职，得以去官。如广东博罗人林厚，以举人历任四个学职，时间长达 36 年，方允许归去。明代中期以后，学官升迁已发生变化，很多仅任职三四年就转任他职，只要有“气力”或者凭借“夤缘”，均得以上进。那些进士出身之人，则可以出任“大郡”；副榜举人出身之人，亦可以出任“大州县”，他们的擢升尤易尤速。至于贡途出身的教职，则“老死不自振，益懈于教矣”。② 换言之，明代中期以后，尽管学官仍然有来自山林散逸或宦家子弟的荐举人才，间有举人出身者，然已大多来自郡邑所造就的科贡。由岁贡除授者，限于资力、年限，多有日暮途穷之叹，毫无振兴学风之雄心；而孝廉起家者，又大多蘧庐其官，旦暮上公车，或者改遣府县官职而去。于是，儒师、弟子之间，犹若浮萍泛梗，率相遇而已，岂能指望他们奉公守法，以收作兴人才之效！

尽管学官的出身已转而变成贡生，然从士到食廪、出贡，最后才是礼部、吏部的考试，学官之得，亦颇难。明代史料记道：“士廪于学，率二十余年乃得贡。天下州郡县学岁春秋贡至京师者，率几千人。初学士院廷试之，汰其纰缪者，归诸学，余乃分隶南北胄监，谓之贡士。其愿为学官者，礼部覆试之，加严焉，汰其半；吏部复试之，加严焉，汰其半；最后又详试于廷，而精择之二三。良亦难哉！”③可是至后，严试、精择之法流于形式，考试之法又太疏，“士之衰老贫困者

---

① (明)叶盛：《水东日记》卷八《兴学勤教》，94 页，北京，中华书局，1980。

② (明)朱国祯撰：《涌幢小品》卷一一《重教职》，王根林校点，197 页，上海，上海古籍出版社，2012。

③ (明)汪佃：《东麓遗稿》卷六《送永嘉黄君应治分教海康序》，见《四库全书存目丛书》影印本集部第 73 册，248 页。

始告授教职，精力既倦于鼓舞，学行又歉于模范，优游苟禄，潦倒穷途”①。于是，朝廷选士育才之官，反而成为养老济贫之地。

这些衰老贫困的贡生一旦告授教职，成为地方学校的儒师，并不以作兴人才为己任，不过优游苟禄而已，甚至模范不端②，程矩不立，初入学则利其拜见之仪，已入学则利其送节之礼。对此，明人耿定向揭示言：

> 余弟子健补博士弟子员，弟时犹髫也。释菜归，而邑邑无欢。余诘之曰：“父兄睹汝髫年得泮游为荣矣，而不色喜，何也?”弟曰：“吾向以学官仁义府也，而今殆异所闻矣。吾始偕诸生谒先师，继升堂，伐鼓拜揖。礼成，庠师俨然升座，吾侪肃而侍，意初筵，必有发教。吾方延跂以聆，乃庠师旋从中座起，掀髯信眉，而扬声曰：‘若等公堂币金尚不具，何也？今而后不办者，视吾夏楚！’诸生慄然而恐。吾为之赧然汗下矣。若斯而谓仁义府耶？游之不足荣矣。”③

由上可知，教官唯较诸生贽仪之有无、多寡，汲汲所求的是生员的馈赠、束脩，至于升堂画卯，只是依样画葫芦，装装样子而已。根据明代俗例，初入学生员，除了参见拜揖学官外，还需送上一份束脩，而已入学生员，除了平常拜见之仪外，遇节，尚需送上节酒食馔。

与此同时，朝廷对学官的考核，也存在着两大弊端。其一，正统九年朝廷谕礼部，“命教官任满，无举人，试学优者，教授、学正、教

---

① （明）张居正：《张太岳集》卷三九《请申旧章饬学政以振兴人才疏》，495页，上海，上海古籍出版社，1984。

② 明末学官行为尤为无耻，模范不端，可举下面一例说明之：“里有湖州教授者，丁祭宰牲，豫窃鹿肉脯食之。庙前古柏，斩以归。其余猥鄙狼藉，弗堪尽述。罢归，彼中人率举以嗤笑窃鹿肉事。其人不耻，时时自言之。”参见（清）张履祥：《杨园先生全集》卷三八《近鉴》，叶7a，清同治十年江苏书局刊本。

③ （明）耿定向：《黄忍江先生传》，见（清）黄宗羲编：《明文海》卷四〇九，4256页。

谕俱降训导，训导调任边远；试不中者，除杂职”①。学官的升黜，只以学中生员所中举人名额的多少，至于教官、生员的学行，则完全不加顾及。晚明士风的败坏，盖由于此。其二，吏部对教官进行考核时，往往有这样一种倾向：“此寒官也，概与上考”②。学官明知上官对自己并不看重，因而自暴自弃。学官日偷，亦源于此。

（二）日课、月考

根据前揭明初所定地方学校教法，学校中生员的习学次第，大体如下：清晨，讲明经史，学律；饭后，学书、礼、乐、算；未时，学习弓弩，教使器棒、举演重石。学此数件之后，如果还有余暇，又愿意学习诏、诰、表、笺、疏、议、碑、传、记各类文体者，听从其便。

明代中期以后，礼、乐、书、算、律、射，除了偶一行之外，基本独具空文。生员习业，只有以下三种：一是“讲业”，朔、望谒庙毕，升堂讲书；二是“文字业”，月杪，群弟子试于学官，而别其可否，余日令弟子各立会课，而察其勤惰；三是“读书业”，在其余日，提学道发书程汇编，责令生员记诵。③ 而学官对生员学业的考试，亦仅有日课、月考。

明人海瑞言：“窃谓教官于生员，日课月考，日夕与处者也。”④可见，日课、月考是学官的基本职掌。所谓日课，即学官每日对生员的例行课业。每日学官公座，生员画卯酉。诸生等升堂完毕，即各退就自己学舍。训导进诸生于斋，每日诵读。及夜，诸生各就舍诵读，学官时或临学。凡一月中三、六、九日，学官进诸生于堂，讲书作文。这是每日日课的基本规程。至于日课的宽严，则因学官而各异。

日课内容，可以王廷相督学四川时所定为例。大体包括以下几项：

其一，学官逐日务要升堂坐斋，钤束生员，背授经书，讲明义理，

---

① （明）何乔远：《名山藏》卷一一《典谟记》，见宋祥瑞主编：《明清史料丛编》第1册，678页。

② （明）邱濬：《陈吏治积弊八事疏》，见《丛书集成新编》第31册，521页。

③ （明）郭子章：《嫔衣生蜀草》卷九《学约》，见《四库全书存目丛书》影印本集部第154册，697页。

④ （明）海瑞：《海瑞集》上编《兴革条例·礼属》，93页。

习作课业；夜则巡视号房，点阅生员诵读。生员每日于卯簿上，各尽一卯，无故不到者，掌印官朱笔记之，三日之内，量为责罚。无故一月以上不到学者，申逃提问。有事给假者，量事定与期限，明书假簿、卯簿之内，如冠礼十日，婚礼、期丧一月，缌大小功丧半月，祖父母、父母有疾及己身妻子患病者，审实亦准给假。若生员患病三月以上，廪膳开粮，增、附行查；诈病者，各以逃论处。

其二，生员每季各置课簿一扇，该学用印钤记。每月以三、六、九日作课，初旬《四书》义三篇，中旬经义三篇，末旬论、策各一篇，表、判同日各一篇，诏、诰候次月作表、判日期，各一篇，一月共作文十篇，立为定规。未成材者，《四书》义四篇，经义五篇。初学者，日作破、承、对句各三首。所作文章，均在课簿内起稿、誊真，先送本斋学官处，用墨笔批改，仍送掌印官，用朱笔参详。

其三，未成材及初学生员，学官令日习仿书一张，大小约200字，笔法一般学古人名家法帖，如钟、王、颜、柳之类，点画一捺，要求楷似，不许随手漫写。写毕，送本斋学官验判，月终掌印官点齐，封送提调衙门收贮，候按临点视。其已成材生员，免其仿习。①

所谓月考，即在日课及三、六、九日作课的基础上，每至月末，学官会集生员，当堂考试一次。其已成材生员，《四书》义或经义、论、策各一篇；初学者，破、承、对句各三首。凡遇季考之月，免其月考。考毕，各较定次第高下，量示劝惩，仍书小榜，在明伦堂张挂。② 举例来说，冯从吾之父冯友出身举人，嘉靖十七年任山西屯留县学教谕，月考生员每月一次，“阅卷毕，在县西门外公署发落，一等二等，县上

① （明）王廷相：《浚川公移集》卷三《督学四川条约》，见《王廷相集》，1167～1174页。按：海瑞任延平府南平县儒学教谕时，定下日课、月考、宿号之制，与王廷相所定大体相同。生员课程，包括背书，讲书，三、六、九作课三项内容。然海瑞将生员分成宿号与非宿号者，加以区别，则为其特点。参见（明）海瑞：《海瑞集》上编《教约》，15页。

② （明）王廷相：《浚川公移集》卷三《督学四川条约》，见《王廷相集》，1167～1174页。

讨纸给赏，鼓吹迎至文庙。三等赏罚无。四等朴责一二示戒”①。每季终，各学将月考考过诸生优者、劣者各一二送提调官，由提调官连同季考试卷一并解送提学院道官员处。②

学官之日课、月试，不同于府县季考、督学岁考，以及上台之“观风”，后者这些考试，生员往往能够享受供给、酒席，甚至有赏银、花红。照例说来，日课需常日举行，月考也必须每月一次。然日课、月考，供费均无所措。若诸生自备，则势甚不便。学官轮办，则力又不能，以致每月月考，多仅一隽，甚至数月一考，课程日疏，也有不得不然之处。

四、提调官的季考

府、州、县地方有司，对地方学校均有提调之责。为何称为“提调官”？海瑞作如下解释：

> 圣天子作天下君师，势所不及，外设府州县官共而理之。府州县于民曰父母官，天子之君道天下也。于凡民之秀，则不曰父母，改称提调。别之言提调者，立之标焉。礼义廉耻，曰提撕而调度之，如人之爱其子，必思劳其子，期之远大，进之圣贤，天子之师道天下也。③

按照海瑞的观点，府、州、县地方官，相对于平民百姓而言，则称“父母官”；而相对于生员来说，则称“提调官”。然明代史籍又说：“提调

① （明）冯从吾：《冯少墟集》卷二〇《家乘》附《山西屯留县名宦公移》，叶19b，清康熙十二年重刻本。

② （明）郭子章：《蠙衣生蜀草》卷九《学约》，见《四库全书存目丛书》影印本集部第154册，697页。

③ （明）海瑞：《海瑞集》下编《赠喻邃川得抚奖劝序》，401页。

官之于生员，犹父兄之于子弟。”①而生员有“弟子员”之称，大概是因为府、州、县官称“父母官”的缘故。

(一)朔望讲书与季考

提调官在地方学政方面的职责有二：一为朔望讲书，每月朔、望，府、州、县官率学官及诸生谒先师庙，谒毕，进诸生于堂，如令讲学；二是季考，按照明代惯例，知府与知县提调诸生，通常是在学舍之内，且“孟月试经义，仲月论表，季月策”②。每遇季月，提调官亲自考校生员，分别等第，量行赏罚。然后将等第名次及优、劣生各二三卷，送提学院道官审阅。③

府、州、县之季考，多以公储为生员提供供给。这种供给，在上海县则为“每人饼饵八，时果数枚”④。而在有些地方，按照常礼，每当府试生员，应设酒席。若未及设酒席，每生各给代酒银二钱。⑤

地方官对学校生员的提调，大抵集中于月课、日课两项。下面笔者以当湖知县刘士瑗为例，就月课、日课稍作详细分析。据载，月课的考试场所在学校。每月朔、望的次日，知县命题发至学校。午后，知县亲自携带酒到学校。在学斋中排列长案，诸生豪饮者任其饮酒，而知县自与学中三师共饮堂上。诸生以文章前来请质，即当面品评。至下课前二日，“必发案，所评卷必发学，无沉阁者”。至于日课，其考试场所则在县衙的后堂。每日知县将出堂，先下令选取优秀生童，或二三名，或四五名，将他们召集到后堂，命题多寡不一。命题之后，知县随即出堂理事，理毕公事则直接入衙，听凭诸生构思，“供具精腆”。至暮，若生童已写完文章，则先阅卷而后听事；若文章未写完，则先听事而后阅卷。有时，若有外县生童来到本县，“必留作课，与本邑生童较”。大约十日之内，知县必在后堂有四五日对生童加以考课，

---

① (明)冯惟敏修：万历《保定府志》卷一七《学政志·隆庆五年督学察院申饬学政事略》，405页。

② (明)谈迁：《枣林杂俎》智集《逸典·学宪兼民事》，36页。

③ (明)海瑞：《海瑞集》上编《兴革条例·礼属》，93页。

④ (清)叶梦珠：《阅世编》卷二《学校五》，32页。

⑤ (明)李乐：《见闻杂记》卷一，176～177页。

即使因事冗而暂时停课，亦必发下题目征文。每到中秋前后，则让生童完成七篇大课。①

无论是知府，抑或知州、知县，对诸生均有提调之责，需要随时加以考试。诸生见了提调官，口称“老大人”。若诸生有过，提调官得行鞭朴。然自万历二十六年至二十九年(1598—1601)，提调官与弟子员之间的关系，已渐渐被师生关系所取代。生员对提调官，已不口称“老大人”，而是称“老师”。一些宦家子弟大多馈赠厚币，纷纷拜入提调官门下，以“门生”自居。其中不才生员，每每乘此嘱托，反借此觅利。其利愈厚，则馈师益丰。虽名为拜师，其意却不在送文请益，不过彼此谋利而已。于是，官箴士风，由此澌灭。与此同时，提调官之朔、望讲书，或对生员的季考，亦多流于形式。譬如，知府季考诸生，“有一年而发案者，有七八月而发案者，先期失处赏资，临时慢事”。朔、望日，“诸生说书甚少，即说，亦漫无可否，失仪失礼，若罔闻知，自以为老成宽大，而诸生放恣，则自此酿成矣”②。郭子章督学四川时，亦说：“今有司朔望一谒庙，至越燕诸生，不吐一辞，视季考为文具，终二三年莫辨子弟姓氏。问之，则曰：‘公家议费小不备也，因是废而不举。’”③

(二)三等簿与号朋簿

设三等簿考核生员，这是明朝廷所定的典则。成化中期，朝廷敕提学各分督所属官，簿录诸儒生德业为三等：“德行优、文学赡、治事长者，为上等；有德行而经义、治事稍劣者，次之；即经义优、治事长而德行玷缺者，列下等。岁课月考，非上等，毋得应贡举。”④可见，三等簿主要由朝廷所规定，并由督学官监督各学学官执行。至晚明，

---

①　(清)张怡：《玉光剑气集》卷七《吏治》，344页。

②　(明)李乐：《见闻杂记》卷六，479页。

③　(明)郭子章：《蠙衣生蜀草》卷九《学约》，见《四库全书存目丛书》影印本集部第154册，693页。

④　(明)冯应京：《皇明经世实用编》卷一一《取士议》，见《四库全书存目丛书》影印本史部第267册，214页。

亦有由府县提调官填注三等簿的事例。① 其考察的内容，为德、业两部分，以德为先。

在此三等簿基础上，礼部又核准事例，各府、州、县官置簿二扇，一为“旌贤”，另一为“纪过”，由该学教官通将生员考验，填注德行、文艺、政事。其簿格式(参见附表22)：每位生员设一格眼，其下设三行。若旌贤簿内，第一行下注德行，如孝弟忠信礼义廉耻之类；第二行下注文艺，如经书、论策文字及杂学著述；第三行下注治事，如某时干过某事，能处、能断、能成，有何实践，以及平日做过时务策内，用人、理财、律、历、兵、刑、水、书、算等事。其纪过簿内，第一项下注过恶，如逆亲、犯上、败伦伤化及婚丧从俗等一切违道事；如无过恶，注曰无；其虽有过恶，而文艺治事有可观者，亦照旌贤簿备书之，无者注曰不能。填注毕，提调官收掌。②

设簿考核生员，这是明代学政的特点。然这种考簿，因地方有司或学官的不同，会有所差异。譬如吕坤要求府、州、县提调官设“进德簿”“修业簿”两种：进德簿分为二扇，分纪善恶。修业簿也分二扇，以纪生员学业勤惰。③ 而湛若水则设“号朋簿”以约束诸生：“签立相近号舍，十人为朋，各给号朋簿一扇，务使出入相友，德业相勉，过失相规，疾病相恤，有无相济。一人过恶发露，或私自逃回，同朋须先呈白，否则一同罚跪。”④

用考簿考察生员德、业两个方面，倘若能切实实行，无疑有利于生员行为的端正，学业的长进。然事实却是，这种考簿在以后的实行

---

① 明人郭子章言：“故事：置三等簿，令郡县填注。”可见，在实际执行过程中，三等簿已改由地方提调官职掌。参见(明)郭子章：《蠙衣生蜀草》卷九《学约》，见《四库全书存目丛书》影印本集部第154册，694页。

② (明)王廷相：《浚川公移集》卷三《督学四川条约》，见《王廷相集》，1167～1174页。

③ (明)吕坤：《实政录》卷三《修举学政》，见《四库全书存目丛书》影印本子部第164册，420页。

④ (明)邹守益：《东廓邹先生文集》卷八《号朋簿》，见《四库全书存目丛书》影印本集部第66册，135～136页。

过程中往往被地方有司视为琐务，束之高阁。“稍趣之，吏以空白封还。又趣之，漫缀数语，姑了前件耳。”①可见，考簿并未起到应有的作用。

五、提学院道的考试

生员一旦入学，将面临种种考试，举凡学官的日课、月考，提调官的季考，以及提学院道官员的岁考、科考，院、台的“观风”。大体说来，按照规定，院、台的“观风”是一种有选择性的考试，并不需要全体生员参加，但其他考试生员均必须参加、不可缺考。一至晚明，实际的情况则是生员大多慵懒，疏于参加各种考试。举例来说，如明人郎瑛说：“予名生员，不出应试者有年矣。”②艾南英也说：“旧制：诸生于郡县有司按季课程，名季考。及所部御史入境，取其士什之一而较之，名观风。二者既非诸生黜陟进取之所系，而予以懒慢成癖，辄不及与试。”③

值得指出的是，生员尽管可以不参加提调官的季考、御史的“观风”，但必须参加督学使者的岁试、科试，因为这两种考试一系生员的黜陟，一系生员科名的进取。此外，生员即使可以不参加众多的考试，也并非因此可以说他们有相当大的自由，可以一任所为。若生员外出游学，仍然必须获得学官的批准。④

---

①　(明)郭子章：《蠙衣生蜀草》卷九《学约》，见《四库全书存目丛书》影印本集部第154册，694页。

②　(明)郎瑛：《七修类稿》卷三六《诗文类・芙蓉诗》，见《传世藏书・子库・杂记》第1册，186页。

③　(清)李调元：《制义科琐记》卷三《艾千子自叙》，见《丛书集成新编》第31册，26～27页。

④　明人郎瑛记：“嘉靖甲申，予游南都，有事于学宫。适值叶教谕相新至，召而言曰：‘汝能作诗则行，否则当受吾教。’”参见(明)郎瑛：《七修类稿》卷三六《诗文类・芙蓉诗》，见《传世藏书・子库・杂记》第1册，186页。

(一)岁考

所谓岁考，即“一岁一考也”。①《明史·选举志》云：“提学官在任三岁，两试诸生。先以六等试诸生优劣，谓之岁考。”②岁考不仅限于考试学校生员，还包括考试童生。如嘉靖三年(1524)，浙江提学官按临温州府，举行岁考。在此之前，府、县官先提调分试童生，府选八名，县选七名，各送提学官处复试，最后取中十余名“进学”，即成为府、县学校的生员。③

若照《明史》所言，提学官在任三年，共有两次考试，即岁考与科考。换言之，即三年岁考一次。此说也有事实根据，基本反映了晚明提学官岁考的状况。不过，若按照制度，岁考者，当为一岁一考。换言之，提学官每年都要将管辖内的府、州、县学校考校一遍。故在万历初年，朝廷两次强调岁考为一岁一考。如万历三年，朝廷在换给提学官敕谕时，一再重申：“该管地方，每年务要巡视考校一遍，不许遗文代委，及于隔别府分调取生儒，以致跋涉为害。”万历十二年(1584)朝廷题准，“各提学每岁考校一次入学，务要不失原额。间有他故，巡历不周，次年即行如数补足。虽系科举之年，亦宜照岁考例。”④后者尽管指岁考童生，录取生员，然提学官之考试，童生与生员往往同时进行，故亦可指生员的岁考。

岁考为考试廪、增、附生文字之优劣，以验其进步，定其黜升。过去的论者认为，岁考先由各府、州、县学官造格眼册，令所有在学生员亲填年貌、籍贯、三代、入学、补廪年月，及停、降、收复、丁忧、缘事改名、给假患病等项，于学政考校牌到日解送；又造便览册一本，开列在学生员若干名，更分别廪、增、附、青、社，及现在听考若干名，丁忧、给假、患病若干名，前案几等生员若干名，优行、

---

① (明)冯琦：《宗伯集》卷五七《为重经术祛异说以正人心以励人材疏》，见《四库禁毁书丛刊》影印本集部第16册，8页。

② (清)张廷玉等修：《明史》卷六九《选举志》，1678页。

③ (明)姜准撰：《岐海琐谈》卷一，蔡克骄点校，15页。

④ (明)申时行等修：《明会典》卷七八《风宪官提督》，454～455页。

劣行若干名，及五科乡试并前案已出各题，于学政下马日送阅。① 他们进而认为，这种格眼册、便览册制度，只有清代存在，明时尚无。②

上面提到的青、社两种名色，“青”指“青衣”，是生员停降之后仍持有衣巾名色；而“社”则指“发社肄业”，即生员被发落到社学学习。关于此，清初人魏裔介在上奏中的一段话，对于进一步理解明代地方学校生员的考试体制颇有助益：

> 无志生员，即入序，置书史于高阁，考居六等，希图发社，仍然荒废，下次告病补考，钻营平等，不过影占差徭。今后考居六等者，黜落之后，不许仍借发社名色；两次五等者，亦行黜退。年未四十以上非真疾病者，不许告衣巾以图优免，庶有合于上传严为降黜勿得姑留之旨。果能读书自新者，听其另考，岂患不进？③

细绎文中之意，足见那些“无志生员”，即使考居六等，仍然可以借助“发社”的名色，继续享受“影占差徭”的特权。

笔者仔细考究后可知，这种便览册、格眼册，多源于明代。先以便览册为例，明代虽尚无专门的便览册，然究其所行，已多有这方面的内容。譬如，万历年间修的《保定府志》中，已详细开列各类生员名数，举凡廪膳生、丁忧廪膳生、起复廪膳生、考复廪膳生、停膳生、候廪生，增广生、候增生、起复增广生，附学生、丁忧附学生、起复附学生、革巾附学生④，等等，说明当时的地方学政，已有这方面的详细统计资料。至于前述明代地方各府、州、县所置旌善、纪过二簿，

---

① （清）商衍鎏：《清代科举考试述录》，18页；邓嗣禹：《中国考试制度史》，227页。

② （清）商衍鎏：《清代科举考试述录》，18页；邓嗣禹：《中国考试制度史》，227页。

③ （清）魏裔介：《兼济堂文集》卷一《士习縻靡已久疏》，18页，北京，中华书局，2007。

④ （明）冯惟敏纂修：万历《保定府志》卷一七《学政志》，400～403页。

亦需要上缴提学官考查，基本也与清代便览册内所开列优行、劣行生员相似。另外，生员给假以及丁忧、起复，明代也具有较详细的一套制度，为提学官考查地方学政的主要职掌。①

再来看格眼册。明嘉靖四十年(1561)朝廷定下教规，其中一款，即要求各学掌印官通将学内生员名数及所习经书，入学补次补优年月日期，并有无过犯；其青衣发社者，或原系寄学，或系降、革、丁忧，备开。又某生员忧，扣至某年某月日；服阕停忧停次者，某年某月日，蒙某巡按考停，有无限期；患病者，某年月日，得患某病；给假省亲者，某年月日，奉何明文；缘事者，某年月日，为某事，某衙门提问，已未完结。举凡此类内容，俱要备细类造方册，候提学官按临时呈送。② 这种方册，其内容亦与清代的格眼册别无二致。

提学官岁考诸生，因事系生员的黜陟，故除非生员患病及丁内外艰，否则无不参加考试。即使游学在外，也都纷纷赶回原籍参加岁考。按照《明史·选举志》，督学岁考诸生，定为六等："一等前列者，视廪膳生有缺，依次充补，其次补增广生。一二等皆给赏，三等如常，四等挞责，五等则廪、增递降一等，附生降为青衣，六等黜革。"③生员被黜，如投身军伍，"立有功次"，经巡抚行文提学道，仍可"收送复学"。④

以六等之制岁考生员，在明代已得到了很好的执行。若生员考六等，必被黜革，毫无情面可讲。如陈儒自嘉靖十五年督学浙江时，严定学政条约，其中即有为岁考而定者："案照先据杭州府开送廪、增、附学生员许启等到道，考得出字三号生员傅松文理不通，置之六等，

---

① (明)王廷相：《浚川公移集》卷三《督学四川条约》，见《王廷相集》，1167～1174页。

② 辽宁省档案馆、辽宁省社会科学院历史研究所编：《明代辽东档案汇编》下册，1035页。

③ (清)张廷玉等修：《明史》卷六九《选举志》，1687页。

④ (明)王阳明：《王阳明全集》卷一八《批南康县生员张云霖复学词》，624页，上海，上海古籍出版社，1995。

例应黜退。”①又如魏孝，词章之美，久擅文心。然岁考考了六等，例该放黜。当时举人钟惺等人数次上书道臣、知府，替魏孝说情，不报。魏孝因此被黜，并作《六等吟》二十首以自遣。②

关于生员考法，明代有一套比较详尽的制度。洪武二十七年(1394)，朝廷下令生员十年之上，学无成效，送部充吏；其有成效，及十年以下，照依入学年月，编次造册解部，以备取用。朝廷又下令：廪膳十年以上，学无成效，增广二十年以上，不通义理者，皆充吏。永乐二年(1404)，朝廷下令增广生员入学十年，若年二十以上，鲁钝不能行文者，充吏。宣德三年朝廷奏准，巡按御史会布、按二司并提调官考试生员，廪膳十年以上，学无成效者，发附近布政司充吏，直隶发附近府州县充吏。六年以下，鄙猥无学者，追还廪米为民。③ 正统元年朝廷规定，生员考试不谙文理者，廪膳十年以上，发附近去处充吏；六年以上，发本处充吏。增广十年以上，发本处充吏；六年以上，罢黜为民。廪膳、增广未及六年者，量加决罚，勉励进学。④ 天顺五年，朝廷令各处会官考选廪膳，未及六年考不中者，追廪为民。天顺六年，朝廷令生员争贡及越诉者，俱充吏。成化九年(1473)朝廷奏准，北直隶考退生员免追廪米。⑤ 万历初年，重申正统元年之令，确定生员考试之法。⑥

---

① (明)陈儒：《芹山集》卷二四《学政》，见《北京图书馆古籍珍本丛刊》集部第106册，199～204页。

② (明)谭元春：《谭元春集》卷一三《魏太易传》，见《传世藏书·集库·别集》第10册，70页。

③ (明)申时行等修：《明会典》卷七八《考法》，453页。

④ (明)王穀祥：《苏州府学志》卷四《敕谕提督学校巡按直隶监察御史》，叶6b，明嘉靖刻本。

⑤ (明)申时行等修：《明会典》卷七八《考法》，453页。按：朱国祯亦记道：“旧制，廪膳生员黜退者，追食过廪米，甚以为苦。成化九年，北提学御史阎禹锡引考察黜官为比，免追，从之。”参见(明)朱国祯撰：《涌幢小品》卷一一《免追廪》，196页。

⑥ (明)张居正：《张太岳集》卷三九《请申旧章饬学政以振兴人才疏》，495页。

除了六等黜革法得以奉行外，其生员充吏之法，大多流于形式，并无严格执行者。至于岁考，更是很少有照一岁一考执行者。正如冯琦所言："有一郡而十数年不经一试者，有考过一二年而不行发落者，有驻札别府、移文吊考者，有止出一二书义，置经、论不一校者，岂独文义以疏散不精，且行检以闲旷不饬。"①至后，提学院道官员三年岁考生员一次已基本成为定例。

一般说来，督学宪臣考校生员，严于增广、附学生员，宽于廪膳生员。廪膳生员考居四等，照例应朴责，然仍可以照旧支廪。若考居五等，例应停降，但往往假托贡期已近，以及家贫年老，向督学乞哀。督学犹或怜之，遂相循以为故事。② 因此，在生员中，大凡露颖秀出、文有奇气者，多系附学生员，而资历颇深的廪膳生员，则大多困束章句、词藻摧落。显然，那些在乡试场上屡不得意的廪膳生员已毫无进取之心。

(二)类考

岁考采用一岁一考之法，多由督学宪臣加以实施。督学岁考生儒，关乎生儒黜升，不必作兴，生员大多自奋。吏、礼二部，年终对督学使格外加意，有品第等次。

至后，法网松弛，旧规废坏，提学官岁考大多流于形式。当然，由于人才多寡的悬殊，以及地方广狭的迥异，也导致一岁一考在有些省份很难实行。三岁一考，实属必需，遂成定例。然而有些地方，即使三岁一考也很难做到。如在浙江，先有六年不加岁考之例③，继有浙江嘉兴、湖州诸府十年无岁考之事④，甚至有十六七年不行岁考者。⑤

---

① (明)冯琦：《宗伯集》卷五七《为重经术祛异说以正人心以励人材疏》，见《四库禁毁书丛刊》集部第16册，8页。

② (明)庞尚鹏：《百可亭摘稿》卷一《题为甄别人才振扬风教事》，见《四库全书存目丛书》影印本集部第129册，122页。

③ (明)李乐：《见闻杂记》卷五，469页。

④ (明)臧懋循：《负苞堂集》卷三《代送陈驾部视学两浙序》，29页，上海，上海古典文学出版社，1958。

⑤ (明)李乐：《见闻杂记》卷一○，911～912页。

岁考废阁以后，提学官多以“类考”代之。所谓类考，不是提学官按临各府，亲自考校生员，而是提学官遗文代委，先由府、县代为考试，类送至省城，再由提学官选拔。①

在浙江、南畿，均曾行类考之法。譬如，“浙东西相距数千里，多高山大川，跋涉劳止，学使非强有力者，不得岁一周焉。比年天子精核吏治，靳受人以官，学使往往当大比岁乃始出，率用类考充士。”②又如南畿，地土辽邈，岁考之法难行，“惟是府县类送”③。

类考的出现，既有客观条件所限的原因，亦因提学官疏懒所致。类考一方面需要宽额数，另一方面又需要严干请，使士子有才者皆得自达门下，不致为守令所壅格，方可无失士之憾。事实却并非如此。以湖州为例，每当类考生员时，往往关节盛行，显宦子弟必居首居次④，其考试是否公正，很难令人信服。

(三)吊试

吊试(或称调试)，是指提学院道官驻扎某一府城，将别府生员调至此城考试。

学使临邑考校生儒，这是明代旧制。后改为止临本府，不再下到各州、县。然在实际执行过程中，提学官并非一一按临各府，而是采用吊试这种方法。譬如，浙江的岁考，提学官往往坐湖州，而吊嘉兴；坐绍兴，而吊宁波。⑤ 有时又是坐处州，兼吊温州。如嘉靖四十三年春天，提学官按临处州选科，兼吊温州府六庠诸生，前往处州

---

①　按：清人俞樾据明黄煜《碧血录》所载缪昌期事例，以为“明制生员亦试于府县”。其实，就其大概而言，生员不必再应试府、县。上述事例，正好属于“类考”或“科考”性质。又明人李廷机言，类考之规，“府学则府考送道。县学则县考送府，府考送道。不送则不得进，不求则不得送。”分见(清)俞樾：《茶香室丛钞》第1册，184～185页；“中央研究院”历史语言研究所编：《明实录·明神宗实录》卷三九八，7484～7486页。

②　(明)臧懋循：《负苞堂集》卷三《代送陈驾部视学两浙序》，29页。

③　(明)叶向高：《苍霞续草》卷一六《答杨学院》，1419～1420页。

④　(明)李乐：《见闻杂记》卷二，189页。

⑤　(明)李乐：《见闻杂记》卷一，149页。

就试。① 福建岁考，有时提学官坐镇省城，“令生童赴省吊试”。② 广东岁考，督学宪臣从不亲身按临琼州考试。“每大比年，惟驻节雷州，行文调考。”③山东岁考，学道兖州考完，“回到省下，发了吊牌，果然绣江一案吊到省城济南府”。④ 山西岁考，因大同僻在雁门关外，提学道多不行岁考。“及大比之岁，势不容已，姑至代州吊考，聊且完事。”⑤

吊试是一种由岁考演变而来的无奈的考试方法。⑥ 它固然因客观环境所致，有其不得已处，但确实也成为一些慵懒的提学官员逃避岁考之劳的方法。这种考试，易了提学官，却苦了应试的生员。一方面，由于相隔路远，贫生盘费无从所出；另一方面，生员为了参加吊试，或间关跋涉，或历经波涛风浪，冒历很多惊险。譬如，浙江湖州诸生赴考嘉兴，“时方六月大旱，其无力赁寓者，率坐府学门首饮食。有一生肥胖，方出学道门，即中暑而卒。二日抵家，尸已腐而难收矣”⑦。广东琼州府生员赴雷州参加考试，檐簦之苦，已不待言，甚至有被海寇所掳或船沉身死者。⑧ 山西大同生员赴考代州，“间关跋涉，越数百里之程，而远来赴试，中间烽警不时，冒历惊恐，人多无志应举，故

---

① （明）姜准撰：《岐海琐谈》卷三，蔡克骄点校，52页。

② （明）祁彪佳：《莆阳谳牍·提学道王谳帖》，见《祁彪佳文稿》（三），2452页。

③ （明）陈大科、（明）戴耀修：万历《广东通志》卷六四，见《稀见中国地方志汇刊》第43册，617～618页。

④ （清）西周生：《醒世姻缘传》第38回，555页。

⑤ （明）高拱：《高文襄公集》卷二二《议处大同分巡管提学事疏》，见《四库全书存目丛书》影印本集部第108册，295～296页。

⑥ 按：吊试多行于岁考，然亦有于科试时行之者。叶梦珠记南直隶情况道：“前朝文宗，每逢科试，则在句容吊考。逢岁试，则按临各府。”又在福建：“此府相近省城，往年文宗考科举不及，常调邻府生童到此合考，以便往返。”其说分见（清）叶梦珠：《阅世编》卷三《建设》，70页；（明）张应俞：《买学骗·银寄店主被窃逃》，见《江湖奇闻杜骗新书》，145页。

⑦ （明）李乐：《见闻杂记》卷二，149～150页。

⑧ （明）陈大科、（明）戴耀修：万历《广东通志》卷六四，见《稀见中国地方志汇刊》第43册，617～618页。

生员有终身不见提学者”①。

吊试虽有其不得已处，然其弊端也不言而喻。有鉴于提学官多无法兼顾偏远地区生员的岁考，于是后多临时采取措施，由御史、分巡道兼理岁考生员之事。成化六年(1470)，朝廷令贵州按察司分巡官兼理本处学校。正德十年朝廷又下令，口外卫学并各都司卫所土官学，离本布政司遥远，提学官不能岁历者，许各道分巡官岁加考校，行提学官知会。嘉靖十六年朝廷题准，大同所属府、州、县、卫所儒学生员，俱令冀北道分巡官代理(后宣府、大同俱令巡按御史带管)。嘉靖二十六年(1547)议准，甘肃各卫所儒学生员，行甘肃巡按御史带管提调，遇该科举之年，听考送陕西布政司应试。②

(四)科考

何谓“科考”？明人艾南英说：“其科考则三岁大比，县升其秀以达于郡，郡升其秀以达于督学，督学又升其秀以试于乡闱。”③又据《明史·选举志》，岁考既毕，继取一二等为科举生员，俾应乡试，谓之“科考”。因此年大比，先以此试。考其优劣以决其可否应试，故又名“决科”。其先补廪、增、给赏，悉如岁试。其等第仍分为六，而大抵多置三等。三等不得应乡试，然黜者仅百一，亦有绝无一人被黜者。④

由上可知，科考是从生员中选拔可以参加乡试的生员，被选中者称“科举生员”。科考程序为生员先参加县、府二级考试，然后再参加提学道的考试。可见，明代生员亦应参加县、府的考试。

生员科考位列一、二等，方可参加乡试，而一旦位列第三等，即使是第一名，亦无缘乡试。如陈儒自嘉靖十五年督学浙江时，按临嘉兴府考试，考得嘉善县廪膳生员沈概文理亦通，居三等第一名。照例，

---

① (明)高拱：《高文襄公集》卷二二《议处大同分巡管提学事疏》，见《四库全书存目丛书》影印本集部第108册，295～296页。

② (明)申时行等修：《明会典》卷七八《风宪官提督》，454页。

③ (清)李调元：《制义科琐记》卷三《艾千子自序》，见《丛书集成新编》第31册，26～27页。

④ (清)张廷玉等修：《明史》卷六九《选举志》，1678页；邓嗣禹：《中国考试制度史》，228页。

无缘乡试。后据该学送到三等文簿内，开列沈概一等，“行己有耻，孝友著闻”，于是将沈概擢为二等之末案，与“应试生儒一并起送，以备贤科录用”。①

地方学校的生员，只有通过科考而后才能获得参加乡试的资格，这大抵是明代中期以后形成的旧制。在明初，却并非如此严格。据史料记载，明初应天府乡试，自府学生、增广生、监生外，如未入流官吏、文生、医生、军余、舍人之类，均可以参加乡试，且取中成为举人。弘治八年以后，则附学生亦可以参加乡试，如尚书顾璘即以附学生的身份中乡试第十四名。②

即使明中期以后，乡试资格的获取，仍有例外：一是明代有“儒士观场”之例；二是一些权臣子弟，可以不经提学考试，自京至省，“径送入场”。譬如，张居正诸子即是如此。③

据王夫之《识小录》，儒童若未入学，自忖文已优通，报名于提学道考试，拔其尤者准应乡试，称为“儒士观场”。④ 明初即有以儒士入科场者，称为“儒士科举”。明人陈循言：“四十年前，在乡邑时，士有未游乡校，而以读书通经可应乡闱者，恒十数辈。每遇大比之岁，辄与学校之士偕应试于所司。”⑤景泰年间，陈循又奏：“臣原籍吉安府，自生员之外，儒士报科举者，往往一县至有二三百人。”⑥

儒士观场，不乏其例。如王絅，字锦夫，别号苍谷。“比长，尽通

---

① （明）陈儒：《芹山集》卷二四《学政》，见《北京图书馆古籍珍本丛刊》集部第106册，199～204页。

② （清）甘熙：《白下琐言》卷四，70页，南京，南京出版社，2007。

③ （明）王士性：《掖垣稿》卷下《题为乘时痛革科场积弊以罗真才以服人心疏》，见《王士性地理书三种》，453～454页，周振鹤编校，上海，上海古籍出版社，1993。

④ （清）俞樾：《茶香室续钞》卷一〇《儒士观场》，见《茶香室丛钞》第2册，692页。

⑤ （明）陈循：《芳洲文集》卷四《送刘城之赴广东按察司佥事序》，见《四库全书存目丛书》影印本集部第31册，149页。

⑥ （清）顾炎武著、（清）黄汝成集释：《日知录集释》卷一七《生员额数》，395页。

五经诸子，尤邃于三礼。年十八，以儒士中弘治乙卯乡试。”①谭纶，字子理，“嘉靖癸卯以儒士举于乡”②。直至万历年间，仍有“儒士观场”之例，说明这种惯例在明代一直存在。

儒士观场，中式即为举人，自无可疑。那些不中式的儒士，其出路又何在呢？明人李乐云：“祖宗朝儒士应试，仍作民生，不得入学。其以儒士中乡试者，尽多。”③又《明史·选举志》云：“当大比之年，间收一二异敏，三场并通者，俾与诸生一体入场，谓之充场儒士。中式即为举人，不中式仍候提学官岁试，合格，乃准入学。”④明人李维桢却记道：“故事：儒士应省试，不第者补邑博士弟子员。”⑤

以上三种说法，全然不同。《明史》的作者认为，充场儒士不中式，仍需要经过提学官的岁考，合格者方可成为生员，入学肄业。李乐认为，应试的儒士，一方面，“准作民生”，即具备民生的身份；另一方面，“不得入学”，说白了即不可能入学肄业，大概与“纳谷寄学”属相同性质，有寄名于学之意。而李维桢则认为，儒士参加乡试，不第，可以直接补博士弟子员。三种说法，未知孰是。或许在明代同时兼行之，亦未可知。在目前尚缺乏更多史料的情况下，笔者对此问题尚不可遽作决断，有待进一步考察。

(五)遗才与大收

关于小试，有多种解释。如近人齐如山说：“小考又名岁考，亦名科试。”⑥明人艾南英说：“科考则三岁大比，县升其秀以达于郡，郡升

① (明)薛应旂：《苍古先生传》，见(清)黄宗羲编：《明文海》卷三八八，4011页。

② (明)沈箕仲：《谭司马公行状》，见(清)黄宗羲编：《明文海》卷四四九，4846页。

③ (明)李乐：《见闻杂记》卷六，471～472页。

④ (清)张廷玉等修：《明史》卷六九《选举志》，1687页。

⑤ (明)李维桢：《大泌山房集》卷五二《丁太公诰封叙》，见《四库全书存目丛书》影印本集部第150册，598页。

⑥ 齐如山：《中国的科名》，见杨家骆主编：《中国选举史料·清代编》，1772页。

其秀以达于督学，督学又升其秀以达于乡闱。不及是者，又于遗才、大收以尽其长。"①在遗才、大收两项考试下，清人陶福履注曰："按：此与今小试等。"可见，从本质上说，小考应指科考以后之"遗才""大收"两项。

其实，在明代，也有"小试"这种说法。如明末人艾南英应试自叙文云："至入乡闱，所为搜检防禁，无异于小试。"②又明人陆容云："故事：士子中小试赴举者，插花挂红，鼓乐导送。"③为此，乡试录又称"小录"。④

至于遗才、大收，在清代概称"录遗"。近人邓嗣禹作如下解释："'录遗'者，即当大比之年七月，新学政莅临省城，虑府、州、县学之生员，于岁科考之年未经录取，或以故未与科试，恐有遗才，特再补录名次，以便录送科举，而免阻人上达也。故又谓之'录遗'。"⑤又近人商衍鎏云："有录科未取及未与科试录科者，再考试录遗与大收一场，不限额数，取录有名者准其乡试。"⑥

邓、商二氏所言，均为清代的情况。然揆之明代史实，亦大体相同。在明代，大收又称"大续"。⑦ 笔者引下面几段记载加以说明。明人陈儒记：

---

① （清）陶福履：《常谈·岁科试》，见《丛书集成新编》第31册，36页。

② （清）陶福履：《常谈·岁科试》，见《丛书集成新编》第31册，27页。

③ （明）陆容：《菽园杂记》三，见（明）邓士龙辑：《国朝典故》卷七五，1637页，北京，北京大学出版社，1993；（明）周晖：《金陵琐事》卷三《不用鼓乐》，114页，南京，南京出版社，2007。

④ （明）谈迁：《枣林杂俎》圣集《科牍·贡额》，166页。

⑤ 邓嗣禹：《中国考试制度史》，229页。

⑥ 商衍鎏：《清代科举考试述录》，21页。按："录科"之名，明时即有。如明杨思本记载："及大收录科，嘉禾一友人听行事人说定名数，如名数不足，亦不受金。"参见（明）杨思本：《榴馆初函集选》卷七《偶记》，见《四库全书存目丛书》影印本集部第195册，80页。

⑦ 如明代史料云："有一巨富子，欲营谋进学，所带管家者极为能干。往省考大续，寓一歇家中，令其求关通之路。"又云："简学宪最廉明。考大续时，有秋风客到，寓于开明僧舍。"分见（明）张应俞：《买学骗·空屋封银套人抢》《买学骗·诈秋风客以揽骗》，见《江湖奇闻杜骗新书》，142、143页。

本道虑恐一时不明，或有遗才，又于本年六月内通行各府提调官，将所属州县严加考选，送道覆考选取，期在兼收并蓄，少尽命乡论秀之意，则所以网罗之者，似已几矣。①

康熙《万载县志》云：

（万载县）至科举，原额二十五名。崇祯间连录不满三十名，邑令韦明杰请录遗六名，大收四名。②

康熙《高安县志》也云：

（高安县）明隆、万迄天启间，三年科、岁一试。崇祯庚午，科、岁始分。每试录儒童六十人，内拨二十名入府学，余四十名隶县庠。戊寅、甲申间，督学侯峒曾、吴炳复又大收广额，或十名，或二十名不等，遂增至八十名。③

由上可知，明代也有遗才、大收。不仅存在于科考之后，有时连岁考中亦含“大收”之义。这种遗才或大收，在明代亦称“录遗”。一般先由府、州、县提调官先行考试，再一总送往提学院道复试。④

---

① （明）陈儒：《芹山集》卷二四《学政》，见《北京图书馆古籍珍本丛刊》集部第106册，199页。

② （清）常维桢纂修：康熙《万载县志》卷五《文事》，见《稀见中国地方志汇刊》第26册，897页。

③ （清）张文旦修：康熙《高安县志》卷五《庠序》，见《稀见中国地方志汇刊》第27册，147页。

④ 按：生徒告考遗才，原本专属提学。然在晚明，亦有“经按院收首数名”者。按院侵提学之职，于此可见一斑。原因很简单，在明代，“小考”也往往由按院所主持。正如明代史料所言：“各省督学往往多取名数，临期集省城，听巡按御史覆考，名为‘小考’。”至明末，遗才所收，其源有二：一为前道与观风之三名以前，二为两台所收。可见遗才之考，包括提学道、巡按御史、巡抚三者所考。其说分见（明）张居正：《张太岳集》卷三一《答应天巡抚伸遗论收遗才》，385页；“中央研究院”历史语言研究所编：《明实录·明世宗实录》卷一二三，2952页，台北，“中央研究院”历史语言研究所，1965；（明）丁元荐：《尊拙堂文集》卷一〇《上刘李公启》，见《四库全书存目丛书》影印本集部第171册，173页。

遗才、大收，合称“小试”。按照惯例，每当小试时，其提调官均由府、县印官充任，犹小试京师用府尹，各省用布政使之例①，以示郑重其事。

六、院、台的“观风”

(一)释“观风”

何谓“观风”？近人齐如山言：“一是各官员初次上任，都要出钱加一次课，这种特名曰观风，因初到任不知本处文风如何，所以要考试一次，看看大家的文章，方知本地读书的情形也。”②

这大体是指清代的情形。关于明代的“观风”，艾南英说：“及所部御史入境，取其士什之一而校之，名观风。”③

所谓“观风”，即古代“省方采风”之意。一般说来，地方学校学官，专职掌学校生员的教育，他们所举行的日课、月考，乃职掌所在；府、州、县地方官，于学校有提调之责，举行季考，乃理所当然；而提学院道官，乃为一省专门的督学宪臣，专门负责生员的录取、考试。只有部院或监司官员，行至各府、县，调士考校，以观本处士风、文风如何，方可称“观风”。

(二)“观风”之多

“观风”考试，在明代的种类颇多。“县有季考，学有月考，部院巡历有观风考，俱无定额。”④这是部院巡历之“观风”。“他如各上台之观风最多，自抚院代巡而外，巡差、巡屯、巡江、巡漕，下逮监司，莫

---

① (清)叶梦珠：《阅世编》卷二《学校五》，33页。

② 齐如山：《中国的科名》，见杨家骆主编：《中国选举史料·清代编》，1252页。

③ (清)李调元：《制义科琐记》卷三《艾千子自叙》，见《丛书集成新编》第31册，26～27页。

④ (清)郭尔邔、(清)胡云客修：康熙《南海县志》卷八《学校志》，见《稀见中国地方志汇刊》第45册，566页。

不各有供给。”①从巡抚到各类御史，直至监司，巡历地方，均有“观风”之试。当然，“观风”最多者，尚属巡按御史。原因很简单，各省均设有巡按御史，而且据职掌来说，巡按御史在任期间，必须巡历所属各府、州、县，对地方学校生员加以“观风”考试，不过其中之一。明人谢肇淛记道：“故事：绣衣使者行部，所至郡邑辄籍其子弟之秀而甲乙之。比卒事，则佽其高第与文之成一家言者，授之梓。”②李维桢也说：“直指徐公按楚十五郡，所至进诸博士弟子员，考德问业，士争濯磨自奋，乃校其文高等者梓行之，名曰观风录。”③可见，巡按御史考试诸生，将其位列高等者之文，汇刊成书，称《观风录》。

（三）提学道与巡按御史

关于巡按御史与提学道之间的关系，正统元年朝廷设提学道时，曾在敕谕中作如下规定：“巡按御史不许侵越提督者职事，若以公务至府、州、县，亦当勉励师生，勤力学业，不许推托不理。若提督官员行止不端，许巡按御史指责奏闻。”④两者的关系可以归纳为以下几点：一是提学道专职提督地方学校，巡按御史不许侵越提学道的职权；二是巡按御史巡历地方，亦当勉励师生，勤力学业，不许推托不理，这就是“观风”的由来；三是提学道行止不端，许巡按御史指责奏闻。这第三条往往引起提学道与巡按御史在学政方面的权力之争。于是，一些地方生员假借这一矛盾，多声称提学道考试不公，而至巡按御史衙门，要求另行考试。如明人陈儒言：“近闻萧山等处生员，不思平日学问荒疏，一时失意，辄敢攘臂赴别衙门告扰，抗违敕谕，蔑视本道。”⑤

① （清）叶梦珠：《阅世编》卷二《学校五》，32页。

② （明）谢肇淛：《小草斋文集》卷六《观风录序》，见《四库全书存目丛书》影印本集部第175册，689页。

③ （明）李维桢：《大泌山房集》卷二六《观风录序》，见《四库全书存目丛书》影印本集部第150册，67页。

④ （明）王穀祥：《苏州府学志》卷四《敕谕提督学校巡按直隶监察御史》，叶4b。

⑤ （明）陈儒：《芹山集》卷二四《学政》，《北京图书馆古籍珍本丛刊》集部第106册，199页。

又如弘治年间，“浙省提学副使西蜀吴伯通淳，博而能约，天下推为第一，士子专取功夫。时科场初学，多不根作文，为其罢黜者众。群往御史台求试，御史复发吴公”。① 御史将求试的生员重发提学道，这种做法较为罕见，更多者是接受生员投诉，由御史重新复试，这样也就容易引起御史与提学道之争。一至万历初年，不但童生借事奔趋抚、按衙门，由抚、按官径自行文给予生儒衣巾，而且一些革退生员，也纷纷赴抚、按衙门告诉，希求复学。②

“观风”之试，目的是为了“观风”，故并不是所有的在学生员都参加这种考试，大多取十分之一试之，试一而知十。在通常情况下，小学一等，多者收录五六名，少者收录三名，于按台“观风”之前，列上生员名单，上呈台览。③ 而有些地方学校学规尽废，参加“观风”的生员，随意“凭学役混报，名士多不入试”。④ 这也是当时的实录。

---

① (明)郎瑛：《七修类稿》卷四五《事物类·滚出来》，470～472页。

② (明)张居正：《张太岳集》卷三九《请申旧章饬学政以振兴人才疏》，496～497页。

③ (明)祁彪佳：《莆阳谳牍·提学道王禀帖》，见《祁彪佳文稿》(三)，2455～2456页。

④ (明)祁彪佳：《宜焚全稿》卷一六，见《祁彪佳文稿》(一)，592页。

第五章　学优则仕：生员的仕进之途

《明史·选举志》云："诸生，上者中式，次者廪生，年久充贡，或选拔为贡生。其累试不第、年逾五十、愿告退闲者，给与冠带，仍复其身。其后有纳粟马捐监之例，则诸生又有援例而出学者矣。"①

生员若想仕进，必须出学。欲出学，大体不外乎下面五个途径：一是中式成为举人，进而再中进士，授官；二是补廪，再出贡，然后入仕；三是纳粟、纳马入监，援例出学，再出仕；四是累试不第、年过五十，上告退闲，以衣巾或冠带终身；五是通过荐举或保举而出仕。相比之下，科、贡为正途。科举三岁一举于乡，中式者为举人，再试于京师，中式者授品衔，否则养于太学(即举人入监)。贡每岁均行，郡县有差，亦贡自乡，试于京师，中式者养于太学，否则再论于乡。纳粟、纳马入监始于明代中期，为赀选，基本属于杂途。而荐举或保举，均属特例，并不常见。至于衣巾或冠带终身者，则为绝大部分生员最后的无奈选择。②

一、举人：生员羡慕的出路

儒童入学肄业，不会甘于一衿终老，总希望通过科举出学入仕。

---

① (清)张廷玉等修：《明史》卷六九《选举志》，1688～1689页。

② 清人陶正靖论明代生员出路云："臣窃计大县人文之地，诸生恒不减四百人。其能以文词自见者，中式及拔贡出身者，不过十之一而已。其一衿终老者，且十之九。"参见(清)陶正靖：《陶晚闻先生集》卷二《经史说折子》，叶6b，清光绪七年刊《海虞三陶先生集合刻》本。

尽管照着冠冕堂皇的说法，士之仕，其目的是为了行道，亦即“上有益乎君，下有益乎民而已”①，然仕有等差，职位有高低，科甲有分别，士欲行道，也往往需要受到科甲名位的牵制。换言之，事实上生员将禄与位作为自己追求的理想目标，即使贤者也在所难免。正如严嵩所言：“禄与位，世所慕以为荣者也。父母以是望其子，子之欲孝者，以谓非是无以慰悦其父母之心，读书为学，纂言为文，凡以为仕禄之具而已。故虽有贤者，不能以自振也。”②

明代有一位名为吴平坡的秀才，平生有三大愿：一愿芜湖抽分；二愿买杨千户房屋；三愿买某娼为妾。后吴氏登弘治十八年进士，三愿俱遂。③ 士子若要实现“宏愿”，无论是要钱(芜湖抽分为肥缺)、买地，还是娶娇妾，均需要先中进士。④ 而士子欲中进士，中式成为举人则为关键的一步。

(一)生员与举人

明代无疑是典型的科名社会。在这种社会里，不同的科名阶级，享受不同的特权，同时，又兼具不同的资格。而这种资格，又决定了他们的仕进之路。

生员作为科名阶级中最初的一级，相对于平民百姓来说，自然有其诸多身份的特殊性，并享受平民百姓无法享受到的特权。正如吕坤所言：“国家恩典，惟养士为最隆。一入庠序，便自清高：乡邻敬重，不敢欺凌；官府优崇，不肯辱贱；差徭概州县包当，词讼各衙门存体；岁考搭棚、饼果、花红、纸笔，何者非民脂民膏；科年酒席、彩乐、

---

① (明)李兆先：《李徵伯存稿》卷八《送常熟沈先生尹南安序》，见《四库全书存目丛书》影印本集部第78册，367页。

② (明)严嵩：《钤山堂集》卷一九《赠胡用甫序》，见《四库全书存目丛书》影印本集部第56册，174页。

③ (明)李绍文：《云间杂识》卷一，叶6b，上海，瑞华印务局，1935。

④ 在明末官场，曾流行一个口号，说士子中进士后，多“改个号，娶个小”。参见《明史·陆炳传》，转引自吴晗：《明代的新仕宦阶级——社会的、政治的、文化的关系及其生活》，见《明史研究论丛》第5辑，2页。

夫马、盘缠，一切皆荣名荣利。”①

可是，与举人相比，生员身份显然稍逊一筹。为此，明末著名的八股文选家艾南英甚感不平：“每一试已，则登贤书者，虽空疏庸腐、稚拙鄙陋，犹得与郡县有司分庭抗礼。而予以积学二十余年……顾不得与空疏庸腐、稚拙鄙陋者为伍，入谒上官，队而入，队而出。”②这就是科名社会的身份特征。尽管生员也有自己的身份特权，甚至有积学二十余年之功，但终究无法与少年中举者分庭抗礼。

生员一旦中式成为举人，犹如置身青云，乡里富人争与结姻，美男求为仆人，美女争做小妾。明人陈益祥言：

> 今吴越士子才得一第，则美男蕲为仆，美女蕲为妾者数百。且厚赀以见，名曰靠身，以为避征徭、捍外侮之计，亦有城社为奸者。故今一跐贤科，不待入官，便足自润。③

士子一脱青衫，即扬扬矜诩，衣马仆从，供具饮食，一切奢侈，无复昔时寒酸故态。而其父母亦自谓有子成名，旦夕即可富贵，俨然以“封君”自居，厚自奉养，甚且豪横恣睢，鱼肉小民，为暴于乡里。

此外，按照明代惯例，士子一中举人，“亲朋率望腹焉”，因为举人可以“请谒有司居间”④，从中获取好处。生员、举人身份之别，地方官心里最为清楚。所以，地方官一上任，首先，需要将一身的精神命脉用在几家乡宦身上，极力奉承；其次，也要待举人、监生客气，

---

① （明）吕坤：《实政录》卷一《贡士出身》，见《四库全书存目丛书》影印本子部第 164 册，339 页。

② （清）李调元：《制义科琐记》卷三《艾千子自叙》，见《丛书集成新编》第 31 册，27 页。

③ （明）陈益祥：《陈履吉采芝堂文集》卷一三《木铎》，见《四库全书存目丛书》影印本集部第 195 册，552 页。

④ （明）钟惺：《钟惺集》卷二七《蔡先生传》，见《传世藏书·集库·别集》第 10 册，97 页。

逐日摆酒宴请他们。至于那些秀才百姓，即视若宿世冤仇一般。①

(二)举人与进士

与生员相比，举人当然别有一番光景；而与进士相较，举人则又难免相形见绌。明代是最重科名的社会，讲究资格，甲榜、乙榜之间，也就井然有序，不可等闲混淆。

大体说来，明代取士之途凡三变：明初，荐举为重，不讲究资格；明中期，荐举、贡举、制科并行，虽有资格，却并不以资格限人；至晚明，科举为重，一以资格为准。明人叶向高《苍霞草》记：

> 国家取士之途盖三变云。往在洪、永间，天造草昧，士各以所长奋，毋问所从来，时盖有其人，而无其格。宣、正、成、弘之世，文教大兴，士品乃定，诸服大僚、备肺腑者，彬彬然多制科之选矣。而负奇蕴珍之夫，亦间缘他途以起上之人不为厄也，时盖有其格，而未尝限其人。嘉、隆以来，制科益重，缙绅大夫十九其人。其以科贡起者，即有长材异能，多束于资，不得表见。时盖格愈严而人始病。②

相对说来，到明代中叶，从学校到科举，已被视为正途，而荐举已是仅见。如以儒硕征聘起者，当时就只有春坊谕德吴与弼、翰林院检讨陈献章、翰林院待诏邓元锡、礼部主事刘元君四人。③ 显然，荐举不过是装点门面而已。

在科、贡正途中，也同样分出了次序：一是贡不如科目；二是在科目中，又分出了甲、乙科，甲榜进士重于乙榜举人。先引下面两段史料加以说明。明人颜廷榘《丛桂堂全集》云：

---

① (清)西周生：《醒世姻缘传》第5回，63页。

② (明)叶向高：《苍霞草》卷二《三途并用议》，169页。

③ (明)许孚远：《翰林院待诏邓汝极先生墓志铭》，见黄宗羲编：《明文海》卷四四五，4763页。

> 今世学校之设同，而取士之制异。所习者词章，所重者科目，故其授职进秩，岁贡士不得与乡贡齿，乡贡士不得与进士齿。其间得列于缙绅者，乡贡百而一，岁贡千而一耳。①

钱谦益《初学集》也记：

> 国家设资格用人，分进士、举人为甲、乙科，而近世轻乙科弥甚，郡邑官内征得台班者，乙科才一二人。而此一二人者，又必其精强蜂起，揣摩捭阖，游光扬声，乃慬而得之。不若为甲科者，端拜详视，便文无害，安坐而致津要者，十人而九也。世既轻视乙科，而乙科之自视，亦以为支子赘婿，为吏而不自力，自力而鲜克有终。即自力且有终矣，而往往连蹇不得意，为甲科者相与心非而手笑之。于是乙科之自视亦日益轻，而吏治益以窳败。甚矣！资格之为吏病也。②

在明初，进士、举人并用，举人登八座、为名臣者，难以一二计。其后进士偏重，而举人益轻，至明末为极。举例来说，其系进士出身者，则众向之，甚至以罪为功；其系举人出身者，则众薄之，甚至以功为罪。至于保荐，则进士未必皆贤，则十有其九；举人未必皆不屑，而十曾无其一。至于升迁，则进士治绩之最下者，犹胜于举人治绩之最上者。即幸而有一二与进士同升，到了后来，还是进士之俸多，升官又高，举人之俸少，升官又劣。至于京堂之选，则已成了进士的专利，举人已不复可得。万历以后，朝廷更是形成了定例：州、县印官，以上、中为进士缺，中、下为举人缺，最下乃为贡生缺。举、贡历官，虽位至方面显宦，无非是广西、云、贵等僻地。此已成为铨曹一定之

---

① （明）颜廷榘：《丛桂堂全集》卷一《定兴崔明府膺台荐序》，见《四库全书存目丛书》影印本集部第193册，69页。

② （清）钱谦益：《初学集》卷五六《广西平乐府同知致仕进阶朝列大夫陆君墓志铭》，见《传世藏书·集库·别集》第11册，331页。

格。间有一二举贡受知于上，拔为卿贰大僚，则必尽力相攻，必使其至于得罪谴逐，甚至杀之而后已。①

至于那些高官要职，更是“非进士不畀”②。据顾炎武考察，永乐初年，内阁七人，非翰林者居其半。翰林纂修官(包括修撰、编修、检讨)，亦诸色参用。自天顺二年(1458)李贤奏定以后，修撰专选进士，由是非翰林不入内阁；南北礼部尚书、侍郎，及吏部右侍郎，非翰林不任。而庶吉士始进之时，众人已经目为“储相”③。举人既不可得任京中要职，出任地方官也只能是僻地，那么等而下之者就只能就教职。按照明制：会试举人于礼部，分正、副榜。正榜以对殿廷，赐进士；副榜专补教官员缺。副榜举人一授教职，辄不复省录，“浮沉常调，或终其身”。于是，副榜举人十之八九不愿就教职，往往匿年规避，以觊他日进取。④ 正因为此，举人大多不乐仕进，假若年力尚壮，学未甚荒，均相与迁延，冀幸一第。直至年迈学荒，沦落已甚，万般无奈之下，方就教职。

显然，资格对吏治之害，已不言而喻。重甲科，轻乙科，由此带来的危害包括两个方面：一方面，进士自恃出身，不求上进，气常盈满，乃至日骄，袭取而寡实；另一方面，举人自视日轻，气常怯懦，乃至日沮，堕志而恬行。无奈，出身举人者只好投身门户，以求自庇。于是，资格与朋党相结相缠，牢不可破。

(三)中举人之难

举人与进士相比，虽有诸多不如，却比生员有更多好处，更何况欲从生员变为进士，举人是必过的一关。故出应乡试，仍是绝大部分

---

① (清)顾炎武著、(清)黄汝成集释：《日知录集释》卷一七《进士得人》，400页。

② (明)文徵明：《文徵明集》卷一七《送陆君世明教谕青田叙》上册，460页。

③ (清)顾炎武著、(清)黄汝成集释：《日知录集释》卷一七《进士得人》，400页。

④ (明)夏鍭：《明夏赤城先生文集》卷一三《送掌教梁先生考满序》，见《四库全书存目丛书》影印本集部第45册，334页；(清)顾炎武著、(清)黄汝成集释：《日知录集释》卷一七《进士得人》，400页。

生员的必由之途。

生员出应乡试，得中举人，其间所历辛苦，非常人所能体味。固然也有幸运者，年少即登乡科，然更多者是屡应乡试，终老未中①，以致年老气索，因循推托。其中一部分生员，则经过多次乡试，幸而获中举人，得遂心愿。②

生员中举之难，主要来自两个方面：一方面，生员欲应乡试，先需通过科考，而科举生员额数，又多受所在府、州、县配额的限制，而且表现为一定的不公平性；另一方面，各省举人，定有解额，一成不变，而地方生员却日益增多，也增加了中举的困难性。

先来看出应乡试生员的配额。科举配额的不公平性，其实从儒童进学时即已存在。③ 而应试生员之配额，只是这种不公平性的延续。以南直隶丹阳、金坛二县为例，丹阳县在学人数颇多，出应乡试的名额为 28 人，而金坛人才原在丹阳之下，因中一会元，出应乡试的配额顿增数人，“遂溢原额”④，显然科举生员额数已超过丹阳。南直隶所属郡邑，人才多寡不一，而科举人数更是甚相悬绝，颇能说明这一问题。多者出应乡试的科举生员达五六十名，次者三四十名，又次者二三十名，其下邑僻县，有仅仅十余名，甚至寥寥四五名而已。而各学的生员数，却相差不大，多者不过三四百人，而最少者也不下百余人。那些一学生员数达三四百人的县学，参加乡试的科举生员配额达五六

---

① 关于年老未中者，不妨试举下面二例：文徵明，自弘治八年至嘉靖元年(1495—1522)，凡十试有司，每试辄斥。黄瑶，七试于乡，不举。分见(明)文徵明：《文徵明集》卷二五《谢李宫保书》上册，588 页；(明)王廷相：《王氏家藏集》卷31《逸庵先生墓志铭》，见《王廷相集》，574 页。

② 如陆世明，自弘治八年至正德十五年，九应乡试，始得举于乡。参见(明)文徵明：《文徵明集》卷一七《送陆君世明教谕青田叙》上册，461 页。

③ 关于此，不妨以福建福清县与闽县、侯官二县作一比较：福清幅员、丁赋甲于八闽，一次儒童应试至有三四千人者，然一向进学人数，不过与侯官、闽县相等。后因意裁损，福清视故额减三之一，反不若侯官、闽县。揆之事实，似有未平。参见(明)叶向高：《苍霞续草》卷一九《答冯学使》，1633～1634 页。

④ (明)姜宝：《姜凤阿文集》卷一〇《寄耿楚侗》，见《四库全书存目丛书》影印本集部第 127 册，624 页。

十人，而百余人的县学，科举生员配额却只有七八人，甚至五六人。①其中的不公平性，十分明显。鉴于此，当时有人建议，仿照会试南北、上中卷之例，每府廪膳 40 人，科举只 15 名；每州廪膳 30 人，科举只 12 名；每县廪膳 20 人，科举只 10 名；至于僻州小县，科举只四五名。这一建议虽有一定的合理性，却终究未见诸实施。

再来看乡试的解额。明人文徵明云："乡贡率三岁一举。合一省数郡之士，群数千人而试之，拔其三十之一，升其得隽者曰举人。又合数省所举之士，群数千人而试之，拔其十之一，升其得隽者曰进士。"②张居正也说："遇乡试年分，应试生儒名数，各照近日题准事例，每举人一名，取科举三十名，此外不许过多一名。两京监生亦依解额，照数起送。有多送一名者，各监试官径行裁革，不许入场。"③

合省解额一定，那么参加乡试的科举生员即照三十取一的比例而定。照规定，绝不允许多送一名。事实并非如此。各省举人的录取比例，根据年代不同，并非均严格执行三十取一的比例(详见附表 23)。

附表 23 统计了 16 个地区，自成化十六年至天启七年，各个地区的乡试概况。首先，从中可以看出各个地区的平均中举率与竞争度，依次为：应天府，平均中举率约为 3.8%，平均竞争度约为 29，即二十九取一；顺天府，平均中举率约为 4.6%，平均竞争度约为 24，即二十四取一；浙江，平均中举率约为 3.3%，平均竞争度约为 31，即三十一取一；江西，平均中举率约为 2.4%，平均竞争度约为 44，即四十四取一；湖广，平均中举率约为 4.9%，平均竞争度约为 22，即二十二取一；河南，平均中举率约为 3.4%，平均竞争度约为 30，即三十取一；福建只有一年的统计数字，其中举率约为 4.1%，竞争度约为 24，即二十四取一；山东，平均中举率约为 4.8%，平均竞争度

① (明)詹事讲：《詹养贞先生集》卷一《酌处贡途疏》，见《四库全书存目丛书》影印本集部第 166 册，365～366 页。

② (明)文徵明：《文徵明集》卷一七《送周君振之宰高安叙》上册，462 页。

③ (明)张居正：《张太岳集》卷三九《请申旧章饬学政以振兴人才疏》，498 页。

约为22，即二十二取一；山西，平均中举率约为4.6％，平均竞争度约为23，即二十三取一；陕西，只有一项统计数字，其中举率约为3.3％，竞争度约为31，即三十一取一；四川只有一项统计数字，其中举率约为4.0％，竞争度约为25，即二十五取一；广东，平均中举率约为6.4％，平均竞争度约为23，即二十三取一；广西，只有一项统计数字，其中举率约为5.5％，竞争度约为18，即十八取一；云贵未分时，只有一项统计数字，其中举率约为3.9％，竞争度约为26，即二十六取一；贵州，其平均中举率约为2.4％，平均竞争度约为46，即四十六取一；云南，平均中举率约为3.5％，平均竞争度约为29，即二十九取一。

其次，若将各地区竞争度由强至弱作一排列，其排列顺序为：贵州；江西；浙江、陕西；河南；应天、云南；云贵；四川；福建、顺天；广东、山西；湖广、山东；广西。竞争最为激烈的地区为贵州，这大大出乎意料，固然有统计数字较少、并由此产生一定误差的因素在内，然贵州、陕西、云南的竞争度均排在前面，说明明代边地教育发展迅速，加之内地生员多前去这些地区冒籍应试，以及这些省分解额数相对较少，导致了这些地区竞争趋于激烈。从这种意义上说，上面的排列顺序，基本反映了明代科举的实况，有一定的准确度。江西、浙江、应天、河南等地区，排在较前，基本与事实相符。另外，福建、广东也是竞争较为激烈的地区，在排列上反而靠后，其原因在于统计数字较为缺乏，而正德末年，朝廷又一度曾在广东实行了十取一之特例。

再次，若以当时的平均竞争度为三十取一，那么达到并超过这一平均度的有贵州、江西、浙江、陕西、河南，接近这一平均度的有应天、云南。而实际统计数字中全国各地区的平均竞争度约为28，即二十八取一，大体接近通常的三十取一的说法。

最后，总体说来，越往后，竞争越激烈，这是生员数不断增加，而解额相对固定以后的必然现象。

在乡试中，科举生员的中举率为三十取一，而会试中进士的录取率为十取一，生员中举之难，由此可见一斑。再加之参加乡试的科举生员，仅是生员数的一小部分，并非全体生员数。换言之，全国的生员先在科考时竞争科举生员，然后再由这些科举生员竞争举人，其难度更不难想见。故当时人有“金举人，银进士”①之说。在儒童入学过程中，被府试取中称为“府关”，形容其难。而举人则是生员奔向进士途中新的难关。渡过这一难关，中式成为举人，从此大多一帆风顺，中进士，释褐做官。而事实上，绝大部分生员虽一次又一次参加乡试，却始终与中式无缘。

揆之明代实况，在一省中，总有一处或几处地方在乡试中出尽风头，占中式举人的相当比例。即以福建来说，莆田的科举就显得相当兴盛。从洪武三年至嘉靖七年，凡 52 次乡试。“士由乡荐者千一百一十一人，其登甲科者三百二十四人，状元及第二人，探花四人，会元一人，会魁七人，解元二十五人，经魁四十人，视宋之盛，殆又过之。”②若以福建后来所定解额 90 名作为计算的基础，52 次乡试，应取举人 4680 名，那么莆田一地已约占全省全部应取中式举人的 24%，几近 1/4。至于解元，更是约占应取乡试解元总数的 48%，几近一半。有鉴于此，为了防止一处或几处地方过多地占有解额，又有人主张量分解额，即将已有的解额按府进行瓜分。这种主张貌似公平，若真按此执行，实则会造成新的不公平。究其原因，这种对解额的重新量分，对生员数多、文风很盛的府、县，显然是一种不公平对待。正如叶向高所说：“但闻之人言，以为各省皆有几处多中，几处少中。若此例一开，前陈请者必纷然而至，将何以处?”③此法之难以实现，原因盖在于此。显然，解额的分配，以及各府、州、县科举生员的配额制度，固然有其不公平之处，然通过采取截多补少的措施，基本可以保证考

---

① (清)顾公燮：《丹午笔记》，67～68 页。

② (明)郑岳：《山斋文集》卷九《国朝莆阳科第录序》，52～53 页。按：根据帕森斯的研究，在明代，莆田出了 494 名官员。可见，来自莆田的成功的科名拥有者，在官僚职位上也占据了较高的比例。见 James B. Parsons，“The Ming Dynasty Bureaucracy，” in Charles Hucker(ed.)，*Chinese Government in Ming Times：Seven Studies*，New York，Columbia University Press，1969，pp. 175-232。

③ (明)叶向高：《苍霞续草》卷二〇《答颜抚院》，1696 页。

试竞争的部分公正性。这一点亦毋庸置疑。

二、出贡：生员无奈的选择

儒童进学以后，无不对未来充满美好的希望。从小所读的“劝学文”告诉他们：“学则庶人之子为公卿，不学则公卿之子为庶人。”书中有“千钟粟”“黄金屋”“颜如玉”①，这是他们自开蒙时就已懂得的道理。正如前面所述，读书进学，中举人、进士，然后出仕，这是一条最理想的道路。可是在人海茫茫的儒童中能脱颖而出，最后蟾宫折桂者毕竟寥若晨星，其中的大部分儒童只能走这样一条仕进之路：进学—补廪—出贡—就教职。

明代是讲究资格的社会。当时对选官制度有这样一种说法：“又谓计吏为‘选贡瘟，举人瘴。’瘟无不死，瘴则有死，有不死。”②显然，生员最理想的途径是一路中上去，直至中进士。等而下之者，仅中一举人，当然也有诸多好处，相对说来，生员在仕途上犹如中了瘴气，尽管有不死、死之别，但终究呈一种不死不活之态，并无多大出息。至于生员走到出贡就教职一途，那更如得了瘟病一般，已是穷途末路，唯有一死而已。毫无疑问，出贡实在是生员在走投无路之下的无奈选择。

(一)从补廪到出贡

对生员来说，出贡这条路是一种百般无奈的选择，是一条最艰难之路。生员欲走完这条道路，必须经历补廪、出贡两大难关。有些生员为了补廪，整整花了半生的时间，到了出贡，大多已是垂垂老矣。

明末清初人叶梦珠言：“前朝学校最盛，廪贡最难。凡岁、科两试，不列一等一、二名，无望补廪，甚或有一、二名而无缺可补者；廪生非二十年之外，无望岁贡，甚或有三十四(按：“三十四”应作“三、

---

① (明)张凤翼：《处实堂续集》卷四《谭辂续》，见《四库全书存目丛书》影印本集部第137册，496页。

② (明)姚旅：《露书》卷八，见《四库全书存目丛书》影印本子部第111册，688页。

四十”——引者)年，头童齿豁而始得贡者。”①补廪、出贡之难，于此不难想象。

按照明代惯例，补廪以考校高下为定。至明末，生员必须在岁、科两试中，名列一等前一、二名，方可补廪。② 有时由于廪生无缺可补，而廪生又有固定的限额，生员即使考得一等一、二名，亦无望可补廪生，只好做一“候廪生”，以俟廪生出缺。生员从进学到补廪，也有短者三年之例③，但大多需经历近十年或十余年的时间。譬如，李达，年“二十为诸生，三十廪于庠”。④ 陈确，年三十，始补博士弟子员，年三十七，“食饩于庠”。⑤ 吴子玉，嘉靖二十五年(1546)入庠，至嘉靖三十八年(1559)始补廪。⑥ 而较长者，当附生、增生二十年，尚无缺可补廪生。⑦

附学生、增广生、廪膳生，虽同为地方学校的生员，却有身份等级的差别。相对说来，廪膳生由于有可以岁贡的便利，地位就比增广生、附学生高些。于是，一些生员在碰到补廪的空缺时，因同时又获出贡(大概是拔贡，而非岁贡)，就将补廪的空缺卖给别的生员。⑧ 其间尽管打着给对方贡途“路费盘缠”的旗号，并需要双方共同去督学衙

---

① (清)叶梦珠：《阅世编》卷二《学校三》，29页。

② 按：一等第三名，也有补廪之例。如安徽休宁吴伟，嘉靖九年(1530)，“以第三人食廪”。参见(明)吴子玉：《(万历休宁)茗洲吴氏家记》(明万历抄本，藏日本东方文化书院)卷一〇，嘉靖九年二月十七日戊寅条。又按：原书无页码。

③ (明)吴子玉：《(万历休宁)茗洲吴氏家记》卷一〇，成化六年二月九日戊午条，成化九年八月十九日戊寅条。

④ (明)吴应箕：《楼山堂集》卷一六《李行季诗序》，见《四库禁毁书丛刊》影印集部第11册，454页。

⑤ (清)陈敬璋：《乾初先生年表》，见(清)陈确：《陈确集》首卷，26页。

⑥ (明)吴子玉：《(万历休宁)茗洲吴氏家记》卷一〇，嘉靖三十八年二月戊申条。

⑦ (明)文徵明：《文徵明集》卷二五《三学上陆冢宰书》上册，585页。

⑧ 譬如，冯从吾之父冯友：“当补廪，会旧者以将贡，不欲补。曰：‘盍与吾路费?’因共白之督学渔石唐公。公曰：‘可。’乃备十金，将与，而旧者物故。即作赙仪，致之其家人，不知，骇而固辞。公告之，故卒与之。”参见(明)冯从吾：《冯少墟集》卷二〇《家乘》附《原任保定府同知冯公行状》，叶28b～29a，清康熙十二年重刻本。

门获得督学官的同意方可成交，但究其实，这已是廪生空缺的变相买卖行为。

应贡以“食粮浅深”为定。这也是明代的制度。明代贡途颇多，有岁贡、选贡、拔贡、恩贡、纳贡之分。除了拔贡、纳贡与“食粮浅深”无关外，其他诸贡(尤其是最常见的岁贡)，均需要按“食粮浅深”为定。廪膳生年满无过，试中得贡，名为“挨贡”。一个“挨”字，显然已可看出出贡者所需年月之熬人。于是，一些士大夫家子弟，纷纷“求改边学”，窃取岁贡，易于成就，作为出身之捷径。① 而一般人家子弟，却无此幸运，只好照常挨贡。

在明初，朝廷所定各地方学校出贡之制，史料有如下记载：

> 洪武、永乐六十年间，天下岁贡生员，府学一年贡二名，州学二年贡三名，县学一年贡一名。当时止有南京国子监，而天下生徒尽数充养，不下数千余人，未尝有放回依亲之例。至宣德年间，又以岁贡之滥，减定限制，府、州、县学减如今例。各学生员挨次充贡，多有年至六十、七十方入监，又待坐堂七年、八年，逾耄望耋方得出身，未免精力衰耗矣。②

这段史料记载，大抵已经道出自宣德以后，地方学校生员出贡，已是相当不易。尽管在明英宗复辟以后的天顺年间，朝廷一度颁布政令，允许地方学校的廪膳生员，在达到一定年龄后，可以“不计食粮深浅，即与充贡，授职出身”，如根据《京山县志》，天顺六年朝廷就曾“超贡”六人，但这毕竟是一种“非常之恩典”，并未形成定制。③ 生员出贡，还是必须按照“食粮浅深”挨贡。

至晚明，考贡已基本形成如下定例：“考贡照近日事例，每岁预将

---

① (明)姜宝：《姜凤阿文集》卷七《边学议》，见《四库全书存目丛书》影印本集部第127册，574页。

② (明)姜准撰：《岐海琐谈》卷一，蔡克骄点校，12页。

③ (明)姜准撰：《岐海琐谈》卷一，蔡克骄点校，12页。

次年应贡生员限年六十以下、三十以上，屡经科举者六人，严加考选，取其优者充贡。定限次年四月到部听候廷试，文理不通者，即行停降；年老衰惫者，姑授与冠带荣身，不许但挨次滥贡。其有停廪、降廪者，必考居一、二等，方许收复，未收复者，不许起送应贡。”①上述考贡定法，有下面几点值得注意：一是廪膳生一旦在岁考中考居末流，面临停廪、降廪，即无起贡的资格，只有在新一次的岁考中考居一、二等，并已收复为廪膳生者，方许起贡；二是应贡生员的年龄限制，则在60岁以下、30岁以上，显然与科目之年少得中者有异，最年轻者亦需30岁以上，这是由贡生的特点所决定的，尽管朝廷规定禁止以年老衰惫者应贡，而实际应贡者仍大多是年老力衰之人；三是只有屡经科举之廪膳生，方许应贡，后曾规定，将屡经科举限定在“曾经科举二次”，三年一次大比，即使顺利，最少也需要在廪膳生的位置上挨满六年，方可应贡。而事实并非如此顺利。正如明代史料所证实，由于科举生员配额的存在，有些生员虽岁试前列，却经类考，不免见遗，无法参加乡试；而有些尽管在科考(或类考)中被取中为科举生员，可以出应乡试，但偶然因事故不得进场。这样，年复一年，要获得曾经两次乡试的资格，非十年不可。②

上述关于应贡生员(包括30岁以上及曾经科举两次的生员)，已决定了应贡生员必然年龄偏大。与此同时，自明代中叶以降，人才日多，生徒日盛。相比之下，生员出贡的机会比明初更少。下面是明代中期苏州一府生员仕进之途的基本状况：苏州一府八州、县，在学生员大约1500人。合三年所贡，不及20人；乡试所举，不及30人。③科、贡二途相加，获出路者仅不到50人，约占生员数的3.3%。换言之，在三年中，只有约3.3%的生员获得仕进之途，其余约96.7%的生员尚无仕进出路。若单论出贡，则更是只约占生员总数的1.3%。年复

① (明)张居正：《张太岳集》卷三九《请申旧章饬学政以振兴人才疏》，498页。

② (明)詹事讲：《詹养贞先生集》卷一《酌处贡途疏》，见《四库全书存目丛书》影印本集部第166册，365页。

③ (明)文徵明：《文徵明集》卷二五《三学上陆冢宰书》，上册，584页。

一年，于是有生员食廪30年，尚不得充贡的例子。这还只是明代中叶的状况。到了明末，生员数更是激增，生员应贡的机会就更趋减少。出贡之难，于此不难想见。

(二)明初贡生重用事例

明初，国子监生均贡自地方府、州、县学，选拔地方学校之秀彦者充任。其后，又有各省乡试举人入监之例，即所谓的举监生。当时进士科未盛，内而台谏，外而藩臬，国子监生之成才者均可充任(参见附表24)。到了明末，制科日重，内外要重之职，概由进士独得。即使是举贡，享有“遗贤”一途，若被铨为高等，也不过授省府幕僚或郡佐州正之职。至于台谏、藩臬等职，须俟他们历官有善，方可升任，然亦不过千百中之一而已。举贡仕途尚且如此，更遑论以生员贡入国子监者！

正统以后，举、贡监生已无复径授台谏及藩臬长贰之职的例子可寻。嘉靖八年(1529)，朝廷复申三途并用之例，于是擢举人监生孙翥为给事中，举人监生阮薇、岁贡监生张澍为监察御史，然此不过是一时的特例而已。① 事实上，贡生(无论是举贡抑或生贡)的仕途，已基本与要职无缘。

(三)贡生仕途之窄

明代中期以后，仕途尤其讲究资格。甲榜进士独占鳌头，把持着诸多清要之职，即使出任地方官，甲榜出身者也优于乙榜之举人及贡生出身者。乙榜举人稍次。至于贡生，其仕途更被限制于以下两个方面：一是地方府、州、县官，或只能任佐杂，或任边方正职；二是出任教职。明中叶以降，地方学校的学官，除了部分由举人担任外，几乎已成了贡生的专利。

下面一段记述，无疑为分析明代中期以后贡生仕途之窄提供了较好的佐证。文云：

---

① (明)王圻：《续文献通考》卷五五《学校考・太学・太学出身事例》，见《四库全书存目丛书》影印本子部第186册，73页。

> 尹凤岐先生在翰林，好作诗讽切时事，节之最能记，予仅记其一首。时应诏举贤良方正，即得授八品官。适简太学生年五十以上者悉放还。诗曰："五十余年做秀才，故乡依旧布衣回。回家早去养儿子，保了贤良方正来。"①

其实，在明代中期，贤良方正一类的保举也已属少见。相比之下，贡生仕途，似比保举更无出路。五十余载秀才生涯，最后还是落了一个布衣回家。其晚景的凄惨，已是不难想见。

这当然仅是个别的例子，更多的贡生还是出仕。贡生出仕，当然以教职最多(参见附表 25)。晚明地方学校学官，进士出身者几已绝迹，举人出身者亦为仅见，似已成为贡士出仕的专职。

学官职衔虽卑，贡生却需经过千辛万苦方始获得此职。一个生员从进学到补廪，再从补廪到有机会出贡，其中的年限暂不说它，单说出贡以后，尚须经过四次考试，方可授以学官。故当时嘲之曰："四考文王何可当，一官天下莫能破。"②言其历经"四考"，可称"文之王"，而所得官却又至卑，并且再无迁擢机会。

何谓"四考"？即生员自出贡以后，需要经过四次考试，方可授职。四考依次为：士贡于廷，廷考之；廷考中，业于国子监，国子监考之；中，送吏部，吏部考之；中，再上于廷，廷再考之，中，始得授学官。

在"四考"过程中，单在国子监肄业的时间，有些贡生就需要等上十余年。贡生一旦有资格候选，在候选过程中，由于种种原因，其凄

---

① (明)叶盛：《水东日记》卷三《尹凤岐诗讽时事》，15 页，北京，中华书局，1980。按：时有老儒以贡而得授教职者，有一翰林借白头翁鸟为题，作诗送之。诗云："幽谷多年滞羽翰，泮林今借一枝安。世人莫笑头空白，看尽春花雨后残。"诗有意致，然亦有对白头方授教职之慨叹。参见(明)陈霆：《百可漫志》，见《纪录汇编》卷一九四，叶 7a～7b，影印明刻本。

② (明)姚旅：《露书》卷八，见《四库全书存目丛书》影印本子部第 11 册，688 页。

惨也不堪言状，甚至有因此而饿死、病死者。①

贡生除授教职，这是明代中期以后最普遍的做法。明初以学校为首善之区，教职为风化之官，故对学官较为重视，考选学官，将其行取为翰林院编修、检讨或御史、给事中。② 至中期以后，学官已被视为“簿书升斗之吏”，不复崇以体貌，即有一二有幸而得荐擢，也不过州县之官而已。③

除教职外，贡生所授职官，多属杂职。举凡朝官之鸿胪寺序班、光禄寺丞，地方官之按察司照磨、府照磨、府经历、州吏目、县主簿，偶尔也有为地方正官者，却已寥寥无几。④ 至于地方官的迁擢，更是重科甲，轻贡生。正如明人何良俊所言：“甲科人为县令，即其人贪残无赖，犹曲为爱护保全之；或贡举人为县令，虽其人奉法循理，必加谯呵，且摧折恐不胜。由是其人皆绝意升进，往往苟且不自好，罢去，遂使由甲科者敢于自私，由贡举者甘于自弃，而天下无良县令矣。”⑤ 前述寿宁县知县，仅有两个举人出身者得以获擢迁去，亦即其例。

---

① 明叶向高言岁贡就教职惨状云：“举人、岁贡选除教职者，经今二十余日，未蒙允发。此辈皆穷苦贫儒，年多衰耄，希望一官，朝不及夕。京师桂玉之地，度日甚艰。当此隆冬之时，饥寒迫切，尤为可悯。前岁曾有一次停滞，遂致饿死病死有十余人。”顾鼎臣也说：“旧年冬月，已闻前项候选生员，有疾病不能给医药而死者，有冻饿不能谋衣食而死者，有饍粥缺乏、卖其亲子者，有靴袜穿破、堕其足指者。其他窘迫之状，难以殚述。”分见(明)叶向高：《纶扉奏草》卷一一《条陈各项急务疏》，见《福建丛书》影印本明天启刻本，1032～1033 页，扬州，江苏广陵古籍刻印社，1997；(明)顾鼎臣：《顾文康公文草》卷二《祈天鉴以暴愚忠疏》，见《四库全书存目丛书》影印本集部第 55 册，311 页。

② (明)吕坤：《吕公实政录》卷一《教官之职》，见《四库全书存目丛书》影印本子部第 164 册，341 页。

③ (清)顾炎武著、(清)黄汝成集释：《日知录集释》卷一七《教官》，416 页。

④ 试以福建寿宁县为例，自万历十八年以迄崇祯七年(1590—1634)，计 45 年间，易令十六。查其出身，其中举人 10 人，岁贡 4 人，选贡 2 人。贡生出身者，仅占总数的 37%。(明)冯梦龙《寿宁待志》卷下《官司》，见魏同贤主编：《冯梦龙全集》第 14 册，181～187 页，上海，上海古籍出版社，1993。

⑤ (明)何良俊：《何翰林集》卷一二《八闽稿序》，见《四库全书存目丛书》影印本集部第 142 册，106 页。

当然，生员能出贡，再授教职，这已是不幸中之万幸。换言之，只有部分生员才有幸出学应贡。事实上，就仕途而言，明代的大部分生员直至白首尚未脱青衫，最后穷困潦倒，退无营业，进无阶梯，只好老死牖下，志业两负。①

三、纳贡：为生员别开的蹊径

按照明朝人的普遍说法，“秀才至年过三十，即素抱负者，亦渐渐心灰意懒”。② 正如上述，生员补廪、出贡如此之难，非至衰耄之年，根本无望出贡。于是，由于种种的原因，明朝廷为生员在仕途上别开了一条蹊径，即通过纳粟、纳马，获得贡监生的资格。

值得指出的是，例监与纳贡有一定的区别。俊秀纳粟、纳马入监，称例监生；而生员纳粟、纳马入监，则称纳贡生。虽同属捐纳制度的产物，却在出身方面有高低之别。

(一)纳贡之始及其变迁

纳贡的源头，可追溯到西汉。明人吕坤言：“张释之以入赀，卜式以入粟，即今例贡生也。”③王圻也说：“赀算入官，昉于西汉，谓任富可不贪也。厥后边费不足，输选成俗，虽张释之、黄霸、卜式、司马相如，咸由是出，不以为讳。然终西汉之世，得人四五而已。”④

唐宋以后，亦间行赀选之法，大抵由军兴匮费所致，乃不得已而为之。入明，只以征聘、荐举、贤良、孝廉、明经、儒士入官。不久，

---

① 按：明代生员仕进阶梯，已在本章中详述之。至于“退无营业”云云，只是就其极者而言。事实上，明代的生员，在仕进无门的情况下，在退路上的营业或生业甚多。笔者将在下编详述之。

② (明)唐文献：《唐文恪公文集》，见《四库全书存目丛书》影印本集部第170册，631页。

③ (明)吕坤：《实政录》卷一《官恩例官出身》，见《四库全书存目丛书》影印本子部第164册，339页。

④ (明)王圻：《续文献通考》卷五〇《选举考·赀选》，见《四库全书存目丛书》影印本子部第185册，771页。

朝廷开岁贡之例，又重科目举人、进士之选，却不见以赀发身之例。洪武中期，尽管有税户人才之擢，然只取富厚纯朴，并不一概凭赀而选。

景泰元年，朝廷以边圉事殷，令天下生员纳粟上马者，许入监。其上选事例，与岁贡同。此为纳贡生之肇端。行四年，此例暂罢。成化二年，南京大饥，守臣建议，令官员军民子孙纳粟入监。礼部尚书姚夔上奏："切惟国子监乃育才之地，朝廷资以致治，近因各处起送四十岁并纳草纳马生员，动以万计，已不胜其滥，今又行此，将使天下以货为贤，士风日趋于陋。"①明宪宗以为然，停止生员吏典上纳事例。尽管如此，在弘治以前，生员吏典纳银事例，犹暂行复止，人数也有限。其后，或遇岁荒，或遇边警，或大兴工作，一概援往例行之，既无限数，亦无止息。

纳粟入监，各府有一定的名额配制，不得超额。若名额有空缺，允许别府生员认纳。如正德三年八月，朝廷开输粟例，安徽徽州定额百人，吴珊以例上。而吴珑"又以别郡未足名数，亦例上"②。此即其例。

纳粟、纳马(或纳银)入监，使生员免除挨贡时的苦熬，从而具有入监肄业甚或纳贡监生的身份，可以借此出仕做官。生员入监以后，历事、拨历，均有年限，而出仕何职，亦须照过去的典例行事，而且需要经过考选，并无自由选择的权利。自嘉靖四十三年以后，因户部尚书高燿奏乞，出现了"乞运"事例，无疑使纳贡生免除了历事、拨历、考选之苦，进而可以通过纳银，预先获取朝廷各有标价的在外各类杂职。具体如下：在外布、按二司，自经历 50 两至检校 120 两，各有等差。其出身，自从七品 160 两至从九品 60 两，也各有等差。③

---

① (明)王圻：《续文献通考》卷五〇《选举考・赀选》，见《四库全书存目丛书》影印本子部第 185 册，770 页；(清)张廷玉等修：《明史》卷六九《选举志》，1682～1683 页。

② (明)吴子玉：《(万历休宁)茗洲吴氏家记》卷一〇，正德三年八月十五日戊寅条。

③ (明)王圻：《续文献通考》卷五〇《选举考・赀选》，见《四库全书存目丛书》影印本子部第 185 册，771 页。

至崇祯十七年七月，朝廷更是开了赤裸裸的捐纳之例。无论是俊秀、民生，抑或地方各类生员，甚至入监的监生，均可以按照朝廷所定明码的标价，捐纳各类官员。这样，纳粟入监已正式演变为卖官制度。

(二)纳贡评析

西周生所著小说《醒世姻缘传》言："这援例纳监，最是做秀才的下场头；谁知这浑帐秀才援例，却是出身的阶级。"①这段话其实包括以下两个方面的内容：一是援例入监(即纳贡)是做秀才的"下场头"，对久为生员而无缘出学应贡者而言，援例纳监确是一种无奈的选择，但是，对刚入学而家富钱财的生员来说，这援例纳监又是一条别开的蹊径；二是生员援例，也是一种"出身的阶级"，生员凭着纳贡生的身份，就可以出仕。

名虽同为援例纳监，可是援例者的身份不同，决定了他们援例时所费银子的差别，而且对以后的选官也有影响。同为纳赀入监，然例监生"拜官不得与贡同"②。同是援例的纳贡生，廪膳生、增广生、附学生也不一样。廪膳生纳贡比附学生纳贡省银 130 两。此外，生员参加科举一次免银 10 两。科举次数，也是一种资格。正如小说《醒世姻缘传》所说，"这省银子却小事，后来选官写脚色，上司见是廪监，俱肯另眼相待"。③

前面一再强调，明代是一个极端看重出身(即脚色)的社会。按照当时的风气，生员无论是以荫得官，抑或纳赀入监而得官，均在被人诋毁之列。生员以荫得官，被看作"豢养之子"；以粟拜爵，被视若"铜臭之夫"。④ 不论生员为人做官如何，但以出身相訾。

对于纳贡，明人多持批评的态度。譬如，弘治五年(1492)，王恕

① (清)西周生：《醒世姻缘传》第 50 回，733 页。

② (明)李维桢：《大泌山房集》卷一二《梦玉堂稿序》，见《四库全书存目丛书》影印本集部第 150 册，10 页。

③ (清)西周生：《醒世姻缘传》第 50 回，726 页。

④ (明)吕坤：《实政录》卷一《官恩例官出身》，见《四库全书存目丛书》影印本子部第 164 册，339 页。

上奏，即指出纳赀入监之弊："自有此例，杂进者日多一日，以致正途监生、吏典因而壅滞，不得出身，候选者多至十五六年以上，才得一官，年已向衰，谁肯尽心职业？又况前项纳粟人等，既以财进身，岂能以廉律己，欲他日不贪财害民，何由而得？"①显然，援例入监生一多，势必影响正常的科贡之士，阻塞他们的仕进之途。而生员一旦可以以财进身，更会影响这些人日后做官的操守，造成"贪财害民"的不良后果。这也是毋庸讳言的事实。

明末人李雯借助太学的古今对比，对明代纳粟入学之弊多有揭示：

> 古之太学，皆天下之端人俊士，闻道术，有行谊者。朝廷之事，得以与闻者也。故诸生之游于太学，或数年不返，以习知天下之务，其所以自待者，又不薄矣。天下有大事，缙绅先生之徒所不能言者，相与举幡聚徒，鸣鼓而争阙下者，皆太学生也。奸人怀深刻之恨，设酷网以罗之，然后大势极纵焉，则有扶救衰弊之功，可见于前矣。今何为者也？市侩富而列胄齿者，佩觿而翱翔；身为徒隶罪人也，网疏而钱通，盘辟雅步而为上舍耳。游闲者，饬而首，纵博塞，招摇而驰；骜而心计者，废居居邑，巧者游公卿之门，关说为权利。然则天下奸人，无行之徒，昔容之于狱市者，今容之于太学。②

细绎文意，纳贡的出现，其弊端在于使国子监生从"闻道术，有行谊"的"端人俊士"，转而使"无行之徒"甚或"奸人"充斥整个辟雍。

这当然只是因援例入监而产生的弊端之一，即只是注意到纳粟入监对仕途、官风所产生的不良影响，尚未涉及它对国子监教育所产生

① （明）王圻：《续文献通考》卷五〇《选举考·赀选》，见《四库全书存目丛书》影印本子部第185册，771页。

② （清）李雯：《蓼斋集》卷四三《策》3《国学》，见《李雯集》下册，王启元整理，777页，上海，复旦大学出版社，2017。按：原书句读、标点多有误处，不堪卒读，笔者所引已径改之。

的影响。崇祯八年九月，国子监祭酒倪元璐上言，直指纳粟入监对国子监教育的不良影响有以下三条：一是以赀入监，“既不复得清流之官，极其致归州佐、邑丞止耳，三代以后之士，莫不借功名一途引之道德，既期菲薄，岂有陶成！”二是进身之路，“别由科举，科举取工时文，一日而遇，即可芥拾大科。学于成均，咨行考文，踰年董之，仅取丞倅，谁不舍此而就彼？”三是“以教成为期，有在监十余年不得拨历。今既取其赀，又无优除，更益淹稽，懼皆裹足，不得不变半分一分七分八分之数，为二十四月十一月八月六月之期，拨有成期，教无满法，教不成而期已及，何术留之？”①

生员援例入监，尽管有诸多弊病，且久已为人所轻视，然亦有不得已而为之的因素在内，于是一些资质优异者，也纳赀入监。换言之，人顾自立，不在一时考试的得失，若是只以出身加以分别，难免堕入俗人的浅薄眼孔。譬如罗玘，七试有司不录，无奈只好入赀北国子监，而后中解元、会元；又如宜兴人吴正志，天才绝世，其父中进士，出任江西丰城知县，随同其父至丰城，鉴于考试需要往复奔走，于是他在路过南京时，纳赀入学，后中进士。② 嘉、隆以后，输粟子弟往往掇取巍科(参见附表26)。故对赀选，我们也不可一概而论。

四、荐举：生员的超拔之途

探究明代的选士制度，其变迁大体可以概括为：明初，荐举、贡举、科举三途并用③，荐举为重，贡举次之，科举为轻；明代中期以后，朝廷专重科举，进士益重，贡举日轻，而荐举已近乎不行。

相比之下，科举、贡举，对生员来说是最为常见的出仕途径，尽

---

① (明)谈迁：《国榷》卷九四，5713页。

② (明)朱国祯撰：《涌幢小品》卷一一《民生》，王根林校点，193页。

③ 按：三途并用之“三途”，明人有两种说法：或称进士(科举)、监生(贡举)、吏员为三途，或将科举、岁贡、荐举并为三途。自明中叶以降，吏员、荐举二途虽存而不废，却形同虚设，实只存进士、贡举二途而已。

管科举三年一举，能中举者寥寥无几，而贡举限于资格，其途也日趋壅塞。荐举无常，朝廷有时几十年不行荐举，然生员一旦获荐，就不必再受挨贡之苦，而且所授官职，也比贡举要清显许多。所以，对生员来说，荐举不失为一超拔之途。

(一)明代荐举的变迁

洪武初年，明太祖朱元璋为了选拔真正的人才，施行荐举之法。洪武六年，朝廷罢科举，别令有司察举贤才，以德行为本，而文艺次之。荐举的名目甚多，包括聪明正直、贤良方正、孝弟力田、儒士、孝廉、秀才、人才、耆民。这些被荐举的人才，全被礼送京师，不次擢用。此外，各省贡生亦通过国子监而登上仕途。在明初，朝廷罢科举，一度达十年之久，至洪武十七年才再行科举，而荐举之法也并行不废。

洪武年间，荐举大行，中外大小臣工均可通过荐举出任，下至仓、库、司、局之各杂流，亦令举文学才干之士充任。洪武四年夏，朝廷大征天下士，“凡通治一材一艺者，咸来会京师”①。于是，许多山林岩穴、草茅穷居之士，无不自达于上，由布衣而登大僚者不可胜数。最显著的例子是，儒士王本、杜斅、赵民望、吴源四人被特置为四辅官兼太子宾客。

自洪武十七年科举复设，荐举、科举二途并用，未尝有畸重畸轻的问题。建文、永乐年间，由荐举起家者，仍有内授翰林、外授藩司的例子。譬如，杨士奇以处士、陈济以布衣，均被任命为《太祖实录》总裁官。明初不拘资格用人，于此可见一斑。

即使到宣德、正统年间，仍有行荐举者。宣德七年以前，藩、臬、府、州正官，唯听吏部权衡独擅，闻见不广。于是，就在这一年，明宣宗诏杨士奇、杨荣，命京官三品以上举方面郡守。正统五年，朝廷

---

① （明）刘崧：《槎翁文集》卷六《读书所记》，见《四库全书存目丛书》影印本集部第 24 册，461 页。

令进士、举人、监生、吏员官听诸司保举。①

明代中期以后，科举日重，荐举日轻，能文之士率由场屋以进，虽名公巨卿，亦往往出于科举。有司虽数奉求贤之诏，然终因人才既衰，荐举不过聊应故事而已。

至明末崇祯年间，制科出身之人，偾坏封疆，屡有所闻。正如宋应星所言："圣主见州邑之间，攻城城破，掠民民残，钱粮则终日开复报完，而司农仰屋如故；盗贼则终日报功叙赏，而羽书驰地更猖。凡属制科中人，循资择望而建节者，偾坏封疆，纷纷见于前事。"②有鉴于此，崇祯帝采纳吏部主事吕大器的建议，锐行保举之法，召对后，随即降诏："大小内外众官，不拘出身，各听保举。"③

明末行保举法，其目的是为了恢复乡举里选之旧，以济时艰。然科举久行，弊端难除。一方面，荐人之人，与所荐之人，声应气求，仍在八股文章之内；另一方面，举凡风纪、议论之司，全由科目以进，枝连党附，而被荐者所授职司，不过为州县之职，聊且塞责，很难起到振衰起弊及真正选拔人才的作用。

（二）生员之荐举出仕

明初大行荐举，名色众多，"秀才"只是其中之一。洪武四年四月，朝廷以秀才丁士梅为苏州府知府，以童权为扬州府知府，俱赐冠带。洪武十年二月，朝廷以秀才徐尊生为翰林应奉。洪武十五年八月，朝廷以秀才曾泰为户部尚书。同年，朝廷征至秀才达数十人，各有所用。④

这种"秀才"，为荐举的一种，当然与生员这种科举制的产物有一定的区别。然明初生员，也多有因荐举起家者。譬如，方直，洪武年间生员，善楷书，以荐举，诏为江西萍乡县典史，后又因当道荐举为

---

① （明）陈子壮：《陈文忠公遗集》卷一一《家书十四》，叶 7a，《粤十三家集》本。

② （明）宋应星：《野议·进身议》，见《宋应星佚著四种》，6 页。

③ （明）陈子壮：《陈文忠公遗集》卷一一《家书十四》，叶 7a。

④ （清）顾炎武著、（清）黄汝成集释：《日知录集释》卷一六《秀才》，377 页。

监察御史。① 洪武三十二年(1399)，大兴县生员刘中孚被选守安定门中心敌台，当年入王府(指燕王府——引者)办事。建文二年(1400)，刘中孚被燕王差往保定，“招抚人民，趱运粮储”②。当时因守城而擢诸生的杨善、崔文奎，杨善后官至太子太保、左都御史，崔文奎官至太仆寺卿。③

宣德年间，况钟任苏州知府，兴学礼士，儒生贫寒者，多有所给。于是，生员争相献诗。邹亮献诗二十首，况钟尤其称赏，“遂奏亮才学可用，诏试授吏、刑二部司务，转监察御史”④。

其后，生员由荐举出身者也不乏其例。以武康县来说，诸如朱铉、王宾、赵逊、赵善这几位生员，均由荐举出仕，任工部主事。⑤ 至崇祯末年，崇祯帝行保举之法，很多生员也在保举之列。崇祯十年十一月，安庆府被保举生员蒋臣言：“阁臣张至发、孔贞运会试录文，沮抑辟荐，请阁臣自简举改正，毋坏祖制。”⑥此即其例。又如生员袁仲孺，长于诗赋，尤工书法，各体皆擅其妙，当事器重之。福建巡抚张肯堂“称其才堪大用，荐举授广东平元县令”⑦。然制科地位已崇，积弊已深，生员被荐者也不过为仅见之例。

---

① (清)管声骏纂修：康熙《崇安县志》卷七《人材志》，见《稀见中国地方志汇刊》第32册，1052页。

② (明)邓士龙辑：《国朝典故》卷四一《立斋闲录三》，983页。

③ (明)王世贞：《弇山堂别集》卷一〇《皇明异典述五·文臣异途》，179页，北京，中华书局，1985。

④ (清)赵吉士：《寄园寄所寄》卷二《镜中寄·正气》，叶1a～1b，清康熙三十五年刻本。

⑤ (明)程嗣功修、骆文盛纂：嘉靖《武康县志》卷二《人物表》，见《天一阁藏明代方志选刊》，叶32a～32b。

⑥ (明)谈迁：《国榷》卷九六，5793页。

⑦ (清)管声骏纂修：康熙《崇安县志》卷七《人材志》，见《稀见中国地方志汇刊》第32册，1053页。按：崇祯朝以生员应聘者，尚有黄翼圣，“以诸生应聘，起家蜀新都知县，升安吉州知州”。(清)钱谦益：《初学集》卷三一《黄子羽墓志铭》，见《传世藏书·集库·别集》第11册，807页。

下　编

社会生活：职业、生计及其社会交往

在学校肄业，接受学官的课试与约束，无不说明生员仍然是一种学生身份，其主要职责是学习儒家经典，读书仕进，然后再治国平天下。换言之，朝廷视学校为人才的养成所，生员为人才的后备力量。有鉴于此，明朝廷给生员提供诸多的便利与特权，举凡廪膳以养家、号舍以供肄业、免役以示优待，并尽量限制生员与政治接触。

欲达到此，至少需要有以下两点给予保证：一是学校有足够的号舍供生员斋宿肄业；二是生员大多可以通过科目步入仕途。而事实并非如此。一方面，自明代中期以后，学校制度已败坏不堪，尊经阁号称“尊经”，却内无一经。其弊尚不在无经书，而是在无习经之士。换言之，士之穷经者，多不在学校，而在学校者，又非穷经之士。① 另一方面，正如上编所揭示，生员仕进无门，大约只有十分之一的生员能获出身，登上仕途，而十分之九者却只能以一衿终老。在这些生员中，若北方之士，犹能勤苦力作，自谋生计；至于南方之士，则不农不工，不商不贾，乘学政积宽，怠业荒嬉，整日游荡，不过是一些游惰之民而已。其中的寡廉鲜耻之徒，更是终年不入学宫，联袂携巾，日伺于府县之门，反而成为有司的患苦。

由此可见，学校乃生员之家。生员不在学校肄业，犹人而失家，无所依归，只好流向社会。这些无归而又无出路的游惰之士，到了明末，其数量着实不少。那么，他们的流向又是如何呢？不妨引用下面三段史料以说明之。如明人郭子章已对“士风”之弊有如下系统的揭示：

> 受书几何，则芥视青紫；稍知搦管，即奴婢屈宋。矜激意气，则鄙乡之老成者为枯钝；羡艳声势，则结当路之子弟为党与。嘱

---

① 按：至明末，穷经之士多不在学宫肄业，而是自寻明师，自找肄业之处。如张履祥，自天启五年成为生员后，次年就读书陋巷村之蒋庵。崇祯四年(1631)，又在同里颜士凤家塾，从傅光日受业。此即其例。详见(清)苏惇元纂订：《张杨园先生年谱》，见《杨园先生全集》，叶 3b～4a，清同治十年江苏书局刊本。

> 托公事，而凌铄有司；起灭词讼，而比伍隶卒。纵摴蒲为高致，狎娼优为逸兴。摇笔端以造歌谣而撼官府，碎舍锋以道长短而中善类。私委巷，则乡贤乡饮举及匪人；图餔餟，则名宦节孝概扬恶德。青盖翩翩，殊非布衣之义；高冠峨峨，大犯不衷之戒。未尝检括，则自文曰负俗之累；稍有操技，则共訾曰世故未谙。甚之白衣者，钻刺以图青衿；枵腹者，妄冒而觊米廪。①

明人张宁也记道：

> 今士之所学，益无向用，绝于授受，或就耰锄，或附刀笔，或迫为卒伍，或困为屠庸，苟避时禁，不复审义。一旦倡谋起事，由其智力相并，动足致人，大约皆出乎无归之士。②

明末清初学者顾炎武在《生员论》中曰：

> 今天下之出入公门以挠官府之政者，生员也；倚势以武断于乡里者，生员也；与胥吏为缘，甚有身自为胥史者，生员也；官府一拂其意，则群起而哄者，生员也；把持官府之阴事，而与之为市者，生员也。③

士为四民之首。生员头上戴顶方巾，脚上穿双朱履（或皂靴），在街市上摇摆，又可在县府面前说得硬挣话，确实很是体面。可是，仕途无望，不能不使生员对自己的生计有所考虑，只好退而求其营业。顾炎武认为，“故今之愿为生员者，非必其慕功名也，保身家而已”④。

---

① （明）郭子章：《学政》，见（清）席启图辑：《畜德录》卷一《立志》，上海，扫叶山房，民国十三至十八年石印本。

② （明）张宁：《重修海盐县儒学碑》，见（清）黄宗羲编：《明文海》卷六七，608页。

③ （清）顾炎武：《亭林文集》卷一《生员论》中，见《顾亭林诗文集》，22页。

④ （清）顾炎武：《亭林文集》卷一《生员论》上，见《顾亭林诗文集》，21页。

一语道破生员退而求其营业、保身家的心态。正如前揭三段史料所言，生员欲保身家，求营业以维持生计，手段很多，与官府种种交易，不过其一例而已。于是，生员所求者，不再是“为圣贤之人”，而是“为富贵利达之人”；而不能遂愿者，又只好借生员以保身家，通过种种手段，以谋生计，混同一般世俗百姓。①

细究之，明代生员亦可分为三等。上等者，做秀才时节，埋头读书，博古通今，天文地理，礼乐兵刑，错综贯穿，而后中举人、进士，为朝廷干番事业；次等者，经济学问不甚涉猎，一日念几篇时文，五经古书粗粗记得，不干己事，一毫莫管，富的明户讲解，穷的随分处馆；至于生员一进了学，似戴了一顶平天冠。有趁妓串戏者，有插科篾片、图肥酒肉吃者，有今日告张、明日告李，这边干证、那边公举者，有包揽钱粮、硬帮中保者，得了二三钱轿马，肩膀上都硬朗起来，大荤饭店、扁食酒家，烧刀炒豆，细嚼横吞，宗师岁考，方拆造几文钱，买盏油，去温习那《摘段》《袖珍》②，这属于最下等。

---

① (明)徐芳：《三民论》上，见(清)黄宗羲编：《明文海》卷一〇〇，994 页。

② (明)华阳散人：《鸳鸯针》第 3 卷，116 页。

第六章　社会流动：生员的职业生涯

在传统中国，读圣贤书的读书人多鄙视体力劳动，信奉的是“安贫乐道”的主张，并以自己作为一介“寒儒”或“贫儒”而自豪。① 儒家经典中圣贤所言，诸如“饭疏食饮水，曲肱而枕之，乐亦在其中”，“一箪食，一瓢饮，不改其乐”。如此等等，不一而足。但正如明人所言，圣贤说这样的话，毕竟自己的地位也还挨得过日子，所以可以安得贫、乐得道。但对那些连一亩之宫、环堵之室、负郭之田半亩也没有的穷秀才来说，最重要的还是“学必先于治生”②。显见，在仕进无门的窘况下，生员为了维持生计，必须与社会接触，凭借种种手段，谋取钱财，无论这种手段是合法、合乎社会道德的，抑或非法、为社会公德所唾弃者。何炳棣在他关于社会流动研究的例子中，对生员层的谋生手段作了最好的论证③，显然有利于我们对这一问题作更进一步的探讨。

探究明代生员的社会职业流动，尽管也有人以替人考试、作枪手为生④，然这终究不是固定的职业。相对说来，下面这些可以视作明

---

① T'ien Ju-K'ing, *Male Anxiety and Female Chastity: A Comparative Study of Chinese Ethical Values in Ming-Ch'ing Times*, Leiden, E. J. Brill, 1988, p. 100.

② (清)西周生：《醒世姻缘传》第 33 回，478 页。

③ Ping-ti Ho, *The Ladder of Success in Imperial China*, pp. 267-318.

④ 如明人梁士济《直陈科场弊习疏》云：“臣乡远在天末，淳朴未离，乃以邻近闽省学术不端之辈，纷纷来游，不屑生儒渐为濡染，始而与之代考，渐而诱之怀挟，遂诈冒粤籍，半入黉宫。”可见，福建生员入粤替人代考，已成一时风气。参见(清)郭尔卮、(清)胡云客修：康熙《南海县志》卷一五，见《稀见中国地方志汇刊》第 45 册，698～699 页。

代生员比较常见的社会流动方式：训蒙处馆，养家糊口；入幕，成为幕宾；儒而医，成为职业医士；弃儒就贾，甚而士商相混；包揽词讼，成为讼师；弃巾，成为山人或名士。

一、训蒙处馆

对穷秀才来说，唯有随分处馆，开垦几亩砚田，以笔为犁，以舌为耒，自耕自凿，雨少不怕旱干，雨多不怕水溢，确乎是一种旱涝保收的职业。可见，教书是秀才的治生之本，是最常见的社会职业流动方式，也较易发挥他们的长处。在明代，生员大多授徒里巷，传经授书。下面笔者以苏州府长洲县为例，考察明代的生员流动状况。明人江盈科记道：

> 矧夫长洲号东南巨邑，人文之盛，较诸其他，何啻十倍。士之多占胶庠者，约五百以上。此五百人者，计十之六食其土之毛，无所事哺。又廪于官者二十人，借岁饩，比于笔耕。其他无田可租，无廪可支者，率授徒里巷，齿牙阁阁，传经授书，日得百钱，易斗米以黔吾突。迩岁以来，经师林立，执经称弟子者，乃反落落如晨天之星，令流俗有医多病少之笑。①

经师林立，弟子少，经师多，说明当时生员处馆的竞争相当激烈。故明末的小说，多有反映生员因抢馆而争吵打架。②

(一)生员处馆之风

训蒙处馆是知识阶层赖以谋生的最常见的职业。它被称作“舌耕”，

---

① (明)张德夫修：万历《长洲县志》，见《稀见中国地方志汇刊》第11册，1080页。

② 如金木散人所著小说《鼓掌绝尘》，其中有记金陵相公王端与江南秀才李八八，为抢馆而在宾馆里争个不息的事。参见(明)金木散人：《鼓掌绝尘》第37回，398～399页，沈阳，春风文艺出版社，1985。

完全是生员自食其力，犹如农夫在田头耕作一般。现在人们一说训蒙处馆，就联想到三家村的一些老学究。学究式的训蒙师，在明代广泛存在，这毋庸置疑，笔者在后面也将详细阐明之。然这只是问题的一个方面。与此同时，无论是中过进士、举人者，抑或国子监生、生员、童生，均不乏借舌耕糊口之人。

举例来说，即使有名的钱福，曾经中过状元，也曾处过馆。至于举人处馆，更是屡见不鲜。譬如郑鄤，万历四十年中举人。其自述中举以后之处馆生活道：

> 万历四十八年，泰昌元年，开馆于郡城之先贤祠。每月三试，品其高下。既而改为两试，又改为一试，以卷多阅不给也。登门入籍者一千七百余人，凡首取者，至今多科第矣。①

郑鄤是作八股文的高手，在当时颇负盛名。故其中举后，一开馆，从学者如此之多，也就不难理解。有些人自生员时即处馆，中举后，仍操旧业。如明人陈尧记载："昔者吾师胡元棲先生，以毛氏诗教训多士。余尝卒业门下。其后先生举于乡，士从之游者日益众。"②此即其例。

国子监生与生员处馆，更是本色当行。这方面的例子很多，笔者试举下面几例。如国子监生陈克记载，"以《易》授诸生里中，而韩公邦奇与其子希鲁实馆之"③。生员计先，"为人颇刚直明敏，往年馆乡人韩湘家"④。明末理学名臣冯从吾父冯友，为诸生时，家甚贫，"设科

---

① (明)郑鄤:《峚阳草堂文集》卷一六《天山自叙年谱》，叶 12b，民国二十一年重刊本。

② (明)陈尧:《梧冈文正续两集合编》卷二《陈海墟应贡序》，见《四库全书存目丛书》影印本集部第 101 册，411 页。

③ (明)黄瓒:《雪洲集》卷七《赠韩公邦奇七十寿序》，见《四库全书存目丛书》影印本集部第 43 册，107 页。

④ (明)陆粲:《庚巳编》卷五，见(明)沈节甫辑录:《纪录汇编》卷一六八，叶 6b，影印明刻本。

常开平祠，借束脩以养父母”①。又如诸生梁大积，“正己博学，人争师之，尝馆恩平”②。

至于那些老童生，终年为科举奔波，可是时运不济，甚至至老未能入学。老童生虽未入学，但也需顾及家中生计，于是只好开馆授徒。如苏州府常熟县人邹静观，万历初年老童生，县试从未一取，却自称邹解元。“师道甚严，大家争致之，非隔年下聘，不可必致。新正开馆，不过初三。遇节，止假一日。”③当时常熟以老童生处馆者，尚有龙门、蒋二，人争延为师。④

一些后来科名很高、位列显宦的士大夫，在其做生员时，也多有处馆的人生经历。譬如，赵文华，“秀才时，为人授馆”⑤。又如徐光启，万历九年20岁时中生员，22岁时，“教授里中”，“以馆谷自给”⑥。

在明代，不仅勋戚、宦官、达官家中多设有家馆，而且在一些商人、乡大户家中，也不乏设家馆者。所有这些家馆，无疑为生员处馆提供了便利。不妨试举下面几例。如生员胡九成，在李氏皇亲戚畹家中教书，做西宾。⑦ 又如平江侯镇守临清时，“馆客作诗，有‘檐前络纬啼’之句”⑧。秀才何岳，号畏斋，“曾教书于宦官家”⑨。成化年间，在阁臣刘珝家，西席乃余姚人王珣。⑩ 据明代史料载：“富春山少即声

---

① (明)冯从吾：《冯少墟集》卷二〇《家乘》附《原任保定府同知冯公行实》，叶28b，清康熙十二年重刻本。

② (清)贾雒英修、(清)薛起蛟等纂：康熙《新会县志》卷一二《人物》，见《日本藏中国罕见地方志丛刊》，314页。

③ (清)刘本沛：《虞书》，见(清)丁祖荫辑：《虞阳说苑》乙编，叶13a。

④ (清)刘本沛：《虞书》，见(清)丁祖荫辑：《虞阳说苑》乙编，叶13a。

⑤ (明)何乔远：《名山藏·臣林记》，见宋祥瑞主编：《明清史料丛编》第8册，5562页。

⑥ 梁家勉编著：《徐光启年谱》，47页。

⑦ (明)叶永盛：《玉城奏疏·戚畹杀师疏》，见《丛书集成新编》第31册，349页。

⑧ (明)陆容：《菽园杂记摘钞》三，见《纪录汇编》卷182，叶7a。

⑨ (明)周晖：《金陵琐事》卷一《两次还金》，叶60b。

⑩ (明)郎瑛：《七修类稿》卷四三《事物类·卖掉有数》，见《传世藏书·子库·杂记》第1册，219页。

噪膠庠，邻有大贾方在择婿，其家馆师某者以公嘱之”。[①] 大贾家有馆师，说明亦设有家馆。至于那些乡大户，因富有赀财，又希冀子弟能读书仕进，故亦多设有家馆，聘请馆师。如许应科、黄门“同馆于乡大户家。许有时望，而黄则闒修也”[②]。

明代中期以后，生员仕途受堵，经济状况每况愈下。廪膳生因有廪膳支取，勉强可以维持家庭生计，而那些增广生、附学生，尤其是上有父母需要赡养、下有妻子需要抚养者，家境就更显窘迫，只好开馆设学，或外出处馆，做“猢狲王”。这在当时已形成一定的风气，其例俯拾即是。为了更好地揭示这一社会动向，笔者不妨详引一些例子。如沈如松，武康人。以《易》补博士弟子员，称高才生。“然家故贫，罂粟数绝，不能衣食父与母。稍稍以《易》授州里子弟，或馈之金，辄函封以献其父。……客游东吴，半以《易》授诸生，借诸生所遗以膳母。”[③]金坛诸生王双山，“少贫，以馆谷为生”[④]。张履祥自天启五年补县学弟子员后，在随后的日子里，一直以处馆为生。崇祯六年(1633)，张履祥馆同里颜士凤家；崇祯九年(1636)，馆甑山；崇祯十年，馆甑山；崇祯十一年，馆甑山；崇祯十四年，馆菱湖；崇祯十五年(1642)，馆苕溪；崇祯十六年(1643)，复馆甑山。[⑤]

有些生员在处馆时，因教育有方，颇为一些士大夫看重，或各走书币，或设帐，延至其家，教授子弟。如正德七年(1512)，湖南一姓虞生员至南京访师，诸大夫咸获识虞生，“于是各遣子若弟，执弟子之礼于虞生焉”[⑥]。次年，虞生因就乡试而归，归而不得第。正德九年，

---

① (清)李延昰：《南吴旧话录》卷下，235页。

② (清)刘本沛：《虞书》，见(清)丁祖荫辑：《虞阳说苑》乙编，叶14b。

③ (明)茅坤：《茅鹿门先生文集》卷一九《沈聘君小传》，见《茅坤集》上册，592～593页，杭州，浙江古籍出版社，1993。

④ (明)丁元荐：《西山日记》卷下《清修》，见《涵芬楼秘籍》第7集，叶1a，影印旧抄本。

⑤ (清)苏惇元纂订：《张杨园先生年谱》，见《杨园先生全集》，叶4b～8a。

⑥ (明)寇天叙：《涂山先生集》卷二《送湖南虞生归省序》，见《四库全书存目丛书》影印本集部第65册，510页。

南都诸大夫鉴于虞生善教，“各走书币，复迎致虞生于南都”[1]。莆田陈太和，有声莆庠。后南安庠生黄天保礼致于九日山，设帐授徒。陈氏其学素博，以《诗经》名家，又兼识精行修。“凡与诸生讲议，文字间往往必求古人精意所在，不至浅浅然徒涉其流而已。用是诸生咸有所启发劝勉，勃勃乎其有生意焉”[2]。

江西文风一直颇盛，在明代尤以科目著名。于是，江西的生员有幸被一些省份督学官礼聘，成为替当地生员讲授经业的经师。如王宗沐为广西提学道时，“移关附近江西提学道，考取《易》《书》《诗》三经有学有行生员三名，仍移关江西按察司，给与脚力，聘取至省，以为书院生徒之师”[3]。

（二）馆与馆师

生员所处之馆，根据讲授内容或受教育者的年龄不同，可以分为蒙馆与经馆两种。蒙馆即训蒙，专教蒙童记诵。经馆则治经学，专教学生治科举之业。前者之师称童蒙师，或称训蒙师，简称蒙师。后者称举业师。因治科举业者多专治一经，故又称此类馆师为经师。

显然，蒙馆与经馆是童蒙开蒙、习举的两个不同阶段。按照明代的风气，童蒙开蒙，不过让其务识字，通言语，习算数，借此学会抄写词状，使可争讼，或者学会写契、会债，以便进衙门当胥吏时，会增损文书。[4] 童蒙在初通文字以后，若有意在科举上进取，那么就要请经师，教授经书，释章句之训，习比偶之文，以便可以参加童子试。

---

① （明）寇天叙：《涂山先生集》卷二《送湖南虞生归省序》，见《四库全书存目丛书》影印本集部第 65 册，510 页。

② （明）蔡清：《蔡文庄公集》卷三《送陈太和先生撤馆归莆序》，见《四库全书存目丛书》影印本集部第 42 册，682 页。

③ （明）王宗沐：《敬所王先生文集》卷二七《广西学政》，见《四库全书存目丛书》影印本集部第 111 册，588～589 页。按：此类经师也有聘请举人充任者，除来自江西之外，尚有来自福建之举人。说具（明）姚镆：《东泉文集》卷八《广西学政》，见《四库全书存目丛书》影印本集部第 46 册，720～721 页。

④ （明）戴重：《河村集》卷一《村塾记》，见《四库禁毁书丛刊》影印本集部第 11 册，10 页。（明）周汝登：《东越证学录》卷一三《建社学文移》，见《四库全书存目丛书》影印本集部第 165 册，660 页。

事实上，明代生员处馆，既有当童蒙师者，也有当经师者。而一个童蒙开蒙，一般先请蒙师，然后再从经师授经。①

在明代，由于受到科举风气的濡染，世上的父母不知教子之法，认为蒙馆先生可以将就，往往造次相延，不知选择。直至子弟开笔行文之后，需要用着经馆先生，他们方才去求签问卜，访问众人，然后再开筵下榻。正如张履祥所言："蒙师之责至重，而世轻贱之；举业之学至陋，而世尊隆之。可谓不知类矣。"②当时风气，于此可见一斑。

若以馆所的不同而论，明代生员所处之馆，又可分为自己开馆或去别人家中做西宾两种。譬如，金汤，上海县学庠生。崇祯七年，"开家塾于城南"。潘焕璜，上海县学庠生。"开家塾授徒，四方从游者甚众，大概皆成材，已为博士弟子者尝数十人"。瞿儆臣，上海县学庠生。崇祯九年，"试南闱不售，归开家塾，授生徒，从学者亦数十人"。③ 这是自己开馆(设家塾)授徒。至于外出处馆之例，前引已很多，不赘。

相对而言，自己开馆比被人聘去要自由一些。若是自己开馆，人家要送学生来学，好的便收，不好的就用委婉言语辞去。生员想多教几人，就是收 100 个人也没人拦阻；想少教几人，便是一个不收，也没人强收。倘若生员被人家请去，教了一年，又不知人家次年请与不请；傍年逼节被人家辞了回来，别家的馆又都预先请定了人，那么生员只得在家闲坐，就要坐食一年。④ 偶尔碰到这种情况，生员就只好"权馆"度日，即临时替别的馆师教授生徒，获取部分的脩金。⑤ 不过，生员自己开馆，需要有场所，家里要有空余的房子，否则只能去外面

---

① 譬如，明末理学名臣冯从吾，九岁时从童子师萧九卿学。至年十四，从经师沈豸受《毛诗》。参见(明)冯从吾《冯少墟集》卷一七《萧沈二先生集》，叶 9b～10b。

② (清)张履祥：《杨园先生全集》卷三九《备忘一》，叶 39a。

③ (清)叶梦珠：《阅世编》卷九《师长》，196 页。

④ (清)西周生：《醒世姻缘传》第 33 回，482 页。

⑤ 如《南吴旧话录》载："林仁甫延一蒙师，欲赴江阴科试，使表弟某代之，俗谓之'权馆'，而实未娴句读。"说具(清)李延昰：《南吴旧话录》卷上，132 页。

赁房，或者在先贤祠一类的祠庙开馆。

大体说来，明代之师可以分为文辞、经义、道学三种。所谓文辞师，即“选辞炼文，拟量作者，掞国家之章采”；经义师，则“抱六经之遗，寻绎衍说”；而道学师，则“谈性命之微，别天人之分，虽未必实有诸己，然指示门户，剖析幽眇，庶几究大道之实际”。① 相比之下，文辞师务华失实，不达于大义，使人荡而忘本，为君子所惧；而道学师立异尚新，不尊先圣之途轨，概持玄论，使人废下学而上达。尤堪注意者，文辞、道学二者，与科举无涉。只有经义，可以假筌蹄以干利禄，有利于科举仕进。所以，一般人家只聘请经义师，往往拒文辞、道学二师而不纳。只有一些识见高者，才在为子弟延请举业师之外，又特聘一道学师。② 但这在明代也是仅见的例子，并不普及。

(三)地域馆师

馆师既然是生员仕进无门的窘况下选择的一种谋生职业，也就无所谓地域之分。换言之，每省份或每一地区的生员，无不都以这种职业作为谋生的手段。大体说来，多数生员只是在当地谋求馆职，这当然是由于名头、声望不够响亮，无法吸引到外地的人前来聘请。可是确实有一些地方，一方面，生员由于家传经学，专通一经，在全国造成很大的影响；另一方面，由于人多地少，很多人只能外出谋生，而读书人的谋生手段，最为捷径者是谋馆职。于是，在明代出现了一些跨地区甚至跨省的馆师，一时成为各地争相聘请的名师，即以地域著名的馆师，他们主要来自浙江余姚、江西南昌以及安成。

在明代，江南人尤其是浙江人在外佣书者较为普遍，既有浙西人，也有浙东宁、绍二府人。如小说《鼓掌绝尘》记江南秀才李八八自言道：

---

① (明)顾璘：《息园存稿》卷三〇《赠吕泾野先生序》，465页，上海，上海古籍出版社，1993。

② 明人冯从吾记：“曾植斋先生朝节与其兄朝符未第时，其父锐为延一举业师，又延一讲学师程天津先生。未几，兄弟俱得隽。而植斋中探花，官大宗伯，为世名儒。夫世之最爱子者，不过教子务举业，延名师，厚馆谷，严课业而已。未有举业师之外，又延一讲学师如曾封翁者也。”此可谓一例。详见(明)冯从吾：《冯少墟续集》卷二《正俗俗言》，叶8a。

“我想两京十三省，各州各府，那处不是我江南朋友教书。”①从李八八满口“娘嬉”的骂人话中，可以推测其为浙东宁波一带人。又《南吴旧话录》载，“云间治经者，半属《诗》《礼》《春秋》，于大《易》专家者少。浙西人来为塾师，尝曰：‘五茸佳处，可惜羲《易》缘浅。’”②这是浙西馆师凭借专通《易经》，到上海县谋馆职。又《广志绎》载，“宁、绍盛科名逢掖，其戚里善借为外营，又佣书舞文，竞贾贩锥刀之利，人大半食于外”。③ 生员在外“佣书”，即指处馆谋生。

在浙江籍馆师中，尤以余姚人最多，并最出名。余姚人崇尚读书，后生小子，无不读书识字。正如张岱所言，“余因想吾越，惟馀姚风俗，后生小子无不读书，及至二十无成，然后习为手艺。故凡百工贱业，其性理纲鉴，皆全部烂熟。偶问及一事，则人名、官爵、年号、地方，枚举之未尝少错。学问之富，真是两脚书橱，而其无益于文理考校，与彼目不识丁之人无以异也”。④ 这种好读书风气，无疑有助于余姚士人在外处馆。

余姚人外出处馆，在当时也有较大的影响。不妨引用下面两段史料加以说明。冯梦龙《笑府选》记：

余姚师多馆吴下，春初即到，腊尽方归，本土风景反不认真。便见柳丝可爱，向主人乞一枝寄归种之。主人曰：“此贱种，是处俱有，贵处宁独无耶?”师曰：“敝地是无叶的。”⑤

又如何良俊《四友斋丛说》也记：

(吕)南渠之门则喧寂相半。然其门下往来者皆旧亲识也。盖

① (明)金木散人：《鼓掌绝尘》第37回，399页。

② (清)李延昰：《南吴旧话录》卷上，46页。

③ (明)王士性：《广志绎》卷四《江南诸省》，67页，北京，中华书局，1981。

④ (明)张岱：《琅嬛文集》卷一《夜航船序》，49页。

⑤ (明)冯梦龙：《笑府选》一二《余姚先生》，见《明清笑话四种》，40页，北京，人民文学出版社，1983。

> 余姚士皆出外谋生，鲜有家居者。时孙忠烈长子锦衣公在朝，故余姚人丛集于京师，皆出入于二家。①

由于人多地窄，余姚人多外出谋生。无论是吴下，还是京师，都有余姚人的踪影。更兼余姚人好读书，故余姚人多将处馆作为外出谋生的主要手段。如万历四十五年(1617)，张履祥方七岁，“从余姚孙台衡先生受书。时郡邑中蒙师多姚江人”②。可见，余姚人多在浙西桐乡一带做童蒙师。当然，有些余姚人则以专经而作经师。据明代史料载，“世儒以明经升自邑，宜莫盛于浙之余姚。余姚故多世家，宜莫著于江南之邵氏。邵氏以‘三礼’最著，宜莫娴于先师”③。余姚经术在全国的影响力，于此不难发现。

江西在明代也以文风盛著名。正如前述，广西一带边地，由于文风不盛，缺乏举业经师，专门由提学道出面，从江西聘请举人、生员，充任教授生员的经师。在江西一省中，尤以南昌籍馆师在外声名远播。史载，南昌地窄民稠，人“多以手艺教书为生，趁食四方，南北要途，居辄成市，名曰‘南昌街’”④。各地南昌街的形成，南昌籍教书先生功莫大焉。

训童蒙的蒙师，只要有知识即可胜任。而授举业的经师，则非聘专经的经师不可。由于明代科举规定士子必须通一经，而士子所习，各经均有不同，当地习经者又各有所重，无法满足士子习经的需要，这就为一些专业的经师提供了处馆的机遇。如果说浙西人多通《易》，浙东余姚人以《周礼》《仪礼》《礼记》著名，那么江西安成则以《春秋》一

---

① (明)何良俊：《四友斋丛说》卷八《史四》，72页。

② (清)苏惇元纂订：《张杨园先生年谱》，见(清)张履祥：《杨园先生全集》，叶2a。

③ (明)徐学谟：《徐氏海隅集·文编》卷四九《先师邵次公墓志铭》，见《四库全书存目丛书》影印本集部第117册，599页。按：文中所称“先师”，指邵培，字世德。

④ (明)范涞修：万历《新修南昌府志》卷三《风俗》，见《稀见中国地方志汇刊》第25册，64页。

经名闻天下。明人聂豹言："今天下习举子业，专经《春秋》者，咸宗安成，谓安成独得其宗，决科之利也。故安成之士，凡专经有望者，四方当聘无虚岁。"①安成经师专以《春秋》著名，于此可见一斑。

(四)馆谷与束脩

生员出任馆职，无论是蒙师，还是经师，无非是为了谋取馆谷与束脩，借此养家糊口。所谓馆谷、束脩，即馆师得自东家的报酬。②

在馆职中，相比之下，蒙师的馆谷或束脩就比经师低许多。这一点毋庸置疑。以官方社学的社师来说，社师多属训蒙师，其束脩一般为每年二十两银子，少者也有十五两。③ 有些义学的业师，"月奉四斛"④。南宋以后，多以五斗为一斛，两斛为一石。月奉四斛，即二石，一年二十四石。若折成银子，大概也在十五两左右。

上述均是蒙师束脩，相对较少一些。至于经师束脩，大概在一年三十到五十两银子之间，多者亦有超过五十两，甚至超过一百两。⑤为示明晰，笔者不妨举一些例子。如生员胡九成，在皇亲李家处馆，议定每月束脩银三两，一年三十六两。⑥ 小说《醒世姻缘传》记舒秀才处馆，"每年除了四十两束脩，那四季节礼，冬夏的衣裳，真是致敬尽礼的相待"⑦。又《江湖奇闻杜骗新书》记一秀才处馆，"年冬归，得束

---

① (明)聂豹：《双江聂先生文集》卷四《送王石泉辍讲归安成序》，见《四库全书存目丛书》影印本集部第72册，298页。

② 按：笔者在上编第二章第八节中，对束脩已有初步的探讨。在此，再加以补充叙述。

③ (明)周汝登：《东越证学录》卷一三《社学教规》，见《四库全书存目丛书》影印本集部第165册，661页。

④ (明)万衣：《万子迂谈》卷六《江州万氏祠堂义田碑记》，见《四库全书存目丛书》影印本集部第109册，142页。

⑤ 如张履祥云："今之为师者，子弟从之，必取盈其贽，多者百余金，寡者亦数十金。"说具(清)张履祥：《杨园先生全集》卷一八《处馆说》，叶29b。

⑥ (明)叶永盛：《玉城奏疏·戚畹杀师疏》，见《丛书集成新编》第31册，349页。

⑦ (清)西周生：《醒世姻缘传》第23回，347页。

金四十余两，衣被物件亦十余两，共作两大笼”①。广西提学道从江西礼聘而至的生员经师，每经师一名，束脩银六十两，礼聘银六两，供给银十两，一年所入，共计七十六两。② 由于是官方礼聘，又兼专教生员中之精英，脩金相对就高一些。至于举人出身的经师，官方支付的礼聘银更是高达四十两。③ 此外，举人出身的经师所得的束脩银、供给银也会比生员出身者高些，三项相加，当超过一百两银子。

从明代馆师收入来看，除了正常的束脩银或馆谷之外，尚有礼聘银以及四时(包括清明、端阳、中元、冬至等节)的节仪。生员若在别人家中处馆，东家还管一日三餐。一般常膳二簋，一肉一蔬；宴会四簋，二肉二蔬。④ 由此我们就不难进一步考察明代馆师的生活水平。按照明代的物价水平，八口之家，在京城维持一年的生计，需银五十两。⑤ 京师号称“桂玉之地”，百物皆贵。若在一般城市或乡村，需要最低脩金三十两，才基本可以维持一家人的生活。

与清代馆师的脩金相比，明代馆师的脩金就稍显丰厚。据史料载，清代“民间总角授书，终年脩金四百文。至成童作文，多不过二、三千。如有出脩金二、三十千专请教读者，士林莫不羡慕，曰：‘某馆运大作，本年脩金若干，坐食三餐矣。’盖古邑地瘠民贫，寒士多两饭故也。”⑥清人郭尧臣著有《捧腹集诗钞》，中有《青毡生随口曲》十四首，其第十一首云：“一岁脩金十二千，节仪在内订从前。迩来有件开心事，代笔叨光夹百钱。”⑦即使在北京教书，最多者也只是每月四两脩

① (明)张应俞：《在船骗·脚夫挑走起船货》，见《江湖奇闻杜骗新书》12类，75页。

② (明)姚镆：《东泉文集》卷八《广西学政》，见《四库全书存目丛书》影印本集部第46册，721页。

③ (明)王宗沐：《敬所王先生文集》卷二七《广西学政》，见《四库全书存目丛书》影印本集部第111册，589页。

④ (清)张履祥：《杨园先生全集》卷一八《处馆说》，叶26a。

⑤ (清)李延昰：《南吴旧话录》卷下，221～222页。

⑥ (清)陈盛韶：《问俗录》卷二《三餐》，70页，北京，书目文献出版社，1983。

⑦ 周作人：《浮世风吕》，见刘应争选编：《知堂小品》，401页，西安，陕西人民出版社，1991。

金，全年不过四十八两，少者只有二两，全年二十四两。① 清代有一句俗谚，叫“穷不读书，富不教书”。② 其意无非是说，一方面，富者生计不用发愁，不必低声下气去教书；另一方面，书中所载，诸如开蒙之《大学》，所训“悖入悖出”，“以身发财，务财用者必自小人”，富者若高声教读，毕竟与其脸面有碍。而穷者则不然。他们既要谋生计，又可学经义，与他们处境并不冲突，自可处之安然。可见，只有生员中的穷者，为生计所迫，才去教书。所以，在明代又流传着“秀才怕老婆”的说法。究其原因，秀才辛苦处馆，方才勉强维持全家生计，岂有闲钱、余暇去傍花随柳？正如明代小说《闪电窗》所言，“做秀才的人，终年穿的、吃的、用度的，都是坐热了板凳、磨易了嘴皮，弄来的馆谷。除了自己读些书，又教学生读些书，辛辛苦苦的宿在馆中，再那里有闲工夫去看好女人，闲钱钞去嫖好娼妓么？……可见穷秀才没有一个不怕老婆，就是这缘故。”③

（五）师道评说

明代贫士众多，若不谋一职，终将不免饥寒之忧。生员处馆，做教书先生，以教学为先务，也算是做士子的一种恒业。从好处上说，开卷有益，馆师教课既可以养德，通功易事，又可以养身。与此同时，教课、诵习两不可分。馆师教课，当然是为谋生计，可是为人之际，

---

① 近人齐如山说清代秀才处馆束脩道：“除供吃住外，每年束脩最多者不过四十吊钱，每两吊钱合目下现大洋一枚，最多者一年只挣二十元……最次的秀才，每年不过挣拾元。”又说：“在前清时代，在北平教书自然比着乡间，较为优越，然也看由那一面说，在束脩方面，实比乡下多的多，最多者每月可以到四两银子，再多就要请举人了。秀才最多挣四两，最少者也要二两，都是管吃管住。按二两说，全年共二十四两，就合目下现大洋三十六元了。”说具齐如山：《中国的科名》，见杨家骆主编：《中国选举史料·清代编》，1090～1092 页。

② （清）李光庭：《乡言解颐》卷二《穷不读书富不教书》，53～54 页。

③ （清）酌玄亭主人：《闪电窗》第 6 回，见《明清稀见小说丛刊》，224～225 页，济南，齐鲁书社，1996。按：明代生员大体处于两极分化的状态：一方面，一些官宦子弟出身的生员，喝酒吃肉，出入青楼，趁妓串戏，习以为常；另一方面，大部分穷秀才靠处馆度日，大多怕老婆。

也有益于自己，与弟子讲解之际，馆师亦可进德养身。这大概就是教学相长的道理。

为学之道，严师为难。师严然后道尊，道尊然后民知敬。为弟子请师，不可与求医相提并论。道理很简单，庸医误投药石，杀止一人。若教子弟而非其人，因循犹豫，以致不可救药，说严重点就是斩祚之事。有些生员处馆，师道自尊，以诲弟为己任，并不因循苟且。而东家亦明事理，偶尔宴客，亦请馆师出面相陪，东翁与西宾之间，关系融洽，颇为有利于尽师道之尊，明教育之责。①

从总体上说，大量生员处馆，尽管不免有谋身家的想法在内，然对普及教育、提高明代教育的整体水平，无疑功不可没。明代大量乡学、义学的存在，各地兴学之风的兴盛，无不需要大量馆师，而大批仕进无门的生员，显然可以满足这些需求。

毋庸讳言，馆师与弟子之间，所处并不长久，无深厚的师生关系，甚至不很融洽。正如明代史料所揭示，“近世师弟子以终岁为限。岁将终，弟子求他师，为来岁以从游计。恐其觉也，绐之曰：如旧，如旧云。师亦预有待也，阳可之，讲习揖逊如平时，而心皆有所向，惟欲去旧即新”。② 父兄替子弟延师，必先讲束脩多寡，而后就馆授业，师道一如市道。

在科举之风的习染下，师道也渐趋堕落。所谓的经师，不过以举子业相授，已不及圣贤之义，为躐取青紫、荣身肥家而已。为师原本应以身作则，可是明代的学究却大多率伪，嘴上时诫弟子勿昼寝，自

---

① 譬如，朱察卿请沈子真主持家馆，沈氏至馆后，“与生徒约课业，能满程限，谈笑如平生欢，不如约者，箠楚不贷。生徒无不股栗。自旦至暮，生徒诵读不休，子真亦诵读不休。帐下不闻阑语，亦莫不敢窥足门外者。或客至少间，必焚膏继晷，以竟其功。漏下五鼓即起，苍头叩寝户矣。”尽心尽职，于此可见。说具(明)朱察卿：《朱邦宪集》卷五《送塾师沈子真序》，见《四库全书存目丛书》影印本集部第145册，642～643页。

② (明)王文禄：《竹下寤言》卷二《久师篇》，见《四库全书存目丛书》影印本子部第84册，347页。

己却大白天酣睡如雷。① 一如明代史料所揭示，做馆师者，“未就讲席时，靡曼冠裳，日游市中，以求论荐。及子弟北面受业，或骄扬自高，或倚席不讲，使子弟业荒于嬉”②。师不再尽师道、师责，于此可见一斑。

师道败坏，不可能由馆师一概任其责，而是与科举习气对明代整个教育制度的影响休戚相关。深受科举习气影响的明代士大夫，一方面，只重同年，不重穷交。究其原因，无非是同年必缙绅，而穷交不必缙绅。另一方面，重座师，不重经师。原因很简单，座师必贵显，而经师不必贵显。③ 座师与门生之间，无非是科举之下的利害关系，并无真正的师生之谊。而经师与子弟之间，虽有授业之谊，却反而被漠视。关于此，顾炎武的揭示堪称一针见血：

> 生员之在天下，近或数百千里，远或万里，语言不同，姓名不通，而一登科第，则有所谓主考官者，谓之座师；有所谓同考官者，谓之房师；同榜进士，谓之同年；同年之子，谓之年姪；座师、房师之子，谓之世兄；座师、房师之谓我，谓之门生；而门生之所取中者，谓之门孙；门孙之谓其师之师谓之太老师；朋比胶固，牢不可解。④

由此形成朋党之势，门户之习。朋党、门户取代了真正的师生之谊，这是科举制的产物。

---

① 如明代一则寓言记道：“学究时诫弟子勿昼寝。一日，弟子伺学究方睡，请曰：‘先生戒人而自蹈之，何也?’曰：‘是非尔所知，吾梦周公尔。’弟子次日故睡，先生蹴之起，曰：‘吾亦梦周公。’先生曰：‘且道周公有何话?’曰：‘亦无他语，只道昨日实不曾得会先生。’”此例即可证学究之率伪。说具(明)刘元卿：《刘聘君全集》卷一二《寓言·率伪》，见《四库全书存目丛书》影印本集部第 154 册，312 页。

② (明)朱察卿：《朱邦宪集》卷五《送塾师沈子真序》，见《四库全书存目丛书》影印本集部第 145 册，642 页。

③ (明)丁元荐：《尊拙堂文集》卷一二《客难》，见《四库全书存目丛书》影印本集部第 171 册，218 页。

④ (清)顾炎武：《亭林文集》卷一《生员论》中，见《顾亭林诗文集》，23 页。

二、游幕天下

生员在仕进无门、无望为官家服务的境况下，只好退而求其次，受雇于私人，入幕做幕宾，或佐治，或掌记，或参谋，协助官长处理一些行政或私人事务。

生员入幕，与处馆颇有相合之处，即都受聘于私人，不从官家支饷，而是从东主那里领取束脩。在东主眼里，他们都是“西宾”，合则留，不合则去。所别者，处馆者的任务是授徒，而入幕者的职责则为佐治。如果说读书做官是“正路”，是读书人的理想途径；那么，读书不成，入幕或处馆，则是做官不成的“岔路”。①

(一)幕府与幕宾

“幕府”一词，属于历史概念，其含义有一个历史的变迁过程。幕府初指将帅在外的营帐，继指高官的衙署，后世既用以对文武高官的敬称，又指这些高官所委聘的辅佐人员。春秋时，尚无幕府之名。至战国之际，始把将帅所治称为幕府。秦汉时，丞相、三公、州郡属官均称作幕府之职，使幕府的外延有所扩大。到了明末清初，幕府又指文武大吏领兵出征时的营帐或驻镇地方时的衙署，显然是战国时将帅所治为幕府遗意的回归。②

幕府长官，称幕主。幕府中的辅佐人员，包括两部分：即幕官与幕宾。

幕官又称幕职。他们属于地方长官的属吏，并在幕府中任事，诸如南北朝时的参军、主簿、记室、军师，唐代的副使、行军司马、判官、掌书记、参谋，宋代的判官、掌书记、推官。③ 在宋代以前，幕

---

① 郭润涛：《官府、幕友与书生——“绍兴师爷”研究》，2页，北京，中国社会科学出版社，1996。

② 郭润涛：《官府、幕友与书生——“绍兴师爷”研究》，1页；何龄修：《史可法扬州督师期间的幕府人物(上)》，载《燕京学报》，1997(3)。

③ 李治安、杜家骥：《中国古代官僚政治》，235～236页，北京，书目文献出版社，1993。

职虽属幕府属官，却由幕府长官私人聘请，尚有幕宾性质。然自宋以后，已将私人聘幕佐政的制度纳入政府官僚政治系统之内，幕职改由中央任命，派往地方各政府衙门，协助长官佐政，并向政府负责。明代基本保留了这套幕职制度。

考“幕宾”一词最早见于晋时，时称：“谢安与王坦之尝诣(桓)温论事，温令(其记室、郗)超帐中卧听之。风动帐开，安笑曰：‘郗生可谓入幕之宾矣’”①。幕宾称谓不一，分别有幕记室、书记、掌记、幕客、幕友等，俗称“师爷”。

幕官、幕宾之别，在于前者为朝廷职官系统中的佐治之职，而后者则为幕府主官私人聘请的佐治人员。换言之，幕官虽然佐主官之治，其身份则为官，名列官籍，由朝廷铨选、计察；而幕宾则为纯粹的主官佐治人员，其身份为客，不食朝廷俸禄，只收主官脩脯。幕官与幕宾，构成幕府中的佐治人员，合称幕僚。②

(二)幕宾的起源

说到明代幕宾的起源，过去的研究者大多引用王阳明的说法：

> 凡荐贤于朝，与自己用人又自不同，自己用人，权度在我，故虽小人而有才者，亦可以器使。若以贤才荐之于朝，则评品一定，便如白黑，其间舍短录长之意，若非明言，谁复知之?③

王阳明此信作于弘治四年(1491)。过去的研究者多以此为依据，证明至迟在弘治初年即有“自己用人”之例④，而幕宾则为“自己用人”的典型代表。可是，引用此说者，又无法找出实例，以证明弘治初年已有

---

① (唐)房玄龄等：《晋书》卷六七《郗超列传第三十七》，1803页，北京，中华书局，1977。

② 关于幕宾与幕僚之区别，可参见陈天锡：《清代幕宾中刑名钱谷与本人业此经过》，见缪全吉：《清代幕府人事制度》附录二，283页，台北，中国人事行政月刊社，1971。

③ (明)王阳明：《王阳明全集》卷二一《答方叔贤》，828页。

④ 郑天挺：《清代的幕府》，见《明清史国际学术讨论会论文集》，189页。

幕宾的存在，只是以嘉靖年间胡宗宪幕中之徐渭、王寅、沈明臣诸人为例。后瞿同祖据况钟《明太守龙冈公治苏政绩全集》卷三《太守列传》之记载，有“内署不延幕客，一切奏疏、榜谕、谳案，皆公亲裁”句①，证明宣德、正统年间已有幕宾的存在。然此说已为房兆楹所反对，原因很简单，况钟文集为其后人所编定，其中所言无法作为第一手的证据。

笔者根据前人的研究成果②，再结合自己发现的新材料，可以断言：明初幕府制度即已存在，它是元末群雄四起，“自置幕府”“自己用人”的延续。而至少在正统年间，即有幕宾人员的实际例子。至于王阳明“自己用人”说，更非空口白言。

首先，元末幕府辟授，“略仿有唐藩镇承制故事，而国史考之不详也”③。当时如朱元璋、张士诚、陈有定、何真等，均自辟幕府，辟置幕府人员。明初，朱元璋陆续平定群雄，而战事尚有余声，于是幕府也被保留了下来。洪武三年，曹国公李文忠领大都督府事，刘昺出任书记。④ 又如唐愚士，“长于诗而善笔札”，李文忠“待以宾友礼，征行四方皆与俱”⑤。

其次，“自己用人”是幕府制度的特征，这一点毋庸置疑。明代尽

---

① 相关的阐述，可参见[日]中岛乐章：《明末清初の绍兴の幕友》，见《山根幸夫教授退休记念明代史论丛》，1062页，东京，汲古书院，1992。按：中岛氏在文中分别引用了瞿同祖之说，以及房兆楹对此的不同意见。瞿同祖、房兆楹之说，分见：T'ung-tsu Ch'ü，*Local Government in China under the Ch'ing*，Harvard University Press，1962，pp. 258-259，note 9。L. Carrington Goodrich and Chaoying Fang(eds.)，*Dictionary of Ming Biography，1368-1644*，Columbia University Press，1976，p. 754。

② 这方面相关的研究成果有：缪全吉：《清代幕府人事制度》；郑天挺：《清代的幕府》；[日]中岛乐章：《明末清初の绍兴の幕友》；郭润涛：《官府、幕友与书生——“绍兴师爷”研究》。

③ （清）钱谦益：《列朝诗集小传》甲前集《刘左司仁本》，43～44页。

④ （清）钱谦益：《列朝诗集小传》甲前集《刘典签昺》，37～38页。

⑤ （清）陈田：《明诗纪事》乙签卷二《唐愚士》，613页，上海，上海古籍出版社，1993。

管仍然保持着幕官制度，然各级主官已无权辟置幕职，铨选均由朝廷掌管。说到“自己用人”，在明初只有地方有司自行延聘学官，堪当其例。① 而此例自明代中期以后尚有偶一行之者。②

按照传统的说法，生员处馆与入幕，虽同属西宾，却有本质的区别。为此，有的学者指出，清代地方官员延聘之塾师，虽也有专门的幕席，名曰“教读”，却仍将其摒斥于严格意义的幕宾之外。③ 然笔者认为，若欲探究幕宾或者“师爷”一称的起源，不能不将这些承担教读之职的馆师考虑在内。换言之，在明代幕宾与馆师之间，尚无明确的界限。馆师除了课业之外，也有参与主翁相关行政时务的例子，事实上承担着幕宾的职责。即使到了清代，出现了专门协助地方官办理钱谷、刑名事务的幕友，在馆师与幕宾之间，也并非畛域井然。

与清代相同，在明代一些府、州、县衙门中，专门设有一些“书馆”，“延儒彦教训僚属子弟”④。生员入衙训诲官员之子，在明代相当普遍。⑤ 究其源，盖起于明初，时称“门馆先生”。如王行，是凉国公蓝玉家教学秀才，是一个门馆先生；周伯章，“洪武二十三年，以老人秀才起取赴京。钦发景川侯家，教训本官孙男曹真受等读书”。⑥ 英国公家，亦专聘有“门馆”，以诗文应酬之事付之。⑦ 可见，勋臣家之门馆先生，或为朝廷钦发，或属私人雇用。若属朝廷钦发，似有与幕职相合处；若私雇者，则属“自己用人”一类。

“师爷”一称之得名，亦源于明代。究其实，亦与学官、馆师相关。

---

① （清）钱谦益：《列朝诗集小传》甲前集《李广文延兴》、甲集《殷文懿奎》，64～65、125页。

② （明）周思兼：《胶东二高士传》，见黄宗羲编：《明文海》卷四〇七，4240页。

③ 郭润涛：《官府、幕友与书生——“绍兴师爷”研究》，8、11页。

④ （明）韩玉纂修：嘉靖《通许县志》卷上《城池》，见《天一阁藏明代方志选刊续编》，30页，上海，上海书店，1990。

⑤ （明）李乐：《见闻杂记》卷三，232页。

⑥ （明）明太祖敕录：《逆臣录》，王天有、张何清点校，15页，北京，北京大学出版社，1991。

⑦ （清）陈洪谟：《治世余闻》下篇卷四，62页，北京，中华书局，1985。

下面两段记载颇能说明问题：

> 太和县分定信地：一、南衙提兵二百名，守北门；一、曾巡司提兵二百名，守东门；一、朱师爷提兵二百名，守小南门……本县带领亲兵一百名，往来五城提督策应。①
>
> 此日，学师又差了门斗说道："第二剂药贴上，即时全愈，师爷甚是知感，特备了一个小酌，请相公过去一坐。"②

前一段史料中之"朱师爷"，指县学训导朱之彦。后一段小说中之"师爷"，指学校中学师，既可以是教谕，亦可以指训导。可见，人们先称地方学校之教官为"师爷"，进而又将在私学中从事授业的馆师也称作"师爷"。③

由上可知，在明代，馆师（或门馆先生）在私人府中授业，东翁将西宾视作心腹，并与其商量行政时务。蓝玉案牵涉到很多门馆先生，此即其例。而明代教官、馆师之均称"师爷"，与清代专称幕友为"师爷"，其间亦可证实下面两个事实：一是"师爷"一称，源自学师、教师；二是在明代的馆师与幕客之间，尚无明确的界限。

最后，至明正统年间，朝廷大臣出征时，自辟幕下士，正式出现了所谓的幕宾。如周鼎，嘉善人，"博极经史，为弟子师，例当以掾曹得官，谢病归。正统中，大征闽寇，沐阳伯金忠参赞机务，辟置幕下，议进取方略，多见用"④。至弘治年间，总督也有"自己用人"之例。如张瀚记其高祖介然公，"尝受知于潘中丞蕃，聘之入粤，赞画岭表。调兵望气，度彼度己，一出胜算。功成后，潘将荐公大用，辄夜离故所，

---

① （明）吴世济：《太和县御寇始末》卷下，93页，杭州，浙江人民出版社，1983。

② （清）西周生：《醒世姻缘传》第62回，892页。

③ （明）叶永盛：《玉城奏疏·戚畹杀师疏》，见《丛书集成新编》第31册，349页。

④ （清）钱谦益：《列朝诗集小传》乙集《周沐阳鼎》，195页。

间道奔归，变易姓名，无从寻见”①。据王世贞《弇山堂别集》，潘蕃，浙江崇德人，弘治十五年(1502)，以右都御史总督两广军务。② 前述王阳明“自己用人”一说，我们从他的行政实践中也得到印证。他巡抚南、赣时，也曾有一儒士岑伯高，“奔走服役”，“效劳于下”。③

(三)入幕人员出身

探究明代入幕之宾的身份，入幕之宾，或以致仕，或现职官员入幕，或以举人入幕，或以生员入幕，或以山人、术士入幕，或以布衣入幕，甚至有出身巡捕、衙书者。可见，一般而论，就幕“毋须任何之资格”④。笔者依次分述之。

1. 官员入幕

如王思任，曾中过进士，又做过官。“川黔总督蔡公敬夫，先生同年友也。以先生闲住在家，思以帷幄屈先生，檄先生至”。⑤ 王训，宣德十年(1435)举人，曾任训导。正统十三年(1448)，尚书王骥征麓川，王训被辟佐赞军事。次年，尚书侯琎总督贵州，“复辟置幕府，多所谋划”⑥。

2. 举人入幕

如周敏成，举人身份，屡上公车不第。后以兵事受知于孙承宗，承宗致书辽东巡抚方一藻，宁前兵备道陈祖苞遂辟周敏成“赞画辽东军务”。⑦ 据何龄修对史可法幕府100名成员科举身份的考察，幕府诸人科举状况已知者66人，其中出身举人者有12人。⑧

---

① (明)张瀚：《松窗梦语》卷六《先世纪》，121页，北京，中华书局，1985。

② (明)王世贞：《弇山堂别集》卷六四《总督两广军务年表》，1198页，北京，中华书局，1985。

③ (明)王阳明：《王阳明全集》卷一八《犒赏儒士岑伯高》，642～643页。

④ 缪全吉：《清代幕府人事制度》，112页。

⑤ (明)张岱：《琅嬛文集》卷四《王谑庵先生传》，193～194页。

⑥ (清)唐树义、(清)黎兆勋、(清)莫友芝等：《黔诗纪略》卷一《王教授训》，6页，贵阳，贵州人民出版社，1993。

⑦ (明)归庄：《归庄集》卷七《周参军家传》，416页。

⑧ 何龄修：《史可法督师扬州期间的幕府人物》(上)(下)，载《燕京学报》，1997(3)；1998(4)。

3. 生员入幕

生员仕进无门，受私人所聘，游幕天下，亦属本色当行。譬如徐渭，自称“间尝一配笔操铅，以奉侍幕下”①，成了总督胡宗宪的幕宾。何心隐，少补博士弟子员，胡宗宪稔知其才，“以礼聘之，赞谋帷幄，以平倭寇”②。张天复，为山阴县学诸生。徐阶督学浙江，按临会稽，将张天复聘入幕中，助其阅卷。③ 显然，这些人也是主文相公一类。南明史可法督师幕府之中，更是聚集了很多出身生员的幕府人员。在已知的100名幕府人员中，出身生员(包括拔贡、恩贡、岁贡各类贡生及监生)者，有37人，占已知身份者66人之一半以上。④

4. 山人、术士入幕

如山人黄之壁，“自负其才，旁无一人。宋西宁延为记室”⑤。又如山人胡思岩，屡次出入翁万达幕府。先同往交州，后至潮州，相助军事。⑥ 术士入幕者可举以下二例：仝寅，安邑人，瞽而聪，“学京房易，占多奇中”。正统年间，仝寅游大同，曾在镇守太监裴当府中，替裴当卜筮。后仝寅被石亨召置幕下。⑦ 又有一鄱阳籍术士，凭堪舆之学游幕，先游茅坤幕，后又被茅坤荐至一按察副使幕中。⑧

---

① (明)徐渭：《徐文长三集》卷九《上督府公生日序》，见《徐渭集》，319页。

② (明)邹元标：《梁夫山传》，见(明)何心隐：《何心隐集》，120～121页。

③ (明)张岱：《琅嬛文集》卷四《家传》，155页。

④ 何龄修：《史可法督师扬州期间的幕府人物》(上)(下)，171～206、61～101页。

⑤ (清)周晖：《金陵琐事》卷三《买太史公叫》，叶62b，明万历三十八年刊本。

⑥ (明)翁万达：《翁万达集》卷一《赠胡思岩山人序》，39～41页，上海，上海古籍出版社，1992。

⑦ (明)何乔远：《名山藏·方技记》，见《明清史料丛编》第8册，5868～5869页。

⑧ (明)茅坤：《茅鹿门先生文集》卷六《与姚华麓宪使书》，见《茅坤集》，317页。

5. 布衣入幕

如著名的王门后学颜钧，即凭布衣身份入胡宗宪幕，继入俞大猷幕。① 又如闽县人郑琰，以布衣任侠游遨，“词馆诸公争延致之，高文典册，多出其手”②。

6. 巡捕、衙书入幕

如常熟张景良，“少为巡捕、衙书佐，长而入人幕中，为主文。孙季公初第时，选刑部主事，景良实从至燕。陈尚书必谦之令辉县也，亦与之偕”③。陈必谦为万历间进士，说明在万历时已有由衙书转化为“主文”之幕宾的事例。

考察明代入幕之宾的身份，其中以生员入幕者最多，举人入幕者亦不少。在山人中，有很多具有生员身份，或者是一些弃巾生员。可见，山人入幕，亦多可视为生员入幕的另一种形式。至于进士、术士、衙书入幕，或为门客的一种，是幕客的一种特殊形式，或为仅见的特例，不足以反映广泛性。

(四)主、幕关系及幕宾职责

明代私人聘请的幕宾，其特点为“合则留，不合则去”④。主宾之间并无牢固的基础，只是以互相需要而维系，即幕主需要幕宾佐治，幕宾需要得脩金而养家。主幕关系大体可概括如下：

首先，幕主与幕宾之间，是一种宾、师关系。一方面，若说“宾”，则幕宾称幕主为“主公”“主家”“东山主人”“主人”。⑤ 由“东山主人”衍变而来，幕宾又称幕主“东翁”。幕宾被幕主所聘，馆于主家，犹如塾师处馆一样，被幕主称为“西宾”。另一方面，若说“师”，则幕主尊幕

---

① (明)颜钧：《颜钧集》卷三《自传》，28页，北京，中国社会科学出版社，1995。

② (清)钱谦益：《列朝诗集小传》丁集中《郑布衣琰》，530页。

③ (明)冯舒：《虞山妖乱志》卷中，见(清)丁祖荫：《虞阳说苑》甲编，叶15a。

④ (明)宋存标：《秋士偶编·送友之金陵序》，见《四库禁毁书丛刊》影印本集部第11册，99页。

⑤ (明)陶琰：《仁节先生集》卷六《雪船述》；卷一一《岳州至荆州》；卷一五《游衡山走长沙》，叶1a，抄本。按：前两则记载，原书无页码。

宾为“师傅”。无论是宾，抑或师，均是一种相互尊重关系的反映，也说明主幕之间关系的不稳定性。

其次，主幕之间又是一种相互依存关系。幕主需要幕宾，究其原因，科举导致的弊端，使一些出任地方有司的官员，刚放下“诗云子曰”，就戴上纱帽，穿上圆领，着了皂鞋，坐堂理民事(包括刑名、钱谷)，着实为难。这就需要聘请幕宾，帮助处理具体的民事。另一方面，明代的官员又大多懒惰成性，不愿处理官场文牍的往来，即使以文词为职责的词馆中人也聘请幕宾；而万历以后官场“四六之文”的流行也迫使官员必须聘请专门主文代笔之人。所以，“这做文官的幕宾先生，一定也就合那行兵的军师一样，凡事都要合他商议，都要替你主持哩”①。

当然，幕宾替幕主主文代笔或佐治民事，所图者为幕主所支付的脩金，借此养家糊口。幕主聘请幕宾，需择一个好日子，幕主写一个全柬拜帖，下一个全柬请帖，设两席酒，当面要送礼聘银，少者五六两，多者二十两。② 幕宾每年束修，少者每年三十两③，中者每年八十两④，多者有高达二三百两者。⑤ 幕宾脩金与馆师馆谷差别不大，只是稍优于馆师。

明代幕宾所尽职责颇多，可概括如下：

一是典文章、主文牍。这是明代幕宾的常见职责。从这种意义上说，幕宾又称“记室”“书记”。替幕主代写上奏、贺启，登录信札，并代拟回函，举凡此类，均是幕宾分内之事。⑥ 以徐渭为例，徐渭在胡

---

① (清)西周生：《醒世姻缘传》第85回，1207页。

② (清)西周生：《醒世姻缘传》第16、85回，234、1208页。

③ (明)华阳散人：《鸳鸯针》第2回，26页。

④ (清)西周生：《醒世姻缘传》第84回，1205页。

⑤ (清)西周生：《醒世姻缘传》第84回，1202页。

⑥ 幕客代写上奏、表章或主持信札，在宋代已有其例。如韩琦幕下有王彦霖、强圣，专司此务。说具(清)俞樾：《茶香室续钞》卷四《韩魏公幕客》，见《茶香室丛钞》第2册，565页。

宗宪幕中，典文章凡五载，“记文可百篇”。后以《幕钞》为名刻梓行世。① 主文代笔的延伸，即为幕客代幕主著书，或者幕客替幕主整理奏疏，再加梓行。幕客替幕主著书，众所周知的例子是胡宗宪的《筹海图编》，实出于其幕客郑若曾之手。又如《乌槎幕府记》一书，所记为“丰阳冯先生”任广东时平倭、平海寇、峒贼之事，为“乌槎营中幕客所记”②，亦出于幕客之手。幕客替幕主掌管文牍，整理幕主的奏疏，也是其事务职责之一。如汪道昆记道：“先是，大司马入朝，记室辑督抚奏疏而授之梓。”③此即一例。又如史可法幕中幕宾王之桢曾受命主持整理史氏奏议数十卷，其分任校雠者，尚有另一幕宾顾阳宪。④

二是备咨询、当参谋。如张岱记其三叔张炳芳做幕宾一事道：“云间何士抑、金斗、许芳谷官于越，三叔居幕下，不咨询不敢理郡事。”⑤此即其例。尤其是一些戎幕中，幕宾除了替幕主处理平常宾客酬酢一类的事情外，韬钤机务一类，亦不时需要其出谋划策，充当参谋。考参谋一职，起源颇早。诸葛亮伐魏，有杨仪、杨颙为之属；裴度平淮，则有韩愈、李正封从其行。在明代，各边都御史幕下，多设参谋一职，为幕僚之选，由现职官员充任，补官“谋议之缺”。⑥ 除此之外，私人招聘入幕之幕宾，亦有起参谋作用者，而此时则多称幕宾为“军师”“谋士”“谋主”。如颜钧在俞大猷幕中，自称“取聘为军师”⑦，而俞大猷在行聘牌文中，则称“欠乏谋士”，“为参谋之用”⑧，云云。

---

① (明)徐渭：《徐文长三集》卷一九《幕钞小序》，见《徐渭集》，536页。

② (明)钟兆斗：《乌槎幕府记》，见《盐邑志林》卷四三，叶1a，上海，涵芬楼影印明刻本。

③ (明)汪道昆：《太函集》卷二五《御史大夫蹇公督抚奏略序》，见《四库全书存目丛书》影印本集部第117册，341页。

④ (明)王之桢：《跋师相乞闲咏叙》，见(明)史可法：《史可法集》附录，131～132页。

⑤ (明)张岱：《琅嬛文集》卷四《附传》，171页。

⑥ (明)储巏：《柴虚文集》卷一二《题议防虏患》，见《四库全书存目丛书》影印本集部第42册，532页。

⑦ (明)颜钧：《颜钧集》卷三《自传》，28页。

⑧ 尹继美：《颜山农先生遗集凡例》，见《颜钧集》卷九附录一，92～94页。

明末农民起义军首领罗汝才聘山东举人玄珪为记室，言听计从，“为谋主，每事取决焉”①。

三是佐治民事。嘉靖以后，凡出任知县者，多雇“主文”随行。究其原因，为初仕者“不理会民事”②，需要幕宾佐治。譬如吴钟峦这位老名士任长兴知县时，“每断大狱，幕中再四叮咛”③。显然，也是由幕客相助处理刑名事务。

四是帮闲。明人管志道言：“每见吴越间缙绅燕会，即不张乐，幕客亦以曲声唱和为常。”④幕宾以“曲声唱和”为职责，显然已是门客行径。明代有很多以绘画技能游幕者，与门客实亦无多少区别。⑤ 吴伟业认为，“善探主人所欲而巧于趋承、事事如意者，门客也”。⑥ 相比之下，幕宾的职责为佐治，而门客则为狎客，俗称“陪堂”，或称“清客”“篾片”，其职责为陪主人游戏文字、消闲，与主人相狎昵。然门客一旦入幕，与主人相狎，交接日近，难免也会参与主人之政事或民事，渐近佐治职能。这样，门客亦就蜕变为幕客，一与幕宾无异。可见，山人、清客入幕，成为幕宾，这也是明代幕宾制度的一个特点。

幕宾的存在，在明代一般被视作“居官恶劳”或“书生不安贫”的产物。从儒家道德原则来看，书生不安贫，才出去游幕，而书生入幕远游，又最易坏人心。可是，对于仕进无门而又有诸多家累的穷秀才来说，入幕又不失为一条维持生计的出路。

按照周作人的看法，在传统社会，生员当以中举、中进士而后出仕做官为正途，而不第秀才则只能走“岔路”。大体说来，“岔路”不外

---

① (清)抱阳生编著：《甲申朝事小纪初编》卷一《杀罗汝才》，6页，北京，书目文献出版社，1987。

② (明)李乐：《见闻杂记》卷八，706页。

③ (清)李寄：《天香阁随笔》卷二，叶28a。

④ (明)管志道：《从先维俗议》卷五《家晏勿张乐》，27页，《太昆先哲遗书》影印明刊本。

⑤ (明)茅坤：《茅鹿门先生文集》卷六《与赵麟阳中丞书》、卷九《与许敬庵书》，均见《茅坤集》，318、391～392页。

⑥ (清)钮琇：《觚賸·续编》卷一《清客天》，176页。

以下几条：一是做塾师；二是做医师，可以号称儒医，比普通的医生要阔气些；三是学幕，即做幕友，给地方官佐治，称作“师爷”；四是学生意，但不外钱业、典当两种。① 所说虽属清代士人实况，然亦适用于明代士人。明中期以后，生员大量增加，仕路被堵，正途无门，只好从“岔路”中寻生活。明代幕宾大多来自生员，此即其因。显然，晚明生员社会流动的种种趋向，也是考察幕宾制度的关键。

三、儒而医

在明代这样的传统时代，人们择业观念自然会受到士、农、工、商这种等级观念的约束。士为四民之首，人们必然趋之若鹜。若有人欲做士，进而步入仕途，业儒无疑是最根本的第一步。一个人能习儒业，命运亨通，当然可以取科第，得富贵；即使命运乖蹇，无缘仕途，亦有退路可走，有事可做，或处馆、训蒙，获束脩之俸，或事笔札、代笺简，尽可凭一己之长糊口。只有不能为儒者，方始考虑巫医僧道，或农商技艺，借此养生。

生员的身份是业儒者登上成功之路的第一级台阶。可是，现实的竞争是相当残酷的，大部分业儒者在获取生员资格以后就停滞不前，甚至一等几十年亦无望登进贤书，无奈之下，只好谋生计，找出路。习医就是生员在仕进无门、走正途无望的窘况下选择的又一条“岔路”。

(一)儒与医

医学是一门专门的学问，这是毫无疑义的。有一种说法：医不三世，不服其药。显然，中国自古就很看重世医。

明代最重科举，儒学、举业成为唯一的学问。尽管从中央到地方，无不建立了医学、阴阳学，然而人们只是将其视作技艺之学，其地位始终无法与培养治国平天下之才的儒学相提并论。与此相应，医学生

① 周作人：《周作人回忆录》，49页，长沙，湖南人民出版社，1982。

的最佳前途，不过是入御药房，或成为供奉内廷的太医①，而大部分却不过获取医士这一类杂职。可见，医学这种专门人才，在科举人才的笼罩下已黯然失色。

明代有这样的谚语："秀才学医，白菜作齑。"②其意无非是说，儒而医，力省而功倍，又容易成名。事实确乎如此。在儒书中，有关阴阳消长之理，去疾养生之道，均已有言及者。再加之中国传统的习儒者，一般多在举业之暇，阅读一些方书，由此参轩岐之说，辨草木之性，亦自然会使他们触类旁通，见一知十。

与此同时，在明代又流行另一种说法，即"儒无假而医真"。③ 其意是说，业儒者如无文学见识，遇人一问，或所司一试，破绽百出，便知底蕴；若习医，医者可以依托脉理，啜哄病家，以为某经受患，某药可投，偶中则以为己功，无效则责怪患者服药非法，药品不佳，或时务勤劳，气怒冲突，只能用自制丸药缓补缓攻，以待元气自复，云云，无非是一套推卸责任的托辞。此外，若秀才行医，还可以打出"儒医"的牌子，既可抬高自己的身份地位，又能扩大影响力。

于是，一些读书无成及做秀才不终者，纷纷改学习医，以此作为安身之地、糊口之资。尽管儒家讲究爱人之仁，医道尽的是悬壶济世之职，两者有殊途同归之处，而且秀才行医确也有方便处，可是自古以来，中国看重世医，医学确乎又是一门技艺性很高的专门学问。那些不善为儒的秀才，转而改习医学，多数是既不能援儒而入医，又不能推医而附儒，不过是把习医作为自己的一种出路而已。

---

① 按：照明代惯例，征聘医师，须由礼部进行考试。高等入御药房，次入太医院，下者遣还。说具(清)张廷玉等修：《明史》卷二九九《方伎传》，7649～7650页。

② (明)李开先：《李中麓闲居集》卷六《病愈谢屏岩李医序》，见《四库全书存目丛书》影印本集部第92册，628页。按：相关的谚语在明代尚有"秀才行医，如菜作齑"或"以儒行医，犹以菜作齑"。说法虽稍异，其意则同。

③ (明)李开先：《李中麓闲居集》卷五《陆岐泉奕世世儒医赠言录》，见《四库全书存目丛书》影印本集部第92册，558页。

(二)生员行医

在明代，习儒者大多喜看点方书。尤其至晚明时期，士大夫中流行养生之学，读医书之风更盛。于是，在一些士大夫中，也不乏精通医学者。譬如，王纶，曾中进士。正德中期时，以右副都御史巡抚湖广，精于医，所在治疾，无不立效，著有《本草集要》《名医杂著》行世。王肯堂，万历进士，官至福建参政，好读书，尤精于医，留意寻访民间医方，结合治病经验，著有《证治准绳》，为医家所宗。①

与秀才行医相较，这些士大夫的医学知识，或为家传，或为个人爱好，他们也有悬壶济世的仁者胸怀，因为科举仕途上的成功，保证了他们的经济基础。而秀才行医，全为生计，或为出路，诊金的多少是他们所考虑的首要问题。

正如前述，医学是一门学问，并非草草学于一时，即可拯救千万人之命。然儒而医毕竟有其诸多便利处，故学儒不成，仕途受挫，转而习医者亦不属少数。“不为儒，则为医”，这是在明代十分流行的俗语，说明了儒而医的趋势。然若仔细考察儒而医的过程，究其原因，亦可分为以下三种：一是习儒不成，无法入学成为生员，只好改学医术，以此作为一条生路；二是生员因久病，转而读医书，甚而兼习医；三是生员无出路，改习医学。

明人张凤翼曾说：“凡子弟业〔佔俘〕，不得籍名庠序，则降而为医。”②良医多由儒徙业，这也是明代的特点。又据汪道昆记载，“今之业医者，则吾郡良。吾郡贵医如贵儒。其良者，率由儒徙业。吴山甫，故儒生也，则亦降儒而就医”。③譬如，吴从仁，“少业儒弗就，坐折肱，治轩岐之术，视诊投剂多奇中，誉乃日起。有司荐其能，升之医

---

① (清)张廷玉等修：《明史》卷二九九《方伎传》，7651页。

② (明)张凤翼：《处实堂集》卷六《赠通儒韩先生序》，见《四库全书存目丛书》影印本集部第137册，365页。

③ (明)汪道昆：《太函集》卷二三《医方考引》，见《四库全书存目丛书》影印本集部第117册，310页。

师……历十有五载，进为御医”。①

久病成医。这也是中国的一句俗语，有其一定的道理。明代生员中也有因久病而习医者。明人陈尧记道：“吾乡士大夫常称沙洲冯君之善医云。君故诸生，方挟文义，遨游场屋间，固非素业医者。第以幼尝婴疾，患无良医，乃取黄岐以来所著书而遍读之，尤于朱丹溪、王节斋二家之学，得其要旨。”②此即其例。此外，诸如“李屏岩因身病知医，沛然大行于时。王小村因亲病知医，赧然退藏于密”③，这又是最好的佐证。

至于生员弃儒习医，更是屡见不鲜。譬如，凌云，为诸生，弃去。北游泰山，从一道士学针灸术，“治疾无不效”④。江瓘，诸生。屡试不第，乃弃儒从医，远游闽、赣、江、浙，访求名医、医方。嘉靖二十八年，著成《名医类案》。⑤ 孙汝登，生员。“善医，不以医为事”。沈无咎，“秀才而兼精医”。⑥ 李本元，“修淡清温，业举子克勤而绪，谓宜前禽之，将无失也。三发而不获，于是囊书椎擎……乃出就应天医学正科”。⑦

生员习医，不失为一条很好的出路。既可以借诊金养家糊口，又可以继续穿着儒巾，称“儒医”。然生员毕竟把自己看成儒家子弟，不愿与市人为伍。换言之，其理想是出仕做官，弃举业而隐于医，只是

① （明）陆钎：《少石集》卷一二《赠御医吴从仁南还序》，见《四库全书存目丛书》影印本集部第76册，337页。

② （明）陈尧：《梧冈文正续两集合编》卷二《医学补遗序》，见《四库全书存目丛书》影印本集部第101册，327页。

③ （明）李开先：《李中麓闲居集》卷六《病愈谢小村王茂才序》，见《四库全书存目丛书》影印本集部第92册，628页。

④ （清）张廷玉等修：《明史》卷二九九《方伎传》，7651页。

⑤ 王毓铨、曹贵林主编：《中国历史大辞典·明史卷》，174页，上海，上海辞书出版社，1995。

⑥ （明）姚旅：《露书》卷一二，见《四库全书存目丛书》影印本子部第111册，770页。

⑦ （明）张琦：《白斋竹里文略·赠李本元医学正科序》，见《四库全书存目丛书》影印本集部第52册，150页。

一种无奈的选择。所以，一有机会，就输粟拜官，“得以衣冠出入里巷，与学士大夫交游”①，以遂自己毕生的心愿。

四、弃儒就贾

弃儒就贾或者士、商相混，无疑是明代社会史与思想史真实的“一面相”，在这社会现象背后，则是士商互动及儒学新转向。余英时对此问题已有深入的探讨②，而笔者在此的讨论，除了针对此现象补充资料，借此证明这一现象在明代的深度之外，尚拟就此问题进行一些深入的研究。

(一)重商言富之论

士商关系的改变，最为重要的是来自士人对商人或经商态度的改变，尤其是当这种观点是出自一些较为保守的理学之士之口时，就弥足珍贵。过去的研究者多喜引用李梦阳所记商人王现(文显)之说及李贽之说。如李梦阳《明故王文显墓志铭》云：“文显尝训诸子曰：夫商与士，异术而同心。故善商者处财货之场而修高明之行，是故虽利而不汙。善士者引先王之经，而绝货利之径，是故必名而有成。故利以义制，名以清修，各守其业。”③李贽论商人道：“且商贾亦何可鄙之有？挟数万之赀，经风涛之险，受辱于关吏，忍诟于市易，辛勤万状，所挟者重，所得者末。然必交结于卿大夫之门，然后可以收其利而远其

---

① (明)陈尧：《梧冈文正续两集合编》卷六《罗后溪六十双寿序》，见《四库全书存目丛书》影印本集部第101册，442～443页。

② 相关的研究与考察，可参见余英时：《士商互动与儒学转向——明清社会史与思想史之一面相》，见郝延平、魏秀梅主编：《近世中国之传统与蜕变：刘广京院士七十五岁祝寿论文集》，1～52页，台北，“中央研究院”近代史研究所，1998；而对明代士商互动关系的具体考察，则又可参见余英时：《中国近世宗教伦理与商人精神》，104～160页，台北，联经出版事业公司，1987。

③ (明)李梦阳：《空同先生集》卷四四，见余英时：《中国近世宗教伦理与商人精神》，108页。按：此论系商人王现之说，而非李梦阳的观点，这一点已有余英时刻意澄清。

害，安能傲然而坐于公卿大夫之上哉!"①其实，在明代士人中，肯定商人或者不讳言富强者不乏其人，郭子章之说堪称一例："儒生讳言富，则孔子足食，《大学》生财，非矣。讳言强，则孔子足兵，《周易》除戎，非矣。立国以仁义为干，富强为枝，舍富强，专谈仁义，犹木有干而枝叶不附也，槁且立见。"②

而一些理学之士在这方面的新论，则更可说明明代士商互动之广泛性。明代理学家吕柟说："商亦无害。但学者不当自为之，或命子弟，或托亲戚皆可。不然，父母、妻子之养何所取给！故日中为市，黄帝、神农所不禁也。贱积贵卖，子贡亦为之。但要存公直信厚，不可刻薄耳。"③而东林党人理学家顾宪成也认为，"富"并不足讳。富而好礼，可与禔躬；富而好行其德，可与泽物。在此基础上，他又提出新的"义利"关系论："以义诎利，以利诎义，离而相倾，抗而两敌。以义主利，以利佐义，合而相成，通为一脉。"④如果说吕柟还有一些扭扭捏捏，既要求利，又不许学者自己经商，而是由子弟、亲戚出面，那么，顾宪成则已明确将义、利"合而相成，通为一脉"。这大概与顾宪成出身商人家庭有关。⑤

(二)士商互动

在明代，生员层的社会阶层来源，除了官宦子弟以外，更多的是来自社会的下层，举凡农、工、商之类。商人子弟入学成为生员，这在明代已是屡见不鲜，成为一种普遍现象。这固然说明商人正如李贽

---

① (明)李贽：《焚书》卷二《与焦弱侯》，49 页，北京，中华书局，1975。

② (明)郭子章：《蠙衣生黔草》卷二一《疾慧编·下编》，见《四库全书存目丛书》影印本集部第 155 册，554 页。按：明人相关之论尚有很多，可参见陈宝良：《悄悄散去的幕纱——明代文化历程新说》，139～157 页。

③ (明)吕柟：《泾野子内篇》卷二七《礼部北所语第三十五》，277 页。

④ (明)顾宪成：《泾皋藏稿》卷一七《明故处士景南倪公墓志铭》，193～196 页，上海，上海古籍出版社，1993。

⑤ 顾宪成之父顾学(字文博)，曾"僦廛而市"，分别为酒人、豆人、饴人、染人，而且不喜"博士家言"，好读《水浒传》。参见(明)顾宪成：《泾皋藏稿》卷二一《先赠公南野府君行状》，224～227 页。

所言，需要“远其害而收其利”，甚至“安然坐于公卿之门”，以提高自己的社会地位，但也与商人重视教育、鼓励子弟参加科举有关。① 商人不但与士大夫相交②，而且也讲究传统的儒家道德。③ 于是，商人及商人子弟通过考试而进入生员层者，其例在明代俯拾即是。如洞庭之东山，因商业贸易而多高赀富人。有一翁氏家族，家世以商业而富。“其子弟多读书，好行其德，有闻于时”，尤其是翁彦博，成为一太学生。④ 又如金元复，吴县下保人。年十四，学贾，“逐什一息”，后补博士弟子员。⑤ 更有一些商人，通过捐纳而成为国学的太学生。如汪元蠡，曾贾江淮间，后“入赀为太学”。⑥

在明代，尽管商而儒、儒而商，出商入贾或出贾入商，不乏其例⑦，不过商人的理想目标仍是中科举而后出仕。然明代科举仕途日

---

① 譬如，陈允德，家世受贾，而自己“亦少行贾”。但同时陈氏也“好诗酒”，在自己独治生产、秉家政之下，而“诸弟皆儒生不任事”。参见(明)陈子龙：《陈子龙集》卷一三《绍南陈公传》，见《传世藏书·集库·别集》第10册，119～120页。

② 商人与士大夫相交，可举下面二例：一是张冲，家世服贾，自己也尝挟策里中，但终究以商业治生。他所羡慕者还是京师“官仪之美，与所交贤豪长者之游”。二是徽州一程姓客商曾通过别人介绍，结识乡绅李日华，并以酒舫迎李日华至鸳鸯湖中稍坐，“呼广陵摘阮伎二人，丝肉竞发，颇有凉州风调”。其说分见(明)李攀龙：《沧溟先生集》卷二〇《张隐君传略》，486～487页，上海，上海古籍出版社，1992；(明)李日华：《味水轩日记》卷四，247页，上海，上海远东出版社，1996。

③ 如新安商人汪文显，家世服贾，往来吴、越间。尝贷故人胡辅三百金。胡卒，汪氏不向故人子收债“五年矣”。说具(明)李攀龙：《沧溟先生集》卷二一《明封文林郎开封府推官汪公墓志铭》，499～500页。

④ (清)钱谦益：《牧斋有学集》卷三五《太学生约之翁君墓表》下册，1247～1248页。

⑤ (清)钱谦益：《牧斋有学集》卷三七《金文学小传》下册，1280页。

⑥ (明)李维桢：《大泌山房集》卷七一《汪元蠡传》，见《四库全书存目丛书》影印本集部第152册，225页。

⑦ 譬如，朱节，休宁屯溪人。父以盐策客武林。朱节年十四，补郡诸生。后因父死，遂谢学官，“去而事盐策”。但他在行商以后，仍与士大夫交接，“诸士大夫毕至”。此即其例。说具(明)汪道昆：《太函集》卷二八《朱介夫传》，见《四库全书存目丛书》影印本集部第117册，372～373页。

窄，促使一些生员在仕进无门的窘况下，又不得不选择经商而维持生计。如濮阳人刘滋，少为庠生。后因家贫，不得已只好卖掉仅有的不足20亩田，“逐什一之利，十余年至数万金”。① 金楼，字龙翔，海阳五城里人。幼治经生业，沉浮庠序16年。后诣学使，谢去衣巾，“走扬州，寘一廛于瓜渚”。② 钱塘徐国宁，原为弟子员，“后累事为商”。③ 所有这些，均可说明弃儒就贾也是明代生员层的社会职业新动向。

在传统中国，商人虽人拥高赀，但家不蓄书，“间有书，辄以覆瓿，或以拭牢盆”。④ 由此可见，士之子恒为士，商之子恒为商，这是传统中国社会的基本特点。而“士商相杂”或“士商相混”现象的出现，不能不说是明代社会的新动向。

五、包揽词讼

与处馆、入幕、习医相比，生员包揽词讼的角色，就并不显得光彩。明末清初著名的学者顾炎武曾以愤激的口吻下过这样的断语：“天下之病民者有三：曰乡宦，曰生员，曰吏胥。”⑤吏胥之害，其中一部分即是包揽词讼。而在明末，生员包揽词讼现象也相当普遍。显然，生员之害与胥吏之害，在明末有趋于合一的倾向，而乡宦、生员、吏胥三位一体，在明末地方社会中所扮演的角色，尤应值得引起注意。

（一）讼师

讼师又叫“讼棍”“讼鬼”“扛棍”。说其为“棍”，说明这些讼师颇有

① （明）谢肇淛：《小草斋文集》卷一一《刘滋传》，见《四库全书存目丛书》影印本集部第176册，69～70页。

② （明）程可中：《程仲权先生集》卷三《金山人传》，见《四库全书存目丛书》影印本集部第190册，94～95页。

③ （明）郎瑛：《七修类稿》卷四四《事物类・徐国宁》，见《传世藏书・子库・杂记》第1册，228页。

④ （清）周亮工：《赖古堂集》卷一四《陋轩诗序》，560～567页，上海，上海古籍出版社，1979。

⑤ （清）顾炎武：《亭林文集》卷一《生员论》中，见《顾亭林诗文集》，22～23页。

些无赖习气，是明代无赖阶层的一部分；说其为“鬼”，又说明这些讼师本领大，似乎有翻云覆雨的本事。讼师包揽或者起灭词讼，扛帮他人打官司，从中获利，这是讼师的职业特点。①

讼师是一种专门职业，需要具备熟悉本朝法律、擅长撰写符合格式的各类词状以及交通衙门等本领。讼师之学，亦有秘密相传的习学范本，号称“讼师秘本”，从最早出现的《新镌法林金鉴录》，到后来的《萧曹遗笔》，就是这种秘本的代表作。②

明代民间俗谚曰：“衙门日日向南开，有理无钱莫进来。”③清代也有一句谚语：“一家入公门，九牛拔不出。”④诉讼之耗时间，费钱财、人力，于此可见一斑。一般说来，除了民风好讼之地，农民多不见官，遇到七品芝麻官下乡，鸣锣开道，躲避唯恐不及。多一事不如少一事，乡村农民是不轻易打官司的，民间词讼，多由地方老人调解。而城里人则好讼喜见官，习以为常。小有纠纷，动辄打官司，视若儿戏。尤其是一些刁头、歇保，专以打官司、把持诉讼为业。明中期以后，不仅城市，而且乡村，也均“健讼成风”⑤。这固然是因为商业的发展对传统的经济制度形成冲击，利之所趋，不免导致词讼增多，但确实也与讼师的拨弄、扛帮、教唆相关。而“健讼成风”一旦形成，反过来又为讼师提供了广泛的生存基础。

讼师有“刀笔先生”之称，其业务主要与词讼相关。据日本学者夫马进研究，讼师的业务主要有“包揽词讼”或“教唆词讼”、代作呈词或诉状以及与胥吏、差役交涉等。⑥

---

① 陈宝良：《中国流氓史》，173 页。

② ［日］夫马进：《讼师秘本の世界》，见［日］小野和子编：《明末清初の社会と文化》，192～193 页，京都，日本京都大学人文科学研究所，1996。

③ （明）田艺蘅：《留青日札》卷一八《三代狱》，612 页。

④ （清）李章堉纂修：乾隆《重修伊阳县志》卷二《风俗》，见《稀见中国地方志汇刊》第 35 册，724 页。

⑤ ［日］夫马进：《明清时代の讼师と诉讼制度》，见［日］梅原郁编：《中国近世の法制と社会》，440～444 页，京都，同朋舍，1993。

⑥ ［日］夫马进：《明清时代の讼师と诉讼制度》，见［日］梅原郁编：《中国近世の法制と社会》，452～465 页。

早在明朝初年，讼师即具零星出现的迹象。洪武年间，有一些犯有死罪的犯人，被发往沿边充军。永乐年间，又有一批造反的恶党，其本人均已伏诛，而他们有一些亲戚，却被宥罪，发往各边充军。这些发配充军之人，大多是一些奸儒猾吏，或是不从教化的顽民，属于平日里怀奸挟诈、欺压良善的刁顽无籍之徒，虽然他们被宥罪充军，但仍然不思改悔，在边地三五成群，教唆词讼，告状实封，上书陈言，把持官府。至正统年间，讼师更是形成了自己的组织。如当时南直隶丹徒县，有徐义等数人，不事生产，只是持人短长，通过告讦以取钱帛。他们共刺血誓，表示生死无相背，以此吓诈当地百姓。至成化年间，讼师仍有增无减。在南直隶苏州、常州一带，讼师成了一种令人艳羡的职业。他们中的有些人本身就是罢闲的吏典，曾在衙门中混过饭吃，熟悉官场的法律程序，借此替人写状纸，捏词教唆，有时甚至鼓动事主直接上京城击登闻鼓，告所谓的“御状”。另外，在常熟、江阴等县，也有一些富户，不安本分，用钱雇觅他人，出名告状。每当此时，讼师就有了用武之地。自正德、隆庆以后，在北直隶的保定、真定二府，更是出现了一些号称“刁头”“歇家”的讼师。刁头又称“圆头”，其特点是“聚党伙告，欺戕善类”。歇家本指开店之家，以安顿过往行旅客商为职业。但在明代，这些歇家也接待告状之人，并包揽词讼，所以也有讼师之意。①

（二）生员与词讼

考察这些讼师的出身，正如前述，既有充军的罪犯、罢闲的吏典、歇家②，也有革巾的生员③，甚至不乏生员出任讼师，靠衙门前这一饭碗糊口者。

生员轻讼于官，这是元末以来形成的习气。故明太祖一立国，在

① 上面所述，均可参见陈宝良：《中国流氓史》，173～178页。

② 参见陈宝良：《中国流氓史》，173～178页。

③ 如丁耀亢所著小说《金屋梦》记一劣行革退的生员，绰号“王起事”，“因他平日好告人，打官司，惯于虚单捏款，赖债兴词：人家有争讼的，就是他的买卖，专一两下挑唆，只有弄起事来，再没有消灭下的”。说具（清）丁耀元：《金屋梦》第26回，206页，长沙，岳麓书社，1993。

学禁十二条中，就有一条明确规定，“生员事非干己之大者，毋轻讼于官”①。这主要出自以下两个方面的考虑：一是生员轻讼于官，容易养成一种骄横、斗狠之气，不利于生员的教育；二是生员到衙门打官司，易致受辱，使生员体面荡然无存。

明朝廷设立学校，其目的是为了养育人才，所以上司对待生员，有礼貌之施，有爱养之义，有勉励之道。根据朝廷敕谕，生员若非干犯名义、伤败彝教、有碍行止等项重大事情，不可轻加凌辱。可是，事实上生员很难摆脱词讼。有些刁泼之徒，“往往惯于构捏，或讼其祖父，而辄及孙男，或讼其伯兄，而辄及弟姪。甚者隐下生员名色，朦胧混书，牵连诬执，意在中伤，故为妨废”②。既有人攀告，上司一时未辨，即行拘提，承行衙门亦不得不行起解。一旦称起解，生员也不免被去巾褫服，戴枷串锁，下同囚人，生员体面，荡然无存。为此，当时一些提学道官员规定：凡是涉及户婚、田土的官司，只许生员家人抱状赴该衙门诉理。如生员被人牵告，不系重情，亦止提家属讯质，勿得一概拘提生员，挫折士气。如果事不干己，而生员出名包讼、插身帮证者，就会被究黜。③ 此外，生员被告被提，非从本学起解，不得听理。④ 当然，这只是问题的一个方面。事实上，很多生员亦多不顾自己体面，平素卑污无耻之病，入于膏肓，而自待其身，反仆隶不如，甚至视屈辱为故常。“至所以招受于人者，刑责非畏，不由该学起解，径肯驳脱衣巾，随同囚犯。不系父兄急难，辄尔饰词抱告，甘俟拘拿。盖获利不多，可使屈身奔走，而词色稍厉，即至非礼称呼，积

① （明）申时行等修：《明会典》卷七八《学校·学规》，452页。

② （明）姚镆：《东泉文集》卷八《广西学政》，见《四库全书存目丛书》影印本集部第46册，721～722页。

③ （明）王畿：《慕蓼王先生樗全集》卷二《两浙学政十六条》，见《四库全书存目丛书》影印本集部第178册，132页。

④ （明）王宗沐：《敬所王先生文集》卷二七《檄各儒学》，见《四库全书存目丛书》影印本集部第111册，594页。

弱成风，恬不为怪。”①又有一些生员，有“亵衣矮帽，杂沓皂舆者”，有“毁冠囚首，徒跣呼号，若沉冤毕世、深足怜悯者”②。更有一些生员，不切己事，就诈称贼情、田土等项，擅自离学，赴各衙门告扰。显然，生员兴词讼，在明代已成一时风气。③ 关于此，顾炎武在前揭《生员论》一文中有深刻的揭示④，在此不赘。

按照明代的惯例，只有具有举人身份者，方可与人居间说事，从中觅取好处。相对来说，生员身份未到此地步，不可入公门替人说事。明代地方有司甚至规定，生员出入衙门，必须在门簿上登记，借此禁止生员干扰有司。可是自明代中期以后，此例已成虚文。生员虽为一介儒生，无势无权，却有一张低昂人的口舌。官声的好坏，实有赖于生员的口舌。秀才难管，已是当时地方官的共同心声。不得已，地方有司只好厚待学校生员，并称此为居官第一事。于是，生员整天伺候在衙门口，替人说事过钱，已成一时风气。正如王廷相所言：

> 访得各府州县，有等无籍省祭官，及年老学霸生员，豪富义官，及罢闲吏典，退学生员等项，专一出入衙门，挟制官府，欺凌师长，害众成家。⑤

尤其是到了冬尽，一些原在乡村训蒙糊口的生员，都歇馆在家过年。一等有事，就终日缠官扰民，今日上手本，明日上呈子，兴讼、息讼，一由他们任意所为。事前，他们先得有酒肉吃喝，索取轿金。事妥，

---

① (明)王宗沐：《敬所王先生文集》卷二七《檄各儒学》，见《四库全书存目丛书》影印本集部第111册，593～594页。

② (明)王畿：《慕蓼王先生樗全集》卷二《两浙学政十六条》，见《四库全书存目丛书》影印本集部第178册，131页。

③ 生员兴讼，可举下面一例：“曹景坡知漳州，有诸生以小隙搆讼，浃岁不休。”说具(清)李延昰：《南吴旧话录》卷下，189页。

④ (清)顾炎武：《亭林文集》卷一《生员论》中，见《顾亭林诗文集》，22页。

⑤ (明)王廷相：《浚川公移集》卷三《巡按陕西告示条约》，见《王廷相集》，1164页。

又有谢银、白米。①

生员入衙门替别人居间说事，在明代亦已形成定例。不妨参看下面二例：

> 张太尊未第时，馆于海上。适东家有讼事在府，倩诸文学鸣其不平。太尊亦充数襴衫，拜跪彼一时也。②
>
> 周心鉴先生司理严州时，有一诸生出公门下，忽以大部古书献。发书，得五百金，乃为人居间者。仍前封识，召生还其书，曰："偶检箧中，已有此书，故不敢受也。"遂与此生绝。③

前者为生员揽讼事之例，后者则为生员替人居间说事。

更有甚者，生员不顾自己体面，包揽民间词讼，成为讼师、"学霸""学蠹"。明人王廷相揭示道：

> 近日有等生员，虽云读书，绝无行检，不亲其亲，不睦其族，暴横乡民，凌傲师长；甚至朋比奸顽之徒，贪嗜刀锥之利，或揽纳税粮，或包当夫马，或起灭词讼，或嘱托公事；官府执法不从，即为记录过失，指摘政事，便行挟制，以快私忿，因而聚众行凶，欺侮有司。此谓之学辱，此谓之学蠹，此谓之学霸。④

费密的揭露也是一针见血，他说：

> 各州县闻风，群起除五蠹：一曰衙蠹，谓州县吏胥快皂也；二曰府蠹，谓投献王府武断乡曲者也；三曰豪蠹，谓民间强悍者也；四曰宦蠹，谓缙绅家义男作威者也；五曰学蠹，谓生员之喜

---

① （明）金木散人：《鼓掌绝尘》第 32 回，355 页。

② （明）李绍文：《云间杂识》卷一，叶 7a。

③ （明）丁元荐：《西山日记》卷上《器识》，见《涵芬楼秘籍》第 7 集，叶 1a。

④ （明）王廷相：《浚川公移集》卷三《督学四川条约》，见《王廷相集》，1171 页。

事害人者也。①

李雯更是直称“儒滥于天下，为天下蠹”，是一种“儒蠹”。他说：

儒滥于下，为天下蠹。何以言之？古之所谓士也，皆其国之秀民，才智通达，出入不悖，明古今之务，察治乱之数。经术之学，通于政事，其法足师也，其才足任也。故其所以为儒者甚难，大郡弟子员不过四十人耳，大学或不及三十人耳。当此之时，天下之人，度其力之不能，则皆舍而退。愿者而为农，黠者而为商，巧者而为工，才勇者而为材官骑士，苟非聋瘖僬侥，出其才力俱足以自食，不至沦废而失职也。委巷小知之士，亦不得冒而入于朝廷矣。今者不然，天子设以罗天下之士者，其事至微浅，谀闻窥启之民，积诵数千言，而可以睥睨制科矣。其始也，以为苟袭而能之无难者，于是家习无师之说，人学不根之语。虽有奴仆下材，胥商贱质，觊倖万一之获，莫不舞眉拃首，沸唇槁思，比其所习，非疏即鄙野。然而诬于天下，号为书生者，亿万数矣。弃本业，饬文具，形弊刓，心悬牵。其倖而一遇者，盖无几矣。悲愁拂郁于儒冠之中，放散无聊于庠序之外，又不知几万数矣。当此之时，将返而为农乎，则力不任也；为胥与商，才又不称；百工技巧之事，又非可以不习而精。然则一入于此，而终身为惰民，不勤而空縻天下之食。故古之游民，大半皆驵猾；今之游民，大半皆儒士。②

可见，原本温文尔雅的儒士，已经成为不农、不贾、不工的“游民”。

明代生员喜事害人，游食天下，是谓“学蠹”，与衙蠹、府蠹、豪

① （清）费密：《荒书》，153～154页。

② （明）李雯：《蓼斋集》卷四三《策三·儒蠹》，见《李雯集》下册，775～776页，上海，复旦大学出版社，2017。按：原书句读、标点多有误处，笔者所引已径改之。

蠹、宦蠹并称“五蠹”。

明代生员充当讼师的现象，日本学者夫马进已有初步的考察。①确实，若仔细爬梳史料，这种现象在明代已相当普遍。史载福建尤溪县之生员道：

> 子衿之家，以岸帻袒衫、谩骂凌侮市佣为奇效，甚至鸱张蛇伏于公门佐署。又如较奇赢于一毛半菽，而贪悬掺同剥肉。其下者渊薮群奸，与珥笔相雄长，以世其业。②

可见，生员已将刀笔生涯作为世守之业。教唆词讼，也是生员常业。譬如，岭南词讼，“惟教唆之奸人可恶，生员、猾吏、罢闲书手，皆开门教唆，以致词讼日繁”③。更有一些学霸生员，为图钱财，勾结他人，教唆他人越境控禀。④

至明末，常熟县劣衿之活动，更是如雁之群宿，被人目为“雁”。百姓遇劣衿于道，必曰“雁来矣”，人人趋避，唯恐不及。⑤ 劣衿的活

---

① 日本学者夫马进在《明清时代の讼师と诉讼制度》一文中，引《花当阁丛谈》，说明明代“劣生恶监，作歇保讼”及“士不自爱，乃好干讼”这一现象，进而证实生员充任讼师的普遍性。又夫马进在《讼师秘本の世界》一文中，引《法家须知》一书所记，宣德年间湖广荆州府京山县秀才朱显“无可度日，专代人作词状”事，对生员充讼师有进一步的阐述。分别参见[日]梅原郁编：《中国近世の法制と社会》，466～467页；[日]小野和子编：《明末清初の社会と文化》，225～226、238页，注(43)。

② (明)邓一鼒纂修：崇祯《尤溪县志》卷四《风俗》，见《稀见中国地方志汇刊》第33册，1109～1110页。

③ (明)霍韬：《渭崖文集》卷一〇《与张甬川》，见《四库全书存目丛书》影印本集部第69册，325页。

④ 如明代史料载：“至越境控禀之鲍一春，即鲍春，乃薄宦鲍一元之疏属，因一元为寇所杀，遗孤儿才数岁，结连颍州学霸刘濬淳等，将有事于孤儿，先翦伐其祖茔松槚千章。”此即学霸为词讼后台之例。说具(明)吴世济：《太和县御寇始末》卷下，71页。

⑤ 按：明代生员活动，“聚党而出，必屯聚一所，一人为探望使，有所闻，辄以报诸衿，蜂拥而来，故人目之为雁”。(清)尚湖渔父：《虞谐志·劣衿传》第六《雁》，见(清)丁祖荫：《虞阳说苑》乙编，叶17b。

动，归纳起来无非是说事过钱、逢迎县官、颂德政之类。如有刘洪畴、李明侯、施眉轩、王锦侯、龚幼墨五位生员，号称“五尖嘴”，平日多聚集在申明亭，“批手本，作保证，兜揽官司，代写词状”。① 可见，生员稍通文词，替人撰写呈词、诉状不成问题；生员平日经常出入衙门，居间说事，替人打官司，也较便利；再加之生员与衙役、吏胥时有交通，互相利用。所有这一切，无疑都有利于生员充当讼师。

六、弃　巾

对部分幸运者来说，科举无疑是天堂、乐园；而对大部分屡次参加考试而名落孙山的失意者而言，科举则是地狱、苦海。对一个已取得初级科名的生员来说，弃巾既意味着脱离了苦海、地狱，也意味着对荣华富贵的舍弃。换言之，弃巾除了给生员带来“高蹈”的虚名之外，却需要生员付出实际的代价。这种代价既包括因生员不再具有生员身份而失去种种政治或经济特权，也包括从此其与科举仕进无缘。

（一）弃巾的原因

弃巾，说白了就是生员放弃生员的资格与身份，甘愿成为布衣。在明代，大部分生员在科举仕进无望的情况下，多采用“衣巾终身”这一保守做法，尽管已经放弃仕进之途，但亦可终身享受生员身份的待遇，断然弃巾者毕竟属于少数。弃巾，在明代的史籍中有各种说法，既有“告退衣巾”之类比较温和的说法，也有“焚巾”“裂冠”这种较为激进的说法。②

弃巾当然是生员久试不第以后放弃科举的无奈之举，然究其弃巾的原因，却各有不同，不可一概而论。

有不堪迎谒官员困苦而援例侍养、告免者。坐斋读书，本为生员职责。自明代中期以后，进见、禀告、拜辞、迎谒有司，已成为生员

① （清）尚湖渔父：《虞谐志·劣衿传》第六《五尖嘴》，见（清）丁祖荫：《虞阳说苑》乙编，叶20b～21b。

② 陈国栋：《哭庙与焚儒服——明末清初生员层的社会性动作》，载《新史学》，1992(1)。

平常的日课："某日某司当进见，某日某司当禀告，某日某道当拜辞，某日某道当迎谒，逐逐于车尘马足之间"①。而各官往来非一，消息不常：或由陆路而出，或自水路而还；或以初十为期，十五六而未决，或以十五六而出，二十八九而即回。一个官员出巡，众多生员即需侍候经旬，有时为了禀说一事，往复至再，而犹不免于责罚。更有甚者，有生员因伺候之故而得病身毙。乐育之地，反而成为困苦之乡。因此，生员或援例以侍养，或恳词以告免，宁可弃巾，不做生员，亦不愿无休止地承受迎谒上官之苦。正如明代史料所记，廪膳生员董经等，历年未三十，"皆援例以侍养"；附学生员刘木等，入学未两月，"即恳词以告免"。②

有一时负气弃巾者。如汤让，幼年在应天府学，恃才负气。府尹传筹不到，责以十板。汤让就弃其巾服，并题诗府门合扉，有云："从今袖却经纶手，且向江头理钓丝。"③

有清醒之士不满现状而弃巾者。如陈乙先，为上海县学高材生。崇祯十五年，天下大乱，将乡试，乙先尽焚所作，谓人曰："当此时，上犹以八股取士，士犹以此应上。譬如人不久气绝，当诀别妻子，而犹作不知痛痒语，真是可怜悯者。"④于是，陈乙先弃家出游，不知所终。

有以病而弃儒业者。如昆山周良士，少志学，游邑庠。"已而母张孺人病以殁，翁侍疾迄持丧，劳悴悲号，不恤勤困，于是患痰疾，不易疗，遂弃儒业而逸其身，游于烟霞山水之间"。⑤

有以父死不再承担社会责任而谢博士弟子者。如朱鹭，吴县人，为冯梦祯高足弟子。"家贫，教授生徒，以养父母。承颜顺志，以老莱

① （明）姚镆：《东泉文集》卷八《广西学政》，见《四库全书存目丛书》影印本集部第46册，725页。

② （明）姚镆：《东泉文集》卷八《广西学政》，见《四库全书存目丛书》影印本集部第46册，726页。

③ （清）周晖：《金陵琐事》卷二《诗话》，叶47a～47b。

④ （清）李延昰：《南吴旧话录》卷下，249～250页。

⑤ （明）钱薇：《海石先生文集》卷二五《良士传》，见《四库全书存目丛书》影印本集部第97册，375页。

子为法。床头恒贮数十钱，曰‘买笑钱’。父死，久之，乃谢博士弟子，芒鞋竹杖，独游名山，所至画竹以自给，不受人一钱。”①

有两朝鼎革之际，为尽士节而弃巾者。甲申、乙酉之际，明清易代，一些明朝的生员，不愿出试新朝，多弃去衣巾，遂成一时风气。如太仓庠士王瀚，性好佛。崇祯十七年甲申之变，王瀚作诗谢文庙云："忝列诸生践极年，义应君父死生连。薄言草莽无官责，敢卸衣冠哭圣前。"②于是，王瀚弃衣巾，入山为僧。又如吴炎，吴江人。"乱后弃诸生，隐居教授"。③ 生员无官责，不必以死相殉，谢去衣巾，也算是生员忠于先朝的一种社会性行为。

更多的生员则是屡试不第，对科举产生厌倦情绪而弃去巾服。如盛季常，"精博士业，补邑弟子员者垂二十年，而数奇不售，作而叹曰：'吾岂其以白首伊吾，博一朱紫耶?'乃去而侧注，置而所服之青衿，而布衣芒履，樵人渔父以嬉游"。④ 陈遁，字鸿节，闽之侯官人。"少为诸生，忽忽不得志。一日，尽发箧衍中应举文字及所著衣巾，燔之而舞其灰。逃入越王山中，以钓弋自娱者二年。出为村夫子教授，三年复弃去。"⑤

(二)弃巾之风

明代生员弃巾之例，较早者在嘉靖年间即已出现。如唐龙《渔石集》载，"黔有士，弃其业，毁其冠服，即月坞以居，号痴人"。⑥ 唐龙卒于嘉靖二十五年，可见，至迟在嘉靖二十五年以前，即有生员弃巾

---

① (清)钱谦益：《初学集》卷七一《朱鹭传》，见《传世藏书·集库·别集》第11册，396页。

② (清)李坤元：《忍斋杂识》，叶8a，《娄东杂著》本。

③ (清)黄容：《明遗民录》卷五，见谢正光、范金民编：《明遗民录汇辑》上册，193页，南京，南京大学出版社，1995。

④ (明)邹迪光：《郁仪楼集》卷三三《盛季常诗集序》，见《四库全书存目丛书》影印本集部第158册，693页。

⑤ (清)钱谦益：《初学集》卷三二《陈鸿节诗集序》，见《传世藏书·集库·别集》第11册，175页。

⑥ (明)唐龙：《渔石集》卷三《月坞痴人问答》，见《四库全书存目丛书》影印本集部第65册，419页。

之例。到了万历年间，生员弃巾已成一时的风气。如王宗沐记一“闲适散人”，姓李，数举于乡，不成，“乃弃置衣冠，为布袍，日笑歌饮酒，不事事”。① 王宗沐的文集有万历元年刻本，可见此闲适散人“弃置衣冠”之例，当发生在万历元年以前。其后，有陈继儒弃巾之事。据有的学者考证，眉公弃巾之事，当发生在万历十三或万历十四年(1586)间。② 又有一位嵇汝沾，字宗恩，号望江，德清人。嘉靖四十年补博士弟子员，时年十有七。至年四十余，“竟谢儒生服，日与宗党中酒人酣笑不辍。盖自负其达生云”③。稍加推算，嵇汝沾弃巾之事，亦当发生在万历十四年前后。

若细加分析，弃巾者可分为以下两类：一为自行弃巾者，不经官府允准，或逃入山中，或沉溺酒海，或四处远游，虽事实上已不再为生员，但名义上还是生员；二为主动上呈请辞者，获准弃巾，若如此，则已无生员名分。

按例，生员告免，不愿再为生员，必须向本学学官上一呈，请求“削籍”，即除去学籍。为示明晰，可引陈继儒《告衣巾呈》为例：

> 例请衣巾，以安愚分事：窃惟住世出世，喧寂各别；禄养志养，潜见则同。老亲年望七旬，能甘晚节；而某齿将三十，已厌尘氛。生序如流，功名何物？揣摩一世，真拈对镜之空花；收拾半生，肯作出山之小草。乃禀命于父母，敢告言于师尊，长笑鸡群，永抛蜗角，读书谈道，愿附古人。复命归根，请从今日。形骸既在，天地犹宽。偕我良朋，言迈初服。所虑雄心壮志，或有未堕之时，故于广众大庭，预绝进取之路。伏乞转申。④

---

① (明)王宗沐：《敬所王先生文集》卷一七《闲适散人传》，见《四库全书存目丛书》影印本集部第111册，374页。

② 陈国栋：《哭庙与焚儒服——明末清初生员层的社会性动作》，74页。

③ (明)谢兆申：《谢耳伯先生初集》卷一〇《嵇文学望江先生传》，见《四库全书存目丛书》影印本集部第190册，484～485页。

④ (清)王应奎：《柳南续笔》卷三《陈眉公告衣巾》，183页。

可见，如若生员告免衣巾，先需禀明父母，再上呈学官，在呈词中说明告免原因。其后，再由学官申转提学道。若获允准，即告完成。按照惯例，生员进学未满六年，不得谢去衣巾。于是，一些进学未满六年的生员就通过贿赂胥吏，方得请免。①

正如前面陈继儒所言，弃巾是生员自绝"进取之路"的行为。在明季，弃巾已非个别人的行为，而是已经形成一种"社会性动作(a social gesture)"。② 下面笔者不妨引用一些案例，详加说明：

其一，陈松，字晚翠。少为诸生，有颖思。"已忽遇异人，挈之山中，若数十日始还。还即弃去举子业不治，佯狂自放，家亦益落。"③

其二，王寅，为贾人子，字仲房。"弃诸生籍，周游吴、楚、闽、越名山。"④

其三，金俊明，初名衮，字九章，更名后字孝章，吴县诸生。数试于乡不见收。"谢诸生，杜门以佣书自给，是时明犹未亡也。"⑤

其四，张光启，字元明，章丘人。少为诸生有名。崇祯十三年(1640)，"年四十，遂弃诸生，辟一圃，曰'省园'，以种树艺花自乐"。⑥

其五，曹溪，号空谷仙，又号空谷山人。诸生。明季谢去诸生，杜门却扫，与人倡小兰亭社。又与陈继儒友善。⑦

---

① 归庄记其族祖归元祉："少困童子试，至崇祯末年，年近四十，始补诸生。盖得之如此其难矣！越二年，遭乙酉之变，遂谢去。何其决也？时例未及六年者不得谢。族祖捐终岁受经之赀二十余金，贿胥役，乃得请。"说具(清)归庄：《归庄集》卷三《族祖元祉暨陈硕人双寿序》，243页。

② 陈国栋：《哭庙与焚儒服——明末清初生员层的社会性动作》，70页。按：陈氏文以松江一府为例，引述五个弃巾的例子。凡陈氏文已引者，笔者在此不再赘述。

③ (明)马之骏：《妙远堂全集·文》致集《陈松传》，见《四库全书存目丛书》影印本集部第184册，260页。

④ (明)汪道昆：《太函集》卷二八《王仲房传》，见《四库全书存目丛书》影印本集部第117册，370页。

⑤ (清)陈田：《明诗纪事》辛签卷二七上《金俊明》，3415页。

⑥ (清)孙静庵：《明遗民录》卷三〇，见《明遗民录汇辑》上册，642页。

⑦ (清)孙静庵：《明遗民录》卷二三，见《明遗民录汇辑》下册，679～680页。

甲申、乙酉之际，明清易代。入清以后，明代诸生纷纷谢去巾服，以示知名节、廉耻。① 正如归庄所言，清初谢去诸生的原因，一如明代，也是多种多样。而诸生借此表明自己名节者，不过其中一个原因。他说：

> 若今日之学校，毋论魁杰之士不屑就，其知以名节、廉耻为重者，亦多去之矣。顾谓今日之弃诸生不为者，皆名节、廉耻之士乎？则又不可不辨。盖有久为诸生，淹抑无闻，年齿迟暮者；有本不能文，以贿赂请托，得青其衿而尝虑失之者，亦于此时谢去。得托此美名，人谁许之？其非此二者，而能断然弃儒冠而不惜，庶几所谓名节、廉耻之士欤？②

清初弃巾之例颇多，笔者不妨引用下面几例加以说明：

其一，陆嘉淑，字孝可，又字冰修，号辛斋，又号射山，海宁人。父钰，甲申年不食死。从此，嘉淑弃诸生。③

其二，陈确，字乾初，海宁人。顺治四年(1647)，上呈，请求削籍，除去生员衣巾。④

其三，吴宗潜，初名系，字方轮，吴江人，补秀水学生。宗潜兄弟九人，明亡后率弃诸生，不就试。⑤

其四，李逊之，字肤公，江阴人。明亡后，弃诸生自晦。⑥

其五，李尝之，字百艰，湖南平江人。“国变后，弃巾服，躬耕读书”。⑦

---

① 陈国栋在《哭庙与焚儒服——明末清初生员层的社会性动作》一文中，罗列了清初谢去诸生五例。凡其已引用者，笔者在此不赘引。

② (清)归庄：《归庄集》卷三《族祖元祉暨陈硕人双寿序》，243 页。

③ (清)陈确：《陈确集》卷一《与陆冰修书》，63 页。

④ (清)陈确：《陈确集》卷一五《呈学请削籍词》，368 页。

⑤ 〔朝〕佚名：《皇明遗民传》卷五，见《明遗民录汇辑》上册，216 页。

⑥ (清)黄容：《明遗民录》卷九，见《明遗民录汇辑》上册，312 页。

⑦ (清)孙静庵：《明遗民录》卷二二，见《明遗民录汇辑》上册，313 页。

其六，邢昉，字孟贞，一字石湖，江南高淳人。明亡，“弃诸生服，伏处湖滨，弹琴赋诗，以终其身”。①

正如前述，由明入清生员之弃巾之风，究其原因也相当复杂。事实上，正如汪琬所言：

> 有明既亡，吴中好事者，皆弃去巾服，以隐者自命，俨然前代之逸民。既而苦其饥寒顿踣，有能初终一节，老且死牖下不恨者，实无几人。②

最后，生员还是纷纷出来应试。如康熙五年(1666)，清开科举。“明生员史忠琇、费达、杨垂菁等五百余人应试，遂髡其发”。③ 又如陈确所言，即使自己不出来应试，而子弟却“稍稍出试矣”④。

诚然，若以“死君父”来责求生员，实在是过分的要求。不过，坚卧不出，即使匹夫亦能为之。究其出试原因，实在是士子热衷功名的念头在作怪。⑤ 生员平生大谈忠孝，国亡后亦曾慷慨一时，并毅然弃巾。可是时日一久，生员终究耐不住寂寞，腼颜出来应试。俗言疾风板荡，玉石划然，以此反观明末清初生员层的动向，信然。

---

① (清)孙静庵：《明遗民录》卷七，见《明遗民录汇辑》上册，363页。

② (清)汪琬：《尧峰文钞》，转引自(清)陈田：《明诗纪事》辛签卷二七上《金俊明》，3415页。

③ (明)周廷英：《濑江纪事本末》，见中国社会科学院历史研究所清史研究室编：《清史资料》第1辑，152页，北京，中华书局，1980。

④ (清)陈确：《陈确集》卷六《使子弟出试》，172～173页。关于明遗民子弟出试概况，何冠彪在《论明遗民子弟之出试》一文中，有详细阐述，可资参看。参见何冠彪：《明末清初学术思想研究》，125～167页，台北，台湾学生书局，1991。

⑤ 清人有将士子热衷功名比作妇女恋于爱欲者，并作一联以嘲之。史载：“‘秀才落榜，再也不干者个营生。’比及三年，学台上院，翻然改云：‘大丈夫非忘功名耳，我去我去。’孕妇临盆，切莫更为此种勾当。诞弥厥月，良人入堂，莞尔笑曰：‘小娘子岂无人情乎，你来你来。’”虽属调侃之言，以此而观清初生员出试实况，信然。说具(清)沈太侔：《东华琐录》，179页，北京，北京古籍出版社，1995。

(三)弃巾以后的社会动向

生员处馆、入幕、习医、为讼师，当然是生员的各种“社会性动作”，其共同的特点则是生员并不放弃生员身份。生员弃巾则不同，其抛弃生员身份而决绝仕进之途。所以，生员一旦弃巾，生计即成问题。为维持生计，弃巾以后的生员仍需要谋职。

考察生员弃巾以后的社会动向，亦各不相同：或弃巾经商，如金棲，弃巾后，“走扬州，寘一廛于瓜渚”①。或弃巾学仙，如小说《花影集》记陕西吴生见理，“早业举子，累不第，遂辍讲家居，不复有功名之念矣……宅西有道观一区，甚为清僻。其住持刘古寰者，素称道行，年耆德著，为乡里所重。因常往来，遂深契密。”②或弃巾出家为僧，如明代莲池大师袾宏，杭之沈氏子。“先业儒，有声黉校间籍甚。宿缘所追，尘网遂裂，乃作辞世歌，薙发为僧”。③ 又如姚东阳，淮南宿迁县人，曾为诸生，居常好修历。隆庆元年，姚东阳弃家而北，则为居士；至隆庆三年，抵银山法华寺，“乃从方僧大光祝发，法名明龙。寻徙居羊山秀峰庵，名德日起”。④ 或放息林泉，如小说《花影集》记山阳祝理，“壮岁试举子不捷，遂放意林泉，以诗酒为务”。⑤

在所有这些社会动向中，尤以生员弃巾成为山人最为普遍。正如

---

① (明)程可中：《程仲权先生集》卷三《金山人传》，见《四库全书存目丛书》影印本集部第190册，94～95页。

② (明)陶辅编撰：《花影集·华山采药记》，见《明清稀见小说丛刊》，848页。

③ (明)冯梦祯：《快雪堂集》卷八《云棲兰若志》，见《四库全书存目丛书》影印本集部第164册，145页。按：明季生员学佛、学仙、学禅，习以为常。如纪容舒记其曾祖纪坤，少为诸生，“既久而不遇，且知时事之不可为也，乃息意逃禅，隐处田间以没”。又据袁中道所记，夷陵诸生谢响泉，曾于武当修行，后亦学禅，先依袁宏道，后又成为中道道侣。分见(明)纪容舒：《花王阁賸稿·跋》，见《四库全书存目丛书》影印本集部第193册，701页；(明)袁中道：《珂雪斋近集》卷二《复段勾然》，184页，上海，上海书店，1982。

④ (明)徐学谟：《徐氏海隅集·文编》卷六〇《羊山僧塔记铭》，见《四库全书存目丛书》影印本集部第118册，12页。

⑤ (明)陶辅编撰：《花影集·潦倒子传》，见《明清稀见小说丛刊》，852页。

明人王士性所记，“是以近日才隽之士，不羁笼于学校，则高者每逃于山人”①。此为当时实录。

何谓山人？明人有多种解释，详引如下：

山人者，客之挟薄技、问舟车于四方之号也。②

夫所谓山人高士者，必餐芝茹薇、盟鸥狎鹿之俦而后可以称其名耳。③

清修之士，赏号山人，美称也。今长安中无位而游者，不分牛骥，皆自称山人，人亦不分牛骥，皆从而山人之，诚不省其何说。④

显然，山人之称，其意可概括为以下几点：一是山人是一种美称；二是山人必是隐士一类；三是山人必挟有薄技；四是因贫，山人不得已而游于大人之门。

明代生员弃巾而做山人者，不乏其例。沈德符《万历野获编》记道：

山人乐新炉者，江西临川人，本监生也。来京师以捭阖游公卿间，多造口语，人多畏恶之。然颇有才智，以故士大夫亦有与之昵者。⑤

这是监生成为山人之例。明人李维桢亦云：

① （明）王士性：《掖垣稿》卷上《题为敷陈天下大计乞敕圣明采择以定国是以光盛治疏》，见《王士性地理书三种》，周振鹤编校，426～427页。

② （明）谭元春：《谭元春集》卷一四《女山人说》，见《传世藏书·集库·别集》第10册，95页。

③ （明）钱希言：《戏瑕》卷三《山人高士》，见《四库全书存目丛书》影印本子部第97册，57页。

④ （明）薛冈：《天爵堂文集笔余》卷三，见《明史研究论丛》第5辑，352～353页。

⑤ （明）沈德符：《万历野获编》卷三《山人蜚语》下册，873页。

> 今山人称诗者，在所不乏。余或不识其人，即识其人，或故为博士弟子员，或入太学上舍，于山人名义不类。而交游中若吴人王承父、叶茂长、曹子念、方仲美、俞羡长，皆布衣崛起，无所因借，称山人殊当。①

可见，布衣崛起，无所因借，方是山人本色。

监生、生员做山人，虽无不可，却与名义不类。显然，弃巾则是生员做山人必须预演的前奏曲。换言之，生员因弃巾而获“高蹈”的美誉，自然有利于其成为山人。由此亦可说明，山人之风在晚明的形成，在某种程度上也促使生员纷纷弃巾；而生员弃巾，并加入山人行列，同样扩大了山人层的声势。

以弃巾而成为山人者，在晚明相当普遍。举例来说，如常熟陈霁峰，为博士弟子员，曾在上海韩氏、杜氏诸家处馆。后归常熟，“谢去诸生业，称山人”②。其中最著名者，当数陈继儒、王稚登。真正人品高尚的山人，有“山中宰相”的美誉。宋之林逋，明之陈继儒，“世亦有以此品目者”③。陈继儒自弃巾以后，初时的生活是“退而躬耕菽水，结茅小昆山之阳。修竹白云，焚香宴坐，豁如也”。④ 假若如此终其一生，陈继儒绝不会成为山人的楷模，至多是一个默默无闻的清修之士。事实上，陈氏也曾周游天下，以山人自居，而且到处打秋风。⑤ 王稚登，字百谷。弱冠补弟子员，后入太学，未几就京闱，以父讣不终试。

---

① (明)李维桢：《大泌山房集》卷二四《何无咎诗序》，见《四库全书存目丛书》影印本集部第151册，35页。

② (明)陈所蕴：《竹素堂稿》卷一《霁峰陈先生七十寿序》，见《四库全书存目丛书》影印本集部第172册，8页。

③ (清)王有光：《吴下谚联》卷三《山中宰相》，93页。

④ (清)邹漪：《启祯野乘》，转引自陈国栋：《哭庙与焚儒服——明末清初生员层的社会性动作》，73页。

⑤ 按：张岱曾以“眉公跨鹿，钱塘县里打秋风”一联形容陈继儒。陈氏的山人生活，于此可见一斑。说具(明)张岱：《琅嬛文集》卷五《自为墓志铭》，201页。

“于是归，始弃博士家言，一意千秋业矣”。① 所谓的“千秋业”，即指做山人。

山人者，即处山林之人。处山林之人，形形色色，其趋各异。先有五别之说：

> 有贫以樵钓为业者；有好释老之学，欲逃生死者；有以德自矜，托名高尚，沽聘命者；有遭丧乱，怖祸以避世者；有贤而不能用，退伏著书者。②

后人在此基础上，又细分出新的“五别”：

> 有羸躯多疾，不耐繁絮，而身耽闲逸者；有性介寡合，与时龃龉，而甘于遁弃者；有志向清雅，膏肓泉石，而远迹尘埃者；有厌世混浊，不能淈泥扬波，而甘于自废弃者；有自知蹇劣，不堪世用，而取足于稼圃者。③

此十类处山林之人，虽都处山林，但其所趋各异，而且旨趣也有高下之分。揆之明代山人，号称处山林之人，尽管亦有高风逸致之辈④，更多的却是身处繁华的都市。明人薛冈认为，“山人免见，必不署于清

---

① （明）谢肇淛：《小草斋文集》卷一一《王百谷传》，见《四库全书存目丛书》影印本集部第176册，76页。

② （明）骆文盛：《骆两溪集》卷一四《南埜杂谈》，见《四库全书存目丛书》影印本集部第100册，694页。

③ （明）骆文盛：《骆两溪集》卷一四《南埜杂谈》，见《四库全书存目丛书》影印本集部第100册，694页。

④ 明人李寄载：“吾邑（江阴——引者）大西山人徐益，工诗画，善吹笛。家贫，饘粥不继，不以介怀。尝临风接笛，而妻曰：‘瓶粟罄矣。’笑曰：‘粟罄何害？’悠然数弄，洒洒如也。尹澹如对雪有诗云：‘惟有高人徐西望，洞箫一曲倚江楼。’可想其风致矣。”山人风致，可见一斑。说具（明）李寄：《天香阁随笔》卷一，叶30b～31a。

要之门。怀刺遍投，必不出于好修之士”。① 这段记载所透露的信息就是：明代山人，多怀刺遍投炙热衙门或权贵之家。

明代山人行为有两大趋势：一是山人名称泛滥；二是山人有一种俗化现象。

山人，原本均指高士，其必是“餐芝茹薇、盟鸥狎鹿之俦”。可是在晚明，山人一概混称，已是泛滥至极。“词客称山人，徵君、通儒称山人，喜游子弟称山人，说客辩卿、谋臣策士亦称山人，地形、日者、医、相、讼师亦称山人，甚者公卿大夫弃其封爵，而署山人为别号，其义云何？今娄江诸士子为人题扇，往往自署曰山人某，尤可绝倒。”②甚至粗知韵事，与一时素士交处之女子，亦以山人相称，出现了所谓的“女山人”。③ 可见，各色人物，自称山人，已成一时风气，无非借此以示高雅。

明人姚旅言：“余谓古之山人高，今之山人辱。何则？山人者，上而好修，重己重人，次而词赋，艳口悦心。”④由此可见，山人借文章、词赋而游，得人器重。而在晚明，在留都南京，以“篾片”（一称“催末屑”，一称“催客”）为词赋，京师北京以“干办”为文章⑤，山人已形同篾片、干办一般无异。山人怀刺请谒之门，一为相门，于是出现了许多“相门山人”⑥；二为宗室，如谢榛、卢柟之在赵康王府⑦；三为公

---

① （明）薛冈：《天爵堂文集笔余》卷三，见《明史研究论丛》第 5 辑，352～353 页。

② （明）骆文盛：《骆两溪集》卷一四《南埜杂谈》，见《四库全书存目丛书》影印本集部第 100 册，694 页。

③ （明）谭元春：《谭元春集》卷一四《女山人说》，见《传世藏书·集库·别集》第 10 册，95 页。

④ （明）姚旅：《露书》卷九，见《四库全书存目丛书》影印本子部第 111 册，697 页。

⑤ （明）姚旅：《露书》卷九，见《四库全书存目丛书》影印本子部第 111 册，697 页。

⑥ （清）陈田：《明诗纪事》已签卷二〇《吴扩》，2217 页。

⑦ （清）钱谦益：《列朝诗集小传》丁集上《谢山人榛》《卢太学柟》，423～424、425～426 页。

卿，如山人王佐，“旅游京师，客公卿间三十年”①，山人仲春龙，“游长安，客于公卿间”。② 于是，凡是在长安无位而游者，均可称为山人。为此，当时有人直诋山人为“大盗”“乞儿”。有些山人因口舌贾祸，戴械游街，上署“假山人”三字。③ 显然，山人为求利，已无人格可言。这是山人的俗化现象。

在此基础上，就形成了较固定的“山人习气”。所谓山人习气，一是“树党相嘘，阳树德而钓名，侥幸荐举于万一”④。二是“案无帙书，时时落笔，吟啸自得，而好弹射他人有本之语”。⑤ 这是山人无学问，却又好弹射他人。如陆应阳，原为云间斥生。后入申时行幕中。当时陈继儒方以盛名倾东南，陆羡且妒之，骂陈继儒为“咿哑小儿”。⑥ 三是山人“率多儇巧，善迎意旨，其曲体善承，有倚门断袖所不逮者”⑦；或称之为“诎要挠腘，俛眉承睫，无所用耻”。⑧ 这是山人带有帮闲气。

一言以蔽之，山人凭借自己的薄技，或诗文⑨，或笔札，以媒厚利。其后，山人愈发嚣张，“山人骂坐”与“青衿卷堂”成为晚明特有的现象⑩，反映了晚明士人的一些社会性动向。

---

① (清)钱谦益：《列朝诗集小传》丙集《王山人佐》，283 页。

② (清)钱谦益：《列朝诗集小传》丁集上《仲山人春龙》，425 页。

③ (明)钱希言：《戏瑕》卷三《山人高士》，见《四库全书存目丛书》影印本子部第 97 册，58 页。

④ (明)管志道：《从先维俗议》卷五《三途当守正额》，21 页。

⑤ (明)谭元春：《谭元春集》卷一四《女山人说》，见《传世藏书·集库·别集》第 10 册，95 页。

⑥ (明)沈德符：《万历野获编》卷二三《山人愚妄》，586～587 页。

⑦ (明)沈德符：《万历野获编》卷二三《山人愚妄》，586～587 页。

⑧ (明)陈益祥：《陈履吉采芝堂集》卷一三《木铖》，见《四库全书存目丛书》影印本集部第 195 册，565 页。

⑨ 明人李维桢言，“今山人多称诗，而诗多拾人牙后慧，又因以游大人成名，居间造请”，云云。可见，山人多借诗游公卿间。说具(明)李维桢：《大泌山房集》卷二四《汪明里诗序》，见《四库全书存目丛书》影印本集部第 151 册，45 页。

⑩ (明)沈德符：《万历野获编》卷二三《山人愚妄》，577～578 页。按：前引陈国栋文对青衿“卷堂”与“哭庙”习气有详细的阐述，可资参看。笔者在后面涉及明代士风时，也将予以专门讨论，在此不具论。

第七章　生员与地方社会：以政治参与为例

按照明代制度，士各有分。出仕的缙绅，食君之禄，为君做事，有民社之责。生员被称为“朝不坐、宴不与”之身，自然无官守，无言责。明朝廷认定生员不应参与国家大事，而这种观念在一定程度上也成为社会大众的基本认识。①

朱元璋创立明朝以后，恢复建立从国子监到府、州、县各级儒学。有鉴于生员在元末之种种不法行为，朝廷专门就生员的管理作出规定，其中心主旨就是使生员远离朝政，一心读书。相较而言，缙绅可以通过上奏而影响朝政。而生员则不能言事，其影响力相对较小，只能参与地方事务。可见，生员的影响力局限于地方社会，而正是在地方社会，生员方始产生较大的影响。尤其是到了明末，当生员人数大增、形成众多的生员社团，并清醒地认识到学校为公论之所出时，生员的影响力逐渐扩大到全国，而生员问题随之也成为明代朝廷深感头疼的全国性的社会问题。

一、生员与言责

按照明太祖朱元璋的定例，生员不许言事。此制只是维持于洪武一朝，随后就遇到了来自两个方面的挑战：一是生员中不乏以身试法

① 关于此，陈国栋有详细讨论。参见陈国栋：《哭庙与焚儒服——明末清初生员层的社会性动作》。

者，不断有生员为地方事务或民间疾苦挺身而出，上书言事；二是对生员不许言事这条禁例，也有一些有识之士提出了质疑。

(一)生员不许言事

洪武十五年，朝廷颁禁例于天下学校，置于明伦堂之左。禁例共计十二条，其中有两条是针对生员言事者，引述如下：

> 军民一切利病，并不许生员建言。果有一切军民利病之事，许当该有司、在野贤人、有志壮士、质朴农夫、商贾技艺，皆可言之，诸人毋得阻挡，惟生员不许。
>
> 生员内有学优才赡、深明治体、果治何经精通透彻、年及三十愿出仕者，许敷陈王道，讲论治化，述作文词，禀本学教官，考其所作，果通性理，连佥其名，具呈提调正官，然后亲赍赴京奏闻，再行面试，如果真才实学，不待选举，即行录用。①

朱元璋制定学禁，规定生员不许言事，主要出于以下考虑：生员一心学业，练达治体，然后出而为朝廷所用；生员轻率言事，容易养成一种骄横的习气，以致不服地方学官、提调官管制；生员学问、识见较浅，轻率议论，不但于国事无补，反而会干扰政府正常的行政运作。鉴于此，朱元璋接下来加了一条补充条例，即言事生员，必须为学优才赡、深明治体者；生员年及三十，方许敷陈王道，讲论治化。而朱元璋在条例中规定年龄显然亦是为了保证生员练达治体。此外，生员言事，必须经过一套正常的程序，即先禀明学官，再呈提调正官，然后亲赍赴京奏闻。

明初朝廷所定学禁，基本得到了很好的执行，然其基本态势则为有时宽松，有时严厉。弘治十一年(1498)三月，监生江珞奏言：

> 刘健、李东阳杜绝言路，掩蔽聪明，妒贤忌能，排抑胜己，

---

① (明)申时行等修：《明会典》卷七八《学校·学规》，452页。

> 急宜斥退。①

这是江珞通过上言，公开指责政府杜绝言路，明孝宗把江珞逮捕下狱。刘健等上疏力救，江珞方才得释。② 嘉靖十二年正月，蒲州诸生秦镗“请奉皇考于太庙，又分祀四郊，损文宣王爵像”。所有这些，均不合明世宗心意。于是，“上以讪妄，下镇抚司，以妖言论死”。③ 至天启七年十月，监生胡焕猷弹劾大学士黄立极、施凤来、张瑞图，下法司。诸公救不力，“上意不深罪之也，得以赎论”。④

明初学禁规定，即使在野贤人、有志壮士、质朴农夫、商贾技艺，亦可对军民一切利病发表自己的看法，唯生员不许。乍看之下，似乎对生员不公，实则有其深意。生员进用，必须经过严格的选举程序，即正常的科举仕进。事实上，很多生员轻率议论，对朝廷大事发表自己的看法，其目的往往是冀图通过迎合皇帝心意，“不待选举”，即登大用。上述蒲州生员就议大礼而言事一例，即可为证。可见，“不许生员言事”这一条禁例，实际上是为了杜绝生员侥幸进用之路。

一旦生员正常的科举仕途受堵，而通过上奏侥幸进用的捷径也被禁止，那么，一些生员中的投机分子就只好铤而走险，或投“虏”，或与宗室谋乱者交通，或通“贼”，甚至自己亲身为“盗贼”起事。明末人吴甡在奏疏中对此有所揭示：

> ……而教化未兴，风励无术，致蛮夷滑夏，盗贼蜂起，青青子衿，甘为戎首。四川生员授伪官矣，山东生员从莲贼矣，辽左生员迎□□矣。⑤

---

① (明)李乐：《见闻杂记》卷一，109页。

② (明)茅元仪：《掌记》卷四，叶10b，明崇祯刻本。

③ (明)谈迁：《国榷》卷五五，3478页。

④ (明)茅元仪《掌记》卷四，叶10b～11a。

⑤ (明)吴甡：《柴庵疏集》卷一《学政当修改风宪疏》，37页，杭州，浙江古籍出版社，1989。

上述之缺字，显指“建虏”，为在东北崛起之女真族。而在明代，“虏”又指北方的蒙古诸部势力，如瓦剌、俺答、鞑靼诸部。嘉靖年间，丘富投俺答，为俺答所用，“说俺答大收智略之士，榜招贡士诸生，厚遇之”①。正德年间宁王宸濠谋叛前，南昌府三学教授达宾等率领生徒，曾捏文具呈抚、按二司，保举宁王“孝行”②，替宁王造舆论。又如惠州“贼首”张毓廷被擒后，招供了巨窝，并列有姓名，名单上很多就是生员，如叶起华、叶名仲、叶翰、叶广居等。③

(二)生员上疏言事之例

明太祖朱元璋所定生员不许言事的禁例，基本得到了执行。④ 一至晚明，由于生员层力量的壮大，一些清醒之士开始对这一禁例提出质疑。其中较早者有冯梦祯。他说：

> 古之时，自公卿至庶人，皆得贡其直于天子，而天下治。高帝兴言路，称至广矣。顾独严于诸生，而卧碑之设，廪廪然，何耶？岂罪其妄发耶？然其中岂无通经学古、留心世故而其言不可废者，奈何以诸生锢耶？抑更有深意耶？吾友贺君伯闇，诸生也，而有《救荒八议》。余读之，或不无激言偏词，而议论斐然，称国华矣，岂徒为诸生重而已哉！奈何废之？⑤

① (明)谈迁：《国榷》卷六一，3855页。

② (明)陈洪谟：《继世纪闻》卷五，101～103页。

③ (明)方震孺：《方孩未先生集》卷一二《一为举人叶正荃白巨窝之冤》，叶5a～7b页。

④ 清黎景义记：“甲申闻变，会斌(指陈邦彦——引者)志切赴难，自念束发为弟子员，食饩有年，沐朝廷待士恩甚厚，一旦大变至此，讨贼复仇，义不容已。遂具呈本县，愿给引赴南京，上书阙下。……县尹顾公闻其言，大加钦赏，即为申牍上司，俾驿传以行。会斌尽捐家赀，备装南征。既至京，撰《中兴政要》书八篇上之。”可见，生员上疏，即使至明末，亦需按一定程序进行方可。说具(清)黎景义：《二丸居集选》卷七《陈会斌私传》，见《四库禁毁书丛刊》影印本集部第16册，662～663页。

⑤ (明)冯梦祯：《快雪堂集》卷一《贺伯闇救荒八议序》，见《四库全书存目丛书》影印本集部第164册，53页。

冯梦祯做过国子监祭酒，显然对诸生的要求洞若观火。他对朝廷禁例的疑惑，事实上说出了大部分生员的心声。只是身为朝廷命官，他不可能对朝廷法规提出直接的质疑而已。当然，冯梦祯的疑惑，主要来自对“言路”功能的清醒认识。他认为：“夫言路之关于治乱，甚巨也。自古天下之将治，言路先开；天下将乱，言路先塞。”①由此可见，冯梦祯主张开生员言路，生员又好议论，他认为朝廷理应允许他们上达，不因其为生员而废锢。

继冯梦祯之后，张自烈、周亮工均对这条禁例提出过质疑。如张自烈认为，“生员不得言事”，“流弊有二”，“可疑者亦有二”。周亮工对当时专制王朝“束士以空名，俾皓首穷经，不得干议朝政”的现象相当不满，对天启、崇祯年间坛坫四起，英人杰士、名公巨卿等清流辈出无比歆羡，他念及明清易代以来，朋党余祸犹烈，不由自主地发出无限感慨：“夫人生今日，既不得稍伸其议于当世，而犹动有倾危之虑。”对朝廷钳束生员言论的禁例，显然亦持怀疑的态度。② 于是，他们对钦定条例作出新的解释，希望借此为生员言事、聚众找到法律依据。佚名《民抄董宦事实》云：

> 伏读钦定条约，生员骂詈官长者有禁，而从容跪禀，不激不亢者，未尝禁也；鼓噪聚众者有禁，而依期升散，不约而集者，未尝有禁也；言涉利害假公济私者有禁，而事干学校，情关狐兔者，未尝禁也。③

---

① （明）冯梦祯：《快雪堂集》卷一《李方麓侍御抒衷疏草序》，见《四库全书存目丛书》影印本集部第164册，52页。

② 关于张自烈、周亮工对“生员不得言事”这一禁例所持怀疑态度，陈宝良已有较好的梳理与探讨，参见陈宝良：《中国的社与会》，50页。

③ （明）佚名：《民抄董宦事实》，见中国历史研究社编：《明武宗外纪》，248页，上海，上海书店，1982。

事实上，生员虽受禁例约束，却往往以“臣子”自处，而不以“诸生”自待。① 他们虽知晓“诸生无建言启事之条”，但又不得不深信“合学有笔伐口诛之案”②，以对不合传统道德规范事行口诛笔伐之责自任。更有甚者，一些生员怀抱“天下兴亡，匹夫有责”之志③，以天下为己任。所以，自明代中叶以后，生员上疏言事之例，不绝如缕。时至天启年间，魏忠贤专权，生员言事，更见频繁。先有投机者监生陆万龄请祠魏忠贤于国学之旁，谓“孔子作《春秋》，而忠贤作《要典》；孔子诛少正卯，而忠贤诛东林也”④。继又有嘉兴县贡生钱嘉徵上疏，参魏忠贤十大罪。⑤

至崇祯年间，崇祯帝曾行保举法，生员因保举而仕，或崇祯帝召见生员言事。⑥ 于是，生员上疏言事，蔚然成风。崇祯九年三月，湖广黄安县学生邹黄遵旨具奏，荐举倪元璐⑦；崇祯十一年三月，晋江诸生蒋鼎上言，言及关外诸堡的并弃、增减⑧；崇祯十三年七月，山

---

① 譬如明熹宗驾崩，哀诏传至山东莱阳，诸生姜泻里（字尔岷，号汉州），“从县官后哭至失声，或问曰：‘子为诸生，何哭?’公曰：‘吾知为臣子，不知为诸生也’”。显见，在国丧时，生员无哭临资格，亦无哭临的义务。说具邹漪：《启祯野乘》，转引自陈国栋前揭《哭庙与焚儒服——明末清初生员层的社会性动作》一文，76 页，注(19)。

② 甲申乱后，李自成窃位北京，降者甚众。如惠世扬、周钟、项煜，均降自成。于是，金坛诸生有《金坛合邑诸生讨降贼诸臣檄》，其中言：“诸生无建言启事之条，合学有笔伐口诛之案。恨生同域，誓不共天。”云云。参见（清）抱阳生编著：《甲申朝事初编》卷二《江南诸生讨逆臣始末》，44～46 页。

③ 顾炎武云：“天生豪杰，必有所任，如人主于其臣，授之官而与以职。今日者拯斯人于涂炭，为万世开太平，此吾辈之任也。”即为此种精神。参见（清）顾炎武：《亭林文集》卷三《病起与蓟门当事书》，见《顾亭林诗文集》，48 页。

④ （清）计六奇：《明季北略》卷三《陆万龄下狱》，79 页。

⑤ （清）计六奇：《明季北略》卷三《钱嘉徵参魏忠贤十大罪》，81 页。

⑥ 崇祯十六年(1643)六月，“召见桐城诸生蒋臣于中左门”。此即其例。参见（清）计六奇：《明季北略》卷一九《蒋臣奏行钞法》，351 页。

⑦ （明）谈迁：《国榷》卷九五，5733 页。

⑧ （明）谈迁：《国榷》卷九六，5803 页。

西诸生张讷奏强兵实着①；同年九月，浙江平阳诸生杨允中敷陈王道，投通政司②；同年十一月，监生涂仲吉上奏，言“黄道周通籍二十载……断不宜以党人轻议学行才品之臣”③；同年十二月，涂仲吉又上疏救黄道周。如此等等，不一而足。这些生员上奏后，崇祯帝处理的态度亦不一：或被通政司所格，崇祯帝根本未及看见奏疏；或疏达御前，触及龙颜，上言者被下狱。

入清，生员言论重新被禁。陆文衡《啬庵随笔》记道：

> 生员言事，卧碑有禁。而吴下士子，好持公论，见官府有贪残不法者，即集众倡言，为孚号扬庭之举，上台亦往往采纳其言。此前明故事也。今非其事也。夫何倪用宾等尚沿旧习，起与任吴县为难，发其私卖漕粮，哗于哀诏初临之日。抚公朱恕而奏之，会谳入告，倪用宾、沈□、顾伟业、王仲儒、薛尔能、姚刚、丁子伟、金圣叹处斩，妻子家产籍没入官。④

这条记载透露了以下两个信息：一是明代生员言事，卧碑有禁，但吴下士子，好持公论，往往违禁聚众倡言，已成惯例；二是入清以后，重申禁例，生员言事又被严厉禁止。

二、生员参政

生员的影响力不及缙绅，这一点毋庸置疑。陆文衡言：

> 往时缙绅公会雅集，团坐一处，讲求时事得失，咨询地方利弊，凡衙门积蠹大恶，皆耳而目之，谒当事，侃侃指陈，或公函

---

① (明)谈迁：《国榷》卷九七，5870页。

② (明)谈迁：《国榷》卷九七，5875页。

③ (明)谈迁：《国榷》卷九七，5881页。

④ (清)陆文衡：《啬庵随笔》卷三，叶14b～15a，清光绪二十三年刻本。

> 条议，当事虚心采纳，以故上下之情通，而梓里蒙福，蠹恶亦有所畏惮。①

官员致仕或因其他原因在乡，有权参与地方政务，其方式有三：一是亲谒当事，指陈地方得失；二为公函条议，从中罗列自己的看法；三为公会雅集，缙绅相聚一处，议论地方利弊，以形成一定的影响力。相比之下，生员地位不到②，又加之卧碑禁例，生员不许言事，基本限制了生员在地方社会产生影响。

生员一年中的“官事”，可以概括如下：

> 凡岁举乡饮酒礼，月吉行香，春秋二仲上丁祭祀先师，皆率诸生以听于郡邑守宰。③

这是生员参与的合法公事。事实上，自明代中期以后，生员在地方社会中的影响力越来越大，其对地方事务的参与，亦往往超出朝廷的禁例，主要表现在以下几个方面：生员大多出入州、县衙门，替人说事；生员上呈地方有司，议及地方利弊，亦成惯例；生员虽不像缙绅有公会雅集，但生员通过结社，也可以裁量人物，议及时政。

(一)生员的合法公事

乡饮酒礼是洪武年间由官方规定的一种民间礼仪。官民每年定时聚宴，习礼仪、读律令，申明朝廷法纪，敦叙长幼之节。洪武十六年，朝廷规定举行乡饮酒礼，以府、州、县长吏为主，以乡间致仕官绅有德行者为宾，择年长有德者为馔宾，其次为介宾，又次为三宾，再次为众宾，教职为司正，并选人分掌赞礼、赞引、读律。

---

① (清)陆文衡：《啬庵随笔》卷四，叶9a。

② 在清代，吴下有谚语曰：“得饶人处且饶人。”秀才平居深念，不骂人，不打人，不杀人，自谓饶人之至。究其实，盖因“不到此地位耳”。明代生员，亦可作如是观。说具(清)王有光：《吴下谚联》卷二《得饶人处且饶人》，38页。

③ (明)鲁论：《仕学全书》下编卷一〇《府州县儒学》，见《四库全书存目丛书》影印本史部第262册，210页。

乡饮酒礼从洪武五年(1372)推行之时，即有生员参与其间，诸如习礼之类。如王彝《乡饮酒碑》云：

> 洪武五年，始诏郡国以孟春、孟冬举行斯礼而读律焉。其时江夏魏公实守苏州，奉诏惟勤，既一再行之，然尚恐未能宣上德意，是以明年复参考仪礼，以授经历李亨、教授贡颖之，使与郡士周南老、王行、徐用诚共商投之，且使张端及诸生相与习焉。①

每当行乡饮酒礼，虽由府、州、县长吏主持，其与礼之宾却理应由学校诸生共同作一呈子，申文长吏，推选与礼宾客。②

春秋二仲丁祭祀先师，或乡贤祠祭丁，均有生员参与其中。根据旧礼：仲春之月上丁，释菜于先师。后世因用其日祀先师、先贤、先儒。古者学宫四时皆释奠，而明代只行于春秋二仲之月。明代惯例，祭之日，“天下府州县学，则教官率生员行礼，且与执事焉”③。乡贤祠的祭丁，生员亦须参加。史载，“每一祭丁，则众议沸腾。有轻俊好讥议者，临祭时常以(钱)文通神主置于供卓之下。”④显然，生员对乡贤亦有评说的权利。

此外，凡地方有讲乡约之事，生员作为一方较有体面的人物，也位列其中。如崇祯十一年二月，浙江桐乡县举行乡约礼，其礼仪式如下：

---

① (清)黄宗羲编：《明文海》卷六七，600～601页。

② 举例来说，如隆庆五年(1571)，松江知府“李葵庵先生行乡饮酒礼，府学推举士夫二人，申请一显宦一外官有厚赀者，葵庵皆不准行。即于申文后批发云：‘郡中有里选，仕宦积学励行可范后学者，该学不知其人乎?’庠友陆云山者，有识之士，曰：‘此必为何柘湖无疑。’遂作一呈子申府。葵庵批允，行学敦请。”此即其例。说具(明)何良俊：《四友斋丛说》卷一六《史十二》，143页。按：何柘湖，即著者何良俊。

③ (清)归庄：《归庄集》卷五《与署县事吴丞论学宫祀典书》，306～307页。

④ (明)何良俊：《四友斋丛说》卷一六《史十二》，143页。

> 令君卢公修故事如乡，偕邑博士以集乡之贵者、高年者与士人百姓于清风里，而申其约焉。既毕，升堂乐作，行士相见礼，宾主辞让即度。卢公西向坐，次博士，各以职降，亦东西向坐；次进士之家居者，次孝廉，次乡进士，次国子生，次博士弟子员，皆东西向坐，各以齿降。次典礼生，东西向坐，亦以齿。次畴民，次耆老，次里之长、市之甲，皆东西向立，为二台于堂下。①

每当举行乡约时，生员有权与学官在公堂共同商议，共同推举约正、约副人选。至于那些年长、熟于礼仪的生员或一些年少的生员，尚须充当礼生、歌生。②

由于不断地参与这些合法性的地方事务，生员在地方上的声望日渐提高，从而形成了一些固定的惯例，使生员得以合法参与地方大事。尤其是那些年长而资历又较深的廪膳生员，尽可以位列乡绅之列，一起讨论地方大事。这表现在以下两个方面：一是年长生员可以代署学职，如贵州布政司呈，“议得本省衙门官员，原系裁减，旧官已去，新官未来，学校印记，缺人掌管，多以各卫经历、年长生员代署”③；二是邑有大事，“士子皆得与议”，这已成为明末一条地方性的惯例，如在沛县，其具体的做法为以食廪诸生前三四人为一学冠冕，凡是县里有大利大病之事，“得与荐绅、先达、里父老商榷持衡，邑大夫雅宠礼之”。④

生员与荐绅、先达、耆老平起平坐，共同商议邑中大事，这是生员梦寐以求的事。事实上，除了沛县外，在明代的其他地区，也有这方面的事例。如松江生员陈洪宇，尽管有“节妇封君”之号，借幼媳贞节而征逐公庭，与官府熟识，然每当地方有公典，他“必欲与名，谓可

---

① （清）张履祥：《杨园先生全集》卷一七《乡约记》，叶 1a。

② （明）吕柟：《泾野先生文集》卷一九《许昌新建乡约所记》，见《四库全书存目丛书》影印本集部第 61 册，221～222 页。

③ （明）徐问：《山堂萃稿》卷六《议处地方事宜疏》，见《四库全书存目丛书》影印本集部第 54 册，230 页。

④ 其中详情，可参见陈宝良：《中国的社与会》，50 页。

厕身缙绅一席”①。乡绅聚会，商议地方大事②，这是明代的惯例。有时这种聚会，同样也有生员参与其间。明人李日华在日记中记道：“同诸大夫、孝廉、文学会仁文书院，讲约甲事宜。”③生员厕身缙绅之列，一起商议均甲、田粮等地方事宜，无不说明在地方社会中，生员身份已有一定的提高，其影响力也在逐渐扩大。

(二)参与地方事务

按照明朝廷禁例，生员不许言事。与此同时，县官与缙绅体统，极其整肃，“非举、贡不得与于公所”④。然学校乃公论所出，这不但为学校生员所信奉，而且也逐渐被一些地方有司官员所接受。于是，一些生员就借着“公论”这一名头，积极参与地方各类事务，主要包括下列几项：

1. 举乡贤、节妇

乡贤、名宦、孝子、节妇，朝廷旌之礼之，其目的是为了彰先德、励后人。尤其是乡贤，其祠附于学宫，必其人无愧于人伦，有闻乎道义，方可入乡贤祠。在明初乃至中叶，乡贤之选，慎乎其慎，每一州县，不过数人而已。对乡贤、名宦、孝子、节妇的旌表与祭祀，生员均有权参与。明人海瑞言：

> 有未举者，诸生商推举之；举之未正者，商推请废之。⑤

以乡贤为例，凡推举乡贤，其程序即先由当地乡约、党保正公举呈文，经学校生员商権，“必士论乡评，果无间言”，方由生员作呈子申详，

---

① 《花村谈往》卷二《封君公子》，见张钧衡：《适园丛书》，第11集，叶17a，据持静斋旧藏足本刊行。

② 如明人李日华记：“二十二日，乡绅会城隍庙，议三县钱粮事。”说具(明)李日华：《味水轩日记》卷六，叶42a，民国七年《嘉业堂丛书》本。

③ (明)李日华：《味水轩日记》卷二，叶44b～45a。

④ (清)戴束：《鹊南杂录》，见(清)丁祖荫辑：《虞阳说苑》乙编，叶5a。

⑤ (明)海瑞：《海瑞集》上编《教约》，18页。

内中备开行迹，经该县复勘的实，然后上报提学道。① 至于废撤乡贤，也是地方学校生员之责。②

2. 出入衙门

按照明代旧例，地方有司衙门均设门籍，登录出入衙门的生员，以供提学道考核。此举的目的显然是为了将生员限制于学校一隅，防止他们出入衙门，妄言举事。可是，明代既定的旧制，其中有两条却为生员出入衙门提供了方便：一是正如前述，地方名宦的推举，多由学校生员共同商榷，地方有司官员任满以后，总希望自己能名列名宦祠，借此为以后的仕途增加政治资本，于是，地方有司不得不结交生员，以获取生员的好感；二是地方官员的考课，需要借助地方生员的言论，换言之，生员舆论能够部分左右地方官员的升黜，这样，一些地方官员为了获取好的考课成绩，不得不与生员相交，甚至讨好生员。③

按照惯例，知府若非送乡试捷匾，未尝入举人之庭；生员非与宾兴，不得侍县官之宴。唯其如此，方显地方官“体格严重，而约束易施也”。一至晚明，则“举监合词客而款府主，庠生敛公分而款县主矣”④。生员与地方官相交，在当时也习以为常。

在明代，部分地方官员就生员言事程序亦曾作过一些限定。如吕坤曾作如下规定：

---

① （明）徐渭：《徐文长三集》卷二九《季彭山先生举乡贤呈》，见《徐渭集》，669～670页。按：万衣《万子迂谈》（《四库全书存目丛书》影印清乾隆二十年刻本）卷八之附录，收有很多崇祯年间地方有司关于万衣入乡贤祠的公移、呈文，可资参看。

② 如张文冕，曾为权监刘瑾私人。“官锦衣得志时，有司立坊，曰‘文武联芳’，以其父衔尝第进士。既败，乃徙坊于群庠文庙之南，曰大成宫。嘉靖甲申，汤细林、徐长谷、钱午江三公尚为诸生，倡议叛臣故物，不宜列圣人之门，请于抚台吴公东湖，亟命撤之。”此即其例。说具（明）李绍文：《云间杂识》卷一，叶3b。

③ 譬如，宣德七年八月，行在都察院右都御史上言：“布、按二司暨巡按御史考课，多偏信里老生员之言为去留，不知其假公济私，是非颠倒，乞敕抚按毋徇其私。”颇能说明问题。说具（明）谈迁：《国榷》卷二二，1439页。

④ （明）管志道：《从先维俗议》卷三《上交下交一切当从孔矩议》，1～7页。

> 诸生有身家之事，类递学官教官转牒，令家人听审，不许朔望于县堂、明伦堂讲事，以犯卧碑。大凡学校事情，不系重大、法所难容者，比庶民自有体面。若三五相约，公然请嘱，不惟有司难容，而士亦失守身之道矣。若通学公事，公讲不妨。①

这一规定至少可以说明以下两点：一方面，有违禁在县堂、学校明伦堂谈论与自己身家不相关事情的生员；另一方面，若所讲为“公事”，生员则可以公开讲论。

生员出入衙门，所从事的事务主要包括以下两方面内容：

一是包揽词讼，嘱托公事，从中获利。换言之，生员到府、县衙门里去说人情，吃荤饭，这已是明代生员的常事。② 二是褒扬或讥刺官员贤否，甚至凌轹有司，持吏短长。

陆文衡《啬庵随笔》云：

> 如今之诸生，动辄呼朋引类，摇唇鼓舌，持官府长短，自谓以是非为己任，不思正言犹戒出位，而况横议？秦之坑焚，汉之党锢，唐之清流，宋之卷堂，皆此辈激成之。③

明代崇祯《乌程县志》云：

> 士修雅者，诚斤斤，亦间有一二负气任术，动持吏短长者，当事凛凛忧炙手。④

---

① （明）吕坤：《实政录》卷三《修举学政》，见《四库全书存目丛书》影印本子部第164册，422页。

② 明末清初著名学者王夫之言：“凡里中郡邑文学，有数至公门请谒者，皆令携巾衫走间道，不敢经过里闬。”说明请谒公门，亦是生员家常便饭。说具（清）王夫之：《王船山诗文集》卷一〇《家世节录》，111页。

③ （清）陆文衡：《啬庵随笔》卷三，叶4a。

④ （明）刘沂春修：崇祯《乌程县志》卷四《风俗》，见《稀见中国地方志汇刊》第16册，904～905页。

可见，“持吏短长”，已成为明代生员的主要社会性动作之一。

3. 具呈

具呈民间利病，是明代生员按照正常程序而参与地方事务。这种呈子，有时是生员联名，有时则为生员与缙绅一起联名。而所呈内容，或为改州为府，或为创设书院，或为地方水利之事。如夏言在一奏疏中说：

> 先因潞州儒学生员孙濡、江相等，并致仕官李玹等，宣化等坊都里老郭琦等，连名具呈，欲要改州为府。①

这是生员与致仕乡绅、地方里老联名具呈，要求改州为府之例。又王阳明记道：

> 据佥事李杰呈：据梧州府并苍梧县学生员黎瓛、严肃等连名呈，欲于县之侧，照依南宁书院规制，鼎建书院一所。②

这是生员联名具呈，要求创设书院之例。又万衣记：

> 诸生夏时霖等与其父廷章侨居长乐乡，率其乡人以堤议状上公。③

这又是生员在居住地就水利事业向地方官上条状。至于生员为其他地方事务而上呈者，尚有许多例子可寻，笔者不再一一列举。

---

① （明）夏言：《夏桂洲文集》卷一三《改建潞州府治及添设兵备宪臣疏》，见《四库全书存目丛书》影印本集部第74册，616页。

② （明）王阳明：《王阳明全集》卷三〇《续编》五《批苍梧道建敷文书院呈》，1123页，上海，上海古籍出版社，1992。

③ （明）万衣：《万子迂谈》卷五《新筑黄梅县长乐乡堤碑记》，见《四库全书存目丛书》影印本集部第109册，107页。

4. 造歌谣、揭帖

“摇笔端以造歌谣，而撼官府”①，是明代生员参与地方事务的又一种方式。明代小说记道：

秀才最难结，一有不合，造谣言，投揭帖，最可恨。②

其实，造歌谣，投揭帖，并非生员专利，官员、举人亦有借此攻击政敌者。而其形式，除歌谣、揭帖外，尚有飞语、戏文杂剧、俚语③，等等。

明代苏州士人口吻儇薄，歌谣对偶之作，更是不绝于时。后又工为四书集句，作时文以讥刺官长。如万历二十五年(1597)，长洲知县江盈科以征粮误拶一冯姓廪生，于是有人作一八股文予以讥刺。万历二十九年(1601)，苏州知府周一梧操守有议，为人刚峻，又待青衿不加礼。为此，生员作八股文刺之。④ 又史称唐龙为提学道时，咸宁县人就“编成戏本，著封筒打到提学道去，这般生事”。⑤

生员有时则通过上公揭的方式参与地方事务。万历十二年，福建曾有一生员夜粘揭帖于巡抚赵可怀府门。⑥ 又如山西督学宪臣袁继成，

---

① (明)郭子章：《蠙衣生蜀草》卷九《学约》，见《四库全书存目丛书》影印本集部第154册，699页。

② (明)梦觉道人、西湖浪子辑：《三刻拍案惊奇》第23回，316页，北京，北京燕山出版社，1987。

③ 明人庞尚鹏云：“今天下士风薄恶，日益月甚。自臣所亲见者言之，署丞衔知府而刊飞语，生员毁提学而编戏文，举人构怨于曹郎辄刻《贫女叹》，尚书积憾于巡抚，乃著《猛虎篇》，其他或为民谣，或称俚语，诞妄不根，更相传报。”由此可见一斑。说具(明)庞尚鹏：《百可亭摘稿》，见《四库全书存目丛书》影印本集部第129册，149页。按：关于此，陈宝良《明代民间舆论探析》一文有详细阐述，可资参看。

④ (明)沈德符：《万历野获编》卷二六《苏州谑语》下册，668页。

⑤ (明)吕柟：《泾野子内篇》卷二五《春官外署语第三十五》，263页。

⑥ “中央研究院”历史语言研究所编：《明实录·明神宗实录》卷一五三，2840页。

为巡按御史张可振所纠而遭禁系。生员傅山等上《辨诬公揭》，替袁继成鸣怨。① 至于南都诸生为驱逐阮大铖而作的《留都防乱公揭》，更是脍炙人口，传为一时佳话。

5. 保护乡里

生员算是较体面的人物，平日在地方上也有一定的威信。所以，每当乡里有了一些徭役争讼之事，往往由生员出面调解，有时甚至可以片言立解。② 更有一些生员，处乡里，目睹不平事，毅然挺身任之。黄宗羲记陈确事道：

> 崇祯末，吏不饰簠簋，邑巨横甚，莫之敢指。先生号于众曰："吾邑之人何罪，而使一人横行于上乎?"同舍生集者数百人，走诉行御史台。绣斧不听，杳吏坐先生以罔上。同舍生龈龈不退，杳吏始败。③

每当边海有警、盗贼蜂起，社会不安定之时，生员又多成为捍卫乡里的干城。如唐钦尧，堪称典型一例：

> 唐钦尧，嘉定人，为诸生有名。好讲论世务，慷慨有大节。贡入京，倭奴犯境，亟归，言于大吏，权假邳庐兵为援。贼薄城下，亲仗剑登陴，冒矢石。一夕，贼绕城三面鼓噪，惟西南隅寂然。疑之，即跃马往。见贼方自林麓中迤逦出，将济河。命连弩射之，贼惶骇走，竟解围去。先是，城中无储，君以县边海上，贼必首犯，请易漕粮以银，奏留十万粟。以是城久围而民以无恐。时狼款兵被调，城守出私财，厚抚其豪长，人人得其欢心，以备

---

① （清）傅山：《傅山全书》卷三三第1册，601～603页。

② 如生员陈梅，"里中凡有徭役争讼之事，君未尝不为之调剂，或片言立解"。此即其例。说具（清）顾炎武：《亭林余集·常熟陈君墓志铭》，见《顾亭林诗文集》，161页。

③ （清）黄宗羲：《陈乾初先生墓志铭》，见《黄宗羲南雷杂著稿真迹》，210页，杭州，浙江古籍出版社，1987。

仓卒可指麾也。①

生员保障乡里之事，并非限于唐钦尧一例，相关的事例尚有很多。如崇祯八年，寇警，生员王敏“与乡绅黄纲暨同里庠生龚业焕等结干城社。城陷，死之”②。湖广郧阳诸生胡光翰，当“流寇猖獗”之时，“歃血纠集乡勇，立约束而部署之”③。安徽宣城生员麻三衡，也起兵保护乡里，“与旁近诸生吴太平、阮恒、阮善长、刘鼎甲、胡天球、冯百家号称‘七家军’，皆诸生也”④。

6. 参与修志

在明代，纂修地方志为地方官员在任期间较为重大的一项文化事业。明代中叶以降，地方志的编修工作逐渐增多。而编纂这些地方志的各项具体工作，实际上多由地方学校的生员承担。

方志的修纂，当然由地方长官主修，佐治官同修，地方儒学的教官、生员参与其事。生员所承担的方志修纂工作，分别有“汇集”“同编”“辑录”“纂辑”“分纂”诸职，事实上承担了方志修撰过程中编辑、校勘诸项工作。这在明代方志所附修撰者名单中可以得到证实。如吴潜在《兴修府志公移》中，就夔州府府志的修纂提出以下看法：

> 合行本府选委学职，分投前去，会同各县与各该儒学掌印官，各提其纲，各仍选委年长学优、平昔公勤生员，或监生，每县四人，分理其事。⑤

而有些生员则被别县专门聘去，从事修志工作。如生员徐献科，吴县

① (明)朱国祯撰：《涌幢小品》卷一一《御倭》，王根林校点，200页。

② (清)庄泰弘修、(清)孟俊纂：顺治《光州志》卷一〇《人物类》下《忠孝》，见《日本藏中国罕见地方志丛刊》，368页。

③ (清)计六奇：《明季北略》卷一三《胡光瀚战死》，227页。

④ (清)计六奇：《明季南略》卷四《宣城麻三衡》，270页。

⑤ (明)吴潜修、(明)傅汝舟纂：正德《夔州府志》卷一二，见《天一阁藏明代方志选刊》，574页。

学诸生。“万历间，崇明知县张世臣尝聘献科辑修县志”。① 此即其例。

三、生员结社

学校是公论之所出，这一点毋庸置疑。正是凭着这一点，学校生员才得以参与地方社会的一切事务，在某种程度上左右地方有司的行政。而生员结盟结社现象的出现，一方面说明由于学校体制趋于废弛，朝廷已经开始限制学校有效发挥议政功能；另一方面，学校中的生员通过各种社盟重新组合、集结，形成了一些出于学校甚至超越学校、地域而只是以兴趣、利益相合的生员集团。

在中国历史上，明代是人们思想最为活跃的时代。人们通过各种方式，结成了形形色色的社与会，而生员社盟则是其中最具影响力的一种结社方式。②

（一）文社、文会的起源

从广义的角度来说，诗文社均源于文人的雅聚，起源颇早，如汉代的梁园雅集、晋末的兰亭“修禊”以及晋时的“金谷二十四友”等。而从严格意义上说，诗社不同于文社、文会。诗社是文人士大夫聚合而成的文学团体，以吟风弄月、崇尚风雅为表现形式，同时也有把酒弄盏的生活场景，以及团体成员志趣的合一。在朝官员在政务之余，为打发余暇，消除寂寞，可以结成诗社；士人为切磋诗艺，可以结成诗社；还有官员致仕以后，在乡无聊，纠合同道，也可以结成诗社。但从总体上看，诗社是消闲的，是士大夫风雅生活的集中体现。而文社、

---

① （明）牛若麟修、（明）王焕如纂：崇祯《吴县志》卷四九《人物》，见《天一阁藏明代方志选刊续编》，273 页。

② 关于明代的结社结会，陈宝良《明代的社与会》一文有详细的阐述，可资参看。至于明代文人结社及各色文社，郭绍虞《明代的文人集团》《明代文人结社年表》二文，（收入郭绍虞著《照隅室古典文学论集》）以及谢国桢《明清之际党社运动考》一书，均作了开拓性的研究。继之者有陈宝良《中国的社与会》一书，其中第 4 章第 1 节（268～307 页），就中国诗文社的起源与变迁，作了较好的梳理。

文会的出现，则有待于宋以来科举盛行之后。士子聚在一起，揣摩八股风气，一起会课会文，结成文社或文会。至于众多的生员结盟，更是由此结合而成。显然，文社与文会是功利性的，为士子应付科举的文学团体。当然，诗社与文社、文会之间也并非畛域井然，有时其界限甚至是模糊的。在文社、文会中，同样存在着诗酒盟会的场面，也有风流消闲的一面；而有些诗社也讽议朝政，带有部分的功利性。①

欲探究明代的生员结盟，必须溯源到文社或文会。早在宋代，由于科举兴盛，文人结社会文的风气已经形成。他们定期集会，研习功课，传观所作文字。可见，士子会课，“宋时已有此风”②。而真正以文会为名者，则始于元。元末至正年间，松江有“应奎文会”③，在嘉兴有“聚桂文会”④。这些文会无疑是宋代士子会课之习的演进，多为科举而设，由当事者倡之，地方有司促成之，另聘名流评裁文卷，取出魁首，犹如一次朝廷科举考试的预演。

(二)明代的文社、文会

明代士人的科举文会，形式多种多样。有进士的“同年会”，较早者如景泰五年(1454)之“甲戌同年会”，同年进士 350 人聚于普恩寺⑤；有举人之首的文会，如“六元文会”“七元文会”“后七元会”⑥；有举人之会，一些“皆已歌鹿鸣于乡”的举人，聚在一起，既以文会友，论议朝政，问难相发，又为他日进身之计⑦；有生员之会，或十人，或十一人，相与结会，“月有课，时有考，善相庆，过相规”，或“会以文，

---

① 陈宝良：《中国的社与会》，268～269 页。

② (清)俞樾：《茶香室丛钞》卷七《会课》，见《茶香室丛钞》第 1 册，183 页。

③ (明)陈威、(明)喻时修、(明)顾清纂：正德《松江府志》卷一三《学校》，见《天一阁藏明代方志选刊续编》上册，726～727 页。

④ 陈宝良：《中国的社与会》，278 页。

⑤ (明)刘珝：《古直先生文集》卷九《甲戌同年会记》，见《四库全书存目丛书》影印本集部第 36 册，79 页。

⑥ (明)杨守址：《碧川文选》卷二《浙元三会录序》，见《四库全书存目丛书》影印本集部第 42 册，62～63 页。

⑦ (明)陈循：《芳洲文集》卷三《文会诗序》，见《四库全书存目丛书》影印本集部第 31 册，134 页。

文有录，录其善者以相观"①；有塾师及其弟子之会，如会稽朱培之建明亲社，"集诸塾师弟子为月朔之会"②；有家族内成员自行成立会社，如嘉靖十三年，油田彭氏举惜阴会于广法寺，"其族之长幼预者，四十有四人，其姻邻预者十有四人"③；有士子结成的"经会"，如福建龙溪县，"士人尚经学，同志者类相聚为文，推识见优者一人为会长，众宗之。三、六、九日课文字，余日讲读"④。

明代文会的起源颇早，基本是承袭了元末文会的流风余韵。如前述的举人之会，即形成于洪熙元年(1425)，尚在明初。至于真正有生员参与的文会，至迟在正统五年就已出现。此年，蕲水县知县胡奎"集邑庠诸士子，较艺于政事堂"，称"蕲阳文会"。⑤

至嘉靖、万历以后，明代士子会文已蔚然成风，出现了很多文社。即以福建邵武府为例，万历二十七年(1599)，有"大社课"；万历二十八年，有"课刻"。⑥ 江西各类文社，诸如"明业社"之类，多起于"神宗中年"，即万历中期。⑦

嘉靖、万历以后文社的大量兴起，事实上得益于督学官或地方有司的倡导与鼓励。这些地方督学或有司，为了改变学校败坏风气，挽救士风、士习，多采用一种"文会"的方式，将生员聚集在一起会课、

---

① (明)方弘静：《素园存稿》卷一〇《尊经会录序》，见《四库全书存目丛书》影印本集部第121册，160、179页。

② (明)周汝登：《东越证学录》卷九《题明亲社规》，见《四库全书存目丛书》影印本集部第165册，597页。

③ 邹守益：《东廓邹先生文集》卷八《书广法文会题名》，见《四库全书存目丛书》影印本集部第66册，133页。

④ (明)李文衮修、(明)田顼纂：嘉靖《龙溪县志》卷一《地理》，见《天一阁藏明代方志选刊》，叶10a。

⑤ 胡奎：《蕲阳文会序》，嘉靖《蕲水县志》卷三，见《天一阁藏明代方志选刊》，叶30a。

⑥ (明)谢兆申：《谢耳伯先生初集》卷六《删正明宗课选序》，见《四库全书存目丛书》影印本集部第190册，428页。

⑦ (明)罗万藻：《此观堂集》卷四《汝南明业社序》，见《四库全书存目丛书》影印本集部第192册，424页。

考核。如吕坤主张，“以邻近诸生编为一会，多不过二十，少不过五七，共若干会，每会若干人，以一会所推服者为之”。① 王畿则主张“各学诸生随便立会，不拘人数多寡，推有学行者一人为会长，又一人为会副。每月三会，每会三篇，论、表、策间作。文成，彼此互阅，尽言相正，毋得虚相恭谀”。② 郭子章也认为，“欲精举业，在先立会。诸生多以心志相契、意见相侔者，或三五人，或七八人，共联为一会，会簿照式，题必三场并重”③。督学官或地方官的鼓励，对文社的广泛兴起，无疑起到了推动作用。

万历、天启以降，士风浮竞。至崇祯朝，更是坛坫四起，尤以东南为甚。城市斯文辏集之地，自然文社四起，即使乡村市镇，“有几个读书的，毋论已进未进，也要拈一社，结一会，三六九日会文课诗”④。对此，明末学者张履祥有较好的揭示：

> 其以文社鼓煽，虽穷乡邃谷，无不至者，号曰声气。一时声名之高，众所奔走者，江西举人艾南英，南直解元杨廷枢，翰林张溥、吴伟业、周钟，生员周立勋、孙淳。其相继而起，则兵科陈子龙、吏部夏允彝、举人徐孚远，浙西进士吴昌时，举人朱一是，贡生范骧、陆圻，又其著也。⑤

尤其是张溥创设的复社，“操挈文章，正告天下以经术之从，十年之

---

① （明）吕坤：《实政录》卷三《修举学政》，见《四库全书存目丛书》影印本子部第164册，419页。

② （明）王畿：《慕蓼王先生樗全集》卷二《两浙学政十六条》，见《四库全书存目丛书》影印本集部第178册，133页。

③ （明）郭子章：《嫔衣生蜀草》卷九《学约》，见《四库全书存目丛书》影印本集部第154册，700页。

④ （明）华阳散人：《鸳鸯针》第3卷，第1回，116页。

⑤ （清）张履祥：《杨园先生全集》卷三八《近鉴》，叶17b。

中，靡然乡风矣”。① 明代复社在生员层中影响力之大，于此可见一斑。

明末的社事，一般以地方性的郡邑为界限，有些甚至仅限于一乡一村，不过是乡里士子的结会。这种文社，北起北京，南至广东，遍地皆是。但自从复社成立以及有些士子结会北京及南京以后，文社已打破了地域性界限，成为一种社盟联合体。②

（三）生员社盟与晚明政局

关于文社兴起的原因，下面两则史料已作了最好的阐释，有助于我们理解明代文社与政局之间的关系。不妨详引如下：

> 文之有社，士所自为政之地也。教养道诎，学官广厉之具阙然，豪杰之士高视远踞，见其具亦复非笑，三岁一比士，往往不足服其所为，故相怜相引，连为社。③
>
> 士为四民首，致君泽民，皆自入学之日始。古者学规甚严，诸生俱宿斋舍，课业有程，专攻举子业，骚坛麴社，罕过而问焉。明末通声气于娄江、金坛、云间，应求甚矣。④

什么是社？黄宗羲作如下解释：“当崇祯初，士之通经学古者，其私试之经义，皆标以社名，极众人之眩耀。”又说：“集士子私试之经义

① （明）罗万藻：《此观堂集》卷一《张天如先生易选序》，见《四库全书存目丛书》影印本集部第192册，344页。

② 相关探讨，可参见陈宝良：《中国的社与会》，268页。按：明末清初著名学者黄宗羲记道：“间有举同社之会者，因解试则在省，因岁试则在郡。乃若绝无所因，先期使者四出，速十余郡之士子，聚于一邑，舟车填咽，巾履交错，扫街罢市，置酒高会者，则自语溪澄社始也。”可见，澄社首先打破了明代文社的地域性界限。然澄社后合于复社中，也唯有复社，才堪称真正意义上的社盟联合体。参见（清）黄宗羲：《钱孝直墓志铭》，见《黄宗羲南雷杂著稿真迹》，221页。

③ （明）罗万藻：《此观堂集》卷四《持社序》，见《四库全书存目丛书》影印本集部第192册，408页。

④ （清）高国盈修：乾隆《平湖县志》卷四《习尚》，见《稀见中国地方志汇刊》第16册，124页。

而刻之，名之曰社，其事至浅鲜也。”①可见，从文社的起源来看，社无非是补学校之缺，而社之为名，亦不过士子私试之文而已。

究其实，明末生员社盟，远非黄宗羲所言如此简单，其影响及于整个晚明政局。明末学者吴麟徵言：

> 秀才本等，只宜闇修积学，学业成后，四海比肩。如驰逐名场，延揽声气，爱憎不同，必生异议。
>
> 秀才不入社，作官不入党，便有一半身分。②

可见，在明末，生员入社，被人视若做官入党一般。正因为此，当崇祯朝温体仁当政时，“小人之攻东林者，蔓延及于复社，作为《蝗蝻录》，言东林之有复社，独蝗之有蝻，所以传衣钵者也”。③ 显然，复社已被公认为传东林之衣钵。④

生员社盟干预政治，主要通过以下两个途径：一是“声气”与“清议”；二是通过社稿或选政，把持科举进身之阶。

公论出于学校。自古以来，人们就将学校称为“有发头陀寺，无官御史台”⑤，无非是说学校生员清苦正直。明人王以旂言：

> 人有恒言，皆曰：公道在学校。旂少从诸文学游，尝质其义焉，则知夫天下之所以治平者，公道而已。是故贤者在位，众皆悦之，不肖者进，众皆非之。化行俗美，欲天下不治，得乎？然其机曷在？非学校弗可移也。盖以吾土秉宜明道，律己化人，一

---

① （清）黄宗羲：《诸硕庵六十寿序》《钱孝直墓志铭》，见《黄宗羲南雷杂著稿真迹》，268、221页。

② （明）吴麟徵：《家诫要言》，见《四库全书存目丛书》影印本子部第17册，2页。

③ （清）黄宗羲：《钱孝直墓志铭》，见《黄宗羲南雷杂著稿真迹》，221页。

④ 关于明末东林党诸问题，王天有《晚明东林党议》（上海，上海古籍出版社，1991）一书有详细阐述，可资参看。

⑤ （清）尹会一撰：《政学录》卷二《弟子》，见《丛书集成新编》第30册，574页。

延誉讥评之间，孰不荣且惧也，果何以私有好恶哉！圣学不明，士习日变，窃见其流之弊一二，为郡邑者辄曰：声闻起于黉舍，私恩小惠，吾何后焉。当务之急，姑徐徐也。为学徒者，妄曰：上之贤否由于我，恒过望焉，得利则跃跃以喜，否则悻悻然，怒见于面，或阴加诟诟之。由是上之刚愎者，矫激愤疾，至于士类如仇雠。①

可见，公道在学校，毋庸置疑。然至明代，由此亦衍生出一些弊端：一方面，地方有司以私恩小惠要结学校生员，以期有好的声闻；另一方面，学校生员借此要挟地方有司，希冀获利。

一至明代，学政废弛，生员已不再在学校肄业，取而代之者是生员的各种社盟。于是，公道在学校，转而成为公论出于社盟。生员一旦结成社盟，往往牢固胶结，甚至在盟词中出现了“它日富贵贫贱处，有远近毋相忘也”②之说，由此也就导致了同一社盟的成员，在处理同一事务时，往往声气相应。

当然，社盟中的成员亦并非纯粹以德业相济，他们在互相评阅文章之余，时常“裁量人物，讥刺得失”③，以在野的“清议”，干预朝政，从而引起执政者的妒忌。正如姜埰论及复社时所言，复社成员一方面，阐明经史，锐志讲诵；另一方面，一二有心之士，亦“怀古忧时，慷慨持论”④。

社盟干预朝政的另一途径，则是通过社稿，操持选政。正如黄宗会所言：

---

① （明）王以旂：《王襄敏公集》卷三《赠大京兆褷庵柴公考绩序》，见《四库全书存目丛书》影印本集部第 68 册，85 页。

② （明）戴重：《河村集》卷三《栖云观文社盟书》，见《四库禁毁书丛刊》影印本集部第 11 册，33 页。

③ （清）黄宗羲：《刘瑞当先生墓志铭》，见《黄宗羲南雷杂著稿真迹》，180 页。

④ （明）姜埰：《敬亭集》卷七《文风士气疏》，见《四库全书存目丛书》影印本集部第 193 册，623 页。

> 当时南北风气，皆锓私所作制举业，以诩诩自矜，而扬越吴楚籍甚。就其中魁然雄鸣者，执牛耳以麾一方之人文，莫不翕然奔之若狂，谓之操选政者，无虑若汉末之清议，魏晋之中正，不入此不得为知名士。①

出八股文选本，这是社盟中一些魁杰者的主要事务。尤其一些知名的选家，多为书贾聘请，而其选本一出，“鸡林为之纸贵”，“以为揣摩风气之的，一出而天下应响”。② 主持文社者，往往就是操持选政的著名选家，“后生一经品题，便作佳士”③。士子若入社，声价顿高；若其文被选入社稿，被选家品题，更可成为名士。于是，生员纷纷入社。更有甚者，社盟还把持仕进之途。若非社盟中人，往往在考试中被黜。④ 社盟声望，于此可见一斑。

---

① (明)黄宗会：《王元趾先生传》，见《缩斋文集》，135～136页，上海，上海古籍出版社，1983。

② (清)叶梦珠：《阅世编》卷四《名节》，102页。

③ (清)叶梦珠：《阅世编》卷八《文章》，182～186页。按：明末天启、崇祯之际，主持文社者，江西有艾南英、罗万藻、金声、陈际泰，太仓有张溥、张采、吴伟业、黄淳耀，金坛有周钟、周铨，溧阳有陈名夏，松江有陈子龙、夏允彝、彭宾、徐孚远、周立勋，皆名望隆海内，名冠词坛。此外，王光承、吴应箕、吕留良，亦均为明末著名的八股文选家。

④ 譬如倪元珙督学江南，有士求科举，元珙云：“访此人并非复社，恐不足以服众。”可见，社盟可以提高士子的声望。说具(清)吴翌凤：《逊志堂杂钞》甲集，10页。

第八章　士风堕落：生员的无赖化

尽管单个生员的个体行为也值得重视，然尤堪注意者则是生员群体的共同性行为。这些读书士子的共同性行为特征即构成士风或士习。关于士风，明人王达云：

> 士风为国之本，廉耻为士风之本。廉耻兴，则士风盛；士风盛，则风俗和，可知矣。①

这当然是儒家社会学说的精髓所在。在传统社会，士为四民之首，又为社会精英。从这种意义上说，士风是关乎国家治乱的根本，有其一定的道理。与此同时，士风又是整个社会风俗的组成部分，士风盛，可以引导、扭转整个社会风气，则风俗和；反之，则风俗浇漓。而“廉耻”则又关乎士风的根本。针对明代生员学问空疏、士风败坏的问题，著名学者顾炎武开了以下两个“医治”的方子：一是“博学于文”；二是“行己有耻”。显然，这也是将廉耻作为扭转士风的关键。

一、士风的演变

通观明代的士风，正好与整个明代风俗合拍一致，大体以成化、弘治为界，前后发生了根本性的变化：成化、弘治以前，士子均在学

① （明）王达：《笔畴》卷下，见《四库全书存目丛书》影印本子部第83册，593页。

校肄业，循规蹈矩，士风端谨、宁静，一如“处子”；成化、弘治以后，士子游学成风，不在学校肄业，士风嚣张，游冶一如“妓女”。①

(一)士风趋坏的原因

既然廉耻关乎士风的根本，那么，探究明代士风趋坏的原因，也应从“廉耻”二字着手。

廉耻二字是儒家教导人们律己的根本行为准则。可是，明代生员自开蒙起所受的教育，即是世俗的“学而干禄”这一套：“学而干禄，圣人所戒。今子弟为干禄而学，举家所贤，居乡无献替，古人或以为忘民。今士夫归休，但不咀嚼邻里，而流连歌舞花竹之间，则悠然自居高品。”②明代风行一时的鼓励童蒙读书的“劝学文”，也是以书中之“黄金屋”“车马多如簇”“颜如玉”一类活生生的世俗利益加以劝诱。③ 生员自童蒙时即已如此，那么，一旦为官，就会“不以营利为耻”。正如明代史料所揭示：“士大夫不以营利为耻，非世道盛事。”又言：“急功利，喜夸诈，于学者最为戾习。士风如此，世道将何赖?”④由此可见，当时士大夫已是趋利成风。

若说一般百姓唯生员秀才马首是瞻，那么，现职官员无疑是生员

---

① 关于成化、弘治前后，明代风俗所发生的种种变化，陈宝良作了初步的探讨，可资参看。参见陈宝良：《悄悄散去的幕纱——明代文化历程新说》，111～124页。按：明人李贤论洪熙、宣德以后的太学生道：“天下之士人太学者，蔑教戒之严，无居养之正，置礼义为外物，轻廉耻如锱铢，杂处于军民之家，浑住于营巷之地，与市井之人为伍，与无籍之徒相接，同其室而共其食，啖其夫而私其妇，易君子之操为鄙夫之行，改士夫之节为穿窬之心。”说明士风之坏，早在洪、宣之际即已初露端倪。说具(明)李贤：《论太学疏》，见(清)黄宗羲编：《明文海》卷四八，365页。

② (明)陈龙正：《几亭全书》卷一六《学言详记》十三《人情》下，见《四库禁毁书丛刊》影印本集部第12册，59页。

③ 明人高拱记其偶过一学究家，见其壁上有宋真宗《劝学文》，云：“书中自有黄金屋，书中自有千钟粟，书中车马多如簇，书中有女颜如玉。”于此不难发现当时读书士子的追求。说具(明)高拱：《本语》，见《高拱论学四种》，60页，北京，中华书局，1993。

④ (明)徐三重：《牖景录》卷下，见《四库全书存目丛书》影印本子部第106册，123页。

的典范。换言之，生员士子的“士风”决定了官僚的“仕风”，可是，“仕风”也会影响“士风”。明代的仕宦之风，同样经历着一次从廉到贪的变化。下面这段史料记载就是最好的例证：

> 弘、正间，闽俗淳厚，仕宦以富腴为耻。有洪都御史归，囊仅以五箧自随，其友郑阁鄙之，绝不与交。今士夫竞尚奢华，娥姣溢闱，高筵骈都，婚嫁矜踰，非广厦千间，良田万顷，不足以供之。一迹仕途，此念随踵，匪是则无与连姻。游宴(宦)者捆载而归，由于耻尚失所故也。①

做官者崇尚奢华的生活，不再以‘富腴为耻”。做官者若欲富腴，俸禄有限，只好依赖贪污受贿这一手段。而在官场，做官者既要贪墨，又必须有一套为官的诀窍，方可不以贪败，而且还能步步高升。官场黑暗，于此概可想见。明代官场流行一句谚语，云：“命运低，得三西。”何谓“三西”？即指山西、陕西、江西，均土瘠民贫。做官者一旦在这些省份做官，势必无多少油水可捞，难怪做官者会随之郁郁不乐。于是，“居官者辄求善地”②，则成为官场一时风气。简言之，就是儒名而盗行。

仕宦者丧尽廉耻，官场风气又是如此，不可能不影响到生员这些读书士子。这样，士风亦转而变为好利而敢于为乱。明人姜宝揭示道：

> 今世俗虽以好利成风，然尚畏法。闻漳人则好利而不畏法，士大夫家子弟多招纳群不逞之徒，或以罔利而致乱。至于生儒之无籍者，亦往往自同于群不逞之徒，或亦好利而敢于为乱，风俗

---

① (明)陈益祥：《陈履吉采芝堂文集》卷一三《木铖》，见《四库全书存目丛书》影印本集部第195册，548页。

② (明)陈玉辉：《陈先生适适斋鉴须集》卷一《语录》，见《四库全书存目丛书》影印本集部第182册，23页。

因人心而日以坏也。①

世俗一旦好利成风，士子的廉耻心亦就随之丧失殆尽。而士子廉耻心的丧失，恰恰可以成为其不畏法的起始，甚至成为致乱之阶。明代生员的无赖化，以及“学变”不断，均可以从这里找出其根由。

士子廉耻心的丧失，仅仅是明代士风趋坏的原因之一。而士子廉耻心的丧失，则又与学校教养之规不严以及教养的不得法有关。关于士之失教，明末人李雯有如下揭示：

古之遇其士者，若慈母之卫处子也。后之遇其士者，若牧长之视牛羊，相肥瘠而别焉。今之遇其士者，若中国之待夷狄，羁縻之而已。其人贤不肖乎，于县官无所与焉，一试而得官，则曰：吾之文章学术致之耳，彼天子何有哉？其所以躐上第，获贵官，又与其行能无与也。师儒瑰琐矣，聋聩矣，月不一至其门，彼固无所深求，即有之，恐喝而甘饵之辄止，学使者间二三岁至，校文字去，举一二优劣应故事，其他禽兽行、盗跖心自如。所学者，非习奔走也，即工佞谀也，非谋人之奇利也，即窜人之高等也，卑冠而恢服，侧肩而媚笑，斗戏而巧俚。好博雅者为腐儒，谭行义者为居士，略世务者为诞傲，语朝廷者为狂生。②

士之失教或学校教养失法，其结果则必然导致士人“禽兽行、盗跖心自如”。

在明初，甚至明中期，学校教规严肃，教养得法。生员遇到上司分巡到郡，一旦失于迎接，掣签不应，就会受到惩罚，即使已近岁暮，

① (明)姜宝：《姜凤阿文集》卷一二《寄戚南塘》，见《四库全书存目丛书》影印本集部第127册，658页。

② (明)李雯：《蓼斋集》卷四一《拟献策皇帝书·教士》，见《李雯集》下册，755～756页。按：原书句读、标点多有误处，笔者所引已径改之。

亦不敢回家，直至“试文义平通”，方才放生员回家。① 严肃气象，亦可想见。明中叶以降，由于学官考核往往由“待士之声”决定，导致士风更趋嚣张。举例来说，如提学道因“斥责生儒”而在考核时被人论劾，而其事果有实迹，则属“以师范而躏儒生”，会受到“尽削其原官”如此严厉的处罚。② 于是，提学官视岁考为畏途，甚至有十六七年不加岁考者，秀才恣意任情，目无郡守，家无父兄。

生员不在学校肄业，且不再得到严厉的管制与教育，而是到处游学，那么，家庭、师友对他们的影响就更显重要。可是，生员从家庭、师友中学到的却是“势利语”，所习者亦为“势利事”。③

家庭环境对子弟的影响确乎相当重要。一般说来，阀阅之家自有一种阀阅气象，而寒素家亦自有一种寒素家气质。寒素家或因渐趋富贵奢豪，可以养成一种阀阅家气，然未闻阀阅家有寒素气者。正是习尚使然之故。④ 若一个生员自童蒙时即在家庭中听惯了“势利语”，受其习染，长大进学，从师友中所熏染的又只是“势利事”，难免会养成一种说“势利语”、做“势利事”的习气。明代士风趋坏，此又为一个原因。

（二）从“处子”到“妓女”

传统医书云：居母腹中，母有所惊，则生子长大时发癫痫。若以此为喻，那么士子出官涉世，往往作风顿显狂态，毕竟是平日“胎疾”所致。由此说来，生员正好是“处于母胎”之时。明人陈继儒说：

> 做秀才，如处子，要怕人；既入仕，如媳妇，要养人；归林

---

① （明）李乐：《见闻杂记》卷一〇，910～911页。

② （明）冯琦：《宗伯集》卷五三《为纠合方面遗奸以裨计典疏》，见《四库禁毁书丛刊》影印本集部第15册，668页。

③ （明）姜宝：《姜凤阿文集》卷一二《寄郑环浦》，见《四库全书存目丛书》影印本集部第127册，660页。

④ （明）姜宝：《姜凤阿文集》卷一八《送别驾仰山张公同知南康府事之任序》，见《四库全书存目丛书》影印本集部第128册，3页。

下，如阿婆，要教人。①

陈继儒这段话被视若“圣贤格言”。而当时的实际情形却正好与此相反。士子出入公门，青衣屈膝，恬不知耻，一如“市中妓女”无异。② 而秀才难管，则更是当时地方有司的一致看法。

其实，明代士风也有一个从端谨趋于嚣张的变化过程。有一篇《规士文》，不知作于何时，常为明代地方督学官或学官教诲生员时引用，从中可见士风的变迁。文云：

> 吾少时乡居，见闾阎父老，阛阓小民，同席聚饮，恣其笑谈，见一秀才至则敛容息口，惟秀才之容止是观，惟秀才之言语是听。秀才行于市，两巷人无不注目视之，曰：此某斋长也。人情之重士如此，岂畏其威力哉！以为彼读书知礼之人，我辈村粗鄙俗为其所笑耳。若闾阎其行，阛阓其心；言不根道义，信口开阖；身不守礼法，任意举动。三五相聚，则诙谐嘲讪，斗口舌之工；一二浪游，则淫邪狎昵，作苟且之事。少年恃其才学，藐视师长；霸者挺其刁悍，挟制有司。或小不忍而动大怒，轻递呈词；或一人事而约众人，同行嘱托。③

生员因“读书知礼”而被乡间小民敬重。至于《规士文》中后半部分之假

---

① (明)陈继儒：《安得长者言》，见《四库全书存目丛书》影印本子部第94册，468页。按：有人将秀才比作“闺女”，并认为“今之秀才不为处女，而为淫妇，亦多矣”。说法不一，其义则同。说具(明)海瑞：《海瑞集》上编《兴革条例·吏属》，54页。

② (明)毛元淳：《寻乐编》，见《四库全书存目丛书》影印本子部第94册，481页。

③ (明)海瑞：《海瑞集》上编《规士文》，20页；(明)吕坤：《实政录》卷一《弟子之职二》，见《四库全书存目丛书》影印本子部第164册，345页；(明)陈玉辉：《陈先生适适斋鉴须集》卷四《规士文》，见《四库全书存目丛书》影印本集部第182册，102～103页。

设，其实已是晚明士行的实录。南京士风的前后变化，正好证实了相同的事实。王丹丘《建业风俗记》云：

> 昔年文人墨士，虽不逮先辈，亦少涉猎。聚会之间，言辞彬彬可听。今我衣巾辈，徒诵诗文，而言谈之际，多杂乱不雅。
>
> 嘉靖中年以前，犹循礼法，见尊长，多执年幼礼。近来荡然，或与先辈抗衡，甚至有遇尊长乘骑不下者。①

一至明末，士风每况愈下。“师媚其生徒，邻媚其豪右。士媚其守令，乃至媚其胥隶，友媚其奔势走货之淫朋。”②生员并非一味目无尊长、傲上，有时亦向地方官献媚，养成一身媚骨，毫无骨气，廉耻丧尽。对此，明人赵南星专作“屁颂文章”笑话一则③，内中描摹，无行秀才，暴露无遗。

明代士风的堕落，大体说来，主要可以概括为以下几个方面：

其一，不务实学，专门务外。他们或浮慕名士，托以联社会文；或吠声胜流，唯恐自居不韵。棋朋酒友、丹青镌刻之辈，达旦连宵，哄堂接席，佳肴美酿，任其饮啖，而文章德业，蔑不挂齿。④

其二，不崇谦抑，专尚骄傲。刚弱冠，则称字称号；未壮龄，则曰老曰翁。一会行文，遂称饱学；偶考便利，辄讪前辈。自少至壮，养成一团傲气，人各自是，习以成风。

对于生员来说，士气不可无，而傲气则不可有。士气与傲气有较大的区别。吕坤云：

---

① （清）佟世燕修：康熙《江宁县志》卷一《风俗》，见《稀见中国地方志汇刊》第 10 册，485 页。

② （明）王夫之：《王船山诗文集》卷二《文学刘君昆映墓志铭》，36 页。

③ （明）赵南星：《笑赞》六《屁颂文章》，见《明清笑话四种》，5 页，北京，人民文学出版社，1983。

④ （明）唐文献：《唐文恪公文集》卷一六《家训》，见《四库全书存目丛书》影印本集部第 170 册，625 页。

士气者，明于人己之分，守正而不诡随。傲气者，昧于上下之等，好高而不素位。①

毋庸讳言，在明代生员中，也不乏一些克谨自守之士。他们一服衣巾，便自认孔门子弟，深知纤毫有玷，便会遗愧儒门。于是，“兢兢自守，不敢失坠”。② 然生员中的大多数则不守士气、士节，却一味以傲气自高。正如明人所言：“近日秀才不惟才高气傲，才不高者，亦气傲。小试不利，便骂督学；场屋不中，便骂试官，全不返己进修。”③而从当时的实际来看，这种狂傲的秀才亦复不少。譬如，潘衡斋出访友人，肩舆误触一士人。“其人素负狂名，乘醉逐舆谩骂，直抵厅事，毁其椅桌而去。”④又如蒋培宗，苏州府学诸生。“跅弛不羁，尝于棘闱中对月高歌，睥睨长啸，人骇其狂。奋拳握爪，喜为人报睚眦。”⑤

其三，士人养成一种浮薄之习。一方面，或奇冠异服，靡日不新，到处游荡，或务为新声，一唱百和，胡乱结交，士风恶薄，交道陵夷，为此“流言飞文，无胫而走”⑥；另一方面，以爱憎为毁誉，以口舌代戈矛，公论之地，反成私见杂陈之处。士人意所不快，造作谤言，写帖匿名，或无水而起风波，或因小而张重大，或聚谈人家是非、家门

---

① （明）吕坤：《呻吟语》卷四《外篇·品藻》，见《四库全书存目丛书》影印本子部第13册，234页。

② （明）钱晓：《庭帏杂录》卷下，见《四库全书存目丛书》影印本子部第86册，766页。

③ （明）李乐：《见闻杂记》卷六，559页。按：明代生员之傲，可引一例以说明之：“神庙末年，有数十诸生谒顺天抚院。一生衣时样青襟，袖极大。参罢，抚院忽命刽子手取刀，人皆错愕，不知所谓。刀至，使割青襟半袖。生就割，从容谢曰：‘深承教诲，但割衣法当用剪，此刀公不以割奴首，而以割衣，误矣。’”生员傲气，于此可见一斑。参见（明）薛冈：《天爵堂文集笔余》卷二，见《明史研究论丛》第5辑，341页。

④ （清）李延昰：《南吴旧话录》卷下，174页。

⑤ （清）顾公燮：《丹午笔记》卷一〇九《矮将军》，100页。

⑥ （明）王衡：《缑山先生集》卷六《嘉定县新志序》，见《四库全书存目丛书》影印本集部第178册，690页。

短长，或编起同庠绰号。

其四，声气相应，结党结盟。朋友之义，过失相规，此为常道。而在明代，士子相交，不过交往游从，宴会欢适而已。“语及误谬，则拂情动色，虽素称厚善，亦不过恬颜好语相奖许”①，甚至不乏同恶相济者。此外，生员尚借斯文之名，倡义气之说，养成“背公死党”的习气。或一士见凌于乡党，则通学攘臂争告于有司；或一士见辱于有司，则通学抱冤奔诉于院道。纠众扛帮，骂詈官长，肆行无礼。

事实上，明代生员与地方有司的关系，存在着截然相反的两种状况：“方其成群而呼，有司畏之如虎；一遇孤弱，有司置之若弃。方其侜张为幻，则藩臬之长，降阶称公称兄，甚至柄文者与诸生媾而和矣。一旦势去，则门隶得而尔汝，家仆可以僇辱。”②生员一旦势孤，不联声气，就会遭人欺凌，甚至受辱于皂隶和缙绅家仆。这种情况有现存的例子可寻。譬如，史载，明末有皂隶承牌索诈，“将生员胡浪翔当场丛殴，裂衣重伤”③；又有乡绅子弟及其豪奴，“捆杀青衿”之例。④ 可见，生员声应气求，纠众结党，亦有其不得已之处。

二、无赖化倾向

士风嚣张的结果，势必导致士行肆无忌惮，养成一种无赖习气。不仅如此，生员还与无赖勾结，共同把持地方事务。

(一)从“卷堂”到“蓝袍大王”

晚明生员不在学校肄业，到处游荡：或联社会文，棋朋酒友，一概结交；或出入酒肆、青楼，养成一种冶游子弟习气；或出入公门，嘱托公事。由此生员也就养成了如下两种不良习性：一是“秀才性儿”，

---

① (明)徐三重：《牖景录》卷上，见《四库全书存目丛书》影印本子部第106册，106页。

② (明)丁元荐：《尊拙堂文集》卷一《国是隐忧疏》，见《四库全书存目丛书》影印本集部第170册，658页。

③ (明)祁彪佳：《宜焚全稿》卷二，见《祁彪佳文稿》(一)，52页。

④ (明)祁彪佳：《宜焚全稿》卷二，见《祁彪佳文稿》(一)，78页。

二是轻浮子弟习气。

何谓“秀才性儿”？明代有一句俗语，道：三个性儿，不要惹他。所谓“三个性儿”，即“太监性儿，闺女性儿，秀才性儿。”①太监为刑余之人，喜怒无常，其性介于男、女之间，自可无论。闺女惯于慈母，养成一种多泪常颦之态，其实就是一种娇痴。至于秀才，修格致诚正之身，任天下国家之重，上天下地，填一我为三才，任古来今，贯千圣为一脉，处则使四海望其大行，出则使万物各得分愿，照理应该有一种慷慨之性、豪迈之态。可是一至明代，秀才一等一袭襕衫上身，便自眼大心雄，胸高气粗，习性同于太监、闺女之流：或喜怒无常，任意闹事；或多泪常颦，一味娇痴。显然，所谓“秀才性儿”，简言之，即为骄、娇二气。

所谓轻浮子弟习气，即生员身着奇装异服，口说市井俚语，见人一副轻浮样儿，喜讨人便宜。西周生所著《醒世姻缘传》为此提供了较为详尽的佐证：秀才戴的是蹊跷古怪的巾帽，不知是什么式样，什么名色。一个十八九岁的后生，戴一翠蓝绉纱嵌金线的云长巾，穿了一领鹅黄纱道袍，大红缎猪嘴鞋；有时穿一领高丽纸面红杭绸里子的道袍，那道袍的身倒只打到膝盖上，那两只大袖倒拖到脚面。口里说的不知是哪里的俚言市语，也不管是什么父兄叔伯，也不管是什么舅舅外公，动不动把一个大指合那中指在人前搣一搣，口说：“哟，我儿的哥呵！”这句话相习成风。② 文中之“搣”，即北京话中的“响榧子”。见人打响榧子，显然是一种对人戏弄、开玩笑的动作，是行为轻佻的表现。生员见尊长而口称“我儿的哥”，更是目无尊长，喜欢讨人便宜。

与此同时，一些生员凭自己的文才戏嬉人生，滑稽多端，靠文字游戏侮谑同辈或学官。如翟永龄，号海槎，武进人。平日不到学宫肄业，学官将其责罚，罚其作论一篇，以“牛何之”命题。翟操笔立就，结语云：“考‘何之’二字，两见于孟子之书：一曰先生何之，一曰牛何

① (明)吕坤：《九儿入学面语诫之》，载(清)张伯行、(清)夏锡畴录：《课子随笔钞》卷二，102～103页。

② (清)西周生：《醒世姻缘传》第26回，381页。

之。先生也，牛也，一而二，二而一者也。"①这是生员作文戏谑，讨学校学官的便宜。

"卷堂"的本意是散伙，后更多的是指生员学子的罢课。生员为表达对不公平事件而撰写的"卷堂文"，显然除了说明事情原委、控诉不公之外，事实上也是"散伙"或罢课的宣言书。生员卷堂最早出现于南宋。② 明代生员之"卷堂文"出现于嘉靖末年。明人李乐记道：

> 余少及见邑庠先生笞责诸生，无敢抗逆者。盖自嘉靖壬子、甲寅以后，而此风浸衰矣。浙省学使屠坪石公持正方严，访诸生行谊，不委之广文，多所洵察，务得其人以行赏罚，诸生一时皆不敢失礼踰法。自后大都务宽，遂致肆无忌惮。分巡以代巡命考校诸生，不容唱名序坐，呼朋引类，莫敢谁何。不五年，而诸生骂父母正官矣，又骂祖父母官矣。骂不已，群攻府通判，而卷堂文出矣。③

按上段史料中之壬子、甲寅，即嘉靖三十一年(1552)、嘉靖三十三年(1554)。卷堂文出现于其后"不五年"，当在嘉靖三十七年(1558)至三十九年前后。

其后，王世贞与王锡爵书云：

> 近日风俗愈浇，健儿之能哗伍者，青衿之能卷堂者，山人之能骂坐者，则上官即畏而奉之如骄子矣。④

---

① (明)蒋一葵：《尧山堂外纪》卷八四《翟永龄》，见《四库全书存目丛书》影印本子部第148册，355页。

② 俞文豹著《吹剑录外集》记，宁宗嘉定三年(1210)，国子监武学生员"卷堂而去"。又周密《癸辛杂识》记，理宗淳祐十二年(1252)，太学生为一生死事，"三学卷堂"。均可参见陈国栋：《哭庙与焚儒服——明末清初生员层的社会性动作》一文。

③ (明)李乐：《见闻杂记》卷二，196页。

④ (明)沈德符：《万历野获编》卷二三《山人愚妄》，587页，北京，中华书局，1980。

至明代，“诸生事不得直，即作卷堂文”，已成为“吴中故习”，甚至出现了“哭庙”的现象。①

由上可知，从嘉靖末年以后，生员已养成一种不安于分的习气。究其原因，则是当时纪纲败坏所致。换言之，青衿骂父母官、卷堂、哭庙，乃至“青衿凌辱台臣”现象的出现②，不过是纪纲陵夷、法令废弛以后，“少凌长，贱凌贵，属官凌上官”的一种侧面反映。③

一至明代，士气日骄，士行更趋恶薄。生员到处惹事，被人称作“蓝袍大王”。明人管志道指出，明代士风凡三变，其最后一变即士有“蓝袍大王”之号。他说：

> 余既归田以后，而吾乡申(指申时行——引者)、王(指王锡爵——引者)二公，与兰溪赵公(指赵志皋——引者)，相继当国。吴越之间，士既隐然若有所挟，而有司亦退然若有所避，于是为人上者，不贵士而下士，不贱士而畏士，士气日骄，浸不可制。其中贤不肖异流，如龙蛇之混渊谷，贤者无党，而不肖者多党。一呼则数十成群，强府县以理处法外所不可从之事，稍拂其意，则攘臂奋袂，哄然而起，提调官莫敢谁何。于是，“蓝袍大王”之号兴，而贤者却为不肖者所累矣。④

---

① (清)钱思元：《吴门补乘》卷一〇《杂记》。转引自陈国栋：《哭庙与焚儒服——明末清初生员层的社会性动作》，79页。按：关于明代生员“哭庙”之例，陈氏文已有阐述，不赘引。

② (明)吴甡：《柴庵疏集》卷一《尊主权以遏乱萌，正人心以维世道疏》，25页。

③ (明)陈玉辉：《陈先生适适斋鉴须集》卷一《语录》，见《四库全书存目丛书》影印本集部第182册，26页。按：传统社会将“上下有章，等威有辨”视作治世之象。而一至明末，“属吏或抗上官，佐领不逊长吏，青衿把持官府，滑棍凌侮譬绅，大帅之令格于俾裨，将领之法挠于士卒”，显然已具衰世之象。说具“中央研究院”历史语言研究所编：《明实录·明熹宗实录》卷七五，3615～3617页。

④ (明)管志道：《从先维俗议》卷二《崇礼让以挽士风议》，97～98页，《太昆先哲遗书》影印明刊本。

赵南星也将生员视作“蓝袍大王”。① 蓝袍者，青衿、襕衫也，为生员所著之服。大王者，一指占山为王的山大王，一指各色庙中称呼不一的大王神像。生员有“蓝袍大王”之号②，无疑就是生员无赖化的最好注脚。

(二)行同无赖

生员是读书士子，是朝廷储为异日之用的人才，属于斯文一脉。照理说来，士之自爱与上之爱士，均若“处子”。换言之，生员属斯文一脉，即应循规蹈矩，甚至有些扭扭捏捏。可是，明代生员，斯文气荡然无存，倒不乏无赖泼皮者。正德《夔州府志》揭示道：

> 生员如有滥窃衣巾，不务门学，知孤作养，甚或泼皮无赖、行止有亏，亟宜摈斥，何以优为?③

由此可知，在明代学校生员中，不乏泼皮无赖、行止有亏的滥窃衣巾之辈。

捐纳制度的存在，致使一些无赖可以通过纳粟、纳马进入国子监，或纳谷寄于地方学校。换言之，自明中叶以降，在国子监中，也确实出了一些学棍，即无赖化的监生。对此，明人吴甡曾作了如下描述：

> 即如国学，去天尺五，而假生市猾，充斥其间，见于词臣姜逢元所参摘者。把棍得滥衣巾，而干禁私揭，肆行无忌，见台臣

---

① 赵南星曰：“近来一二贵人每欲沙汰生员，殊为不尽人情，恐激成‘蓝袍大王’之变。”说具(明)赵南星著《笑赞》三七《儒士》，见《明清笑话四种》，17页。

② 按：不仅生员有“大王”之号，在明季，常熟县乡绅之豪恶者，也以“大王”相称。如以赵士锦为首，有“三大王”之号。他们“好为诸不法事，以残虐乡里，此大王之所以称也”。由此可见“大王”一称的实际意义。(清)尚湖渔父：《虞谐志·豪右传》第五《四大王》，见(清)丁祖荫辑：《虞阳说苑》乙编，叶14b～15a。

③ (明)吴潜修、(明)傅汝舟纂：正德《夔州府志》卷一二，见《天一阁藏明代方志选刊》，叶8a。按：此段史料原缺篇目，置于《重申恤民公移》与《夔州府重修儒学记》间，谅亦为夔州府整顿学政的一份公移。

方大任所纠题者。①

事实确是如此。据吕柟揭示，当时有监生张、王二人，“相诟骂阵于东厢，二人纷攘不息”②，显然已无斯文气息。又如天启年间，北京国子监有章尚安、赵维清两位监生，无疑已是名副其实的无赖。他们在监中结党养交，交接匪类，市面上的无赖纷至沓来，成为他们的走狗。③

地方学校的生员亦如此。晚明士风恶薄，生员稍不得志于有司及乡官，就“群聚而侮辱之”，或造为歌谣，或编为传奇，或摘四书语为时义，极尽中伤他人之术。在明末，民间曾流传着这样的笑话，凡是市井闾阎有人互相争斗，动辄曰：“我雇秀才打汝!”④秀才本应温文尔雅，却被人雇去充作打手，一脸凶相，士风至此，已是可想而知。

事实上，在明代，生员颇有以“凶”出名者。《虞书》记道：

> 粮道中军有姓白者，貌甚黝。秀才单君右有“鞋子”之号。强裱褙妻，人与之宿，须费多金。时人语曰：“白军中（当作中军——引者）倒黑，善鞋子倒凶，强婆娘倒贵。”盖善与单同，而强者，俗所云贱也。⑤

在明代，生员之间互相斗殴厮闹，已成家常便饭。如小说《鼓掌绝尘》记“金陵相公”王端与“江南秀才”李八八，为抢馆，在宾馆里争个不歇：“这一个，擦掌磨拳，也不惜斯文体面。那一个，张牙努目，全没些孔

① (明)吴甡：《柴庵疏集》卷三《视学大典速赐举行疏》，56页。按：“把棍”者，即无赖也。关于把棍，可参见陈宝良：《中国流氓史》，165～166页。

② (明)吕柟：《泾野子内篇》卷二三《太学语第三十一》，243页。

③ 陈宝良：《中国流氓史》，225页。

④ (明)伍袁萃：《林居漫录》卷三，见陈宝良：《中国流氓史》，226页。

⑤ (清)刘本沛：《虞书》，见(清)丁祖荫辑：《虞阳说苑》乙编，叶28b。按：常熟县生员单含章、蒋昭、钱穜、顾征，号称“四大拳”，专能“絷囤打人”。(清)尚湖渔父：《虞谐志·劣衿传》第六《四大拳》，见(清)丁祖荫辑：《虞阳说苑》乙编，叶19a。

孟儒风。”①又如许州生员王某，年少放肆，曾经因为一件小事而怒骂老秀才魏显。这位魏显，虽颇有学，然亦无行，对王某也肆加詈骂。于是，“王某呼其族无赖数十人，殴显几死去，发殆尽，呕血伏枕”②。崇祯年间，济宁诸生陈益修，“与人厮打，被人剜去双目”③。秀才行径，简直与无赖如出一辙。

由此可见，在明末确实存在着一些学霸，武断乡曲，不畏强御。不仅如此，生员还与访行、衙蠹相结交，“尊访行为父母，结衙蠹为前辈，投刺或书，辱爱通名，必曰晚生”④。其实，访行就是一些无赖团体，而衙蠹亦均由无赖做成。⑤ 显然，明代生员已与无赖、衙蠹沆瀣一气。而事实上，地方上的无赖为了扩大自己的声势，也需要得衣冠之助。正如明代地方志所言：

> 今各镇市中有魁猾，领袖无赖子，开赌博，张骗局。社节出会，则奋身醵金钱，甚至贩盐窝盗，兴讹造言，无所不至。黠者又结衣冠为助，把柄在手，头绪甚多，流棍异说，可疑之人，因而附丽，显为民害，暗酿乱端。⑥

生员与无赖相结交，虽为一种互相依赖、需要的关系，但无疑亦是士行堕落的一种反映。明代，比学宫为“狗窦”，呼秀才为“乞儿”，就颇能说明这一问题。

---

① （明）金木散人：《鼓掌绝尘》第 37 回，402 页。

② 陈宝良：《中国流氓史》，226 页。

③ （清）戴束：《鹊南杂录》，见（清）丁祖荫辑：《虞阳说苑》乙编，叶 5a。

④ （清）尚湖渔父：《虞谐志・劣衿传》第六《四大拳》，见（清）丁祖荫辑：《虞阳说苑》乙编，叶 17a～17b。

⑤ 关于访行、衙蠹，可参见陈宝良：《中国流氓史》，171～180 页。

⑥ （明）刘沂春修：崇祯《乌程县志》卷四《风俗》，见《稀见中国地方志汇刊》第 16 册，905 页。

三、学　变

士风的堕落，以及生员的无赖化，已是“学变”(或称“士变”)的张本；而生员卷堂、哭庙之事的出现，更是开启了“学变”的先声。换言之，晚明汹涌如潮般“学变”的出现，乃是明代生员士行堕落以后的必然结局。

“学变”一称，为晚明出现的专有名称，意指生员种种闹事行为。学变与“民变”“兵变”“奴变”“佃变”并称，说明明朝廷或地方有司对生员闹事并非等闲视之，而是将其视作一种生员的哗变行为。在晚明，有些“学变”往往与“民变”纠缠在一起，不易分清。究其原因，则因生员不但是城市民变的参与者，甚至还是领导者。但两者的区别也是明显的：即学变为生员(甚或童生)闹事，无民众的直接参与；而民变则以民众反抗矿监税使或者地方恶势力的斗争为主，当然也有生员的参与。

生员闹事，无疑当始于南宋。清代学者俞樾据宋周密《齐东野语》一书，辑成“杭学多游士”“临安士人作闹”二条，详记南宋杭州士子之“大哄肆骂”“诟骂无礼”。① 明代生员闹事，始于永乐年间，当时已有生员骂内使事。② 成化年间，苏州三学士子骂太监王敬一事，堪称生员闹事的继续。一至晚明，生员闹事，风起云涌，学变不断，直至明亡。

(一)学变大事记

成化十九年，太监王敬以采办药材、书籍至江南，大肆其恶，至及于士类。王敬在杭州时，指使士子抄书，或不如意，则出梵经，让士子抄录，得赂而止。王敬至苏州，故技重演，又以《子平遗集》让三学生员抄录，多至千余卷，激起三学师生愤怒，“诸生乃大噪”。苏州府学生员赵汴“指敬面而骂之”，道：“汝辈扰害百姓不已，又欲害吾儒

---

① (清)俞樾：《茶香室丛钞》卷七《杭学多游士》《临安士人作闹》，见《茶香室丛钞》第1册，187页。

② (清)俞樾：《茶香室续钞》卷一六《苏州三学骂王敬》，见《茶香室丛钞》第2册，780～781页。

生耶?”①事后，赵汴等20人以此坐罪。

嘉靖三十五年(1556)，江尹潮出任温州府永嘉知县。当时正值海倭猖獗，赋役繁重，而知县江尹潮更是以贪酷济其征诛。时永嘉县学生员徐行遭江尹潮朴责，府学、县学两庠生员忿忿不平。一次，诸生正好在府衙中遇到江尹潮，“众共叫嚷，奋臂欲殴，急避得脱”。②

嘉靖年间，某巡按御史巡视温州，向温州府学、永嘉县学两庠学生征询民情利病。于是生员王猷上告，认为私盐、盗劫两弊，多由当役捕快亲自为之，最为病民。当时魏挺正好从御史谪迁温州府通判，私盐、盗劫两事属其职掌，听后怀恨在心。不久，生员许琥有事请谒魏挺，魏氏因此迁怒于许琥，加以詈骂殴打。其后，魏挺又派遣捕役前去逮捕王猷之父以泄私愤。王猷家住蛎塘，其父拘至半道，又被“夺之而返”。王猷“先间行，竟诣郡庠，鸣鼓召集同袍，树党抗拒”。捕役返回后，诉说事情经过，魏挺又派四位捕快前去学校拘留王猷。“时众已集，共絷四卒于梁。愈益其怒，寻隙无由”。③

嘉靖年间(当在嘉靖四十一年(1562)前)，莆田一生在野外便溺，县丞过，以为平民，朴之。生员进城，诉于同袍，众人哗然，乘机殴丞，并聚众家丁围困知县之宅。④

隆庆元年，无锡知县韩应元以某事不厌众心，导致诸生大哗，面加唾辱。是年，常州李知府亦为五邑诸生合击，“几毙于市”。⑤

隆庆五年(1571)，处州诸生殴分守参议方岳。事后，被戍遣十二人。⑥

---

① 不著辑者：《烟霞小说》第一帙《吴中故语·三学骂王敬》，见《四库全书存目丛书》影印本子部第125册，451～452页。

② (明)姜准撰：《岐海琐谈》卷三，47页。

③ (明)姜准撰：《岐海琐谈》卷三，51页。

④ (明)姚旅：《露书》卷七，见《四库全书存目丛书》影印本子部第111册，668页。

⑤ (清)黄印：《锡金识小录》卷四《手搏诸生》，叶8a。按：一说李知府即李义河，为童生所殴。说具(明)李绍文：《云间杂识》卷一，叶2b。

⑥ (明)谈迁：《国榷》卷六七，4156页。

隆庆六年(1572)，处州生员因请托不遂，聚众闹事，“殴及方面”。①

安徽徽州府下六县由于丝绢的分担问题而产生对立。从万历四年到五年(1576—1577)，争端越发激烈，婺源县的生员程任卿等千余人及休宁县千余人，包围了徽州府通判，发生骚乱。②

万历八年(1580)，山东文登县生员侯沐封反对修筑县城劳役，发起暴动。③

万历十七年(1589)，浙江上虞县生员张绮等数十人一起痛打知县。④ □东应试生员夏宗尧以怀挟抵罪，引起诸生数十人群噪。⑤

万历二十年，浙江嘉兴府学生员吕协祖等因嘉兴府通判征税过于严酷而发生暴动，城内 400 余人群起响应。⑥

万历二十一年(1593)，浙江乌程县诸生闵文齐因饮酒与刑部尚书潘氏家奴陶洪发生争执，遭陶洪及恶少雷秀等诟辱、鞭打。诸生王绍基等纠众诉之知府，后诸生千余人又诉之督学。⑦

万历二十七年，云南税监杨荣虐待诸生，遭诸生诟辱。杨荣随之劾巡抚右副都御史陈用宾，命下诸生于理。⑧

万历二十八年五月至六月，为反抗税监陈奉的横征暴敛，湖北钟

---

① “中央研究院”历史语言研究所编：《明实录·明穆宗实录》卷六八，1653 页。

② [日]谷川道雄、[日]森正夫编：《中国民众叛乱史 4》，403 页，东京，平凡社，1990。

③ [日]谷川道雄、[日]森正夫编：《中国民众叛乱史 4》，403 页。

④ [日]谷川道雄、[日]森正夫编：《中国民众叛乱史 4》，404 页。

⑤ “中央研究院”历史语言研究所编：《明实录·明神宗实录》卷二〇八，3893 页。按：此次学变，史料中有“先是”之说，当在万历十七年二月以前发生之事。考虑到时间不详，暂系于此。另，因字迹不清，“□东”是指山东、辽东，抑或广东，俟考。

⑥ [日]谷川道雄、[日]森正夫编：《中国民众叛乱史 4》，404 页。

⑦ (明)支允坚：《梅花渡异林》卷四《时事漫纪》，见《四库全书存目丛书》影印本子部第 105 册，682～683 页。

⑧ (明)谈迁：《国榷》卷七八，4841 页。

祥县的生员与民众掀起数次暴动。①

万历三十一年二月，江苏常熟县生员孙汝炬因抗拒点名，向府县官出不逊语，被知府周一梧朴责。孙汝炬煽众鼓噪，一唱群和，抛砖挥拳，窘辱守令。②

万历三十四年，督学副使董其昌督学湖广，不徇请托，为势家所怨，“阴嗾生童数百人群拥毁署”。③ 同年五月，福建漳浦诸生程可兆纠集“亡命千余人”谋乱。④

万历三十五年(1607)二月，四川叙州府儒童鼓噪。⑤ 同年五月，应天府生员陆一骥以鼓噪，发口外为民。⑥

万历三十七年八月，安徽合肥县生员金文华等殴知县曹光彦。⑦

万历四十年正月，南直隶宁国府泾县童生张载通等因元宵节入乡宦颜文选宅内观戏，被殴而死。时府方试士，次日，五县童生包围颜宅，“及市中无藉破屋入室，尽劫其赀去”。⑧ 同年，南直隶督学熊廷弼试诸生，常熟诸生鼓噪。⑨

---

① ［日］谷川道雄、［日］森正夫编：《中国民众叛乱史 4》，405 页。

② ［日］谷川道雄、［日］森正夫编：《中国民众叛乱史 4》，405 页；“中央研究院”历史语言研究所编：《明实录·明神宗实录》卷三八二，7193～7194 页；(明)郭正域：《合併黄离草》卷一《处分三吴士子疏》，见《四库禁毁书丛刊》影印本集部第 13 册，391 页。

③ “中央研究院”历史语言研究所编：《明实录·明神宗实录》卷四二〇，7960 页。按：此次学变，一说为万历二十七年二月。说具(清)孙承泽：《学典》卷二一，见《四库全书存目丛书》影印本史部第 271 册，342 页。当以实录为准。

④ (明)谈迁：《国榷》卷八〇，4963 页。

⑤ “中央研究院”历史语言研究所编：《明实录·明神宗实录》卷四三〇，8106 页。

⑥ “中央研究院”历史语言研究所编：《明实录·明神宗实录》卷四三三，8197～8198 页。

⑦ “中央研究院”历史语言研究所编：《明实录·明神宗实录》卷四六一，8693 页。

⑧ “中央研究院”历史语言研究所编：《明实录·明神宗实录》卷四九三，9293～9294 页。

⑨ (清)刘本沛：《虞书》，见(清)丁祖荫辑：《虞阳说苑》乙编，叶 14a。

天启三年(1623)，孙之益督学南直隶，发落诸生，亦遭诸生鼓噪。①

崇祯七年九月，莱阳王与候选知县苏辅宸争产，王殴其族人苏辅世。诸生苏济世等为此大哗。②

崇祯十年，归善知县孙蕙署印广东海丰县。当时盐课司官员与秀才郭天定发生诉讼，对秀才大加羞辱。此外，盐课司官员还霸占墨尾陈秀才的铺子。为此，整个学校生员前往盐课司衙门，适逢盐课司官员外出，于是将其凉伞掷碎。③

崇祯十一年，江苏常熟县知县被生员及民众数千人赶下台。④

崇祯十四年，安徽建平县的生员与民众，殴打知县并将知县赶下台。⑤

崇祯十五年，江苏无锡县的生员将知县赶下台。⑥

崇祯十七年，江苏常熟县乡绅赵士锦因残暴而引起生员及民众的仇恨，房屋被砸烂。⑦ 清人王应奎所记的"赵某"，或许就是这位乡绅赵士锦。据王应奎记载：祝谦吉，字尊光，常熟县人。中崇祯六年举人，就选桃源县学教谕，后以内艰回到家乡。祝谦吉所居在城西，与赵某连址。赵某与兄同登甲榜进士，声势赫奕，迥出祝家之上。祝谦吉家世故微，赵某因此对祝谦吉多次加以凌辱。祝谦吉积不能堪，竟于崇祯十六年仲冬投缳而死。"死之日，邑中哗然，群起而噪赵之门，赵键户不启。有诸生七人梯而入，去其键，众乃一哄而进，财货抄掠无遗。先是祝之在桃源也，颇称职，得士心。至是诸生闻变，相率兼

---

① (清)刘本沛：《虞书》，见(清)丁祖荫辑：《虞阳说苑》乙编，叶14a。

② (明)谈迁：《国榷》卷九三，5663页。

③ (明)蔡皇勳：《华衮手记》卷上《明朝纪事》，见《明清广东稀见笔记七种》，李龙潜等点校，52页，广州，广东人民出版社，2010。

④ [日]谷川道雄、[日]森正夫编：《中国民众叛乱史4》，407页。

⑤ [日]谷川道雄、[日]森正夫编：《中国民众叛乱史4》，407页。

⑥ [日]谷川道雄、[日]森正夫编：《中国民众叛乱史4》，407页。

⑦ [日]谷川道雄、[日]森正夫编：《中国民众叛乱史4》，407页。

程而至，至则毁赵所居，即以葬祝焉”。①

崇祯十七年三月，李自成攻入北京城，崇祯帝自缢。投向李自成政权的官僚项煜、时敏、钱位坤、宋学显等人的房屋被江苏生员及民众烧毁。②

(二)学变评析

由上述生员所发动或参与的各种学变可知，明代生员群体在地方上已形成一股不可忽视的政治和社会力量，并由此而登上地方政治舞台，参与地方社会的种种事务。正如明代史料所言，明代生员，“以猖狂为气节，以结党为豪举。事关一人，乃倡通学而聚蚊雷之声；事关本学，乃联各学而成鸱张之势”③。生员群体的形成，于此可见一斑。清初善书中多列有警告士人不要写呈禀和诽谤他人的条款，说明 16 世纪晚期和 17 世纪早期士人所参与的许多城乡抗议运动，在善书中得到了很好的回应。④

如何评价晚明频繁出现的学变？这是一个牵涉面相当广泛而又棘手的问题。一方面，学变与晚明城市“民变”紧密相关，或遥相呼应。按照已有的研究成果，自万历末期至天启初年的 20 多年中，较大的民变达二十多起。⑤ 对这些民变，较早者是与明代的采矿业以及万历年间的反矿监税使运动结合在一起研究。⑥ 1949 年以后，大陆历史学界

---

① (清)王应奎：《柳南随笔》卷三，50 页。

② [日]谷川道雄、[日]森正夫编：《中国民众叛乱史 4》，407 页。

③ “中央研究院”历史语言研究所编：《明实录·明神宗实录》卷五二四，9878～9879 页。

④ [美]包筠雅：《功过格：明清社会的道德秩序》，215～216 页。

⑤ 刘炎：《明末城市经济发展下的初期市民运动》，见存粹学社编集、周康燮主编：《明代社会经济史论集》第 1 集，190～220 页，香港，崇文书店，1979。也有学者认为，明末城市民变，至少有 25 次。参见 Tsing Yuan，“Urban Riots and Disturbances,” in Jonathan D. Spence and John E. Wills，Jr. (eds.)，*From Ming to Ch'ing*：*Conquest*，*Region*，*and Continuity in Seventeenth-Century China*，New Haven and London，Yale University Press，1979，pp. 279-320。

⑥ 龚化龙：《明代采矿事业的发达和流毒》，见包遵彭主编：《明代经济》，121～163 页，台北，台湾学生书局，1968。按：龚文早于 1935 年即已刊行。

对民变的研究，主要是适应明代“资本主义萌芽”问题的探讨，以证明在晚明城市中也出现了初期的“市民运动”。而近期的研究成果显示，已有学者抛弃诸如传统的“民变”或带有阶级色彩的“市民运动”说，而是借用西方社会史学家查尔斯·蒂利(Charles Tilly)所使用的名称——“集体行动(collective action)”，以泛称这类“人们为追求共同的权益而聚集行动的行为”，或者将这类集体行动中带有暴力行为的事件，称之为“集体暴动(collective violence)”。① 另一方面，一些地方官吏与缙绅士儒均参与很多民变。过去的研究，有人简单地将其视作一场“统治阶级内部的皇权和绅权之争”②，实际上这是对绅士力量作为朝廷与地方之间的媒介体的忽视。

生员层会同绅士的上层共同参与一些晚明城市的民变，说明了绅士力量的整体一致性，但这仅仅是一个方面。而晚明纷纷出现的学变，却正好说明绅士层的力量也处于日益分化之中。换言之，生员层渐渐从绅士层游离出来，成为相对独立的一股社会力量。俗语云：不平则鸣。生员闹事(或鼓噪、大哗)，固然是士风堕落、生员无赖化的一种反映，然细究其事，所有这些学变，并非无风起浪，而是多由一些不平事激成。正如明人李绍文所言：

> 士风之弊，始于万历十五年后。然迹其行事，大都意气所激，而未尝有穷凶极恶存乎其间。且不独松江为然，即浙直，亦往往有之。如苏州则同心而仇凌尚书，嘉兴则同心而讦万通判，长州(洲)则同心而抗江大尹，镇江则同心而辱高同知，松江则同心而留李知府，皆一时蜂起，不约而同，亦人心世道之一变化。③

---

① 巫仁恕：《明清城市“民变”的集体行动模式及其影响》，见郝延平、魏秀梅主编：《近世中国之传统与蜕变：刘广京院士七十五岁祝寿论文集》上册，230页。

② 刘炎：《明末城市经济发展下的初期市民运动》，见存粹学社编集、周康燮主编：《明代社会经济史论集》第1集，217～218页。

③ (明)范濂：《云间据目钞》卷二《记风俗》，叶11b。

明代生员学变，确乎为“人心世道之一变化”。从其广泛性来看，这是前所未有的特殊现象。正如前揭，学变多由不平激成，而不平则来自一些地位远远超越生员的太监、宗室、地方官以及乡宦，甚至不乏因富民扛打生员而激发学变者。① 在这些学变中，有两种现象尤其值得注意：一是生员殴辱父母官，导致纪纲败坏；二是生员与乡宦之争，最终导致绅、衿对立、分化。

生员与地方有司的冲突，究其原因，可以从生员与当事者的对话中找出答案：

> 当事诘之曰：“令，父母也。天下无不是底父母。父虽不慈，子不可不孝，何故诉令？”诸生答之曰：“令南面治我，吾君也。抚我则后，虐我则仇。”当事为抚然。②

显然，冲突的原因是地方官虐待生员，而推动生员闹事者，则使生员群体力量渐露峥嵘。于是，学变的极端例子则为生员直接谋叛，反抗朝廷。如万历三十四年九月，福建漳浦诸生程可兆纠亡命千余人，反叛朝廷③；崇祯十六年，浙江东阳诸生许都因不满知县姚孙棐横派，谋乱造反。④ 许都事件无疑证实了下列事实：以绅士为社会阶级基础的地方忠臣开始在政治和社会领域反抗中央集权，其目的是为了赢得地方的支持。⑤ 他们为了达到这一目的，甚至已经在自我防御的目标

---

① 譬如，松江东乡富民费仲扛打生员陆龙基，西乡富民马可观扛打生员刘致和，诸生声之有司，从重问遣。说具(明)范濂：《云间据目钞》卷二《记风俗》，叶12a。

② (明)姚旅：《露书》卷七，见《四库全书存目丛书》影印本子部第111册，668页。

③ (明)谈迁：《国榷》卷八〇，4963页。

④ (明)谈迁：《国榷》卷九九，6010页。

⑤ Jerry Dennerline, "Hsü Tu and the Lesson of Nanking: Political Integration and the Local Defense in Chiang-nan, 1634-1645," in Jonathan D. Spence and John E. Wills, Jr. (eds.), *From Ming to Ch'ing: Conquest, Region, and Continuity in Seventeenth-Centry China*, p. 96.

上成为了维护地方利益的斗士。

生员与乡宦的冲突，固然是因乡宦家奴为恶所致，如华亭徐氏之变，其因是一生员与徐氏家奴为负券或赌博而起争执。① 然家奴之种种作为，一方面，是仰仗乡宦势力而为非作歹；另一方面，亦是乡宦直接指使所致。② 生员势力的增长，并积极参与地方事务，事实上部分地削弱了乡宦在地方社会中的特殊地位，这必然会引起绅、衿之争，进而导致绅衿阶层的内部分化。

生员学变，事后朝廷追究的当然是首事之人。为此，诸生具牒当事者时，采用“列名如八卦形”的策略，借此免祸。而事实上这一策略更有利于团结生员阶层，形成群体的力量，并在地方社会中造成更大的声势。

---

① (明)李乐：《见闻杂记》卷五，459～460 页。

② 如苏州原任尚书凌云翼，聚众惨辱儒生，致死二命，伤复不少。此即其例。说具(明)詹事讲：《詹养贞先生文集》卷一《劾宦豪伸士气疏》，见《四库全书存目丛书》影印本集部第 166 册，362～364 页。

第九章　穷秀才：生员的生计

生员是一种身份，是相别于平民百姓的社会地位的象征。这一点毋庸置疑。作为一个生员，其在当官者与平民百姓面前，均具有一种身份，挣得一副面子。上司对待生员，“有礼貌之施，有爱养之义，有勉励之道”①。生员可以“齿于衣冠，得于礼见官长，而无笞、捶之辱”②。而在闾阎小民之前，生员又显得体貌隆重，小民不可以与生员平起平坐，只能“惟秀才之容止是观，惟秀才之言语是听”③。

当然，做生员也并非一帆风顺，更不可能一劳永逸。且不说一个童生为了进学所付出的种种艰辛，即使进学以后，还要受很多苦处：宗师按临，要应付岁考、科考；在学内，又有月考、季考。此外，学内朋友，还要做会、结社。正所谓不读书难，读书又难。生员入乡闱之种种苦况，清初人蒲松龄在《聊斋志异》中称之为“七似”：似丐，似囚，似秋末之冷蜂，似出笼之病鸟，似被絷之猱，似甘毒之蝇，似破卵之鸠。④ 其淋漓尽致的刻画，堪称一幅儒林变相地狱图。

尽管做生员有如此之多的苦处，可是人们仍然趋之若鹜。究其原因，除了社会地位之外，实际的经济利益也是一个原因。一旦成为生员，其不但享受廪粮、膏火，而且享受免除徭役待遇，甚至可以凭借

---

① (明)姚镆：《东泉文集》卷八《广西学政》，见《四库全书存目丛书》影印本集部第46册，721页。

② (清)顾炎武：《亭林文集》卷一《生员论》上，见《顾亭林诗文集》，21页。

③ (明)陈玉辉：《陈先生适适斋鉴须集》卷四《规士文》，见《四库全书存目丛书》影印本集部第182册，102页。

④ 小横香室主人编：《清朝野史大观》卷一一《蒲松龄科举谈》，23页。

自己的身份，去府里、县里说人情、吃荤饭，谋取种种好处。

一、廪粮与优免

明代养士的特点，是“舍以聚之，禄以廪之，役以复之，科以升之”①。自明中叶以降，学宫颓圮，生员多不在学校肄业，“舍以聚之”已形同虚设；生员数大增，生员仕途受堵，所谓的“科以升之”，能真正受此实惠者亦不过是少数的幸运儿。唯“禄以养之，役以复之”，直至明亡，犹得以认真实施，生员由此受惠不少。

(一)廪禄

明代生员供给，前后有一些变化。明初，生员在学校会馔，所食为廪馔，或称学粮。其后，会馔之典流于形式，生员只在学仓支取廪银或膳夫银。

洪武初年，朝廷令师生廪食月米六斗，有司给以鱼、肉。洪武十二年，朝廷令日米一升，鱼、肉、盐、醯之类，皆由官府供给。洪武十五年，增师生廪馔，月米一石。正统元年，朝廷令师生日逐会馔，佥与膳夫，府学四名，州学三名，县学二名。天顺六年，朝廷谕提督学校官，师生每日坐斋读书，日逐会馔，县学膳夫二名，斋夫二名，不许违误缺役。弘治三年朝廷奏准，膳夫每名岁出柴薪银四两，以备会馔之用。弘治八年，令膳夫每名出柴薪银 10 两。若师生不行会馔，有司失于供应，听提调究治。嘉靖、隆庆间，朝廷编定县学膳夫二名，每名银 20 两；斋夫六名，每名银 12 两。②

洪武十五年朝廷所定师生廪馔月米一石，基本成为明代地方学校廪膳生廪粮的定例。如苏州府学，廪膳生月支米一石，岁支 12 石③，常

---

① (明)林炫：《林榕江先生集》卷一三《送督学高一所先生迁江西序》，见《北京图书馆古籍珍本丛刊》集部第 109 册，184 页。

② (明)申时行纂：《明会典》卷七八《学校・廪馔》，453 页。(清)方懋禄、(清)李珥修：乾隆《江西新城县志》卷五《学校志》，见《稀见中国地方志汇刊》第 29 册，783 页。

③ (明)王穀祥：《苏州府学志》卷五《师生职员》，叶 5a。

熟县学廪生，每年每生支廪粮12石，遇闰月，多支米一石。①

明初设立地方儒学时，将学田一概并入有司。与此同时，拨赐学粮，府学岁1000石，州学800石，县学600石，以供师生俸廪祭费。后祭费无从所出，学仓岁储只供师生俸廪。② 其后，生员不再在学校会馔，不过支取廪米、膳银度日而已。

月支廪米一石，岁支12石，遇闰月多支一石。这是明代的定例。然而廪生廪粮的厚薄，各地稍有不同。在常熟县，廪生在岁支12石廪米的基础上，外加每年各支膳银约五两。③ 广东雷州府，廪生每名月粮一石，折银五钱；每季支膳夫银五钱，年支二两。廪粮、膳银俱遇闰加增，月小不扣。④ 在江西高安县，廪生每年得廪银六两，膳银二两，遇闰，加增五钱。显然，这实行的也是廪米一石折银五钱的制度。崇祯八年，知县蔡国光捐余米作兴，每生增银四两。这样，廪生岁支廪银、膳银合计12两，后遂为例。⑤ 廪银最厚者，当数南直隶上海县。明代，生员"一登廪册，即岁食饩银一十八两"⑥。

在明代生员廪粮中，存在着一种"上庠不如下庠"的怪现象。上庠指国子监，下庠即府、州、县学。国子监生每月食粮三斗，年得米三石六斗。而在外廪生，"每年约得银十二金有奇"⑦。

成化以前，廪生有学粮，学中有学仓，设有斗级，专掌学仓。弘

---

① (明)缪肇祖等纂修：《常熟县儒学志》卷三《廪禄志》，叶2b。

② (明)唐胄纂修：正德《琼台志》卷一五《学校》，见《天一阁藏明代方志选刊》，叶5a。

③ (明)缪肇祖等纂修：《常熟县儒学志》卷三《廪禄志》，叶2b。

④ (明)欧阳保纂修：万历《雷州府志》卷一〇《学校志·俸粮》，见《日本藏中国罕见地方志丛刊》，300页。

⑤ (清)张文旦修：康熙《高安县志》卷五《庠序》，见《稀见中国地方志汇刊》第27册，147页。

⑥ (清)叶梦珠：《阅世编》卷二《学校三》，29页。

⑦ (明)徐必达：《各衙门事宜疏》，见(清)黄宗羲编：《明文海》卷五九，511页。

治以后，学粮多改支折色，成为廪银。① 再加之学宫败敝，于是，原设学中杂役人员，举凡门子、库子、斗级等，不免多余，往往成为生员私役之人。而在一些卫学中，还设有“供给役人”②，由余丁充任，每位生员二人，专门供生员驱使。

(二)学田与膏火

按照一般的说法，古有米廪，而无学田。学田之兴，其目的是为了挽救“养道之衰”。③ 赡学有田，始于宋代。明代“稍易其制，博士弟子，常视员额，斥民田租给之”。④ 在明初，廪禄之外，无复学田。廪粮或廪膳银，只有廪膳生才有权支取，而占明代生员大多数的增广生、附学生，仅仅享受“复其身”的徭役优免权，却无缘廪食学中，故士多贫困。于是，学田随之兴起。

明代学田，或由公产拨付，如崇明县旧例，“若有科第新发，请拨公产，以资养廉，名曰摘拨”⑤；或由乡绅或义民捐献，如福建建阳县，万历二十六年，义民刘有延“输田一百箩到县，并送入学宫”，作为生员的会课田⑥；或由地方官将绝户官田拨给，如在福建建阳县，万历二十四年知县魏时应“断李三凤、王荣讦告绝户入官田五十九箩五斗”，作为诸生会课田⑦；或由生员捐助，如江阴县学学田中，其中就

---

① 如南直隶仪真县，弘治间，“因正兑起运不足，议准将原坐塘粮并改正兑，自是师生俸廪以典卖田房税银折支，遂为定例焉”。(清)胡崇伦修：康熙《仪征县志》卷四《学校志》，见《稀见中国地方志汇刊》第13册，671页。

② (明)张奎修：正德《金山卫志》卷三《兵政·赋役》，叶50a，上海，传真社，1932。

③ (明)程文德：《程文恭遗稿》卷一一《句容儒学田记》，见《四库全书存目丛书》影印本集部第90册，207～208页。

④ 李默：《群玉楼稿》卷三《瓯宁县儒学官租记》，见《四库全书存目丛书》影印本集部第77册，633页。

⑤ (清)朱衣点、(清)黄国彝纂修：康熙《重修崇明县志》卷四《赋役志》，见《稀见中国地方志汇刊》第1册，838页。

⑥ (明)魏应时修：万历《建阳县志》卷二《建置志·学田》，见《日本藏中国罕见地方志丛刊》，298页。

⑦ (明)魏应时修：万历《建阳县志》卷二《建置志·学田》，见《日本藏中国罕见地方志丛刊》，298页。

有生员汤齐所捐田 29 亩余。①

学田的经营、管理，“佃户输之掌租，掌租输之差解，差解输之公仓，民不烦而官亦不扰。廪、贡司其出纳，师长专其职掌，提调稽其存积，权相制而并相成”。② 为了防止产生弊端，学田一般只许招人佃耕，“不许生员领耕”。③ 而事实上，生员争佃学田，在晚明已蔚然成风。④

学田义租与廪膳，功能虽同，无非是为了饩士，而在明代则有贵贱之别：

> 廪之则荣，赡之则不荣。何者？彼以文誉取之，此以怜乞取之。所取之道殊，而两者遂分贵贱。⑤

然而能廪于学宫者毕竟属于少数，兼之赋役繁重，即使廪生也不能自给，遑论增广、附学中贫乏之辈！所以，在生员中，因俯仰不足、婚丧无所依靠而“集公门告歉称匮，不可胜数”。⑥

生员相对贫困化的现实境况，无疑促成了学田的大量兴起。而学田的设立，其主要的功能即为助贫，然后才是宾兴诸事。

---

① （明）赵锦修：嘉靖《江阴县志》卷七《学校记·庙学》，见《天一阁藏明代方志选刊》，4b 页。

② （明）缪肇祖等纂修：《常熟县儒学志》卷四《学田志》附《公呈条议》，叶 1b～2a。

③ （清）毕懋第等修：《威海卫志》卷三《学校志·学田》，叶 3a。

④ 如做于万历十九年（1591 年）的一篇《重建学田记》言：“前学正黄君大年买民王守仁田四亩，则为生员争佃。”又六安州学田，“给诸生张敦铭等领佃”。其说分见（清）许绍宗修：嘉庆《武冈州志》卷二八，见《稀见中国地方志汇刊》第 40 册，336 页；（明）李懋桧纂修：万历《重修六安州志》卷二《学校》，见《稀见中国地方志汇刊》第 21 册，31 页。

⑤ （明）程楷修：天启《平湖县志》卷七《礼乐四·义田》，见《天一阁藏明代方志选刊续编》，445 页。

⑥ （清）王政修：康熙《唐县新志》卷一七《创置学田记》，见《稀见中国地方志汇刊》第 2 册，1295 页。

助贫是学田的主要职能。如徐陟，“捐学田百亩于府县各学，赡诸生之贫者。别捐田二百亩，为四学广文洒扫之费，并捐房四十余楹，以处诸生。一时咸颂其德。”①又王轾《学田规约》中有下面一条：“诸友贫乏不能婚丧者，师友及时堂议，量为给助。”②助贫分为助丧、助婚、周给三种。助丧者，指贫生父母及本生不幸，贫不能葬，父母暴骸，则出资助之；助婚者，谓本生贫不能娶，只身鳏苦，出资助之；周给者，指贫生好修而糊口无资，或暮龄悬磬，果真不能举火，或者遇到疾病等无妄之咎，则出资助之。所有助贫，只限于贫生父母及本生，不及伯叔或兄弟。

有些学田规则，将士之贫者区别为三等：全贫则助丧七石，助婚六石，周给五石；半贫则助丧五石，助婚四石，周给三石；稍贫则助丧四石，助婚三石，周给二石。③

宾兴诸事也是学田的职能之一。所谓宾兴，原指周时选举法。在科举时代，地方官设宴招待应举之士，谓之宾兴，即仿古乡饮酒之礼。后又径称乡试为宾兴。

在明代，宾兴诸礼包括下列这些内容：生员应试、举人报捷、郊迎、释菜、赴宴、归第、会试、进士、贡士。④ 显然，宾兴虽专指乡试，然其外延在明代甚广，举凡生员之岁考，参加乡试科举生员之选拔、乡试、会试以及生员出贡，均在宾兴范围之内。所有这些，均有规范化的礼仪，并会获得一定的经济资助。

与生员相关宾兴之礼，包括生员应试、科举报捷、岁贡出学三项。

---

① （清）章鸣鹤：《谷水旧闻》，见上海市松江区博物馆、华东师范大学古籍研究所编：《明清松江稀见文献丛刊》第1辑，12页，上海，上海古籍出版社，2015。

② （明）王叔果修：隆庆《新修靖江县志》卷五，见《稀见中国地方志汇刊》第13册，980页。

③ （明）蔡叆：《汶滨蔡先生文集》卷一《学田规格》，见《四库全书存目丛书》影印本集部第93册，551页。

④ （明）叶联芳纂修：嘉靖《沙县志》卷六《宾兴》，见《稀见中国地方志汇刊》第35册，298页。

生员应试之礼：先期，有司择日，设宴于公堂，盛陈鼓乐，出饯于郊，夫马、盘缠，率宜从厚。科甲捷报之礼：生员中乡试，捷音至县，有司备礼往贺，树旗，送捷报牌，生员回乡日，有司遣夫马伞盖，金鼓旗队，清道结彩，出迎于郊，仍设宴以待。岁贡出学之礼：生员应贡，有司礼送考试，考中之日，亦备礼往贺，树旗、悬匾；生员赴部之日，应得夫马、盘缠，悉照旧规，家事凉薄者，有司分外作兴，以赠其行。①

显然，除了廪膳生应得之廪粮或廪银、膳银之外，所有生员还可以通过学田所入，从中获取许多经济上的优待与好处。下面所列就是生员惯常的经济收入：

首先是“膏火”。膏火原指灯火，在明代又指官方供给生员学习的津贴，大体与“薪水”相同。如崇明县，有“膏火需”，始于崇祯中期，“贫士无资，议拨涂若干顷，取租赡之”②。广西各府生员在书院中肄业者，官方支给“薪烛银”，按地远近，远者除路费外，每人日给薪烛银三分，近者每人日给薪烛银一分五厘。③ 在南直隶靖江县，官方则直接提供给诸生灯油，每年灯油十斤，少助进修之用。④

其次，诸生平日在学校肄业，亦有种种好处。诸生每月会课，所得有会课饷银，或支取供给银、文卷银、纸笔银。在有些地方，生员所获供给，则为实物，即在会课之日直接领取茶饭。譬如，福建建阳县，诸生每月会课二次，“每会支饷银一两”⑤。江苏常熟县，诸生会

① （明）何麟纂修：嘉靖《真阳县志》卷七《礼仪志·宾兴》，见《天一阁藏明代方志选刊续编》，746～747页。

② （清）朱衣点、（清）黄国彝纂修：康熙《重修崇明县志》卷四《赋役志》，见《稀见中国地方志汇刊》第1册，834页。

③ （明）王宗沐：《敬所王先生文集》卷二七《广西学政》，见《四库全书存目丛书》影印本集部第111册，588页。

④ （明）王叔果修：隆庆《新修靖江县志》卷五，见《稀见中国地方志汇刊》第13册，980页。

⑤ （明）魏应时修：万历《建阳县志》卷二《建置志·学田》，见《日本藏中国罕见地方志丛刊》，298页。

课，每生可支文卷银二厘、供给银二分。此外，与考者若考得优卷，另可得纸笔银二钱，以寓奖劝之意。① 而在南直隶靖江县，每当诸生月考之日，“计人多寡，量支米麦，照时估价，责付膳夫领办茶饭。其合用试卷纸笔，俱量价豫备”②。

再次，生员参加府、州、县的季考，或提学岁考，不但有茶饼供给，而且有赏银、花红、月银可得。如南直隶上海县，诸生参加府、州、县季试，则有供给、激赏。学院赏银，一等考生每名一两二钱，首名倍之；二等考生八钱；三等考生三十名内则备纸笔。此外，则有花红，供给则每人饼饵八，时果数枚。③ 贵州普安州，专设宾兴银，给岁考生员，若生员岁考考居一等七名以前，每人月银八钱，作为灯油之助。④

最后，生员一旦获取参加乡试资格，即可得盘缠银，或花红、酒席银，少者得盘缠银五钱，花红、酒席银四钱⑤，多者一两⑥。生员若获出贡，除了同阶、同袍之助外，还有花红、盘缠、羊酒银、旗匾银，少者 10 两、25 两⑦，中者 66 两⑧，多者可达 120 两⑨。在有些地方，岁贡生可以向上司讨水手、长夫，甚至假借采录民风名目，奉

---

① (明)缪肇祖等纂修：《常熟县儒学志》卷四《学田志》附《公呈条议》，8b 页。

② (明)王叔果修：隆庆《新修靖江县志》卷五，见《稀见中国地方志汇刊》第 13 册，980 页。

③ (清)叶梦珠：《阅世编》卷二《学校五》，32 页。

④ (明)谢东山修、(明)张道纂：嘉靖《贵州通志》卷六《学校》，见《天一阁藏明代方志选刊续编》，842 页。

⑤ (明)姚良弼修、(明)张宗甫纂：嘉靖《惠州府志》卷七下《赋役》，见《天一阁藏明代方志选刊》，叶 2b。

⑥ (明)谢东山修、(明)张道纂：嘉靖《贵州通志》卷六《学校》，见《天一阁藏明代方志选刊续编》，842 页。

⑦ (明)谢东山修、(明)张道纂：嘉靖《贵州通志》卷六《学校》，见《天一阁藏明代方志选刊续编》，842 页。

⑧ (明)姚良弼修、(明)张宗甫纂：嘉靖《惠州府志》卷七下《赋役》，见《天一阁藏明代方志选刊》，叶 2b。

⑨ (清)叶梦珠：《阅世编》卷二《学校三》，29～30 页。

府牌到各县，支取“花红酒礼”。①

生员所获上述宾兴银，大多派自民间，故明代地方志多将其置于赋役类中。顾炎武认为，“一切考试科举之费，犹皆派取之民，故病民之尤者，生员也”②。当然，亦有不少地方，由于设立了学田或学店（或称学铺、学廛），则宾兴诸费皆由学田收入支出。

（三）优免

在传统社会中，纳粮当差是平民百姓的义务。而一旦成为生员，“则免于编氓之役，不受侵于里胥”③。可见，优免权的存在，决定了生员不同于平民百姓，而是特权阶层中的一员。

生员优免，包括粮、差两项。正统元年，明英宗在给提督学校巡按直隶监察御史的敕谕中，有一条关于生员免役的规定：

> 生员之家，并以洪武年间例，除本身外，户内优免二丁差役，有司务要遵行，不许故违。④

可见，生员免役权起源于洪武年间，然其时只免役，不免粮。正统十年（1445），朝廷令监生家免差役二丁。⑤ 至嘉靖二十四年（1545），朝廷正式议定优免则例，具体如下：京官一品，免粮三十石，人丁三十丁；二品，免粮二十四石，人丁二十四丁；三品，免粮二十石，人丁二十丁；四品，免粮十六石，人丁十六丁；五品，免粮十四石，人丁十四丁；六品，免粮十二石，人丁十二丁；七品，免粮十石，人丁十丁；八品，免粮八石，人丁八丁；九品，免粮六石，人丁六丁。内官、内使亦如之。外官各减一半。学官、监生、举人、生员，各免粮二石，

---

① （明）海瑞：《海瑞集》上编《兴革条例·礼属》，94页。

② （清）顾炎武：《亭林文集》卷一《生员论》中，见《顾亭林诗文集》，23页。

③ （清）顾炎武：《亭林文集》卷一《生员论》上，见《顾亭林诗文集》，21页。

④ （明）王谷祥：《苏州府学志》卷四《敕谕提督学校巡按直隶监察御史》，叶6b。

⑤ （明）申时行等修：《明会典》卷二〇《赋役》，134页。

人丁二丁。① 至此，生员不但免除本身差役，并可免家中二丁之役，甚至还可免粮二石。

自嘉靖二十四年朝廷定下优免则例后，生员优免差役基本照此则例酌裁优免。② 如浙江淳安，生员免役之法如下：生员已造名在黄册者，免人田七丁，新进生员不造名在黄册者，免人田五丁。至于衣巾生员，止免一丁。③ 显然，这是将免粮、免役合在一起，故合称“人田”。其间亦有不同者。如北直隶雄县，“学生二十人，增广生二十人，附学生不置额。惟其人凡学生，岁复四丁”④。按照明代制度，廪粮有廪膳生、增广生、附学生之别，而优免差徭，则不分廪膳生、增广生、附学生。此“学生”一称，照例应指廪膳生，而“岁人复四丁”，亦优于则例所规定的免二丁。生员优免徭役，其实是指免除杂泛一类的差役，而里甲则系正役，例仍不免。⑤ 至于保甲、乡甲、火夫一类，虽然生员本身可免充，然其家人或衣巾生员，却无权免充。举例来说，在贵州，生员本人免编，却“编其家人”⑥。在吕坤所定乡甲事宜中，约正、约副，生员“不须编入”，但衣巾生员不可免除。只是充任以后，依在学生员礼貌一体优待，即在地方官召见站班时，生员不与一般约正、约副站在一起，而是另班行礼。⑦ 又在吕坤所定清编火夫事例中，生

---

① （明）申时行等修：《明会典》卷二〇《赋役》，135页。

② 万历十四年，江西布政司刊行《新定四差凡例》，定为生员“各免粮二石，人丁二丁”，基本是嘉靖二十四年则例的翻版。说具（明）范涞修、（明）章潢纂：万历《新修南昌府志》卷八《新定四差凡例》，见《日本藏中国罕见地方志丛刊》，152页。

③ （明）海瑞：《海瑞集》上编《兴革条例·工属》，142页。

④ （明）王齐纂修：嘉靖《雄乘》卷上《建置》第五《学校》，见《天一阁藏明代方志选刊》，叶36b。

⑤ （清）曹养恒修：康熙《南城县志》卷三《优免》，见《稀见中国地方志汇刊》第29册，449～450页。

⑥ （明）郭子章：《嫔衣生黔草》卷一〇《编保兵檄》，见《四库全书存目丛书》影印本集部第155册，318页。

⑦ （明）吕坤：《实政录》卷五《乡甲事宜》，见《四库全书存目丛书》影印本子部第164册，491页。

员除优免本身住宅一处外，“其余铺赁闲房及分居父兄子弟，俱不许一概借名求免”①。

生员(包括贡、监、生员)优免，自然无法与两榜乡绅或乙榜举人相比。由于优免权的有限，一些田多家富的生员，仍不免承充徭役。叶梦珠的记载，颇能反映这一实况：

> 贡、监、生员优免不过百余亩。自优免而外，田多家富者亦并承充。大约两榜乡绅无论官阶及田之多寡，决无签役之事。乙榜则视其官崇卑，多者可免二三千亩，少者亦千亩。贡生出仕者，亦视其官，多者可免千亩，少不过三五百亩。监生未仕者与生员等，即就选，所赢亦无几也。②

晚明实行一条鞭法，一切杂泛均摊入田亩之中，所谓免粮、免丁，实已合二为一。两者相加，生员亦不过优免百余亩。至于南解、直柜、兑解一类见年正役，生员仍需承充，实行的是十年轮充一役。不过即使承充，生员亦享受部分的优免权。南解、直柜每石约得免银五六钱，兑解每石约得免银一两。按照惯例，生员每年免粮二石，若按每粮一石编派八分，二石则可免一钱六分。可见，即使生员十年轮充正役一次，所享受的优免仍与不充役者大体相当。③

二、生员之穷

生员的贫困化，亦即生员中贫生数量渐趋增多，则是明代的基本趋势。这显然是由科举的相对公平性特征所决定的。换言之，科举使

---

① (明)吕坤：《实政录》卷二《清编火夫》，见《四库全书存目丛书》影印本子部第164册，408页。

② (清)叶梦珠：《阅世编》卷六《徭役》，146页。

③ (明)郭子章：《嫔衣生黔草》卷九《请改泰和南兑官解呈》，见《四库全书存目丛书》影印本集部第155册，296页。

得大量出身贫寒之家的读书人有幸进入学校而成为生员，从而加大了贫生在整个生员总数中的实际比例。即以贵州一省来说，至晚明，其贫生总数已达 810 名。① 这仅仅是官方有册籍登载者，其数量之大已不可等闲视之，而实际的贫生数量，则当远远超过此数。

这些贫生，尤其是大量的增广、附学生员，一方面依赖官方的赈济，另一方面，则由学田收入给以适当的资助。然官方赈济不常，简直如同杯水车薪；而学田一节，虽可优给贫士，然学田已为黠佃、奸徒所把持，养士之资，徒以饱黠佃而饵奸徒。无奈，贫生只好向同学告助，借此体现“斯文一家”。

(一)贫困的相对化

蜗庐败敝，风雨莫蔽；褛裂草具，寒饿交谪。这是明代史料对生员贫困之状所作的描绘。当然，生员的贫困化是相对的，并不是绝对的贫困化，即相对于绅士的上层而言，他们是贫困者。正如前述，生员除了廪粮或廪银、膳银之外，尚有许多合法的好处。此外，生员非法获利的途径也很多，明代史料揭示道：

> 至于请托行私，起灭罔利；包揽钱粮，隐蔽差役；请祀名宦、乡贤，管分斋膳、廪粮；乡饮邀速宾介，祭祀营求监宰；进学先为保引，行礼图充导赞；扳亲认族，上书献诗；夺授生徒，勒索束脩；霸佃学田，占种抛荒；放债收租，过取利息；科举起贡，争论盘缠；身具衣巾，杂乞人而待赈；手提秤斗，作牙侩而不辞。傍驿递，拨马差夫；预里甲，挂牌销卯；当行坐铺，赌博赢钱。彼方得意，何有愧颜？②

即使是合法的粮差优免，生员亦多采用不合法的手段谋利，或包揽钱

① (明)郭子章：《嫔衣生黔草》卷一〇《湖广解到饷银赈济碑》，见《四库全书存目丛书》影印本集部第 155 册，324～328 页。

② (明)李维桢：《大泌山房集》卷一三四《陕西学政》，见《四库全书存目丛书》影印本集部第 153 册，732 页。

粮，或冒充优免粮差。

以往的研究者多引清人顾公燮的记载，说明明代生员生活之逍遥优游。顾公燮言：

> 明季廪生，官给每岁膏火银一百二十两。三科不中，罚为吏。五等生员，亦罚为吏。五年期满，抚按考选，分别等次，以八九品未入流铨补，仍准乡试。岁考等次，临时发落。始知前后，不先出案。又贫生无力完粮，奏销豁免。诸生中不安分者，每日(当作月——引者)朔望赴县恳准词十纸，名曰“乞恩”。又揽富户钱粮，立于自名下隐吞。故生员有“坐一百，走三百”之谣。①

其实，若细究这段史料，除后半部分基本准确之外，前半部分却于史无征。至于“坐一百，走三百”之谣，更无法反映明代生员日趋贫困化的实况。笔者不妨稍作辨析。首先，正如前述，廪生廪粮为岁支 12 石，后变成折色，以一石折银五钱计算，不过岁支廪银六两，再加膳银二两，不过八两。即使多者，亦不过岁食饩银 12 两或 18 两而已。所谓的官给膏火银 120 两，笔者实在于史料中无法再找出例子作为佐证。究其原因，可能是将廪生岁贡以后可得旗匾银 120 两，误作廪生岁食之膏火银。其实，两者差别甚大。膏火银是每年廪生所饩食者，而旗匾银则只是岁贡时方可获一次，甚或有一生未获此银者。其次，以六等考核生员，此为明代定制。考五等者，则廪、增递降一等，附生降为青衣。明代五等生员罚吏之例，亦于史无征。至于“五年期满，抚按考选，分别等次，以八九品未入流铨补”，云云，更是信口开河。众所周知，明代生员虽有因保荐而出仕者，然照常例，生员若需出仕，除了捐纳之外，其唯一途径就是出贡，只有贡生才有出仕铨补的资格，而生员则无。

生员坐在家里，每年即可得膏火银 120 两。此说实不足信，笔者不妨再作一些比较。其一，以学校教官的俸禄来说，府学教授月支俸

---

① (清)顾公燮：《丹午笔记》第五十二则《明季生员》，68 页。

米 5 石，廪米 1 石，岁该俸廪米合计 72 石，折成银子，不过 36 两。训导月支俸米 3 石，廪米 1 石，岁该俸廪米合计 48 石，折成银子，不过 24 两。① 县学教谕、训导，年支俸米 36 石，折成银子，不过 18 两。② 此外，县学学官尚可年支斋夫银 24 两，雇马银 9 两，膳银 5 两余。③ 三项相加，县学学官一年所入俸禄为 56 两。若将府学学官加入此项斋夫银、雇马银、膳银，则府学学官年支俸禄 74 两，训导为 62 两。可见，明代地方学校学官的俸银，大体在 56～74 两。显然，学校生员的膏火银，绝无超过学校学官俸银的道理。其二，以卫兵饷银为例，明代卫兵分为征操军、屯旗军、屯种军 3 种。征操军月给米 8 斗，如折银，则月给 4 钱。以次折算，则每年支米 9.6 石，或折银 4.8 两。较高者月给米 1 石，折银 5 钱。以次折算，则为每年支米 12 石，或折银 6 两。④ 生员饩银，照理当低于学校学官俸银，高于卫兵饷银。可见，明代廪生廪膳银，低者年支 8 两，中者年支 12 两，高者年支 18 两，处于 8～18 两，此说基本可信。

相对于平民百姓食不果腹、衣不蔽体而言，生员每年可支廪膳银，又有日常的膏火银、花红、赏银、供给，生员的日子不至于难过。而相对于举人、进士来说，生员已相对陷于贫困。下引两段史料有很好的揭示。计六奇《明季北略》云：

> 尝见青衿子，朝不谋夕。一叨乡荐，便无穷举人。及登甲科，遂钟鸣鼎食，肥马轻裘，非数百万则数十万，试思此胡为来哉？⑤

而清人俞樾引明王世贞之说云：

---

① （明）王穀祥：《苏州府学志》卷五《师生职员》，叶 5a。

② （清）缪肇祖等纂修：《常熟县儒学志》卷三《廪禄志》，叶 2b。

③ （清）缪肇祖等纂修：《常熟县儒学志》卷三《廪禄志》，叶 2b。

④ （明）喻政修：万历《福州府志》卷二〇《兵戎志二・武备》，见《稀见中国地方志汇刊》第 32 册，174～175 页。

⑤ （清）计六奇：《明季北略》卷一二《陈启新疏三大病根》，194 页。

明王世贞《觚不觚录》云：余举进士，不能攻苦食俭。初岁费将三百金，同年中有费不能百金者，今遂过六七百金者。盖贽见大小座主，会同年及乡里官长，酬酢公私宴醵，赏劳座主仆从，与内阁、吏部之舆人，比旧往往数倍，而裘马之饰又不知省节，何以教廉?①

在明代，一个塾师必须每年挣得脩金 50 两，方可维持在京城全家整年的生活。而一个新中进士，刚刚步入京城仕途，其岁费，最节俭者亦需 100 两银子，一般岁费 300 两，最多者则达六七百两。一个生员，一年所得廪膳银，多者仅 18 两，维持一家生活尚属勉强，更遑论与新中进士相比！所以，相对于举人、进士来说，生员生活可谓贫困。

(二)生员的窘况

有一点我们必须承认，晚明生员层有趋于贫困的基本趋势。探究生员贫困的原因，一是由于廪生数远远少于增广、附学生。廪生有额，府学 40 名，县学 20 名，而附学动辄数百。廪于官者，十才一二，大部分生员半菽不充，悬鹑百结，暮雨青灯，却得不到朝廷升合之养，故士多贫困；二是明代徭役加重，赋税大增，逋赋日积，久无以偿，再加之困于杂役，难免越发贫窘；三是生员受学校学官盘剥，学官对待生员，只问束脩、币金、贽敬多寡，不管生员家境贫富，更有一些学官，或假借造册公费，或假借迎送郡县的名头，苛敛贫生，媚人肥己，更导致生员的贫困化。

明代生员的贫窘境况，下面三段史料记载就是最好的例证。明人耿定向记道：

尝观里中诸寒，担簦徒跣，为俯仰计，良苦辛也。岁时暵容，聚族而谋，则人以无能脩仪为楚，或称贷拮据以往。至学官前，头卷卷加重，足僵僵不敢前。既候之署，阍人预探有贽，已乃出

---

① (清)俞樾：《茶香室续钞》卷八《京官岁用》，见《茶香室丛钞》第 2 册，655 页。

见，见则往往以怒容盛气临之。已纳贽，则手受纳袖中，默以指度腆菲，稍如意，始渐降颜色相遇，否则怒益炽。①

贫寒生员进见学官之踌躇，以及学官以贽敬厚薄、腆菲待人之势利，跃然纸上。杨继盛亦记自己为生员时之生活道：

予时居僧人佛永房。予无僮仆，僧无徒众。僧尝念经于外，予自操井灶之劳。秫杆五棍，剖开可以熟饭。冬自汲水，手与筒冻住，至房口，呵化，开始作饭。夜尝缺油，每读书月下。夜无食，腿肚常冻转，起而绕室疾走。其苦难言万一矣。②

而明人唐文献对自己做秀才时之贫窘之状，亦直言不讳：

我往时做秀才，每至岁残，则有贫窘奔波之苦，必□业一两月。至新春开卷，甚觉粗疏。③

显然，生员，一方面，因穷而无法凑齐贽敬，遭学校学官白眼；另一方面，每到年末，为生计所迫，到处奔波，亦影响学业的进修。在明代生员中，“贫不能葬，身无完衣，长无家室”④之事，并不罕见。有些廪生，虽有廪食供给，但家仍甚贫，只有靠朋友助赀，方得贡于太学。⑤ 更

---

① （明）耿定向：《黄忍江先生传》，见（清）黄宗羲编：《明文海》卷四〇九，4255页。

② （明）杨继盛：《杨忠愍集》卷三《自著年谱》，665页，上海，上海古籍出版社，1993。

③ （明）唐文献：《唐文恪公集》卷一六《家训》，见《四库全书存目丛书》影印本集部第170册，629页。

④ （明）苏民望修：万历《永安县志》卷一〇《建置志》，见《稀见中国地方志汇刊》第33册，982页。

⑤ （明）李维桢：《大泌山房集》卷二三《秦京诗序》，见《四库全书存目丛书》影印本集部第151册，10页。

有甚者，在有些地方，贫困生员占学校生员总数的一半以上。[①] 其无奈者，只好凭借妻子织纫取利，维持家计，继续科举学业[②]；或者自己亲身为他人之佣，靠佣值维持生计。[③] 为此，地方官通过采取一些特殊的政策，对学校贫生加以资助。如蒋信，字卿实，武陵人。在做学校生员时，极其贫困，知府“怜之，令捧诏属邑，例得津赠”，希望借此对他有所帮助，却被蒋信拒绝。[④]

学宫败敝，生员无肄业之处，兼之家贫，家中无专门的书斋一类清静之处以供读书，一些穷秀才就只好改而在僧舍、神阁、社学寄食肄业。如归庄，“中岁频更患难，负郭无一亩之田，陋巷无悬罄之室，遂至寄食于僧舍”[⑤]。孔镛为诸生时，家赤贫。每次到学校，则买二饼充饥。“五圣阁有道媪，见其旦晚经门，一日迎入，问故。公以实告。媪心怜之。谓曰：‘吾家昼则有斋，夜则有灯，秀才肯侨居此乎?’公从之，遂得肆志于学。”[⑥]又据杨继盛自述，他自考取生员后，“读书于社学。所居房三间，前后无门，又乏炭柴、炕席，尝起卧冰霜，而寒苦极矣”[⑦]。

俗语云：人穷志短。而对生员来说，贫窘的境况固然不利于他们科举进取，但往往能激发起他们肆志于学。譬如，唐文献做穷秀才时，

---

① 如福建海澄县，“澄故斥卤，士籍于庠，居贫强半”。此即其例。(明)梁兆阳修：崇祯《海澄县志》卷二《学校》，见《稀见中国地方志汇刊》第33册，453页。

② 譬如，清江县学生熊崇文，贫而好学，其妻“织纴给之”。参见(明)敖英：《熊烈妇传》，见(清)黄宗羲编：《明文海》卷四一三，4296页。

③ 如明末清初史家谈迁曾有如下记载：“有贾江北者，募二佣背其装先行，各与一金。尝午饭旅舍，忽失二佣。意其遁，出佣券示舍主。舍主曰：‘无妨，彼非佣也，本兄弟，俱诸生也。’俄至，问之，值母生日，资力金为寿，上一觞耳。惜失其名氏。”此即生员佣于商人的典型例证。说见(明)谈迁：《枣林杂俎》和集《丛赘·佣养》，632页。

④ (明)谈迁：《枣林杂俎》圣集《先正流闻·蒋信》，208页。

⑤ (清)葛芝：《卧龙山人集》卷九《归元恭文集序》，见《四库禁毁书丛刊》影印本集部第33册，379页。

⑥ (明)陆延枝：《说听》，见《四库全书存目丛书》影印本子部第125册，667页。

⑦ (明)杨继盛：《杨忠愍集》卷三《自撰年谱》，665页。

"事事关心，尚不作辍，每年三、六、九作文，废者不及十次"①。恰恰相反，有时富贵反而会与学业相戾。如赵时春记道："陕之诸生不妄交，而宗室少就学。宗室以其富贵，遂于学相戾。而陕之士贫甚，不能自致于交游之间，固矣。"②因贫穷而不妄交，亦无暇、无力交游，专心于学业，反而成全了许多贫寒之士的科名。

① (明)唐文献：《唐文恪公集》卷一六《家训》，见《四库全书存目丛书》影印本集部第170册，628页。

② (明)赵时春：《赵浚谷文集》卷六《诸生送王太仆赴四川右布政使序》，见《四库全书存目丛书》影印本集部第87册，336～337页。

第十章　走向社会：生员生活与明代学术

在贵贱有别、礼序井然的等级社会中，各个不同的社会阶层只能享受礼制、法律规定内的生活，无论是衣、食，抑或住、行，人们都需要遵行这些规定。在明代，生员作为缙绅的后备力量，即士大夫的下层，固然享受着不同于一般庶民百姓的种种生活待遇，但也要受到不少限制，以便在绅、衿之间保持一定的界限。①

自明中叶以降，商品经济日渐发展，城市生活日趋繁华，势必对传统的士人生活造成冲击，具体表现为以下两点：一是生员不再拘囿于朝廷的礼制、法律规定，而是完全按照自己个人的财力与兴趣生活；二是生员不再局限于学校这一小天地，而是走向社会。这样，生员生活不再是简单的士人生活的一部分，而是受到了社会生活的种种影响。换言之，生员中唱曲、赌博、狎妓之风的盛行，无不说明生员的社会生活层面日趋扩大。

从普遍性的角度来说，“秀才学问”实在令人难以恭维。生员学问，主要来自以下三个方面的影响：一是八股习气，即生员不读经史原文，只读坊刻时文选本；二是王学崛起，开始向科举领域渗透，生员学问也部分受到王学的影响；三是晚明儒、佛、道三教趋于合流，生员学

① 明史学界前辈学者吴晗在一篇作于1943年名为《明代的新仕宦阶级——社会的、政治的、文化的关系及其生活》(见《明史研究论丛》，第5辑，1～68页)的遗稿中，对明代仕宦阶级的生活，从社会、政治、经济、文化生活诸方面进行了开拓性的研究，颇具启发意义。然毋庸讳言的是，吴氏之作，重在仕宦阶级的上层，而对其下层则缺乏系统的梳理。笔者的探讨，实望对此有所补益。

问受其熏染，以致在八股文中也多有夹杂佛、道之语者。上述种种，又形成生员的八股习气，从而对明代学术、文化产生至为深远的影响。

一、生员的社会生活

衣、食、住、行及社交礼仪，构成了一个时代社会生活的基本内容。生员的社会生活也不例外。

(一)衣食住行

明代生员的社会生活，可以分为前后两个时期，其间变化迥然。在前期，生员主要在明太祖朱元璋所规定的礼制、法律框架内生活，并形成一套固定的社交礼仪。明中叶以降，生员完全按照个人爱好或自己财力所及生活，因而对传统礼制形成种种冲击。下面两段记载，颇能反映这种前后变化：

> 《坚瓠集》：明初秀才襕衫，前后飞鱼补。骑驴，有伞，绢用青色，止一围，门斗随之，则是明服也。①
>
> 国朝丁俭卿《山阳诗徵》引吴山夫云：余尝见牛叟先生画像一卷，为图凡六，第二图为《游泮图》，方巾襕衫，树二金花于首，乘白马，前有彩旗，后张黄盖。此为前明崇祯乙亥年，先生年十九岁。按牛叟先生名修龄，字再彭，乃阎百诗先生之父也。以博士弟子员而僭用黄盖，前明学校之重如此。②

从公服来说，生员前后尚无变化。而生员便服在明代后期有了很大的变化，出现了很多新的巾式，甚至服如女子。至于生员从骑驴、用青

---

① 上海书店编：《清朝野史大观》卷三《士子入庠服襕衫》，17页，上海，上海书店，1981。

② (清)俞樾：《茶香室续钞》卷一〇《牛叟先生游泮图》，见《茶香室丛钞》第2册，696页。

色绢伞转而变成骑马、僭用黄伞，更是说明生员生活已冲破了传统的礼制规定。

生员服饰，始定于洪武三年。此年，朝廷令生员戴四方平定巾。洪武二十三年，朝廷规定生员之衣，自领至裳，去地一寸，袖长过手，复回不及肘三寸。洪武二十四年，明太祖有感于学校为国之储材，而士子巾服却与吏胥大体相同，宜加以甄别。“命工部制式以进。上亲视，必求典雅，凡三易，其制始定。”①从此以后，生员改服襕衫，士子衣冠，绰有古风。

襕衫，据《唐志》，“马周以三代布深衣，因于其下著襕及裾，名襕衫，以为上士之服”②。可见，襕衫始创于唐马周，而其式则因袭古代深衣之制。

明代生员襕衫，采用玉色布绢制成，宽袖皂缘。襕衫之制，无论是制式，抑或用色，均内含深意：“中用玉色，比德于玉也；外用青边，玄素自闲也；四面攒阑，欲其规言矩行，范围于道义之中而不敢过也”③。自宋至明初，生员之服均为白衣，故有“白衣秀士”之说。④洪武二十四年，朝廷始将襕衫定为玉色。古代斜领下连于衿，故又称领为“衿”。《诗经·郑风·子衿》云：“青青子衿，悠悠我心。”此即其例。明代生员服玉色襕衫，外用青边，即从领至衿，均为青色，故称生员为“青衿”。生员襕衫之领，为圆领，青色。圆领原为官服，生员襕衫用之，其用意是“以官望士，贵之也”⑤。

---

① (明)郭正域：《皇明典礼志》卷一八《生员巾服》，见《四库全书存目丛书》影印本史部第270册，704～705页。(清)张廷玉等修：《明史》卷六七《舆服志》，1649页。

② (明)王圻：《三才图会》卷一《衣服》，见《四库全书存目丛书》影印本子部第191册，664页；(明)朱权：《原始秘书》卷六《冠服·首饰门》，见《四库全书存目丛书》影印本子部第173册，107页。

③ (明)海瑞：《海瑞集》上编《规士文》，19～20页。(明)陈玉辉：《陈先生适适斋鉴须集》卷四《规士文》，见《四库全书存目丛书》影印本集部第182册，102页。

④ (明)郎瑛：《七修类稿》卷二六《辨证类·襕衫》，见《传世藏书·子库·杂记》第1册，137页。

⑤ (明)海瑞：《海瑞集》上编《规士文》，19～20页。

生员巾式，内以青丝束发，即戴网巾，再在外戴一方巾。网巾，古无此制。明初，改易胡风，以丝织网，以束其发，称为“网巾”。方巾，即古所谓角巾，在明代又称“头巾”。其制与云巾相同，仅无云巾之云纹。以网巾束发，顶网则圆，称之为“发束中原”；头巾四方，平顶，称之为“四方平定”。故当时有“法属中原，四方平定”之说。①

生员巾式亦内含种种深意：束以青丝，意欲生员节制谨度，收敛于礼法之内而不敢放纵；绦繐下垂，绦者，条也，意欲生员心中事事有条理；两根飘带，意欲生员不要头角峥嵘，羽翼展布，使其柔顺下垂，不敢凌傲。②

生员巾服，既不同于官员的纱帽、圆领③，又与举人、贡生服饰有别。照明代制度，贡、举入监肄业者，与生员服饰相同。洪武末年，朝廷允许监生戴遮阳帽，“后遂私戴之”④。洪熙中期，“帝问衣蓝者何人，左右以监生对。帝曰：‘著青衣较好。’乃易青圆领”。⑤ 可见，自洪熙以后，监生改著青衫。至宣德年间，新举人朝见著青衫，不著襕衫，以便与岁贡生相别。及其下第，送入国子监肄业，仍著襕衫。⑥

当然，生员巾服也与一般庶民有别，以示生员之特殊身份。洪武三年，朝廷规定庶人初戴四带巾，后改为四方平定巾，杂色盘领衣，不许用黄。庶人帽，不得用顶，帽珠只能用水晶、香木。庶民衣长，去地五寸，袖长过手六寸，袖桩广一尺，袖口五寸。洪武二十五年，

---

① （明）朱权：《原始秘书》卷六《冠服・首饰门》，见《四库全书存目丛书》影印本子部第173册，106页。按：王圻《三才图会》作“法束中原，四方平定”。参见（明）王圻：《三才图会》卷一《衣服》，见《四库全书存目丛书》影印本子部第191册，632页。

② （明）海瑞：《海瑞集》上编《规士文》，19～20页。

③ 明代官员通常服饰，则为纱帽、圆领补子。说具周锡保：《中国古代服饰史》，379～380页，北京，中国戏剧出版社，1984。

④ （清）张廷玉等修：《明史》卷六七《舆服志》，1649页。

⑤ （清）张廷玉等修：《明史》卷六七《舆服志》，1649页。

⑥ （清）俞樾：《茶香室丛钞》卷六《举人著青衫》，见《茶香室丛钞》第1册，150页。

朝廷诏礼部严禁庶民不许穿靴，只许穿皮札𩋾。① 可见，庶民服饰与士人之别在于：庶民衣短、袖小，便于劳作；生员衣长、袖大，虽非如官员之“峨冠博带”，亦需体现其长衫斯文之气。

生员巾服亦可分为公服与便服。就公服而言，生员照例服黑镶蓝袍(即襕衫)，举人、贡生服黑花缎袍，监生服黑邓绢袍，均不镶。举人俱戴圆帽，如笠而小，亦以乌纱添里。至明末，举人、贡生、监生、生员同戴儒巾，以黑绉纱为表，漆藤丝或麻布为里，质坚而轻，以显端重。举、贡而下以至生员，均腰束蓝丝棉条。皂靴与职官相同。至于便服，自职官大僚而下，以至生员，一概戴四角方巾，服各色花素绸、纱、绫、缎道袍。至于华而雅重者，冬用大绒茧绸，夏用细葛，以示与庶民有异；而朴素者，冬用紫花细布或白布为袍，以示与隶人相别。②

明代中叶以后，生员巾服发生了以下三个方面的变化：一是巾服不再以朴素为尚，而是以华服为荣；二是冠服诡异，式样日新，冲破传统的礼制束缚；三是生员服饰的女性化倾向。

在明初，生员服饰，一律以朴素为尚。如福建莆田，在嘉靖四十一年以前，“诸生概布帽，与齐民无别”③。明中叶以后，生员不再安于布素，而是追求纨绮华服，以致有以“锦绮镶履”者④。以常熟生员襕衫所用面料来说，一向以练熟苎布制成。万历三十九年，许士柔进学，改用湖罗衫。越十余年，至崇祯时，则尽以湖罗制衫。万历四十三年(1615)，有一范姓生员，用素绉纱制衫，导致“人皆笑之”。⑤ 生员服饰由俭趋奢，于此可见一斑。尽管就生员的出身而言，有贫寒与显贵之别，而服饰之追求奢华，也多见于显贵、官宦子弟，但毋庸置疑的是，服饰由俭趋奢，这是晚明的基本趋势。贫寒或显宦子弟，概

---

① (清)张廷玉等修：《明史》卷六七《舆服志》，1649～1650 页。

② (清)叶梦珠：《阅世编》卷八《冠服》，173～174 页。

③ (明)姚旅：《露书》卷七，见《四库全书存目丛书》影印本子部第 111 册，668 页。

④ (清)张廷玉等修：《明史》卷六七《舆服志》，1649 页。

⑤ (清)刘本沛：《虞书》，见(清)丁祖荫辑：《虞阳说苑》乙编，叶 25a。

莫例外。

照例说来，方巾峨冠，为士绅之固定服饰。而明中叶以降，不仅市人戴方巾者习以为常，下至台舆厮役，也均纷然戴巾。① 方巾佩戴者一滥，生员只好别创新的巾式，以示区别，举凡九华、凌云、三台、云霞、五常、唐巾、治五、汉巾②，均为新创巾式。此类巾式，不时改换，“或高或低，或方或扁，或仿晋、唐，或从时制”③，甚至出现了悉更古制的“时样”④，即时装。嘉靖二十二年(1543)，“礼部言士子冠服诡异，有凌云等巾，甚乖礼制，诏所司禁之”。⑤ 万历二年(1574)，“禁举人、监生、生儒僭用忠靖冠巾、锦绮镶履及张伞盖，戴暖耳，违者五城御史送问”。⑥ 由此可见，当时生员巾服乖违礼制，已成一时风气。

传统服饰制度的最大特点就是内含伦理因素。衣服长短之式，男女异制：女服上衣齐腰，下裳接衣，被称为“地承天”。男服上衣覆裳，则被称为“天包地”。假若女衣掩裳，则被视为乱男女之辨，是一种“服妖”。⑦ 然而自明代中期以后，生员服饰已有趋于女性化的倾向，即男子服“朱裙画裤”⑧，已习以为常。万历十一年(1583)，浙江提学道巡

① (明)吴仁度：《吴继疏先生遗集》卷九《约束齐民告示》，见《四库全书存目丛书》影印本集部第 172 册，651 页。

② (明)吴仁度：《吴继疏先生遗集》卷九《约束齐民告示》，见《四库全书存目丛书》影印本集部第 172 册，651 页。

③ (清)叶梦珠：《阅世编》卷八《冠服》，174 页。

④ (明)俞弁云：“儇薄子衣帽悉更古制，谓之时样。”此即其例。又万历末年，一生“衣时样青襟，袖极其大”。可见，大袖为时样襕衫的基本特点。其说分见(明)俞弁：《山樵暇语》卷八，见《四库全书存目丛书》影印本子部第 152 册，58 页；(明)薛冈：《天爵堂文集笔余》卷二，见《明史研究论丛》第 5 辑，341 页。

⑤ (清)张廷玉等修：《明史》卷六七《舆服志》，1649 页。

⑥ (清)张廷玉等修：《明史》卷六七《舆服志》，1649 页。

⑦ (明)霍韬：《渭崖文集》卷九《为定服式以正风化事》，见《四库全书存目丛书》影印本集部第 69 册，303 页。

⑧ (明)赵世显：《客窗随笔》卷二，见《四库全书存目丛书》影印本子部第 107 册，99 页。

视湖州，发现“民生俱红丝束发，口脂面药”①，犹如妇人一般无异。换言之，生员服“妇人红紫之服”，已成一时风尚。时人李乐改古诗一首，予以揭露。诗云：“昨日到城郭，归来泪满襟。遍身女衣者，尽是读书人。”②

生员相聚，固然也有诗酒流连的风雅场面，甚至不乏美味佳肴满桌，海陆杂陈。然相对于缙绅来说，生员就较为贫困，其饮食生活也就稍显素朴。生员陈确《蒸菜歌》云：

> 瓶菜洵已美，蒸制美逾并，尤宜饭锅上，谷气相氤氲。一蒸颜色润，再蒸香味深；况乃蒸不止，妙美难具陈。贫士昧肉味，与菜多平生，因之定久要，白首情弥亲。③

穷秀才昧于肉味，平常日子所吃，不过蔬菜而已，即使吃蔬菜，亦不用油炒，而是放在饭锅上蒸，既省油，又省火。其贫窘生活，于此可见一斑。

浙江士子一向生活俭朴。生员招友饮酒，因家贫无仆，即以其子躬持肴酒服役，不但不以为耻，反而习以为常。④ 以饮食生活来说，绍兴生员多借寓僧寺读书、会课，其会食“俱用菜腐，旬日或设咸鱼，不知有肉味也”⑤。饮食生活之清素，于此不难想见。

在明代，房舍亦有等第。生员住宅，基本以其家庭身份等第而定。若生员生活在缙绅之家，当然可以享受职官房舍等第的待遇。反之，生员出身于庶民家庭，则只能局限于庶民等第。换言之，明代礼制并无规定生员房舍的等第。事实上，明代生员相对来说较为贫窘，生员

---

① （明）李乐：《见闻杂记》卷二，167页。

② （明）李乐：《见闻杂记续》卷一〇，817页。按：即以明季开封府祥符县为例，亦是“伎女露髻巾网，全同男子；衿庶短衣修裙，遥疑妇人”。（清）张俊哲修：顺治《祥符县志》卷一《风俗》，见《稀见中国地方志汇刊》第34册，24页。

③ （清）陈确：《陈确集·诗集》卷三，661页。

④ （明）李乐：《见闻杂记》卷一一，1032页。

⑤ （明）李乐：《见闻杂记》卷三，287页。

除了原先在学校号舍肄业外，基本上家无专门的书斋以供肄业，往往是在僧寺、神庙、社学中读书。

根据规定，生员出行，初时只能骑驴。正如前述，生员虽有张伞盖之例，但只能张青绢伞。自明中叶以后，生员已多改为骑马，甚至有僭用黄盖者。不仅如此，一至晚明，监生几乎无不乘轿。至于地方学校的生员，“以十分言之，有三分乘轿者矣”。自隆庆四年以后，新进学秀才，亦有乘轿者。① 朝廷禁例，冲决殆尽。

(二)社交礼仪

交际之礼，始于情，成于势，而滥觞于文。人们以情相交，礼出于自然之情，即使势易文异，情却分毫不差；以势相交，礼出于不得不然之势，一旦势易文异，而情亦随之变异。明初，官方制定了一套相当完善的社交礼仪，规范人们的社会交往，使之出乎情，合于礼。自明中叶以后，由于情与礼的冲突及势与礼的矛盾，最终导致了一些人以朋友真情相交，完全置繁缛的社交礼仪于不顾；另一些人则追权逐势，唯知有权势，不晓有礼仪、羞耻，视礼为具文、虚文；更有一些人由于财富的丰裕，追求奢侈，张势摆谱，以财傲人，甚至僭礼乱乐。

生员的社会交往，大体可以分为以下三个方面：一是生员与庶民百姓的交往；二是生员之间的交往；三是生员与上官的交往。

生员是一种身份，在庶民百姓眼里，是读书识礼之人，因而普遍得到民众的尊敬。譬如，闾阎父老、阛阓小民同席聚饮，恣其笑谈。见一秀才至，则敛容息口，唯秀才之容止是观，唯秀才之言语是听。若一个秀才行于市，两巷人无不注目视之。② 又如在山西，妓女在城中不敢骑马，道行见人，一律举手称拜，见秀才，则不敢称拜，而是磕头，“而膝略近地矣”。妓女若是在城外骑马见到秀才，在一里外就

---

① (明)何良俊：《四友斋丛说》卷三五《正俗二》，320页。

② (明)陈玉辉：《陈先生适适斋鉴须集》卷四《规士文》，见《四库全书存目丛书》影印本集部第182册，102页。

下马称拜。① 在明代，宰相(实为内阁大学士)官位极尊，但也不敢“坐受秀才一揖”，更不敢“便服见秀才”。② 可见，在社会交际方面，生员受到庶民百姓甚至官员的礼重，生员有其自身的体面。

同庠生员之间，无疑是一种同学关系，照理应遵行一种长幼之礼。秀才见到同学长者，悚然恭敬，不敢在旁高言大笑，不敢在班乱序先行。生员于道上骑马见到同学长者，勒马道傍；与长者同席饮酒，告坐隅迁，听从使令。③ 同庠生员之间，除了一种同学关系之外，尚具一种过失相规的朋友关系。在明代，生员之间多以“朋友”相称。④ 若生员在一起结成文社，于是在生员之间又确立起一种结盟的兄弟关系，以盟兄、盟弟相称。

生员与地方有司、上官交际，自当遵行一种尊卑有别的原则，实是以势相交的一种反映。按照惯例，生员谒见官长，都必须穿公服；遇到大礼，亦必穿公服。至于平时交际，或见武弁、县佐，不必穿公服，县佐、武弁反而以公服相接。生员有讼事，赴公庭，不再穿公服，只能降同庶民之服。而当生员新婚或假仪，则可加本身服色一等，不算僭礼。⑤ 生员与武弁往来，即使碰到总兵，亦只投“侍教生”名帖，不轻用“晚生”帖。⑥ 降而下之，至于参将、游击，更不必说了。

送往迎来，是生员平日社交生活的主要内容。明代有一则故事记载：生员迎院司官于道左，无有跪者。其后，生员自绌，行跪礼。⑦ 地方父母官去省城考满，或者父母官到任，地方学校诸生也要前去迎

---

① (明)姚旅：《露书》卷九，见《四库全书存目丛书》影印本子部第 111 册，698 页。

② (明)朱之瑜：《朱舜水集》卷一〇《答安东守约问八条》，374 页。

③ (明)陈玉辉：《陈先生适适斋鉴须集》卷四《规士文》，见《四库全书存目丛书》影印本集部第 182 册，103 页。

④ 明代史料载：诸生请吕柟游高座寺，吕柟笑曰：“此岂是道理，去高座寺作甚！江南朋友多以安闲放逸习成气象。”云云。可见，吕柟仿学中口气，称生员为“朋友”。参见(明)吕柟：《泾野子内篇》卷七《鹫峰东所语第十二》，57 页。

⑤ (清)叶梦珠：《阅世编》卷八《交际》，187 页。

⑥ (清)叶梦珠：《阅世编》卷八《交际》，188 页。

⑦ (明)何乔远：《王孝廉传》，见(清)黄宗羲编：《明文海》卷四〇〇，4159 页。

接。如浙江桐乡县知县赴省城考满，学校诸生到杭州北新关迎接。桐乡的父母官到任，若从浙江来，则至钱塘江边迎接；若从镇江来，则远至镇江迎接。①

生员与知县交际，得用“治下门生”名帖，分宾抗礼。唯附郭县则用揭，必须庭参，一跪一揖。②

凡乡绅，如国子监祭酒致仕回家，无论南雍、北雍，凡贡、监生往谒，必须着公服，用名揭，乡绅北面坐，客西面坐，不论年齿。如提学院道官回籍候补或内升给假回里，无论各省官员，相见之礼与上相同。③

明代社交礼仪，大体以嘉靖中叶为界，前后迥然不同。嘉靖中叶以前，循礼蹈法；中叶以后，礼法荡然。一如史籍所言：

> 嘉靖中年以前，犹循礼法，见尊长，多执年幼礼。近来荡然，或与先辈抗衡，甚至有遇尊长乘骑不下者。④

生员社交之礼，亦当作如是观。嘉靖中叶以后，同庠生员之间，已尊卑不分，而是互相编起绰号。⑤ 与上官相见，无论是附郭抑或外县，俱用名揭，长揖，不再行跪礼。坐则诸生俱面向西，而令长独坐，面南东向，略存师生之意而已。⑥

学校学官与生员之间，其名分犹官民、师生。在嘉靖三十年以前，学官可以对生员行“朴作教刑”。其后，顿失尊卑之礼，学官对待生员，已不再呼名呼字，而是称兄称号，“延诸生上坐者有之，诸生虽不坐，

---

① (明)李乐：《见闻杂记》卷六，476～477页。

② (清)叶梦珠：《阅世编》卷八《交际》，189页。

③ (清)叶梦珠：《阅世编》卷八《交际》，192页。

④ (清)佟世燕修：康熙《江宁县志》卷一《风俗》，见《稀见中国地方志汇刊》第10册，485页。

⑤ (明)陈玉辉：《陈先生适适斋鉴须集》卷四《规士文》，见《四库全书存目丛书》影印本集部第182册，102页。

⑥ (清)叶梦珠：《阅世编》卷八《交际》，189页。

博士实有此虚套”①。

就称谓而言，初时士称庠师为“先生”，或“老先生”，自称“学生”。其后，则变为士称庠师为“老师”，而自称“门生”。生员一登进士，通刺于旧庠师，不再用“门生”刺，而是改用“侍教生”。②

对生员来说，知县为提调官。在嘉靖中叶以前，提调官与诸生之间，体统悬绝。每当考试，提调官对生员可以“鞭朴”，而生员对知县，唯口称“老大人”而已。其后，生员不再以“老大人”为尊，而是以称“老师”为尊。一些富家宦族子弟，大多馈赠厚币，拜入知县之门，以“门生”自居。③ 不仅如此，每当提调官上任，诸生可以通贺仪，甚至具花币祝贺。至万历二十年后，甚至出现了提调官称生员之号，而诸生亦安然受之，不以为非。④ 更有甚者，“先生”为长者通称，而晚明竟有提调官称生员为“先生”者。⑤ 长者目其弟子为“先生”，生员社交礼仪的变化，至此已发展到极致。

事实上，晚明生员社交正走向两个极端：一方面，正如前述，生员抛弃礼法，傲气日生，以致师媚其生徒，守令轻易与生员结交；另一方面，则是生员自贬士气，舍礼以媚人，士媚其守令，甚至媚其胥吏。⑥

(三)娱乐生活：唱曲、赌博、狎妓

自明代中叶以降，生员多已不在学校肄业，而是到处游逛，生活内容更趋丰富。尤其是考试完毕，生员多“焚笔砚，阁经史，游戏谑

---

① (明)李乐：《见闻杂记》卷三，250～251页。

② (明)管志道：《从先维俗议》卷二《剖座主举主国学乡学督学提调诸师真似议》，221～222页，民国十七年俞世德堂《太昆先哲遗书》影印明刊本。

③ (明)李乐：《见闻杂记》卷六，477～478页。

④ (明)李乐：《见闻杂记》卷八，687页。

⑤ (明)李乐：《见闻杂记续》卷一〇，807页。

⑥ 明人海瑞在任延平府南平县教谕时，定下教约，其中云：“诸生接见上人，《会典》诸书明有礼节。今后于明伦堂见官，不许行跪，学前迎接亦然。本学在郭外接官，不许离关门出郊野。宪司官至本县，一见后不许再同有司行三日揖。有犯于各衙门，罪人也，亦勿得免冠叩头，奴颜哀免，自贬士气。”可见生员舍礼媚人，已成当时风气。说具(明)《海瑞集》上编《教约》，17～18页。

啸，群而趋之，非蛊于声色，则诱于珍玩”①。换言之，生员的出身尽管有贫富之别，生员的生活也有奢俭的不同，但纵樗蒱为高致，狎娼优为逸兴，确乎已成晚明生员群体(尤其是出身官宦人家的纨绔子弟者流)生活的实录。谓予不信，可见下面两段史料记载：

> “提学来，十字街头无秀才。提学去，满城群彦皆沉醉。青楼花英，东坡巾，红灯夜照，《西厢记》，长短句。”云云。乃吾郡宪使泽山桑公口号，讽示门生弟子也。②
>
> 论文章在舞台，赴考试在花街，束修钱统镘似使将来，把《西厢记》注解。演乐厅捏下个酸丁怪，教学堂赊下些勤儿债，看书帏苫下个女裙钗，是一个风流秀才。③

今日花街，明日柳巷，《西厢记》曲儿不离口。花街成了考场，舞台成了文坛。上述两段史料，活脱勾勒了一个风流秀才的生活形象。可见，当时的生员无不以“游冶放佚为倜傥，挥金挟妓，使酒骂人，自谓无损于名也”④。生员固有出身贫富之别，而“游冶放佚”也确乎需要以金钱、财力作为基础，但风流潇洒，无疑是晚明生员的一种社会风气，无论贫富，概莫例外。

生员唱曲，正如和尚作诗，虽非过恶，却失其本分。换言之，生员的本色当行应是做文章，习举业。永乐十五年(1417)，明成祖朱棣钦命以南北曲调编诸佛名称歌400余种，勒令各地生员习唱。⑤ 可见，

---

① (明)郭子章：《蠙衣生蜀草》卷九《学约》，见《四库全书存目丛书》影印本集部第154册，696页。

② (明)苏祐：《逌旃璅言》卷上，见《四库全书存目丛书》影印本子部第103册，18页。

③ (明)朱有燉：《醉乡词二十篇·风流秀才》，见谢伯阳主编：《全明散曲》，336页，济南，齐鲁书社，1994。

④ (明)李腾芳：《李宫保湘洲先生集》卷一一《杂说》，见《四库全书存目丛书》影印本集部第173册，427页。

⑤ 谢伯阳主编：《全明散曲》，4498页。

生员习曲，原本秉承明成祖钦命。一至晚明，习曲已成生员生活必不可少的内容，而且所习之曲，也已不再限于佛曲，而是淫词艳曲。尤其是在吴越一带，鼓弄淫曲，搬演戏文，不论贵游子弟，即使庠序名流，亦“甘与俳优下贱为伍，群饮酣歌，俾昼作夜”①。吴中才士，更是好作小令，视柔情为“吾辈佳事”，然大多不过闺闼烟粉中语。如沈同生赠妓作一词，末句云：“任他百般打骂百般羞，也只是书生薄福难消受。”②

好酒使气，也是有些生员的常课。明代有一歌说秀才贪酒，歌道：

> 一醉酒天宽地窄，一醉酒惹祸招灾，一醉酒学问疏，一醉酒聪明坏，把文章送入阳台，不念青春不再来，及回头黄金怎买?③

此歌道出了部分生员生活的实情。譬如，福建莆田有一李姓诸生，醉中应督学的考试，不觉于众中度“万里奔波”之曲④，被人传为笑资。

赌博本是无赖子的本色行当，然明代一些生员亦趋之若鹜。嗜酒总是与赌博相伴而生。明人霍韬曾指出，“生员赌博，入市饮酒，大败行检”。⑤ 譬如，在广东兴宁，一些纨绔士类嗜酒如命，“一入其中，便浪逐萍游，妻子为之蹙额，倾赀费产，父母为之酸心，甚而荡简逾闲，不轨不法，官府为之切齿”。⑥ 又在浙江杭州，城中有一宦家子，因赌博而输其婢妾，诉讼按察司，宪司之批云：“顷刻而丧千金，一掷

---

① （明）管志道：《从先维俗议》卷五《家宴勿张戏乐》，26～27 页。

② （明）沈德符：《万历野获编》卷三《沈祖量》下册，896 页。

③ （明）薛论道：《林石逸兴》卷五《秀才贪酒》，见谢伯阳主编：《全明散曲》，2785 页。

④ （明）赵世显：《客窗随笔》卷三，见《四库全书存目丛书》影印本子部第 107 册，111 页。

⑤ （明）霍韬：《渭崖文集》卷一〇《与张甬川》，见《四库全书存目丛书》影印本集部第 69 册，325 页。

⑥ （明）刘熙祚修：崇祯《兴宁县志》卷二《邑中习弊》，见《稀见中国地方志汇刊》第 44 册，451 页。

而输少艾。”①此案涉及者数十人，均为学校生员。

酒为色媒人。吴越间生员之诗社、酒社，除了赛盆、抹牌等赌博之外，“优妓侑觞之不足，而杂之以窠妇”②。可见，生员饮酒，同样离不开优妓侑酒。大体说来，生员多为一些贫穷之辈，尽管亦有穷秀才抱着一个黄瘦老婆，还装模作样，见人便说自己好色③，但大多数生员因为贫穷，终年忙于处馆养家，无“闲工夫去看好女人，闲钱钞去嫖好娼妓”，故“穷秀才没有一个不怕老婆”。④ 可见，狎妓与大多数穷秀才无缘，仅仅是少数出身官宦或富裕人家子弟的乐事。

晚明生员虽不乏龙阳之好者⑤，然大多数仍以狎妓为风雅之好。生员狎妓现象的出现，固然是士风浇漓所致，然亦与晚明城市妓女如云、淫风颇炽相关。举例来说，南、北两京九街，妓女人数达数万计，而且往往“流溢于外”。⑥ 山东临清风俗，“多淫，女妇以淫为业，旦夕奔诱者，家相闻也，道相属也”。⑦ 湖北襄阳，府城西门外堤上，襄藩乐户居之，不下数千。每旦，“妓人盛饰，百十为群，俱从浮桥步至樊城酒馆。至暮，挟客而归”。⑧ 在一些县城社坛附近，亦往往为“群娼

---

① （明）田艺蘅：《留青日札》卷三《赌博》，158～159页。

② （明）管志道：《从先维俗议》卷二《追洛社以惇乡绅雅会议》，93页。

③ 关于此，可举下面一例：罗汝芳有一门人，自怨其好色，“质之先生。先生大喝曰：‘惶恐，惶恐！穷秀才抱着一个黄瘦老婆便说好色，岂不羞死！’门人惭而退。”说具（明）闵于忱辑：《枕函小史》，见《四库全书存目丛书》影印本子部第149册，314页。

④ （清）酌玄亭主人辑：《闪电窗》第6回，见《明清稀见小说丛刊》，224～225页。

⑤ 如嘉善诸生夏绳，与一位名马五者，“为龙阳之好”。说具（明）支允坚：《梅花渡异林》卷四《时事漫纪》，见《四库全书存目丛书》影印本子部第105册，680页。

⑥ 林希元：《同安林次崖先生文集》卷二《王政附言疏》，见《四库全书存目丛书》影印本集部第75册，470页。

⑦ （明）祁顺：《巽川祁先生文集》卷一六《观扁》，见《四库全书存目丛书》影印本集部第37册，572页。

⑧ （明）徐威：《西园杂记》卷下，见（明）樊维城汇编：《盐邑志林》卷二三，叶54a，影印明刻本。

所聚”。[①] 不仅如此，一些士大夫也不以开设妓院为耻。如无锡藏春院，位于高家弄口，由曾任监利县知县高政所造，“选曲中艳异者居之”；水西楼，位于试泉门外，由州判王召及举人顾可宗等建，“招致吴越名艳聚处其中”。[②]

佛门戒色，称妓女为“老虎子”，常戒门人曰：“此老虎子也，善食人。”[③]又按曲中行话，妓女称不在行的嫖客为“波老”[④]，而称相好者为“孤老”。然照晚明的实情来看，生员既不畏“老虎子”吃人，而是与“老虎子”相亲相厮；入了曲中，生员亦不会被妓女视为不在行的“波老”，而是争做“孤老”。

晚明生员狎妓，其例俯拾皆是。明人霍韬言，南京士夫、举人、监生、生员，“有不崇行检，宿娼饮酒”[⑤]者，就是最好的例证。不妨试举几例：“盩厔赵生，狎游娼家”[⑥]；赵城刘秀才暱一妓，洪洞秦秀才暱妓玉梅[⑦]；胶州赵任，为诸生时，“挟一妓赴省城，共马而进省会，观者哗然”[⑧]。如此等等，不一而足。

综上所述，明代生员层的社会生活，一方面，与明代整个社会生活的发展相关，呈现出前后期的显著不同；另一方面，则又与士大夫阶层的生活有涉。生员是绅士的下层，他们的生活同样是士绅生活的

---

① 《虞山杂志·顾赠公》，见(清)丁祖荫辑：《虞阳说苑》乙编，叶8a。

② (清)黄印：《锡金识小录》卷一〇《声色》，叶5b～6a。

③ (明)刘元卿：《刘聘君全集》卷一二《寓言·欲生于性》，见《四库全书存目丛书》影印本集部第154册，315页。

④ (明)姚旅：《露书》卷一二，见《四库全书存目丛书》影印本子部第111册，762页。

⑤ (明)霍韬：《渭崖文集》卷九《为禁防淫风以端士习疏》，见《四库全书存目丛书》影印本集部第69册，301页。

⑥ (明)胡侍：《墅谈》卷四《食澡豆》，见《四库全书存目丛书》影印本子部第102册，393页。

⑦ (明)姚旅：《露书》卷七，见《四库全书存目丛书》影印本子部第111册，674页。

⑧ (明)姚旅：《露书》卷一一，见《四库全书存目丛书》影印本子部第111册，744页。

一部分。明代的小说塑造了大量贫穷、寒酸，仅以处馆维持生计的酸秀才形象，这固然是明代生员层相对贫困化以后生活的一面相，但生员层中所广泛流行的唱曲、赌博、狎妓诸生活场景，无疑也是明代生员层社会生活的真面相。

二、生员与明代学术

已有的研究成果显示，晚明学术思想呈现以下三个方面的特点：一是“信仰合流(syncretism)”，这种合流倾向尤其是在理学家中盛行；二是理学派别中程朱与陆王两派的历史论战；三是考据学(evidential research)的出现，并成为一个新兴的学术流派。① 而余英时则基于士商互动的关系以考察当时的儒学转向，举凡知识分子主动参与所谓的通俗文化，儒学宗教化的过程，尤以三教合一运动为其主要的表现形式；晚明文人、学者对戏曲、小说的重视，以及戏曲、小说与商业文化的紧密关系。② 于是，有人将这一时期的思想界称为最具“活力(vitality)”与多样性(diversity)的时代。③

探究晚明学术，存在着两大弊端：一是制科之习，以八股为学问，不知儒术为何物，其弊在于俚陋④；二是道学之习，以讲学为学问，

① Edward T. Ch'ien, *Chiao Hung and the Restructuring of Neo-Confucianism in the Late Ming*, New York, Columbia University Press, 1986, p. 1.

② 余英时：《士商互动与儒学转向——明清社会史与思想史之一面相》，见郝延平、魏秀梅主编：《近世中国之传统与蜕变：刘广京院士七十五岁祝寿论文集》，1～52页；余英时：《明清变迁时期社会与文化的转变》，见余英时等：《中国历史转型时期的知识分子》，35～42页。

③ Chü-fan Yü, *The Renewal of Buddhism in China: Chu-hung and the Late Ming Synthesis*, New York, Columbia University Press, 1981, p. 2.

④ 明人冯梦祯曰：“今儒术久衰，周孔之书尽为俚儒及科举之学所坏。”所指即为制科之习。说具(明)冯梦祯：《快雪堂集》卷二《序诊家补遗》，见《四库全书存目丛书》影印本集部第164册，69页。

空谈无实，只占地步，其弊在于迂腐。① 两者合而为一，即构成“俗学”，而习俗学者，则概为“俗儒”。②

(一)秀才学术

明代学者吕柟相当看重“秀才学术”，认为秀才学术所系不浅，“善则足以福斯民，不善则足以乱天下”。③ 生员一般学问浅陋低劣，尤其自中期以后，因捐纳而导致大批无学之人获取生员头衔，从而使其素质更低。这一点毋庸置疑。

那么，秀才学问又是什么？简言之，就是“举业科目”。④ 关于生员学问，明代史籍多有揭示，笔者不妨先引一则笑谈，以观生员学问的真谛：

> 昔有一僧人与一士子同宿夜航船。士子高谈阔论，僧畏慑，卷足而寝。僧听其语有破绽，乃曰：“请问相公，澹台灭明是一个人，是两个人?”士子曰：“是两个人。”僧曰：“这等，尧舜是一个人两个人?”士子曰：“自然是一个人。”僧人乃笑曰：“这等说起来，且待小僧伸伸脚。”⑤

---

① 明人张凤翼批评道学之习道：“士人空谈无实、只占地步者，足以酿成世俗之祸。”说具(明)张凤翼：《处实堂集》卷八《谭辂》，见《四库全书存目丛书》影印本集部第137册，417页。按：道学之高妙玄远，与道学家之迂阔，可以吴与弼为例，作一说明。史载：吴与弼被召至京师，“常以两手大指、食指作圈，曰：‘令太极常在眼前。’长安浮薄少年竟以芦菔投其中戏侮之。公亦不顾。”参见(明)杨仪：《明良记》卷一，见《四库全书存目丛书》影印本子部第143册，125页。

② 明人方太古曰：“世之丧道者二：其一俗学，其一俗儒。大言既希，徒呻呫毕，以比里耳，则俗学也。雅道不作，徒借濂洛关闽为口实，以傅同声，则俗儒也。”说具(明)徐学谟：《徐氏海隅集·文编》卷三二《处士方太古传》，见《四库全书存目丛书》影印本集部第117册，418页。关于明末俗学，可参见陈宝良：《明末清初“俗学”小考》，载《清史研究通讯》，1986(4)。

③ (明)吕柟：《泾野子内篇》卷二二《太常南所语第二十九》，226页。

④ 明代史料载，有一秀才向吕柟问学。吕柟问：“不知尔心下所欲在何处?”对曰：“平生务区区举业科目耳。”此即其例。说具(明)吕柟：《泾野子内篇》卷七《鹫峰东所语第十二》，57页。

⑤ (明)张岱：《琅嬛文集》卷一《夜航船序》，49页，长沙，岳麓书社，1985。

平日不勤读书，腹中空空如也，这是明代生员学问的普遍特点。正因为如此，才导致在夜航船中高谈阔论时，闹出种种笑话，以致亦为僧人所不屑。①

笔者再引一则戏语，更可见明代秀才学问浅薄，几已成为人们谈笑讥刺的对象：

> 友人谈戏语，讥秀才云："一秀才赁僧房读书，惟事游玩而已。忽未午归房，呼童取书。童持《文选》，视之，曰：'低。'持《汉书》，视之，曰：'低。'又持《史记》，视之，曰：'低。'主僧大诧曰：'此三书，熟其一，足称饱学，俱云低者何也？'试窥之，乃取书作枕耳。"②

据陆游《老学庵笔记》，早在宋代，就已经在读书人中流行一则俗语，即"《文选》烂，秀才半"。其意是说读书人熟读《昭明文选》，考取秀才有望，足见《文选》一书在读书人心目中的地位相当之高。所惜者，到了明代，秀才已不再重视《文选》一书，仅仅将其当作枕头而已，一如农家将书用作覆瓿。

明代生员学问，大体可以概括为以下几个特点：

其一，生员不读书，导致生员普遍无学。纳粟入监的展开，更是使监生无文，甚至出现了一些不学无术的曳白监生。③ 正如钱谦益所言，"正、嘉以还，以剿袭传讹相师，而士以通经为迂。万历之季，以缪妄无稽相夸，而士以读书为讳"。④

---

① 与此正好形成鲜明对比者，是明代僧人中却多有颇具学问之人。尽管一些生员自恃聪明，好为滑稽，欲讨僧人便宜，但终究不得不为僧人的学问所折服。据史载，"有一年少庠士，吻流也。一日遇所善僧，戏曰：'秃子之秃字若为写？'僧应声曰：'即秀才之秀字掉转尾去。'士为折服。"说具(明)沈德符：《万历野获编》卷四《侮人自侮》下册，913页。

② (明)周晖：《续金陵琐记》卷下《书低》，238页。

③ (明)沈德符：《万历野获编》卷二六《太学不文》下册，675页。

④ (清)钱谦益：《初学集》卷二八《苏州府重修学志序》，见《传世藏书·集库·别集》第11册，143页。

一旦士子“以通经为迂”，或“以读书为讳”，其结果必然会造成“束书不观，游谈无根”。① 生员自童时开蒙，读完《百家姓》，再读《千字文》。这是明代教育的基本程序。可是，明代生员却有《千字文》亦未能详知者，下例即可为证：

> 又公(指韩雍——引者)巡抚江西，每对生员称说《诗》《书》。时江西科目方盛，生员私相谓曰：“巡抚，《千字文》秀才耳，安得称说《诗》《书》!”公闻之，命提学送诸生来考，以“律吕调阳”为论，以“闰余成岁”为策。诸生皆不能详。公曰：“我们做秀才时，读了《百家姓》，便读《千字文》，诸生如何连《千字文》也不知?”闻者绝倒。②

秀才连《千字文》都不读，更不用说读经书了。照例说来，明代以明经取士，生员理当烂熟经义。可是，实际上在明代已养成一种“以通经为迂”的风气，生员并没有下功夫去研究经典原文。③ 一旦督学以经义试士，生员难免丑态百出。明人姚旅记道：

---

① 按：批评明人“束书不观，游谈无根”一说，起源颇早，至少在嘉靖以前即已存在。明人戴有孚记：“近时儒者有曰：束书不观，游谈无根，酒醴未成，而恶糟粕者也。记诵不遗，玩物丧志，筌蹄徒设，而不获鱼兔者也。”又明人袁黄也批评明代学风道：“士人不屑者，类束书不观，游谈无根。间有读书者，又汩于帖括，专事饾饤，拘牵讲说以合注，又拘牵训诂以合经，而圣贤之意远矣。”分见(明)戴有孚：《著疑录》卷一《儒》，见《四库全书存目丛书》影印本子部第152册，285页；(明)袁黄：《宝坻政书·训士书》，见《北京图书馆古籍珍本丛刊》子部第80册，762页，北京，书目文献出版社，1988。

② (明)韩邦奇：《苑洛先生语录》卷六，见《四库全书存目丛书》影印本子部第7册，366～367页。

③ 据史料载：“《四书》《五经》，先儒传注发明，最宜熟读。近时父兄志在速成，令子弟只读白文，亦有盲师，不通文理，妄为删抹，十去七八，谓小子岁月无几，已完经书，斗捷居功，不知将来胸中毫无把柄，误莫甚焉。”可见，生员读书，经书仅读白文，不读注文，甚至经文亦十去七八而不读。所言虽为清初史事，基本可以反映明代实况。参见(清)陆文衡：《啬庵随笔》卷四，叶9b。

> 曩耿督学以“干戈戚扬”问士，士或以一器对，或以二器对，其知为四器者，数百人中数人而已。近郑督学以“端章甫”试士，端皆训作正，谓正章甫。一邑之中，如是者半。①

熟知儒经者都知道，干、戈、戚、扬为四种古兵器：干为盾，戚为斧，扬为钺，再加上戈。至于“端章甫”，章甫为古冠名，即缁衣布冠。而端为古诸侯祭服，有玄端、素端之别，不当训作正。但实际情况则是，数百生员中只有几人将干戈扬戚解释成四种兵器；而将端错训为正者，一邑生员中更是达到半数以上。

明初开科，诏求博古通经之士。一时士子，多以通经学古为高，即使《通鉴纲目》一书卷次浩繁，不能遍览，但诸如《通鉴节略》一类，必熟读默记。唯其如此，士子才能对历代治乱兴衰之故了然于胸，又能辨别贤奸邪正，及至当官任职，尚有所持循。然自明中叶以后，习尚日非，生员名为经生，实则未知稽古；满腹所贮，除熟烂时义外，茫无一物。② 叩以前代故实，即使近如唐、宋两代史事，亦缩舌不能对，以致闹出忠奸不分的笑话。笔者试举下面一例：

> 某督学试吾郡，诸生论题为“范仲淹请营洛阳”。一生不省题旨，云：“范仲淹，奸人也。”督学大诧，曰：“范公一代伟人，而奸称之乎?”此生被黜。③

其二，生员多喜高谈阔论，不务实，以致形成秀才文章，亦作不

---

① （明）姚旅：《露书》卷八，见《四库全书存目丛书》影印本子部第111册，689页。

② 明人郑晓云：“圣祖开科，诏务求博古通今之士。乃所试仅有判语及一二时务策，生徒竟未识。《大明律》所云‘时务尽掇述帖括’，以故士乏通今之学。其于政体得失、人材优劣且不论，只历朝纪年及后姓陵名，知者亦鲜。”可见，明代士人不但未博古，而且亦未通今。参见（明）郑晓：《今言》卷一，第七十四则，40页，北京，中华书局，1984。

③ （明）李绍文：《云间杂识》卷二，叶23a。

得数。明代史料载：

> 先生(指吕柟——引者)因人专务高谈，曰：“在陕有一秀才，不肯读书，每日高大议论。则诲之曰：‘可读《五经》。’对曰：‘此是记诵之学也。’”①

生员虽不读书，却喜发高大议论。尤其平日在窗下作策论，或论及古人，“提笔便指斥某也廉，某也贪，某也贤，某也不屑，何耿耿不轻放过”。可等他一官到手，却“往往以墨以酷败”。② 近人周作人颇不以策论为然，称之为“秀才气质”，认为仍是八股的遗风。③ 揆之明代生员策论事实，可见这种看法颇有见地。生员议论，一如秀才文章，实在作不得数。

其三，生员学问的来源，不是经史原文，而是取自《浅学后进》《韵府群玉》之类的类书，以供“秀才好趁夜航船尔”。换言之，生员平日所取，不过“破碎摘裂之学”④。学问浅陋，只可旅行途中在夜航船供笑谈而已。

尽管学问浅陋，生员却喜咬文嚼字，掉书袋，全然一副酸秀才形象。下面一则笑话，颇能说明问题：

> 一秀才买柴，曰：“荷薪者过来。”卖柴者因“过来”二字明白，担到面前。问曰：“其价几何?”因“价”字明白，说了价钱。秀才曰：“外实而内虚，烟多而焰少，请损之。”卖柴者不知说甚，荷担去了。⑤

---

① (明)吕柟：《泾野子内篇》卷七《柳湾精舍语第十一》，51页。

② (明)邓球：《闲适剧谈》卷二，见《四库全书存目丛书》影印本子部第84册，515页。

③ 周作人：《谈策论》，见刘应争选编：《知堂小品》，342～343页，西安，陕西人民出版社，1991。

④ (明)叶盛：《水东日记》卷二《趁航船》，17页，北京，中华书局，1980。

⑤ (明)赵南星：《笑赞》四五《秀才买柴》，见《明清笑话四种》，20页。

秀才咬文嚼字，养成一股酸腐之气，干不了甚事。读书误人，于此可见。

(二)举业

生员平日所务，唯举业科目而已。于是，做举业文字，也就成了生员学术的主要内容。

何谓“举业”？举业者，又称“举子业”，亦称“制义”。有破题、承题、起讲、提股二、小股二、中股二、后股二，谓之“八股”；最后为结题、大结。① 故俗又称举业文字为“八股文”，或称“时艺”“时文”，以与古文相别。

关于举业文字的价值，在明代存在着两种截然不同的看法，誉之者将“举业”与“圣人之学”等量齐观，认为只要立志坚定，随事尽道，不以得失动念，“则虽勉习举业，亦自无妨圣贤之学”②。甚至有人认为，举业文字若达到最高境界，其文绝不用圣经、内典、真儒语录之语，其心却与圣经、内典、古今真儒语录相合。③ 毁之者认为，举业文字不过是“纱帽文章”，“百年只用一张纸，盖棺却无两句书”④，是获取功名必不可少的“敲门砖”，“门一辟，即弃不用”⑤。时日一久，举业文字就会被人厌薄、揶揄，“且为覆瓿用矣”⑥。由此可见，举业文字在明代即处于倚重倚轻的状态：士子一旦释褐，人出时艺一策，付之坊刻，如十八房有总刻，有选刻，有分刻，何等被人看重！然扬芳飞采之后，即捐置若弃，即使藏之名山大川、缄之金匮石室的高文

---

① (明)朱舜水：《朱舜水集》卷一〇《答安东守约问八条》，372页。

② (明)王阳明：《王阳明全集》卷四《文录一・寄闻人邦英邦正》，168页，上海，上海古籍出版社，1992。

③ (明)顾天埈：《顾太史文集》卷三《毁余稿序》，见《四库禁毁书丛刊》影印本集部第9册，66页。

④ (清)董说：《西游补》第4回，17～18页，上海，上海古籍出版社，1983。

⑤ (明)冯梦祯：《快雪堂集》卷三《皇明四书文纪序》，见《四库全书存目丛书》影印本集部第164册，87页。

⑥ (明)陈所蕴：《竹素堂稿》卷二《周子中绿斋草序》，见《四库全书存目丛书》影印本集部第172册，31页。

大集，未尝有将时艺收入其中者，又是何等被人轻视！

明代八股时艺具有以下三大特征：一是变化迅速，八股文字，朝出而暮厌之，从而形成了独特的八股文风；二是具有地域特征，不同地区的八股文字，往往具有不同的风格特征，从而形成了一些时文的地域派别；三是时文的年龄特征，不同年龄段的时文，往往会有不同的风格。

明代史料载，“近时梓制义者，率朝出而暮厌之”①。这是明代举业文字的最大特点。正如明人冯梦祯所言：

> 余自燥发习举业，迨成名至今，不及三十年，而天下之文凡几变矣。一变而为嘉靖晚年之华靡，再变而为隆、万间之刻画，三变而为今日之吊诡。②

在三十年间，举业文字凡三变：从华靡变为刻画，转而为吊诡。唯其如此，才使一个时代具有自己的举业文字，形成了独特的八股文风。

明代八股文风的变迁，正德年间是一大关键。正德以前，科举颁有定式，非经书不以命题，非传注不以解经，“为文章必典则而敷畅，其词理俱优者，则录以示，间多造道之言，蔼然而治世之文”。正德以后，一二好奇之士出于其间，始挟负才智，倡为新说，簧鼓后学，后学靡然从之，“作为文章，往往弃传注为长物，其词支离背叛，恍惚汗漫，而无所于归”。③ 就八股文的特征而言，具体变化如下：洪武、永乐年间，即宣德以前，八股文风，太素而不藻，虽无彩色的装饰，但亦免除雕镂之病。换言之，“简而质”是明初时文的普遍特征，其表现则为其衷有余，言似不足。宣德以还，迨乎成化，甚至弘治以前，八

---

① （明）李尧民：《雍野李先生快独集》卷一七《与魏东明》，见《四库全书存目丛书》影印本集部第 160 册，317 页。

② （明）冯梦祯：《快雪堂集》卷三《皇明四书文纪序》，见《四库全书存目丛书》影印本集部第 164 册，87 页。

③ （明）姚镆：《东泉文集》卷二《岁考录序》，见《四库全书存目丛书》影印本集部第 46 册，513 页。

股文风的特征是“牵泥成迹，几于墨守”，其下者“茹秽藉枯，无复馨焰”。换言之，“雅而畅”是此时期时文的普遍特征，其表现则为文达乎衷。正统、景泰年间，士以专经为隘，学以博古为名，文质相扶。正德以后，八股文风转而为“蔚以昌”，其表现则为“文溢乎衷”。蔚而昌，可谓八股文风之极。然自此以后，俗尚刻削，论以讦持，八股文之弊亦“靡焉将不可止也”。① 万历以后，时文日变。“始承禅学之余，继以庄、列、管、韩之险涩，已乃效苏、曾而流于浮冗，迨后则齐、梁浮艳，益趋淫曼”。② 晚明八股文风，基本是在此大范围下变化而各呈风采。

八股文的形成，无疑得益于坊刻时文选本的流行甚至泛滥。成化以前，世无刻本时文。其后，杭州府通判沈澄刊《京华日钞》一册，甚获重利，“后闽省效之，减至各省刊提学考卷也”③。自此以后，“书坊非举业不刊，市肆非举业不售，士子非举业不览”④。

晚明坊间流行八股文选本，名色繁多，分别查墨卷、程文、窗稿、房书、考卷、拟程、行卷、社稿。⑤ 房稿盛行，自崇祯初年始；而社稿的流行，则在万历末年。⑥ 明代制科取士，乡试京省，会试礼部，初场试经书举业，这就是“墨卷”。乡、会试由总裁定作为式，中式之文，刻录奏御，即为“程文”，又称“程墨”。士子肄业拟制，传览海内，

① （明）田汝成：《田叔禾小集》卷二《岁考文优录序》，见《四库全书存目丛书》影印本集部第88册，438～439页；（明）蔡汝楠：《自知堂集》卷一〇《四书名儒雅意录叙》，见《四库全书存目丛书》影印本集部第97册，571页。

② （明）王夫之：《王船山诗文集》卷二《石崖先生传略》，19页。

③ （明）郎瑛：《七修类稿》卷二四《时文石刻图书起》，见《传世藏书·子库·杂记》第1册，126页。

④ （明）李濂：《嵩渚文集》卷四三《纸说》，见《四库全书存目丛书》影印本集部第70册，648页。

⑤ （清）黎景义：《二丸居集选》卷八《历科制义选序》，见《四库禁毁书丛刊》影印本集部第16册，674页。

⑥ （清）任源祥：《读墨小序》，见（清）贺长龄、（清）魏源等编：《清经世文编》卷五七，1456页。

称为“窗稿”。举人既隽，选举人之文刊布，称“行卷”。① 每科分校诸公各选定本房佳篇刊刻行世，称为“房书”。故房书有进士文与举人文之别。提学官岁、科二试考校之文，称为“考卷”。诸生征文汇选，称为“社稿”。名公巨人，或预闱政，或秉文衡，或闲居讲学，或翰苑司成，闻题而撰，称为“拟程”，又称“拟墨”。这些坊间印行的八股文选本，在明代风行一时，成为生员必读的举子业范本。“至一科房稿之刻，有数百部皆出于苏、杭，而中原北方之贾人，市买以去。”②北方尤其是西北地区士子，由于书贩来迟，阅读到坊间时文刻本较晚，虽争相仿袭，“不知此中之新样，已是彼地之陈言，兀兀穷年，空劳心力”③。

明代举业之盛，当推吴、闽、浙、赣、楚数省。明人汪道昆言：

> 自近世经术兴，则闽士为嚆矢。我国家令诸博士授业，非闽士说者不传。于是四方之士屈首受成，不啻功令。彼都人士，斐然与江左、浙右同风。④

由此不难发现，福建的举子业在全国士人中的影响力，不亚于江左、浙右。

不同地区的八股文，无不各具自己的风格，形成一定的地域特色。下引明人董其昌、陶望龄二人之说，基本可以反映明代不同地区的时文特征：

---

① 明代行卷流传之广，当推倪元璐的《星会楼稿》。其书“盛传国门，市人因之贾利，摹印至三万余板，字漫灭重锲者再”。参见(清)倪会鼎：《倪文正公年谱》卷一，5页。

② (清)顾炎武著、(清)黄汝成集释：《日知录集释》卷一六《十八房》，382页。

③ (明)李维桢：《大泌山房集》卷一三四《陕西学政》，见《四库全书存目丛书》影印本集部第153册，733页。

④ (明)汪道昆：《太函集》卷三《赠黄全之序》，见《四库全书存目丛书》影印本集部第117册，93页。

> 方内制义各有偏至，吴以韵致，越以色泽，楚以才情，闽以结构，中州以蕴藉，其大都也。①
>
> 今时经生之文，莫尚于吴、闽。闽以绮丽，吴以风裁。四方文卷之行于市者，虽错糅其简，抹杀其姓氏，而为闽与吴，要可悬辨。②

尽管上述两段记载就各地时文风格特征的概括稍有出入，然无不强调时文的地域性美学特征。不同地域内的时文一旦形成固定的风格特征，相应也就形成了时文的体裁或派别。在吴地时文中，有松江、娄东(即今江苏太仓)诸体；在楚地，有竟陵一派；江右，有豫章(即今江西南昌)一派；在山东，则有莱阳一派。

举业文字也有年龄特征。不同年龄段时所作的八股时文，其风格迥然相异。举例来说："凡为沉雄，为纡谲、古色、驳荦，望之暗然者，必尊宿也。凡为慓悍，为英鲜、生韵飞动、芳艳照人者，必韶茂也。"③换言之，尊宿之文，凭借的是法，而韶茂之文，则以才取胜。

八股举业，明代生员士子普遍习学，自然有其在中国文学史上存在的地位。笔者若仔细剖析明代举业文字，可将其分为上、中、下三乘：讲明心学，道理流出，是为上乘；淹贯全经，旁通血脉，是为中乘；标题强记，剽窃时作，是为下乘。④ 在试牍文字中，其实多为下乘之作，举凡墨卷体之至庸至俗，考卷体之无理无法，均是其具体反映。

举业文字虽不过是生员获取科名的敲门砖，却与明代学术风气休

---

① (明)董其昌：《容台文集》卷三《方旦心平平草题词》，见《四库全书存目丛书》影印本集部第171册，346页。

② (明)陶望龄：《陶文简公集》卷四《王慕蓼制义序》，见《四库禁毁书丛刊》影印本集部第9册，260～261页。

③ (明)钱士升：《赐余堂集》卷三《赵驭初稿序》，见《四库禁毁书丛刊》影印本集部第10册，460～461页。

④ (明)徐燦：《阳溪遗稿》卷六《柬双川黄先生》，见《四库全书存目丛书》影印本集部第104册，329页。

戚相关。明初朱元璋确立制科取士，其经书举业皆以程朱之注为本。其时士守传注，学风同文崇正。明中期以后，王学崛起，势必对举业文字形成极大的影响。其时士子不再守传注，甚至破律拂经。《两浙学政》记载了这一前后变化：

> 理学至宋儒大明，故其经书传注一以宋儒为宗。朱紫阳集诸儒大成，其训诂真核明切，家传户诵久矣。迩来伪学乱真，邪说蚀正，创为新说，以买名声于天下，甚至有改篡朱注、删涂程传，刊为帖括者。①

细析之，王学影响及于举业文字，主要表现在以下三个方面：一是有些学者公开倡导"举业"与"心学"可以合而为一，认为"未有业举而不本诸心者，亦未有治心而夺于举业者"②；二是阳明学已成为取士的标准，"诸生中有能为良知言者，皆置高等"③；三是嘉靖中期，王阳明之书虽盛行于世，而士子举业，尚谨守程朱，无敢以禅窜入举业。自叶向高、徐阶执政，尊重王学，于是隆庆二年(1568)，《论语》程义，首开宗门。此后浸淫无所底止，"科试文字，大半剖窃王氏门人之言，阴诋程朱"④。

王学不但与科举紧密相连，而且促进了晚明三教合一的发展。根据柳存仁的研究，晚明三教合流是道教对明代理学精英的一种渗透，而在嘉靖年间王阳明以及他的后学诸如泰州、江西学派中，道家的因素得到更明显的反映。⑤

---

① (明)毕懋良：《两浙学政》，叶 4a～4b。

② (明)程文德：《程文恭遗稿》卷二二《岭表书院谕学下》，见《四库全书存目丛书》影印本集部第 90 册，294～295 页。

③ (明)叶向高：《苍霞续草》卷一五《大廷尉华阳宋先生传》，1339 页。

④ (清)顾炎武著、(清)黄汝成集释：《日知录集释》卷一八《举业》，433 页。

⑤ Liu Ts'un-yan, "The Penetration of Taoism into the Ming Neo-Confucian Elite," *Toung Pao*, 1971, 57 (1-4), 31-102; "Taoist Self-Cultivation in Ming Thought," in Wm. Theodore de Bary (ed.), *Self and Society in Ming Thought*, New York, Columbia University Press, 1970, p. 308.

晚明士大夫醉心佛、道，倡导儒、佛、道三教合流。① 早在东汉桓帝时，佛教刚刚传入中国不久，佛与孔子就一起被人们崇拜，共同被人们供奉于崇拜黄帝与老子的庙宇中。在三教合一观念的变迁中，有两个观念值得我们予以重视：一是“三教一源”，二是“殊途同归”。尽管我们不能否认明代以前相关的三教合流传统是一种象征性的资料，但正如有些研究者所言，我们不能简单地将晚明的三教合一视作对前者的继续，晚明的三教合一，在强度与含义上，均是独一无二的。②换言之，在儒、佛、道这三种传统思想中，无论哪一个流派，均会同时受到来自另外两派的影响。这无疑已成为不争的事实。③ 到林兆恩创设三一教，而且三一教徒迅速增加，说明这种合流的倾向已发展到了顶点。④ 与此同时，自明中叶以降，诸子学开始复兴。⑤ 一至晚明，已是“天下子书横流”⑥，子书也成为士流的一大嗜好。

学术史上这两大思潮的兴起，尽管有特殊的原因与社会土壤，然

---

① 关于明代儒、佛、道三教合流，可参见柳存仁《明儒与道教》《王阳明与道教》《王阳明与佛道二教》诸文，见柳存仁：《和风堂文集》，809～923页，上海，上海古籍出版社，1991；李焯然：《焦竑之三教观》，见《明史散论》，109～140页，台北，允晨文化实业股份有限公司，1987。按：晚明士大夫出入于讲学、谈禅之间，其境遇各不相同：骯髒不利时则讲学，肮脏不得志则谈禅。可见，实有其不得已之处。说具（明）戴君恩：《剩言》卷一，见《四库全书存目丛书》影印本子部第91册，34页。

② Edward T. Ch'ien，前揭书，2～5页。

③ Chü-fang Yü，*The Renewal of Buddhism in China*：*Chu-hung and the Late Ming Synthesis*，New York，Columbia University Press，1981，p. 1.

④ 已有的研究成果表明，三一教在1550年仅有少数信徒，自1579年始，林兆恩在游学过程中，将教徒的人数发展到数千人。到他80岁生日时，则已达到7000人。1598年，在他的葬礼上，参加的信徒更是超过1万人。参见Kenneth Dean，*Lord of the Three in One*：*The Spread of a Cult in Southeast China*，Princeton，New Jersey，Princeton University Press，1998，p. 96。

⑤ 关于明代诸子学复兴，可参见陈宝良：《悄悄散去的幕纱——明代文化历程新说》，139～148页。

⑥ （明）单思恭：《甜雪斋文》卷三《四书窥序》，见《四库全书存目丛书》影印本集部第190册，311页。

而影响难免会及于诸生的八股举业。简言之，在晚明的八股举业中，出现禅言、子史语，并不足奇。对此，冯梦祯、顾炎武揭示道：

> 今之操觚者，竞以禅语入文，而文病；又以文字说禅，而禅亦病。①
>
> 当万历之末，士子好新说，以庄、列、百家之言窜入经义，甚者合佛老与吾儒为一，自谓千古绝学。②

显见，自明中叶以后，士子厌常喜新，慕奇好异，视六经之训为陈言。陈言既不可用，士子势必归绝于空谈；清空既不可常，士子势必又求于子史。子史不餍，士子则宕而入于佛经；佛经又同，士子则又旁搜小说家言。相对说来，晚明士子的学问相当驳杂，而受佛经、诸子家言的影响尤为深刻。一方面，他们“旁求百家杂撰，尤沉酣《世说》以为奇”③；另一方面，他们不仅喜禅诵，而且“喜发兰台石室之藏，而儒道杂”④。在地方学宫尊经阁所藏书籍中，不乏佛、道经典及杂家类书，就颇能说明这一学术倾向。

士子将佛经之语引入举业，当始于万历五年，其始作俑者为王氏后学杨起元。⑤ 而老庄之语入于举业，则始于隆庆二年。当时会试主考李春芳厌五经而喜老庄，黜旧闻而崇新学，其首题《论语》“子曰：由诲汝知之乎”一节，其程文破云：“圣人教贤者以真知，在不昧其心而已。”⑥

---

① (明)冯梦祯：《快雪堂集》卷三《序郑元夫举业近草》，见《四库全书存目丛书》影印本集部第164册，82页。

② (清)顾炎武：《亭林文集》卷五《富平李君墓志铭》，见《顾亭林诗文集》，119页。

③ (明)薛冈：《天爵堂文集笔余》卷一，见《明史研究论丛》第5辑，328页。

④ (明)陈大科、(明)戴耀修：万历《广东通志》卷七《学官弟子》，见《稀见中国地方志汇刊》第42册，160页。

⑤ (清)顾炎武著、(清)黄汝成集释：《日知录集释》卷一八《举业》，432页。

⑥ (清)顾炎武著、(清)黄汝成集释：《日知录集释》卷一八《破题用庄子》，434页。

按“真知”说者，即出于《庄子·大宗师》。其后，举业所用，无非释老之言，诸如道家之“真修”“真诠”“玄通”“玄览”，佛家之“实际”“悬解”“本来面目”“大彻大悟”①，成为一时风气。

(三)秀才文章评析

所谓秀才文章，即八股文。八股文的特点无非是代圣人立言，忌讳个人心得的发挥，或杂引诸家之说。在明人看来，若生员所作八股文“能肖圣贤口气，能发圣贤神髓，一禀于大雅，乃足术耳”②。

如何评述八股文或科举之学？过去的论者大多是贬多于褒。事实上，在明代，无论是不习举业的灯窗老儒，抑或借此进身的经生士子，无不视八股文为空言无当，不足流传。至其极者，则视明亡于八股，而八股之害，甚于焚书、坑儒。③ 这种看法无疑忽略了八股文风或科举之学在晚明的突变，以及由此带来的社会意义。

人莫不饮食，然鲜能知味。诚哉斯言！笔者当然无意夸大八股文的学术价值，甚至称之为“大物”“妙物”④，而是仅仅关心八股文在晚明的显著变化，并揭示出这种变化所带来的社会价值。

毋庸讳言，八股文代圣贤立言的特点，显然制约了作者个性的张扬。而字数的限制，如经书义“每篇限五百三十字，照发格眼，大字誊写，违者虽工不录”⑤，无疑又限制了作者文思的发挥。然明代近三百年以此取士，士皆致力于此，其卑鄙者固不足论，而高者发明经义，矩矱先民，亦堪称文章之一格。其实，明代叶盛所著《绿竹堂书目》中，

---

① (明)徐寅：《宦历漫纪》卷四《申明正文体以凭解卷》，叶2b，明天启元年刻本。

② (明)毕懋良：《两浙学政》，叶5b。

③ (清)蔡尔康：《纪闻类编》卷四；(清)颜元：《习斋言行录》卷下，见姜广辉：《颜李学派》，108页，北京，中国社会科学出版社，1987。

④ 明人薛冈言：“制举义口代圣贤，今以取士，士三年一举，文体亦稍一更，日新月盛，大物也，妙物也，岂有一代取士之大物、妙物，而后世不传者乎?”此即其例。说具(明)薛冈：《天爵堂文集笔余》卷三，见《明史研究论丛》第5辑，346页。

⑤ (明)毕懋良：《两浙学政》，叶6a。

其集部已有举业类一门。入清，黄虞稷著《千顷堂书目》，亦辟制举一门，所收皆明代举业之文。① 这无不说明八股制义亦应有其自己的地位，值得加以适当的重视。

晚明秀才文章的价值，表现在以下三个方面：一是八股文尽管是代圣贤立言，并有字数约束，却亦有自己的一定之体，这种体裁或与其他文体结构有相通之处，甚至在某些方面有益于文学创作；二是八股文不再局限于圣贤立言，不但引入佛、道、诸子之语，而且有将戏曲人物入论者；三是有些士子将八股文作为讽议朝政或地方政治的工具，甚至出现了将“自然之学”引入策论的现象。②

文章各有定体，这是普遍现象，毋庸置疑。随旨赋形，相题下语，这更是创作的一般规律。就八股文来说，且不说诡词琐谈被视作伤体，即使“假宣尼口吻，而入以秦汉之词；唐虞儆戒，而参以盘诰之文；前贤语录，而置以艺文中，皆非体也”③。而实际的情形则是一些才人哲士，穷工极巧，纵横变化，其文体结构的精妙，亦自有其独到之处。八股文的创作，其实亦并非简单的代圣贤立言，亦有匠意、命词、炼气、铸格之分。细究起来，匠意有正、诡之分，命词有雅、谲之别，炼气有恬、躁之殊，而铸格更有冠冕与决裂之异。④

八股的结构，与律诗颇有相通之处。于是，有人以八股说诗，认为“经义之破题，即律诗之起句也。承题，即其第二句。小、大讲，即中二联也。结题，即末二句也”⑤。换言之，尽管经义与诗在内容上迥然相异，然结构上的某些相通，再加之经生士子对八股经义的熟谙，无疑也会给诗歌创作提供一些方便。

---

① (清)俞樾：《九九销夏录》卷三《论语孟子与四书并列》，63～64 页，台北，广文书局，1979。

② [美]艾尔曼：《晚明儒学科举策问中的“自然之学”》，载《中国文化》，1996(13)。

③ (明)毕懋良：《两浙学政》，叶 5a。

④ (明)毕懋良：《两浙学政》，叶 5b。

⑤ (明)黎久：《黎子杂释》，见《四库全书存目丛书》影印本子部第 83 册，607 页。

晚明八股文风，不再限于代圣贤立言，而是大量引入佛经、道藏、诸子之语。不仅如此，生员士子过分沉醉于度曲、狎妓的风流生活，同样也会给晚明八股文烙下印记。在晚明，人们相信这样一种说法：

> "彼临去秋波那一转"，正今时举业宗门，能参透者，文无头巾气，诗无学究气，禅亦无香火气。①

满纸头巾气，这是八股文的通病。而士子从《西厢记》曲文中悟出作八股之秘，势必使晚明的八股文崇尚活泼的个人性灵。从这一角度来说，晚明八股文风中此派的崛起，倒与明代公安派和竟陵派性灵说的流行桴鼓相应。

《西厢记》一类杂剧不仅成了举业的宗门，而且曲文、人物时时挂在士子的嘴头，以致其在作策论时，一不小心，使莺莺、杜丽娘亦入了时务策中。如王厈，性好优。会试时，"七艺俱为主司所赏。阅至论，忽见用莺莺、杜丽娘，主司大骇，置之"②。此即其例。

科举之学并非一味代圣贤立言从而与当朝政治绝缘，而是士子借此进言，或颂扬，或讥刺，与政治关系密切。无论是八股经义，抑或策论，均是如此。譬如，张居正当政时，外省乡试，试官为阿谀逢迎居正，破题便说"众臣效其能，相臣擅其美"③，将居正比为郑国子产。明末天启年间，太监魏忠贤擅权，人情拥戴，几于莽、操。天启四年之试，有士子忧忠贤其势方盛，"而借策对以入告"④。此外，科举考试题目，多有规切时事者。如天启四年，应天乡试题"今夫奕之为数"一节，以切魏忠贤始用事。浙江乡试题"君之视臣如手足，则臣视君如

① （明）闵于忱辑：《枕函小史》，见《四库全书存目丛书》影印本子部第149册，323页。

② （清）王应奎：《柳南续笔》卷二《王厈》，161页，北京，中华书局，1983。

③ （明）李乐：《见闻杂记续》卷一一，1040～1041页。

④ （明）艾南英：《天佣子集》卷四《刘亦棐先生稿序》，叶4b，清道光刻本。

腹心”，是暗示魏忠贤杖杀工部郎中一事。① 时珰焰势炽，群小有鉴于前榜试录之讥，畏人议其后，矫诏悬主司：“诽谤朝政之令，坐无赦。”然倪元璐却不顾禁令，仍于天启七年以“孝慈则忠，皜皜乎不可尚矣”命题。② 其中“忠”即触珰讳，“不可尚”讥刺魏忠贤进爵上公，翼祠文庙。至于在地方上，尤其是苏州，士子更是“工为四书集句，作时文以讥官长”。③ 由此可见，八股文亦并非纯粹的无用之物，同样可以作为一种舆论工具。

尤堪注意者，自天启以后，一些士子结成文社，“缘经术以饰时文”，号为“新体”。此类时文，多及于有司之好尚，“往往以为清议”④。文社操持明代选政，一如汉末之“清议”。

当然，秀才文章对明代学术、文化的消极影响颇大，这一点也毫无疑问。细言之，此类消极影响主要表现在三个方面：一是士子习举子业，多流于俗套，个人性灵，反为八股所禁锢；二是生员士子安于八股习气，不读经史，导致明代学问流于空疏；三是士子多热衷于借时文而猎取科名，以时文为正业，诗文则为“外作”。可见，明代诗歌、散文水平欠发达，我们不能不注意到八股习气的消极作用。

科举之学必然导致经生士子流于各种俗套。关于此，明人杨慎《升庵集》揭示道：

> 近时举子之学，冗赘至千有余言，破题谓之“马笼头”，处处可用。又谓之“舞单枪”，一跳而上也。起语百余言，谓之“寿星头”，长而虚空也。其中例用“存乎存乎”“谓之谓之”“此之谓此之谓”“有见乎无见乎”，名曰“救命索”。不论与题合否，篇相袭。师

---

① （清）顾炎武著、（清）黄汝成集释：《日知录集释》卷一六《题切时事》，388 页。

② （清）倪会鼎：《倪文正公年谱》卷一，8 页。

③ （明）沈德符：《万历野获编》卷二六《苏州谑语》下册，668 页。

④ （清）黄宗会：《刘瑞当先生存稿序》，见《缩斋文集》，61 页。

以此授徒，上以此取士，不知何所底止也。①

这就是明代时文恶习。概言之，即一切以俗格限之，遵循此格者，即为“中墨”，稍异，则否。而其法则为上述种种之“套”。这些套又从坊间时文刻本而来。举子习熟这些时套，即可取便于场屋。在明代，坊间流行一本《锦囊集》，士子“得其片纸只字，不啻大贝南金，率以厚赂购至”②。所有这些，正如李贽所言：“烂热百篇时文，入场学一誊录生缮写，此是也”。③ 由此可见，经生士子所作八股帖括，一方面，要仰寄鼻息于主司；另一方面，又要俯循步趋于时彦，百不吐胸中之一，多为随手朽腐之篇，既锢心灵，又费纸笔。

经生士子欲取科第，别有捷径：捷径之一，即用俗套作文，寻一卷枕秘之书，或烟熏“指南”“浅说”数帙而已；捷径之二，以重金聘请名师，精拟乡、会试题，再将所拟题作文背熟，即可入闱。

生员冒滥之弊，至明代而极，“求其省记四书本经全文，百中无一”④。一旦有了捷径，生员便不再熟读经史，而是视五经七纬、诸子百家、二十一史为仇雠。生员即使读点经史，亦专取简便、浅陋，诸如经读“节文”，史读“略本”，百家诸氏读“纂集”(即类书)，专以苟且速成为便。可见，八股学问显然有害于经术，这就是顾炎武所谓的“八股盛而六经微，十八房兴而廿一史废”⑤。

---

① (清)俞樾：《茶香室续钞》卷一四《明代时文恶习》，见《茶香室丛钞》第2册，748页。

② (明)田艺蘅：《留青日札》卷三七《非文事》，1172～1173页。按：未得第，名之曰“撞太岁”；已得第，则称之为“敲门砖”。

③ (明)陈钟琠：《与友人》，见(清)周亮工辑：《尺牍新钞》卷一〇，351页，长沙，岳麓书社，1986。

④ (清)顾炎武著、(清)黄汝成集释：《日知录集释》卷一六《经文字体》，391页。

⑤ (清)顾炎武著、(清)黄汝成集释：《日知录集释》卷一六《十八房》，382页。按：顾炎武又言：“今之为禄利者，其无藉于经术也审矣。穷年所习，不过应试之文，而问以本经，犹茫然不知为何语。”说具(清)顾炎武：《亭林文集》卷三《与友人论门人书》，见《顾亭林诗文集》，47页。

区别来说，八股为时文，而散文则称古文。八股又称八比，是比偶之文；古文其名得于学古，是言心情(或载道)之文。尽管在晚明不乏有将古文、时文合一之论，然古文、时文之间，仍是畛域井然，不可混淆。换言之，明代以八股取士，士工八股文，难免多不能工于古文词。① 其实，不仅仅限于此，习八股者往往排斥古文词。下面一例颇能说明问题：

> 始余束发时，游于乡校，见诸先辈，类以举业知名，间有谈说古文词者，则群聚而诽之，目为怪物，漫不省视。②

时文与古文体裁虽异，但士子为古文并非就会妨碍其做八股。事实上，德行、文学原先是合一的，汉以后儒林、文苑别为二途。一至明代，“士趣愈卑，所就愈小。其学自二三宋儒训诂之外，不复省记；其文非举子业不讲，有取科第、都卿相而终身不识词赋为何物者”③。

八股对古文的消极影响已如上述，对诗歌的影响亦如此。按照明代风气，经生士子多以习诗为诫。譬如，袁宗道一日偶感兴，赋小诗题斋壁，招来塾师大骂：“尔欲学成七洲耶?”④因当时公安一县，只有七洲此人能诗，人争忌之，故特举为诫。究其原因，则是“诗能穷人，制艺能富人”⑤。即使那些习诗的山人，也大多是举业不足以取青紫，方改习诗歌，希冀借此走高门而干有司。显见，八股习气对明代古文、

---

① 关于此，傅山已指出其原因：“本朝二百七八十年，凡称古文大家者，皆不得登峰造极，不免吃用心于时文之亏。”见(清)傅山：《傅山全书》卷二二《半可集跋》第1册，419页。

② (明)陈尧：《梧冈文正续两集合编》卷二《江怡泉文集序》，见《四库全书存目丛书》影印本集部第101册，333页。

③ (明)李维桢：《大泌山房集》卷一二《梦玉堂稿序》，见《四库全书存目丛书》影印本集部第150册，560页。

④ (明)袁宗道：《白苏斋类集》卷一〇《送夹山母舅之任太原序》，107页，上海，上海杂志公司，1935。

⑤ (明)梅磊：《与儿耘》，见(清)周亮工辑：《尺牍新钞》卷九，337～338页。

诗歌造成了不良的影响。换言之，明代古文、诗歌成就不如唐、宋，八股习气实在难辞其咎。

综上所述，由于明代捐纳制度的存在，生员的来源已是鱼龙混杂，导致生员学问低劣，而秀才文章又受到了八股之习与道学之气的影响，完全是一种科举“俗学”。正因为此，何炳棣将生员排斥在绅士层以外。① 显然，上面的探讨，已证实了这一点。但值得指出的是，这仅仅是明代生员学问的“一面相”，也是明代学术史的“一面相”，并非明代生员学问的全部，更不可说是明代学术的“真面相”。

生员因为社会地位较低，仅处于缙绅的下层，这使其无法成为地方社会的领导者。值得指出的是，绅士取得社会、政治地位，所凭借的是科名学術，而取得学术成就和地位，科名学術固然可以提供一定的助益，但并非决定性的因素。换言之，绅士学术地位的高低，学问成就的大小，关键是其实际的学术成果。事实上，由于科举仕途的不顺，往往导致很多生员转而一心致力于学术研究与考察，穷矻终年，心无旁骛，倒反而成就了他们的学业。如在学术上对王学有部分继承的陈第，少年聪颖，曾为万历年间的生员。后投笔从戎，受知于名将谭纶、俞大猷、戚继光。尽管陈第在科名上只获得生员的资格，但他精通经学，尤长于《诗》《易》，一生撰著颇富，有《毛诗古音考》《屈宋古音义》《尚书疏衍》。其中《毛诗古音考》一书，在古音研究上占有极其重要的地位，对清代朴学具有“开除先路”之功。② 王学后学何心隐，虽不过是生员身份，在中国思想史上的地位却毋庸置疑，被人称为“孔慕

① Ping-ti Ho, *The Ladder of Success in Imperial China*, New York, Columbia University Press, 1962。关于何炳棣观点的评述，可参见：Frederic Wakeman, Jr., “Introduction: The Evolution of Local Control in Late Imperial China,” in Frederic Wakeman, Jr. and Carolyn Grant (eds.), *Conflict and Control in Late Imperial China*, Berkeley, University of California Press, 1975, p. 3, note 9；吕妙芬：《阳明学讲会》。

② （明）焦竑：《毛诗古音考序》，（清）张裕钊：《重刊毛诗古音考序》，及《钦定四库全书提要》，均见（明）陈第：《毛诗古音考》卷首，康瑞琮点校，2～5页，北京，中华书局，1988。

而侠行”，是“狂人”“布衣之杰”。① 王稚登、陈继儒，一为贡生，一为弃巾诸生，但他们作为山人层的领袖人物而在晚明文学史上的地位，也是不容忽视。至于像傅山那样出身生员的大学者，或者像吕留良那样的八股文选家②，显然也与明代的科举之学有着千丝万缕的联系。

捐纳制度的出现，最终导致很多学问庸劣而家中富有钱财的铜臭之夫也堂而皇之地进入生员层的行列。即使如此，我们对这些捐纳者，也不可一概而论。如罗玘，七试有司不录，只好“入赀北雍”，但最终还是凭自己的实力中了解元、会元。③ 而明末清初朴学大师顾炎武，其生员出身的获得，也不过是“纳谷寄学”而已。④ 上述种种，无不说明，在凭借捐纳出身的生员层中，也并非尽是不学无术之辈，而是多有像顾炎武那样的朴学之士。

---

① (明)耿定向：《里中三异传》，见(清)黄宗羲编：《明文海》卷三三九，4148～4149页。

② 清人王应奎云：“本朝时文选家，惟天盖楼本子风行海内，远而且久。尝以发卖坊间，其价一兑至四千两，可云不胫而走矣。然浙中汲古之士如黄梨洲、万季野辈，颇薄其所为，目为‘纸尾之学’云。”说具(清)王应奎：《柳南续笔》卷二《时文选家》，163页。按：天盖楼者，即吕留良出时文选本的书坊。尽管吕留良之选学被黄宗羲等讥为“纸尾之学”，然吕留良在读书士子中的影响力，实不可等闲视之。

③ (明)朱国祯：《涌幢小品》卷一一《民生》，见《四库全书存目丛书》影印本子部第106册，350～351页。

④ (清)陈舜系：《乱离见闻录》卷上，见《明史研究资料丛刊》第3辑，238页。

余　论

综上所述，笔者主要从以下两个方面对明代生员层进行了考察：一是进入生员的日常生活世界，从学校与科举制度入手，考察生员的产生，生员在地方学校的肄业及考核，以及生员如何步入仕途；二是进入生员的社会生活世界，以社会为视角，考察失意科场或仕进无门的生员层的社会流动以及一些“社会性动作”，即他们在社会诸领域的活动以及所扮演的角色，而这类生员又恰恰占生员总数的绝大部分。

生员是地方乡绅的一部分，这一点毫无疑问。而乡绅的产生、延续，主要依靠科举制度与学校制度。科举的目的是为了取士，是一种文官资格的考试制度。而学校是养士之所，即一种教育机构。两者的目的原本不同。然明代“科举必由学校”的特点，导致科举与学校之间的关系密不可分。① 笔者首先从学校与科举制度入手考察生员，其因盖在于此。

生员在明代前、后期发生了显著的变化。自明代中叶以后，生员已从宿斋舍、课业有程，转而变为骚坛曲社，声气相连，声应气求，甚至不乏在社会上游逛、闲荡者。显然，生员缺教失养，导致了生员社会活动的多样化：或言语虚伪，非理谑浪，在稠众中高谈阔论，旁若无人，甚至聚在一起，言人闺阃之事；或出入酒馆，恣长夜之饮，甚至使酒失体；或浪游平康，纵情声色，置酒延妓；或与人博弈，戏作赌具；或专看《水浒传》“笑资”戏文，甚至自己撰造词曲、杂剧及歌

① ［日］寺田隆信：《关于“乡绅”》，见《明清史国际学术讨论会论文集》，116 页。

谣、对联，讥评时事，倾陷同袍；或假以送课，遍谒官长，希图进取；或争强好胜，擅递呈词。① 生员身份虽不足以养家，却可以借此走向社会，或处馆、游幕，或学医、经商、做讼师，甚至弃巾成为山人清客。

俗语云：秀才不出门，能知天下事。又云：《文选》烂，秀才半。又云：秀才遇到兵，有理说不清。前者的意思是说，秀才是饱读儒家诗书的学问人；后者则说秀才是温文尔雅的斯文人，而与武人、行伍的粗鲁不同。然究之明代生员，多凭举子业而成为秀才，至于像《文选》一样的书，秀才甚至连书名也不曾听说过，秀才不读书已成一时风气，“秀才学问”竟成为不学无术的代名词，以致秀才也被人贬为“蠢才”。② 从生员层的行为来看，多数生员也已不再温文尔雅，而是士风喧嚣，士行堕落，劣生、学霸辈出，其行为与无赖如同一辙。

由于生员问题已成为晚明社会一个重要的社会问题，从而引起来自晚明各个知识阶层的注意甚至批评。而反映晚明生员实况者，恰好以这些批评性的资料居多，难免使人对生员做出更多的负面的评价。时至今日，有些学者对明代生员问题的研究，显然也无法脱离当时人的那些负面记载。这是无可否认的基本事实。我们固然不能否认这些记载带有撰写者的主观意志，而且多为传统的意识形态所制约，但平心而论，这些记载确实也反映了明末生员层的实际情况。③ 笔者在下编部分的内容考察中，更多的是利用了晚明的这些负面性批评记载，举凡生员把持词讼，生员的无赖化，以及生员学问的“俗学”倾向。这

---

① (明)吕维祺：《明德先生文集》卷一七《士夫戒》，见《四库全书存目丛书》影印本集部第185册，257页。

② (明)田艺蘅：《留青日札》卷五《诗谈初编》，200页。

③ 明末人王思任有《学宫叹》一首，摹尽明末儒林丑事：“煌煌的夫子庙，俎豆却粗劣不堪；入名贤祠者，号称“名贤”，实则为名玷青史之人；学中据师席而教人者，不过是一些穷途末路之人；青青子衿，行为一同无赖；只要有钱，乡饮酒礼，任人参与，嘉饮如同哄肆；只要是官，无不入祀乡贤之祠，一如漏泽园无异。”这一记载，无疑是明末的实录。参见(明)王思任：《避园拟存·学宫叹》，见《王季重十种》，304页，杭州，浙江古籍出版社，1987。

些负面的记载，事实上也是历史的真实反映，我们不必因其记载负面而加以忽略。当然，笔者坚持认为，后人的研究，也无须为这些负面性的记载所拘囿，而是应超越史料，对生员层的力量做出正确的评估与真实的揭示，真正走进生员的生活世界，以重新建构一个多样化而又丰富多彩的生员层形象。

在此余论中，笔者除了对前面的研究进行了适当的总结外，还拟就以下四个方面的内容加以讨论：一是士与仕，即士的理想化人格，以及科举的客观现实导致士行、士习的堕落；二是青衿与缙绅，即生员与在乡士大夫的关系；三是生员在地方社会中所扮演的角色地位及其作用；四是生员层与社会流动的关系，以及由社会流动所带来的对传统社会的冲击。

一、士而仕

士人一生，在不同的年龄阶段，有不同的称谓，同时享有不同的身份特权：其从七八岁入社学后，为“童生”；进学以后，即成为“秀才”；中了科第，叫作“举人”“进士”；步入仕途，方称“做官”；致仕归林下，又称“乡先生”。生员仅仅是士之人生道路的一个阶段。

关于士之起源，自古即分为文字学及历史学两派。① 尽管学者们就士的起源有不同的解释，但若“以一项已知的历史事实作为讨论的起点”，那么，“古代知识阶层始于春秋、战国之交的孔子时代”②，这一点则毋庸置疑。

唐以后社会既可称为“科举社会”③，又可称之为“士大夫社会”。④ 明代社会当然也不例外。科举必然产生不同于贵族社会的士大夫。换

---

① 黄景进：《社会变迁中的知识分子》，见“国立政治大学中文系中研所”主编：《汉学论文集》，17～19页，台北，文史哲出版社，1982。

② 余英时：《中国知识阶层史论——古代篇》，4页，台北，联经出版事业公司，1980。

③ 钱穆：《中国历史研究法》，40页，台北，东大图书股份有限公司，1991。

④ [美]费正清：《费正清论中国》，104～106页，台北，正中书局，1995。

言之，正因为科举的存在，方使士大夫在明代格外引人注目。科举的目的显然是为统治阶层输送合格的官僚，是政治的一个组成部分。然而就中国历史大传统来说，政治与社会往往密不可分。政治与社会之间的关联，则正在士这一流品。这就是说，“士是社会的主要中心，亦是政府之组成分子”。①

从广义的角度来看，士即士大夫。然若细析之，士应指未出仕的知识阶层，而大夫则指已出仕的知识阶层。士者，未任之官；官者，已任之士，即出仕之士。生员即士。在明代，虽然大部分生员不能做官，然而大多数做官者却都是从进学成为生员这一步做起。换言之，“今日著襕衫，明年戴官帽”②；或者说“彼纱帽圆领之所谓官，皆旧日儒巾襕衫之所谓士”③。

明初立国，明太祖朱元璋以布衣出身而得天下，初期他对一般知识阶层极度礼遇。正因为此，明太祖又有极大的自卑感，怀疑所有的读书人，于是加强对他们的监视，并对异己者加以铲除。④ 再加之当时的知识阶层犹怀故国之思，故士多不愿出仕。即使科举已普遍举行，然民间并不以入学做生员为荣，甚至有人百般加以规避。一直到明代中期，尚有这种状况的个别例子出现。自明中叶以后，情况已截然不

---

① 钱穆：《中国历史研究法》，38页。

② （明）吕坤：《实政录》卷一《弟子之职一》，见《四库全书存目丛书》影印本子部第164册，349页。

③ （明）吕坤：《实政录》卷一《提学道之职》，见《四库全书存目丛书》影印本子部第164册，358页。

④ 赵令扬：《论明太祖政权下之知识分子》，见寿罗香林教授论文集编辑委员会主编：《寿罗香林教授论文集》，191～194页，香港，万有图书公司，1970。按：关于明初太祖是否采取文字狱的方法而对知识分子加以控制，在学术界有不同的看法。这方面考证文章的代表作，主要有陈学霖：《徐一夔刑死辨诬兼论明初文字狱史料》，载《东方文化》，1977(1)。陈学霖：《明太祖文字狱案考疑》，见《明代人物与传记》，1～33页，香港，香港中文大学出版社，1997。而对明太祖与儒教及孔子之关系进行综合、系统探讨者，则可参见朱鸿林：《明太祖的孔子崇拜》，见“中央研究院”历史语言研究所集刊编辑委员会：《“中央研究院”历史语言研究所集刊　历史语言研究所成立七十周年纪念专号》，第70本，第2分，483～530页，台北，“中央研究院”历史语言研究所，1999。

同。入学帮补，已被视为相当荣进的事；宾兴，则更被公认为巨典。原因很简单，这是富贵利达的捷径。“朝廷悬此以艳天下，天下士不啻竭蹶趋之，走且僵矣。”①

明人吕柟对士有一种相当夸大的说法，即士有“五贵”：不为草木鸟兽，为人，一贵；不为夷狄，为中国人，二贵；不为中国之女人，而为中国之男人，三贵；不为中国之农、工、商贾，而为士，四贵；上可为尧、舜、周、孔，下可为颜、曾、思、孟，五贵。② 究“五贵”之说，前面“三贵”不免有些牵强，没什么讨论的价值。其实，士之贵只是在于以下两点：一是在传统社会，四民之中，士最为贵，相较于农、工、商而言，士可以享受更多的身份特权；二是士读圣贤之书，明圣贤之道，高洁者可以在道德上有所成就，即使卑俗者亦可出为君用，坐享天禄。

在晚明，士的普遍标准则为：腹挂色丝，口霏玉屑，气吐虹蜺，足踏烟霞，逐高阳之侣，要汉浦之珮，谈支公之禅。这显然带有名士、雅士的习气，是当时士人隐居倾向的侧面反映。其实，士有品，亦有韵：“才情意气，言语文词，丰神局干，皆品也，而不谓之韵。夫所谓韵者，学不必曾史，谈不必王裴，侠不必田尝，游不必尚禽，酒德不必公荣，风情不必宋玉，佞佛不必周颙；无可诧示当世，而自解、自会、自矜、自喜，形色笑貌之无有，而超然上人，人自不得以才技胜之。如花之梅，树之竹，禽之鹤。”③

照传统的看法，士亦可分为流品。一些理学家尤其强调这种流品的高低。如湛若水就将士分为三品：求富贵者，求功名者与求道德者。他主张“道德蕴于中，享之为富贵，施之为功名。是故富贵不离于道

① （明）吕坤：《实政录》卷一《提学道之职》，见《四库全书存目丛书》影印本子部第164册，358页。

② （明）吕柟：《泾野子内篇》卷一《云槐精舍语第一》，1页。

③ （明）邹迪光：《石语斋集》卷一四《寿顾叔白五十序》，见《四库全书存目丛书》影印本集部第159册，225～226页。

德，周公乐之也。功名不离于道德，伊傅乐之也”。① 科举带来功名、富贵，故三品之说，其实又可简为上、下两品：上品以道德为标准，下品以科第为标准。按照传统的观点，举业不过是阶梯，若士子道德不足，即使位至三公，不过是一“富贵人”而已。反之，若士子道德既充，即使贫贱，亦不可谓不成，可成为一“道德之士”。②

自科举兴盛以来，两宋、晚明已无门第，乃是书院讲学派与科举利禄派的对抗。换言之，唐宋明三代的政治实权，实际上都已掌握在平民社会知识分子手里，而平民社会的知识分子中又自分门庭：一派是沿袭传统精神，期以政治来推进社会的“真士”，另一派是专注意凭借科举制度，混进仕途，仅图攫取爵位的“假士”。③ 其实，所谓“真士”者，即士中求道德者之流；而所谓“假士”，即求科第者此品。然而在明代这样的科举社会，士之假士化，亦即士流于庸俗化，这是必然的现象。父兄之所训督，师友之所讲授，唯举业文章而已；宗族之所期望，乡党之所歆羡，唯科第官职而已。究其原因，无非是科第官职可以带来实际的“名”。

在明代，上可以名褒士，而下亦以名为士之荣。细究之，名当然有“令名”与“荣名”之别。里歌户诵，荣问休畅而莫之遏佚，此可称之为“令名”。当人为氓隶，无可指数。一游于庠，称博士弟子；举于乡，登贤能之书；仕于朝，通金闺之籍。其最尊膴者，途人田父，亦骇叹而谨事之，此可称为“荣名”。④ 可见，士之名，凭借的是科名或者官职。即使不屑于科举而号称“名士”者，在晚明亦不得不发生一些变化，即“昔之名士，人号之；今之名士，自呼之。昔之名士，离位者当之；

---

① 湛若水：《湛甘泉先生文集》卷一《新论》，见《四库全书存目丛书》影印本集部第 56 册，527 页。

② 程文德：《程文恭遗稿》卷二二《题书院右壁》，见《四库全书存目丛书》影印本集部第 90 册，303 页。

③ 钱穆：《中国智识分子》，见韩复智主编：《中国史论集》上册，145～146 页，台北，茂昌图书有限公司，1991。

④ （明）李维桢：《大泌山房集》卷三四《雁塔题名记》，见《四库全书存目丛书》影印本集部第 151 册，661 页。

今之名士，守士习者居之。”①甚至有些名士，日投刺拜谒公门，饮酒高会，亦与庸人一般无异。②

在明代这样的传统社会，一个读书人的身份，同样以未仕与已仕作为一条界线：当其未仕，则为士；已仕，则为臣。而科举则是对未仕或已仕起决定作用的关键。士有士品，则臣亦有臣品。相比之下，士品与臣品有所不同，这取决于两者境地各异：士高尚其事，天子不得臣，诸侯不得友。而臣则不然。朝廷之分，尊尊而卑卑。而两者的根本差别则在于，“大抵士在事之外，而臣在事之中；士之守己欲峻，而臣之效功欲实；士直以行其志，而臣曲以行其权”③。

明代以前的科举，进士及第以后，便依其行政成绩而升黜。而明代则是相当讲究资格的社会，科举分成众多的阶梯：甲榜进士、乙榜举人、生员出贡。学者依三者在仕途的荣衰，也就将其分出了不同的流品。甲榜进士是清流，浮在上面，一直向前，生员、举人则变成浊流，沉淀在下面，永不超生。正如钱穆所言，不能说科举场中有阶级，但有流品之别。“明代以后，科举分成两层，下层是秀才、举人，没法当大官；上层是进士与翰林，也没有做小官的”。④

明代士品问题的关键乃在于理想与现实之间的冲突。按照传统儒家思想的观点来看，士居四民之首，浸灌诗书之府，陶铸礼乐之场，楷模先哲以正其趋，缔结时髦以弘其助，自当以圣贤、豪杰自期。⑤换言之，士诵诗读书，应该养成一种磊落心胸，有凤凰翱翔于千仞的气象，不应为一切世味所阻挠。⑥ 而实际的情形正好相反。士子把一

---

① (明)陈龙正：《与友》，见(清)周亮工辑：《尺牍新钞》卷八，282页。

② (明)雷士俊：《与郑廷直书》，见(清)周亮工辑：《尺牍新钞》卷八，294～295页。

③ (明)许獬：《许钟斗文集》卷二《士品臣品辨》，见《四库全书存目丛书》影印本集部第179册，313页。

④ 钱穆：《明代政治得失》，见韩复智主编：《中国史论集》下册，1771页。

⑤ (明)庄起元：《漆园卮言·政部·谕诸生檄》，见《四库全书存目丛书》影印本集部第184册，621页。

⑥ (明)毕懋良：《两浙学政》，叶3a。

部经史当作圣贤遗留下来求富贵的本子，把一处学校当作朝廷修盖下求利达的教场，矻矻终日，只为身家，犹如僧道替人念诵经忏一般，念的内容与其绝不相干，只是赚些经钱来养活此身，而圣贤垂世立教之意，一概辜负，不加理会。

生员习气，其来非一朝一日。当其年幼之时，在乡学肄业，耳濡目染者已非美事。等到进学成为生员，“识与年进，机与类从，见闻愈多，则私智愈炽，阅历愈久，则机械愈熟。食廪膳也，则取贿于膳夫；司祭事也，则索钱于里甲；乡饮，则受赂于宾僎；户役，则射免于官府；甚至饵挟公私，兴灭词讼。其于师长，强者则诱之，弱者则玩之，猥下者则制之。”①在生员中，偶尔也有特立独行、矫矫自好之士，却被世人訾议，讥为非中道。时日一久，其不免随波逐流，最终归为市井氓隶之徒②，同样以禄、位作为毕生的追求。

按照传统的观点，士、仕亦有共同的理想追求，即其原俱本于道德，其用俱可致于事功，其心俱不染于富贵，而其要俱务实而不求名。③ 士之仕，其目的是为了行道。而所谓行道，“不过上有益乎君，下有益乎民而已”④。士习对仕风的影响颇深。“在学士习，但看居官仕风。官之无良，学之无政为之也。”⑤

生员在未出仕前，亦曾大言：“吾将行吾学也，吾适未仕焉耳。”可是一旦出仕，又找借口道：“吾将行吾学也，吾适未得自遂而专耳。”⑥

---

① (明)鲁铎：《鲁文恪公集》卷一〇《与执政论时政书》，见《四库全书存目丛书》影印本集部第 54 册，134 页。

② (明)骆文盛：《骆两溪集》卷一四《南埜杂谈》，见《四库全书存目丛书》影印本集部第 100 册，698～699 页。

③ (明)许獬：《许钟斗文集》卷二《士品臣品辨》，见《四库全书存目丛书》影印本集部第 179 册，313 页。

④ (明)李兆先：《李徵伯存稿》卷八《送常熟沈先生尹南安序》，见《四库全书存目丛书》影印本集部第 78 册，367 页。

⑤ (明)吕坤：《实政录》卷一《提学道之职》，见《四库全书存目丛书》影印本子部第 164 册，358 页。

⑥ (明)鲁铎：《鲁文恪公集》卷七《送河南按察司照磨曾希哲之任》，见《四库全书存目丛书》影印本集部第 54 册，104 页。

究其实，无非是为求富贵荣华而寻找种种好听的借口。晚明出仕者大多视国与天下如逆旅、传舍，从他们释褐之初，直至请骸之日，无非是为一富一贵计，而夙兴夜寐于簿牒之繁，亦不过借此以为图利之阶。至于民情之乐苦，岁事之成歉，狱讼之淑慝，生齿之流集，一切置之心外，不加过问。① 换言之，在明人看来，仕意古今截然不同：古之仕为民，今之仕为身；古之仕为国，今之仕为家。于是，一些缙绅或以嘱托为分内事，借此获得厚利，毫无愧心。循习一久，罔知为恶。②偶尔亦有因此而被人笑骂者，可出仕者习以为常，说："笑骂任尔，富贵吾自受之。"③显然，已是毫无廉耻可言。

以科第取富贵的假士者流已是如此，即使那些动以讲学为名、谈心论性的"真士"，亦不过大言欺人，"其声色货利之私，比之市井之徒，不异也"。④ 道学家之流的理想目标本应是从祀庙庭，俗称之为"吃生肉"。然晚明之道学家流也一切安于卑陋，动辄云："岂有生肉与我吃哉！"⑤故往往自暴自弃，汩没流俗，以为当然。可见，一至晚明，无论是假士，抑或真士，其士习均已趋于俗化。

二、衿与绅

衿指青衿，即生员。绅即缙绅，包括在任的官员和致仕的乡官。

---

① （明）黄省曾：《五岳山人集》卷三四《仕意篇上一首》，见《四库全书存目丛书》影印本集部第 94 册，881 页。

② （明）骆文盛：《骆两溪集》卷一三《南埜杂谈》，见《四库全书存目丛书》影印本集部第 100 册，688 页。

③ （明）丰坊：《万卷楼遗集》卷一《遇言序》，见《北京图书馆古籍珍本丛刊》第 109 册，19 页，北京，书目文献出版社，1988。

④ （明）骆文盛：《骆两溪集》卷一三《南埜杂谈》，见《四库全书存目丛书》影印本集部第 100 册，687 页。

⑤ （明）骆文盛：《骆两溪集》卷一三《南埜杂谈》，见《四库全书存目丛书》影印本集部第 100 册，689 页。

明代史料，也将两者分而称之。① 服饰的不同，更是决定了两者的等级差异：绅是纱帽、圆领，或可称之为峨冠博带；而衿则不过方巾、襕衫，仅可称之为褒衣博带。

士大夫社会的形成，离不开士、绅这两个社会阶层。在传统史籍中，士大夫阶层的称谓各不相同，或称之为士大夫、士夫，或称之为乡官、乡绅、缙绅。现在较为集中的称谓，则为乡绅、绅士或知识分子。②

我们必须从经济与政治的双重角度考察明代乡绅。若从狭义的角度来理解，那么乡绅则指正常科举考试得第(或借荐举或捐纳)的有科名的"个人"。③ 从经济的角度来看，大土地所有则是乡绅的经济基础。④ 换言之，乡绅所享受的赋役上的特权，使他们的占有形式具有特殊性，即他们是一种身份地主(亦可称之为特权地主)，从而与一般的庶民地主有别。乡绅凭借身份权势攫取财富，而随着身份的丧失，特权也就消逝，而家产随之败落，财富随之散失。⑤ 乡绅的功名及身而止，故乡绅的地位并不十分稳固。再加之他们所占有的知识并不独立，除了当官以外并无其他出路，因此他们无不以维持统治机构的稳定为己任。从这种角度来说，中国政治传统里的考试制度确实是一个

---

① 明代史料言："忠臣烈士，不出于缙绅，而出于一青衿弟子。"此即其例。说具(明)佚名撰：《研堂见闻杂录》，264 页，上海，上海书店，1982。

② 李弘祺认为，知识分子构成了所谓"绅士"阶层的主体，他们在传统社会里因此变成了统治者与平民之间的媒介。这是颇有见地的看法。然相对说来，"知识分子"这一概念较为宽泛，而且在现代西方社会学与史学界中，其讨论也有独特的着眼点。其说分见李弘祺：《公正、平等与开放——略谈考试制度与传统中国的社会结构》，见李弘祺：《宋代教育散论》，33 页；余英时：《中国知识分子的古代传统》，见余英时：《史学与传统》，71～72 页，台北，时报文化出版事业有限公司，1994。按：为示明晰，笔者在有关明代生员的研究中，尽量避免用"知识分子"这一概念。

③ [美]费正清：《费正清论中国》，105 页。

④ [日]伊原弘介：《明末清初"绅士"的土地经营——以张履祥为例》，见《明清史国际学术讨论会论文集》，567 页。

⑤ 伍丹戈：《明代绅衿地主的发展》，见《明史论丛》第 2 辑，11 页。

伟大的制度，因为它可以帮助巩固中国的政治机构。①

笔者认为，明代的绅士集团可以划分为上、下两层：上层是因科名(包括进士、举人、贡、监生)或不由科举(包括荐举、捐纳)而获取官职的仕宦阶级，不论现任、赐假或退任；下层则指尚未出仕的青衿(即生员)集团。按照明代选士制度，举人、贡、监生均有做官的资格，唯生员尚无出仕的资格。尽管由于种种原因，举人或贡、监生中亦有至死而未曾出仕者，然其绝大部分还是获得一官半职。从这种角度言之，用绅、衿区分绅士集团的上、下层，显然是比较妥当的做法。

明代的乡绅并非是个浑然一体的利益集团，其间亦在发生上下层的分化。这大体已成为过去的研究者的共识。② 事实确实如此。在明代，绅为一邑之望，而衿为四民之首。虽同为表率闾里的社会阶层，但两者在地方上的影响力显然有一定的差别。绅仗一人之威力而足以制官，而衿必须借声气之应求(即动称"通学")，方可引起地方官的注意。这就是两者在地方上的身份、声望乃至权力差别。进而言之，上层绅士因其社会地位或威望具有两面性的特征，一个绅士在他的家乡以外，可以是一个不贪污的好地方官，但致仕以后，有些人就会利用他们的官僚影响力和社会地位攫取财富、逃税，或者保护自己家族的

① 李弘祺：《公正、平等与开放——略谈考试制度与传统中国的社会结构》，见《宋代教育散论》，33 页。

② 譬如，日本学者山根幸夫在《明末农民起义与绅士阶层的反映》(《晋阳学刊》，1986 年第 2 期)一文中认为，绅士层也出现了上层绅士与下层绅士的阶级分化。升官途径被封闭，下层绅士即生员阶层对统治体制持批评的态度，并在明末农民战争时，投降了农民军，以求升官发财。参见冯尔康主编：《中国社会史研究概述》，206 页。寺田隆信按照身份、地位的区别，从制度上将乡绅分为举人、进士集团和生员、监生集团。说具[日]寺田隆信：《关于"乡绅"》，见《明清史国际学术讨论会论文集》，124～125 页。按：关于明代生员成为农民起义的合作者，可参见 Muramatsu Yūji，"Some Themes in Chinese Rebel Ideologies，"in A. F. Wright (ed.)，*Confucian Persuasion*，Stanford，Stanford University Press，1960，pp. 24-267。

利益。[①] 但对生员来说，他们更多的只能在自己的家乡扮演一定的角色，无论是善的，还是恶的。

在明代这样的科举社会，尤其看重身份。不仅参加科举考试者要被查三代角色，贱民不许入试，而且科举的出身亦因等第的不同而分出各类角色，即从进士、举人到贡生、监生、生员。角色不同，其政治、经济特权也就各有差异。

以政治权力言之，进士出身的士大夫，可通过“干请之书”，向地方官说事。[②] 按照明代制度，举人亦有“请谒有司居间”的特权。[③] 尽管晚明生员也有出入衙门递手本说事者，但朝廷的禁令，则禁止生员出入衙门。可见，生员说事过钱实际上是非法的。于是，一些地方官将精神命脉全用在几家乡宦身上，即使摆酒，所请者亦不过乡宦、举人、监生而已，绝无生员。地方官对待生员，却如宿世冤仇一般。[④]

再从经济权力来说，生员一登进士或举人，选受一职，即可以成为“官户”，“原无产米在户者，则以无可优免为恨，乃听所亲厚推收诡寄，少者不下十石，多者三四十石，乃或至于百石。原有产米在户者，后且收添，又于同姓兄弟先已别籍异居者，亦各收并入户，以图全户优免，或受其请托以市恩，或取其津贴以罔利。又有苞苴富厚，囊橐充盈，多置田产，寄庄别县，仍以官名立户，中亦多受诡寄势焰者。”[⑤]在明代，地方徭役的编派方面，绅、衿亦各有不同。绅被编为

---

① John R. Watt, *The District Magistrate in Late Imperial China*, New York, Columbia University Press, 1972, pp. 59-68.

② （明）冯时可《雨航杂录》云：吴下有三厌，即平山人诗卷、士大夫干请之书与僧徒募缘之册。可见，明代士大夫干请之书，已颇普遍。说具（清）俞樾：《茶香室四钞》卷一〇《吴下三厌》，见《茶香室丛钞》第 4 册，1630 页。

③ （明）钟惺：《钟惺集》卷二七《蔡先生传》，见《传世藏书 · 集库 · 别集》第 10 册，97 页，海口，海南国际新闻出版中心，1996。

④ （清）西周生：《醒世姻缘传》第 5 回，63 页。

⑤ （明）聂豹：《双江聂先生文集》卷一《应诏陈言以弭灾异疏》，见《四库全书存目丛书》影印本集部第 72 册，252 页。

“官囤”，而衿则只是被编入“儒囤”。① 徭役的优免也是等级井然：贡、监、生员优免不过百余亩，自优免外，田多家富者亦并承充。而两榜乡绅，无论官阶及田之多寡，绝无签役之事。乙榜举人则视其官之崇卑，多者可免二三千亩，少者亦千余亩。贡生出仕者，亦视其官，多者可免千亩，少者三五百亩。②

与此同时，进士、举人、贡生均可获得种种经济上的好处。在明代，城衢之内，有门闾堂皇，穷极土木之丽者，必进士之家；郊遂之间，青畴万井，柳埼百里而肆其畎亩之辟者，必进士之家；役奴下走，文衣麂履，贱妾愚妇，翠髻琼冠，一珠千金，拱如后妃，出则象舆者，必进士之家。③ 进士如此，举人亦不例外。生员一中举人，即使不得入官，亦便足自润。其甚者，美男蕲为仆，美女蕲为妾，或厚赀以见，名为“靠身”。④ 即使贡生选官以后，也有很多下户人家央亲傍眷，求荐书，求面托，愿投做家人，甚至情愿将自己的土地、房屋投献。⑤ 而生员却无此幸运。尽管在晚明有些生员不乏通过揽纳钱粮而获利者，然毕竟属于非法的少数，而绝大部分生员基本处于相对贫困化的境遇。

既然科第能带来种种好处，那么，求科第之术，不啻千端。“或卜吉形家，或求助神佑，其高者类能以文章为迎合，不肖者钻刺营谋，侥幸一第。”⑥大量钻刺营谋者的存在，显然带来了科第的不公平性。

在明代社会中，科举考试确实为读书人提供了“均等机会”，但并不能因此而说明代社会已十分平等。究其原因，首先，读书人在科举

---

① (清)李文耀修：乾隆《上海县志》卷五《徭役》，见《稀见中国地方志汇刊》第 1 册，454 页。

② (清)叶梦珠：《阅世编》卷六《徭役》，146 页。

③ (明)黄省曾：《五岳山人集》卷三四《仕意篇下一首》，见《四库全书存目丛书》影印本集部第 94 册，812 页。

④ (明)陈益祥：《陈履吉采芝堂文集》卷一三《木钺》，见《四库全书存目丛书》影印本集部第 195 册，552 页。

⑤ (清)西周生：《醒世姻缘传》第 1 回，4 页。

⑥ (清)钱邦芑：《科第捷径引》，见《四库全书存目丛书》影印本子部第 151 册，46 页。

应试前的学习阶段，需要巨额资金的支持。对农民家庭来说，其子弟出去应试，就意味着一个重要劳动力的丧失。尽管大量义学兴起，为贫寒子弟提供了习科第的便利，但毕竟杯水车薪。由此可见，对农民阶层来说，获取生员资格相当困难，而生员资格就必然被财主和大土地所有者所垄断。① 事实上，经济实力的差别，仅是不平等的一个方面，其另一方面则为缙绅子弟通过荐书获取生员资格，而贫寒子弟则无此特权。顾炎武认为，明季生员“以关节得者十且七八矣”②，说明在科举中不平等现象广泛存在。其次，从总体来说，通过科举而进入领导阶层者毕竟属于少数，社会给予读书人的机会十分有限。换言之，大量的读书人仅仅保有生员的资格而仕进无门，甚至终身未获衣巾。由此而言，“中国传统社会并不是一个平等的社会，它是一个金字塔式的社会，而不是近代人人尊崇的椭圆形式的社会”。③

这种不平等的存在，势必导致生员层人数的大量积存，并由此引发绅士中上、下层的分化。明朝廷的政治禁令，其中最突出者是禁止“朋党”。如果在朝官员互相交结，或者下属官员甚至庶民百姓上奏在朝宰执大臣美政才德，就会被视作“奸党”。④ 而对地方官来说，一方面，朝廷不许他们立碑建祠，为自己歌功颂德；另一方面，即使他们指使人“妄称己善，申请于上”⑤，这种做法也在法律禁止之列。但一至明末，对生员层而言，从其与地方官员或者绅士上层之间的关系来看，与绅士层有部分的一致性，如明末复社与东林党之间，在政治利

① ［日］伊原弘介：《明末清初“绅士”的土地经营——以张履祥为例》，见《明清史国际学术讨论会论文集》，568 页。

② （清）顾炎武：《亭林文集》卷一《生员论》上，见《顾亭林诗文集》，21 页。

③ 李弘祺：《公正、平等与开放——略谈考试制度与传统中国的社会结构》，见《宋代教育散论》，32 页。

④ 如《大明律》规定：“若在朝官员，交结朋党、紊乱朝政者，皆斩。妻子为奴，财产入官。”又规定：“凡诸衙门官吏及士庶人等，若有上言宰执大臣美政财德者，即是奸党”。参见怀效锋点校：《大明律》卷二《吏律一・奸党》《上言大臣执政》，34、35 页，北京，法律出版社，1999。

⑤ 怀效锋点校：《大明律》卷一二《礼律二・现任官辄自立碑》，93 页。

益或价值趋向上无疑有着家谱统绪一般的前后继承关系。而地方官员也往往与生员层妥协，希望借此获得生员舆论的支持，甚至提高自己的官声。换言之，在反对宦官力量方面，或者在利益的互相依赖方面，生员层也以“清流”自居，这就使绅士的上、下层因其相同的利益所在而使行动更多地带有步调的一致性。但笔者需要指出的是，明代大量出现的“学变”(又称之为“士变”)，以及这些学变中反太监、反官府或豪绅色彩，无不说明绅士上、下层的分化已成为客观的现实。在明代，所有这些学变均被视作“乱原”。事实上，若我们换一个角度观察，那么，在太监、地方官、豪绅日益朘削小民、动摇传统社会统治基础的明末，“学变”反而成为维持社会稳定之举，而生员也成为稳定地方社会的一股不可忽视的力量。

三、生员与地方社会

明清两代的地方社会，朝廷的统治力量止于府、州、县一级。明代府、州、县官催办地方事务，多靠“发遣信牌”。换言之，按照明律规定，府官不许入州衙，州官不许入县衙，县官不许下乡村。而只有当“点视桥梁圩岸、驿传递铺，踏勘灾伤，检尸、捕贼、抄劄”，县官方可下乡。① 可见，就地方行政统治机构而言，朝廷的正式行政管理机构只到县衙门为止，而县级以下地方社会的公共行政事务，则是由那些不领俸禄的准官吏，诸如乡镇一级的“乡保”和村一级的“里正”来控制与管理。而这些县级以下的行政管理人员的任命，原则上是由社区举荐，再由朝廷加以认可。② 就明清的政制来看，府、州、县官吏，号称“亲民官”，原本应以亲民为职责，是沟通朝廷与百姓之间的桥梁。

如果府、州、县官真能亲民，官与民时常见面，时常询问民间百

---

① 怀效锋点校：《大明律》卷三《吏律二·信牌》，44 页。

② 黄宗智：《中国的“公共领域”与“市民社会”？——国家与社会间的第三领域》，程农译，见邓正来、[英]J. C. 亚历山大编：《国家与市民社会：一种社会理论的研究途径》，420～443 页，北京，中央编译出版社，1999。

姓的疾苦，则上下之气相通，朝廷的统治力量也能及于地方乡村社会。然而真实的历史却是，一方面，县官被限制下乡；另一方面，县官下乡，除了扰民之外，既无亲民之举，也不过是例行公事，做做样子而已。如此一来，官与民之间难免会产生隔阂。鉴于此，朝廷只好采取一种层层钳制的行政模式，即通过保甲、地保以约束游民，然后再通过衙门中的佐杂官以约束保甲、地保，借此治理地方乡村社会。于是，乡保、里正成为官与民之间的桥梁。按照一些学者的研究，明清地方社会秩序的维持，主要依赖于正式的政府机构(行政衙门)和非官僚化的"礼制仪式"。而所谓的礼制仪式，绝大部分是在绅士和其他地方精英的控制下，诸如大地主和富商。① 与此同时，明清的基层社会组织也呈现出纵横依赖与相互联系的实际状态。而基层社会组织的构成，则包括以下三大系列：一是里社、保甲、坊厢系列，此属于法定社区中官方下令编组、反映了县以下基层行政的社会组织；二是家族、宗族、乡族系列，此为自然社区中人们长期以来在"物"和"人"的生产中自然形成，并以血缘、地缘为基本纽带的社会实体组织；三是行业组织与经济型乡族组织系列。② 萧公权对晚清乡村基层组织的研究也显示，清代控制乡村的主要力量是保甲与里甲，而宗族力量则主要存在于黄河以南的一些省份。于是，他对清代乡村控制的研究，也是以保甲与里甲、社仓与其他谷仓以及乡约三个方面作为解剖的具体范例，对清代乡村的行政与财政控制、饥荒控制以及意识形态控制进行了深入的考察。③ 这些网络与组织，杜赞奇称之为"文化关系"。④ 过去的

① Kai-wing Chow, *The Rise of Confucian Ritualism in Late Imperial China: Ethics, Classics, and Lineage Discourse*, Stanford, Stanford University Press, 1994, pp. 71-72.

② 张研：《清代中后期中国基层社会组织的纵横依赖与相互联系》，载《清史研究》，2000(2)。

③ Kung-Chuan Hsiao, *Rural China: Imperial Control in the Nineteenth Century*, Seattle, University of Washington Press, 1960, pp. 6, 25-184.

④ Prasenjit Duara, *Culture, Power, and the State: Rural North China, 1900-1942*, Stanford, Stanford University Press, 1988, chap. 1.

研究无不证明，在明清基层社会组织中，归根结底是绅士(亦可称“乡绅”，或称“绅衿”)从中起关键性作用。乡村基层行政组织，尽管绅士自己不曾担任职务，而是多由家无产业的无赖棍徒充任①，但其本身所具有的、由社区自行推荐的特点，无疑使绅士可以借自己之势而操纵推荐，从而达到左右乡村社会的目的。而乡村宗族势力，从某种程度上说，其实就是绅士势力的真实反映，一般百姓不过是宗族的依附者而已。至于行业性的经济组织，我们当然无法否认商人在其中所起的作用，但绅商或绅董的出现，事实上，已经证明绅士的势力同样已渗透到经济组织。显然，绅士集团是左右明清地方社会的一股重要力量。

财富和社会地位是决定社会中一个领导阶层的两大基本要素。②在明代，由于各种捐纳制度的存在，财富的占有者(如业工商而致富者或土地的占有和经营者)子弟，可以轻易凭借财富而进入领导阶层。当然，明代的工商业者相当重视教育，其子弟科举出身者亦复不少。与此同时，由于科举制度本身的特点，再加上一些士大夫按儒家学说而大兴义学，一些贫寒子弟同样可以获得接受教育的机会，并由科举而获出身，进入领导阶层。

总体而言，只有乡绅才有“一邑之望”的特点，大多数生员学问低劣，无论其财力，还是声望均无法使其成为地方社会的领导阶层，然而乡绅、地方官在实施任何有关乡里政治、经济或社会的措施时，绝不能抛开生员层，在某种程度上，仍然需要依赖生员层的协助。假如说乡宦力量的特点是既不完全倾向于中央对地方的控制，也不完全代表地方庶民的利益，而是一种有其本身的利益考虑、斡旋于地方社会

---

① 关于明代无赖层向乡村基层行政组织的渗透，可参见陈宝良：《明代无赖阶层的社会活动及其影响》，载《齐鲁学刊》，1992(2)。

② 李弘祺：《公正、平等与开放——略谈考试制度与传统中国的社会结构》，见《宋代教育散论》，25～29页。

与中央朝廷之间的势力[1]；那么，生员层可以说是介于地方官、乡宦与庶民之间的一股中间势力。

生员层在明代地方社会中的作用[2]，主要凭借以下两种手段：一是都市舆论[3]；二是群体力量。

自古以来，中国的士就有一个共同的理想性格，即以“道”自任，以批评政治社会为职志。孔子说：“天下有道则庶人不议。”反过来说，就是“天下无道则庶人议”。[4] 俗言：公道在学校。明代学校生员自然亦以公道自任，通过集体对地方有司及其所行地方事务进行延誉讥评，参与地方社会的诸项事务。地方官的声闻，“起于黉舍”，地方官的贤否，也有待于生员舆论来裁定。[5] 生员舆论的形式多种多样，或用四书文，或用戏曲、歌谣，甚至直接采用匿名文书、揭帖及递联名呈状，借此对地方政务进行讥评。尤其到了明末，由于生员结社的普遍，不同府、州、县甚至跨省的生员通过声气结合在一起，使生员舆论更是突破了地域界限，从而引起朝廷的注意。

尽管生员具有不同于一般庶民百姓的声望，其拥有的知识和头衔以及由此带来的体面也能令庶民百姓肃然起敬，然与乡绅相较，其声望与影响力远远不如。若生员凭借单个个体的力量，不但会受到地方

---

① Shigeta Atsushi, “The Origins and Structure of Gentry Rule,” in Linda Grove and Daniels (eds.), *State and Society in China: Japanese Perspectives on Ming-Qing Social and Economic History*, Tokyo, University of Tokyo Press, 1984, pp. 335-385.

② 日本史学界自第二次世界大战后就明清地域社会已进行了系统的研究，可参看常建华《日本八十年代以来的明清地域社会研究述评》，载《中国社会经济史研究》，1998(2)。

③ 日本学者夫马进在《明末民变和生员——江南都市舆论形式和生员的作用》一文中指出，明中叶以降，从作为县单位舆论形成者的生员的出现，可知明中叶以前未超越地域框架的县，在明代后期向地域社会的变化。参见常建华前揭文，75页。

④ 余英时：《中国知识分子的古代传统——兼论“俳优”与“修身”》，73页，台北，时报文化出版有限公司，1982。

⑤ （明）王以旂：《王襄敏公集》卷三《赠大京兆黼庵柴公考绩序》，见《四库全书存目丛书》影印本集部第68册，85页。

官、乡绅的压制，甚至乡绅家的家奴、地方有司衙门的皂隶亦可欺凌生员。① 所以，生员动辄称“通学”，以学校生员的群体力量，对付地方官与乡绅。为此，斯文一脉，在明末不再是空言，而是客观的现实。而明末生员结社、结会风气的形成，更使这种群体力量突破学校的界限，而以地域为联结的纽带。

生员周旋于地方官、乡绅、庶民百姓之间。当地方官、乡绅欲建设乡里社会时，需要生员的协助；而当地方官、乡绅对生员有所欺辱时，生员层即可借助群体的力量，起而抗争。而生员本身，也往往恃才妄作，出现一些欺虐乡里百姓或武断乡曲的事情。明代为地方官者，出于自己的利益考虑，不得不采用这样一种手段，即百姓与诸生讼，不论是非，而非诸生，诸生与士大夫讼，不论曲直，而曲士大夫，借此保持地方社会中各种势力的均衡，维持社会的稳定。如此种种，无不说明百姓、生员势力在晚明已获显著增长。

在地方社会的各项事务中，生员层所扮演的角色地位越来越显重要，具体表现如下。其一，生员与士大夫一起，往往借庆贺节寿为名，贡谀献颂，承奉地方官员。譬如，每遇地方官庆贺节寿，生员必用上等泥金册页、手卷，遍索名家诗画，装缀锦套、玉轴，献送地方官。事实上，生员是借此出入衙门，请托公事。其二，地方政务已不再是地方官与乡绅商议即可决定，而是必须有生员的参与方可定夺。按照明末惯例，廪生中食粮最深者可坐在衙门公堂上与地方官一起商议地方大事；当地方乡绅公会以商议地方徭役一类争讼，生员亦可凭自己的声望，秉公处断。其三，从学术方面来说，尽管生员学问较为低劣，不被人所重视，生员也不具有领导和提倡学术的声望与能力，然而若没有生员层的参与，鸿儒、名师也无法在学术上造成很大的声势，并进而形成一代思潮。就晚明阳明讲学会来说，其参与者多为生员即是

① 譬如，据祁彪佳载，昆山知县衙门皂隶承牌索诈，“将生员胡浪翔当场丛殴，裂衣重伤”；又有乡绅及其子弟、豪奴将生员捆杀的事例。说具(明)祁彪佳：《宜焚全稿》卷 2，见《祁彪佳文稿》(一)，52、78 页。

明证。① 生员不仅是讲会一类文化活动的参与者，而且成为书院讲学的都讲、大师，即主持者。② 甚至有以一书生而握文章之柄，操持选政，成为诸生祭酒者。③ 由此可见，生员层也是地方精英集团的重要组成力量。

明代流行如下的说法：见人举动过差，则曰"秀才性气"；议论不中，则曰"秀才识见"。④ 可见，明代生员好议论，喜使性，已成一时风气。好议论，即形成生员舆论，可以左右地方政治；喜使性，导致士行喜乱，"学变"不断。尤其值得指出的是，晚明生员无不趋于以下两大风习，一是士之"诡"化，举凡材薄而深取名于世者，广饰厚要而智能外见者，贫贱而好骋、居委下而陵人者，无禄入而其家富于公室者，如此等第，即可称之为"士诡"⑤。二是生员趋于游士化，既不能以农业自食，又非商贾工技，骄惰偃蹇，或靠诗才请事中涓，或者出入公卿之门。⑥ 这是士之山人化，进而形成一种山人习气。游士化的结果，导致生员的无赖化。生员不但结交衙役、无赖，使学宫变成狗窦，士子一如乞儿，而且士行日趋轻薄，劣衿、学霸辈出，生员本身亦渐趋无赖化。一至明季，生员与无赖、乡绅、衙役（或胥吏）有冲突的一面，亦有相互依存甚至勾结的一面。于是，乡绅、生员、衙役、

---

① 吕妙芬：《阳明学讲会》。

② 如管志道，中生员后，先为南都明道书院都讲，后为苏州中吴书院大师。又徐允禄，成为生员后，当知府校士时，成为大师都讲。分见（清）钱谦益：《初学集》卷四九《湖广提刑按察司佥事晋阶朝列大夫管公行状》；（清）钱谦益：《有学集》卷一八《徐女廉遗集序》，均见《传世藏书·集库·别集》第11册，281、708页。

③ 如闻起祥，"以书生握文章之柄，一言之褒诛，近秦市而远鸡林，奉之如金科玉条"。说具（清）钱谦益：《初学集》卷五五《闻子将墓志铭》，见《传世藏书·集库·别集》第11册，320页。

④ （明）李维桢：《大泌山房集》卷一三四《陕西学政》，见《四库全书存目丛书》影印本集部第153册，732页。

⑤ （明）刘凤：《刘子威集》卷一九《士诡》，见《四库全书存目丛书》影印本集部第120册，144～146页。

⑥ （明）刘凤：《刘子威集》卷三一《禁游》，见《四库全书存目丛书》影印本集部第120册，284～285页。

无赖已合为一体，成为左右明代地方社会的主要社会力量。换言之，明代的地方社会，不是绅士层独自在扮演领导者的角色，而是绅士层与无赖层互相妥协、互相渗透，共同管理与控制地方社会。

四、生员与社会流动

生员是科名的第一级阶梯，是平民进入领导阶层并体现社会流动的起始。但正如笔者前面所揭示，现实世界常常导致生员层仕进无门，仕途受阻，迫使他们只好向社会流动，在社会中谋生计，求生存。

明代生员层的社会职业流动，也即生员流向社会，处馆、游幕、习医、经商、做讼师以及弃巾成为山人，归根结底是一个“社会流动”问题。毫无疑问，在精英阶层或精英分子中，一种较为强大的社会流动性的阶层的存在，是合乎需要的，因为它可以保证有才能的新人进入领导者的行列。至于那些较少才干、仅凭出身或血统而仍然占据领导层地位的人，则将被淘汰。

在传统中国社会里，士、农、工、商四民的排列顺序，究其原因，则在于工匠、商人不能像绅士、农民那样，可以在家照顾父母，以尽孝道，而是必须到处流动，并进而影响他们的德行。换言之，传统社会不鼓励社会流动，也不会存在社会的流动性。

中国民间一直认为，考试制度为产生一个具有高度社会流动性的社会提供了可能。尽管这种考试体系所产生的社会流动的客观机会会在不同的时代或地区有所不同，但有一点则毫无疑问，即它经常被人们认为是推动社会进步的有效机制。在这种考试制度下，即使一个出身贫寒的农家子弟，同样可以凭借自己的勤奋或熟读诗书，获得晋升之阶。莫里斯·弗里德曼的调查也表明，海外华人也广泛认为科举考试制度可以为人们提供一个向上流动的机遇。①

概括言之，西方对中国科举考试制度与社会流动的关系问题的研究，基本可以析为下列三种观点：一种观点认为尽管中国实行中央集

---

① [英]莫里斯·弗里德曼：《中国东南的宗族组织》，68页。

权和君主专制，但其管理基本是民主的，其理由是国家由精英统治，而这些精英又是通过科举考试竞争被选拔出来的；另一观点则认为，民主或公平性的状况只会出现于一个朝代的早期，随后，腐败渐渐滋生，最后因为精英的整体性腐败，进而导致一个朝代的衰落；而第三种观点尽管肯定了中国社会流动性的存在，但其仍然认为中国的社会流动总是很有限的。①

张仲礼、何炳棣两位学者肯定广泛的社会流动性的存在，并对其进行了开拓性的研究。他们一是认为通过科举考试是取得绅士身份必不可少的一步，二是认为在明、清两代上层社会内部，上下流动的现象相当频繁。② 前面所涉及的明代科举的地域特点，即乡村人的成功大于城市人这种可能性的存在，无疑可以成为上述这种观点的重要注脚。而希拉里·贝蒂关于明清两代安徽桐城县地方上层社会的研究，显然对张、何二人的观点提出了极大的挑战。贝蒂的研究表明，张、何所谓的两种现象，在桐城地方社会皆不属实。从明到清，确定上层社会地位的主要依据是土地占有情况和宗族组织关系。③ 而从明代科

---

① Wolfram Eberhard, *Social Mobility in Traditional China*, Leiden. E. J. Brill, 1962, p. 1。根据社会学的社会理论，社会流动还可以分为“高水平的社会流动(high social mobility)”和“低水平的社会流动(low social mobility)”两种，而且社会流动与革命潜力也密不可分。运用这方面的社会学理论，并就明代的社会流动(包括科举导致的社会流动以及农民革命所产生的社会流动)进行更深入的探讨，无疑将会成为以后重要的研究方向之一。参见 William J. Goode, *Explorations in Social Theory*, New York, Oxford University Press, 1973, pp. 299-311。

② 如何炳棣认为，自1550年以后，法律规定下的等级制度被打破了。而从1450年以后，学衔可以被买到，于是一些富有的平民能进入精英阶层。此外，他也肯定考试对社会流动的作用。见 Ping-ti Ho, “Aspects of Social Mobility in China, 1368-1911,” in *Comparative Studies in Social and History*, vol. 1, no. 4, 1959, pp. 330-359。而张仲礼的观点，可详见他所著前揭书。这种观点被 Albert Chan 所认同。他否认绅士是一个“阶级”，仅仅承认其为一个“阶层”，其原因就是肯定社会流动性的广泛存在。见 Albert Chan, *The Glory and Fall of the Ming Dynasty*, Norman, University of Oklahoma Press, 1982, pp. 68-69。

③ [美]柯文：《在中国发现历史——中国中心观在美国的兴起》，林同奇译，148～149页，北京，中华书局，1991。

举的实况，即生员层的仕进之途来考察社会流动，也不可能得出像张仲礼、何炳棣那样的乐观看法，而是应如李弘祺所言，科举考试在某一层次上虽可提升一个普通家庭的子弟，但如果把亲属、婚姻或社会关系算进去，则科举造成的社会流动会大打折扣。① 而周启荣的研究也清楚地表明，来自地方精英家庭中的士子，往往容易在科举考试中成功。② 明代科举中所存在的家族特点，也完全证明了这一点。

社会流动无疑包括纵向流动和横向流动两部分。而纵向流动又包括“向上流动”和“向下流动”两部分。张仲礼、何炳棣的研究过分强调了向上的流动，而忽略了向下的流动。前揭下编关于明代生员层的社会职业流动的具体考察，显然可以说明，明代社会的向下流动同样相当普遍。而生员层的向下流动，即生员流向社会，处馆、游幕、习医、经商甚至成为讼师，若我们换一个角度加以分析，同样也可说明明代社会流动的频繁性与广泛性。生员处馆，有助于明代基础教育的发展，从而为科举教育甚或社会向上的流动提供帮助；科举导致明代官僚行政管理经验的缺乏，为生员游幕提供了方便，而生员对行政事务的参与，显然又会弥补明代官僚体制的不足。尤其是生员经商现象的出现，正如余英时所言，是明清社会变迁的主要现象之一。这就是说，到16世纪，士人阶层与商人阶层的传统界限已经变得非常模糊。③ 而另一个现象则是文化转变，即知识分子主动参与所谓的通俗文化，诸如三教合一趋势而导致的善书风行④，以及小说、戏曲兴起以后与商业文化的紧密结合。生员弃巾以后成为山人，是晚明知识界的基本特点。

---

① 李弘祺：《宋代的官学教育与科举》，中译本导论。

② Kai-wing Chow, “Discourse, Examination, and Local Elite,” in Benjamin A. Elman and Alexander Woodside (eds.), *Education and Society in Late Imperial China, 1600-1900*, Berkeley and Los Angeles, University on California Press, 1994, pp. 183-206.

③ 余英时：《明清变迁时期社会与文化的转变》，见《中国历史转型时期的知识分子》，35～42页，台北，联经出版事业公司，1992。

④ 关于生员参与“功过格”一类善书的撰写，可参见[美]包筠雅：《功过格：明清社会的道德秩序》，2～3页。

而明代那些从事民歌、戏曲创作的知识人，大多由这些弃巾以后的生员组成。① 更有一些学者，对这些在科举中受挫的下层文人，给予了足够的重视，并进行了重新评价，称其为“读书种子”，甚至称其为“乡曲之导师，地方之柱石，一方文家重镇”。② 揆之明代生员层大量流入馆师，从事基础教育的事实，这种评价无疑是切合实际的。

当然，对明中期以后生员层“弃儒就贾”、士商相混现象的出现③，我们也不可做过高的估计。换言之，儒而贾在很大程度上是生员层在仕进无门的窘况下而作出的无奈选择。明代商人对“儒贾”而不是“贾儒”的追求④，同样无法将其归之于儒家伦理与商人精神的合一。⑤ 这就是说，儒家伦理与商人精神，虽不可说形同水火，格格不入，一如明人骂仁、义、礼、智、信为“五贼”，但其确实与商人精神有很多冲突之处。

现代教育社会学的研究已经证明，尽管学校与教育有其共同性，但在教育与学校之间又确乎存在着一些相异性。换言之，教育是一种事业，而学校则是一种组织，两者在本质上是有区别的。1932 年，瓦勒在其开拓性的著作《教育社会学》中，首先，将学校作为一种组织进

---

① 如李平通过对青阳滚调的考察，亦证明了它们的作者只是一些厕身民间、不见经传的布衣之士。说见李平：《〈乐府玉树英〉残卷对青阳滚调的探讨价值》，见朱立元、裴高主编：《中西学术(2)》，170～194 页。

② 王尔敏：《明清社会文化生态》，59～60 页，台北，台湾商务印书馆股份有限公司，1997。

③ 相关的研究与考察，可参见余英时：《士商互动与儒学转向——明清社会史与思想史之一面相》，见郝延平、魏秀梅主编：《近世中国之传统与蜕变：刘广京院士七十五岁祝寿论文集》，3～52 页。而对明代士商互动关系的具体考察，则又可参见余英时：《中国近世宗教伦理与商人精神》，104～160 页。

④ (明)汪道昆：《太函集》卷二九《范长君传》，见《四库全书存目丛书》影印本集部第 117 册，386 页。

⑤ 按：说仁、义、礼、智、信为“五贼”，其说始见于(宋)岳珂：《桯史》卷二，16～17 页，北京，中华书局，1981。不过，一至明代，此说不仅得到了广泛的传播，而且有人给以理性的剖析。这方面的探讨，可参见陈宝良：《明末儒家伦理的困境及其新动向》，载《史学月刊》，2000(5)。

行系统的分析。① 既然学校是一种组织，那么，学校中许多问题无不根源于其组织的特点，尤其是学校所特具的学术自由和自治。于是，学校也就成为包含各种规范体系的社团，包括商业和宗教的价值，政治观念及其实践以及其他一些价值。明代的学校固然尚无法体现商业及宗教的价值，却是儒家哲学的最好体现，而且亦以儒家的价值观支配学生的学习，最后为传统的官僚政治服务。可见，明代生员层作为学校的产物，固然需要学者从教育的视角对其进行适当的剖析与考察，但更需要学者将其置诸学校中去进行深入的研究。

明代的学者对学校和教育问题也同样存在着两种不同的观点。一方面，有人仍然将学校视作教育的组成部分，将培养人才作为学校的主要职责，即明人所谓的“作养人才，必由学校”。② 但事实证明，明代的学校已经沦为科举的附庸，根本无法承担教育的职责，教育的实际职责反而是由书院以及一些民间的教育机构来承担。另一方面，明代学校、教育又与学术休戚相关。明代自中期以后，生员不再在学校肄业，而是在书院听学者讲学或自己成为讲学的讲师，这无疑是最好的例证。但问题的实质在于，明代的书院不仅承担教育的职责，而且还引领学术的潮流。就学术而言，明代的学者或士大夫均将其视作天下的公器，一如明代著名学者王阳明所言，“夫学术者，今古圣贤之学术，天下之所公共”，“天下之学术，当为天下公言之”。③ 正是从这种信念出发，明代生员层依靠学校、书院，或借助结社这种特殊的组织，成为地方舆论的代言人。

哈贝马斯的研究表明，在封建社会里，不存在古典或现代意义上的“公共领域”和“私人领域”的对立模式。换言之，在封建社会，“王权”有高低之分，“特权”有大小之别，但不存在一种任何私法意义上的合法地位，能够确保私人进入公共领域。进而言之，“资产阶级公共领

① Ronald G. Corwin, *A Sociology of Education*, New York, Meredith Publishing Company, 1965, p. 3.

② （明）罗钦顺：《困知记》卷上，15 页，北京，中华书局，1990。

③ （明）王阳明：《王阳明全集》卷二一《答徐咸之》，809 页。

域”固然可以说是一个具有划时代意义的范畴，但也不能把它和源自欧洲中世纪的“市民社会”的独特发展历史隔离开来。这就是说，17 世纪后期的英国与 18 世纪的法国才真正有“公共舆论”可言，对“公共领域”这一概念而言，必须将其当作一个历史范畴加以探讨。而公共领域一旦形成，则社团组织的重要性也就得到了公正的对待与承认。① 西方学者借助这一理论而对晚清社会的研究同样表明，在 19 世纪后半期，在两个现象上发生一些变化：官僚体制以外活动的“公共领域”的增长，以及反对的“公众舆论”的兴起。②

事实上，公共组织的发展，是与人口与商业的发展相适应的，而公共意见(“公论”或“舆论”)的历史更多的是与学者绅士精英与国家之间的关系相关。公共舆论的构成从来不可能完全独立于社会组织之外。在中国，公论的概念具有较长的历史，诸如先秦《诗经》中诗人的“刺恶”，郑国之“乡校”，战国之“说客”，两汉以臧否人伦、月旦之评为特点的“乡评”“清议”，明代的结社、讲会③，真可谓一脉相承，尽管它尚未获得制度性的基础与相关法律的保障，而这种重视舆论的思想，一至黄宗羲的《明夷待访录》，而使学校议政更趋系统化。

过去的研究无不显示，自明代中期以后的社会，是以极具变化为其特征的。笔者若将其置诸“社会流动”与“都市化”等范畴进行考察，其时代特殊性就更容易显示出来。显然，晚明社会是一个转变过程，举凡人口的持续增长，经济的货币化和多样化(诸如农村的商业化、定期集市和小镇的激增、作物的专门化、手工业的发展，以及国内地区

---

① ［德］哈贝马斯：《公共领域的结构转型》初版序言、1990 年版序言，曹卫东、王晓珏等译，1～5 页，上海，学林出版社，1999。

② Mary Backus, *Elite Activism and Political Transformation in China: Zhejiang Province, 1865-1911*, Stanford, Stanford University Press, 1986, p. 15.

③ 张亮采：《中国风俗史》，37～38、54、147～148 页，北京，东方出版社，1996。而关于明代的公众言论，则可见陈宝良：《明代民间舆论探析》。

性贸易市场的形成)①，社会流动的增长，租佃制与经济竞争的展开，以及政治秩序的集权化与系统化的互相联系，无不显示出它与前一时代本质上的不同。②

值得指出的是，西方学者往往将明清两代视作一个完整的整体，是一个“近代化的社会”③，尽管它明显不同于西方所能见到的近代化，但这种观点无疑也忽略了明、清易代所导致的社会变化。换言之，我们需要避免将明、清易代简单地看作朝代的更替，而是正如有的学者所指出，应该更多地关注社会与政治结构的发展。④ 生员层既是从传

---

① 关于中国16世纪经济繁荣、海外贸易发展的具体状况，以及中、西方学者对此问题的具体看法，可分别参见傅衣凌：《明清时代商人及商业资本》，18、20～23页，北京，人民出版社，1956；傅衣凌：《明清社会经济史论文集》，3～46、179～240页，北京，人民出版社，1982；张维华：《明代海外贸易简论》，见张维华著《晚学斋论文集》，327～451页，济南，齐鲁书社，1986；Chris Bramall and Peter Nolan，“Introduction：Embryonic Capitalism in East Asia,”in Xu Dixin and Wu Chengming(eds.)，Li Zhengde，Liang Miaoru and Li Siping(tr.)，*Chinese Capitalism，1522-1840*，London，Macmillan Press Ltd.，2000，p. xxii；Dwight Perkins，*Agricultural Development in China，1368-1968*，Chicago，Aldine，1969，p. 33；Evelyn Sakakida Rawski，*Agricultural Change and the Peasant Economy of South China*，Cambridge，Harvard University Press，1972，pp. 1-100；Mark Elvin，*The Pattern of the Chinese Past*，Stanford，Stanford University Press，1973，pp. 268-284。

② John R. Watt，*The District Magistrate in Late Imperial China*，New York and London，Columbia University Press，1972，pp. 2-4.

③ 如魏斐德就将1644—1911年看成一个发展的连续的整体。这就是长江三角洲的都市化，劳动服务交换的货币化，一些地区性贸易的发展，识字率的增长和绅士力量的增强，地方管理活动的商业化，所有这些始于晚明的地方行政管理和政治变化的现象，一直在清代得到了持续的发展。参见 Frederic Wakeman，Jr.，“Introduction：The Evolution of Local Control in Late Imperial China,”in Frederic Wakeman Jr. and Carolyn Grant(eds.)，*Conflict and Control in Late Imperial China*，Berkeley，University of California Press，1975，p. 2。

④ Jerry Dennerline，“Hsü Tu and the Lesson of Nanking：Political Integration and the Local Defense in Chiang-nan，1634-1645,”in Jonathan D. Spence and John E. Wills，Jr.（eds.），*From Ming to Ch'ing：Conquest，Region，and Continuity in Seventeenth-Century China*，New Haven and London，Yale University Press，1979，p. 93.

统的官僚体制中分离出来的社会层，又与绅士的上层有不少的冲突。生员层是晚明社会在官僚体制以外公共领域活动最热心的参与者与支持者。就明、清易代而言，一方面我们要承认社会的整体继承性，但我们也不能不承认这又是社会的一大转向，而且是在某些方面的一种倒退的转向。清人已敏锐地觉察到了这一点，并对明、清两代的“风俗”作了如下比较：明之时，大臣专权，而清代则阁部督抚，率不过奉行诏命；明之时，士多讲学，而清代则聚徒结社者渺焉无闻；明之时，士持清议，而清代之士，则一心科举。① 事实确乎如此。清初统治者有鉴于晚明的实况，一方面，在科举三场策论中禁止“言时事”②；另一方面，则朝廷公开禁止士子结社③，再加之清初科场、奏销二案④，士大夫(尤其是江南士大夫)元气大伤，生员的穿戴已不再方巾大袖，雍容儒雅，而是多戴平头小帽，“以自晦匿”⑤，生员层的声势也随之销声匿迹。如果说“官横士骄”是晚明社会的特征，在某种程度上反映了公共领域的拓展与民间舆论的扩大，那么，清初士人结社被禁，士人一心科举而不言时政，无疑可以说是生员层势力的一大挫折，是社会一种暂时的后退。从某种意义上说，明清易代的影响至少波及到其后中国社会发展的历程，几乎达一个世纪左右，使16世纪以后的中国社会变革发生一定程度的延缓。⑥

历史已经证明，在17世纪中期，占有土地的绅士尽管对清朝统治

① (清)管同：《拟言风俗书》，见(清)贺长龄、(清)魏源等编：《清经世文编》卷七，201页。

② (清)张海珊：《送张少渊试礼部序》，见(清)贺长龄、(清)魏源等编：《清经世文编》卷二，80页。

③ 谢国桢：《明清之际党社运动考》，205～207页，北京，中华书局，1982。

④ 关于科场、奏销二案，具体考述可参见孟森《科场案》《奏销案》二文，见孟森：《明清史论著集刊》，391～452页，北京，中华书局，1984。

⑤ 佚名撰：《研堂见闻杂录》，268～269页。

⑥ 关于此问题，李洵作了相当深入的探讨，具体可参见李洵：《四十天与一百年——论明清两王朝交替的历史对中国社会发展的影响》，见《下学集》，439～457页，北京，中国社会科学出版社，1995。

有反抗，但最终不得不接受清朝的统治，甚至为了他们自己的身份得到重新确认、社会秩序的恢复而加入新政权之中。已有的研究成果也清晰地揭示出，当明代巨大的等级制度被声势浩大的农民起义所打破以后，绅士力量已不再对清统治者构成威胁。① 于是，随着官僚结党、生员结社陆续被禁，以及旧王朝的官员出仕新朝、生员出应科举，如此种种，无不说明在精英社会、官员和已赢得正常的安全保障的农民之间，一种形式多样的平衡已在清初得以重新建立。

① Mary Backus Rankin，前揭书，13 页。

附　表

表 1　明代南京国子监刻书

分　类	刻书品种	卷　数
制书	19	88
经	60	696
史	50	3940
子	24	258
文集	23	954
类书	9	1336
韵书	9	144
杂书	106	574

资料来源：叶德辉《明南雍经籍志》卷上。

说明：类书类有一种不表卷数，杂书类有 35 种不表卷数，均未统计在内。另，南京国子监刻书实际多达 302 种，远较《南雍志》与《古今书刻》所记为多。

表 2　明代藩府刻书

藩　府	年　代	刻书品种	卷　数
蜀府	洪武二十七年至万历五年	5	109
宁藩	明初至正统年间	3	11
代府	天顺年间	1	6
崇府	成化十二年至嘉靖二十二年	2	20
肃府	成化十五年	1	30
唐府	成化二十三年	1	60
吉府	正德十年至万历二十五年	26	80
晋府	嘉靖四年至嘉靖十六年	5	410
益府	嘉靖二十一年至崇祯十三年	23	75
秦府	嘉靖十三年至隆庆六年	3	6
周藩	洪武二十三年至嘉靖十六年	2	5
徽藩	嘉靖十四年至嘉靖十六年	10	127

续表

藩 府	年 代	刻书品种	卷 数
沈藩	嘉靖二十五年至嘉靖四十年	2	12
伊府	嘉靖二十七年	1	26
鲁府	嘉靖二十三年至嘉靖四十四年	3	90
赵府	嘉靖三十五年至不详年号	9	158
楚府	年号不详	1	20
辽府	年号不详	1	5
德藩	年号不详	1	100
潞藩	崇祯九年	1	10

资料来源：叶德辉《书林清话》卷五《明时诸藩府刻书之盛》。

说明：其中《千金宝要》的一种未表卷数，不在统计数内。

表 3 明代书院刻书

书 院	年 代	刻书品种	卷 数
紫阳书院	成化三年	1	49
义阳书院	嘉靖十年	1	26
崇正书院(无锡)	嘉靖十一年	1	30
崇正书院(广东)	嘉靖十五年至嘉靖十六年	3	254
九峰书院	嘉靖十五年	2	11
芸窗书院	嘉靖二十二年至不详年号	4	48
鳌峰书院	年号不详	1	8
籍山书院	万历二十八年	1	31
正学书院	年号不详	1	3
东林书院	年号不详	1	35
龙川书院	年号不详	1	30

资料来源：叶德辉《书林清话》卷五《明人私刻坊刻书》。

表 4　洪武朝国子监官民生数　（单位：名）

年　代	官民生总数	官 生	民 生
洪武四年	2728		
洪武十五年	577		
洪武十六年	766		
洪武十七年	980		
洪武二十三年	969		
洪武二十四年	1532	45	1487
洪武二十五年	1309	16	1293
洪武二十六年	8124	4	8120
洪武二十七年	1520	4	1516
洪武三十年	1829	3	1826

资料来源：黄佐《南雍志》卷一五《储养考》。

表 5　万历末年南京国子监监生数　（单位：名）

年　代	旧　管	新　收	开　除	实　在
万历四十三年	2907	664	376	3195
万历四十四年	3195	433	333	3295
万历四十五年	3295	426	399	3322
万历四十六年	3322	453	397	3378
万历四十七年	3378	397	415	3360
万历四十八年	3360	495	433	3422

资料来源：黄儒炳《续南雍志》卷一三《造士考》。

表 6　嘉靖至天启南监监生乡试中举名数　（单位：名）

年　代	中举名数	解额数	分配定额
嘉靖元年	21	135	30
嘉靖四年	11	135	30
嘉靖七年	11	135	30
嘉靖十年	5	135	30
嘉靖十三年	32	135	30

续表

年　代	中举名数	解额数	分配定额
嘉靖十六年	35	135	30
嘉靖十九年	32	135	30
嘉靖二十二年	30	135	30
嘉靖二十五年	29	135	30
嘉靖二十八年	15	135	30
嘉靖三十一年	22	135	30
嘉靖三十四年	20	135	30
嘉靖三十七年	26	135	30
嘉靖四十年	27	135	30
嘉靖四十三年	25	135	30
隆庆元年	8	135	30
隆庆四年	50	150	45
万历元年	30	135	30
万历四年	20	135	30
万历七年	29	135	30
万历十年	28	135	30
万历十三年	28	135	30
万历十六年	28	135	30
万历十九年	28	135	30
万历二十二年	30	135	30
万历二十五年	42	135	30
万历二十八年	38	135	30
万历三十一年	28	135	30
万历三十四年	28	135	30
万历三十七年	27	135	30
万历四十年	28	135	30
万历四十三年	31	135	30

续表

年　代	中举名数	解额数	分配定额
万历四十六年	31	135	30
天启元年	37	135	30
天启四年	27	135	30

资料来源：黄儒炳《续南雍志》卷一三《造士考》。

表 7　孔、颜、孟、曾四氏贡生数　（单位：名）

年代	贡额	孔氏	颜氏	孟氏	曾氏
成化年间	9	9			
弘治年间	6	6			
正德年间	5	5			
嘉靖年间	37	30	3	4	
隆庆年间	6	6			
万历年间	22	20	2		
泰昌年间	1	1			
天启年间	6	4		1	1
崇祯年间	55	48	5	2	

资料来源：孔继芬《阙里文献考》卷二七、二八《学校》。

说明：所列贡数包括岁贡、拔贡、陪祀生。

表 8　孔、颜、孟、曾四氏中举名数　（单位：名）

年　代	孔　氏	颜　氏	孟　氏	曾　氏
永乐年间	3			
宣德年间	1	1		
正统年间	1			
景泰年间	4			
天顺年间	1			
成化年间	4			
弘治年间	1			
嘉靖年间	1			

续表

年　代	孔　氏	颜　氏	孟　氏	曾　氏
万历年间	5			
天启年间	6			
崇祯年间	7	2		

资料来源：孔继芬《阙里文献考》卷二八《学校》；陈镐《阙里志》卷一〇《乡科》。

表 9　明嘉靖年间辽东之书院

书　院	地　点	创设时间	创设者	职　衔
辽左书院	都司西南	弘治七年	樊　祉	巡按御史
辽左习武书院	都司西北		王重贤	巡按御史
崇文书院	广宁城西	弘治年间	张岫、李贡	都御史、副使
仰高书院	广宁城内	嘉靖八年	潘珍、王舜渔	巡抚、佥事
辽右书院	锦州城	弘治六年	樊　祉	巡按御史
蒲阳书院	蒲河城	嘉靖十三年	常时平	御史

资料来源：毕恭等修、任洛等重修《辽东志》卷二《建置·学校》。

表 10　明万历年间广东书院数　　（单位：所）

府　分	书院数
广州	20
韶州	9
南雄	5
惠州	7
潮州	5
肇庆	5
高州	3
廉州	4
雷州	4
琼州	4

资料来源：万历《广东通志》卷七《书院》。

表 11　嘉靖初年广东一省社学数　　（单位：所）

府　分	社学数
广州	230
韶州	35
南雄	19
惠州	43
潮州	34
肇庆	72
高州	28
廉州	27
雷州	24
琼州	25
合计	537

资料来源：万历《广东通志》卷七《社学》。

表 12　万历年间嘉定县所设小学

学　校	地　点	学舍(楹)	学田(亩)	学廛(舍)
四门小学	登瀛桥北		80	70
新溪小学	徐家行	13	25	3
罗阳小学	罗店镇	17	76	
月浦小学	月浦镇	15	17	16
沙溪小学	杨家行	13	17	
清浦小学	清浦镇	13	50	
外冈小学	外冈镇	13	32	
葛隆小学	葛隆镇	12	22	
黄溪小学	黄度镇	10	34	
安亭小学	安亭镇	11	32	
杨溪小学	广福镇	11	32	
俨溪小学	纪王庙镇	11		10
槎溪小学	南翔镇	25		32
真如小学	真如镇	12	40	7

续表

学　校	地　点	学舍(楹)	学田(亩)	学廛(舍)
东阳小学	大场镇	18	63	
曲江小学	江湾镇	12		32
娄溪小学	娄塘镇	20	76	

资料来源：万历《嘉定县志》卷三《营建上·小学》。

表 13　万历年间嘉定县义塾

学　校	所在地	创设时间	创建人	学田(亩)
东阳义塾	大场镇	延祐二年	沈文辉	1000 余
钱氏义塾	县治后	景泰七年	钱　铉	
东海义塾	徐家行镇	成化十九年	徐　冕	60
吴淞义塾	吴淞千户所南	正统十四年	庄　安	

资料来源：万历《嘉定县志》卷三《营建上·小学》。

表 14　弘治年间平阳县义塾

学　校	所在地	创设时间	创建人	学田(亩)
邓林义塾	六都	弘治八年	林贵甫	5
横溪义塾	十二都	弘治五年	章幸建	2.5
金山义塾	二十都	弘治八年	丘十一	42
项侨义塾	二十二都	弘治二年	项存显	60
梅江义塾	二十八都	不详	陈文显	30
环塘义塾	三十二都	弘治九年	章仕昌	40
北山义塾	四十二都	弘治八年	陈　相	40

资料来源：康熙《平阳县志》卷二《建置志·义塾》。

表 15　嘉靖以前湖北罗田县科贡之城乡比较

居住地	进士(名)	举人(名)	岁贡生(名)
在　城		11	25
乡　都	4	25	57
合　计	4	36	83

资料来源：嘉靖《罗田县志》卷四《学校·科贡》。

表 16 嘉靖以前福建惠安县科贡之城乡比较

居住地	进士(名)	举人(名)	岁贡生(名)	合 计
在 城	2	9	16	27
乡 都	10	43	72	125
不 详		4	6	10

资料来源：嘉靖《惠安县志》卷一二《选举》。

表 17 明万历年间贵州贫生数

辖 道	学 校	贫生数(名)
分守安平道	贵阳军民府学	54
	宣慰司学	63
	咸清卫学	42
	平坝卫学	33
	普定卫学	50
	安庄卫学	28
	安南卫学	50
	普安州学	13
贵宁道	毕节卫学	15
	乌撒卫学	30
	赤水卫学	20
分守新镇道	龙里卫学	9
	新添卫学	23
	平越卫学	35
	清平卫学	35
	兴隆卫学	30
	都匀府学	30
	镇远府学	30
分守思仁道	石阡府学	50
	思南府学	50
	铜仁府学	50
	思州府学	50

资料来源：郭子章《嫔衣生黔草》卷一〇《湖广解到饷银赈济牌》。

表 18 嘉靖、万历年间宁国府生员数比较 （单位：名）

年代	学校	廪膳生	增广生	附学生	总数
嘉靖年间	宁国府学	40	40	100	180
	宣城县学	20	20	80	120
	南陵县学	20	20	70	110
	泾县学	20	20	70	110
	宁国县学	20	20	30	70
	旌德县学	20	20	40	80
	太平县学	20	20	70	110
万历年间	宁国府学	40	40	350	430
	宣城县学	20	20	280	320
	南陵县学	20	20	160	200
	泾县学	20	20	260	300
	宁国县学	20	20	200	240
	旌德县学	20	20	243	283
	太平县学	20	20	210	250

资料来源：嘉靖《宁国府志》卷三《秩统纪》；万历《宁国府志》卷九《学校志》。

表 19 明代府学生员数 （单位：名）

年代	府学	生员数	资料来源
嘉靖二十九年	绍兴府学	700	季本《季彭山先生文集》卷二《绍兴府儒学田记》
嘉靖年间	寻甸府学	104	嘉靖《寻甸府志》卷上《学校》
嘉靖年间	衡州府学	280	嘉靖《衡州府志》卷五《学校》
嘉靖年间	延平府学	64	嘉靖《延平府志》卷一二《学校志》
万历初年	南阳府学	220	周世选《卫阳先生集》卷五《条陈理财六议疏》
万历年间	宁国府学	350	万历《宁国府志》卷九《学校志》
万历年间	福州府学	680	万历《福州府志》卷三九《官政志三·郡县职员》
万历年间	雷州府学	500	万历《雷州府志》卷一〇《学校志》
万历年间	保定府学	400	万历《保定府志》卷一七《学政志》
万历年间	常州府学	520	万历《常州府志》
万历末年	松江府学	1000	王圻《王侍御类稿》卷八《松江府学义田记》
崇祯年间	嘉兴府学	800	崇祯《嘉兴县志》卷二二《嘉兴县学义田记》

表 20 明代州学生员数 （单位：名）

年 代	州 学	生员数	资料来源
嘉靖年间	归德州学	260	嘉靖《归德州志》卷二《建置志·官吏》
嘉靖年间	霸州学	150	嘉靖《霸州志》卷六《秩官志·官制》
隆庆年间	赵州学	200	隆庆《赵州志》二《建置》
万历初年	邓州学	170	周世选《卫阳先生集》卷五《条陈理财六议疏》
万历年间	祁州学	134	万历《保定府志》卷一七《学政志》
万历年间	安州学	150	同上
万历年间	易州学	179	同上
万历年间	寿州学	300	方震孺《方孩未先生集》卷一五《寿州学正乾修范公去思碑》

表 21 明代县学生员数 （单位：名）

年 代	县 学	生员数	资料来源
嘉靖八年	沈丘县学	88	嘉靖《沈丘县志》卷二《官制类·弟子员》
嘉靖年间	沙县学	70	嘉靖《沙县志》卷五《学校》
嘉靖年间	衡阳县学	140	嘉靖《衡州府志》卷五《学校》
嘉靖年间	夏邑县学	120	嘉靖《夏邑县志》卷二《建置·官吏》
嘉靖年间	南平县学	69	嘉靖《延平府志》卷一二《学校志》
嘉靖年间	将乐县学	103	同上
嘉靖年间	尤溪县学	67	同上
嘉靖年间	顺昌县学	66	同上
嘉靖年间	永安县学	84	同上
隆庆三年	临海县学	400	黄宗羲《明文海》卷三六四《临海县重修儒学记》
隆庆年间	惠安县学	378	叶春及《惠安政书》三《版籍考》
万历初年	原武县学	100	周世选《卫阳先生集》卷五《条陈理财六议疏》
万历初年	密县学	100	同上
万历初年	修武县学	100	同上
万历初年	孟县学	100	同上
万历初年	永宁县学	100	同上

续表

年　代	县　学	生员数	资料来源
万历初年	荥泽县学	70	同上
万历初年	河阴县学	70	同上
万历年间	闽县学	440	万历《福州府志》卷三九《官政志二・郡县职员》
万历年间	侯官县学	440	同上
万历年间	古田县学	110	同上
万历年间	闽清县学	110	同上
万历年间	长乐县学	340	同上
万历年间	连江县学	190	同上
万历年间	罗源县学	100	同上
万历年间	永福县学	90	同上
万历年间	福清县学	340	同上
万历年间	宣城县学	320	万历《宁国府志》卷九《学校志》
万历年间	南陵县学	200	同上
万历年间	泾县学	300	同上
万历年间	宁国县学	240	同上
万历年间	旌德县学	283	同上
万历年间	太平县学	250	同上
万历年间	长洲县学	500	万历《长洲县志》卷二《置学田记》
万历年间	新宁县学	180	万历《新宁县志》卷六《人事考・爵秩》
万历年间	任丘县学	240	万历《任丘县志》卷二《建置》
万历年间	清苑县学	226	万历《保定府志》卷一七《学政志》
万历年间	满城县学	139	同上
万历年间	安肃县学	197	同上
万历年间	定兴县学	199	同上
万历年间	新城县学	157	同上
万历年间	唐县学	125	同上
万历年间	博野县学	151	同上
万历年间	庆都县学	102	同上
万历年间	容城县学	160	同上

续表

年 代	县 学	生员数	资料来源
万历年间	完县学	140	同上
万历年间	蠡县学	192	同上
万历年间	雄县学	144	同上
万历年间	深泽县学	99	同上
万历年间	束鹿县学	200	同上
万历年间	高阳县学	169	同上
万历年间	新安县学	123	同上
万历年间	涞水县学	117	同上
万历末年	上海县学	650	叶梦珠《阅世编》卷二《学校》
崇祯年间	嘉兴县学	800	崇祯《嘉兴府志》卷二二《嘉兴县学义田记》
崇祯年间	秀水县学	800	同上
不 详	万载县学	370	康熙《万载县志》卷五《文事》
不 详	沛县学	230	旧抄本《沛县志》卷一〇《学校志》

表 22　明代提调官考察生员之旌贤、纪过簿

某生员	旌贤簿	德行(孝、弟、忠、信、礼、义、廉、耻) 文艺(经、书、论、策文字及杂学著述) 治事(注某时干过某事，能处、能断、能成，有何实践)
	纪过簿	过恶(逆亲犯上、败伦伤化、婚丧从俗) 无治事可观(或注曰“不能”)

资料来源：王廷相《浚川公移集》卷三《督学四川条约》。

表 23　明代科举生员中举率

地 区	乡试年份	科举生员(名)	举人额(名)	中举率(%)	竞争度
应 天	成化十九年	3000	135	4.5	22
	弘治五年	2300	135	5.9	17
	正德五年	4140	135	3.3	31
	嘉靖十九年	4400	135	3.1	33
	嘉靖二十八年	4500	135	3.0	33
	嘉靖三十七年	5000	135	2.7	37

续表

地区	乡试年份	科举生员（名）	举人额（名）	中举率（%）	竞争度
顺天	成化十六年	3600	135	3.8	27
	弘治八年	2400	135	5.6	18
	嘉靖十年	1900	135	7.1	14
	嘉靖四十三年	3590	135	3.8	27
	万历三十七年	4600	135	2.9	34
浙江	正德十一年	2200	90	4.1	24
	嘉靖七年	2800	90	3.2	31
	万历十年	2700	90	3.3	30
	万历十三年	2700	90	3.3	30
	万历三十四年	3800	90	2.4	42
江西	嘉靖三十七年	4300	95	2.2	45
	万历元年	3000	95	3.2	32
	万历三十七年	4400	95	2.2	46
	天启七年	5300	102	1.9	52
湖广	成化十九年	1400	85	6.1	16
	弘治二年	1600	85	5.3	19
	万历二年	2700	90	3.3	30
河南	隆庆元年	2000	80	4.0	25
	万历七年	2400	80	3.3	30
	万历二十二年	2800	80	2.9	35
福建	嘉靖四十三年	2200	90	4.1	24
山东	弘治二年	1200	75	6.2	16
	弘治十七年	1400	75	5.4	19
	嘉靖三十一年	2000	75	3.8	27
	万历十三年	2000	75	3.8	27
山西	嘉靖十年	1400	65	4.6	22
	嘉靖二十五年	2000	65	3.2	31
	万历七年	1100	65	5.9	17

续表

地 区	乡试年份	科举生员（名）	举人额（名）	中举率（%）	竞争度
陕　西	隆庆元年	2000	65	3.3	31
四　川	嘉靖四十三年	1750	70	4.0	25
广　东	正德末年	750	75	10.0	10
	嘉靖三十七年	2700	75	2.8	36
广　西	嘉靖十三年	1000	55	5.5	18
云　贵	嘉靖十年	1400	55	3.9	26
贵　州	嘉靖十六年	800	25	3.1	32
	嘉靖三十七年	1200	30	2.5	40
	嘉靖四十年	2000	30	1.5	67
云　南	万历元年	1300	45	3.5	29
	万历七年	1300	45	3.5	29

资料来源：1. 张悦《定庵集》卷三《湖广乡试录序》；陆简《龙皋文稿》卷八《顺天乡试录序》；张升《张文僖公文集》卷五《应天府乡试录序》《顺天府乡试录序》；蒋冕《湘皋集》卷一八《应天府乡试录序》；陈尧《梧冈文正续两集合编》卷二《贵州乡试录序》；莫如忠《崇兰馆集》卷一〇《河南乡试录序》《河南乡试录后序》；周思兼《周叔夜先生集》卷六《山东乡试录序》；林燫《林学士文集》卷一《顺天乡试录序》；汪道昆《太函集》卷二〇《贵州乡试录序》《福建乡试录序》、卷二三《山西乡试录序》；徐学谟《徐氏海隅集·文编》卷六《江西乡试录序》《湖广乡试录序》；孙继皋《宗伯集》卷三《浙江乡试录序》；海瑞《海瑞集》上编《兴革条例·礼属》；王阳明《王阳明全集》卷二二《山东乡试录序》；翁万达《翁万达集·文集》卷二《山西乡试录序》、卷三《广西乡试录序》；刘文卿《新刻刘直洲先生文集》卷一《甲午科河南乡试录序》。

2. 林丽月：《科场竞争与天下之“公”：明代科举区域配额问题的一些考察》，56～59页，载《台湾师范大学历史学报》，1992(20)。

说明：(1)各乡试录中应试人数尾数不详者，概略去不计，故表中所列中举率，为约数。

(2)每百人中试举人数为中举率，应试人数对中试人数之倍数，为竞争度。二者均为约数，采用四舍五入法。“竞争度”这一概念，采用林丽月之说。

3. 据方扬《方初庵先生集》卷七《浙江乡试录序》，万历十年浙江乡试应试人数为2000人，与表中所列有异。又据茅坤《白华楼文稿补录》之《浙江乡试录序》(收于《茅坤集》)，万历十年乡试应试人数为3700人。三说均异，表中仅采其中一说。

表 24　明贡生重用事例

年代	人名	擢用官职
洪武五年	王　铎	摄监察御史
洪武七年	李　扩	监察御史
洪武九年	赵　信	考功监丞
洪武二十年	李　庆	署都察院右佥都御史
洪武二十五年	师　逵	监察御史
同上	墨　麟	监察御史
同上	夏原吉	户部主事
洪武二十九年	卢　祥	刑部郎中
洪武三十五年	丁　琰　姚　山　李　晟 王　孚　陈　礼　朱　肇 何　海　陆　祯　王　政 姚　炯　阮　瑢　姚伯善	给事中
永乐元年	孔　复　杨　钝 张文明　李时秀 蒋彦录　欧彦贵 何　器　刘　先	监察御史
	余得祥　梁　观　潘熙和	给事中
	张政原　汪俊民　赵　能	监察御史
宣德四年	韩　伟　张　玉	监察御史
成化二年	罗　麟　孙　迪	中书舍人
成化三年	吕　�	中书舍人

资料来源：王圻《续文献通考》卷五五《学校考·太学·太学出身事例》。

表 25　明末福建寿宁县学官出身

出身 教官	举人(名)	岁贡(名)	选贡(名)	合计(名)
教　谕	2	14	3	19
训　导	无	9	1	10

资料来源：冯梦龙《寿宁待志》卷下《官司》。

说明：1. 教谕自万历二十四年起，至崇祯九年止。

2. 训导自万历二十二年起，至崇祯七年止。

表 26 明赀选登巍科统计

姓名	籍贯	科举年份	巍科名色
任亨泰		洪武二十一年	廷对第一
许 观		洪武二十四年	会试、殿试第一
罗 玘	南城	成化二十二年	乡试第一
周光宙		正德十一年	乡试第一
马一龙	溧阳	嘉靖七年	乡试第一
马从谦		嘉靖十年	乡试第一
沈绍庆	昆山	嘉靖二十二年	乡试第一
曹大章	金坛	嘉靖二十二年	会元、廷试第一
范应期	乌程	嘉靖四十四年	廷试第一
范允中	华亭	隆庆元年	乡试第一
高洪谟	上海	万历十年	乡试第一
唐文献	华亭	万历十四年	廷试第一
王 衡	太仓	万历十六年	乡试第一、会试第二、廷试第二
徐光启	上海	万历二十五年	乡试第一

资料来源：王圻《续文献通考》卷五〇《选举考·赀选》。

参考书目

一、中文书目

(一)原始资料

1. 正史、官书及私家著述

(明)毕懋良:《两浙学政》,明万历三十八年刻本。

(明)陈第:《毛诗古音考》,康瑞琮点校,北京,中华书局,1988。

(明)陈洪谟:《继世纪闻》《治世余闻》,北京,中华书局,1985。

(明)陈继儒:《安得长者言》,见《四库全书存目丛书》影印本,台南,庄严文化事业有限公司。

(明)陈继儒:《陈眉公杂著十五种》,资益馆校印本。

(明)陈师:《禅寄笔谈》,见《四库全书存目丛书》影印本。

(明)崔溥:《漂海录》,北京,社会科学文献出版社,1992。

(明)戴金编:《皇明条法事类纂》,见刘海年、杨一凡主编:《中国珍稀法律典籍集成》,北京,科学出版社,1994。

(明)戴君恩:《剩言》,见《四库全书存目丛书》影印本。

(明)戴有孚:《著疑录》,见《四库全书存目丛书》影印本。

(明)邓球:《皇明咏化类编》,台北,国风出版社,1965。

(明)邓球:《闲适剧谈》,见《四库全书存目丛书》影印本。

(明)邓士龙辑:《国朝典故》,北京,北京大学出版社,1993。

(明)丁元荐:《西山日记》,《涵芬楼秘籍》影印旧抄本。

(明)董其昌:《学科考略》,见《丛书集成新编》,台北,新文丰出版公司,1986。

(明)董说:《西游补》,上海,上海古籍出版社,1983。

(明)范濂:《云间据目钞》,清刻本。

(明)冯梦祯:《历代贡举志》,见《丛书集成新编》。

(明)管志道:《从先维俗议》,民国七年俞世德堂《太昆先哲遗书》影印明刊本。

(明)黎久:《黎子杂释》,见《四库全书存目丛书》影印本。

(明)郭鎜:《皇明太学志》,见《太学文献集成》,北京,学苑出版社,1996。

(明)郭正域:《皇明典礼志》,见《四库全书存目丛书》影印本。

(明)何良俊:《四友斋丛说》,北京,中华书局,1983。

(明)何乔远:《名山藏》,北京,北京大学出版社,1993。

(明)黄瑜:《双槐岁钞》,清道光十一年南海伍氏刻《岭南遗书》本。

(明)黄佐:《南雍志》,见首都图书馆编辑《太学文献集成》。

(明)胡侍:《墅谈》,见《四库全书存目丛书》影印本。

(明)蒋一葵:《尧山堂外纪》,见《四库全书存目丛书》影印本。

(明)金木散人:《鼓掌绝尘》,沈阳,春风文艺出版社,1985。

(明)郎瑛:《七修类稿》,见《传世藏书》,海口,海南国际新闻出版中心,1996。

(明)李寄:《天香阁随笔》,陶社校刊本。

(明)李乐:《见闻杂记》《续见闻杂记》,上海,上海古籍出版社,1986。

(明)李日华:《味水轩日记》,民国七年《嘉业堂丛书》本。

(明)李绍文:《云间杂识》,上海,瑞华印书馆,1935。

(明)李诩:《戒庵老人漫笔》,北京,中华书局,1982。

(明)李长科辑:《广仁品》,见《四库全书存目丛书》影印本。

(明)鲁论:《仕学全书》,见《四库全书存目丛书》影印本。

(明)陆粲:《庚巳编》,见《纪录汇编》影印明刻本。

(明)陆延枝:《说听》,见《烟霞小说》。

(明)吕坤:《呻吟语》,见《四库全书存目丛书》影印本。

(明)吕坤:《实政录》,见《四库全书存目丛书》影印本。

(明)毛元淳:《最乐编》,见《四库全书存目丛书》影印本。

(明)茅元仪:《掌记》,明崇祯刻本。

(明)梦觉道人、(明)西湖浪子辑:《三刻拍案惊奇》,北京,北京燕山出版社,1987。

(明)闵于忱辑:《枕函小史》,见《四库全书存目丛书》影印本。

(明)明太祖敕录:《逆臣录》,王天有、张何清点校,北京,北京大学出版社,1991。

(明)缪肇祖等纂修:《常熟县儒学志》,明万历三十八年刻本。

(明)庞尚鹏:《庞氏家训》,清道光十一年南海伍氏校刊《岭南遗书》本。

(明)钱希言:《戏瑕》,见《四库全书存目丛书》影印本。

(明)钱晓:《庭帏杂录》,见《四库全书存目丛书》影印本。

(明)申时行等修:《明会典》,北京,中华书局,1988。

(明)沈德符:《万历野获编》,北京,中华书局,1980。

(明)沈鲤:《文欢社约》,见《四库全书存目丛书》影印本。

(明)谈迁:《国榷》,北京,中华书局,1988。

(明)陶辅编撰:《花影集》,见《明清稀见小说丛刊》,济南,齐鲁书社,1996。

(明)田艺蘅:《留青日札》,上海,上海古籍出版社,1985。

(明)王达:《笔畴》,见《四库全书存目丛书》影印本。

(明)王穀祥:《苏州府学志》,明嘉靖刻本。

(明)王圻:《三才图会》,见《四库全书存目丛书》影印本。

(明)王圻:《续文献通考》,见《四库全

书存目丛书》影印本。

(明)王士性：《广志绎》，北京，中华书局，1981。

(明)王世贞：《弇山堂别集》，北京，中华书局，1985。

(明)王文禄：《竹下寤言》，见《四库全书存目丛书》影印本。

(明)吴楚材：《彊识略》，见《四库全书存目丛书》影印本。

(明)吴麟徵：《家诫要言》，见《四库全书存目丛书》影印本。

(明)吴世济：《太和县御寇始末》，杭州，浙江古籍出版社，1985。

(明)吴子玉：《(万历休宁)茗洲吴氏家记》，明万历抄本。

(明)谢肇淛：《五杂组》，见《传世藏书》。

(明)徐三重：《牖景录》，见《四库全书存目丛书》影印本。

(明)徐咸：《西园杂记》，见《盐邑志林》影印明刻本。

(明)徐学聚：《国朝典汇》，北京，北京大学出版社，1993。

(明)徐寅：《宦历漫纪》，明天启元年刻本。

(明)薛冈：《天爵堂文集笔余》，见《明史研究论丛》第5辑，南京，江苏古籍出版社，1991。

(明)薛论道：《林石逸兴》，见《全明散曲》。

(明)杨仪：《明良记》，见《四库全书存目丛书》影印本。

(明)姚旅：《露书》，见《四库全书存目丛书》影印本。

(明)叶盛：《水东日记》，北京，中华书局，1980。

(明)俞弁：《山樵暇语》，见《四库全书存目丛书》影印本。

(明)袁黄：《了凡杂著》，见《北京图书馆古籍珍本丛刊》，北京，书目文献出版社，1988。

(明)张瀚：《松窗梦语》，北京，中华书局，1985。

(明)张应俞：《江湖奇闻杜骗新书》，天津，百花文艺出版社，1992。

(明)赵南星：《笑赞》，见《明清笑话四种》，北京，人民文学出版社，1983。

(明)赵善政：《宾退录》，清道光十三年《泾川丛书》本。

(明)赵世显：《客窗随笔》，见《四库全书存目丛书》影印明抄本。

(明)郑晓：《今言》，北京，中华书局，1984。

(明)支允坚：《梅花渡异林》，见《四库全书存目丛书》影印本。

(明)周晖：《金陵琐事》，明万历三十八年刊本。

(明)周梦晹：《常谈考误》，见《四库全书存目丛书》影印本。

(明)周清原：《西湖二笔》，北京，人民文学出版社，1989。

(明)朱国祯：《涌幢小品》，见《四库全书存目丛书》影印本。

(明)朱勤美：《王国典礼》，见《四库全书存目丛书》影印本。

(明)朱权：《原始秘书》，见《四库全书存目丛书》影印本。

(明)朱有燉：《醉乡词二十篇》，见谢伯阳主编：《全明散曲》，济南，齐鲁书社，1994。

(明)朱元璋：《御制大诰》，收入《皇明制书》，东京，古典研究会，1967。

(明)庄起俦撰：《漳浦黄先生年谱》，侯

真平、娄曾泉点校，福州，福建人民出版社，1999。

(清)抱阳生编著：《甲申朝事初编》，北京，书目文献出版社，1987。

(清)陈鼒：《百可漫志》，见《纪录汇编》影印明刻本。

(清)陈盛韶：《问俗录》，北京，书目文献出版社，1983。

(清)陈舜系：《乱离见闻录》，见《明史资料丛刊》第3辑，南京，江苏人民出版社，1983。

(清)陈田：《明诗纪事》，上海，上海古籍出版社，1993。

(清)戴束：《鹊南杂录》，见(清)丁祖荫辑：《虞阳说苑》，

(清)丁耀亢：《金屋梦》，长沙，岳麓书社，1993。

(清)费密：《荒书》，杭州，浙江古籍出版社，1983。

(清)冯舒：《虞山妖乱志》，见(清)丁祖荫辑：《虞阳说苑》，虞山丁氏初园排印本。

(清)福格：《听雨丛谈》，北京，中华书局，1984。

(清)福申：《俚俗集》，北京，书目文献出版社，1993。

(清)傅维麟：《明书》，见《丛书集成新编》。

(清)顾公燮：《丹午笔记》，南京，江苏古籍出版社，1985。

(清)顾炎武著、(清)黄汝成集释：《日知录集释》，郑州，中州古籍出版社，1990。

(清)何刚德：《话梦集》，北京，北京古籍出版社，1995。

(清)华阳散人：《鸳鸯针》，沈阳，春风文艺出版社，1985。

(清)黄印：《锡金识小录》，清光绪二十二年王念祖活字本。

(清)计六奇：《明季北略》，北京，中华书局，1984。

(清)计六奇：《明季南略》，北京，中华书局，1984。

(清)焦竑：《玉堂丛语》，明万历四十六年曼山馆刻本。

(清)孔继汾：《阙里文献考》，济南，山东友谊书社，1989。

(清)李光庭：《乡言解颐》，北京，中华书局，1982。

(清)李坤元：《忍斋杂识》，见(清)邵廷烈编：《娄东杂著》。

(清)李调元：《制义科琐记》，见《丛书集成新编》。

(清)李延昰：《南吴旧话录》，上海，上海古籍出版社，1985。

(清)刘本沛：《虞书》，见(清)丁祖荫辑：《虞阳说苑》，初园丁氏校印本。

(清)陆凤藻辑：《小知录》，上海，上海古籍出版社，1991。

(清)陆文衡：《啬庵随笔》，清光绪二十三年刻本。

(清)倪会鼎：《倪文正公年谱》，北京，中华书局，1985。

(清)钮琇：《觚賸》《续编》，上海，上海古籍出版社，1986。

(清)钱谦益：《列朝诗集小传》，上海，上海古籍出版社，1983。

(清)尚渔湖父：《虞谐志》，见(清)丁祖荫辑：《虞阳说苑》，初园丁氏校印本。

(清)沈起撰：《查东山先生年谱》，北京，中华书局，1992。

(清)沈太侔：《东华琐录》，北京，北京

古籍出版社，1995。

(清)施鸿保：《闽杂记》，福州，福建人民出版社，1985。

(清)苏惇元纂订：《张杨园先生年谱》，见(清)张履祥：《杨园先生全集》，清同治十年江苏书局刊本。

(清)孙承泽：《春明梦余录》，北京，北京古籍出版社，1991。

(清)孙承泽：《学典》，见《四库全书存目丛书》影印本。

(清)陶福履：《常谈》，见《丛书集成新编》。

(清)王弘：《山志》，见《四库全书存目丛书》影印本。

(清)王应奎：《柳南随笔》《柳南续笔》，北京，中华书局，1983。

(清)王有光：《吴下谚联》，北京，中华书局，1982。

(清)吴翌凤：《逊志堂杂钞》，北京，中华书局，1994。

(清)西周生：《醒世姻缘传》，上海，上海古籍出版社，1981。

(清)杨士聪：《玉堂荟记》，民国四年吴兴嘉业堂刻本。

(清)叶德辉：《书林清话》，台北，文史哲出版社，1988。

(清)叶梦珠：《阅世编》，上海，上海古籍出版社，1981。

(清)尹会一撰、(清)郑端辑：《政学录》，见《丛书集成新编》。

(清)俞樾：《茶香室丛钞》《茶香室续钞》《茶香室三钞》《茶香室四钞》，北京，中华书局，1995。

(清)俞樾：《九九销夏录》，台北，广文书局，1979。

(清)张伯行辑、(清)夏锡畴录：《课子随笔钞》，台北，文史哲出版社，1987。

(清)张尔岐：《蒿庵闲话》，清嘉庆二十二年济南英华斋刻本。

(清)张廷玉等修：《明史》，北京，中华书局，1974。

(清)赵吉士：《寄园寄所寄》，清康熙三十五年刻本。

(清)酌玄主人编辑：《闪电窗》，见《明清稀见小说丛刊》。

(唐)房玄龄等撰：《晋书》，北京，中华书局，1974。

(唐)魏徵等撰：《隋书》，北京，中华书局，1973。

《大明令》，见怀效锋点校：《大明律》附录，北京，法律出版社，1999。

《花村谈往》，见《适园丛书》，据持静斋旧藏足本刊行。

《皇明疏钞》，见《中国史学丛书》，台北，台湾学生书局，1986。

《明臣奏议》，见《丛书集成新编》，台北，新文丰出版公司，1984。

《明实录》，台北，“中央”研究院历史语言研究所，1966。

《虞山杂志》，见(清)丁祖荫辑：《虞阳说苑》，初园丁氏校印本。

《御制官箴》，见《四库全书存目丛书》影印本。

不著辑者：《烟霞小说》，见《四库全书存目丛书》影印本。

陈去病：《五石脂》，南京，江苏古籍出版社，1984。

光绪《钦定大清会典事例》，见杨家骆主编：《中国选举史料·清代编》，台北，鼎文书局，1977。

蒋逸雪：《张溥年谱》，济南，齐鲁书

社，1982。

梁家勉编著：《徐光启年谱》，上海，上海古籍出版社，1981。

辽宁省档案馆、辽宁省社会科学院历史研究所编：《明代辽东档案汇编》，沈阳，辽沈书社，1985。

刘禺生：《世载堂杂忆》，北京，中华书局，1960。

小横香室主人编：《清朝野史大观》，上海，上海书店，1981。

谢正光、范金民编：《明遗民录汇辑》，南京，南京大学出版社，1995。

佚名：《研堂见闻杂录》，见《中国历史研究资料丛书》，上海，上海书店，1982。

佚名：《民抄董宦事实》，见《中国历史研究资料丛书》。

郑涵编：《吕坤年谱》，郑州，中州古籍出版社，1985。

张海鹏、王廷元主编：《明清徽商资料选编》，合肥，黄山书社，1985。

2. 文集

(明)艾南英：《天佣子集》，清道光刻本。

(明)蔡清：《蔡文庄公集》，见《四库全书存目丛书》影印本。

(明)蔡汝楠：《自知堂集》，见《四库全书存目丛书》影印本。

(明)蔡叆：《汶滨蔡先生文集》，见《四库全书存目丛书》影印本。

(明)陈鹤：《海樵先生全集》，见《四库全书存目丛书》影印本。

(明)陈龙正：《几亭全书》，见《四库禁毁书丛刊》影印本。

(明)陈儒：《芹山集》，见《北京图书馆古籍珍本丛刊》影印本。

(明)陈所蕴：《竹素堂稿》，见《四库全书存目丛书》影印本。

(明)陈献章：《陈献章集》，北京，中华书局，1987。

(明)陈循：《芳洲集》，见《四库全书存目丛书》影印本。

(明)陈尧：《梧冈文正续两集合编》，见《四库全书存目丛书》影印本。

(明)陈益祥：《陈履吉采芝堂文集》，见《四库全书存目丛书》影印本。

(明)陈玉辉：《陈先生适适斋鉴须集》，见《四库全书存目丛书》影印本。

(明)陈子龙：《陈子龙集》，见《传世藏书》。

(明)陈子壮：《陈文忠公遗集》，《粤十三家集》本。

(明)程可中：《程仲权先生集》，见《四库全书存目丛书》影印本。

(明)程文德：《程文恭遗稿》，见《四库全书存目丛书》影印本。

(明)储巏：《柴虚文集》，见《四库全书存目丛书》影印本。

(明)戴重：《河村集》，见《四库禁毁书丛刊》影印本。

(明)单思恭：《甜雪斋文》，见《四库全书存目丛书》影印本。

(明)戴暨：《戴中丞遗集》，见《四库全书存目丛书》影印本。

(明)丁元荐：《尊拙堂文集》，见《四库全书存目丛书》影印本。

(明)董其昌：《容台文集》，见《四库全书存目丛书》影印本。

(明)方弘静：《素园存稿》，见《四库全书存目丛书》影印本。

(明)方震孺：《方孩未先生集》，清同治重刻本。

(明)丰坊：《万卷楼遗集》，见《北京图

书馆古籍珍本丛刊》影印本。

(明)冯从吾:《冯少墟集》，清康熙十二年重刻本。

(明)冯梦祯:《快雪堂集》，见《四库全书存目丛书》影印本。

(明)冯琦:《宗伯集》，见《四库禁毁书丛刊》，北京，北京出版社，1997。

(明)冯应京:《皇明经世实用编》，见《四库全书存目丛书》影印本。

(明)高拱:《高拱论学四种》，北京，中华书局，1993。

(明)高拱:《高文襄公集》，见《四库全书存目丛书》影印本。

(明)高攀龙:《高子遗书》，见《四库明人文集丛刊》影印本。

(明)顾鼎臣:《顾文康公文集》，见《四库全书存目丛书》影印本。

(明)顾天竣:《顾太史文集》，见《四库禁毁书丛刊》影印本。

(明)顾宪成:《泾皋藏稿》，见《四库明人文集丛刊》影印本。

(明)郭正域:《合併黄离草》，见《四库禁毁书丛刊》影印本。

(明)郭子章:《嫔衣生蜀草》，见《四库全书存目丛书》影印本。

(明)海瑞:《海瑞集》，北京，中华书局，1962。

(明)韩邦奇:《苑洛先生语录》，见《四库全书存目丛书》影印本。

(明)何良俊:《何翰林集》，见《四库全书存目丛书》影印本。

(明)黄洪宪:《碧山学士集》，见《四库禁毁书丛刊》影印本。

(明)黄淮:《黄文简公介庵集》，见《四库全书存目丛书》影印本。

(明)黄省曾:《五岳山人集》，见《四库全书存目丛书》影印本。

(明)黄瓒:《雪洲集》，见《四库全书存目丛书》影印本。

(明)霍韬:《渭崖文集》，见《四库全书存目丛书》影印本。

(明)姜宝:《姜凤阿文集》，见《四库全书存目丛书》影印本。

(明)姜埰:《敬亭集》，见《四库全书存目丛书》影印本。

(明)焦竑:《澹园集》，北京，中华书局，1999。

(明)孔天胤:《孔文谷文集》，见《四库全书存目丛书》影印本。

(明)寇天叙:《涂水先生集》，见《四库全书存目丛书》影印本。

(明)李春芳:《李文定公贻安堂集》，见《四库全书存目丛书》影印本。

(明)李开先:《李中麓闲居集》，见《四库全书存目丛书》影印本。

(明)李濂:《嵩渚文集》，见《四库全书存目丛书》影印本。

(明)李默:《群玉楼稿》，见《四库全书存目丛书》影印本。

(明)李攀龙:《沧溟先生集》，上海，上海古籍出版社，1992。

(明)李腾芳:《李宫保湘洲先生集》，见《四库全书存目丛书》影印本。

(明)李维桢:《大泌山房集》，见《四库全书存目丛书》影印本。

(明)李尧民:《雍野李先生快独集》，见《四库全书存目丛书》影印本。

(明)李兆先:《李徵伯存稿》，见《四库全书存目丛书》影印本。

(明)李中:《谷平先生文集》，见《四库

全书存目丛书》影印本。

(明)林希元：《同安林次崖先生文集》，见《四库全书存目丛书》影印本。

(明)林炫：《林榕江先生集》，见《北京图书馆古籍珍本丛刊》影印本。

(明)刘凤：《刘子威集》，见《四库全书存目丛书》影印明万历刻本。

(明)刘崧：《槎翁文集》，见《四库全书存目丛书》影印本。

(明)刘翊：《古直先生文集》，见《四库全书存目丛书》影印本。

(明)刘元卿：《刘聘君全集》，见《四库全书存目丛书》影印本。

(明)刘宗周：《刘蕺山集》，见《四库明人文集丛刊》影印本。

(明)娄枢：《娄子静文集》，见《四库全书存目丛书》影印本。

(明)鲁铎：《鲁文恪公文集》，见《四库全书存目丛书》影印本。

(明)罗钦顺：《困知记》，北京，中华书局，1990。

(明)罗万藻：《此观堂集》，见《四库全书存目丛书》影印本。

(明)骆文盛：《骆两溪集》，见《四库全书存目丛书》影印本。

(明)吕柟：《泾野先生文集》，见《四库全书存目丛书》影印本。

(明)吕柟：《泾野子内篇》，北京，中华书局，1992。

(明)吕维祺：《明德先生文集》，见《四库全书存目丛书》影印本。

(明)马之骏：《妙远堂全集》，见《四库全书存目丛书》影印本。

(明)茅坤：《茅坤集》，杭州，浙江古籍出版社，1993。

(明)莫如忠：《崇兰馆集》，见《四库全书存目丛书》影印本。

(明)倪谦：《倪文僖公集》，台北，台湾商务印书馆，1986。

(明)聂豹：《双江聂先生文集》，见《四库全书存目丛书》影印本。

(明)庞尚鹏：《百可亭摘稿》，见《四库全书存目丛书》影印本。

(明)彭教：《东泷遗稿》，见《四库全书存目丛书》影印本。

(明)祁彪佳：《祁彪佳文稿》，北京，书目文献出版社，1991。

(明)祁顺：《巽川祁先生文集》，见《四库全书存目丛书》影印本。

(明)钱士升：《赐余堂集》，见《四库禁毁书丛刊》影印本。

(明)钱薇：《海石先生文集》，见《四库全书存目丛书》影印本。

(明)商辂：《商文毅公集》，见《四库全书存目丛书》影印本。

(明)申佳胤：《申端愍公文集》，见王云五主编：《丛书集成初编》，上海，商务印书馆，1936。

(明)申时行：《赐闲堂集》，见《四库全书存目丛书》影印本。

(明)沈懋学：《郊居遗稿》，见《四库全书存目丛书》影印本。

(明)史可法：《史可法集》，上海，上海古籍出版社，1984。

(明)宋存标：《秋士偶编》，见《四库禁毁书丛刊》影印本。

(明)宋应星：《宋应星佚著四种》，上海，上海人民出版社，1971。

(明)谭元春：《谭元春集》，见《传世藏书》。

(明)唐龙：《渔石集》，见《四库全书存目丛书》影印本。

(明)唐文献：《唐文恪公集》，见《四库全书存目丛书》影印本。

(明)陶望龄：《陶文简公集》，见《四库禁毁书丛刊》影印本。

(明)陶琰：《仁节先生集》，抄本。

(明)田汝成：《田叔禾小集》，见《四库全书存目丛书》影印本。

(明)万衣：《万子迂谈》，见《四库全书存目丛书》影印本。

(明)汪道昆：《太函集》，见《四库全书存目丛书》影印本。

(明)汪佃：《东麓遗稿》，见《四库全书存目丛书》影印本。

(明)王达：《翰林学士耐轩王先生天游杂稿》，见《四库全书存目丛书》影印本。

(明)王衡：《緱山先生集》，见《四库全书存目丛书》影印本。

(明)王畿：《慕蓼王先生槜全集》，见《四库全书存目丛书》影印本。

(明)王圻：《王侍御类稿》，见《四库全书存目丛书》影印本。

(明)王时槐：《塘南王先生友庆堂合稿》，见《四库全书存目丛书》影印本。

(明)王士性：《掖垣稿》，见周振鹤编校：《王士性地理书三种》，上海，上海古籍出版社，1993。

(明)王恕：《王端毅公文集》，见《四库全书存目丛书》影印本。

(明)王思任：《王季重十种》，杭州，浙江古籍出版社，1987。

(明)王廷相：《王廷相集》，北京，中华书局，1989。

(明)王阳明：《王阳明全集》，上海，上海古籍出版社，1992。

(明)王以旂：《王襄敏公集》，见《四库全书存目丛书》影印本。

(明)王宗沐：《敬所王先生文集》，见《四库全书存目丛书》影印本。

(明)魏良弼：《太常少卿魏水洲先生文集》，见《四库全书存目丛书》影印本。

(明)文德翼：《雅似堂集》，见《四库全书存目丛书》影印本。

(明)文徵明：《文徵明集》，上海，上海古籍出版社，1987。

(明)翁万达：《翁万达集》，上海，上海古籍出版社，1992。

(明)吴鼎：《过庭私录》，见《四库全书存目丛书》影印本。

(明)吴仁度：《吴继疏先生遗集》，见《四库全书存目丛书》影印本。

(明)吴甡：《柴庵疏集》，杭州，浙江古籍出版社，1989。

(明)吴仕：《颐山私稿》，见《四库全书存目丛书》影印本。

(明)吴应箕：《楼山堂集》，见《四库禁毁书丛刊》影印本。

(明)吴子玉：《大鄣山人集》，见《四库全书存目丛书》影印本。

(明)夏鍭：《明夏赤城先生文集》，见《四库全书存目丛书》影印本。

(明)夏言：《夏桂洲集》，见《四库全书存目丛书》影印本。

(明)谢兆申：《谢耳伯先生初集》，见《四库全书存目丛书》影印本。

(明)谢肇淛：《小草斋文集》，见《四库全书存目丛书》影印本。

(明)徐爌：《阳溪遗稿》，见《四库全书存目丛书》影印本。

(明)徐阶：《世经堂集》，见《四库全书存目丛书》影印本。

(明)徐渭：《徐渭集》，北京，中华书局，1983。

(明)徐问：《山堂萃稿》，见《四库全书存目丛书》影印本。

(明)徐学谟：《徐氏海隅集》，见《四库全书存目丛书》影印本。

(明)许獬：《许钟斗文集》，见《四库全书存目丛书》影印本。

(明)严果：《天隐子遗稿》，见《四库全书存目丛书》影印本。

(明)严嵩：《钤山堂集》，见《四库全书存目丛书》影印本。

(明)颜钧：《颜钧集》，北京，中国社会科学出版社，1996。

(明)颜廷榘：《丛桂堂全集》，见《四库全书存目丛书》影印本。

(明)杨继盛：《杨忠愍集》，见《四库明人文集丛刊》影印本。

(明)杨时乔：《新刻杨端洁公文集》，见《四库全书存目丛书》影印本。

(明)杨士奇：《东里文集》，见《四库全书存目丛书》影印本。

(明)杨守址：《碧川文选》，见《四库全书存目丛书》影印本。

(明)杨思本：《榴馆初函集选》，见《四库全书存目丛书》影印本。

(明)姚镆：《东泉文集》，见《四库全书存目丛书》影印本。

(明)姚翼：《玩画斋杂著编》，见《四库全书存目丛书》影印本。

(明)叶春及：《石洞集》，见《四库明人文集丛刊》，上海，上海古籍出版社，1993。

(明)叶向高：《苍霞草》《苍霞续草》，见《福建丛书》，扬州，广陵古籍刻印社，1994。

(明)叶向高：《纶扉奏草》，见《福建丛书》影印明天启刻本。

(明)叶永盛：《玉城奏疏》，见《丛书集成新编》。

(明)袁中道：《珂雪斋近集》，上海，上海书店，1982。

(明)袁宗道：《白苏斋类集》，上海，上海杂志公司，1935。

(明)臧懋循：《负苞堂集》，上海，古典文学出版社，1958。

(明)詹事讲：《詹养贞先生文集》，见《四库全书存目丛书》影印本。

(明)湛若水：《湛甘泉先生文集》，见《四库全书存目丛书》影印本。

(明)张岱：《琅嬛文集》，长沙，岳麓书社，1985。

(明)张凤翼：《处实堂集》，见《四库全书存目丛书》影印本。

(明)张俭：《圭山杂著》，清刻本。

(明)张居正：《张太岳集》，上海，上海古籍出版社，1984。

(明)赵时春：《赵浚谷文集》，见《四库全书存目丛书》影印本。

(明)郑本忠：《安分先生集》，见《四库全书存目丛书》影印本。

(明)郑满：《勉斋先生遗稿》，见《四库全书存目丛书》影印本。

(明)郑鄤：《峚阳草堂文集》，民国二十一年重刊本。

(明)郑岳：《山斋文集》，见《四库明人文集丛刊》影印本。

(明)支大纶：《支华平先生集》，见《四库全书存目丛书》影印本。

(明)钟芳：《筠溪文集》，见《四库全书

存目丛书》影印本。

(明)钟惺:《钟惺集》,见《传世藏书》。

(明)周汝登:《东越证学录》,见《四库全书存目丛书》影印本。

(明)朱察卿:《朱邦宪集》,见《四库全书存目丛书》影印本。

(明)朱舜水:《朱舜水集》,北京,中华书局,1981。

(明)朱元璋:《明太祖集》,合肥,黄山书社,1991。

(明)庄起元:《漆园卮言》,见《四库全书存目丛书》影印本。

(明)邹迪光:《郁仪楼集》,见《四库全书存目丛书》影印本。

(明)邹守益:《东廓邹先生文集》,见《四库全书存目丛书》影印本。

(清)陈确:《陈确集》,北京,中华书局,1979。

(清)傅山:《傅山全书》,太原,山西人民出版社,1991。

(清)葛芝:《卧龙山人集》,见《四库禁毁书丛刊》影印本。

(清)顾炎武:《顾亭林诗文集》,北京,中华书局,1983。

(清)归庄:《归庄集》,上海,上海古籍出版社,1984。

(清)贺长龄、(清)魏源等编:《清经世文编》,北京,中华书局,1992。

(清)黄宗会:《缩斋文集》,上海,上海古籍出版社,1983。

(清)黄宗羲:《黄梨洲诗文集》,见《传世藏书》。

(清)黄宗羲:《黄宗羲南雷杂著真迹稿》,杭州,浙江古籍出版社,1987。

(清)黄宗羲编:《明文海》,北京,中华书局,1987。

(清)纪容舒:《花王阁賸稿》,见《四库全书存目丛书》影印本。

(清)黎景义:《二丸居集选》,见《四库禁毁书丛刊》影印本。

(清)钱谦益:《初学集》《有学集》,见《传世藏书》。

(清)唐树义、(清)黎兆勋、(清)莫友芝等:《黔诗纪略》,贵州,贵州人民出版社,1993。

(清)陶正靖:《陶晚闻先生集》,清光绪七年刊《海虞三陶先生集合刻》本。

(清)王夫之:《王船山诗文集》,北京,中华书局,1983。

(清)张履祥:《杨园先生全集》,北京,中华书局,2002。

(清)周亮工:《尺牍新钞》,长沙,岳麓书社,1986。

(清)周亮工:《清人别集丛刊·赖古堂集》,上海,上海古籍出版社,1979。

3. 地方志

(明)毕恭等修、(明)任洛重修:《辽东志》,见《辽海丛书》,沈阳,辽沈书社,1980。

(明)曾才汉修、(明)叶良佩纂:嘉靖《太平县志》,见《天一阁藏明代方志选刊》,上海,上海古籍书店,1981。

(明)曾嘉诰修、(明)汪心纂:嘉靖《尉氏县志》,见《天一阁藏明代方志选刊》。

(明)陈大科、(明)戴耀修:万历《广东通志》,见中国科学院图书馆选编:《稀见中国地方志汇刊》,北京,中国书店,1992。

(明)陈光前纂修:万历《慈利县志》,见《天一阁藏明代方志选刊》。

(明)陈俊修:万历《宁国府志》,见《稀见中国地方志汇刊》。

（明）陈威、（明）顾清纂修：正德《松江府志》，见《天一阁藏明代方志选刊续编》，上海，上海书店，1990。

（明）程楷修、（明）杨俊卿纂：天启《平湖县志》，见《天一阁藏明代方志选刊续编》。

（明）褚宦修、（明）李希程纂：嘉靖《兰阳县志》，见《天一阁藏明代方志选刊》。

（明）邓迁修、（明）黄佐纂：嘉靖《香山县志》，见《日本藏中国罕见地方志丛刊》，北京，书目文献出版社，1992。

（明）邓一鼒纂修：崇祯《龙溪县志》，见《稀见中国地方志汇刊》。

（明）杜应芳修：万历《河间府志》，见《稀见中国地方志汇刊》。

（明）范涞修：万历《新修南昌府志》，见《日本藏中国罕见地方志丛刊》。

（明）范涞修：万历《新修南昌府志》，见《稀见中国地方志汇刊》。

（明）冯继科纂修：嘉靖《建阳县志》，见《天一阁藏明代方志选刊》。

（明）冯梦龙：《寿宁待志》，见《稀见中国地方志汇刊》。

（明）冯惟敏纂修：万历《保定府志》，见《日本藏中国罕见地方志丛刊》。

（明）高廷愉纂修：嘉靖《普安州志》，见《天一阁藏明代方志选刊》。

（明）管景纂修：嘉靖《永丰县志》，见《天一阁藏明代方志选刊》。

（明）韩景修：万历《遂安县志》，见《中国史学丛书》，台北，台湾学生书局，1987。

（明）韩浚等修：万历《嘉定县志》，见《中国史学丛书》。

（明）韩玉纂修：嘉靖《通许县志》，见《天一阁藏明代方志选刊续编》。

（明）何麟纂修：嘉靖《真阳县志》，见《天一阁藏明代方志选刊续编》。

（明）胡汝砺纂修：弘治《宁夏新志》，收入《天一阁藏明代方志选刊续编》。

（明）皇甫汸等编：万历《长州县志·艺文志》，见《中国史学丛书》。

（明）黄仲昭撰：弘治《八闽通志》，见《中国史学丛书》。

（明）李辅等修、（明）陈绛等纂：《全辽志》，明嘉靖抄本。

（明）李懋栓纂修：万历《重修六安州志》，见《稀见中国地方志汇刊》。

（明）李维桢纂修：万历《山西通志》，见《稀见中国地方志汇刊》。

（明）李宗元纂修：嘉靖《沈丘县志》，见《天一阁藏明代方志选刊续编》。

（明）梁明翰修：嘉靖《庆阳府志》，见《稀见中国地方志汇刊》。

（明）梁兆阳修：崇祯《海澄县志》，见《稀见中国地方志汇刊》。

（明）林鸾纂修：嘉靖《襄城县志》，见《天一阁藏明代方志选刊》。

（明）刘节纂修：正德《颍州志》，见《天一阁藏明代方志选刊》。

（明）刘天授修、（明）林魁、（明）李恺纂：嘉靖《龙溪县志》，见《天一阁藏明代方志选刊》。

（明）刘熙祚修：崇祯《兴宁县志》，见《稀见中国地方志汇刊》。

（明）刘沂春修：崇祯《乌程县志》，见《稀见中国地方志汇刊》。

（明）卢希哲纂修：弘治《黄州府志》，见《天一阁藏明代方志选刊》。

（明）罗希益修、（明）龙子甲纂：万历《望江县志》，见《稀见中国地方志汇刊》。

（明）莫旦撰：弘治《吴江志》，见《中国

史学丛书》。

(明)莫尚简修、(明)张岳纂：嘉靖《惠安县志》，见《天一阁藏明代方志选刊》。

(明)牛若麟修、(明)王焕如纂：崇祯《吴县志》，见《天一阁藏明代方志选刊续编》。

(明)欧阳璨等修：万历《琼州府志》，见《日本藏中国罕见地方志丛刊》。

(明)彭遵古等撰：万历《郧台志》，见《中国史学丛书》。

(明)秦镒修、(明)饶文璧纂：嘉靖《东乡县志》，见《天一阁藏明代方志选刊》。

(明)苏浚纂修：万历《广西通志》，见《中国史学丛书》。

(明)苏民望修：万历《永安县志》，见《稀见中国地方志汇刊》。

(明)孙世芳等纂修：《宣府镇志》，见《新修方志丛刊》，台北，台湾学生书局，1969。

(明)汤日昭修：万历《温州府志》，见《稀见中国地方志汇刊》。

(明)唐胄纂修：正德《琼台志》，见《天一阁藏明代方志选刊》。

(明)王懋德：《金华府志》，见《中国史学丛书》。

(明)王齐纂修：嘉靖《雄乘》，见《天一阁藏明代方志选刊》。

(明)王尚用修、(明)陈梓、(明)张腾纂：嘉靖《寻甸府志》，见《天一阁藏明代方志选刊》。

(明)王叔果修：隆庆《新修靖江县志》，见《稀见中国地方志汇刊》。

(明)魏时应修：万历《建阳县志》，见《日本藏中国罕见地方志丛刊》。

(明)吴德器修、(明)徐泰纂：正德《蓬州志》，见《天一阁藏明代方志选刊续编》。

(明)吴潜修：正德《夔州府志》，见《天一阁藏明代方志选刊》。

(明)吴盛藻修：万历《雷州府志》，见《日本藏中国罕见地方志丛刊》。

(明)谢东山修、(明)张道纂：嘉靖《贵州通志》，见《天一阁藏明代方志选刊续编》。

(明)阳思谦、(明)徐敏学、(明)吴维新纂：万历《重修泉州府志》，见《中国史学丛书》。

(明)姚良弼修、(明)杨宗甫纂：嘉靖《惠州府志》，见《天一阁藏明代方志选刊》。

(明)叶联芳纂修：嘉靖《沙县志》，见《稀见中国地方志汇刊》。

(明)余之祯修：万历《吉安府志》，见《稀见中国地方志汇刊》。

(明)喻政修：万历《福州府志》，见《稀见中国地方志汇刊》。

(明)喻政修：万历《福州府志》，见《中国史学丛书》。

(明)袁业泗等修：万历《漳州府志》，见《中国史学丛书》。

(明)张德夫修：万历《长洲县志》，见《稀见中国地方志汇刊》。

(明)张灯纂修：嘉靖《湘阴县志》，见《稀见中国地方志汇刊》。

(明)张国经纂修：崇祯《廉州府志》，见《稀见中国地方志汇刊》。

(明)张奎修：正德《金山卫志》，上海，传真社，1932。

(明)张梯修、(明)葛臣纂：嘉靖《固始县志》，见《天一阁藏明代方志选刊》。

(明)赵锦修、(明)张衮纂：嘉靖《江阴县志》，见《天一阁藏明代方志选刊》。

(明)周季凤纂修：正德《云南志》，见《天一阁藏明代方志选刊续编》。

(明)周士英纂修：崇祯《义乌县志》，见

《稀见中国地方志汇刊》。

(明)周瑶修、(明)萧璞等纂：嘉靖《蕲水县志》，见《天一阁藏明代方志选刊》。

(明)祝珝修、(明)杨鸾、(明)蔡元伟修：嘉靖《罗田县志》，见《天一阁藏明代方志选刊续编》。

(清)毕懋第等修：《威海卫志》，威海，威海九华小学校，1929。

(清)曹养恒修：康熙《南城县志》，见《稀见中国地方志汇刊》。

(清)常维桢纂修：康熙《万载县志》，见《稀见中国地方志汇刊》。

(清)陈守仁修：雍正《舒城县志》，见《稀见中国地方志汇刊》。

(清)陈受培修：嘉庆《宣城县志》，见《稀见中国地方志汇刊》。

(清)方懋禄、(清)李珥修：乾隆《江西新城县志》，见《稀见中国地方志汇刊》。

(清)高国楹修：乾隆《平湖县志》，见《稀见中国地方志汇刊》。

(清)高寅修：康熙《建德县志》，见《稀见中国地方志汇刊》。

(清)顾耿臣修：康熙《鄜州志》，见《稀见中国地方志汇刊》。

(清)管声骏纂修：康熙《崇安县志》，见《稀见中国地方志汇刊》。

(清)郭尔戺、(清)胡云客修：康熙《南海县志》，见《稀见中国地方志汇刊》。

(清)郭守邦修：康熙《长子县志》，见《稀见中国地方志汇刊》。

(清)何士锦修：康熙《丰城县志》，见《稀见中国地方志汇刊》。

(清)胡崇伦修：康熙《仪征县志》，见《稀见中国地方志汇刊》。

(清)纪国珍修：顺治《汝阳县志》，见《稀见中国地方志汇刊》。

(清)贾雒英修、(清)薛起蛟等纂：康熙《新会县志》，见《日本藏中国罕见地方志丛刊》。

(清)贾雒英修：康熙《新会县志》，见《稀见中国地方志汇刊》。

(清)金以迥修：康熙《平阳县志》，见《稀见中国地方志汇刊》。

(清)李文耀修：乾隆《上海县志》，见《稀见中国地方志汇刊》。

(清)李章堉纂修：乾隆《重修伊阳县志》，见《稀见中国地方志汇刊》。

(清)吕士鵕纂修：康熙《鹿邑县志》，见《稀见中国地方志汇刊》。

(清)潘义修：康熙《永定卫志》，见《稀见中国地方志汇刊》。

(清)沈士秀修：康熙《东乡县志》，见《稀见中国地方志汇刊》。

(清)孙世昌纂修：康熙《广信郡志》，见《稀见中国地方志汇刊》。

(清)佟世燕修：康熙《江宁县志》，见《稀见中国地方志汇刊》。

(清)王政修：康熙《唐县新志》，见《稀见中国地方志汇刊》。

(清)吴宾彦修：康熙《庐江县志》，见《稀见中国地方志汇刊》。

(清)徐同伦修：康熙《永康县志》，见《稀见中国地方志汇刊》。

(清)许绍宗修：嘉庆《武冈州志》，见《稀见中国地方志汇刊》。

(清)薛柱斗、(清)高必大纂：《新校天津卫志》，天津，易社，1934。

(清)于睿明修：康熙《临清州志》，见《稀见中国地方志汇刊》。

(清)袁国梓纂修：康熙《嘉兴府志》，见

《稀见中国地方志汇刊》。

(清)张俊哲修：顺治《祥符县志》，见《稀见中国地方志汇刊》。

(清)张文旦修：康熙《高安县志》，见《稀见中国地方志汇刊》。

(清)周三进纂修：康熙《五台县志》，见《稀见中国地方志汇刊》。

(清)朱衣点修：康熙《重修崇明县志》，见《稀见中国地方志汇刊》。

(清)祝元敏修：康熙《当涂县志》，见《稀见中国地方志汇刊》。

(清)庄泰弘修、(清)孟俊纂：顺治《光州志》，见《日本藏中国罕见地方志丛刊》。

(二) 近人论著

1. 专著

包遵彭主编：《明代经济》，台北，台湾学生书局，1968。

陈宝良：《悄悄散去的幕纱——明代文化历程新说》，西安，陕西人民教育出版社，1988。

陈宝良：《中国的社与会》，杭州，浙江人民出版社，1996。

陈宝良：《中国流氓史》，北京，中国社会科学出版社，1993。

陈茂同：《中国历代选官制度》，上海，华东师范大学出版社，1994。

陈万益：《晚明小品与明季文人生活》，台北，大安出版社，1988。

陈寅恪：《陈寅恪魏晋南北朝史讲演录》，合肥，黄山书社，1999。

傅衣凌：《明清社会经济史论文集》，北京，人民出版社，1982。

傅衣凌：《明清时代商人与商业资本》，北京，人民出版社，1956。

傅筑夫：《中国经济史论丛》，北京，生活·读书·新知三联书店，1980。

郭沫若：《十批判书》，北京，科学出版社，1956。

郭润涛：《官府、幕友与书生——“绍兴师爷”研究》，北京，中国社会科学出版社，1996。

韩复智主编：《中国史论集》，台北，茂昌图书有限公司，1991。

何冠彪：《明末清初学术思想研究》，台北，台湾学生书局，1991。

侯外庐：《中国封建社会史论》，北京，人民出版社，1979。

胡如雷：《中国封建社会形态研究》，北京，生活·读书·新知三联书店，1979。

黄宗智：《华北的小农经济与社会变迁》，香港，牛津大学出版社，1994。

黄宗智：《民事审判与民间调解：清代的表达与实践》，北京，中国社会科学出版社，1998。

李焯然：《明史散论》，台北，允晨文化实业股份有限公司，1987。

李弘祺：《宋代的官学教育与科举》，台北，联经出版事业公司，1994。

李弘祺：《宋代教育散论》，台北，东升文化事业有限公司，1980。

李洵：《下学集》，北京，中国社会科学出版社，1995。

林丽月：《明代的国子监生》，台北，私立东吴大学中国学术著作奖助委员会，1978。

刘海峰：《科举考试的教育视角》，汉口，湖北教育出版社，1996。

刘虹：《中国选士制度史》，长沙，湖南教育出版社，1992。

毛礼锐、邵鹤亭、瞿菊农著：《中国教

育史》，台北，五南图书出版公司，1989。

邓嗣禹：《中国考试制度史》，台北，台湾学生书局，1967。

邓正来、[英]J. C. 亚历山大编：《国家与市民社会——一种社会理论的研究途径》，北京，中央编译出版社，1999。

孟森：《明清史论著集刊》，北京，中华书局，1982。

柳存仁：《和风堂文集》，上海，上海古籍出版社，1991。

缪全吉：《清代幕府人事制度》，台北，中国人事行政月刊社，1971。

齐如山：《中国之科名》，见杨家骆主编：《中国选举史料·清代编》。

钱穆：《从中国历史来看中国民族性及中国文化》，台北，联经出版事业公司，1982。

钱穆：《政学私言》，台北，台湾商务印书馆，1996。

钱穆：《中国历史研究法》，台北，东大图书股份有限公司，1991。

乔衍琯、张锦郎编辑：《图书印刷发展史论文集》，台北，文史哲出版社，1982。

乔衍琯、张锦郎编辑：《图书印刷发展史论文集续编》，台北，文史哲出版社，1977。

存粹学社编集、周康燮主编：《明代社会经济史研究》，香港，崇文书店，1975。

曲士培：《中国大学教育发展史》，太原，山西教育出版社，1993。

商衍鎏：《清代科举考试述录》，北京，生活·读书·新知三联书店，1983。

盛朗西：《中国书院制度》，见杨家骆主编：《中国选举史料·清代编》，台北，鼎文书局，1977。

王天有：《晚明东林党议》，上海，上海古籍出版社，1991。

王亚南：《中国官僚政治研究》，北京，中国社会科学出版社，1984。

吴晗：《读史札记》，北京，生活·读书·新知三联书店，1956。

吴霓：《中国古代私学发展诸问题研究》，北京，中国社会科学出版社，1996。

吴智和：《明代的儒学教官》，台北，台湾学生书局，1991。

吴宗国：《唐代科举制度研究》，沈阳，辽宁大学出版社，1992。

夏咸淳：《晚明士风与文学》，北京，中国社会科学出版社，1994。

香港中国近代史学会编：《中国近代史研究新趋势》，香港，香港教育图书公司，1994。

萧公权：《迹园文录》，台北，联经出版事业公司，1983。

谢国桢：《明清之际党社运动考》，北京，中华书局，1982。

杨联陞：《杨联陞论文集》，北京，中国社会科学出版社，1992。

杨旸：《明代的辽东都司》，郑州，中州古籍出版社，1988。

余英时：《中国近世宗教伦理与商人精神》，台北，联经出版事业公司，1987。

余英时：《中国知识阶层史论——古代篇》，台北，联经出版事业公司，1980。

余英时等著：《中国历史转型时期的知识分子》，台北，联经出版事业公司，1992。

张建仁：《明代教育管理制度研究》，北京，文津出版社，1993。

张维华：《晚学斋论文集》，济南，齐鲁书社，1986。

张仲礼：《中国绅士——关于其在19世纪中国社会中作用的研究》，李荣昌译，上海，上海社会科学院出版社，1991。

章柳泉：《中国书院史话》，北京，教育科学出版社，1989。

[德]哈贝马斯：《公共领域的结构转型》，曹卫东、王晓钰译，上海，学林出版社，1999。

[美]包筠雅：《功过格——明清社会的道德秩序》，杜正贞、张林译，杭州，浙江人民出版社，1999。

[美]狄百瑞：《中国的自由传统》，李弘祺译，香港，香港中文大学出版社，1983。

[美]费正清：《费正清论中国》，台北，正中书局，1995。

[美]柯文：《在中国发现历史——中国中心观在美国的兴起》，林同奇译，北京，中华书局，1991。

[美]孔飞力：《叫魂：1768年中国妖术大恐慌》，陈兼、刘昶译，上海，生活·读书·新知三联书店，1999。

[美]牟复礼、[英]崔瑞德编：《剑桥中国明代史》，北京，中国社会科学出版社，1994。

[美]卡尔·魏特夫：《东方专制主义》，北京，中国社会科学出版社，1989。

[英]莫里斯·弗里德曼：《中国东南的宗族组织》，刘晓春译，上海，上海人民出版社，2000。

2. 论文

蔡嘉麟：《明代的卫学教育》，台北，中国文化大学史学研究所硕士论文，1998。

陈宝良：《明代的社与会》，载《历史研究》，1991(5)。

陈宝良：《明代学官制度探析》，载《社会科学辑刊》，1994(3)。

陈高华：《元代的地方官学》，见中国元史研究会编：《元史论丛》第5辑，北京，中国社会科学出版社，1993。

陈国栋：《哭庙与焚儒服——明末清初生员层的社会性动作》，载《新史学》，第3卷，第1期，1992。

陈学霖：《明太祖文字狱案考疑》，见《明代人物与传记》，香港，中文大学出版社，1997。

陈学霖：《徐一夔刑死辨诬兼论明初文字狱史料》，载《东方文化》，第15卷，第1期，1977。

高明士：《唐代的官学行政》，载《大陆杂志》，第37卷，第11、12期合刊，1968。

顾诚：《明前期耕地数新探》，载《中国社会科学》，1986(4)。

顾诚：《明帝国的疆土管理体制》，载《历史研究》，1989(3)。

顾诚：《谈明代的卫籍》，载《北京师范大学学报(人文社会科学版)》，1989(5)。

顾诚：《卫所制度在清代的变革》，载《北京师范大学学报(人文社会科学版)》，1988(2)。

何炳棣著：《科举和社会流动的地域差异》，王振忠译，见《历史地理》第11辑，上海，上海人民出版社，1993。

黄开华：《明代土司制度设施与西南开发》，载《新亚学报》，第6卷，第2期，1964。

李焯然：《明代国家理念的成立——明成祖与儒学》，载《新加坡国立大学中文系学术论文》，第83种，1989。

林金树：《明代私人捐田助学风气的兴起及其作用》，载《社会科学战线》，1990(3)。

林丽月：《科场竞争与天下之“公”：明代科举区域配额问题的一些考察》，载《台湾师范大学历史学报》，1992(20)。

林丽月：《闽南士绅与嘉靖年间海上走

私贸易》，载《台湾师范大学历史学报》，1980(8)。

刘子健：《略论宋代地方官学和私学的消长》，见“中央研究院”历史语言研究所集刊编辑委员会：《“中央研究院”历史语言研究所集刊 纪念董作宾·董同龢两先生论文集》(上册)，第36本，台北，“中央研究院”历史语言研究所，1965。

吕妙芬：《阳明学讲会》，载《新史学》，1998(2)。

钱穆：《社会自由讲学之兴起》，见国立北京大学四十周年纪念刊编辑委员会：《国立北京大学四十周年纪念论文集》乙编上，暂设昆明，国立北京大学出版组，1940。

任育才：《科举甄才——唐代的秀才举人与进士》，载《食货月刊》(复刊)，第7卷，第4期，1977。

吴晗：《明代的新仕宦阶级：社会的、政治的、文化的关系及其生活》，见中国社会科学院历史研究所明史研究室编：《明史研究论丛》，第5辑，南京，江苏古籍出版社，1991。

吴缉华：《论明代宗藩人口》，见“中央研究院”历史语言研究所集刊编辑委员会：《“中央研究院”历史语言研究所集刊》，第41本，第3分，台北，“中央研究院”历史语言研究所，1969。

吴智和：《明代提学的教育生活》，载《淡江史学》，1999(10)。

徐泓：《传统中国大学校园的空间规划：明南京国子监》，见《史学：传承与变迁学术讨论会论文集》，台北，台湾大学历史系，1998。

许敏：《明代商人户籍问题初探》，载《中国史研究》，1998(3)。

严耕望：《唐人读书山林寺院之风尚》，见“中央研究院”历史语言研究所集刊编辑委员会：《“中央研究院”历史语言研究所集刊三十周年纪念专号》(下册)，第30本，台北，“中央研究院”历史语言研究所，1959。

杨启樵：《明初人才培养与登进制度及其演变》，载《新亚学报》，第6卷，第2期，1964。

余英时：《士商互动与儒学转向——明清社会史与思想史之一面相》，见郝延平、魏秀梅主编：《近世中国之传统与蜕变：刘广京院士七十五岁祝寿论文集》，台北，“中央研究院”近代史研究所，1998。

张鹤泉：《东汉时代的私学》，见中国秦汉史研究会编：《秦汉史论丛》，第5辑，北京，法律出版社，1992。

张荣芳：《隋唐秀才科存废问题的检讨》，载《食货月刊》(复刊)，第10卷，第12期。

张显清：《明代缙绅地主浅论》，载《中国史研究》，1984(2)。

赵令扬：《论明太祖政权下之知识分子》，见寿罗香林教授文集编辑委员会主编：《寿罗香林教授论文集》，香港，万有图书公司，1970。

朱鸿林：《明太祖的孔子崇拜》，见“中央研究院”历史语言研究所集刊编辑委员会：《“中央研究院”历史语言研究所集刊 历史语言研究所成立七十周年纪念专号》，第70本，第2分，台北，“中央研究院”历史语言研究所，1999。

[美]艾尔曼：《晚明儒学科举策问中的“自然”之学》，载《中国文化》，1996(13)。

[日]宫崎市定：《明代苏松地方的士大夫与民众》，见栾成显、南炳文译：《日本学者研究中国史论著选译》，第6卷，北京，中华书局，1993。

二、外人论著

［俄］李福清、李平编：《海外孤本晚明戏剧选集三种》，上海，上海古籍出版社，1993。

［韩］吴金成：《明代社会经济史研究》，［日］渡昌弘译，东京，汲古书院，1990。

［日］夫马进：《明末反地方官士变》，载《东方学报》，第52册，1980。

［日］夫马进：《明末反地方官士变补论》，载《富山大学人文学部纪要》，第4号，1981。

［日］谷川道雄、森正夫编：《中国民众叛乱史》，东京，平凡社，1990。

［日］荒木见悟：《明代思想研究》，东京，创文社，1972。

［日］荒木见悟：《明末宗教思想研究》，东京，创文社，1979。

［日］林友春编：《近世中国教育史研究》，东京，国土社，1958。

［日］梅原郁编：《中国近世の法制と社会》，京都，同朋舍，1983。

［日］明代史研究会《明代史论丛》编集委员会：《山根幸夫教授退休记念明代史论丛》，东京，汲古书院，1990。

［日］山根幸夫编：《新编明代史研究文献目录》，东京，汲古书院，1993。

［日］田内高次：《支那教育学史》，东京，富山房，1942。

［日］小野和子编：《明末清初の社会と文化》，京都，京都大学人文科学研究所，1996。

Albert Chan, *The Glory and Fall of the Ming Dynasty*. Norman, University of Oklahoma Press, 1982.

Atsushi Shigeta, " The Origins and Structure of Gentry Rule,"in Linda Grove and Daniels(eds.), *State and Society in China: Japanese Perspectives on Ming-Qing Social and Economic History*, Tokyo, University of Tokyo Press, 1984, pp. 335-385.

Benjamin A. Elman, "Political, Social, and Cultural Reproduction via Civil Service Examinations in Late Imperial China," *Journal of Asian Studies*, 1991(50), pp. 7-28.

Benjamin A. Elman, *A Cultural History of Civil Examination in Late Imperial China*. Berkeley, University of California Press, 2000.

Brian E. Mcknight, *Village and Bureaucracy in Southern Sung China*. Chicago, University of Chicago Press, 1971.

Brook Timothy, *Praying for Power: Buddhism and the Formation of Gentry Society in Late-Ming China*. Cambridge, Harvard University Press, 1993.

Ch'ü T'ung-tsu, *Local Government in China under the Ch'ing*. Cambridge and London, Harvard University Press, 1988.

Chang Chun-shu and Chang Shelley Hsueh-lun, *Crisis and Transformation in Seventeenth-Century China: Society, Culture, and Modernity in Li Yü's World*. Ann Arbor, The University of Michigan Press, 1992.

Chang Chung-Li, *The Chinese Gentry*. Seattle and London, University of Washington Press, 1967.

Charles O. Hucker, *The Censorial Sys-*

tem of Ming China. Stanford, Stanford University Press, 1966.

Charles O. Hucker, *The Ming Dynasty: Its Origins and Evolving Institutions*. Ann Arbor: Centre for Chinese Studies, The University of Michigan, 1978.

Chow Kai-wing, *The Rise of Confucian Ritualism in Late Imperial China: Ethics, Classics, and Lineage Discourse*. Stanford, Stanford University Press, 1994.

Chow Kai-wing, "Discourse Examination, and Local Elite," in Bejamin A. Elman and Alexander. Woodside(eds.), *Education and Society in Late Imperial China, 1600-1900*. Berkeley and Los Angeles, University of California Pres, 1994, pp. 183-206.

Dwight Perkins, *Agricultural Change and the Peasant Economy of South China*. Cambridge, Harvard University Press, 1972.

Eberhand Wolfram, *Social Mobility in Traditional China*. Leiden, E. J. Brill, 1962.

Edward T. Ch'ien, *Chiao Hung and the Restructuring of Neo-Confucianism in the Late Ming*. New York, Columbia University Press, 1986.

Endymion Wilkinson, *Chinese History: A Manual*. Cambridge and London, Harvard University Press, 1998.

Evelyn Sakakida Rawski, *Education and Popular Literacy in Ch'ing*. Ann Arbor, The University of Michigan Press, 1979.

Goodrich L. Carrington and Fang Chaoying(eds.), *Dictionary of Ming Biography, 1368-1644*. New York, Columbia University Press, 1976.

Ho Ping-ti, "Aspects of Social Mobility in China, 1368-1911," *Comparative Studies in Society and History*, vol. 1, no. 4, 1959, pp. 330-359.

Ho Ping-ti, *Studies on the Population of China, 1368-1953*. Cambridge, Harvard University Press, 1959.

Ho Ping-ti, *The Ladder of Success in Imperial China*. New York, Columbia University Press, 1962.

Hsiao Kung-Chuan, *Rural China: Imperial Control in the Nineteenth Century*. Seattle, University of Washington Press, 1960.

Ichisad Migazaki, *China's Examination Hell*. New York, Yale University Press, 1976.

James B. Parsons, "The Ming Dynasty Bureaucracy," in Charles Hucker(ed.), *Chinese Government in Ming Times: Seven Studies*. New York, Columbia University Press, 1969.

Joanna F. Handin, "Lü K'un's New Audience: The Influence of Women's Literacy on Sixteenth Century Thought," in Margery Wolf and Roxane Witke (eds.), *Women in Chinese Society*. Stanford, Stanford University Press, 1975, pp. 16-37.

John Cleverley, *The Schooling of China: Tradition and Modernity in Chinese Education*. North Sydney, Allen & Unwin, 1991.

John Meskill, *Academies in Ming China: A Historical Essay*. Tucson, Arizona, The University of Arizona Press, 1982.

John R. Watt, *The District Magistrate in Late Imperial China*. New York and London, Columbia University Press, 1972.

John W. Dardess, *Confucianism and Autocracy: Professional Elites in the Founding of the Ming Dynasty*. Berkeley, University of California Press, 1983.

Kenneth Dean, *Lord of the Three in One: The Spread of a Cult in Southeast China*. Princeton, New Jersey, Princeton University Press, 1998.

Linda Walton, *Academies and Society in Southern Sung China*. Honolulu, University of Hawai'i Press, 1999.

Liu Ts'un-yan, "The Penetration of Taoism into the Ming Neo-Confucian Elite," *T'oung Pao*, 1971(57), pp. 31-102.

Mark Elvin, *The Pattern of the Chinese Past*. Stanford, Stanford University Press, 1973.

Philip Abrams, *Historical Sociology*. Near Shepton Mal-let, England, Open Books, 1982.

Prasenjit Duara, *Culture, Power and State: Rural North China, 1900-1942*. Stanford, Stanford University Press, 1988.

Rankin Mary Backus, *Elite Activism and Political Transformation in China: Zhejiang Province, 1865-1911*. Stanford, Stanford University Press, 1986.

Rawski Evelyn, "Economic and Social Foundations of Late Imperial Culture," in David Johnson, Andrew Nathan and Evelyn Rawski(eds.), *Popular Culture in Late Imperial China*. Berkeley and Los Angeles, University of California Press, 1985, pp. 17-28.

Ronald G. Corwin, *A Sociology of Education*. New York, Meredith Publishing Company, 1965.

Sakai Tadao, "Confucianism and Popular Education Works," in Wm. Theodore de Bary and the Conference on Ming Thought(eds.), *Self and Society in Ming Thought*. New York and London, Columbia University Press, 1970, pp. 331-336.

Stephen J. Roddy, *Literati Identity and Its Fictional Representations in Late China*. Stanford, Stanford University Press, 1998.

Susan Naquin and Evelyn Rawski, *Chinese Society in the Eighteenth Century*. New Haven, Conn, Yale University Press, 1987.

T'ien Ju-K'ang, *Male Anxiety and Female Chastity: A Comparative Study of Chinese Ethical Values in Ming-Ch'ing Times*. Leiden, E. J. Brill, 1988.

Thomas H. C. Lee, *Government Education and Examination in Sung China*. Hong Kong, The Chinese University of Hong Kong Press, 1985.

Wakeman Frederic, Jr. and Carolyn Grant(eds.), *Conflict and Control in Late Imperial China*. Berkeley, University of California Press, 1975.

Willard J. Peterson, *Bitter Gourd: Fang I-chih and the Impetus for Intellectual Change*. New Haven, Conn, Yale University Press, 1979.

William G. Skinner(ed.), *The City in Late Imperial China*. Stanford, Stanford University Press, 1977.

William J. Goode, *Explorations in Social Theory*. New York, Oxford University

Press, 1973.

Wm Theodore de Bary and John W. Chaffee (eds.), *Neo-Confucian Education: The Formatives Stage*. Berkeley and Los Angeles, University of California Press, 1989.

Wm Theodore de Bary and the Conference on Ming Thought(eds.), *Self and Society in Ming Thought*. New York, Columbia University Press, 1970.

Wolfgong Franke, *An Introduction to the Sources of Ming History*. Singapore, University of Malay Press, 1968.

Xu Dixin and Wu Chengming(eds.), Li Zhengde, Liang Miaoru, Li Siping (tr.), *Chinese Capitalism, 1522-1840*. London, Macmillan Press Ltd., 2000.

Yūji Muramatsu, "Some Themes in Chinese Rebel Ideologies,"in A. F. Wright(ed.), *The Confucian Persuasion*. *Stanford*, Stanford University Press, 1960, pp. 24-267.

Yamane Yukio, "Trends in Postwar Japanese Studies in Ming History: A Bibliographical Introduction," *Acta Asiatica*, 1980(38), pp. 93-123.

Young Lung-chang, " Ku Yen-wu's Views on. the Ming Examination System," *Ming Studies*, 1987(23), pp. 48-63.

Zürcher Erik, "Buddhism and Education in T'ang Times," in Wm Theodore de Bary and John W. Chaffee(eds.), *Neo-Confucian Education: The Formation Stage*. Berkeley and Los Angeles, University of California Press, 1989, pp. 19-56.

后　记

1998年3月，我离开了学习、生活了近20年的北京，负笈南洋，求学于新加坡国立大学中文系。我先学习，后工作，在这个热带岛国学习、生活了近四年。客居异乡，终年如夏，由不得思乡之情不浓。即使是报纸上一帧故宫雪景之小影，亦不免为我平添丝丝愁绪，我的思乡之情并不因星岛的美丽风光而稍减。我无古人才情，可作“游子吟”以抒胸中之怀，但我能遨游于书海之中，以书籍为伴，并在与古人的对话中享受读书之乐。

本书是我在博士论文《明代生员研究》基础上修改而成。论文于2001年12月答辩通过。论文选题的缘起，实可追溯至20年前，当我进入北京师范大学学习时，我就对明清之际学术史产生了浓厚的兴趣。当时我读《亭林文集》，为其《生员论》三篇所吸引，觉得理应顺着亭林的思路，对生员作一考察。因随后我更多地关注明代读书人的结社，并进而将注意力集中在整个明代乃至清代的各色社团上，故不得不暂将此题搁下。但我心中并未放下此题，当我读书之时，凡是相关资料，无不札记。时日一久，记录资料的本子已达十几个。于是在多年之后，我重拾旧题。

本书分上下两编对明代生员层进行了考察。上编从学校与科举入手，考察生员的产生，生员在地方学校的肄业与考核，以及生员如何步入仕途。下编以社会为视角，考察失意科场或仕进无门的生员层的社会流动以及一些“社会性动作”，即他们在社会诸领域的活动以及所扮演的角色，而这类生员又恰恰占生员总数的绝大部分。我斟酌再三，觉得不如将书名易为《明代儒学生员与地方社会》，更为恰当一些，但并不是为了迎合所谓的学术“主流”。

正如三百多年前的明末，我的同乡先贤张宗子就批评浙江人模仿苏州人之风，直斥他们是“跟不着”！这确实是入木三分之论。生活如此，治学何尝不是如此。治学路出多途，我们何必刻意分出主路、岔道。关键不在于路之主、岔，而在于我们是否读书乃至于求真、求实。钱牧斋曾告诫他人，应多读书，厚养气，然后再深造而自得之。这可以说是治学的金玉良言。学术不是时装，需要紧随流行时尚。读书人更不是俏姑娘，总想前卫，紧跟时风。过分打扮的人，反而多了些脂粉气，还不如做一个素面人，让人觉得可爱。人为习气所染，就不免流为俗人；学为流风所濡，同样不免陷于俗学。我能幸免于此吗？这我不能自说自话，且等读者评骘。

目下有些学者，多了些山人气、游士气，少的却是学者气。或整日群聚，言不及义；或奔走于大老之门，觅一些蝇头小利。更有甚者，一年倒有一半时间在天上飞，从东到西，从南到北，以机舱、包厢为书房。不是候鸟，却似游隼，闻膻麕集。若要他们静下心来，在书舍，在图书馆，一如坐牢，难免浮躁不安。想及此，不由为自己庆幸。当人们“熙熙”“攘攘”之时，我且稳坐螺壳室中，一杯清茶，一支淡巴菰，泛滥书海，其乐融融。室虽小，其地亦数迁，或在城东，或在城西，或在城北，或在城中，甚至一度移至南洋。然其名则一，其情不变。室名螺壳，不仅仅说其狭小，而是能如我家乡人所言，可以“螺蛳壳里做道场”。需要声明的是，我虽坐螺壳室中，却无道人本领，专会大吹“法螺”。

最后，我要感谢新加坡政府，为我提供了此课题研究的全额奖学金。我也要感谢李焯然教授在我求学期间对我的悉心指导，以及在生活上对我的关心。我尤其要感谢中国社会科学出版社的郭沂纹编审，以及出版社的诸位领导，正是他们的大力支持，方使拙著能顺利出版。

古越村夫陈宝良识于京城螺壳室

2004 年 10 月 1 日

秀才的变迁(代再版后记)

说到秀才，我们不妨先拿鲁迅的小说作为引子。在小说《白光》中，主人公陈士成读书多年，穷穷矻矻，却一直未能进学，获取一个秀才的科名，只能穷困潦倒，终日梦想能在自己家中“掘藏”，找到祖宗埋藏于地下的钱财宝物，一夜暴富，结果竹篮打水一场空。而《孔乙己》小说中的孔乙己，或许曾饱读诗书，甚至能在懵懂的孩子面前炫耀茴香豆的“茴”字有多种写法，但他因缺少秀才的头衔，也只能替有钱的读书人家抄书维持生计，甚至有时不免做一些窃书的勾当。

无论是陈士成，还是孔乙己，都是传统科举社会中读书不成且无法获取科举功名的落魄读书人的缩影。相比之下，已经有了秀才名头的读书人，其境遇应该要稍好一些。于是，在小说《阿Q正传》中，作者刻意提及的“秀才娘子的宁式床”，大抵可以说明如此奢华的雕花大床，只有秀才的妻子才受用得起，非乡野小民的女子所可觊觎。这无疑就是清末秀才身份与财力的佐证。相较于尚未进学成为秀才的普通读书人来说，秀才确乎已具较高的荣耀与地位。打个比方，与童生相比，秀才好像出椟之玉。若说童生是刚刚开蒙，默默无闻，那么，秀才不但名闻于人，而且因德行已成而被人寄予厚望。

自唐宋尤其是明清以后，科举社会已经形成，秀才随之成为科名最初的一级。秀才除了应有的社会地位之外，还可享受诸多实际的经济利益。说得明白一些，秀才不但享受廪粮、膏火，而且还被免除徭役，甚至可以凭借自己的身份，到府衙、县衙里去说人情，吃荤饭，谋取种种好处。在老百姓面前，秀才具有很高的体面，且颇有一些影响力。明代清官海瑞曾经做过浙江淳安县学校的学官，他写过一篇《规士文》，将百姓对秀才的敬畏之情明白地道出。根据海瑞的描述，乡间闾阎父老、阛阓小民，有时会同席聚饮，席间可以毫无拘束地笑谈。等到有秀才过来，就无不敛容息口，唯秀才马首是瞻，唯秀才言语是听。秀才行走于市上，两巷的百姓都注目视之，偶语纷纷，道："这位是学校的斋长。"从人情上说，百姓如此看重秀才，倒并不是因为他们惧怕秀才的威力，而是在百姓的内心深处，他们认为秀才是读书知礼之人，自己却是村粗鄙俗，生怕引起秀才的讥笑。

在科名等级俨然的传统社会，秀才的身份又明显逊色于举人。鲁迅小说《阿Q正传》中，有"举人老爷"一称，大抵道出了中国科举文化的底蕴。从明清以后，小说与戏曲作品中人物的称谓已经显现出程式化的倾向。唯有在科名上获得举人之后的人才得以被人称作"老爷"，而举人的妻子则被人称作"夫人"。这是因为举人可以出仕做官，而他的妻子则以夫贵，可以有幸得到封诰。至于秀才，通常只是被人称为"相公""官人"，秀才的妻子则被人称为"娘子"。这种称谓并非空穴来风，我们可以从史料中找到一些印记。秀才一旦中式成为举人，犹如置身青云，乡里富人争相与之结姻，美男、美女纷至沓来，上门求为仆人、争做小妾。换句话说，士子一脱青衫，就可以扬扬矜诩，衣马仆从，供具饮食，一切都变得阔绰起来，不再是过去那副寒酸的样子。至于他们的父母，也自忖有子成名，旦夕即可富贵，俨然以"封君"自居，厚自奉养，甚至豪横恣睢，鱼肉小民，为暴于乡里。

从历史的记载来看，与举人相比，秀才身份确实稍逊一筹。明末著名的八股文选家艾南英虽然具有秀才身份二十余年，但终究因为没有中得举人，而享受不到应有的礼仪待遇。根据他的回忆，每次乡试之后，只要秀才中了举人，即使是空疏庸腐、稚拙鄙陋之辈，同样可以与府、县地方官分庭抗礼；至于名落孙山的秀才，即使是积学二十余年的资深秀才，在谒见地方官员时，也只能排队而入、分队而出。这就是科名社会的等级身份特征。举人出仕做官，归乡之后就成为乡绅，这些乡绅在地方上无不受到衙门官员的礼遇，同样与秀才霄壤不同。清代小说《儒林外史》提供了很好的证据，说明举人与秀才在地方上属于两个层级。小说在说及地方上遇到节孝祭祀一类的公共事务时，就明确说明乡绅与秀才必须站立两班：一班是乡绅，他们都是有了举人、进士、贡生、监生的身份，穿着纱帽圆领，“恭恭敬敬跟着走”；一班则是秀才，他们穿着襕衫、头巾，“慌慌张张在后边赶着走”。

其实，秀才是一个民间俗称，顾炎武在《日知录》中就有“今俗谓生员为秀才”的说法，就是最好的例证。秀才的通称或者说正规的称谓应该是“生员”。根据齐如山《中国的科名》的记载，生员一称通常是用于公文、呈文、状纸时的头衔。除了“生员”是秀才的通称与正规称呼外，秀才还有很多别称，分别有“茂才”“庠生”“博士弟子员”“相公”“措大”“官人”“青衿”“斋长”“师傅”“酸子”“穷板子”“学匠”等。

今人一提秀才，就联想到三家村的老学究，他们的形象大多寒碜酸腐，秀才仅为粗通八股的冬烘先生。其实，这是一种偏见。秀才科自出现以后，一直在贡举诸科中具有较高的地位，尤以唐代为甚。中国古代的选士、俊士、造士，都是从命乡论秀开始。在中国的历史上，像公山、正礼、崔儦、孙权，都曾举过秀才，无不都是瑰奇卓荦之士。尤其是杨素称周孔复生，犹不得为秀才，秀才的名头为世人所看重已是不言而喻。① 到了清代，民间称生员为秀才，又称“秀士”，在民谚中更是有“斯文一脉扭扭捏捏”的说法，说明秀才在百姓的心目中是斯文人。

事实确实如此。考“秀才”二字，原意是指“才之秀者”。其具体含义，正如明代人陈玉辉在他所写的一篇《规士文》中所云：“夫禾之高者曰秀，十中一人曰士。士肯好修，同学见其人而爱慕，居乡薰其德而善良。”侯方域在《重学校》中也明白地指出：“才秀于人，谓之秀才”。可见，所谓秀才，即指秀出之士。

至于秀才一称的起源，过去流行下面三种说法：其一，明人杨慎认为“赵武灵论胡服云，俗辟民易，则是胡越无秀才也”；其二，明末清初人顾炎武认为秀才原出《史记·贾生传》：“年十八，以能诵诗属书，闻于郡中，吴廷尉为河南守备，闻其秀才”；其三，则是清人王先

---

① 参见(清)李光庭：《乡言解颐》卷三《人部·士》，见《清代史料笔记丛刊》，35～36页，北京，中华书局，1982。

谦认为“秀才所由命名，盖出《管子·小匡篇》，其‘秀才之能为士者，则是赖也’之文”。据近年来的研究，秀才之名起源于西汉说较为可信，而且明代人称生员为秀才，亦以汉代秀才说为张本。不过值得指出的是，汉代秀才并非作为举人的科目之一，直到西晋时才出现了秀才科。随着时代的变迁，秀才科越发为世人所看重。到了魏晋南北朝，因朝廷实行九品官人法，并使之与门阀政治相结合，秀才科的地位反不显重要。自隋代以后，秀才科在贡举诸科中的地位最为崇高，相对说来，及第也较为困难，终隋之世，举秀才及第者不过十余人。至唐代，朝廷更是提高秀才及第者的品阶，将其置于贡举科目之最。到了明代初年，朝廷也曾经举秀才，如洪武四年，朝廷以秀才丁士梅为苏州府知府、童权为扬州府知府，俱赐冠带。洪武十年，朝廷以秀才徐尊生为翰林应奉。至洪武十五年，朝廷征至秀才数十人，又以秀才曾泰为户部尚书。

然自宋代以后，秀才的声望已有下降之势。据洪迈《容斋三笔》记载，宋代已视秀才为“相轻之称”。到了明代，秀才仅仅成为科举仕路上生员的俗称，而且生员也不以秀才为荣，一听别人称自己为秀才，就会觉得受到人家的轻蔑了。于是，在小说与戏曲作品中，开始涌现出大量“酸秀才”的形象，成为此类读书人的范型化人格。如民间俗语中称秀才为“醋大”，这是说秀才虽无多少学问，却喜欢掉书袋；明代流行的《江湖方语》这本书，更是直称秀才为“酸子”。如此看来，秀才确实很难摆脱与酸的干系。如清代人蒋砺堂中举人之后，他的族侄蒋德舆专门写了一副贺联，云：“秀才既去酸还在，进士将成大已来。”可见，唯有秀才中举，方可去掉酸气。至于秀才的酸气，我们不妨引用明人赵南星《笑赞》中一则《秀才买柴》笑话加以揭示。笑话记道，有一位秀才上街买柴，道：“荷薪者过来。”卖柴的人因“过来”二字听得明白，就把柴担挑到他的面前。秀才问道：“其价几何?”卖柴人因“价”字明白，就说了价钱。秀才说：“外实而内虚，烟多而焰少，请损之。”卖柴的人不知秀才说甚，就挑着担子径自去了。可见，尽管秀才学问浅陋，却喜咬文嚼字，掉书袋，全然一副酸秀才形象，养成一股酸腐之气，干不了甚事。读书误人，于此可见。

从民间流传的很多谚语来看，秀才原本应该属于饱学之士。如在唐代，《昭明文选》一书颇是流行，当时有“《文选》烂，秀才半”的说法，说明即使读书人将《昭明文选》背得滚瓜烂熟，也只能成为半个秀才。到了宋代，开始流行苏东坡的文章，于是又有了“苏文熟，秀才全”的谚语，说明要成为秀才，必须写得一手精湛的苏式文章。宋代王安石改革五经之义，原本是想将学究变为秀才，但结果流于失败，王安石对秀才变为学究的结局大为感叹，说明秀才学问终究不同于学究。至明代，更是盛行如下谚语：“既成童，经义通。秀才半，《纲鉴》乱。”细绎其意，是说秀才无不具有积学功夫，他们有志于根柢之学，而并非只在高头讲章、新科闱墨中讨生活。到了清代，又有“秀才不出门能知天下事”之说，说明秀才以天下为己任，杜门不出，十年读书，十年养气，一旦出身任事，就能做到无所不知，无所不能。天下能够措大事之人唯有宰相，而民间称秀才为“相公”，显然也有期望他们将来能措大事这一层意思。

事实并非如此。自科举制度盛行之后，秀才所务之学不过是八股文而已，学问开始变得浅陋起来。明末清初人张岱在《夜航船序》一文中，记录了一则笑谈，不妨抄录在下面。过去有一位僧人与一位秀才同宿于夜航船。秀才高谈阔论，僧人畏慑，只得卷足而寝。不久，僧人听到秀才的言语有破绽，于是问：“请问相公，澹台灭明是一个人，还是两个人？”秀才回答：“是两个人。”僧人又问：“这等，尧舜是一个人两个人？”秀才答：“自然是一个人。”听罢此言，僧人就笑道：“这等说起来，且待小僧伸伸脚。”笑谈已经明白地说明秀才腹中空空，反而会被僧人所鄙视。在清代的江南，流行一句谚语，叫“举监生员”。这句谚语的出典，就是举人、秀才、监生的学问各有差别。这则谚语的背后有一段故事，故事记载，有举人、秀才、监生三人，分别聚在一起宴赏中秋之月。三人饮酒至半，步出中庭，仰望明月，不禁文思泉涌。举人道：“好月色。”秀才道：“好月色也。”监生道：“好月色也者。”一字一加，声情如绘，学问却是越发浅薄。

秀才学问浅薄，其实也怪不得他们。科举时代的科名等级差异，导致秀才贫困化成为一种普遍现象，于是民间就有了“穷秀才”的说法，这是事实。根据明代忠臣杨继盛在《自著年谱》中的回忆，他在做秀才时，因为生计困难，只得借住在僧舍学习，甚至必须自操井灶之劳。譬如冬天他到外面汲水，手与水桶冻在一起，到了房内，呵化，才开始做饭。夜里因为缺油，他只得在月下读书。月下夜读，没有夜宵享用，腿肚常常被冻转，他只好起身，绕着室内快跑。秀才穷况，真可谓难言万一。秀才中的穷者，为生计所迫，只好出去教书，于是正如小说《闪电窗》中所说，在明代已经有了“秀才怕老婆”的说法。究其原因，秀才辛苦处馆，方得勉强维持全家生计，岂有闲钱、余暇去傍花随柳？

时移势易。时代变化了，秀才的行为却堕落了。民间久有“秀才造反，十年不成”的说法，这原本是说秀才是斯文人，多有顾忌，难成造反大事。不过到了明代，秀才在百姓的心目中，却已有了“蓝袍大王”的绰号，百姓将秀才比拟为占山为王的大王与神庙中称呼不一的大王神像。至明代末年，民间甚至流传着这样的笑话：凡是市井闾阎有人互相争斗，动辄说：“我雇秀才打汝!”一至清代，秀才更是结成了“破靴党”，为害乡里。士风至此，已是可想而知。

秀才属于四民中的“士”，而且居于四民之首。孔子说：“士志于道。”曾子说：“任重而道远。”孟子说：“无恒产而有恒心者，惟士为能。”所有这些，无不说明秀才博闻敦行，以成为圣贤为归趋。不过从宋代以后，很多读书人书室墙壁上所挂，大多不是圣贤格言，而是宋真宗所书的《劝学文》，他们所信奉的仅仅是“书中自有黄金屋，书中自有千钟粟，书中车马多如簇，书中有女颜如玉”之类的话头。于是，读书人动辄说“岂有生肉与我吃哉”，不再以“从祀孔庙”而得以享用冷猪肉为最高追求。士人崇高精神趋于沦丧，实有其因。

陈宝良识于缙云山下嘉陵江畔之螺壳室

2018 年 6 月 18 日

补记：正如我在初版后记中所言，此书原本是我在新加坡国立大学求学时的博士论文，而后易名为《明代儒学生员与地方社会》，于

2005年由中国社会科学出版社付梓。首印五千册，久已售罄，一直无缘再版。这次蒙小友谭徐锋不弃，愿意再版拙著，这于我于学界实在是功德无量的事。此次再版，我做了一些增订，不妨交代如下。一是重新改易书名，将其命名为《明代秀才的生活世界》。此次改名，并非取巧，更非为了迎合时尚，而是为了与我的新著《明代士大夫的精神世界》相配伍。二是书名一旦改易，那么在章节标题上，我自然亦作了相应的改订，以便与书题相称。三是增加了“士风转向与秀才的生活世界”与“秀才的变迁”两文，权充再版自序与后记。四是我将这些年来搜集的部分相关最新资料，补充于内，且对原著的文字重加订正润饰。最后，我要感谢母校北京师范大学及其所属出版社，感谢小友谭徐锋，在他们的鼎力支持下，拙著得以在母校出版社增订再版，我铭感在心。当然，这或许也是我对母校最好的回馈。

陈宝良再识

2018年7月6日

图书在版编目（CIP）数据

明代秀才的生活世界/陈宝良著. —北京：北京师范大学出版社，2020.10（2021.5 重印）
（中华学人丛书）
ISBN 978-7-303-26283-0

Ⅰ. ①明… Ⅱ. ①陈… Ⅲ. ①知识分子－研究－中国－明代 Ⅳ. ①D691.71

中国版本图书馆 CIP 数据核字（2020）第 157812 号

营销中心电话 010-58808006
北京师范大学出版社谭徐锋工作室微信公众号 新史学 1902

MINGDAIXIUCAI DE SHENGHUOSHIJIE
出版发行：北京师范大学出版社 www.bnup.com
北京市西城区新街口外大街 12－3 号
邮政编码：100088
印　　刷：北京京师印务有限公司
经　　销：全国新华书店
开　　本：730mm ×980mm　1/16
印　　张：33.75
字　　数：510 千字
版　　次：2020 年 10 月第 1 版
印　　次：2021 年 5 月第 2 次印刷
定　　价：108.00 元

策划编辑：谭徐锋　　责任编辑：杨磊磊　尚俊侠
美术编辑：王齐云　　装帧设计：王齐云
责任校对：康　悦　　责任印制：马　洁

版权所有 侵权必究

反盗版、侵权举报电话：010－58800697
北京读者服务部电话：010－58808104
外埠邮购电话：010－58808083
本书如有印装质量问题，请与印制管理部联系调换。
印制管理部电话：010-58805079